体验城市

(原著第三版)

[美]马克·赫特(Mark Hutter) 著

叶齐茂 倪晓晖 译

中国城市出版社

著作权合同登记图字：01-2018-4605号

图书在版编目（CIP）数据

体验城市：原著第三版 /（美）马克·赫特著；叶齐茂，倪晓晖译. — 北京：中国城市出版社，2019.12
书名原文：Experiencing Cities
ISBN 978-7-5074-3200-8

Ⅰ.①体… Ⅱ.①马…②叶…③倪… Ⅲ.①城市社会学 Ⅳ.①C912.81

中国版本图书馆CIP数据核字（2019）第262268号

Experiencing Cities 3rd Edition/ Mark Hutter（978-1-138-85160-3）
Copyright © 2016 Taylor & Francis
All rights reserved. Authorized translation from English language edition published by Routledge, a member of the Taylor & Francis Group, LLC.
Chinese Translation Copyright © 2019 China Architecture & Building Press
China Architecture & Building Press is authorized to publish and distribute exclusively the Chinese (Simplified Characters) language edition. This edition is authorized for sale throughout Mainland of China. No part of the publication may be reproduced or distributed by any means, or stored in a database or retrieval system, without the prior written permission of the publisher.
本书中文简体翻译版授权我社独家出版并在中国大陆地区销售。未经出版者书面许可，不得以任何方式复制或发行本书的任何部分。
Copies of this book sold without a Taylor & Francis sticker on the cover are unauthorized and illegal. 书封面贴有Taylor & Francis公司防伪标签，无标签者不得销售。

责任编辑：张鹏伟　程素荣
书籍设计：锋尚设计
责任校对：李欣慰

体验城市（原著第三版）

[美]马克·赫特（Mark Hutter）　著

叶齐茂　倪晓晖　译

*

中国城市出版社出版、发行（北京海淀三里河路9号）
各地新华书店、建筑书店经销
北京锋尚制版有限公司制版
北京中科印刷有限公司印刷

*

开本：850×1168毫米　1/16　印张：23½　字数：583千字
2020年5月第一版　2020年5月第一次印刷
定价：98.00元
ISBN 978-7-5074-3200-8
（904181）

版权所有　翻印必究

如有印装质量问题，可寄本社退换
（邮政编码100037）

目录

前言 iv

致谢 ix

第一部分　历史发展 / 1
第1章　概论 2
第2章　城市的出现 27
第3章　工业革命和城市社会学的兴起 47

第二部分　不同学科的观点 / 63
第4章　芝加哥学派：城市生活研究和城市生态学 64
第5章　城市规划 84
第6章　城市政治经济学、新城市社会学和场所的力量 108

第三部分　城市意象 / 135
第7章　城市意象 136
第8章　作为地标的摩天大楼 156

第四部分　城市生活的社会心理学 / 179
第9章　体验陌生人和寻求公共秩序 180
第10章　"目睹的"混乱和恐惧生态 201

第五部分　城市的人和场所 / 225
第11章　城市社区和社会政策 226
第12章　城市家庭、性别和单身族 261
第13章　消费城市：购物和运动 286

第六部分　城市社会 / 315
第14章　美国和全球的郊区化模式 316
第15章　社会资本和城市弹性 345

前言

这本供本科生使用的第三版,一如既往地反映了我对城市社会学的学术兴趣,也反映了我对体验城市生活的那份始终不渝的热情。我在芝加哥社会学院的深厚学术基础有助于我了解并欣赏城市结构和进程的多样性,及其对城市居民日常生活的影响。然而,本文通过将芝加哥学派的传统与符号互动中获得的社会心理学视角结合起来,扩展了芝加哥学派的视角。同时,我从政治经济学角度对城市环境下的社会组织、社会变迁、阶层和权力进行了宏观层面的考察。

从我最早的记忆,家庭、朋友和邻居曾经都是与城市地理边界内的社区生活连接在一起。然而,我始终想离开我的街区,到"那个城市"去。先是和我的父母,后来又和朋友或者我独自一人去城市,目睹了我的朋友和同事洛芙兰(Lyn Lofland)所说的"陌生人的世界"。我曾经也是卡津(Alfred Kazin)所说的一个"城市的过客",而且,我很喜欢"闹市"里各种各样的活动,以及那种人声鼎沸和五光十色的体验。这本书中,我希望能激发读者对城市体验的热情和探究精神。我还想帮助学生了解人们作为城市和郊区居民的生活经历和意义的本质和细节。

本书第三版从整体上做的哪些重要变更

> 从世界角度看城市

从世界角度看城市: 第三版与前两版的主要不同之处是,在真正的全球范围内,而不仅仅是美国或"北半球的"框架内,去考察城市和正在不断变化的郊区的大都市区。正如各章列出的详细变更清单,我在文字和图示上对所有地方都做了实质性的修改,与学生就真正世界范围城市体验的性质进行交流。如同前两版,我继续把性别、种族、民族和阶级的问题与对城市生活和郊区生活的考察结合起来。同样，这本书继续倡导学科交叉的观点，包括城市地理学、城市史、城市文学、城市艺术和建筑史，把它们贯彻到本书的章节中，让学生对人们如何体验城市生活的认识更加丰富。

第三版始终努力把相关的新闻事件吸纳进来。为了进一步提高本书的时效性，在教学指导手册和本书教学网页上，我们增加了"衔接网站注释和教学提示"的部分，可以在那里与当前相关事件的新闻网站和录像短片衔接起来，此类最新发展是会延续下去的。指导教师和学生可以按照本书所阐述的主题和思维模式来评价、分析和解释这类事件。

| 新升级的图片描述 > | **新升级的图片描述**：第三版包括了175张照片和图表以及相关的说明，以我在这里概述的多种方式帮助学生体验城市。由于本书的视觉体验是如此重要，所以我希望从学生和指导教师那里得到反馈，以便在未来的新版中进一步提高图片的品质和范围。可以通过hutter@rowan.edu与我联系。 |

| 一些新的教学改进 > | **一些新的教学改进**：第三版每一章的结构和安排都有分层次的子标题（参见详细目录或每一章的目录页），目的是帮助学生区分一般概念和具体信息。这一版每一章的末尾都有一个结论和一组"思考题"，让学生可以检验他们对于本章重要概念知识的把握。 |

最后，本书增加了一种新的互动项目：

| 体验活动 > | 每一章的关键位置上安排了相应的**体验活动**。遵循帕克的名言，"找到脏了裤子的地方"，要求学生在每一个体验活动中真切地感受那个正在讨论的城市问题。通过体验活动，学生可以把他们生活的城市或他们在互联网上访问的城市变成一个活的实验室，研究现实生活中的社会学概念。 |

本版每一章做了哪些变更

第一部分 历史发展

第1章 概论

新的概论更新和整合了对世界城市化的讨论。我们生活在一个城市的世界，地球上超过50%的人口现在居住在城市里，不久的将来，城市化还会显著增长，所以，我们在展开研究之前首先认识到这一点是至关重要的。我使用了表格和图示方式表达的数据来支撑这个研究，而不是叙述一览。概论中增加了一个部分，专门介绍安德森（Elijah Anderson）对城市社会学的影响，对我的城市观的影响。安德森熟练地运用他的社会学形象研究阶级、性别、种族和民族因素以及这些因素如何影响城市居民的日常生活。

第2章 城市的出现

在讨论包括美洲和东亚在内的城市起源时，增加了更新的考古发现。

第3章 工业革命和城市社会学的兴起

使用了更好的照片来提高对工业革命和城市社会学影响的表达。

第二部分 不同学科的观点

第4章 芝加哥学派：城市生活研究和城市生态学

本章减少了对伯吉斯（Ernest W. Burgess）同心圆分区假说和其他城市生态学模型的讨论，而且，在第6章中，把它们与城市政治经济学的讨论联系起来。

第5章 城市规划

我重新安排了这一章，让概念的展开更有逻辑。这一章还增加了对俄勒冈州波特兰的讨论，从摩西（Robert Moses）的影响开始，延伸到作为一个动态发展城市的再生，这个再生的波特兰融入了许多新城市主义的主张。

第6章 城市政治经济学、新城市社会学和场所的力量

这一章对涉及的许多理论做了更好的安排，以期帮助学生理解和保留这些理论认

识。哈维（David Harvey）曾经讨论过20世纪70年代以后巴尔的摩的转变，我对他的讨论做了更新，加入了围绕2015年骚乱所发生的一系列事件。更新了有关费城独立宫旅游区总统府建设的描述。

第三部分 城市意象

第7章 城市意象

这一章更新了街头和社区艺术以及底特律艺术学院的发展，这个艺术学院是作为社区资源的美术馆的一个突出案例。

第8章 作为地标的摩天大楼

更新了对亚洲城市把摩天大楼作为地标的讨论，更深入地讨论了麦加皇家钟楼附近的发展。纽约伍尔沃斯大楼和大都会人寿保险大厦、莫斯科基督救世主主教座堂和中国香港天际线，最近这些年都有了变化，因此，每章对此做了更新。

第四部分 城市生活的社会心理学

第9章 体验陌生人和寻求公共秩序

更新了城市刺激超负荷和责任分散两个部分的内容。对快闪和"淘汰赛"的讨论做了更新。

第10章 "目睹的"混乱和恐惧生态

这一章淡化了对破窗理论的讨论，与此同时，增加了对拦截盘查政策、加纳在纽约市的史泰登岛被拘押时因窒息而死亡事件和因"举起手来，不杀"而激起抗议活动的讨论。本章将波士顿马拉松恐怖袭击事件作为案例来讨论街头监控摄像头问题。本章还谈到了巴黎《查理周刊》发生的恐怖袭击事件。这一章最后增加了一部分，专门讨论"避而远之的地方"和令人担心的生态问题。

第五部分 城市的人和场所

这一部分把旧版的城市的人和城市的场所两个部分合在了一起，变成一个部分。

第11章 城市社区和社会政策

这一章新增了涉及白人民族社群的"弥撒快闪"一节，这种"弥撒快闪"发生在原先许多城市民族村的民族的罗马天主教教堂。为了反映美国和古巴外交关系的变化，新版专门讨论了迈阿密的小哈瓦那和古巴的哈瓦那。对超级绅士化的讨论，对旧金山、伦敦、纽约的最新发展展开了讨论。更新了对无家可归者问题的讨论。

第12章 城市家庭、性别和单身族

这一章合并了旧版的第12章（性别）和第13章（家庭），同时对它们的内容做了更新。有关亲属关系、非洲裔美国人的亲属网、郊区家庭和亲属关系扩散等问题的讨论或是忽略了，或是更新了，有些资料放到了有关郊区化的第14章。对墨西哥美国人和全球移民做了压缩。专门设立了"没有孩子的城市"一节来讨论城市里的独居者。

第13章 消费城市：购物和运动

这一章把旧版的第13章（市中心商店）和第15章（篮球和垒球）合并了。压缩了有关这两个主题的材料。对华盛顿特区U街走廊的案例研究做了更新。

第六部分 城市社会

第14章 美国和全球的郊区化模式

旧版没有讨论密苏里州的弗格森和圣路易斯。弗格森是作为郊区贫民窟的案例来讨论的，而圣路易斯是作为城市振兴的案例来讨论的。有关郊区和道德的部分删去了。对全球郊区、封闭的社区、把门的城市、随意搭建的贫民窟等内容做了更新。

第15章 社会资本和城市弹性

这一章对互联网和虚拟社区的讨论做了更新。对新奥尔良在卡特里娜飓风灾害发生之后的重建所展开的讨论包括了最新进展和评估。这一章增加了一个新的小节，讨论全球许多城市在抵御灾难方面的脆弱性和迅速恢复的弹性。因为第三版把有关全球的内容贯彻到了全书的每一个部分，因此，旧版的第18章"全球城市"就删除了。

指导教师手册和题库

题库中包括了论文、多项选择和正确与错误选择的问题。在指导教师手册和网页中，我们增加了"衔接网站注释和教学提示"部分，与当前相关事件的新闻网站和录像短片衔接起来。得到资格认定的指导教师，可以在Routledge补充材料网站本书第三版的位置上下载。

致谢

这本书是我始终不渝地挚爱城市生活的结晶。我认为自己很幸运能够将我的城市体验与学术生涯结合起来。我最幸运的是，阿伦森（Sidney Aronson）、伯杰（Peter L. Berger）、法瓦（Sylvia Fava）、希尔（Reuben Hill）、李（Alfred McClung Lee）、迈尔斯（Audrey Myers）、斯通（Gregory P. Stone）、施特劳斯（Murray Straus）是我在布鲁克林学院和明尼苏达大学的老师，在如何发展我自己社会学想象的学术认识方面，他们给我提供了理论和方法。我的朋友和同事与我分享着对城市的热爱和对城市的认识，他们是：Jim Abbott, Michael Borer, Kathy Charmaz, Walter Carroll, Jay Chaskes, Jim Curtis, Donna Curtis, Joe Davey, Minna Doskow, Michael Farrell, Frank Falk, David Franks, Mary Gallant, Norman Goodman, Marilyn Goodman, Michael Gordon, Bobbi Gordon, Peter Grahame, David Karp, Jerry Krase, Irene Levin, Lewis Levin, Sandy Levin, Lyn H. Lofland, Patrick Luck, Marianna Luck, DeMond Miller, Melinda Milligan, John Myers, Robert Perinbanayagam, Wilhelmina Perry, Helen Searing, Tony Sommo, Jan Trost, William Yoels, Flora Dorsey Young和Margaret Zahn。选择我开设的"城市生活的社会心理学"、"城市社会学"、"郊区研究"、"体验城市"、"自我和社会"和"家庭社会学"等课程的学生，给我提供了一个机会，与他们探讨我的想法，帮助形成我的思想。

这些年，我的机会一直都很不错，参与了许多跨学科研究机构的工作，举办了跨学科讲座，这些机会有助于提高和塑造我的跨学科城市研究的视角。这些年，我参与了许多人文科学研究机构和讲座的国家基金项目，它们的负责人分别是：Avrom Fleishmann（约翰·霍普金斯大学）、Kenneth T. Jackson、Townsend Luddington, Joy Kasson（哥伦比亚大学）、Olivier Zunz（弗吉尼亚大学）、John Kasson（北卡罗来纳大学）、William Brumfield（杜兰大学）、James C. Curtis（密苏里大学以及莫斯科的分校）和Robert Bruegmann（伊利诺伊大学）。另外，我以安德鲁·梅隆高级研究员的身份参与各种讲座，受益匪浅，包括David M. Reimers主持的纽约大学访问学者人文社会科学讲座，以及新泽西州教育部提供资金，Virginia Yans-McLaughlin主持的罗格斯大学的研究项目。作为Theodore K. Rabb支持的普林斯顿大学新泽西州大学研究计划的参与者，与John Darley和Georges Teyssot一道参加了许多讲座。我要感谢他们和参与者帮助我拓宽了对城市体验的理论认识。

我参加过许多学会，如符号互动研究会、国际社会学荣誉协会（Alpha Kappa Delta）、国际社会学协会家庭关系理事会（RC06）和国家大学荣誉理事会，无论是建立友谊、同行关系还是增长学识，这些学术机构都让我获得了不可估量的收益。注册罗文大学社会学和人类学系以及邦迪格奥高级课程的学生们帮助我提高了对学术工作的追逐和热忱。邦迪格奥高级课程的助理Janice

Stokes和Francesca McClay对本书第一版的出版贡献很大，他们是最乐于助人、支持和同情我的人，因为我徒劳地试图平衡我的各种义务、职责和责任。罗文大学社会学和人类学系的行政助理Marianne McCulley在每一版的出版过程中，一直都在默默地帮助我浏览复杂的技术世界的计算机、打印机和传真。直到现在，罗文大学一直都资助我的研究，给我放学术假，让我有时间完成本书的编写和修改。

我还要感谢本书第一版的审稿人William Cross（伊利诺伊学院）和Peter Venturelli（瓦尔帕莱索大学），以及第二版的Donna Bird（南缅因大学）、Walter Carroll（布兰奇奥特学院）、Peter Grahame（宾夕法尼亚大学斯古吉尔分校）、Mark Hardt（蒙大拿州立大学比林斯分校）。我要感谢本书第一版的编辑们的支持：Allyn Bacon, Jeff Lasser, Karen Hanson, Sarah Dunbar Kelbaugh。

对于第二版，我还要感谢审稿人：Peter Grahame（宾夕法尼亚大学）、Walter Carroll（布里奇奥特州立大学）、Donna Bird（南缅因大学）、Mark Hardt（蒙大拿州立大学比林斯分校）。我要感谢编辑Karen Hanson（培生出版社）以及她的编辑助理Alyssa Levy和Christine Dore，还有Martha Shethar（培生出版社，摄影编辑）的一贯支持。

对于第三版，我要特别感谢以下审稿人提出的宝贵意见：

斯坦顿岛学院的A.Mukherjea,

肯特州立大学的Richard Adams,

罗杰斯特技术学院的Shana Siegel,

马萨诸塞-波士顿大学的Glenn Jacobs,

密西西比大学图帕洛分校的Diane Lindley,

北卡罗来纳大学夏洛特分校的Elizabeth Morrell,

莱特州立大学的Marlese Durr。

出版商Steve Rutter现在退休了，他曾经极力推动我调整本书第三版的教学特色和艺术方案，出一本完全符合指导老师和学生需要的教材。作为本书第三版的最勤奋的监督者，他积极参与决策，对本书的最终出版给予了无法估量的帮助。杰出的自由编辑Elsa Peterson纠正了我的布鲁克林语法，理清了我的思想，最重要的是，她对本书提出了具体的修改意见和补充建议。她开发并审查了"体验活动"和每一章结束时的思考题，提升了本书的品质，让读者对城市的体验更有意义。编辑助理Margaret Moore的编辑能力和理解都给了很大的支持。我还要感谢社会学编辑Samantha Barbaro和社会科学营销经理Joe Kreuser。

我的妻子、亲爱的Lorraine，已经和我一起去了美国的许多城市和世界各地。我们的孩子Daniel和Elizabeth同样热爱旅行和城市生活。他们已经超过我们一生中访问过的国家！我住在费城大都市区和美国的东北走廊，这让我有条件频繁地穿梭于许多城市之间。因为孩子们分别住在华盛顿特区、纽约和迈阿密海滩，这就不仅可以让我常常去那里看他们，同时可以欣赏他们对城市生活的看法，与他们分享城市体验。

马克·赫特

第一部分

历史发展
Historical Developments

第1章 概论

本章大纲

城市的世界
文明与城市
微观社会学、宏观社会学和体验的城市
符号互动论和城市生活研究
  W·I·托马斯：审时度势
  罗伯特·E·帕克：作为一种精神状态的城市
  安塞尔姆·L·施特劳斯：城市意象
  利恩·洛芙兰：陌生人的世界和公共场合
  伊利亚·安德森：种族和街头生活
符号互动论中的体验城市
在城里长大：个人漫长而充满艰辛的历程
结论
思考题

背景图：鸟瞰纽约这个巨大城市建筑密度和蔓延态势的纽约天际线。
（Source: Shutterstock.© dade72）。

当代世界正变得越来越城市化。21世纪是历史上第一次世界上一半以上的居民生活城市里。这个事实值得注意,因为200年前,世界绝大多数人口还是在乡村生活的。现在,所有的工业化国家都已城市化了,城市化进程正在世界范围内迅速加快。

城市的世界

现在,世界城市人口的增长速度比乡村人口的增长速度快2.5倍。根据北卡罗来纳州立大学和佐治亚大学使用联合国数据得出的结论,2007年5月23日周三,世界的城市人口在历史上第一次超过乡村人口(Science Daily,2007)。就在那一天,3303993253人生活在城市,3303866404人生活在乡村。到2050年,预计世界人口的66%会住在城市地区(United Nations,2014)。联合国《2014世界城市化前景修订版》预计,到2050年,世界人口会增加25亿。预计世界的城市地区会吸收这一部分增加的人口,而且,这一部分新增人口的90%集中在亚洲和非洲(United Nations,2014)。250年以前,我们只能把英格兰称之为城市社会,当时,大部分英格兰人生活在城市,而不是农场里或村庄里(图表1.1),今非昔比,不能不令人感叹。

图表1.1 世界城市和乡村人口,1950—2030

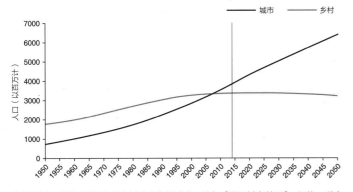

资料来源:联合国经济发展和社会事务部(人口处),《世界城市前景》。纽约:联合国,2004和2014。

与人类社会和文化的其他方面相比,城市是一种最近出现的现象。人口学家戴维斯(Kingsley Davis,1955)强调了这样一个事实:

> 与人类社会大部分其他方面相比——如语言、宗教、阶层分化或家庭——城市,以及城市化,不过是昨天才出现的事,也就是说,在人类发展的历史长河中,相当大比例的人口生活在城市仅仅是刚刚过去的几个时刻而已(Davis,1955:429)。

世界各地的城市化进程正在迅速加快,大部分人口增长和城市化出现在亚洲和非洲。1800年,世界人口中仅有3%在城市里生活(Hauser and Schnore,1965)。到了1950年,在城市里生活的世界人口达到29%;1975年,这个数字上升至37%,到20世纪和21世纪之交时,接近50%(47%)的世界人口生活在城市里。正如我们已经谈到的那样,到2050年,世界人口的66%可能会生活在城市里(United Nations,2014)。现在,大部分城市化区域,包括北美(生活在城市里的人口达到82%),拉丁美洲和加勒比地区(生活在城市里的人口达到80%),欧洲(生活在城市里的人口达到73%),亚洲(生活在城市里的人口达到48%),非洲(生活在城市里的人口达到40%),城市化正在提速,预计到21世纪中叶,亚洲生活在城市里的人口达到64%,非洲生活在城市里的人口达到56%(United Nations,2014)。非洲的城市人口总数是现在城市人口规模的3倍,而亚洲生活在城市里的人口会增加约61%。联合国预测,到2050年,世界城市人口的数量可能等于2004年的世界全部人口的总和。

1950年,世界上仅有75个城市的人口超过100万。现在,世界上有421个城市的人口超过了100万,200年前,那些城市中大部分是根本不存在的,它们中许多城市仅有最近75年的历史(Brinkhoff,2004;Population Reference Bureau,

2010）。按照联合国对2025年人口的估计，到2025年，世界上还会再出现100个城市居民超过100万人的城市。

最令人惊讶的是，人口超过1000万的巨型城市竟然奇迹般地增加了。托里（Barbara Boyle Torrey，2004）在给美国人口研究局撰写的报告中提出，世界城市化的最突出的特征是巨型城市的增加。1950年，世界上仅有2个巨型城市，一个是纽约，另一个是东京。1975年，世界上又出现了2个巨型城市，一个是上海，另一个是墨西哥城。1990年，世界有10个巨型城市；2007年，世界巨型城市的数字上升至19个，联合国估计，2016年，世界有28个巨型城市（United Nations，2008；United Nations，2014）。这28个巨型城市的合计人口数为4.53亿人，约占世界人口的12%。到2030年，联合国预计世界上会出现41个人口超过千万的特大城市（图表1.2）。

与20世纪以前的人口增长模式和城市化速度相比，当代世界城市化的速度令人惊叹。仅仅在最近这个伴随着工业革命的200年里，才有了相当比例的人口在城市里生活。据悉，城市第一次出现距现在大约有7000—10000年了，实际上，那时地球上的人类人口总量大约为500万，相当于现在亚特兰大都市区的人口总量（World Population Review，2014）。随着农业的进步，人类脱离了狩猎和捕获经济，从而导致人口加速增长。从城市出现，直到公元1世纪，世界人口长期稳定在2.5亿左右。从公元1世纪开始，大约用了1650年，世界人口翻了一番，达到5亿，然而，仅用了200年的时间，从1650年至1850年，世界人口再翻了一番，达到10亿。随后，从1850年至1930年，世界人口再增加了20亿。

到了1975年，过去了45年，世界人口再次翻了一番，达到了40亿。20世纪结束时，世界人口达到了60亿。仅仅用了10年，2011年，世界人口闯过了70亿大关（图表1.3）。这次增长的人口大部分

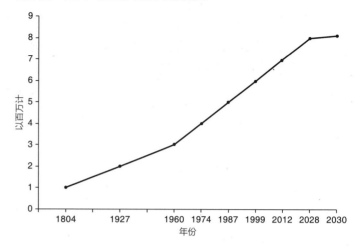

图表1.3　1804—2030，世界人口曲线图

资料来源：联合国经济发展和社会事务部（人口处），《世界城市前景》。纽约：联合国，2004年和2014年。

是在最贫穷和欠发达的非洲，南亚和拉丁美洲国家。他们几乎都住在世界欠发达国家的城市地区。

20世纪下半叶，城市人口爆炸是前无古人的。第一次城市革命大约发生在距今1万年前后，伴随着城市的诞生与发展。随后的第二次城市革命发生在11180年以后（公元1800年），这次城市革命是由工业革命引起的——首先由英国，而后由德国、法国、美国的西方资本主义领导，然后，通过欧洲殖民化传遍全世界。从现在的角度看，21世纪第二个10年的中期，我们有可能看到，第二次世界大战结束后展开的这种城市化模式会遍布全球。实际上，第三次城市革命正在展开，其特征是非西方国家城市的大规模城市增长，其结果是全球城市化。

1950年，第二次世界大战结束5年后，世界上15个最大的城市基本上都是西方国家的城市，纽约成为当时世界上最大的都市区。按照联合国的数据（United Nations，2004），到2000年，仅有2个美国城市还在世界15个最大城市清单里，纽约和洛杉矶，分别居于第3位和第10位。2025年，预计纽约会滑到第9位（图表1.4）。同一年，洛杉矶会下降为第17位，所以，洛杉矶不再在世界15个最大城市之列。

图表1.2 人口超过1000万以上的城市群：1950年、1975年、2003年和2015年（以百万计）

排序	1950年 城市群	人口	1975年 城市群	人口	2003年 城市群	人口	2015年 城市群	人口
1	美国纽约	12.3	日本东京	26.6	日本东京	35.0	日本东京横滨	37.8
2	日本东京	11.3	美国纽约	15.9	墨西哥墨西哥城	18.7	印度尼西亚雅加达	30.5
3			中国上海	11.4	美国纽约	18.3	印度德里	25.0
4			墨西哥墨西哥城	10.7	巴西圣保罗	17.9	菲律宾马尼拉	24.1
5					印度孟买	17.4	韩国首尔仁川	23.5
6					印度德里	14.1	中国上海	23.4
7					印度加尔各答	13.8	巴基斯坦卡拉奇	22.1
8					阿根廷布宜诺斯艾利斯	13.0	中国北京	21.0
9					中国上海	12.8	美国纽约	20.6
10					印度尼西亚雅加达	12.3	中国广州佛山	20.6
11					美国洛杉矶	12.0	巴西圣保罗	20.4
12					孟加拉国达卡	11.6	墨西哥墨西哥城	20.1
13					日本京都大阪	11.2	印度孟买	17.7
14					巴西里约热内卢	11.2	日本京都大阪	17.4
15					巴基斯坦卡拉奇	11.1	俄罗斯莫斯科	16.2
16					中国北京	10.8	孟加拉国达卡	15.7
17					埃及开罗	10.8	埃及开罗	15.6
18					俄罗斯莫斯科	10.5	美国洛杉矶	15.1

续表

排序	1950年 城市群	人口	1975年 城市群	人口	2003年 城市群	人口	2015年 城市群	人口
19					菲律宾马尼拉	10.4	泰国曼谷	15.0
20					尼日利亚拉格斯	10.1	印度加尔各答	14.7
							阿根廷布宜诺斯艾利斯	14.1
							伊朗德黑兰	13.5
							土耳其伊斯坦布尔	13.3
							尼日利亚拉格斯	13.1
							中国深圳	12.1
							巴西里约热内卢	11.7
							刚果共和国金沙萨	11.6
							中国天津	10.9
							法国巴黎	10.9
							秘鲁利马	10.8
							中国成都	10.4
							英国伦敦	10.2
							日本名古屋	10.2
							巴基斯坦拉合尔	10.1

1. 涉及纽约—纽瓦克城市化地区
2. 涉及洛杉矶—长滩—圣安娜城市化地区

资料来源：联合国经济发展和社会事务部（人口处），2004。《世界城市前景》：2003年修订版。纽约：联合国；《世界城市地区人口》（第11版：2015：01）。http://www.demographia.com/。

注：由于变量不同对大都市区的人口估计也不同，如都市区边界的划分等致人口数量有别。

图表1.4 世界15个最大城市群人口规模

排序	1950年 城市群	人口	1975年 城市群	人口	2000年 城市群	人口	2025年(预计) 城市群	人口
1	美国纽约	12.3	日本东京	26.6	日本东京	35.0	日本东京横滨	37.8
2	日本东京	11.3	美国纽约	15.9	墨西哥墨西哥城	18.7	印度尼西亚雅加达	30.5
3	英国伦敦	8.361	中国上海	11.4	美国纽约-纽瓦克	18.3	印度德里	25
4	法国巴黎	5.424	墨西哥墨西哥城	10.7	巴西圣保罗	17.9	菲律宾马尼拉	24.1
5	苏联莫斯科	5.356	日本大阪京都	9.844	印度孟买	17.4	韩国首尔仁川	23.5
6	中国上海	5.333	巴西圣保罗	9.614	印度加尔各答	13.8	中国上海	23.4
7	德国莱茵鲁尔北	5.295	中国上海	9.43	中国上海	12.8	巴基斯坦卡拉奇	22.1
8	阿根廷布宜诺斯艾利斯	5.041	阿根廷布宜诺斯艾利斯	8.926	阿根廷布宜诺斯艾利斯	12.58	中国北京	21
9	美国芝加哥	4.999	法国巴黎	8.63	印度德里	12.44	美国纽约	20.6
10	印度加尔各答	4.446	中国北京	8.545	美国洛杉矶-长滩-圣安娜	11.814	中国广州佛山	20.6
11	日本大阪京都	4.147	印度加尔各答	7.888	日本大阪京都	11.165	巴西圣保罗	20.4
12	美国洛杉矶-长滩-圣安娜	4.046	苏联莫斯科	7.623	印度尼西亚雅加达	11.018	墨西哥墨西哥城	20.1
13	中国北京	3.913	巴西里约	7.557	中国北京	10.839	印度孟买	17.7
14	意大利米兰	3.633	英国伦敦	7.546	巴西里约	10.803	日本大阪京都	17.4
15	德国柏林	3.337	印度孟买	7.347	埃及开罗	10.398	俄国莫斯科	16.2

资料来源：联合国经济发展和社会事务部（人口处）。《世界城市前景》：2003年修订版；《世界城市地区人口》（第11版）：2015：01。http://www.demographia.com/。

注：由于变量不同对大都市区的人口估计也不同，如都市区边界的划分导致人口数量有别。

图表1.5　2015年，12个人口超过2000万的城市的世界分布图（人口以百万计）

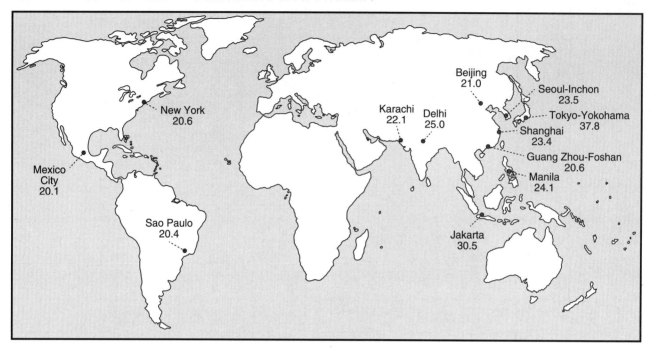

体验活动1.1：口述历史

向你的祖辈和其他老年人询问他们在乡村、城镇或城市成长的记忆。从他们年轻的时候开始到现在，他们观察到了什么变化？他们的观察与文中所述的倾向一致吗？

2013年，在人口超过1000万的城市中，有16个在亚洲，5个在拉丁美洲。只有2个城市（纽约和洛杉矶）在美国，3个城市（伦敦、莫斯科和伊斯坦布尔）在欧洲（图表1.5）。

世界城市化发生在人口超过1000万的城市里，甚至发生在人口100万的城市里。不仅如此，联合国（United Nations, 2014）的研究显示，在世界39亿城市居民中，有接近50%的城市居民是居住在人口不到50万的城市里。这个判断提醒我们，实际上，只有1/8的城市居民居住在巨型城市里，世界上增长最快的城市是相对比较小的城市聚居点。当然，不容置疑的事实是，我们现在正生活在一个城市的世界里，随着时间的推移，这个城市的世界会变得更加完善。

这种城市人口增长的关键因素是什么？城市人口增长与全球经济相互联系、全球政治相互联系、全球社会相互联系和全球环境相互联系。社会学家已经开始使用后工业城市这样的术语来描述处于新的经济现实中城市，新的经济现实的基础是全球金融和全球电子信息高速网。全球运转的跨国公司在萨森（Saskia Sassen）所说的全球城市里控制着全球经济生产。那些全球城市本身不是以生产为基础的：那些全球城市出现在分散化地区的其他一些地方，它们日益融入地方、与国家和全球发生联系。萨森把全球城市定义为，"因为那些城市集中了指挥功能，操纵世界市场的高水平生产服务型企业；更进一步讲，那些城市在经济上和比较宽泛的社会结构上具有高水平的国际化，所以成为全球经济战略要地的城市（Sassen, 1994: 154）。"换句话说，这些全球城市是全球经济的执行中心，发展处于不断变化中的国际城市中心的推手。全球经济不仅充满活力，全球经济还是那些公司为其经济收益延续下去的空间。

作为工业革命产物的第二次城市革命的后果是什么呢？现在正在展开的作为后工业城市的第三次城市革命的后果是什么呢？无论第二次还是第三次城市革命，城市的贫困人口总是遭受着更大的痛苦。19世纪和20世纪早期的欧洲和美国城市，工业化和城市化常常导致住房短缺、恶劣的卫生条件、难以置信的拥挤和社会问题，如居高不下的犯罪率、青少年犯罪和婚姻破裂。除此之外，城市基础设施，如给水排水设施、交通设施、消防设施、社会治安设施和医疗设施，都不能适当满足城市人口增长的需要。

目前发生在发展中国家的迅速城市化的消极后果甚至更为严重。最常见的就是在城市郊区发展起来的大规模贫民窟。这些贫民窟不同于19世纪城市中心地区的那些贫民窟。在发展中世界的许多城市，住房一直都处于严重不足的状况之中，导致那些不符合建筑规范滥建的棚户区缺少基本公共工程设施：供水、卫生设施、垃圾处理、供气和供电，也缺少学校、警力和消防设施。

负担不起标准住房或公寓费用的穷人居住在这些郊区贫民窟里。城市生活会比乡村生活好，正是这种愿望让数百万人口聚集到发展中国家的那些城市，然而，发展中国家不能有效控制那些城市的人口增长，所以，常常导致涌入城市的人口不能充分就业，使得他们依然生活在贫困之中。尽管居民们做了大量的工作，但是他们依然摆脱不了犯罪、青少年流氓团伙、性剥削和暴力之类社会问题的困扰。

达拉维是印度孟买城市边界内的一个规模巨大的贫民窟，它最好地代表了发展中国家现在正面临的困境。孟买是世界上巨型城市之一，人口超过1700万，而且，孟买现在还在迅速增长。许多公司总部设在孟买，如宝莱坞，众所周知

图1.1 印度的达拉维是世界上最大的贫民窟之一。它坐落在孟买的边沿上，达拉维有着非常活跃的地下经济，以家庭作坊为基础。电影《贫民窟的百万富翁》曾经以那里为拍摄背景

的印度的好莱坞。实际上，观众就是通过宝莱坞的电影《贫民窟的百万富翁》（2008）了解了达拉维。

达拉维位于原先的沼泽地里，当地居民原先依靠捕鱼为生。孟买在20世纪逐步发展起来，达拉维也随之而扩大。现在，估计达拉维贫民窟里居住着30万—100万人。这里的居民来自印度的四面八方。所有的来人都有一个愿望：逃出乡村艰难困苦的生活。

以家族生意为中心的地下经济给达拉维的许多居民提供了工作机会。估计孟买大大小小的贫民窟拥有孟买80%的就业岗位，许多就业岗位是在"工厂"或血汗工厂里（Smith，2014）。回收是靠近孟买垃圾场的贫民窟里的一个主要就业行业，没有分类的垃圾里包含了大量的废布、塑料制品、玻璃、纸张、废旧电子产品和其他一些废弃的耐用品。史密斯的判断是："孟买是一个富裕和贫困、景色迷人和肮脏至极混杂在一起的城市，两个方面形成巨大反差，所有的东西都是有价的，于是，在极端恶劣的工作条件下，人们在垃圾堆里寻找着所有可以出卖的东西（2014：133）。"

史密斯提出，达拉维是自相矛盾的。达拉维有繁荣的地下经济，但是，它又是一个贫民窟。达拉维是孟买的组成部分，但是，达拉维有它自

己的特征和盘根错节的社会联系，达拉维的就业率很高但犯罪率却很低，达拉维的生活条件恶劣到令人震惊的程度——"极其糟糕的公共卫生状况"（Smith，2014，134）。史密斯发现，走进达拉维，污水和有毒化学品的混合气味便会扑面而来。他接着说：

老鼠随处可见，匆匆地穿行于垃圾和人们的家里。数百人共用一个厕所，这个厕所可能就是一个简陋的棚子，里边有一个坑，坑下是一条污水沟。饮用水管穿过敞开的污水沟和污水洼，所以，常常引起白喉和伤寒之类的疾病。尽管生活条件如此恶劣，达拉维的居民对他们的家和社区感到自豪（Smith，2014，134）。

达拉维不过是本书要考察的数以百计的案例之一，我们正是通过这些案例来研究城市化、城市增长、城市转型如何影响着城市居民的生活——城市生活的特点。我们把城市化定义为一个城市或都市区的扩展。比较具体地讲，城市化是指生活在城市、城镇等城市地区里的人口占总人口的比例，城市化涉及城市人口相对乡村人口的比例的增加。城市增长是指在一个设定的时期里，相对那个时期开始时的人口数量和建成区的土地面积，城市人口或建成区面积的增加速度。城市转型是指从乡村、农业主导的社会转变到城市、非农业的社会的人口重新分布。我们把城市生活的特点定义为，城市化、城市增长和城市转型对城市人口产生的各种社会的和心理的影响。城市生活的特点涉及城市居民的社会规范、价值观念、生活习惯所决定的行为模式和社会模式。

城市人口增长的关键因素是什么？经济的、政治的、社会的和环境的全球相互联系是什么？对于具有悠久历史的西方城市来讲，对于世界其他部分迅速发展起来的新城市来讲，极端迅速的城市人口增长对城市居民有什么影响？极端迅速的城市人口增长如何影响人们的生活？人们如何体验城市呢？

文明与城市

人类进步的观念，城市等于文明的基本信念，一直都与城市增长联系在一起。我们常常把文明定义为一种高度发达的社会和文化。与这个定义相伴的是这样一种观念，城市是文明的中心。文明（civilization）和城市（city）这两个词在词源上是有联系的。实际上，文明（civilization）这个词的词源可以追溯到拉丁语的城市（civitas），这个拉丁语的城市既指城市，也指城市居民—市民。城市的（Urban）这个词本身来自拉丁语的urbs，是指构成一座城市的那些建筑或形体构造—建成环境。由建筑、桥梁和道路构成的建成环境形成了城市的形体结构，与此同时，这个建成环境还是组成这个社区的城市居民之间的相互作用和关系。我们特别强调这个观念，城市居民之间的相互作用和关系是建成环境。

20世纪最著名的城市学家之一，芒福德（Lewis Mumford，1938），提出了城市的根本重要性，提出了人类文化的表达：

正如我们在历史中看到的城市那样，城市是一个社区实力和文化的最大集中点。城市是错综复杂的社会关系的形式和象征：是庙宇、市场、法庭、学校的所在地。文明的成果在城市里得到繁殖和繁衍；人的感觉经验在城市里转变成可以延续下去的标志、符号、行为模式和制度。城市集中了文明的种种问题：习俗礼仪在时间的长河中融合到了完全分化的和自我意识的社会的活剧中（Mumford，1938：3）。

以拉丁语城市（civitas）为词源的文明

（civilization）这个词，反映了人类文化源于城市生活的看法。城市在文化转变中一直都发挥着历史性的作用，城市是新的思维状态得以播种、生根和开花的土壤。根据法瓦（Sylvia Fava）和她的同事吉斯特（Noel Gist）的定义，"文明"指"一种复杂的社会制度，这种社会制度让它的成员以不同于野蛮社会的方式相互作用"（Gist and Fava，1974：3）。

"城市的行为举止把人造就成自由人"，这是中世纪的一句谚语，是说一个奴隶只要在城里待上101天，他就可以变成一个自由人（Clapp，1984：11）。城市深刻地影响了人们在小乡村社区的狭隘控制下形成的思想和观念，所以，我们虽然借用这个谚语，但它的意义上已经大大扩展了。帕克和伯吉斯（Park and Burgess）在他们称之为《社会学概论》的那个讲座中提出：

个人找到机会，找到各种各样可以做的事，发现城市生活中无尽的潜意识下的合作，就此而言，把城市描述为自由人的自然环境的这个谚语还包括，有机会选择他自己的空闲，选择发展自己的个人才华（Park and Burgess，1921/1970：352）。

本书主要关注就是城市对人类感觉经验的影响。20世纪最优秀的社会学家之一，戴维斯（Kingsley Davis，1909—1997）说，在世界历史的进程中，城市发展体现了"整个社会生活模式的根本变化——而且，城市发展影响了生活方式的所有方面"（1955：429）。

哈佛大学的城市经济学家格莱泽（Edward Glaeser，2011）认为，城市的伟大和城市的最终"胜利"都源于这样一个事实，城市扩大了我们的优势，城市是我们最大的发明。《城市的胜利》这本书的副标题突出了格雷泽的看法：

"我们最大的发明如何让我们更加富裕、更加智慧、更加绿色、更加健康和更加幸福。"成功的城市吸引着那些以合作方式工作的具有创造性的人们。随着历史的发展，人们从本国的乡村地区迁徙到城市；随着交通技术的巨大进步，人们跨出国门，迁徙到世界上的各个城市。

让人们有面对面交流的机会，吸引有才能的人，使用竞争和鼓励创业的政策，都会影响有才能的人，造成社会和经济的流动。城市正是借助这些因素刺激创新，聚集到城市里来的人们能够分享观念和创新。城市是创造性生长的肥沃土壤。格莱泽认为，当人们在城市里面对面交流时，城市就繁荣。电话到互联网的技术革新是在补充社会互动，而不是取代了社会互动。

自柏拉图和苏格拉底在雅典市场里激辩以来，遍布全球的城市一直都是革新的引擎。佛罗伦萨的大街给我们带来了文艺复兴，伯明翰的大街给我们带来了工业革命。当代伦敦、班加罗尔、东京的繁荣源于这些城市能够产生出新思想。走在鹅卵石铺装的人行道上，或者横过交叉路口，穿过环岛，或走在高架公路下，无论漫步在这些城市的什么地方，人类的进步历历在目（Glaeser，2011：1）。

我会在这本书里反复谈到文明与城市的关系。现在，我要强调，《体验城市》考察的是，人们如何在他们的日常生活中体验城市。当然，为了从微观层次上了解"城市生活的社会心理学"所涉及那些事情，我们必须对宏观层次的城市特征有一个基本了解，也就是说，我们必须知道政治制度、经济制度、社会制度和文化制度如何影响着城市。

微观社会学、宏观社会学和体验的城市

人们如何在城市的建成环境中相识和互动，这是一种微观层次的社会学研究，一些社会学家把研究重点放在这类问题上。微观层次的社会学集中研究人们互动的动力模式，尤其是研究人们互动的动力如何影响处于一种社会环境中的个人。还有一些社会学家集中关注经济制度和政治制度，研究经济制度和政治制度如何影响城市建成环境的土地使用模式，研究建成环境的土地使用模式如何反映经济制度和政治制度，这是一种宏观层次的研究。宏观社会学集中研究社会结构和组织的相互关系。我们需要研究经济因素和政治因素之间的相互作用，研究社会因素和文化因素之间的相互作用，这样，我们才能认识经济因素和政治因素之间的相互作用如何影响社会结构和组织，社会因素和文化因素之间的相互作用如何影响社会结构和组织。

微观社会学的符号互动论一直强有力地影响着我对城市生活的研究，因此，本书的指导思想就是符号互动论。符号互动论研究人们如何使用共享的符号确定他们所处的环境，赋予他们所处环境的意义，同时，研究人们如何使用共享的符号让他们的世界产生意义。符号互动论的研究中，包括了身份的建立、社会化和互动模式。当然，最重要的是，城市政治经济学提出的宏观社会学方式一直深刻地影响着符号互动论的分析。城市政治经济学研究政治制度和经济制度，如社会阶级、专业分工、劳动分工、权力和权威如何改变着城市的大规模结构和特征，与此同时，城市政治经济学研究政治制度和经济制度如何影响土地使用模式和建成环境。

我设法论证，从实践中得来的直接城市经验如何通过微观因素和宏观因素的相互影响而显现出来。宏观社会学的研究一般认为，社会的大规模结构性特征，或社会的文化和价值体系，决定着人们之间的微观互动模式。实际上，人们的创造性也是在他们的互动中产生出来的，但是，人们在他们的互动中如何产生出他们的创造性，此类分析或认识寥寥无几。社会规范和习俗、世俗的法律和神圣的宗教、经济和阶级、社会推崇的意识和意识形态决定了人们之间的大部分社会互动。比较而言，微观社会学的研究强调的是，个人自然迸发出来的各种创造性，强调不确定的自然发生的社会相互作用。第一、个人在直接经验中体验到符号，进而在心理上呈现出来结构和组织的意义和模式；第二、人们常常对社会互动做有区别的解读，我们只有通过考察这两个方面，才能适当地研究社会互动模式。宏观因素和微观因素对个人、对直接经验在心理上呈现出来的结构和组织都存在着种种影响，很可惜，我们常常没有重视或根本没有认识到这个事实。

随着19世纪欧洲社会的巨大变化，社会学作为一门科学诞生了，当时，社会学认为，非工业的和乡村社区发生的各种变化，都是工业革命和乡村迅速转变成城市的结果。那些从微观角度出发的社会学家集中关注了乡村社会到城市社会的变化，特别重视从乡村社会到城市社会的变化如何影响人们的心理状态，如何影响他们曾经有过的那些与家人、邻里、朋友和陌生人互动的模式。那些从宏观角度出发的社会学家集中关注了正在变化中的社会体制，把变化的社会体制看成以农业为基础的乡村经济向以制造业为基础的工业经济转变的结果。那些从宏观角度出发的社会学家当时关注的中心问题是，人口从乡村向城市的迁徙，正在出现的经济和阶级的结构和制度，城市增长模式。我会在下一章里集中讨论导致工业化、城市化乃至现在这个城市的世界的政治因素和经济因素。现在，我还是想先具体谈谈符号互动论的观点，谈谈如何从符号互动论的角度研究人们如何通过他们的体验来认识城市。

> **体验活动1.2：微观问题和宏观问题**
>
> 把你的城市或你选择的城市的一些微观和宏观问题列出一张清单。你打算如何去研究这些问题中的一个或多个呢？

符号互动论和城市生活研究

符号互动论是本书的基础。符号互动论是一种社会心理学的观点，这种观点首先有一个基本假定，人们是他们所面对的那个环境的积极解释者。进一步讲，人们对环境的反应是建立在他们自己对那个环境各种解释的基础上的。通过对那个环境的解释过程，我们可以看到那些客观环境状况会如何影响人的行为。我们否认，人的行为仅仅是对那个环境所做的一个机械的或自动的反应。芝加哥大学的哲学家米德（George Herbert Mead，1863—1931）当时开了一门很受欢迎的课程——社会心理学。米德去世后，学生们把他们听那门课所做的课堂笔记编辑出版成了一本书——《思维、自我和社会》。这本书阐述了符号互动论的理论假设。

米德的一位学生——布鲁默（Herbert Blumer，1900—1987）建立了用于城市研究的符号互动论的基本原理。在米德不能讲课之后，布鲁默承担了社会心理学的课程。布鲁默在加利福尼亚大学伯克利分校讲授这门课程长达25年之久，正是布鲁默创造了"符号互动"这个术语，布鲁默成为发展符号互动论的关键人物。

在人类活动中意义的重要性、意义的来源，以及在解释人所面对的客观事物或情形中意义所发挥的作用，布鲁默概括了与这三大问题相关的基本假定：

1. 人类的所作所为都是以那些事物对他们的意义为基础的。

2. 事物的那些意义是在人们之间的互动中产生的。

3. 面对客观事物或情形，人们通过他们的解释活动掌握或调整那些客观事物或情形的意义（Blumer，1969：2）。

卡普、斯通和尤尔（Karp，Stone and Yoels，1977）在他们的重要著作——《成为城市的》一书中，简明扼要地总结了如何使用符号互动的观念来研究社区和城市建成环境：

符号互动观念的基础其实不复杂，人类在相互作用中展开的活动、思考、反应构成了社会，而且解释人类。支配人类的并非只有人类无法控制的各种力量。作为符号互动论者，我们认为，人们在社会生活中创造着他们的世界。这样，现实世界是在社会意义上建造起来的，为了认识人的行为，我们不能不去研究人们创造和改造社会的那些活动。人们赋予环境意义，人们赋予环境的那种意义影响他们的行为及其后果，对于那些接受了符号互动论假定的人来讲，关注任何社会心理现象的目的无非是建立上述二者之间的关系（Karp et al.，1977：vi）。

符号互动论者认为，我们不应该单从建筑、道路、街坊和城市的建成环境结构或特征上认识环境空间。我们还应该从环境空间对人们的符号意义上认识建筑、道路、街坊和城市。这种看法承认，因为社会、政治、文化、教育、宗教和经济因素的存在，环境空间对人们的意义是不同的。掌握权力的人和集团能够通过控制社会规范和价值来影响社会建设。因此，社会、政治、文化、教育、宗教和经济因素如何能够在解释社会现实中发挥作用，不是或不完全是符号互动论的重点。

在随后的章节里，我们还会反复谈到理论界限。现在，我打算先考察符号互动的基本假定以及符号互动如何确定了人们思考建筑环境和体验城市的方向。我会考察5位重要社会学家的思想，托马斯（W. I. Thomas）、帕克（Robert E. Park）、施特劳斯（Anselm Strauss）、洛芙兰（Lyn H. Lofland）和安德森（Elijah Anderson），他们的理论覆盖了整个20世纪，而且进入了21世纪。这5位社会学家都很好地观察了市民们如何体验城市生活。与此同时，他们观察的理论方向都是符号互动论的，在提高我们对城市发展的认识上，符号互动论提供了一种分析角度。

W·I·托马斯：审时度势

我要再次重申，符号互动的一个基本假定是，一个人对某人行为的反应是以附加在那个人行为上的意义为基础的。问题是如何得到附加在人们行为上的那些"意义"。一般情况下，那些意义反映了主流文化的社会规范和价值，人们是在他们社会化的过程中，学习到了那些主流文化的社会规范和价值。我们与人们在一个社会背景下相互作用，这种互动影响了附加在人们行动上的那些意义。波尔格和卢克曼（Berger and Luckmann，1966）把这个看法上升到另一个层次上，他们提出，我们可以把现实本身看成通过社会互动建设起来的。这样，在参与社会互动的各种活动中，人们产生的感觉、心得和理解会影响他们正在建设的那个"现实"。

托马斯（W. I. Thomas，1863—1947）曾经是一位很有影响的社会学家，20世纪前期，他在芝加哥大学工作。托马斯强调个人、社会生活和文化相互依赖的重要性。他在《没有教养的姑娘》一书中首次提出了"审时度势"[1]的概念（1923），他认为，一个人在行动之前，都会观察、分析和权衡当时的情景，然后做出反应。人们了解托马斯最有可能就是因为"审时度势"这个概念。1928年，托马斯在《美国儿童》中提出了他的著名定理（Thomas and Thomas，1928：572）："识时务者为俊杰。"[2]托马斯的判断是，人的行为最终是主观的。他提出，人们不仅观察分析时势的客观特征，而且，他们还就那个时势对他们的意义做出反应，识时务。社会互动的关键部分恰恰是，人们在一定时势下对他人行为的理解或审时度势。

为了认识人的行为，我们需要知道人们如何审时度势。托马斯认为，"审时度势"是人的行为的基础。进一步讲，他认为，个人的审时度势可能与社会的审时度势有差别，而且，个人有可能反映他（她）所属群体的那种审时度势。以托马斯的理论为基础，卡普等人（1977）提出，人们对他们面对的客观的社会状态、特征、群体归属感的理解可能很大程度地影响他们的行为。影响他们作为城市居民的认同感："社区感可能蕴藏在一个人对一座城市的认同感里。简单地颁发城市居民证书很难感受到这种认同感的"（Karp et al.，1977：78）。"

在与兹纳涅茨基（Florian Znaniecki，1882—1958）合著的《身处欧美的波兰农民》一书中，托马斯考察了20世纪早期芝加哥的波兰移民。《身处欧美的波兰农民》是托马斯最有影响的著作，许多当代重要理论家们，如科塞（Lewis Coser，1977），都认为这本著作是美国社会学研究的重要里程碑。《身处欧美的波兰农民》使用传记方式展开对移民的跨国研究。托马斯与兹纳涅茨基当时把研究重点是放在波兰乡村农民移民如何适应芝加哥这样的大城市。他们利用历史案

---

[1] 有人把"the definition of the situation"直译为"情景定义"，其实，英语的"definition"包含了很多意思。我认为，"definition"在这里的意思可能是"确定"，确定我们面对的情况、时势或情势。如果我的判断不错，"审时度势"这个成语能够按照中国文化最好地表达托马斯理论的这个关键术语：观察分析时势，估计情况的变化。——译者注

[2] 如果我们使用了"审时度势"，那么，随之而来，我们就可以用"识时务者为俊杰"来表达著名的托马斯定理了："If men define situations as real, they are real in their consequences."同样，有人把这个直译为，"如果人们把情境界定为真实的，那么它们在结果上也就是真实的。"还是读者自己去理解吧。——译者注

例、移民们的来往信件，波兰的报纸，波兰裔美国人教区和组织的文件，展现了丰富多彩的个人生活画卷。据说，托马斯对个人文件的兴趣是事出有因的，一位女波兰裔移民从窗子扔出的一团废纸正好砸在托马斯的身上，这团废纸里包含了一封私人信件。这件事已经成了一段社会学界流传的佳话。

托马斯与兹纳涅茨基对具体描述个人的审时度势和他们的家庭和社区归属及其背景之间的联系很感兴趣。例如，他们写道，一群没有受到教育的年轻人被迫在条件恶劣的作坊和工厂里劳作，那些年轻人觉得，抢银行可能更容易一些。托马斯与兹纳涅茨基的判断是，这些年轻人错误地判断了成功抢劫银行的困难，他们的错误判断会导致对他们得到很不利的后果。科恩布鲁姆和朱利安（Kornblum and Julian，1998：13）使用了这个例子得出了这样的结论："从互动论者的观点看，个人或一个群体的审时度势是他（他们）认识那个人或那个群体行动的核心。"

《身处欧美的波兰农民》的重要意义在于，托马斯与兹纳涅茨基证明了社会环境对个人认识他们的生活和境遇的重要性，而且，证明了个人如何通过审时度势去影响和改变他们所面对的社会环境。在评价《身处欧美的波兰农民》时，阿博特（Andrew Abbott，1999：208）提出，《身处欧美的波兰农民》"揭示了复杂的社会环境因素如何影响个人生活，而个人如何反作用于他们所面对的社会环境和社会制度。这样，个人与社会的关系彼此成为对方的背景。"

2012年2月26日，佛罗里达桑福德的一个封闭社区的自愿看守人齐墨曼（George Zimmerman）射杀了一名年仅17岁的非洲裔美国中学生马丁（Trayvon Martin）。这场悲剧说明了"审时度势"如何影响着行为人。假设在这个封闭社区的路上走的是一名中年或老年的男性或女性白人，会有人叫他（她）停下来加以盘问吗？更不用说不问青红皂白开枪打死他（她）了。但是，当代社会盛行的恐惧文化正在影响着人们的许多互动。实际上，许多人搬进封闭社区的一个基本原因就是他们对社会治安的担心。他们把封闭社区看成一个避难所，避免与不良的陌生人不期而遇，特别是那些身着"连帽衫"的非洲裔男性混混。齐墨曼可能已经受到了这种恐惧文化的影响，他的"审时度势"让他判定马丁不是好人。齐墨曼叫住马丁，在随后的冲突中，他枪杀了马丁。按照佛罗里达的"坚持你的立场"法律，警察觉得，没有证据否定齐墨曼所声称的自卫，也不能否定他有保护他自己的权利。"坚持你的立场"的原则提出，如果一个人合理地认为，他（她）的身体乃至生命已经受到威胁，他（她）有权保护他（她）自己。这种保护自己的权利包括使用各种手段，包括致对方于死地的手段。因此，警察没有逮捕齐墨曼。经过随后的调查和聆讯，法庭宣告他无罪，驳回了对他犯有二级谋杀罪和过失杀人罪的诉讼。认定一个年轻的黑人少年是一个危险的陌生人，假定一个中年或老年的男性或女性白人是没有危险的人，人们可以问，为什么这种判断是"合理的"？种族主义是一个因素吗？种族主义影响了齐墨曼的态度和行为，或影响了警

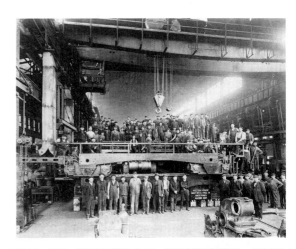

图1.2 这是一张可能摄制于1910—1920年期间的照片，100名工厂工人站在他们制造的100吨重的起重机前，地点是伊利诺伊钢铁公司的南工程机械车间。20世纪早期，美国移民的工作条件和生活状况是极端困苦的。资料来源：Associate Press

察或陪审团的态度和行为吗？对于马丁来讲，这个错误的审时度势导致了他不幸的死亡。重复一遍，"识时务者为俊杰。"

罗伯特·E·帕克：作为一种精神状态的城市

帕克在德国受教于齐美尔，所以，帕克（Robert E. Park，1864—1944）受到齐美尔（Georg Simmel，1868—1918）的思想影响不足为怪。齐美尔的社会学强调，不要把城市完全当作一种形体来加以研究，我们还需要研究城市生活对它的居民的社会心理的影响。齐美尔在一篇题为"大都市和心理生活"（1903）的重要论文中提出，城市更看重的是理性而不是情绪（看重的是头而不是心），城市强调的是货币经济、非人情味、守时、一种对人对事漠然的态度，认为货币经济、非人情味、守时、一种对人对事漠然的态度更重要。货币经济、非人情味、守时、一种对人对事漠然的态度强调的是个人自由的独特的城市生活。《城市：研究城市环境中人的行为的几点建议》（Robert Park，1925/1967b）是帕克的一篇重要论文。在这篇论文的一开始，帕克对城市形象和城市标志的性质提出了一个符号互动论的基本假定，城市是一种"精神状态"：

城市是——一种精神状态，包括许多习俗和传统，而且，城市具有制度化的心态和情绪，那些心态和情绪存在于那些习俗中，并且以传统的形式传承下去。换句话说，城市不仅仅是一架物质的机器和一个人工建造物。城市包括组成城市的那些人的须臾不可缺少的各种活动（Park，1925/1967b）。

城市生活是受到共同的情感和价值观念影响的，帕克的这个判断强调的是，人们针对城市生活的社会组织所做出的象征性的和心理上的调整。帕克把城市看成城市居民参与和交流的产物，而不仅仅是一个人造的世界或一群人而已。帕克特别关注那些妨碍人们交流和互动的城市条件，在他看来，那些妨碍人们交流和互动的城市条件最终导致基本群众的衰退，导致社区崩溃，而且最终导致社会解体。库利（Charles Horton Cooley）建立了他的基本群众的概念，基本群众是以面对面的联系，以合作为主导的一群人，帕克使用库利的基本群众的概念表达了他的这种观点。"在城市环境的影响下，基本群众的地方接触有可能不复存在，对他们的约束和压制有可能削弱，大城市里堕落和犯罪的增加是产生这种状况的重要原因"（Park，1925/1967b：25）。

当然，帕克还使用了一个城市生活生态模型。下面这段引文表明了帕克如何看待生态学和社会心理学之间的相互联系："城市扎根于居住在那里的人们的习惯和习俗的土壤里。因此，城市具有规则和建成环境布局，规则和建成环境布局以各种特定方式相互作用，从而相互影响和相互调整"（Park，1925/1967b：4）。这里所说的"建成环境的"反映了帕克对城市生态学的兴趣。

帕克把基于文化和符号联系的共同的社区利益看成规则，他正是利用这种规则分析地方街坊生活。教堂、店铺、学校、嬉戏场所构成了街坊的建成环境，帕克当时可能正在思考，街坊的这种土地使用模式如何给社会互动和邻里交往提供建成环境条件。本书提出的主题之一就是，因为没有认识到社区生态与生活在其中的人的联系，社区的建成环境常常不符合社区居民共同的社区利益。第二次世界大战结束后，美国开发的那种低收入家庭公寓大楼式的单元住房，中产阶级和富裕阶层刻意设计建设的独门独院的郊区住房，现在为50岁以上居民建设的那种封闭式大院，其建成环境都这样或那样地忽视了居民的共同社区利益。我会在这本书里对此类问题条分缕析。

我们使用从生物学和环境生态学那里借用的

图1.3 芝加哥的千禧公园以及它的那颗"豆子",是一个非常著名的旅游景点

图1.4 芝加哥轻轨车厢上的乱涂乱画是"合法的",为芝加哥旅游环线轻轨做广告。如果帕克还在世,他会对今日芝加哥的空间布局和建成环境说点什么呢?(资料来源:Shutterstock.imagesbytakache)

术语形成了生态模型的概念,用它来表达人们与他们的空间布局和建成环境之间的关系。生态学家研究植物群落和动物群落,帕克使用生态学家的观念来考察城市生活和城市土地使用模式。这种生态模型逐步主导了他的理论方向。在城市生活研究中,文化模型关注的重点是社会心理和文化,所以,文化模型在帕克的城市生活研究中的重要性和意义次之。我会在下一章里详细讨论生态学的观念和它在城市社会学中的使用,尤其把重点放在芝加哥学派和伯吉斯的同心圆分区假说上。现在,我们先看看另外一位很有影响的研究城市的社会心理学家,施特劳斯（Anselm Strauss）。

安塞尔姆·L·施特劳斯：城市意象

安塞尔姆·L·施特劳斯（1917—1996）是布鲁默（Herbert Blumer）的学生。施特劳斯在《美国城市意象》（1961/1975）一书中提出了他的思想纲领。"《美国城市意象》是一个社会心理学家的纲领——社会学、心理学和历史的观念在这个纲领中结合到了一起（1961/1975：x）。"施特劳斯所关注的是,考察美国人的意象,重点是"城市意象的时空方面"。也就是说,他关注的是城市对其居民的"意义"。施特劳斯所说的"城市意象"是指城市的符号化。

在与历史学家沃尔（R. Richard Wohl）合著的著作中（Wohl and Strauss, 1958）,施特劳斯首先拿出了帕克阐述的论点,城市是"一个精神状态"。沃尔和施特劳斯认为,当城市特定形体对象成为整个城市的符号,那个形体对象就成了人们的城市意象和城市标志。纽约的天际线、旧金山的金门大桥、新奥尔良的法国区都是相应城市的符号,成为居民个人认同这个城市的一个来源。沃尔和施特劳斯解释了芝加哥的水塔或旧金山的电报山之类景观的"情感"史,它们如何经常融合到芝加哥或旧金山复杂的城市空间里和多样性里的城市社会里。城市生活的一个常数就是,为了"辨认"这座城市,人们一定会找到那座城市特有的和具有象征性的形体对象。"这样,城市开始解决它的意义问题。道路、人、建筑、变化的景色都还没有打上标志。我们需要说明和解释它们（Wohl and Strauss, 1958：527）。"

> **体验活动1.3：照片**
>
> 拍一张照片，或在互联网上找一张照片，说明你的城市或你选择的城市的一个标志。

图1.5　科尔科瓦多的基督塑像成为了里约热内卢的城市标志（资料来源：Shutterstock. T photography）

施特劳斯以他与沃尔合写的论文为基础，撰写了他的专著《美国城市意象》（1961/1975）。他在这本书里提出，人们最了解（"辨认出"）他们融入其中的那些城市部分，他们上学的地方，他们购物的地方，他们工作的地方，他们会朋友的地方。用施特劳斯的话来讲，"源于特定社会成员的形形色色的空间表达，构成了那个城市的居民们的各式各样的城市观念（1961/1975：67）。"

对于施特劳斯来讲，关系是一个人所具有的城市意象的基础。人们在不同场所相互之间会有各种各样的社会关系，我们可以把那些社会关系的空间结果看成城市意象。施特劳斯考察了人们如何通过他们所具有的城市"意象"来解释城市的。人们对城市所具有的感觉影响了人们如何体验和对待城市。

施特劳斯还把这些城市意象放到历史背景下加以研究。他认为，这些城市意象不是从天上掉下来的，是在从乡村社会到城市社会的迅速转变中成为人们的观念。施特劳斯当时的基本兴趣是，市民们如何目睹和体验着从乡村社会到城市社会的迅速转变。如果我们了解了人们如何"看到"城市，我们就会比较好地认识他们怎样体验城市。"美国人在他们的城镇里所看到的和已经看到的，以及他们对他们的城镇里所说的和已经说过的，都可以告诉我们许多他们如何在城镇里生活的故事，告诉我们他们对城镇的感觉，如何应对生活中的问题（Strauss，1961/1975：viii）。"

许多作家从乡村地区和城市生活的不同观点出发，描述了迅速城市化的过程和后果，城市的吸引力和城市带给人们的忧虑，施特劳斯对那些作品做了考察。通过这种考察，他研究了为什么一些人热情洋溢地赞美城市，一些人则把城市视为洪水猛兽。洛芙兰（2003）在评论施特劳斯时提出，施特劳斯不仅对附属于美国城市的那些历史的符号表达感兴趣，也对那些历史的符号表达的结果感兴趣。"施特劳斯想从那些表达本身的意义来把握那些表达的形式和意义，不过，施特劳斯也把那些表达的形式和意义看成社会生活其他领域的后果，也就是说，施特劳斯有兴趣把这类符号绘制在图上，追溯它们的使用和对它们的滥用（Lofland，2003：946）。"

吉斯特和费瓦（Gist and Fava，1974：583）指出，施特劳斯强调了美国城市化的主观方面，

图1.6　反城市偏见常常主导了城市研究；中产阶级和更富裕的阶级在他们聚集的郊区建设了他们所青睐的住房，在那里实现了他们的"郊区梦"（Source：Shutterstock © romakoma）

城市化的主观方面确实没有在城市社会学中完全展开。吉斯特和费瓦与施特劳斯的看法是一致的，他们都认为，认识对城市的情感和符号是很重要的。他们提出，对城市肤色的情绪和符号表达不仅反映了人们对待城市的态度，也常常具有社会政策的内容。他们进一步提出，反城市的偏见常常主导了美国人的城市研究，反城市的偏见实际上反映了人们对乡村生活深深地眷念。贯穿20世纪，反城市的偏见与到郊区居住的"理想"一道延续到了21世纪。本书后边的很多部分都会大量考察这个主题。正如洛芙兰（2003）强调的那样，施特劳斯把这类符号绘制在图上以及追溯它们的使用和对它们的滥用，实际上，延续了符号互动论，这种书中也会反映施特劳斯的看法。

利恩·洛芙兰：陌生人的世界和公共场合

利恩·洛芙兰（1938—）说她自己是"当之无愧的城市迷"（Perry, Abbott and Hutter, 1997）。

洛芙兰的大部分学术生涯是在加州大学伯克利分校度过的，她在那里建立起了符号互动论的理论大纲，并把它用于城市生活研究。洛芙兰阐述了城市是一个陌生人的世界的看法，阐述了"公共场合"作为"典型的社会场合"的至关重要性（1973, 1998）。洛芙兰所说的公共场合是社会心理空间，常常与包含道路、广场、公园、公交车站、市中心的酒吧和餐馆、咖啡店在内的城市相联系，出现在那里的人们萍水相逢，互相不认识。

洛芙兰强调，在城市日常生活中，人们遇到的陌生人不可计数，因此，城市是一个与小城镇或乡村地区非常不同的地方。她认为，当我们走过市中心，我们与无数的陌生人擦肩而过。而无数的陌生人也完全不了解我们每一个人。我们岂止是不了解陌生人的履历，我们同样也不了解陌生人的文化价值或他或她的习俗，不知道陌生人会如何举手投足。

洛芙兰在《陌生人的世界：城市公共场合的秩序和行动》（1973）一书中提出，走进陌生人的世界是一个不同寻常的、独特的城市体验——成为"素昧平生的人群中的一个陌生人"。洛芙兰并不是消极地看待城市生活中的"陌生人的世界"，而是把身处"陌生人的世界"看成城市人的一次机会，了解如何发展与他人的良好关系，尽管那些关系可能转瞬即逝。城市人的第一个任务是马上确定，这个陌生人是不是可以信赖的，或这个陌生人是不是让人担心的。通过陌生人的外貌，衣着风格，行为举止，城市人对这个陌生人做一个评估，与此同时，城市人还要对他与这个陌生人邂逅的场合、地点和环境进行评估。按照洛芙兰的看法，正是一种大众根据外观和空间位置就能确定下来的社会心理"秩序"让城市生活成为可能，有了这种社会心理秩序，城里人只要稍微看一看，就能够对陌生人有个八九不离十的判断（1973: 22）。

洛芙兰分析了城市居民在历史上和当下建立他们的社会心理秩序的方式。她提出，外表和场合提供了在公共场合辨认陌生人的若干线索。她考察了前工业社会的城市、工业社会的现代城市和当代城市。她发现，城市史的趋势是从"外表秩序"向空间秩序运动。

典型的前工业社会的城市曾经看上去像一个小社区聚集体，邻居相互了解，天天都可能会有交往。城镇广场承载着各种功能：人们在那里劳作，买卖商品，去学校，做礼拜和祷告，游行、交谈和一起"闲扯"。在洛芙兰所说的一组所谓"外表规则"的规范约束下，人们可以通过他们的衣着辨认出对方。许多国家在中世纪都实行《禁奢法》，它允许富人和有权势的人穿戴一定的服装，丝绸的、皮毛的，甚至连服装的颜色都有规定。在那种小城镇里，遇到陌生人是很罕见的，不过，如果真的碰上了陌生人，通过他们的穿着就可以辨认出他们的身份来。例如，牧师穿牧师服，现在也这样。在前工业社会，不同职业的人穿的衣服不同。正如《堂吉诃德》中理发师的"金头盔"，堂吉诃德相信它是曼布里诺的金头盔，其实不过是面盆，用来剪头发或刮胡子的。

随着工业革命的到来，城市规模不断扩大，人口和建筑密度都增加了，身份和文化背景上有很大区别的人越来越多。随着工业制造业生产的发展，服装相对不那么缺乏了，而且便宜了一些，这样，衣着并非一定就可以标志一个人的职业或身份。居住、购物、工作、上学等功能混杂在一起的小城镇特征逐步转变成了大城市特有的功能分区的特征，工作区、居住区、商业区分开了，与外表秩序相反，城市具有其空间布局模式。洛芙兰提出，人们只要走出他们生活的街坊，他们周围就不再是他们熟悉的和具有共同价值和文化、具有相同行为方式的邻居了。

公共场合，那种展开特殊形式社会生活的公共空间，陌生人确实比比皆是，实际上，公共场

> **体验活动1.4：熙熙攘攘人群中的陌生人**
>
> 在"公共场合"待上半个小时，看看那些擦肩而过的陌生人。从他们的外表、衣着打扮和举手投足，你能猜出些什么呢？

合是城市的特征。洛芙兰通过观察公共场合规范制度的基本模式和原则，参与者的关系网、场所、时间和空间位置，考察了公共场合的特征。在当今的城市世界里，我们在公共场合度过的时间大大增加了。我们不是担心或猜忌陌生人，而是使用外表和空间所提供的线索去辨认陌生人。这样，我们学会与陌生人相处，参与他们的行动，容忍他们的行为，常常与他们互动，哪怕时间非常短暂。为了成为一个城市居民，我们要能够适应在许多不同情况下的社会互动。在日常生活中，我们如何与朋友、家人、同事、陌生人相处，与那些反复相遇的陌生人（如乘坐同一条线的城铁）相处，与我们从未见过的陌生人相处，都是有区别的。但是，在所有这些情况下，我们的放心和满意的感觉逐步发展起来，是一种城市

图1.7 两位修女走在意大利锡耶纳的街上。从她们的服装上我们一眼就可以看出，一位戴着温帕尔头巾的修女是罗马天主教的修女，另一位戴着穆斯林妇女的头巾

图1.8 荷兰阿姆斯特丹街头，两位非洲裔黑人妇女在街头愉快地交谈。其中一位可以辨认出，她是穆斯林（资料来源：Shutterstock．Katoosha）

居民生活在"陌生人的世界里"才会出现的独特体验。

有些人把城市当作一个供一盘散沙般的社会使用的场地，他们孤立地研究那种场地。因此，洛芙兰断言，我们需要扩大城市分析，包括研究城市生活的社会组织形式，作为一种具有共同情感的城市社区的性质，更重要的是，要研究社会心理意义上的城市环境。恰恰是在研究公共场合中，洛芙兰对符号互动论做出了重要贡献，公共场合在很大程度上是陌生人登场的地方。洛芙兰不是去分析某一个个人，而是去分析陌生人们之间的互动单元，洛芙兰的分析单元实际上具有互动属性，它产生于在日常生活条件下陌生的人们在公共场合里的活动。

伊利亚·安德森：种族和街头生活

符合互动论对耶鲁大学社会学家安德森（Elijah Anderson）的文化理论影响很大。安德森原先是宾夕法尼亚大学的教授，人们认为，安德森的许多著述（1978/2003；1990；1999；2011）是城市民族学的经典。城市民族学，利用被研究对象的观点，利用被研究对象赋予它周边环境的意义，利用被研究对象赋予与他们互动的人的意义，利用被研究对象赋予他们自己的意义，研究城市环境下的人和他们的文化。

安德森使用他的学术才能，在宏观政治、经济和文化影响的广阔背景中记录和解释日常生活。他研究了内城黑人在街坊里的生活，集中关注种族、贫困、街头文化和城市生活的性质等问题。他认为，内城地区那些人的日常生活是种族隔离和黑人高度贫困等社会条件造成的后果。安德森在题为"大都会的天"的论文（2004）中提出，我们当代多种族、多民族、多样化的城市社会是工业化、移民和全球化的产物。这种城市社会一般是分隔开来的的社会，是一种对陌生人采取普遍谨慎心态的社会。人们使用了各种办法保护自己，包括"翻旧账"，对可以看得见的人装作看不见等。另外，人们故意使用皮笑肉不笑、假装、点头等手段，让陌生人如人无人之境，让公共空间里的旁观者利己主义化。

> **体验活动1.5：伴装"看不见"陌生人**
>
> 当你走过拥挤的市区或校园时，要注意你习惯性地使用诸如空洞的微笑、点头、假装和眼神等策略，使人群中的陌生人"看不见"。陌生人在多大程度上也这样对待你呢？改变你对这些战术的使用，并记录下结果。

分析中，安德森使用了高夫曼（Erving Goffman，1959）的戏剧理论。高夫曼曾经描绘过印象管理技术，告诉人们如何给人留下一个好的第一印象。人们在评估对某人的第一印象时，总是试图寻找蛛丝马迹，确定某人给他留下的印象是否反映了那个人的"真实"面孔。高夫曼描述了陌生人之间的社会角色和身份如何在特定背景或位置上得到表达：

当一个人进入其他人的视线时，人们一般都会试图获得有关他的信息，或者把他带进他们已经掌握的信息里。人们会对他本身、他对他们的态度、他的能力、他值不值得信任等问题感兴趣。有关这个人的信息有助于确定状况、是其他人先知道他会期待他们什么，他们期待他什么。通过这些方式，人们会知道，为了从他那里得到期待的反应，他们该如何做才是最好的（Goffman，1959：1，quoted in Anderson，1990：166）。

按照高夫曼的方式和洛芙兰（1973）的类似方式，场合、时间、行为和外表等线索可以帮助我们辨认陌生人，可以帮助我们决定是否与之互动，互动是否安全，安德森讨论了这些因素的重要性。时机与场合一样重要。安德森特别有兴趣的（1990：166—167）是外表的重要性："肤色、性别、年龄、伴侣、服装、装饰和人们用来让他们与众不同的那些东西，通过这些元素，形成一个假设，交流便可以开始了。"如果人们外表的任何一个方面存在疑点，安德森提出：

如果一个陌生人不能通过检查，并被认为是"安全"的（或出于身份，或出于目的），掠食者的形象就会出现，行人可能与那个形象保持距离。例如，在更令人担忧的情况下——在漆黑的夜晚，与一群陌生人邂逅——掠食者的形象可能维持和诱发某种形式的防范（Anderson，1990：167）。

因为安德森给街头的微观互动模式提供了宏观背景，所以，安德森的著作特别有价值。安德森提出，美国社会的社会经济制度和虚弱的公共政策已经让人们心里深深地藏着这样一种感受，美国的街头巷尾是不安全的。当街上出现一群年轻的黑人时，为什么职业人士心中的担忧会油然而生，安德森的宏观分析为他从微观层面讨论街头礼数提供了舞台。他证明，经济制度如何影响互为陌生人的黑人和白人在街头互动，互为陌生人的黑人和白人在街头互动如何与种族成规和偏见联系在一起。基于对危险的"审时度势"，为了避免任何一种互动的假象，当白人遇到一群年轻的男性黑人迎面走来时，白人会过马路，或者，在不可能避开的情况下，白人会三步并作两步，目不斜视地赶紧与那些黑人擦肩而过。我们在这本书里还会详细讨论安德森的民族学研究和他对符号互动论的使用。

符号互动论中的体验城市

我是依靠符号互动论的理论观念认识城市生活的。我在这一章里介绍了符号互动论的理论观念。佩里等人（Perry，Abbott and Hutter，1997：60）在分析与城市社会学相联系的城市符号互动论的贡献、应用和局限性时，描述了城市互动论的两种具体分析方式，"城市场所里的行为者和关系（即场所方式），特殊城市人群的角色认同（即人的方式）"，不仅如此，他们还提出了第三种分析方式，城市意象方式。

城市互动论的第一种分析方式是分析城市场所里的行为者和关系。这种场所方式把重点放在了反驳城市社会学有关"社区丧失"的主题。城市社会学有一个经久不衰的主题，集中研究工业革命带来的城市化和城市增长，而城市化和城市增长导致主要以家庭关系为基础的社区消失，接下来，城市化和城市增长又让以家族、邻里和朋友为基础的那种城市消失。20世纪50~60年代，城市社会学展开了"重新发现的社区"的研究。这种研究提出了一种新的城市社会学假定，城市的各种安排不一定与社群的存在相对立。城市里有一种地方，它既不是居住地，也不是工作地，只要人们愿意，他们会有规律地、自愿和非正式地在那里聚会，可以对这种"城市场所"展开研究。还有人把公共场合看成很有意义的社会互动场所，公共场合的社会互动从性质上不同于基于家庭或社群社会关系的那种社会互动，于是有人

图1.9 社会学家安德森提出，美国社会的社会经济制度和虚弱的公共政策已经让人们心里深深地藏着这样一种感受，美国的街头巷尾是不安全的。当白人陌生人遇到迎面走来的一群年轻的男性黑人时，白人会做出什么反应呢？（资料来源：Corbis © Matthieu Paley）

把"城市场所"研究的焦点放在了公共场合。

城市互动论的第二种分析方式是分析特殊城市人群的角色认同。这种人的方式的一个基本主题是，研究城市背景和一个相伴而生的"不完整"概念下的"有意义的"身份（Perry et al.，1997：75）。城市互动论的第二种分析方式考察特定城市情景如酒吧中的"常客"。同时，城市互动论的第二种分析方式也注意到那些具有弱势群体身份的人，如少数族裔、女性、无家可归者。城市互动论的第二种分析方式还集中研究场所标志的重要性，标志建设和操控的力量——影响社区在面对挑战时的动员，例如一些人指望改变那个社区原有的土地使用模式。还有一些研究者使用城市互动论的第二种分析方式把研究放在社会多样性、开放、容忍和个人自由之类的城市特征上，把它们作为城市生活具有吸引力的特质，唤起人们对"美好生活"的向往。

佩里等人（1997）还提出了城市互动论的第三种分析方式——城市意象方式。他们认为，除施特劳斯之外，没有几个互动论者选择去研究人们互动的机制，人们之间互动机制是城市意象的核心，另一方面，城市意象在某种程度上是一个影响城市生活本身的独立变量。芒福德（1961）和林奇（1960）都研究过城市意象的机制，所以，城市学家们的工作对城市社会学的研究是很有意义的。林奇的著作涉及城市人如何建立反映城市人的城市形象或感觉的认知图。城市意象方式的思想基础是，对那个城市而言，不同的人和群体赋予城市空间不同的意义，不同的人和群体脑子里的城市画面不尽相同。所以，伴随着客观环境去分析这些思维意象是很重要的（Perry et al.，1997：84）。

> **体验活动1.6：画一张你的街坊图**
>
> 不去看"真正的"地图，画一张你的街坊的认知地图，画出你去学校的路线，或者画出你熟悉的其他地方。

佩里等人（1977）得出这样的结论，应该在城市社会学的研究方向上更多地看到符号互动论的影响。他们主张更多地展开这方面的研究，他们提出，应该通过考察"社会学学科内部和其他学科"，拓展城市社会学的理论框架，从而振兴城市社会学（Perry et al.，1997：85）。

在展开以下讨论之前，不妨让我简单介绍一下我自己最早期的城市体验，以此阐明我的理论观念。

在城里长大：个人漫长而充满艰辛的历程

> 一个人一生都被困在找不到出路的该死的小镇里，所以，只有死鬼才知道布鲁克林。
>
> 托马斯·沃尔夫，1940：128

我出生在北大西洋的一个小岛，而成长则是在北大西洋的另一个岛上。在我家的那个岛上，人们乘坐火车从一个岛到另一个岛，火车站

图1.10 第三中场所，如酒吧和会所，给人们提供了一个聚会场所（资料来源：Photo courtesy of Ryan McVay）

上都有行车方向的标志，"从城里来"，和"到城里去"。这个"城里"是指一个人口和建筑极端密集的商业、金融、制造、文化和娱乐的都市地区。我们不认为我家所在的那个岛是"城里"的一部分，我们把那个岛描述为用来居住的若干社区和"教区"。随着我的成长，我发现，人们知道我家那个岛是因为那里有一支职业篮球队，还因为那里人们的肤色和口音。

我的那个街坊里，人分成两个主要族群。表面上看不出他们之间有什么不同；肤色都是黑黑的，都能言善辩。讲话时，都打手势。两个族群都有很强大的传统，认同家庭和家族血缘关系和社群成员的重要性。实际上，这两个族群生活在一起，但各有各的制度，并不共享。这样，这个街坊在空间上是一统的，然而，在文化、制度和社会等方面，这个街坊里的两个族群是分隔的。

猜到了吧，我说的这两个岛，一个是曼哈顿岛，一个是长岛〔我是在布鲁克林长大的，布鲁克林那时还是长岛的一部分。纽约市分成5区——曼哈顿、里士满、布鲁克林、皇后和布朗克斯。纽约市坐落在3个岛上——曼哈顿、史坦顿岛（里士满）和长岛（布鲁克林和皇后）——只有布朗克斯区在美国"本土"上。布鲁克林和皇后与2个县——拿骚和萨福克共享长岛，这2个县至今没有合并到纽约市〕。我称之为家的那个布鲁克林街坊名叫本森赫斯特，我所说的两个族群分别是意大利人的和犹太人的。

小时候，我目睹了维拉萨诺大桥的建设，维拉萨诺大桥建成后，成了当时世界上跨度最长的悬索桥。维拉萨诺大桥建成了，布鲁克林和斯坦顿岛就连接起来了，不再需要在纽约市的两个区之间使用轮渡。维拉萨诺大桥对我特别有意义，因为我父母的生意在史坦顿岛，我会在周六早上陪父亲乘轮渡去那里做生意。我们会沿公园环路开车去轮渡码头。在夏季繁忙的几个月里，让车开上轮渡要等上2个小时。维拉萨诺大桥让此类事情不再发生。同时，纽约市这个人口最少的区，在城市范围内展开郊区增长。那时，我很好奇，对这个岛，对生活在那里的人，或更具体地讲，对我的父母来讲，郊区增长究竟意味着什么。

我从我家出发，沿着与公园环路相邻的滨海大道骑车到维拉萨诺大桥。如同维拉萨诺大桥一样，在摩西（Robert Moses）的推动下，公园环路也建设起来了，摩西做的许多项目从根本上改变了纽约市。在交通不是那么拥堵的时候，我们可以很快通过公园环路到炮台隧道和那些把布鲁克林与曼哈顿连接起来的桥梁。向东走，公园环路可以把我们带到克尼岛的海滩，带到皇后区和我的好朋友乔尔居住的郊区，20世纪50年代中期，他随着他的父母和妹妹搬到那里去的。海湾公园大道的公园里有儿童游乐场，有若干遮阳的坐凳区，它们与道路分开，网球场，靠近公路有篮球场。实际上，这意味着小孩、他们的父母（常常是他们的母亲）和老人使用那个公园的一角，而少年和更加有活力的成年人使用那个公园的另外一角。一些无人看管的少年常在球场那边打架，所以，许多家长愿意他们的孩子在球场的另一边玩耍，这样，他们可以看着那些孩子们，或者干脆不来这个公园，让孩子们就在家门口的大街上玩耍，他们可以时刻盯着那些孩子。

沃尔夫（Thomas Wolfe，1940）在他的短篇小说《只有死鬼才知道布鲁克林》中描绘了这样一个人，他喜欢"本森赫斯特"这个地名的读音，所以，他打算坐火车去那个叫"本森赫斯特"的地方看看。他询问讲故事的人和其他等火车的人，那个方向是去"本森赫斯特"的。讲故事的人结束了与此人的对话后，陷入沉思，他的内心独白是这样的：

天哪！他真是个疯子！我想知道发生了什么事！我很想知道是不是什么人敲了他的头，或者半夜里，他手里拿着一张小地图，在地铁里找不着北！可怜的家伙！我一想起他就忍不住要笑！现在他可能明白过来了，他一定没活够，否则怎么会知道整个布鲁克林。这个家伙兴许要用上一辈子的时间去弄清布鲁克林。即便他死了，我们也不会知道他究竟弄清了整个布鲁克林没有。

希望我还能活很多年，这样，我可以不断地了解我度过童年的那个街坊，了解布鲁克林，了解纽约市，了解美国和世界上的许许多多其他城市。

现在，我老了，也许更聪明了一些，或者成了一个更有知识的人。我认为，我能回答多年以前我提出来的一些问题了。过去，我常常想知道为什么把滨海大道的公园设计成那个样子，那条路和那座桥产生了什么效果，它们会怎样影响使用那个公园的人。那时，我不完全理解为什么住在同一个街区里且似乎很相像的两个族群之间，在人际关系和制度上会是各自独立的。我曾经想更多地了解布鲁克林的历史，想更多地认识布鲁克林的发展特征。我心爱的篮球队从布鲁克林道奇队变成了洛杉矶队的。在更加个人的层面上，我的友人和家庭搬迁到郊区去了。一切都在变，变化才是不变的。

作为一个社会学家和符号互动论者，我会在余生中展开理论研究，探索许多这类问题的内在因素。在这本书中，我愿意与读者分享我的见解，让读者可以更好地认识城市，解读你的城市体验。我希望通过这本书，读者会对自己的"本森赫斯特"有更多的了解，对如何体验城市有更广泛的认识。

结论

本章介绍了城市世界，概括地描述了本书所要涉及的关键主题。本章的时间起始点是2007年，正是2007年，在人类的历史上，多数人类第一次生活在城市里。本章定义和解释了城市化、城市增长、城市转型和城市观念这样一些核心概念，纵览了人口城市化的变化过程，这种人口城市化的变化过程产生了一个城市的世界，确定了人口发展趋势。本章概括了人口转变和世界城市化的关键时期，提供了城市化和城市世界重要问题一览。城市（city）、文明（civilization）和拉丁语的城市（civitas）在词根上是相同的，我们对此做了详细的解释。本章解释了宏观社会学和微观社会学研究城市的意义，提到政治经济学观念在认识宏观城市结构和过程中的重要性。当然，《体验城市》（原著第三版）集中从微观层面研究城市生活和探索符号互动论的理论。本章对符号互动论做了一些解释，介绍了对符号互动论做过重要贡献的5个代表人物：帕克和"作为一种精神状态的城市"，托马斯和"审时度势"，施特劳斯的"城市意象"，洛芙兰的"作为陌生人世界的城市"和"公共场合"，安德森和他对种族和城市街头生活的研究。本章总结了符号互动论研究城市的3个关键主题，此后，我用一节的篇幅简单介绍了我自己在布鲁克林成长的经历，那个街区在空间是无缝隙的，但是，那里的文

图1.11　这张照片摄于1962年，照片中拿棒球棍的是我，地点就是布鲁克林那个叫本森赫斯特的地方

化、制度和社会却是隔离开的。政治、经济、社会和文化因素如何影响着社区生活，从街坊、城市、国家到全球。毫无疑问，本章不过是拉开了《体验城市》的帷幕。

思考题
1. 描述20世纪中叶以来，全球的城市乃至城市世界的变化。
2. 解释城市和城市的词汇源流。
3. 定义用于城市研究的微观社会学、宏观社会学和符号互动论。
4. 概述托马斯、帕克、施特劳斯、洛芙兰和安德森的研究。
5. 解释本书作者如何提出使用符号互动论研究城市。

第2章　城市的出现

本章大纲

城市的起源

农业革命

城市革命

苏美尔人的城市

贸易理论和城市起源

社会和文化因素和早期城市的出现、发展和衰落

　　早期城市里的宗教

　　农业剩余、贸易和技术

　　资源、实力和相互影响

　　战争

　　城市增长的限度

　　史前证据指出了什么?

结论

思考题

背景图:在德国柏林佩加盟博物馆里的一面巴比伦城墙前驻足的游客。它是柏林最受欢迎的旅游景点,每年来这里参观的游客超过 150 万人次。(Source: Shutterstock © pio3)

这一章谈谈城市的起源：城市为什么出现，在哪里出现和何时出现。我们特别感兴趣的问题是城市如何影响城市居民。我们的故事从75000年以前的非洲开始。2004年，非洲有了两大惊人的考古发现。第一个考古发现是，考古学家在坦桑尼亚的塞伦盖蒂国家公园的考古挖掘中，发现了两颗鸵鸟蛋壳制成的成串的珠子，据信它们是7万年以前的。第二个考古发现是，考古学家在南非的一个海岸边发现了30个贝壳，贝壳上的孔是相似的，可以穿成一串成串的珠子，考古学家认为，30个贝壳大约是人类祖先在75000年以前制作的。如果这些鸵鸟蛋壳和贝壳成串的珠子真是用来当作首饰，那么，它们提供了证据，在比原先认为的3万年还要早的时期，古人就有了符号思想。现代行为究竟是逐步发展起来的呢，还是在45000年前突然"创造性地涌现"出来呢？这些考古发现可能对此类争议提供一些答案。

2004年，梅厄尔（Hillary Mayell，National Geographic News，2004a，2004b）发表的两篇文章如是说：

> 当代考古学家认为，解剖学上的现代人类大约首先在12万年前的非洲出现。但是，在巨大的地理区域里已经找到的考古学证据显示，第一类形式的现代人类行为大约出现在45000年前。那时，出现过若干次人类离开非洲地区向世界其他地区的迁徙潮，导致人类在世界范围的存在。在欧洲地区，这类源于4万年前的证据包括洞穴壁画、珠宝、特制的工具和精细的葬礼。

从这些事实出发，出现了两大问题。首先，为什么没有找到12万年到45000年之间的考古学证据，如果真有那个时期的考古学证据，那些证据会证明，解剖学上的现代人类已经具有了创造性思维的能力。事实上，我们并没有找到。第二，"现代"人类怎样和在什么条件下得以存在。有关这个问题出现了两种观点。一种观点提出了文化滞后论。这种理论的支持者认为，解剖学上的现代人类虽然出现在12万年前，但是，那时人类的种群密度还达不到"创新性爆炸"水平，因此，没有出现基因突变，技术和文化变化还仅仅处在培育阶段。出现在欧洲和亚洲的尼安德特人不是来自非洲，所以，当非洲移民进入欧洲和亚洲后，两种人群间的竞争便开始了，文化变化发生了。这个时期大约在45000年之前。按照文化滞后论的观点，现代人类行为可能是突然出现的。也有人认为，现代人类行为是逐渐随着解剖学上的现代性逐步展开的。

有关"现代"人类怎样和在什么条件下得以存在，另一种观点认为，"现代人类行为的现代性"是在非洲逐步展开的。不过，创造性思维的能力在那里没有得到表达。非洲地区考古证据十分罕见的原因是，我们在那里展开的考古工作本来就非常少。对比而言，我们在欧洲展开考古学研究已经有几十年了。最近我们在非洲获得的涉及70000—75000年前的考古发现恰恰说明了这一点。另外，梅厄尔（2004a）谈到，在南非的洞穴里发现了28件骨制工具和数千赭石，它常常是用来创作人体饰物和绘制洞穴壁画的材料。这些人工物件大约都出现在7万年以前。有些赭石上出现了抽象的线条，让人联想到艺术表达。

饰物的重要意义在于，它是一种形式的艺术产物，人们一般都承认，饰物是一种符号思维的象征。梅厄尔引述人类学家和考古学家的观念，提出了因为成串的珠子与生存没有什么关系，所以，制造成串的珠子只能认为是符号思维的证据。"能够事先有计划、技术上的革新、建立社会网和贸易网、创作艺术、适应条件和环境的改变，都是'现代'思维的特质（Mayell，2004a）。"

亨希伍德（Christopher Henshilwood）是发现那些成串珠子的考古场地的负责人。他隶属于挪威卑尔根大学和纽约州立大学。他提出，无论这些成串的珠子是一个个人饰物，还是一个群体成员的象征，这些成串的珠子都强有力地表明，当时已经有语言了。他指出，"我们虽然不知道这些成串的珠子究竟象征什么，但是，它意味着人们之间一定有某种相当于语言的东西承载着他们对意义的交流。所有的人都明白成串的珠子意味着什么，就像现在我们戴古奇墨镜或钻石手链一样，一定在传递着一种信息（Henshilwood quoted in Mayell，2004b）。"加州大学戴维斯分校的考古学家和古人类学家鲍尔（John Bower）参与了坦桑尼亚的那个考古挖掘工作，他断言，"成串的珠子就是看得见的有关当时人类已经有了自我概念的证据。如果他们没有自我这个概念，他们是不会去装饰他们自己的（Bower quoted in Mayell，2004a）。"

这些成串珠子的发现有力地证明，在75000年以前，人类已经有了符号，比我们原先认定的符号出现的时间早了3万年。果真如此，从非洲向外大迁徙的就已经是人类了。

那些牡蛎壳和穿了孔的贝壳是否真是用来做饰物，人们对亨希伍德的判断一直都有争议。斯坦福大学的人类学家克莱恩（Richard Klein）也在南非考古挖掘场地工作。他认为，人类是在45000年前的那个时期迅速出现的。他设想，在那个时期，人类的大脑发生了一次基因突变，允许人类使用语言。他认为，在塞伦盖蒂考古场地发现的那些鸵鸟蛋壳珠子会是完全现代思维的证据。但是，问题在于正确时间的确定。就贝壳来讲，那些洞究竟是人还是海鸥凿出来的，或者是以后很久才出现的，不得而知。就后者而言，那些贝壳不过是以后沉积到比较老的地层上的考古物件而已。亨希伍德假设，75000年前制造这个饰物的那些人是

图2.1　2004年，在坦桑尼亚和南非两个不同考古挖掘现场发现的史前的珠串或串起来的壳片。Source: Shutterstock © Ekaterina Pokrovsky

住在海边的人，他们的生活环境恰好给了他们提供了制造那些饰物的机会。他推测，其他一些人类的祖先可能生活条件不是那么优越，没有让他们有空余的时间来做那种制造饰物活动。他把45000年前的那个"创造性爆发"的时期解释为一个新环境和社会变化的结果。这些变化可能包括了人口增加或面对与其他人种如尼安德特人（Neanderthals）的挑战，没有在非洲出现的尼安德特人在欧洲居住了几万年。

鲍尔支持这样一个判断，人类的创造性是长期发展起来的。他提出，存在反映"现代"行为的考古学证据。在他看来，"现代的"概念实际上是很含糊的概念，不能反映人类的进化。

人们只能得出这样的结论，我们依然不能确定是否真有一个"创造性爆炸"时期，这个时期包括大脑解剖学变化，气候或环境变化，社会变化，以及所有因素结合起来所产生的变化。当然，争论双方都同意如下判断，45000年以前，与我们一样的人类已经生活在地球上了。然而，在7000—1万年以前，人类始终都没有在大型定居点里居住。这是一个长达35000年的漫长的时期，人类没有住在任何类型的接近我们现在所说的城市的那种定居点里。由于许多关键因素，人

类在1万年以前，一直都没有形成大型定居点。造成这种状况的关键因素很多，其中气候变化因素对人类开始定居生活是举足轻重的。从社会学的观念来看，与可持续的农产品剩余一起出现的社会制度，社会结构和新的社会组织形式的发展，在城市发展中才是最重要的。让我们更具体地考察这些因素。

城市的起源

在城市的起源和发展的历史中，究竟发生什么可能永远都是一个谜。我们可以合理地设想，那个遥远年代出现的因素或发生的事件，让人们聚集在一起，形成永久性的定居点，形成在人口密度上可以称之为城市的定居点，这就很不错了。我们的这种犹犹豫豫的语气反映出这样一个事实，在第一批城市出现以后的几千年里，无论是文字记载，还是考古发现，都是相当零散和有限的。著名社会学家和人口学家戴维斯（Kingsley Davis，1955）提出，考古学家的热情可能夸大了古代城市的作用，他们可能把出土的几条道路和一幢或更多的公共建筑称之为城市。城市学家芒福德有类似的看法：

迄今为止，我们还没有挖掘出任何一个完整的古代城市，最古老城市的一些部分依然住着人，所以，避开了挖掘机。通过考古挖掘研究的不过是5000年城市史和城市前史的沧海一粟。重大的城市里程碑，乌尔（Ur）、尼普尔（Nippur）、乌鲁克（Uruk）、底比斯（Thebes）、赫利奥波尼斯（Heliopolis）、亚述（Assur）、尼尼微（Ninevah）、巴比伦（Babylon），我们不可能用几个纪念物和几百页文字记录就覆盖了这个长达3000年的历史时期（1961：55）。

因为芒福德的这种告诫，考古学家在一定程度上同意，出现在美索不达米亚（现在的伊拉克南部地区）、埃及、印度河流域（现在属巴基斯坦）、中国的黄河流域、墨西哥山谷、危地马拉和洪都拉斯丛林、秘鲁沿海地区的第一批城市，都是独立发展的（Daniel，1968）。这七种文明横跨了明显不同的时代。若干西方文明是从三个最古老的，被认为"消亡了的"美索不达米亚文化、埃及文化、印度文化中出现的。三个中美洲文化——墨西哥（阿茨台克人）、中美洲（玛雅人）和秘鲁（印加人）都比中华文明要晚出现（大约公元600）——也是"消亡了的"文化。通过西班牙人在1519—1533年的15年的残酷征服，它们相继在不同的发展阶段上衰落了。西班牙人的破坏是相当彻底的，所以，直到现在，我们对三个中美洲文化的了解还是很少。中华文明是唯一尚存的初始文明。中华文明起源于商（黄河流域），大约在公元前3000年，至今完整地保留着。

城市型定居点的出现必须满足两个要求，人们对此达成了广泛共识。第一个要求是，必须有足够的剩余粮食和其他必需品，让人们可以在定居点里生活，他们不需要去关心他们所需要的粮食的生产。第二个要求是，会有一种形式的社会组织，保证生产的剩余可以分配给需要的人。这种分配不限于家庭和家族成员，还需要把剩余的粮食分配给不生产粮食的人。在除开家庭和家族之外的社会人群之间，建立起一种互惠的、忠诚的和负责任的社会组织。

体验活动2.1：创建自己的城市

想象一下你和你的同学有一块土地，假定它是一个热带岛屿，你们打算在那里生活，并着手建设一座城市。你会怎样安排（a）食物和其他生活必需品和（b）一种形式的社会组织？

图表2.1　冰川时代横跨北美和欧洲的冰川，暗色部分为冰川覆盖地区。资料来源：美国地质调查

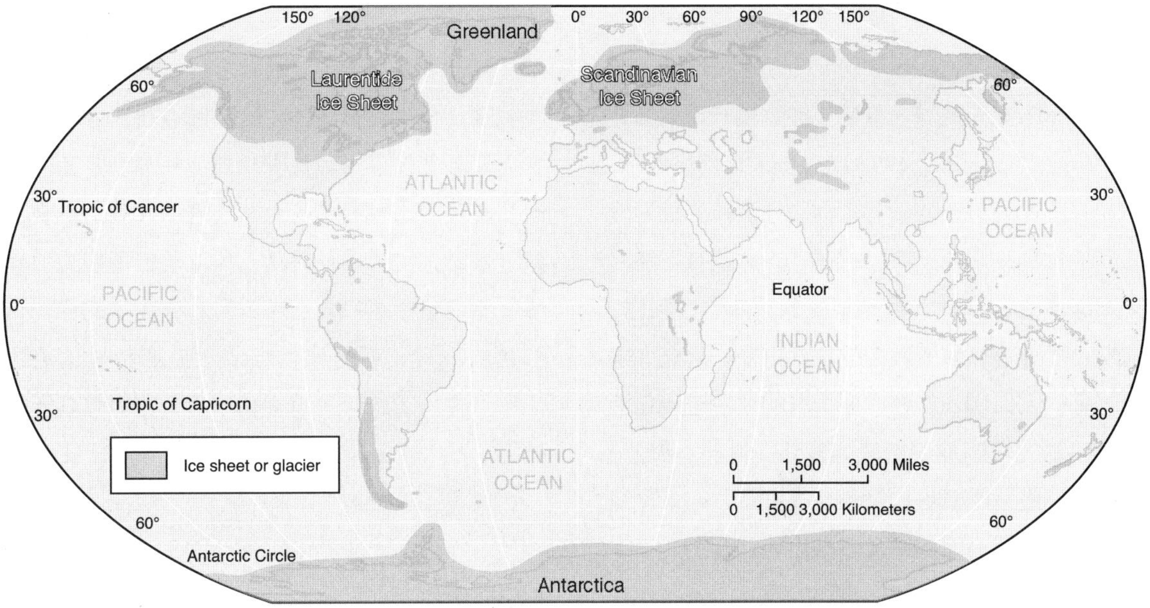

农业革命

在长达50万年的时间里，人类绝大部分时间都是居无定所的，人类依靠大自然，采集包括浆果、水果、植物的根和坚果等作为自己的主要食物，辅以一定的肉和鱼。人类几乎仅有这种依靠捕猎和采集满足生活需要的经济活动。从公元前50万年到公元前1万年，在如此漫长的人类历史中，人类98%的时间是以居无定所的方式度过的，考古学家把这个时期称之为旧石器时代；地质学家把这个时期称之为更新世或冰河期。

冰河期中，曾经发生过若干次巨大冰川覆盖事件，覆盖了整个南极洲、欧洲大部、北美和南美，亚洲的一小部分。更新世的哺乳动物包括乳齿象、猛犸象、剑齿食肉动物、巨型树懒和犰狳。人类一直到更新世接近尾声的时期，大约在公元前4万年以后，才获得了现代生理和心理特征，而在更新世的大部分时期里，人类发展受到阻碍。更新世的气候和地质条件限制了人口和经济。包括家庭成员的小型游牧部落组成了当时占主导地位的社会单元，他们必须迁徙以获得新的食物来源。他们必须携带微薄的财产，生活在临时的住所里。

澳大利亚出生的考古学家柴尔德（V. Gordon Childe）在他的论文"人造就了他自己"（1936/1951）和"历史上发生了什么"（1942/1964）中，描绘了他的所谓城市革命露出曙光年代的狩猎和采集社会。讨论一开始，他首先告诫读者，不要假设史前的狩猎和采集社会与我们现在依然尚存的狩猎和采集社会完全相似，如他那个时代，在马来亚丛林和中非地区，在澳大利亚西北部隔壁和南非，在北极圈里，还存在的那些依靠狩猎和采集为生的原始部落。他认为，这种假设是错误的，经济活动的相似性不等于社会和文化相似性。

虽然这些当代社会都具有石器时代的经济，但是，设想6000年或2万年以前，生活在欧洲和近东地区的石器时代的人，遵循了在经济水平上不相上下的当代部落的社会规则和礼仪规则，具有相同的信念，像现代人那样组织家庭关系，是不正确的（Childe, 1936/1951：42）。

公元前9000年，冰河期结束，气候发生了变化，让人们可以开始定居下来，最著名的定居地区有尼罗河流域、底格里斯河—幼发拉底河的两河流域，印度河流域，以及现在的墨西哥南部地区（Bruce D. Smith，1997）。在新的环境条件下，人们开始种植谷物和驯养动物。经济转变成为能够产生食物剩余的经济，这样，人类就有可能永久定居下来。另外，在包括交通、建筑、陶器、编织、冶炼等领域所发生的技术进步，都允许集中起来的人口增长。在农业领域的技术进步包括石头工具的发明或革新，如斧头、锄头、镰刀、铲子等，还发明了牛拉犁和轮式推车，用于烹饪和储存食物的陶器，以及后来出现的编织。集中起来的人口可以运输制做需要的物品，有效地开垦农田，储存剩余的物品。总而言之，这些革新加上适当的地理环境，形成了生产性的农业经济，用戴维斯的话来讲，"只要让城市存在的'绝对必要条件'有可能存在，那些不生产自己粮食的人们就可以集中在一个地方生活了"（1955：430）。

我们把农业领域的技术进步时期的革新称之为新石器时代的革命或农业革命。不过，我没有提及这个时期的一个关键因素，如果真的没有这个因素，城市是不可能存在的。正如戴维斯指出的那样，高农业生产率并不要求种植者与其他人分享他们的剩余产品。可以这样设想，种植者们只要稍微增加一点生产就足以保证他们自己的需

要。关键因素是更复杂的社会组织形式。

除开农业生产条件的改善，城镇的兴起还需要一种社会组织形式，在这个社会组织中，一定社会阶层可以得到种植者生产的一部分产品。这种社会阶层，包括宗教的和政府的官员、买卖人和艺术家，生活在城镇里，因为他们所需要的食物并不依赖于他们自己在田间的劳作。这样，他们能够得到更好的城镇生活，而这种城镇生活让他们得到了统治种植者的权力（Davis，1955：430）。

城市革命

建立一系列新制度是柴尔德所说的"城市革命"的关键，那些新制度保证、储存和分配积累起来的粮食剩余。柴尔德对有别于人类其他形式定居点的城市属性做了概括，包括10个早期城市特征：

- 比较大且人口比较密集的定居点。
- 从事非农业活动的社会阶级包括工匠、搬运工、商人、官员和神职人员。
- 由掌握剩余产品的神或王支配的税收和资本积累制度。
- 纪念性公共建筑，如庙宇和供电，它们不仅把村庄转变城市，而且是集中起来的剩余成品的象征。
- 神职人员、民间和军事领导人和官员构成统治阶级，官员负责吸收、积累和组织剩余产品。
- 发明了记录制度和精确科学。例如，用于预测、测量和标准化的代数、几何和天文。
- 发明了书面语言，建立了书写技术。书面语言保证了精确和预测科学的出现。

图2.2 这些石器具体地证明了古代文化中的技术进步（Source: iStock © Mark Kostich）

图2.3 伯利兹的玛雅遗迹——拉马奈遗迹虽然比起美索不达米亚的一些遗迹晚了很多世纪，但是，它毕竟是西半球的一个古代城市的例子，它标志着那里已经有了集中起来的剩余农产品（Source: Shutterstock．Wata51）

- 艺术表达分科，如雕塑、绘画、雕刻，它们都依赖于集中起来的剩余产品。
- 生产和宗教需要的原材料的长距离交易制度。
- 成为社区成员的基础是居住而不是血缘，在这个基础上形成社会组织。

导致"城市革命"的关键因素可以分成4大类：人口、组织、环境和技术。研究城市增长模式的城市生态学家会把"城市增长模式"描述为"生态综合体"（图2.5）。城市生态学家邓肯（Otis Dudley Duncan，1982）提出，他们选择"POET"，"POET"是由4个英文单词的第一个字母组成的一个缩写。"人口"（Population）涉及作为一个集体的全体人口。就人口而言，引起人口增加的原因是有了剩余的农产品。"组织"（Organization）涉及社会制度，它使这个聚居人口在这种社会环境中运转起来。这里谈到的是劳动分工和包括宗教人士和官员在内的统治阶层的发展。"环境"（Environment）包含生态景观。对于正在出现的城镇和定居点而言，环境会涉及有利的地理气候，如在两河流域找到的适合于产生农产品剩余的地理气候条件。"技术"（Technology）涉及所有帮助增加粮食生产、储存和分配的材料、工具和技术。

柴尔德的论文基本上是以美索不达米亚（现在的伊拉克）的底格里斯河—幼发拉底河流域和叙利亚的一部分考古发现的城市为基础的这是曾经的苏美尔文明，苏美尔文明的最大的和最富足的城市之一是乌鲁克（Uruk，这个词演变成现在的Iraq）。

图表2.2 缩写POET的图解。资料来源：Duncan, Otis Dudley, 1982. 'From Social System to Ecosystem', in George Theodorson (ed.), Urban Patterns: Studies in Human Ecology. University Park: Pennsylvania State University Press

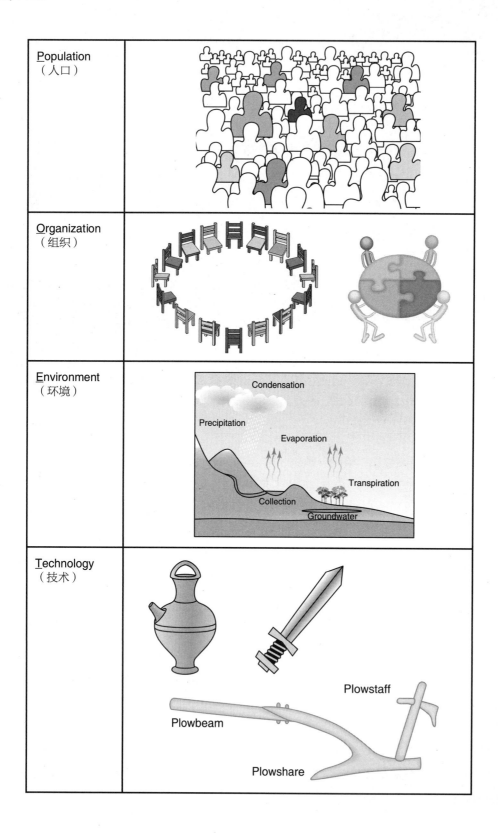

图2.4 公元前4000年乌鲁克（在圣经上是伊内奇的圣城）的比克雷（Bit Resh）神庙遗址（摄影：Jane Sweeney）

苏美尔人的城市

在《旧约》上，《创世纪》第11章出现了这样话：

> 他们往东边迁移的时候，找到了一片平原，那是希亚尔的土地，就住在那里。他们彼此商量说，"来吧，我们造砖，把砖头烧透了。"他们就拿砖头当石头，又拿石头漆当灰泥。他们说，"来吧，我们要建造一座城和一座塔，塔顶通天，为要传扬我们的名，免得我们分散在整个地上。"

这段话提到了圣经上的通天塔，它坐落在希亚尔的土地上。现在也叫苏美尔，曾经住在苏美尔土地上的人叫苏美尔人。古代希伯来人大约在公元前800年记述了苏美尔这个最早和最古老的文明之一。大量的考古发现证明了苏美尔文明的存在。与此相关的第一个考古发现是在19世纪得到的。新的考古发现延续至今。例如，考古学家现在正在期待挽救伊拉克境内古塔遗址，有些古塔可能是或类似《旧约》中提到的巴比伦塔或通天塔。大部分人都忽视了这样一个观念，通天的正是这个圣经塔，他们希望通过救赎，得到一个如何更好地建起这类塔的想法，如何更好地认识塔周围的建成环境（Gedalyyahu，2011）。

苏美尔文明大约存在于公元前3500年至公元前1800年之间，由许多城邦组成，乌鲁克是最有影响的城邦之一。按照现在的标准来看，苏美尔的城市都相对小。居民大约在5000—25000人，乌鲁克是最大的城市之一，居民大约在4万—5万人。

砖砌的城墙围着城市，城墙上建有堡垒。庙宇和"金字形"的锥形塔主导城市中心。金字形神塔是当时最重要的城市景观特征，适应了这样一个事实，祭司阶级统治着城市，城市的政体是神权政体。中心围合部分包含了高级神职人员的住地、大殿、庙宇、工作间、行政管理办公室、各类辅助设施，包括粮仓、牲畜棚和禽舍。

艺术家、文书、家奴和统治阶级的其他侍从，住在庙宇之外。道路狭窄，弯弯曲曲，顺其自然，与现在北非地区绿洲城镇中的那些道路相似（Hawley，1981）。两层或三层楼高的住宅簇拥在一起。每一所住宅都有中间庭院，空白墙壁面对道路。这种庭院式住宅形式的发展是用来应对道路上可能出现的危险。除开保护的功能之外，这种形式的房子可以屏蔽掉一部分噪声和道路上的扬尘，维持私密性。费城社会山那些富裕人家的住房其实依然还有苏美尔人的影响。

图2.5 公元前556年—前539年，那波尼德王统治期间，新苏美尔人建造的乌尔塔的台阶，基础是公元前2100年的乌尔—那木王统治下的老苏美尔人的瓦砾。无人知道通天塔究竟是什么样，当然，苏美尔人留下的遗迹就是这样的（Source: Shutterstock . Everett Historical）

苏美尔人的市场建在城墙外，靠近河湾，是城市间和区域间的贸易场所。最初的国内的内部贸易可能是微不足道的。随着农业剩余的增加，加上文化发展，书面文字和记录，数字系统，计时和天文计算，法律和行政管理程序，都推动了贸易的发展。沿着商路和河流，贸易的距离逐步延伸。

接下来，贸易把文化也带到了其他的城邦。奥本海姆（A. Leo Oppenheim，1964）在他的内容丰富的著作《古代美索不达米亚：一个逝去文明的肖像》中提出，与贸易相伴的战争和征服也在提高文化方面发挥着重要作用。一些城邦被征服了，城邦间的互动会让新的观念和信息交流起来。争夺得来的财富和剩余也让雕塑、绘画、建筑和戏剧之类的伟大作品得以创造出来，城市得到美化，让城市在文化上取得进步。《吉尔伽美什史诗》就是伟大艺术品的重要一例。

《吉尔伽美什史诗》至少比荷马的《伊利亚特和奥德赛》早1500年。19世纪中叶，在美索不达米亚挖掘到了刻有《吉尔伽美什史诗》史诗的泥板。伦敦博物馆很快辨认出了《吉尔伽美什史诗》。最令人惊讶的发现是，《吉尔伽美什史诗》竟然包含了一次大洪水的记录，它比圣经中有关诺亚洪水的记录早了750年！

《吉尔伽美什史诗》是英雄吉尔伽美什（Gilgamesh）的生活记录，他是乌鲁克王，生活在公元前2700年。乌鲁克就是现代阿拉伯文中瓦卡（Warka），圣经中的伊内奇，它的繁荣时期大约在公元前3500—公元前2300年之间，其中，公元前2800年是它的鼎盛时期。乌鲁克城建设了两重城墙，周长约为6英里，城墙上有成千的半圆形堡垒。乌鲁克城的中心是美丽的庙宇群和其他一些纪念性建筑。这群庙宇称之为"埃安纳"（Lampl，1968）。乌鲁克城的居民人数大约在4万—5万人。

《吉尔伽美什史诗》中记载了乌鲁克的城墙和城里称之为"埃安纳"的那个庙宇群：

图2.6 这是阿尔沙巴德萨尔冈二世宫殿里的亚述人的浮雕，上边刻着英雄吉尔伽美什，现在收藏在巴黎卢浮宫（Source: Getty .© Alinari Archives）

吉尔伽美什修筑了环绕乌鲁克的城墙。

吉尔伽美什修筑了神圣的埃安纳，这个纯洁的圣堂。

看看乌鲁克的外城墙，外城墙的墙顶像铜一般闪亮；

瞧瞧乌鲁克的内城墙，没有任何城墙可以与它匹敌！

城门谁不知晓！

埃安纳映入眼帘，那是伊什塔的居所，

哪位君王、哪位凡人可以与天之母伊什塔比肩，

登上乌鲁克城的外城墙和内城墙，在那里漫步，

打量城墙的基座，端详城墙的砖头，

哪块砖头不是烧制的？

几个智者垒不出乌鲁克的城墙地基。

这首史诗记述了吉尔伽美什与生活在崇山之中的恩奇杜的友谊，因为恩奇杜的死，吉尔伽美什开始追逐永生，但是，始终无果。就在吉尔伽美什漂泊寻觅永生时，他遇到了乌特纳比西丁（Utnapishtim），以为变成了神的老人。乌特纳比西丁给吉尔伽美什讲述了那场大洪水的故事，众神告诉他如何建造一个方舟，把所有的生命之种都装进那个方舟里。这只方舟在暴风雨中日夜航行，每一座山几乎都淹没在洪水中，终于有一天，这只方舟停靠在一个山顶上。雨停了，天晴了。乌特纳比西丁和方舟上的人在两河之间肥沃的土地上建造了自己的家园。

除开令人惊讶不已的《吉尔伽美什史诗》之外，19世纪，考古学家在美索不达米亚还发现了大量的石碑。大部分石碑上都记载着商业和行政管理事务、商业档案、清单、发明。另外，许多石碑上还包括了诗歌、箴言和短文在内的大量文学作品。

贸易理论和城市起源

在柴尔德那篇影响深远的论文完成之后，考古学家在19世纪中叶展开了大量考古挖掘工作，那些考古发现让科学家一直拷问柴尔德的城市起源理论。19世纪中叶发现的第一个古城遗址是耶利哥古城。但是，20世纪50年代，有关耶利哥古城的重要的新发现，有关考古学家现在命名为加托胡耶的那座土耳其古城的出人意料的发现，对柴尔德那篇关于文明和出现在美索不达米亚的第一批城市的论文提出了挑战。这些发现还让考古学家质疑柴尔德的城市随着农业，贸易随着城市的观点（Hamblin，1973）。雅各布斯（Jane Jacobs，1969）推出了这些论文中最有争议的一篇。我们还是先看看考古学家在耶利哥古城和加托胡耶古城发现考古学证据，然后，再来考察雅各布斯的理论。

"约书亚胜任攻打耶利哥的战斗，耶利哥的城墙轰然倒下。"这些民间歌词都是以旧约上的一个故事为基础的。圣经学者认为，那场耶利哥城的战斗发生在公元前1500年，是在以色列人与住在耶利哥城里的居民之间展开的。然而，20世纪50年代，英国考古学家肯杨（Kathleen Kenyon）提出，在这场战斗发生之间，耶利哥城已经存在6000年以上了。考古挖掘出来的一系列城墙和其他文物表明，在那个时期里，不同的人数次建设、摧毁和再建了耶利哥城。肯杨（1970）认为，公元前8000年，耶利哥城已经具备了强大的防御能力，具有了一种被认为只有城市才有的行政管理体制。

耶利哥城的废墟里包括了外来物品的痕迹（如贝壳），赤铁矿石（红色的氧化铁矿石）和黑石（浅灰色的火山石，可以用来造成锋利的工具），此类发现证明，耶利哥城是一个贸易中心。在耶利哥城和它附近的邻居们之间一定有相当数量的贸易，耶利哥城可以从附近的黑海得到很有价值矿物，如盐。

加托胡耶城估计至少建于8500年以前。整个古城的面积约32英亩，可供约6000人居住。考古发现显示，加托胡耶城是一个贸易中心和宗教中心。20世纪60年代初，加托胡耶城的考古挖掘工作展开。发现这座古城的英国考古学家梅拉特（James Mellaart，1967）在《加托胡耶》描绘了他所发现的这座辉煌的古城。

图2.7　鸟瞰加托胡耶城的考古场地（Source：Corbis. © Nathan Benn）

图表2.3 一位艺术家重现的加托胡耶古城簇团的住房。请注意，那些房子都没有出入口，需要通过屋顶进出（Source: Fotolibra © Miles Kelly）

加托胡耶城建在一个土丘上，住房和神庙围合成中央庭院。因为这些住房都没有出入口，所以，必须从屋顶上进出。这种建筑方式成了一种防御措施。在考古挖掘中，发现了妇女的饰品、雕刻出来的武器和塑像。墙壁上有具象和抽象的壁画，描绘了公牛、人和家畜。有一间屋子里的壁画描绘了一只秃鹫正在攻击一个无头的男人。梅拉特对此的解释是，这张壁画象征着清理故人，允许把死者埋葬在寺庙里或亲属的家中。

梅拉特谈到了涉及这个城市富裕的基本问题。他的答案是贸易，做出这种判断的基础是，加托胡耶城坐落在一个黑曜石蕴藏很丰富的区域。黑曜石是火山喷发产生的天然的玻璃，用途广泛，可以凿出刀、镜子、剃须刀、首饰等。整个中东地区的考古挖掘找到了来自这个区域黑曜石的证据。考古学家在加托胡耶城的废墟里还找到了本地没有的材料，如来自地中海的贝壳，地中海在加托胡耶城以南约100英里的地方；来自加托胡耶城以东叙利亚的上好的打火石；外来的干果和水果种子。另外，考古学家在加托胡耶城的废墟里还发现了两个不同的人种。一个人是欧洲血统；另一个人是亚洲血统。果真如此的话，这个发现意味着，当时已经出现了不同人群之间的远距离贸易。

考古学家在耶利哥城和加托胡耶城的考古挖掘中发现的证据能够证实这些定居点真是城市的结论吗？社会科学家之间确实有某种不一致的看法，他们还是有一些共识，虽然没有在考古挖掘中找到文字证据，但是，耶利哥城和加托胡耶城的考古挖掘成果似乎符合柴尔德的城市标准。果真如此，城市的起源就要从公元前3500年前苏美尔人的城市一直回溯到中东地区的耶利哥城和加托胡耶城，这样，城市的起源时间就向更遥远的历史时期推演了1倍，回溯到公元前8000—公元前6000年。这种城市起源说的意义在于，城市发展的关键因素是贸易，而不是农业生产的剩余。雅各布斯最明确地提出了这种看法。她在《城市经济》（1969）中断言，城市产生了农业和畜牧业，而不是农业和畜牧业并不是城市发展的基本乡村前提条件。在当今土耳其的安纳托利亚高原上的加托胡耶城，梅拉特获得了重要的考古成果，发现当时在世界的那个区域里就有了对黑曜石这种重要工业原料的贸易，这些考古发现成为雅各布斯相关论点的基础。在加托胡耶城的基础上，雅各布斯虚构了一个想象的城市，"新黑曜石"，借此推演她的判断。

雅各布斯的"新黑曜石"城是一个捕猎者的前农业城市，这座城市已经发展了谷物种植和家畜家禽养殖。她把这座城市描绘为一个黑曜石交易中心。那里最初的居民约为2000人，他们采矿，然后出售黑曜石，为了发展贸易，他们成为训练有素的工匠，把黑曜石制成想要的物件。一种交易制度发展了起来，按照这种制度，商人把来自从其他地区的要交易的货物，如粮食，带进新黑曜石。这些进口的粮食和动物与地方粮食混在一起，让黑曜石得以长期生存和繁荣。贸易推动了农业和畜牧业的发展。随着贸易的发展，粮食生产蓬勃发展。这样，为了推动和发展贸易，发明了农业。按照雅各布斯的观点，城市造就了农业的发展，而不是农业造就了城市的发展：

黑曜石的商人在出去做生意时，一并带上黑曜石的粮食。有时，他们带回从未见过的动物，或者有种植前景的种子。来到黑曜石其他小城市的商人们可能会带回去一些粮食，告诉那里的人他们的所见所闻。这样，第一批新的粮食和动物是从城市到城市的。乡村世界依然还是采摘野生食物和捕猎野生动物的世界。种植和养殖还仅仅是城市的事情。只有其他城市的人才来效仿，而那些以捕猎为生的定居点的人们并不效仿城市的种植和养殖。

——新石器时代最重要的发明恰恰不是农业，真正让各种可能的包括农业在内的新事物发生的正是可以持续的、相互依赖的、创造性的城市经济（Jacobs，1969：31，36）。

以耶利哥城和加托胡耶城的废墟和非天然材料的发现为基础，包括矿物和粮食，雅各布斯基本上形成了她的理论。除了这两个考古场地出土的证据之外，中东地区其他地方的考古挖掘同样发现了的外来的物品，如黑曜石，此类发现进一步支持了雅各布斯观点。可是，相当数量的社会科学家（Morris，1979）不同意雅各布斯的理论。

建筑师和城市规划师莫里斯（A. E. J. Morris，1979）在他的著作《城市形式史》（History of Urban Form）中，对雅各布斯的结论提出了3点质疑。首先，雅各布斯推测，新黑曜石有2000居民，基本上围绕黑曜石展开采石、制作和贸易。为了承载这个人口数量，新黑曜石需要有2000平方英里的面积，半径大约为80英里，来提供必需的粮食。在那个时代的原始技术条件下，这不太可能；车轮运输要再等5000年才出现。第二，在没有腌制技术的条件下，新黑曜石不可能储备充分数量的宰杀的动物。第三，在没有用就记录制度的条件下，大规模交易活动会非常难以展开。几千年后才有了书面文字。莫里斯的结论是，"对农业具有首要地位的理论来讲，新黑曜石对它并不构成威胁（1979：304）。"

有关加托胡耶城起源的争论还在继续。有人很怀疑，人们可以解决这个问题。考古证据所特有的零碎和片段的性质排除了彻底解决这个争论的可能性。但是，有些学者，特别是社会学家，采取了不同途径来考察这个问题。以社会学为基础，社会学家提出，文化和社会组织在城市创造和发展中具有重要作用。这种思维方式不那么依靠考古证据，更依靠有关人类社会性质的社会学理论。考古发现为发展这方面的理论提供了必要的资料。

我们会在下一节集中讨论社会学的观点，尤其考虑为什么导致早期城市出现和发展的同样的社会和文化因素，会成为限制那些城市增长并最终使其衰落的因素。

体验活动2.2：争论这个理论

安排一场辩论，探讨考古学的证据，究竟是城市先于农业发展，还是农业先于城市发展。城市先出现，农业随之而来，还是反过来？或者，它们之间存在着相互作用？

社会和文化因素和早期城市的出现、发展和衰落

雪莱（Percy Bysshe Shelley，1792—1822）写的一首诗"奥斯曼狄斯"（Ozymandias，1817）抓住了我们这里关注的那个问题的本质，突显了早期城市起源、发展和衰落的社会和文化因素的重要性。

奥斯曼狄斯
我遇见一位来自古老国度的客人，
他告诉我：沙漠中伫立着两条巨大的石腿，
躯干不见了踪影——

在靠近那两条腿的地方，在沙丘上，
半露出来一张历尽沧桑的脸庞，
眉头紧锁，双唇皱瘪，还有下达严令后留下的轻蔑的一笑，
它的石匠让奥斯曼狄斯的情感至今留存在那些逝去的生命上，
无视那些逝去生命的权力，厌倦那些逝去生命的心：
那个基座上留下这样的字迹：
"我是奥斯曼狄斯，众王之王：
看看我的丰功伟绩，望洋兴叹去吧！"
奥斯曼狄斯的一切早已荡然无存，
凋谢的奥斯曼狄斯周围
只留下茫茫黄沙，
无声无息地向着天边伸展。

雪莱，1817年

图2.8 狮身人面像和金字塔。埃及法老纪念自己，建造了巨大的金字塔和狮身人面像，类似于雪莱虚构的那个奥斯曼狄斯。这个地方现在成为埃及重要的旅游景点（摄影：Daniel Chard）

早期城市里的宗教

在挖掘加托胡耶古城的时，梅拉特发现了一个神龛，包括了一个很奇特的画面，一只秃鹫站在一个无头男人的身上。梅拉特认为这些绘画具有宗教意义。他的看法反映了社会学长期坚持的观点，宗教是赋予人们一种共同的社区意义的粘和元素。

2008年，华盛顿特区的美国国立博物馆出版的杂志，"史密森尼"报道（Curry，2008）了一个惊人的考古发现，它让人们相信社会学的观点，宗教在城市起源上发挥着重要作用。实际上，这个发现成为非常重要的媒体新闻（Archaeo News，2008a，2008b，2008c；Knox，2009；Thomas，2007）。德国考古学家施密特（Klaus Schmidt）领导的考古队在土耳其东南部一个叫做巨石遗迹哥贝克力山丘的地方，据信这个考古队挖掘出了我们迄今为止找到的最古老的庙宇，距今已经11000年了，那里包含了大量雕琢的石头，那时的先民还没有发明金属工具，甚至也不会制陶。这个庙宇比英格兰的巨石群还要早6000年，先于陶器、金属工具、文字和轮子的发明。这个建筑物建于新石器时代的革命之前，即农业革命之前。哥贝克力山丘显示出，过去认为农业革命之前是没有社会组织的，实际上，社会组织可能先于农业革命。

在哥贝克力山丘遗址里，考古队没有找到任何形式的居住建筑，实际上也看不出那里有人居住。许多刻有动物和抽象图形的石头更多地呈现出宗教仪式的特征，而不是居家过生活的样子。那些石头上所刻的画面与其他考古场地发现的画面具有相似性，象征着神圣。按照那里的符号象征，考古队甚至在那里找到了人的骨头，所以，考古学家认为，那里是一个宗教活动中心。施密特的结论是，"这是人类建设的第一个圣所"（Curry，2008）。因此，哥贝克力山丘遗址可能是我们迄今发现的最古老的人类顶礼膜拜的地方。

施密特得到了其他考古学家的支持（Curry，2008；Archaeo News，2008a，2008b，2008c；Knox，2009；Thomas，2007），他认为，这个大型庙宇式建筑的建设先于那个地区的农业种植，他还详细阐述了他的看法，举行宗教仪式的场地的出现可能预示着农业革命的到来。这种革命观的基础是这样一个事实，庙宇在农业出现之前就

已经普遍存在了。生活在那里的先民依靠狩猎和采摘为生。在建设这个庙宇的时候，周围的乡村能够维持多种野生动物和野生谷物来满足这种捕猎和采摘经济，没有必要永久性地定居下来。那里的有利环境最终导致种植和野生动物的驯化。在哥贝克力山丘遗址周围的其他考古遗址的发现证明了这一看法。就在这个庙宇建设以后的500年，那里已经有种植的谷物了，如"一粒小麦"。在这个庙宇建设以后的1000年，人们驯养了野羊和猪。这些考古发现给文明的起源带来了令人惊叹的结论：

对于施密特和其他人来讲，这些新发现提出了一种新鲜的文明理论。学者们长期以来一直认为，只有当人们学会了种植，学会了定居生活之后，他们才有时间，有组织和资源来建设庙宇，支撑复杂的社会制度。但是，施密特提出了另外一种途径：大规模的、协调的努力建设这类庙宇为复杂社会的发展打下了基础（Curry，2008）。

施密特进一步推测，环绕整个纪念性建筑的地区可能是圣经中提到的伊甸园，而这个建筑是伊甸园的神庙。这样讲当然可能成为茶余饭后闲谈的话题，对我们来讲，还是紧紧抓住我们要讨论的主题。我们不去深入讨论伊甸园，也不去证明这个区域究竟是宗教在先还是农业在先，我想讨论的是，宗教对早期人类和城市出现的社会学意义。

1864年，法国史学家库朗热（Fustel de Coulanges，1830—1899）在他的经典著作《古代城市》（The Ancient City）（1864/1956）中讨论了最早阶段的希腊和罗马城市展开了讨论，研究了古希腊和古罗马的宗教制度和社会制度。《古代城市》致力于证明，宗教是古希腊和古罗马城市生活的基础，宗教主导了古希腊和古罗马城市生活的方方面面。那些社会的考古学记录还没有出现，人类学家对没有文字记载时期的人类

图2.9　在土耳其南部古城哥贝克力山丘（Pot-belly Hill）考古遗址中奇特的雕刻和石碑（Source: Wikimedia Commons and also Shutterstock ©muratart）

的研究还没有展开，库朗热是在这样的情况下提出他的这些观点的。

20世纪，城市学家芒福德（1961：7）假设，"死者的城市先于生者的城市。"芒福德要说的是，旧石器时代的人出于对未知世界和对死亡的恐惧而聚集在一起祈祷死者的亡灵，重新确认他们的社会联系。"早期人类尊重死者，对死者的尊重本身就是对这个死者亡灵的眷念，祈求死者在生者需要的时候给予帮助，所以，生者需要一个固定的地方去与亡灵相会，与最终形成一个不断延续下去的定居点（Mumford，1961：6–7）。"

图2.10　洛阳龙门石窟。大约4000年前，中东和欧洲出现了许多古代城市。有别于同一时期的其他城市，洛阳是中国乃至亚洲一直延续下来的最早的城市。在中国、美索不达米亚和埃及，宗教曾经是社会的核心力量（Source: Shutterstock © Ru Bai Le）

> **体验活动2.3：对死者的追思**
>
> 至少到两个纪念亡灵的陵园。你看到了什么：早期人类对死者寄托哀思，重新确认社会的团结，试图减轻对死亡和未知的担心？现代城市在多大程度上类似于这样的早期城市呢？

农业剩余、贸易和技术

芒福德推测，宗教在城市起源和城市性质上所实际发挥的作用与农业剩余、贸易和技术一样。我不这样看。我也不去说，芒福德没有认识到农业剩余、贸易和技术等其他因素。芒福德的分析是为了强调，在早期城市出现时，社会和文化因素是一个至关重要的因素。

芒福德、亚当斯（Robert McC. Adams，1960，1966），戴维斯（Kingsley Davis, 1955）和斯乔伯格（Gideon Sjoberg, 1960），都是城市研究领域的先锋，芒福德认为，除开有利的农业条件外，城镇的兴起还要求一种社会结构和组织的形式，在这种制度中，一定的社会阶级会享受一部分农业剩余。宗教神职人员、政府官员、生意人、艺术家组成了这样一些阶层，他们不需要自己种地养活自己，而是通过农业剩余，让他们可以待在城市里。按照这个思路，城市革命曾经是一场重要的文化和社会变革，这种"基本要素是一种全新的制度，社会单元巨大且复杂，而非生活上的一种创新"（Adams, 1960：154）。

资源、实力和相互影响

这个分析把重点放在农业和技术进步与社会和组织制度上的变革之间的相互作用上。农业和技术进步与社会和组织制度上的变革之间始终是相互推进的。这种观点强调的一个方面是，生活在城镇里的那些人与在田间劳作的那些人之间存在一种基本力量。正在出现的城市精英为了保证生产出来的产品可以稳定不断地供应，为了保障、集中和分配那些产品，城市精英必须发展新的社会组织形式、专门化功能和劳动力的分工，建立社会制度。这些包括基于权力、身份、富裕而展开了的社会经济阶级的分化；军事、政治和行政管理精英；分配、贸易和重新分配的经济网络（Adams, 1966）。

我们可以就生活在城镇里的那些人与在田间劳作的那些人之间的力量来看城市的兴起，生活在城镇里的那些人寻求统治在田间劳作的那些人，从而保证住在城镇里的那些人能够继续住下。农业让城市有可能存在，但是，城市的社会体制、组织和文化让城市成为统治一方（图表2.4）。

结果就是美索不达米亚的那些早期城市，与新石器时期的村庄相比，具有独特的社会组织。早期的城市居民忠诚于城市，而不是忠诚于他们的家族或部落。城市精英掌握着统治周围乡村的权力。城市里的宗教和政治制度成为支持社会秩序的基础，在很多情况下，城市里的宗教和政治制度替代家庭和家族。最后，人们从日常的粮食生产中解放出来，就可以从事文化发明，包括建设庙宇；修建大规模灌溉渠道；发明文字；展开算术、代数和天文学演算；创作文学；创造雕塑和绘画艺术。这样，我们可以把城市革命看成社会和文化革命，看成技术革命，技术革命导致新石器时代的人类社会以猛烈的方式发生根本性的转变。

早期城市的出现是以上述革新为基础的，早期城市出现的时间可以追溯到公元前4000年，这是学者们达成的共识。他们一般不重视在此之前3000年出现在新石器时代的那些社区。戴维斯把美索不达米亚和埃及公元前3000年出现的城市，此后1000年，即公元前2000年在印度出现的那些城市，称之为"真正的"城市。公元前2000年，整个中东地区都有城市存在，其中最大的城市孟菲斯（开罗）的人口可能达到10万人（Chandler and Fox, 1974）。但是，多是城市定居点的人口

图表2.4 史前时代城市，社会和组织结构的形成，带来了科技与农业的交互影响。

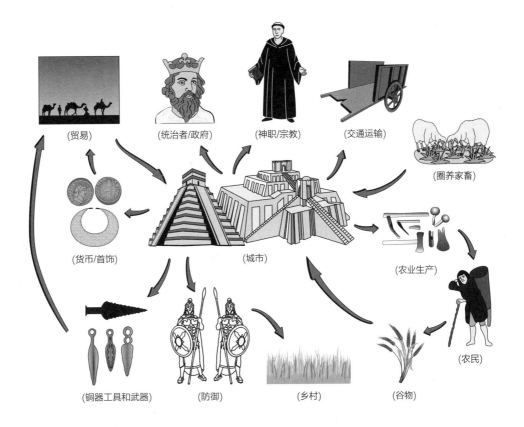

规模都很小，常见的城市人口规模大体在4000—15000人之间。

公元前1000年，中东地区的城市开始衰落和消失。希腊和罗马城市开始出现。柴尔德（1951）对此做出的解释是，城市并非总是经济和社会增长和进步的推动力。他通过分析中东地区城市的内在矛盾，解释了巴比伦和埃及城市增长停滞的原因。

中东地区城市的内在矛盾源于，少数有权势的城市精英集中了太大的权力和太多的财富。他认为，法老、王公、祭司和他们的亲属家眷所形成的统治阶层把具有专长的工匠和劳动力的身份降低到下等阶层。那些城市精英一旦掌握了权力，就不再支持理性的科学了，因为那些科学可能与他们的宗教信仰发生冲突。城市精英也没有对发明创造给予鼓励。城市精英控制着大量的劳动力，所以，他们不需要节省劳动力的设备，如利用畜力或风力，或金属工具。实际情况正好相反，那些下等人被当成牲畜来使用。脱离生产活动和拥有巨大权力的宗教和政治精英导致农业和技术进步停滞（Childe，1951）。戴维斯（1955）提出了与柴尔德相同的看法：

那时的农业生产水平极其低下、劳动力极端密集，所以，需要很多农民才能养活一个城里人。那时肯定有牛拉犁，木制犁铧，漫灌，石锄，石刀和石斧，但是，那些生产工具相当笨拙。与农业一样，交通运输也是劳动密集型的。利用风帆的水运是当时大规模运输的唯一办法，但是，帆船的效率低下，所以还需要拉纤。当时已经有了实心车轮和刚性连接轴的牛车，使用人体或牲畜作为短距离运输工具，使用骆驼开展的长途运输是一个例外。长距离运输基本上用于很有价值的和规模不大的物品，如那些供精英阶层使用的物品，长距离运输是不能维持大量城市人口的需要的。所以，相邻腹地可以提供的通过劳动密集型生产而获得的粮食、纤维和其他大宗物品的数量限制了早期城市的规模，以后出现的希腊城市面临相同的限制，要想增加城市规模，就必须超越这类限制（1955：431）。

战争

除了我们前面提到的因素外，戴维斯新增了政治和军事限制的因素。早期城市不断受到相邻定居点、游牧部落的威胁和征战，所以，早期城市不断被围困、占领、摧毁、重建，再被新的入侵者和征战者夺取。帮助城市积累财富和城市所依赖的堡垒之外的乡村，都是很容易且常常受到攻击的。

体验活动2.4：战争的证据

在你所在的城市或你选择的城市，找到历史上发生的战争或冲突的证据。这个城市防御的还是进攻的？或者二者兼有？是否发生过城市内部不同居民群体之间的战斗？城市，或城市的一些部分，是否被摧毁和重建过？

豪厄尔斯（William Howells，1963）在考古学证据之上，描绘了许多苏美尔城邦连绵的战争，来自北方的阿卡德人不可避免地打败了苏美尔人。来自扎格罗斯山的古提姆人再次征服了阿卡德王国。结果是连绵的政治动荡和早期城市的非连续性，从而导致那些城市的征战限制。

2005年，一个重大的考古发现突显了战争对早期城市的兴起和陷落的重要性和影响。在叙利亚的东北部地区，一群来自芝加哥大学东方研究所研究团队的考古学家们挖掘出一个战区，它地处古城哈姆卡尔。考古挖掘出来的建筑物强有力地证明，围绕古代美索不达米亚，在公元前3500年，曾经发生过一次大规模的有组织的南北文化之战（Wilford，2005）。

叙利亚文化部的副部长莫札（Abdel-Razzaq Moaz）和加州大学圣迭戈分校的考古学家拉加斯（Guillermo Algaze）都在《纽约时报》（2005）上撰文分析这个考古发现的重要意义。莫札博士认为，这个哈姆卡尔场地解释了对古代城市兴起的认识。拉加斯博士虽然没有直接参与考古挖掘，不过，他还是认为，这个有关战争的证据有助于解释古代美索不达米亚和涉及南部扩张的因素。其他一些考古学家认为这场战斗是一个冲突，"南部正在增长的城市试图寻找原材料，如木材、石头和金属（Wilford，2005）。"这个发现的意义在于，它证明了战争在古代城市的兴起和衰落中的作用。这个案例揭示了美索不达米亚北部文化城市哈姆卡尔的重要性，哈姆卡尔的陷落是南部文化兴起的结果，南部文化后来主导了那个区域。这个发现和对这个场地的早期考古挖掘提供了强有力的证据，在这个北部地区，城市发展是独立于南部那些更著名的城市，如乌鲁克。重大冲突、南部文化带来的文化蔓延和殖民化成为古代美索不达米亚的主导力量。

城市增长的限度

战争、政治动荡和不连续的一个重要的消极结果是城市文化的传播。当一个城邦扩展到它之外的区域，城市化的范围扩宽。希腊城邦的城市前哨和罗马的前哨都是这种扩展的证据。许多希腊城邦在整个地中海地区建立起殖民地。罗马帝国通过军事征战，进入欧洲的西北部和中部地区，从而导致高卢和不列颠城市的兴起。但是，正如历史告诉我们的那样，这种扩展开放了城邦本身，所以，外敌有可能入侵和占领向外扩张的城邦。苏美尔城市就是如此。豪厄斯写道，苏美尔城市和帝国的不断陷落和兴起导致了"越来越大的文化扩散，最终吸引了处于城市势力范围边缘的野蛮人，他们打进来，什么也不丢失，使用文明人的工具去征服文明人，最终自己也成为文明的一部分"（1963：321）。

那时，阻碍城市增长的另外一些因素是原始的卫生设施和缺少科学的医学。这种条件导致城市的死亡率很高，阻碍了城市的大规模增长。农民与土地拴在一起，种植需要大量的劳动力，这种状况减少了从乡村向城市的迁徙。没有制造业，所有阶级的传统和宗教信仰，对农民的官僚控制，所有这些因素都阻碍了实验和技术进步和经济发展（Davis，1955：432）。

最后，除开社会和文化组织的限制和微弱，易于受到外部袭击和被外族所征服外，那些早期城市还受到饥荒、洪水、疾病，以及消灭人和牲畜的瘟疫等自然灾害的影响。不利的气候变化也有可能一直是限制城市增长的一个因素；例如，长期干旱已经导致哈拉帕文明或印度河文明的坍塌，这个古老的文明曾经从印度河扩展到恒河，现代印度、巴基斯坦、尼泊尔和孟加拉的一部分。长期干旱也与坎通纳文明的消失有关，考古学家在现在的墨西哥城的附近展开的考古挖掘中发现了可以容纳9万人的城市，长期干旱同样是美洲玛雅文化消失的原因。

所有这些因素都严重限制了早期城市的规模，同时也解释了早期城市的规模为什么那么小的缘故。在美索不达米亚、印度或埃及，人口最大程度的集中也不可能超过20万人，城市人口不会超过当时世界人口的1/100，城市人口几乎不会超过它起源的那个区域的人口。

史前证据指出了什么？

考古学家提醒我们，由于史前证据不太可靠而且零散，所以，我们要反复锤炼我们的理论结论，我同意考古学家的这个看法，以此来总结我们对城市起源问题的讨论。正如柴尔德所说，"我们对于史前问题下的每一个判断都应该符合这句话，'在现有证据的基础上，平衡各种支持这个观点的可能性'（1951：Preface）。"

基于这个建议，"在现有证据的基础上，平衡各种支持这个观点的可能性"，我可以得出这样的结论，农业生产出现了剩余是当时一个重大生态变更的结果，那场生态变更的发生在公元前1万年前后大冰河时代的末尾。与这些农产品剩余同时出现的还有人类社会的社会和文化组织上的重大变化。这些重大变化包括出现了以劳动专门化、劳动分工和权力层次结构为特征的复杂的社会制度和组织。这些因素在第一批城市里相互作用，导致了所谓"城市革命"。

结论

这一章讨论的是城市起源——城市为什么出现，城市在那里出现，城市什么时候出现，以及古代城市为什么衰落了或消失了。这本书所关注的无非是城市对人和他们的城市生活体验的影响。这一章的目标是揭示城市形成和生存下来的环境因素和社会组织制度和活动的重要性。这一章首先考察了有关"现代"人类的出现，考察了与城市起源相关的"农业革命"和"城市革命"的重要性。柴尔德的学术文章，"城市革命"和确定早期城市的十大特征的重要意义。"POET"分别代表了这些特征：人口、组织、环境和技术。对《吉尔伽美什史诗》的简单介绍突显了古代苏美尔城市的讨论。考古学家发现了耶利哥和加托胡耶废墟，围绕这个发现，围绕与受到控制的农业剩余产品相关的贸易的出现，人们对贸易对城市发展的作用展开了社会科学争论，最后得出的结论是，农业产品的剩余和贸易都是城市增长的基本要素。另外一个最近的考古发现，哥贝克力山丘遗址的发现，给讨论宗教在古代城市居民生活中的重要性提供了背景。贯穿这一章，我们强调，社会制度和文化制度的发展，社会结构的发展，社会组织形式的出现，都是城市出现、发展和衰落的基本因素。

思考题

1. 按照研究城市的学者们的看法，在城市形成中哪些条件是必要的？戴维斯所谓城市存在的"必要条件"是什么？
2. 定义出现在公元前9000年的农业革命。
3. 导致新石器时代城市革命的4大类条件是什么？
4. 苏美尔城市何时繁荣兴旺？以其中一个城市为例。
5. 描述影响早期城市出现、发展和衰落的社会因素和文化因素。

第3章 工业革命和城市社会学的兴起

本章大纲

工业革命和19世纪的欧洲城市
曼彻斯特：19世纪中叶动荡的城市
理想类型：社区和人际关系
理想类型：乡村生活和城市生活
 梅因和滕尼斯
 迪尔凯姆
 韦伯
 齐美尔：都市和心理生活
结论
思考题

背景图：英格兰的曼彻斯特有一个名字，棉都，用来表示这个棉花和棉纱工厂大都市，那时，曼彻斯特确实是那个时代国际棉纺织业加工的中心。W 怀尔德曾经在1857年创作了一幅标题为"从克尔萨尔莫尔看到曼彻斯特"著名的油画，这幅画启发了风景画家古多尔（Edward Goodall，1795—1870），他又从克尔萨尔莫尔的角度上，创作了背景上使用的这幅作品，它的最初的标题叫"曼彻斯特"。

一切等级的和固定的东西都烟消云散了，一切神圣的东西都被亵渎了。人们终于不得不用冷静的眼光来看他们的生活地位、他们的相互关系。

卡尔·马克思，1848/1948

最早期城市的兴起和衰落，工业革命的出现，二者之间的那个时间间隔里，城市人口的特征基本没有改变。最早期城市的人口不足1万人，古城乌鲁克也许是一个例外，它的城市人口达到过4万人。罗马帝国和它的首都罗马的人口，可能一直维持在35万人至60万人之间。玛雅、阿兹台克和印加人的中美洲和南美洲城市的人口也曾经达到过20万人。但是，相对而言，在1000多年的时间里，世界范围内的城市规模一直都是相对不大的。在公元800年至公元1600年之间，世界上几乎没有几个城市的人口超过15万人。

在世界范围内，居住在城市里的人都依赖于周边乡村的剩余农产品为生。劳动的专业化程度很有限，仅有最低程度的劳动分工。只有在城市和乡村工业化后，大城市才有可能出现。乡村人口生产的剩余农产品不多，剩余农产品不能有效率地输送到城市，因此，这两个因素限制了城市规模。只有当粮食生产技术依靠同样数量的劳动力却可以生产出更多粮食的情况下，才有可能改变城市人口规模。能够生产出来的剩余农产品越多，能够支撑的城市人口才越多。

随着出现在18世纪末至19世纪初的工业革命，重大变化发生了，工业革命改变了城市规模、人口密度、城市结构和城市布局。第一次城市革命是指城市的出现，大约发生在1万年以前。工业革命迎来的是城市历史发展的第二个重要转折点；工业革命的结果可以用第二次城市革命来表达。英格兰是工业革命的前沿，1800年的英格兰只有106个城镇的人口超过5000人。然而，在不到100年的时间里，事情发生翻天覆地的变化。

到1891年，英格兰有622个城镇的人口超过5000人，英格兰的城市人口达到2000万（Hosken，1985, cited in Bryjak and Soroka, 2001）。1800年，伦敦是世界上最大的城市，人口为86.1万，而到了1900年，伦敦的人口接近650万。19世纪，欧洲其他国家也在经历着工业化，城市也经历了迅速的增长。从1800年至1900年，巴黎的人口从55万上升至333万；柏林的人口从17.2万上升至232.4万；维也纳的人口从23万上升到166.2万。阿姆斯特丹、汉堡、马德里和罗马是人口相对少的城市，它们的人口也在100年的时间里翻了一番（图表3.1）（Chandler and Fox, 1974）。

图表3.1 若干欧洲城市的人口，1700—2014（单位：1000）

城市	1700	1800	1900	2014
阿姆斯特丹	172	201	510	813
柏林	—	172	2424	3562
汉堡	70	130	895	1749
里斯本	188	237	363	547
伦敦	550	861	6480	8615
马德里	110	169	539	3165
那不勒斯	207	430	563	989
巴黎	530	547	3330	2273
罗马	149	153	487	2874
维也纳	105	231	1662	1795

资料来源：Based on T. Chandler and G. Fox, 3000 Years of Urban History (New York: Academic Press, 1974); 2006 City Mayors: The 500 Largest European Cities http://www.citymayors.com/features/euro_cities 1/htm, retrieved January 31, 2010.

工业革命带来的技术革新和社会变革推动了19世纪迅速的城市化，生产技术上的进步包括蒸汽机、珍妮纺纱机、扎棉机和纺织机，机器让大规模生产成为可能。交通革新，特别是蒸汽驱动的铁路，道路革新、陆地隧道，都可能快速运输工业产品。农业方面的技术革新，包括新的收割机以及在轮作方面和牲畜饲养方面的技术创新，都大大提高了农业生产力。英格兰的中部地区、德国的鲁尔河谷、马萨诸塞的梅里马克河谷，都是集中了各种支持工业化的资源的样板地区。

但是，与工业化相伴而生的还有社会的、文化的、政治的和经济的变革，工业化导致了迅速的城市化，而迅速的城市化又进一步推动工业化。在这个加速变革的时期，社会科学家关注和想象着工业化和城市化对人们生活的影响。现在到了关注工业化和城市化的后果的时候了。

工业革命和19世纪的欧洲城市

欧洲社会在19世纪的发生了重大变化。革命的民主力量和工业化的力量正在冲击和改变着传统的基于家族血缘、村庄、社区、宗教的旧制度和旧社会秩序。美国革命推翻了英国殖民政府。法国革命推翻了君主制度。19世纪的欧洲其他地区在汹涌澎湃的民主思潮冲击下的也孕育出了新的民主精神，人民与政府之间的关系正在改变。与此同时，贫困、童工、遗弃的儿童、卖淫、非婚生育、家庭虐待等社会问题正在大量增加，尤其在那些新兴的工业城市里。狄更斯（Charles Dickens）的《雾都孤儿》（Oliver Twist）和《艰难时世》（Hard Times）淋漓尽致地描绘了一种新的生活方式。

工业革命打碎了以家庭为中心的国内经济，引诱乡下人到大城市的工厂里寻找远大前程。回首18世纪中叶的英格兰，我们确实能够看到工业革命的影响。那时的英格兰基本上是乡村，加上在某种形式的家庭作坊里从事工业生产的人们。城市里，男女劳动者从事某种商业活动，他们常常以合伙的方式从事商业活动。另外，18世纪末的农业革命增加了农田面积，减少了在家庭作坊从事的生产活动。失去了旧的家庭作坊和商户的人们青睐工业的发展机会：

当我们走进纺织作坊，那里也就是3—4台纺织机。

无声无息地散落在房子里；

问问何故，老母会叹息地告诉我们，

我的女儿们已经不再用这些手摇脚踏的纺织机了，而去使用蒸汽推动的纺织机。

《兰开夏的民谣和民歌》，哈兰（J. Harland, 1865），引自汤普森（E. P. Thompson, 1963: 308）

家庭成员作为挣工资的劳动者而进入了新经济。这就导致了工作和家庭的分化。英国历史学家汤普森在他的《英国工人阶级的产生》（The Making of the English Working Class）（1963）一书中，全面地考察了1780年至1832年之间人们生活方式的变化。以下这段文字对比了两种经济的差别：

妇女变得越来越依靠雇主行或劳动力市场了，她们回首家庭作坊的"黄金时期"，在家里纺纱织布就能挣钱。年成好的时候，家庭经济支撑着以家庭为中心的生活方式，在家庭经济里，自我的内在冲动和自我强制比外在的纪律要明显很多。工业分化和专业化的每个阶段也冲击家庭经济，干扰丈夫和妻子之间，父母和孩子之间的传统关系，"工作"和"生活"之间的分化更为明显。要想消除这种分化，让妇女重新回到家里来，必须要有节省劳动力的设备，而做到这一点需要整整100年的时间。现在，只要工厂早上上班的钟声响起，家庭就分崩离析了（E. P. Thompson, 1963: 416）。

在英格兰的中部地区，如伯明翰、利兹、曼彻斯特和谢菲尔德这些城市当时都成为制造业中心，吸引着整个英伦三岛上找工作的人们。英格兰的中部地区具有开设工厂的优势。包括铁路、运河和汽船技术都能够独占河流和深水港的巨大优势，有可能充分地使用煤矿和铁矿等自然资源。曼彻斯特可能是历史上的第一个工业城市，1801年，它的人口不足7万人，到1830年，人口增长到225000人，1850年，人口增长到了30万人。这些新工业城市集中了大量的劳动力、原材料和资本。

斯梅尔瑟（Neil J. Smelser，1956）描述了棉纺织工业机械化对家庭的影响。家庭经济可以把一家人聚在一起从事生产活动，以及对孩子们的照顾和训练，与此相反，工厂制度采取了严格的劳动分工。城市化弱化了家长制。原先，乡村家庭的父亲在家里具有绝对权威，他们在生产上训练有素，能够训练孩子们。城市生活的巨大多样性让这种社会化功能相对失去了一些效力。工业技术的迅速变化和不计其数的劳动形式，必然需要建立学校这种更加正式的体制培训下一代。

图3.2　童工：20世纪初，半夜还在印第安纳一家玻璃厂工作的少年

对这种家庭情况变化的一部分反应是，英国立法帮助儿童。在没有父母照看下的童工找到残酷压榨。当时建立起来的法律规定了允许儿童劳动的时间长度和工作条件，而且，要求孩子去学校读书。这些法律变化反映了城市家庭状况的变化；家庭不再可以时时照顾它们的孩子了。

> **体验活动3.1：童工**
>
> 在你自己的国家或世界其他地方找到一条最近关于童工的新闻报道或相关法律的报道。把你的发现和你同学找到的结果进行比较。

图3.1　1800~1850年，英格兰工厂里做工的童工受到特别严酷和令人震惊的待遇。当英国实施废除童工的法律时，直到19世纪末和20世纪初，美国依然普遍使用童工。这是一个身高仅为48英寸的小姑娘在曼彻斯特一家纺织厂的纺织机前工作（摄影：Lewis Wickes Hine，May 25，1909. Source: Shutterstock © Everett Historical）

工作场所与居住场所分离对家庭成员具有重要意义。在这种家庭里，男人日益成为家庭生活资料的提供者，妇女和孩子日益展开一种仅以家庭、居住场地和学校为中心的生活。这样的家庭成员与外部世界的接触减少了，日益从与社区事务渐行渐远。这种退出了社区事务的家庭稍许多了一些与周围城市对立的态度。那时的城市表现为一种蔓延开来，没有打算形成社区意义和邻里关系。人口大规模进入工业中心几乎没有提供什么机会让这样的家庭与邻里形成深深的或长久的关系。与此相反，这种家庭对邻居心怀介意和厌倦。过高的预期在普遍的城市贫困、犯罪和混乱中展开。

曼彻斯特：19世纪中叶动荡的城市

英国社会历史学家布里格斯（Asa Briggs，1970），使用动荡的城市这个术语来描绘一种城市，在一个特定的历史时期里，这个城市的增长和技术进步令人惊叹，这个城市正在出现的经济、政治和社会问题令人担忧，这个城市有了反映二者的象征意义。英格兰的曼彻斯特就是这样一个工业革命的动荡的城市。1775年，曼彻斯特的人口为24000人。1801年，英国第一次有了官方的人口普查，那一年曼彻斯特的人口达到7万人。到了19世纪中叶，曼彻斯特城市本身的人口迅速增长到了25万人，75年的时间里，人口整整增加了10倍。

19世纪40年代，曼彻斯特呈现出一种不完善的新的城市生活标准，它不同于以往城市的和乡村的生活标准（图示3.2）。芒福德戏剧性地描绘了曼彻斯特的新的城市现象以及它对未来预示着什么：

我们使用最少的科学术语，不涉及它的社会设施或文化，看看这个新的城市地区，显而易见，在人类历史上，从未有过如此之多的人一起生活在环境如此恶劣、形式如此丑陋、内容如此低级的地方。毫无疑问，只有东方后厨里的下人，雅典银矿里的犯人，居住在罗马围屋里的那些无任何财产的沮丧的庶民，才懂得曼彻斯特有多么不堪入目，可是，人们从来就没有像曼彻斯特的人们那样，竟然如此普遍地把这种恶劣的城市条件当成正常的事情：正常的，而且是不可避免的（1961：474）。

随着工业化的城市社会的出现，曼彻斯特逐步变成了那些研究城市的学者们造访的地方，他们希望更好地认识曼彻斯特，他们想知道，曼彻斯特对其他城市和它们的居民们究竟预示着什么。他们描绘和评价体现在曼彻斯特的那些未知的和令人担心的事情。法国保守的思想家，也许还是19世纪最敏锐的旅行观察家，托克维尔（Alexis de Tocqueville，1805—1859）在看过曼彻斯特之后这样写道："肮脏的下水道流出恶臭的工业污水可以肥沃整个世界，随之而来的却是纯金。人类在那里得到了最全面的发挥，也让人类最野蛮的一面暴露无遗，文明在创造着奇迹，与此同时，文明人却几乎与野蛮人别无二致（Nisbet，1966：29）。"

"肮脏的下水道流出的恶臭的工业污水可以肥沃整个世界，随之而来的却是纯金。"托克维尔的这个富有启发性的判断简明扼要地总结了这个矛盾，许多人都体验到了曼彻斯特显示出来的这个正在出现的工业社会。布里格斯提出，对于正在出现的维多利亚时代的工业城市的道德和社会意义，人们并没有达成共识。他指出，分歧在于：

图3.3 这是克鲁克香克的政治讽刺画，1816年8月16日在曼彻斯特发生的彼得罗大屠杀事件。19世纪初期，曼彻斯特经历了失控的增长。这就导致了低工资和在恶劣条件下工作的工人们的暴动，号召城市工人阶级的政治觉醒。1819年8月16日终于酿成了彼得罗大屠杀事件[Source: Symes, John Elliotson and Henry Duff Traill，1904（1897），收入一本叫"社会英格兰"的档案中，标题为"詹姆斯·索马雷斯.曼恩（编辑的）的社会经济"，那个档案中记录有记录以来人们在宗教、法律、学习、艺术、工业、商业、科学、文学和礼仪等方面的发展（London: Cassell and Company）]

最笼统地说，人们一方面是担心，担心与城市规模变化相关的社会关系模式的变化；担心新的社会力量的出现和施加的压力，这种新的力量不易解释，甚至很难控制；担心社会是否有能力

图表3.2 从伦敦乘火车穿越伦敦：朝圣（Gustave Doré，1872）。铁路在早期工业城市发展中发挥了重要作用（资料来源：www.cardiff.ac.uk/encap/skilton/illustr/Dore121.html）

足够快地在社会结构分崩离析之前就能处理正在出现的社会问题。另一方面，人们又为他们取得的成就而骄傲，为通过自己力量所取得的成就而骄傲，为通过自己力量而得到的经济增长而骄傲；为与别的地方竞争而取得的成功而骄傲，骄傲的不仅是财富和荣誉，还有控制城市的手段——下水道的长度，水龙头或抽水马桶的数量，学校容纳学生的数量，或警察的数量（Briggs，1976：85）。

马克思和恩格斯说在《共产党宣言》中所说的"一切等级的和固定的东西都烟消云散了"这句话也许最好地抓住了新的不确定性的确定的本质："生产的不断变革，一切社会状况不停地动荡，永远的不安定和变动，这就是资产阶级时代不同于过去一切时代的地方。一切固定的僵化的关系以及与之相适应的素被尊崇的观念和见解都被消除了，一切新形成的关系等不到固定下来就陈旧了。一切等级的和固定的东西都烟消云散了，一切神圣的东西都被亵渎了。人们终于不得不用冷静的眼光来看他们的生活地位、他们的相互关系（Marx and Engels，1848/1948）。"

1842年，恩格斯（Friedrich Engels，1820—1905）的父亲让青年恩格斯离开德国老家，杜塞尔多夫附近的巴门，去曼彻斯特，目的是在他父亲的棉纺厂里学徒，学习如何管理棉纺厂，改善这个富裕家庭在德国的生意。恩格斯在曼彻斯特所见所闻改变了他的生活和他的想法。恩格斯与他的终身的合作者卡尔·马克思（Karl Marx）一道，用他们的共产主义思想影响了而且还在继续影响着人类的生活。

在他父亲曼彻斯特的商行里学徒时，恩格斯的世界观发生了转变，越来越同情工人阶级，逐步形成了他的共产主义思想观念。《英国工人阶级状况》以最生动的语言描述了当时的曼彻斯特。恩格斯概括性地描述了曼彻斯特这座城市的宏观结构，详细地描绘了曼彻斯特工厂、商业和居住区的空间分布，阶级在空间上的隔离，恩格斯的这个详细描绘预示了芝加哥学派的城市生态学把重心放在城市空间分布上。

按照恩格斯的共产主义观念，曼彻斯特的城市道路模式、商业区占据曼彻斯特的地理中心位置、在居住分布上把各个阶级隔离开、主干道的分布，都是这场工业革命的资本主义经济后果的反映。恩格斯惟妙惟肖地描绘了工人阶级的工作条件，每日工作时间很长，每周工作6天，工资极低（图表3.3）。

贫苦人群的住房集中在曼彻斯特最糟糕的地区，甚至没有最基本的卫生设施。许多贫苦人群居住的地区集中在艾尔克河的河岸上。这条河实际上是一个开放的下水道和污水滞留场地和垃圾场。比较富裕人群的居住条件明显要好很多，他们的居住区远离贫穷人群居住区的那种恶臭、难闻的气味和噪声污染。恩格斯这样写道：

图表3.3　这是法兰克福兵工厂机械车间的一张考勤表的复制件，源于1885年出版的一本书《工厂成本和车间管理》。工厂的工人们发现他们工作时间长，工作环境恶劣，而工资极低（资料来源：Henry Metcalfe，via Wikimedia Commons）

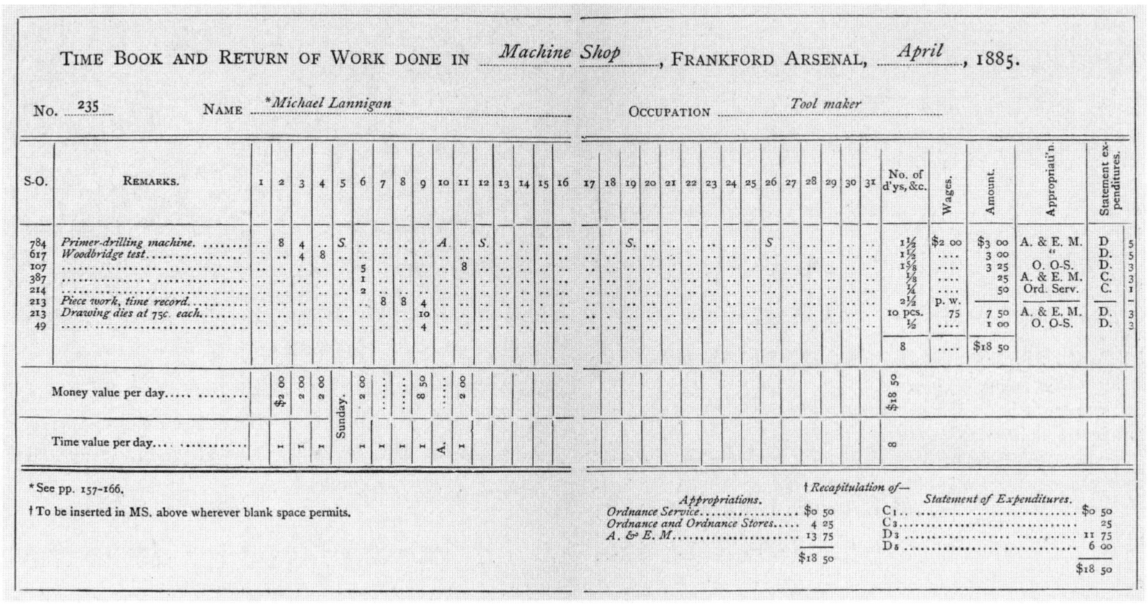
TIME BOOK AND RETURN OF WORK DONE IN *Machine Shop*, FRANKFORD ARSENAL, *April*, 1885.

No. 235　　NAME **Michael Lannigan*　　OCCUPATION *Tool maker*

S-O.	REMARKS.	1	2	3	4	5	6	7	8	9	10	11	12	13	14	15	16	17	18	19	20	21	22	23	24	25	26	27	28	29	30	31	No. of d'ys, &c.	Wages.	Amount.	Appropriati'n.	Statement expenditures.	
784	*Primer-drilling machine.*		8	4		S.					A.		S.							S.							S						1½	$2 00	$3 00	A. & E. M.	D	5
617	*Woodbridge test.*			4	8																												1½	....	3 00	"	D.	5
107							5					8																					1⅝	....	3 25	O. O-S.	D.	3
387							1																										⅛	....	25	A. & E. M.	C.	3
214							2																										¼	....	50	Ord. Serv.	C.	1
213	*Piece work, time record.*							8	8	4																							2½	p. w.				
213	*Drawing dies at 75c. each.*									10																							10 pcs.	75	7 50	A. & E. M.	D.	3
49										4																							½	....	1 00	O. O-S.	D.	3
																																	8	....	$18 50			
	Money value per day.		$2 00	2 00	2 00	Sunday.	2 00	....	....	8 50	....	2 00																					$18 50					
	Time value per day.		1	1	1	Sunday.	1	1	1	1	A.	1																					8					

* See pp. 157-166.

† To be inserted in MS. above wherever blank space permits.

† *Recapitulation of—*

Appropriations.	
Ordnance Service	$0 50
Ordnance and Ordnance Stores	4 25
A. & E. M.	13 75
	$18 50

Statement of Expenditures.	
C1	$0 50
C3	25
D3	11 75
D5	6 00
	$18 50

在曼彻斯特的中心有一个相当广阔的长宽各为半英里的商业区，几乎全区都是营业所和货栈。这个区域几乎整个都是不住人的，夜里寂静无声，只有值勤的警察提着遮眼灯在狭窄而黑暗的街道上巡逻。这个地区有几条大街穿过，街上非常热闹，房屋的最下一层都是些辉煌的商店；在这些街上，有些地方楼上也住了人；这里的市面是不到深夜不停止的。

恩格斯继续描绘了高等的和中等的资产阶级在曼彻斯特郊区那些与其他阶级隔离开来的那些居住区，那些居住区里的住房包括豪宅、高档住宅和紧挨山边花园的郊区住宅。公共马车可以把那里的富裕居民送到城里中心商业区去，他们不用看见穷人，穷人也看不见他们：

在这个带形地区外面，住着高等的和中等的资产阶级。中等的资产阶级住在离工人区不远的整齐的街道上，即在却尔顿和在奇坦希尔的较低的地方，而高等的资产阶级就住得更远，他们住在却尔顿和阿德威克的郊外房屋或别墅里，或者住在奇坦希尔、布劳顿和盆德尔顿的空气流通的高地上，——在新鲜的对健康有益的乡村空气里，在华丽舒适的住宅里，每一刻钟或半点钟都有到城里去的公共马车从这里经过。最妙的是这些富有的金钱贵族为了走近路到城市中心的营业所去，竟可以通过整个工人区而看不到左右两旁的极其肮脏贫困的地方。因为从交易所向四面八方通往城郊的大街都是由两排几乎毫无间断的商店所组成的，而那里住的都是中小资产阶级，他们为了自己的利益，是愿意而且也能够保持街道的整洁的。诚然，这些商店和它们背后的那些区域总是有密切关系的，所以在商业区和靠近资产阶级住区的地方，商店就比背后藏着工人们肮脏的小宅子的那些商店更漂亮些。但是，为了不使那些肠胃健壮但神经脆弱的老爷太太们看到这种随着他们的富贵豪华而产生的穷困和肮脏，这些商店总算是够干净的了。

> **体验活动3.2：精英通勤**
>
> 在你自己的城市或你选择的城市，找出富裕居民从富裕郊区到市中心去而又看不见城市贫民窟的一种交通工具。如果你可以做到的话，可以骑自行车或开车，沿着这个路线走一遭，记录下你所看到的。

按马库斯（Steven Marcus's，1973，1974）的话讲，恩格斯对工人阶级恶劣生活条件的淋漓尽致的描述，简直让人瞠目结舌，目瞪口呆。

大街左右有很多有顶的过道通到许多大杂院里面去；一到那里，就陷入一种不能比拟的肮脏而令人作呕的环境里；向艾尔克河倾斜下去的那些大杂院尤其如此，这里的住宅无疑是我所看到过的最糟糕的房子。在这里的一个大杂院中，正好在入口的地方，即在有顶的过道的尽头，就是一个没有门的厕所，非常脏，住户们出入都只有跨过一片满是大小便的臭气熏天的死水洼才行。——从桥上看到的这幅景象——一堵一人高的石墙小心翼翼地遮住了这幅景象，使个子不很高的过路人无法看到——就是全区的一般面貌。桥底下流着，或者更确切地说，停滞着艾尔克河，这是一条狭窄的、黝黑的、发臭的小河，里面充满了污泥和废弃物，河水把这些东西冲积在右边的较平坦的河岸上。天气干燥的时候，这个岸上就留下一长串龌龊透顶的暗绿色的淤泥坑，臭气泡经常不断地从坑底冒上来，散布着臭气，甚至在高出水面四五十英尺的桥上也会让人感到受不了。

总而言之，恩格斯描绘了曼彻斯特这个工业城市的野蛮状态，恩格斯笔下的那种野蛮状态不仅反映在工人阶级的工作条件上，也反映在那个城市的建成环境布局上，反映在那个城市的建成环境上。

图3.4 这是一幅漫画，描绘了伦敦南华克的春天，正是在这个地区，1832—1834年期间，成千上万的人感染了霍乱。本来就很恶劣的生活条件，霍乱流行等于给伤口再撒一层盐，让许多人死去（Source：NIH public domain）

曼彻斯特本身成了被否定和被疏远的存在。这种街巷、院落、茅厕、肮脏混乱，还有人，并非完全处于混乱状态。每一点混乱，任何一个不便，所有的痛苦其实都有意义。这些混乱、不便和痛苦与中产阶级的生活、与工厂的绩效，与作为整体的城市结构，都不是不相关的，都是有着根深蒂固的联系的（Marcus，1973：272）。

理想类型：社区和人际关系

与欧洲19世纪城市增长相伴而生的是，社会组织的基础发生了根本改变，这种变化影响了制度性的和个人的生活，如前所述，人们的生活超出了家庭。20世纪的理论家，尼斯贝特（Robert N. Nisbet，1966）提出，19世纪兴起的社会学分析集中在社会组织基础的根本改变上，把这种变化看成"社会联系"的变化性。

尼斯贝特提出，普遍不和谐且处处混乱是19世纪的标志。他认为，最好以发生在更多人际联系中的巨大变化来认识我们称之为现代的那个时代的历史。这些变化是从属的那些社会功能所在机构的变化，男人与女人关系上的变化，文化规范的变化，归根结底，政治权力扩散源上的变化。他认为，当代国家、工业和社区中的中介组织问题其根源在于权力与功能的一定冲突，这些权力与功能的冲突一直是现代欧洲社会历史中引人注目的方面。

尼斯贝特认为，社会关系性质上的根本变化成为19世纪社会学的核心。城市学家卡普（Karp）、斯通（Stone）和约埃尔（1977）都以尼斯贝特的分析为基础。他们承认社会关系性质上的"根本变化"。不过，他们补充道，"认识到人们之间社会关系的性质持续处于变动状态中"是很重要的（Karp et al., 1977：8）。我们不是把前工业社会的社会关系和工业社会的社会关系看成是静态的实体，而是一定要把它们看成变化过程，社会关系处于不断变更的状态中。鉴于这种认识，让我们把注意力转向欧洲社会学家理想类型设想的发展，以此思考和解释西方社会从以农业为基础的经济转向以工业化为基础的经济的历史变化。这种社会学的理想类型设想试图描绘城市生活如何不同于我们在乡村地区看到的生活，解释这种差别的原因。

这种理想类型是用来分析社会现象的一种理论解释。德国社会学家韦伯（Max Weber, 1947）在20世纪初就全面阐述了如何使用这种理论解释的办法。实际上，19世纪的社会学家也隐含地使用了这种方式。社会学家通过调查观察到社会现象的一些特征，他们以此为基础来构建理想类型，当然，他们并不期望一种理想类型可以精确地反映任何一个个案；理想类型显示的是假设的"纯粹的"或"理想的"特征。这个理想类型并不意味着评价或认可被研究的现象。这种理想类型通过强调一种社会现象的基本特征而描绘那种社会现象。这种理想类型是一种解析的设计模型。

这种理想模型假设了被研究的社会现象的一定品质或特征，所以，它是一种对现实的抽象，不等于现实本身。例如，以城市特征为基础设想的一种理想类型。没有任何一个城市会实际上符合这个理想类型的抽象意义，但是，这个设想是有意义的，因为，这个设想给被研究城市提供了一个聚焦点，一个参照系。

社会科学家发现理想类型作为一种分析方法是很有用的。这些类型有可能把社会现象概念化，推动跨文化和跨历史时期的比较研究。理想类型帮助确定不同社会的社会变化因素，可以对各种制度，如城市，在时间和空间上展开可以比较的调查研究。当然。理想类型存在严重的局限性。在这一章里，我们考察与城市化和城市发展过程研究相关的一些理想社区类型。我们的中心是那种反映人际关系变化的理想类型，特别强调个人关系、家庭关系、工作关系，以及社区参与。

19世纪主流社会学的观念是，那些进入城市的家庭本身面对着一个他们觉得混乱不堪的城市。个人原来与社区、村庄和家族存在着若干种情感纽带，随着人们从乡村进入城市，他们原先所有的多种情感纽带转变成了仅仅一种情感纽带，那一种情感纽带就是与核心家庭成员的情感纽带，因此，一种强烈的情感转变成为19世纪的特征。家庭把劳动的世界看成是对立的和不安全的，因此，家庭的形象成了一个避难所。面对严酷和不能预料的工业的城市社会，人们把家看成一个提供保险和安全的地方。

19世纪社会科学家的著作反映了这种思维中的反-城市状态。反感城市和惋惜失去了的理想化的过去，让社会学家们推出了城市生活与乡村生活的若干对比模式。城市日益被认为是混乱的、疏远的，而且失去了社区和有意义的关系。典型的新的城市世界无非就是竞争、冲突和契约关系的世界。比较而言，小村庄和乡村社区与城市相反，它们的基础是合作、和谐和血缘关系。小村庄和乡村社区让它们的秩序、非竞争和有意义的人际关系浪漫化了。

尼斯贝特（1966）提出，激进派和保守派都以怀旧的心态看待过去，而以厌恶的心态看待城市。虽然激进派最终包容了城市，把城市看成革命未来的希望，但是，激进派对19世纪正在兴起的工业城市存在的社会条件深感震惊。青年恩格斯被城市前景所震惊："我们都很了解，个人的孤独——是现代社会随处可见的基本原则。但是，没有任何地方像喧嚣的大城市那样再明白不过地证明了自私的自我中心（Nisbet，1966：29）。"保守的托克维尔其实与恩格斯的看法相似。

理想类型：乡村生活和城市生活

让我们看看那个时期发展起来的一些著名的和影响深远的乡村生活和城市生活的理想类型。这些理想类型常常采用二分法或两端对立的形式，比较最近的一些理论家们则把这些理想类型重新解释为一个连续统一体，强调变化范围。这里要介绍的重要理论家有梅因（Henry Sumner Maine）、滕尼斯（Ferdinand Tönnies）、迪尔凯姆（Émile Durkheim）和韦伯。

梅因和滕尼斯

梅因（1862/1960）对"身份"社会和"契约"社会所做的区分是最早一批理想类型之一。梅因假设，身份社会的特征是基于传统的群体关系。传统决定个人的权利和义务。个人的家庭和亲属制度确定了他或她的身份，家庭和亲属制度构成社会组织的基础。城市化推动了人与人之间的关系向契约关系变动，而亲属关系随之弱化。随着国家的权威性，民法替代传统习俗来执行和管理社会服从和社会控制。梅因提出，随着国家权力的增加，家庭对个人的影响会衰落下来，家族会衰落，妇女本来很低的社会身份会上升。梅因这个判断的本质是，原先属于家庭的权力、权

图3.5 亨廷顿（Daniel Huntington）创作的"阿米拉和她的三个孩子"。工业化威胁到传统家庭生活方式，从而引起人们对传统家庭生活做出理想化思考。这种理想化的传统家庭生活方式强调，19世纪是崇拜家庭生活的，强调妇女在家庭中的作用（Source: Online Collection of Brooklyn Museum）

图3.6 照片上的农民正在田间把干草装上马车，远处是北海，摄影时间是19世纪。城市化和工业化让村庄和乡村社区浪漫化了（资料来源：© Hulton Deutsch Collection/CORBIS）

利和职责都向国家转移了。与此同时,人们基于个人身份的社会关系向个人认可的契约转移了。

梅因的著作在19世纪曾经很有影响。《社区与社会》(1887/1963)的作者滕尼斯(1855—1936)直到现在都在启发学生做社区分析。社区与社会都是理想类型,涉及社会关系的性质、基本社会群体和制度(图表3.4)。

社区关系是亲密的、传统的、持久的,而且是建立在非正式关系之上的,一个人只要在这个社区,就决定了他与这个社区有关系,不是由他(她)做了什么决定他(她)与社区有关系,而是谁是这个社区中的个体,谁便与社区有关系,用社会学的术语讲,隶属的身份,而不是享受的身份,决定了个体与社区是否有关系。社区的文化是同质的,道德监管人是家庭和教会。对于滕尼斯来讲,社区有三个核心方面:亲属、邻里和朋友。这些设置成为社会生活和活动的基础。

图表3.4 社区和社会之间的对比

社会特征	社会类型	
	社区	社会
主导性社会关系	资格	交换
	亲属	理性计算
	邻里	
核心设置	家规	国家
	大家族	资本经济
社会秩序中的个人	自己	个人
财富的象征形式	土地	货币
法律类型	家法	契约法
制度次序	家庭生活	城市生活
	村庄生活	理性生活
	城镇生活	都市生活
社会控制类型	一致	惯例
	民俗与道德	法律
	宗教	舆论

(资料来源:Don Martindale. 1960. The Nature and Types of Sociological Theory, 2nd ed.Cambridge, Mass.: Houghton Mifflin, p. 84. Copyright . 1960 by Don Martindale.Copyright 1981 by Harper & Row, Publishers, Inc. Reprinted by permission.)

滕尼斯在工业化的和城市化的19世纪后期的欧洲,看到了正在出现的他所说的社会关系,即那些大规模的、契约的、非人的关系。他所说的社会关系包括生意上的关系,基础是实现目标的理性计算。个人关系是从属的。在这种社会关系中,家庭群体及其机构不再是社会生活的基础;这种社会是围绕工作关系和官僚制度组织起来的。

滕尼斯反对个人主义的增长。他认为,强烈的个人主义导致唯利是图的自私自利的个人,他们把友谊当成了为自己谋利的手段。他谴责让妇女进入劳动力大军,担心那样会让家庭解体。同样,他看到了童工对家庭的破坏性的影响。保守的滕尼斯在谈到童工的恶劣后果时引述了马克思的观点。总而言之,滕尼斯认为,这些变化正在破坏传统社会的结构,破坏传统社会人与人之间的相互支持。年轻人不再接受旧的价值和态度,把传统社区纽在一起的权利和义务被削弱了,而且正在逐步消散。家庭本身从属于个人利益。"家庭成了满足自然性需要的偶然形式,特殊利益群体和规范的社会生活替代了邻里和友谊(Tönnies,1887/1963:168)。"

归纳起来讲,滕尼斯对社会的描绘与马克思描绘很相似。当然,马克思寻求未来发生革命性的变化,而滕尼斯追求的却是倒退,倒退到他描绘的那种理想类型的社区去。

迪尔凯姆

迪尔凯姆(1855—1917)也用两种对比的社会秩序,把社会关系的性质区分开来。他的理想类型构造代表了两种对比的社会结合基础。1893年,迪尔凯姆完成了他的博士论文,"社会的劳动分工"。就社会结合而言,他把机械地结合起来的社会与有机地结合起来的社会做了对比。机械地结合起来的社会描绘了一种存在于小规模社会里的社会结合形式,那里的劳动分工微乎其微。那种把小规模的、稳定的社区成员联系起来的关系，具有重叠和相互关联的特征；由于共同的情感和习惯，那些社区成员凝聚了起来。迪尔凯姆说，社会统一是机械的和自动的，所以，这种社会的部分是可以相互交换的。紧密的友谊和血缘群体都是典型的机械地结合起来的，所以，个人的、稳定的和情感的东西保证它们的存在。

相比较而言，有机地结合起来的社会是在专业化和劳动分工基础上建立起来的。有机地结合起来的关系是公事公办的、暂时的、零碎的和理性的。社会成员的专业化和高度分化，要求他们之间相互依赖，他们的立场和生活经验的多样性相互补充，以此为基础，构成社会的统一。在有机统一标志的关系中，一个人不是作为一个完整的个体与其他人发生联系，实际上，一个人与特定的品质相关，这些特定的品质与一个人在与他人关系中所承担的功能有关。迪尔凯姆认为，从机械地向有机的社会结合方式的转变源于人口规模和密度的增加，源于交流的便利和快速，尤其是源于劳动分工。所有这些因素都与工业化和城市增长相联系。

迪尔凯姆在某些方面反映了梅因和滕尼斯的保守主义，在"社会的劳动分工"以及其他一些著作中，如《自杀》（1897/1951）中，迪尔凯姆提出，欧洲社会的凝聚力和稳定力正在解体。工业化的破坏力、世俗化以及革命解释了疏远、社会准则和价值观念的崩溃和现代城市生活的孤独。实际上，在《宗教生活的基本形式》（1915/1965）中，迪尔凯姆看到了个人参与社会生活过程中出现的集体意识。他认为，人的万事万物的理论和知识的起源与人们共同的观念。迪尔凯姆无疑反映了他那个时代的社会学家和工匠所关心的现代工业城市社会的内在的那些问题。

当然，迪尔凯姆明显不同于梅因和滕尼斯。他在分析有机的社会结合方式时提出，功能专业化和劳动分工越来越重要，正在成为基于相互依赖的社会统一形式的基础，这种相互依赖的社会统一的各个部分，类似于生命机体的各个不同部分。在这种有机结合起来的社会里，人们相互之间存在较大差异，民法是补偿性的，是有关法定处罚和刑法的规定，而对于机械地结合起来的社会来讲，法律的目的是报复性的和暴力的，所以，那里的法律是镇压性的。不过，迪尔凯姆警告，一定要有一个共享的道德基础作为这个合同关系的基础。人口迅速增长，人口的规模和多样性在增加，人们之间的交流容易而迅速，专业化和劳动分工增加，有机结合成为这种正在发生变革的社会的基础。这样，与迪尔凯姆从机械地结合向有机地结合的类型学相伴的是向城市社会的转变。

总之，当时提出理想类型，是为了把正在出现的工业社会与工业社会前的乡村和村庄社区进行比较。这种理想类型研究方式常常带有一种反城市的偏见，这种偏见干扰了这些社会学家的分析和以后许多对城市的分析。进一步讲，因为建立这些类型的基础太泛和太含糊，而不能帮助分析城市模式，所以，这些分类常常引起混淆和扭曲。最后，这些类型没有涉及城市里的大量变量，没有涉及跨文化和历史的变量。

> **体验活动3.3：劳工关系**
>
> 观察在公共场所工作的工人，如零售店或建筑工地。明确劳动分工和专业化。工人之间的关系在多大程度上显得客观、暂时、支离破碎和理性？"他们在哪些方面相互依赖？

韦伯

韦伯（1864—1920）在他的经典著作《城市》（The City，1921）中寻求改变对城市所做的非历史的和非比较的分析。他以跨历史时期和跨文化的方式考察城市，从而扩展了理想类型学。韦伯试图概括城市社区的基本特征，包括欧洲城市的基本要素。韦伯发现了这些要素：

> 为了形成一个完整的城市社区，全面呈现下述特征的定居点必须显示出它具有一个相对支配性的商贸关系：（1）筑城；（2）市场；（3）它自己的法庭，至少部分自主的法律；（4）相关的联系形式；（5）市民参与选举产生的权力机关所构成的至少有一个部分自主和独立的行政管理机构（Weber，1921/1958：80-81）。

韦伯分类学的核心是区分"传统社会"和"法律—理性社会"，"传统社会"的基础是归属性身份，"法律—理性社会"的基础是至上的权威，规范的规则和去人性的官僚首长。韦伯遵循的是滕尼斯的思想路线。他认为，欧洲城市正在摆脱中世纪城市的家长制和宗教组织的特征。韦伯认为这个变化是一个"合理化"的规程，与滕尼斯的"社会"概念相似。滕尼斯认为，中世纪的社会正在向个人的、资本的现代社会转变；韦伯认为这种转变是"合理化"的结果，而合理化的基础是行动有效率和行动有回报。韦伯把合理性看成现代性的核心原则。

正如社会学家桑内特（Richard Sennett，1969）指出的那样，韦伯定义的城市接近大都市这个术语。一个大都市定居点是一个允许多种生活方式和各种类型的人共同生活的定居点。

韦伯把这种城市定义转变成城市本身的性质：城市是这样一种社会形式，允许最大程度的个性和出现在这个世界上每一个个体的唯一性。定义城市不是描绘一种生活方式，而是一组社会结构，这些社会结构可以产生多种具体的不同的生活方式。所以，城市是一组社会结构，鼓励社会的个性和新思想，所以，城市是历史变革的媒介（Richard Sennett，1969：6）。

韦伯认为城市有3个确定的特征：城市是一个市场、一个政治上的行政中心和一个城市居民负有职责、权利和相关身份的社区。韦伯把城市生活中的经济和政治部分与具有城市社区因素联系起来。我们将会发现，芝加哥学派并没有推进韦伯的这种联系，而是发展了有关城市生活的主导性理论观念。芝加哥学派也没有采纳韦伯强调的城市生活多维性，或者没有采纳韦伯的这样一种看法，城市还是历史变化的重要媒介，韦伯的这种看法鼓励了社会的个性和新思想。

韦伯还很熟悉齐美尔的工作。像齐美尔那样，韦伯注意到城市经济对职业向专业化方面转化的影响，韦伯提出，城市居民几乎没有时间深思熟虑，头脑里充斥这个各种各样的印象（Weber，1921/1958）。我现在还是想转而考察齐美尔的论文，"都市和心理生活"，这篇论文详细地讨论了感觉到的城市对城市心理的影响。

齐美尔：都市和心理生活

齐美尔（Georg Simmel）是20世纪初德国著名的社会学家。他的论文"都市和心理生活"（1903/1995）一直都极大地影响着社会学对城市生活展开的社会心理学研究。齐美尔提出，城市生活产生了一种独特的意识形态，一种独特的都市个性，人们生活在那些城市条件下，那些城市条件造就了这种都市个性。那些城市条件包括两个主要城市条件，那种城市里特有的神经刺激强度和市场经济无处不在地渗透到了人们的关系之中。智力，个人用他的头而不是让他的心做出他的个人反应，合理性、匿名和"复杂"构成了这种城市意识的特征。

齐美尔认为，城市建成环境结构的特征和社

会的经济特征产生都市个性，这里所说的社会的经济特征是由那个社会的货币经济和专业化的劳动分工组成。货币衡量所有的事物，包括人。通过一个会算计的理性的眼睛来做衡量。

齐美尔提出，城市生活的规模、密度和复杂性导致了这样一个事实，个人一天中会与大量的人相接触。我们可以想象，一个人站在繁忙的市中心的一个角落里，看着成千上万的人从那里走过。城市居民只能认识很少很少的几个人，甚至与他们的关系也是表面的。冷漠和容忍态度的发展可以看成对城市生活不可计数的刺激的一种保护性反应。

> **体验活动3.4：态度冷漠？**
>
> 站在市中心繁忙的街道旁，观察匆匆而过的行人。猜猜你看到了多少不同类型的人？这些行人以什么样的方式表现出他们冷漠的态度，或对他人的容忍态度？你觉得，在你面前展开的是一副自由的画面，或者，展开的是一幅孤独的画面？

齐美尔清晰地表达了许多社会科学家一直以来都在谈论的自由和孤独这一主题[Erich Fromm（1941），Escape from Freedom；David Riesman（1950），The Lonely Crowd]。齐美尔提出，城市生活的一个特征就是减少个人必须对社会群体承担的义务，个人对他人的看法有时是狭隘且有偏见的。社会群体可以引起更大的个人和精神发展，导致思想上和情感上的自由，在齐美尔看来，城市生活让个人与这样的社会群体分离了。因此，我们的确得到一种自由，城市给个性和自主性提供的机会，但是，我们为了获得这种自由也付出了很高代价：孤独："在这个大都市熙熙攘攘的人群里，在一定条件下，一个人并没有觉得孤独和被抛弃，然而，自由的对立面，孤独是显而易见的（Simmel，1903/1995：40）。"

在分析自由与孤独这一对矛盾时，齐美尔发现了一个主题，这个主题尤其在以芝加哥学派为代表的美国城市社会学那里得到了回应。齐美尔的著作影响了芝加哥学派的思想，在德国做齐美尔指导下学习的帕克，把齐美尔的工作介绍给了美国社会学。帕克和他在芝加哥的同事们，最有名的是沃什（Louis Wirth），一起分析城市生活的建设，他们提出，社会解体是城市生活固有解构的一种表现。我们会在下一章里考察芝加哥学派的相关工作。

结论

工业革命深刻地影响了欧洲城市的发展。19世纪的学者们努力去认识城市化、工业化，认识城市的性质和城市居民的生活。工业城市的发展，尤其是城市规模、密度、结构、布局都是当时学者们关注的问题。当时，曼彻斯特正处在英格兰生活方式发生巨变的前沿上，所以，曼彻斯特被认为是一个"动荡的城市"。托克维尔是看到曼彻斯特工业生产后果的早期观察者之一。恩格斯对曼彻斯特空间形式的宏观分析，预示了芝加哥学派把城市生态观念的重点放在了城市空间分布上。当时，人们使用理想类型的概念来突显与城市化和工业化相伴而生的社会组织和社会关系性质上的变化。这些理想类型包括梅因的身份与契约，滕尼斯的社区和社会，迪尔凯姆的机械的结合和有机的结合。韦伯分析了城市的明确特征。齐美尔对城市生活的心理学分析，深刻地影响了芝加哥学派有关城市生活对城市居民产生影响的观念。

思考题

1. 至少列举三个被工业革命干扰了的社会秩序因素和工业革命加剧的三个社会问题。
2. 定义动荡的城市这个术语，解释为什么曼彻斯特是动荡的工业革命的城市。
3. 解释理想类型这个概念，解释如何把这个概念用于19世纪的工业城市的社区和人际关系上。
4. 解释如何使用理想类型的概念看待19世纪的乡村生活和城市生活。在这个领域，4个有影响的理论家是谁，他们的观点有哪些相似之处或相互之间有何差别？
5. 按照齐美尔的观念，形成都市个性的两个主要条件是什么？

第二部分

不同学科的观点
Disciplinary Perspectives

第4章　芝加哥学派：城市生活研究和城市生态学

本章大纲

芝加哥：20世纪初让人敬畏的城市

芝加哥学派和社会混乱

芝加哥学派和城市生活研究
　　帕克：作为一种精神状态的城市
　　沃什：作为一种生活方式的城市生活
　　甘斯：作为多种生活方式的城市生活和郊区生活
　　费舍尔的亚文化论

芝加哥学派和城市生态学
　　伯吉斯和同心地带假说
　　伯吉斯同心地带假说的修正
　　费雷：作为生态变量的情感和象征意义

符号相互作用和城市生活：结论

结论

思考题

背景图：芝加哥市中心，环线，州街上的那幢学院派的宏伟的芝加哥剧场。

特纳（Frederick Jackson Turner）开创性的论文"城市的兴起"（The Rise of the City, 1878—1898）重新诠释了美国历史，强调工业城市对美国社会的重要意义，1933年，斯莱辛格（Arthur M. Schlesinger）这样写道：

> 恰恰是城市而不是渺无人烟的蛮荒正在开始让美国的形象令人目眩。美国曾经引以为豪的农场主正匆匆赶往城市，准备好了城市对他的蔑视，"乡巴佬"和"土包子"。斯特朗（Josiah Strong）惊呼："我们必须面对这个'不可避免'的新的文明，它肯定是城市，而且，20世纪的问题会是城市问题（Schlesinger, 1933, cited in Briggs, 1970：82）。"

工业革命对美国城市的影响比欧洲稍许晚一点，然而，工业革命对美国城市的影响比对欧洲城市的影响更深远一些。按照美国革命结束之后不久，1790年进行的一次人口普查数据，前殖民地城市纽约、费城、波士顿、巴尔的摩和查尔斯顿的人口都不到5万人，当时，纽约是最大的城市，人口刚刚超过44000人；费城的人口稍许多于33000。当时美国的城市人口总数为202000，仅占美国全部人口的5.1%。到了1870年，变化十分明显：美国的城市人口发展到了25.7%，占当时美国全国人口9902000的1/4。纽约仍然是美国最大的城市，人口接近100万，费城人口数居于第二位，城市人口为674022（图表4.1）。

图表4.1　1790—1870年间，美国10个最大城市的人口

	1790年			1870年	
排序	地点（行政建制）	人口	排序	地点（行政建制）	人口
1	纽约市	33131	1	纽约市	942292
2	费城市	28522	2	费城市	674022
3	波士顿市	18320	3	布鲁克林市	396099
4	查尔斯顿	16359	4	圣路易斯市	310864
5	巴尔的摩镇	13503	5	芝加哥市	298977
6	北方自由镇	9913	6	巴尔的摩市	267354
7	萨勒姆	7921	7	波士顿市	250526
8	新港镇	6716	8	辛辛那提市	216239
9	普罗旺斯镇	6380	9	新奥尔良市	191418
10	马布尔黑德镇	5661	10	旧金山市	149473

1870年之前20年，1850年，美国有6个城市的人口超过10万。这6个城市从人口最多到人口最少的排序是，纽约、巴尔的摩、费城、波士顿、新奥尔良和辛辛那提。在随后的50年里，美国的人口从2300万上升至7600万。大部分新增人口是来自欧洲的移民。1900年，纽约、芝加哥和费城成为美国3个最大的城市，它们每一个的人口数量都超过100万。波士顿、巴尔的摩和圣路易斯的人口达到50万。人口在25万的城市包括辛辛那提和新奥尔良，以及正在出现的中西部地区的城市：克里夫兰、布法罗、匹兹堡、底特律和密尔沃基。旧金山和华盛顿特区的人口还没有达到25万（图表4.2）。

图表4.2 标志了1900年美国最大城市的地图，加上1850年的人口数量

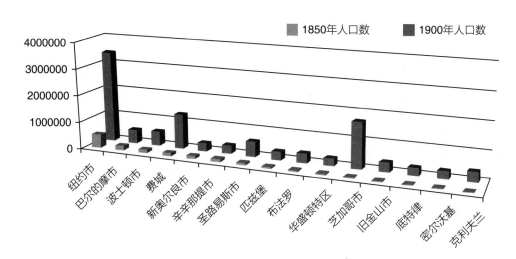

芝加哥：20世纪初让人敬畏的城市

20世纪初，芝加哥成了美国的象征。正如第3章讨论那样，布里格斯（Asa Briggs，1970，1976）引入了"让人敬畏的城市"这个术语，来描绘处在一个特定历史时期的城市，它标志性的意义既反映了人们为它的增长和技术进步感到惊叹，也反映了人们对正在出现的经济、政治和社会问题的些许担忧。英格兰的曼彻斯特就是这样一个随着工业革命而出现的"让人敬畏的城市"。20世纪一开始，芝加哥就成为工业革命后期阶段的让人敬畏的城市。

芝加哥集中体现了美国城市显著的人口增长；1860年，芝加哥的人口为112000；到了1900年，芝加哥的人口上升到150万；在随后的30年里，每10年人口增加50万，这样，到了1930年，

芝加哥的人口达到350万。

芝加哥那个时期体现为"让人敬畏的城市"，之所以让人敬畏不仅是因为芝加哥的迅速增长，当时，它确实是美国甚至世界上增长最快的城市，尤其是1871年大火以后，而且因为芝加哥当时是一个大都市，包含了各种各样的人群，来自乡村的，来自东欧和南欧以及其世界其他地区的移民。

芝加哥中心商业区的商业开发以及它独特而新颖的摩天大楼着实让研究城市生活的人着迷。芝加哥大量使用了当时出现的现代科学技术，这样，芝加哥不仅通过铁路延伸和有轨车在水平方向上增长，而且还通过使用电力、电话和电梯，展开了垂直增长。1893年的世界博览会吸引了国际社会对芝加哥这个工业城市的现实和可能发展未来。

图表4.3 桑德堡的诗"芝加哥"

> **芝加哥**
> **桑德堡（Carl Sandburg）**
>
> 世界级的杀猪之城，
> 工具制造之城，小麦加工之城，
> 铁路运营枢纽和全国陆路货运集散地；
> 熙熙攘攘、推推搡搡、人声鼎沸，
> 芝加哥，扛起这个国家的城市：
> 芝加哥人告诉我，芝加哥不道德，我不是不信他们，因为我确实也看到了浓妆艳抹的妇女在汽灯下诱惑着小伙子们。
> 芝加哥人告诉我，芝加哥不正常，我的回答：不错，确实如此，我看到过那里有枪手杀了人，大摇大摆地走开，再去杀人。
> 芝加哥人告诉我，芝加哥太残酷，我的应允：是的，从我见过的那些妇女和儿童的脸上，时有露出饥饿的痕迹。
> 在我做出这样的答复时，我还会反唇相讥，问那些嘲笑我的城市芝加哥的人：
> 告诉我还有哪座城市能像芝加哥那样，在艰苦条件下生存下来、让自己越变越强、像芝加哥那样，富有创造力，充满技艺，像芝加哥那样，能为自己骄傲地高歌一曲。
> 芝加哥像一个高大的拳击手，随着从牙缝里发出的声声诅咒，一拳一拳地夯实着它原本柔软的城基；
> 芝加哥像一只伸着舌头剧烈行动的狗，芝加哥像一个狡猾地面对蛮荒的野蛮人，
> 毫无掩饰，
> 挥汗如雨，
> 平整土地，
> 规划设计，
> 施工、拆除、再建设，
> 烟尘下，芝加哥笑得露出白牙的嘴里满是尘土，
> 重负下，芝加哥笑得像年轻人似的面对着它的命运，
> 芝加哥的笑容甚至与一个从未输过的憨厚斗士的笑容别无二致，
> 就像每个人手腕下的脉搏，肋骨下的心一样，芝加哥少不了的就是调侃和欢笑，
> 欢笑！
> 芝加哥的笑容像一个激动的、强壮的、喧闹的年轻人，芝加哥光着臂膀、芝加哥大汗淋漓，芝加哥骄傲自己能够戴着各式头衔，世界级杀猪之城、工具制造之城，小麦加工之城，铁路运营枢纽和全国陆路货运集散地。
>
> Source: *Poetry*（March, 1914）

图4.1 桑德堡：芝加哥，世界级的杀猪之城。1906年2月24日，摄于芝加哥施维夫特公司，工人们正在把骨头卸下来，做最后的检验——加工好的猪肉可以烹饪了（资料来源，H. C. White Co.公版）

图4.2 1894年的铁路工人大罢工。铁路编组站数英里长燃烧着的火车车厢。照片上的那些工人在辛辛那提、柏灵顿和昆西铁路编组站工作。罢工是争取改善恶劣的工作条件和提高工资（Copyright Bettmann/Corbis/AP Images）

图4.3 鸟瞰芝加哥1893年的世界博览会场馆，照片上可以看到园艺大厦、妇女大厦、伊利诺伊州政府大厦、水产大厦。"白城"体现了那些有了"城市美化思想"的规划师理想中城市应该是什么样（Source: Shutterstock © Everett Historical）

芝加哥学派和社会混乱

正如斯坦（Maurice Stein，1964）所说的那样，在人口如此迅速增长的条件下，对人而言，芝加哥的增长统计数据究竟意味着什么，实际上已经有了一种答案。道路和交通系统、卫生用水供应、垃圾处理和污水排放系统、消防和治安、学校、图书馆、公园、游戏场所，等等，只要想想人口迅速增长对这些基础设施和公共服务设施所带来的前所未有的需要，我们就有答案了。当我们对此种情形再做详细分析时，会发现这样一个事实，新增城市人口主要由两大不习惯城市生活和一般相互不了解的人群构成：不熟悉美国的习惯和语言的欧洲移民，来自美国乡村农场和小镇的移民。

因此，毫不奇怪，20世纪上半叶的芝加哥实际上是一个社会变化的大熔炉。美国社会学也正是在芝加哥这个城市里，在芝加哥大学里繁荣起来的，形成了美国社会学的"芝加哥学派"。我们可以在南北战争结束后到第一次世界爆发期间，美国尤其是在芝加哥的城市增长的历史背景下，了解芝加哥大学在社会学方面所展开的一系列思想活动。那个时期，美国城市正在发生重大

图4.4 一个贫民窟里脏乱的道路。芝加哥日益成为工业城市，与此同时，未成年犯罪、犯罪和其他社会问题也相伴而生（Source: Getty © Fritz Goro）

且始料未及的变化，因此，不难理解为什么那时的社会科学家强调了城市生活的消极意义，而抵触城市生活的积极意义。那时的社会科学家集中关注混乱和混乱的后果——疏远、道德沦丧、社会孤独、未成年人犯罪、犯罪、精神疾患、自杀、虐待儿童、分居与离婚——把它们看成城市生活的固有特征。"难怪芝加哥的社会学家把重点放在许多城市区域里不曾有过的制度模式上，强调街区增长和变化如此迅速，以致没有什么不在变化中，唯一不变的就是变化本身。——这就是为什么'混乱'伴随着'变化'（Stein, 1964: 16）。"

社会学的芝加哥学派并非高等教育中的一个正式的"学院"，而是社会学学科内部的一种学术思潮。这个学术思潮的重要社会学家有，芝加哥大学的帕克（Robert E. Park），托马斯（W. I. Thomas），兹纳涅茨基（Florian Znaniecki），伯吉斯（Ernest W. Burgess），弗雷泽（E. Franklin Frazier）和沃什（Louis Wirth）。还有后来的学者，包括施特劳斯（Anselm Strauss），斯通（Gregory P. Stone）和洛芙兰（Lyn H. Lofland），他们或是芝加哥大学的学生，或者受到芝加哥学派的思想影响。除开社会学的理论家和研究者外，这个学派还包括社会改革家，这个学派倡导展开对城市贫困和犯罪的研究。社会改革家中最著名的有诺贝尔和平奖得主、和平主义者简·亚当斯（Jane Addams），与她的友人斯塔尔（Ellen Gates Starr）一起在芝加哥的贫民区里建设赫尔馆，一个街区中心和独立社会机构，目标不仅是了解城市生活的性质，还包括改善社区移民的生活。芝加哥学派尽了很大努力来发展和建设美国的社会学。正如意大利社会学家德阿姆（Marco d'Eramo, 2002）所说，"就像社会学在芝加哥开始一样，社会学通过研究芝加哥开始。"当时不仅鼓励芝加哥大学的学生学习社会学，还鼓励他们走出去，体验芝加哥这座城市。帕克的对研究生的忠告值得注意：

有人叫你去图书馆在故纸堆里追根寻源，弄得满身灰尘，做出一大堆的笔记。有人告诉你选择那些你可以找到档案记录的问题。那些档案是由官僚机构基于日常工作程序而留下来的，我们需要在挑剔和冷漠的职员的帮助下才能找到它们。这就是所谓"真正的研究会脏了你的手"。给你这些建议的人不傻而且很诚实；他们这样讲是很有道理的。不过，还有一件事需要做：直接观察。坐在豪华酒店的大堂里，坐在廉价旅馆门前的台阶上，坐在富豪居住区的长靠椅上，坐在贫民窟的地铺上；坐在高档音乐厅里，坐在夜总会里。总而言之，绅士们，真正的研究会弄脏你的裤子（Park, Bulmer, 1984）。

> **体验活动4.1：找个把你的裤子弄脏的地方坐坐**
>
> 按照帕克建议，给你的社区列出一份同样的清单：豪华酒店的大堂和廉价旅馆门前的台阶、富豪居住区的长靠椅和贫民窟的地铺；高档音乐厅和夜总会。实地看看你的清单上的那些地方，做一份观察记录。

社会学的芝加哥学派有两大理论部分。一个是理论思维模式，试图发展对城市形式和发展过程的科学描述。社会学的芝加哥学派采用了科学研究有机物和它们环境之间关系的生态学的思维方式来研究城市，城市生态学。另一个是研究城市生活的社会心理学，城市生活研究。城市生活研究试图认识，在城市条件下人际联系的性质。

这一章和下一章将分别考察芝加哥学派的两个基本理论部分——城市生活研究和城市生态学。这一章，我们先考察芝加哥学派有关城市居民、社区和城市的性质。为了全面了解芝加哥学派对城市的讨论，我们有必要了解城市生活研究和城市生态学的标题来自何方。这一章先讨论芝加哥学派的城市生活研究，以及城市生活研究的批判如何应对这个观点。然后，我再把重点放在城市生态学的模式上，看看城市生态学的批判如何应对这种研究城市的思路。

芝加哥学派和城市生活研究

城市生活研究就是在微观层面上对社会的和心理的城市化后果所展开的研究，芝加哥学派详细对比了城市生活和乡村生活的区别，这种方式追随的是欧洲社会学家提出的理想类型。按照这种方式，正在变化的社会关系的性质是这种城市研究的根本问题。19世纪的社会学家，如梅因、滕尼斯、迪尔凯姆、韦伯和齐美尔，都把城市工业社会中正在出现的特征拿来与正在失去的社会即乡村社会的特征进行过对比。19世纪的社会学家认为，乡村生活是由有序的社会关系构成，这种社会关系的基础是家庭、邻里和教会的社会机构。对比而言，他们认为城市里的生活是孤立的个人的生活，社会关系的基础是：你是什么，而不是你是谁。芝加哥学派的城市生活研究理论把上述社会学家的理论方向结合了起来，沃什1938年发表的论文，"作为一种生活方式的城市生活"，对此提出了最终的判断。

芝加哥学派发展出了一种独特的城市生活和乡村生活的对比；赞成们看到了弱势的城市力量正在撕裂传统的生活模式，导致家庭内部社会混乱，负面地影响了社区和个人。但是，芝加哥学派还认识到，城市里许多封闭起来的地方的重要性。帕克（1925/1967b）和沃什（1938/1995）谈到过作为"文化区域"的城市。作为"文化区域"的城市分布在大城市之中，相互之间相对隔离，他们显然承认城市里有许多封闭起来的地方。这样，清晰的地方街区隔离模式组合成了多样性的（不均匀的）城市。恰恰是这种居住隔离的模式允许在这些文化区域之间建立起社会秩序的模式。用帕克的话讲：

> 分隔过程建立起了道德距离，让城市成了小的文化区域，接触但并不相互贯通。这就让个人有可能快速和容易地从一个道德环境到另一个道德环境，鼓励个人在若干连续而非分隔很远的街区里做一场迷人但同时危险的生活实验（Park, 1925/1967b：40）。

这样，从芝加哥学派的观点出发，出现了两个有些矛盾的观点。城市是冷漠的、分隔的和从属的，以这样的城市观为基础形成了一种看法。这种看法通常强调城市破坏了社区、家庭，最终，城市让个人成为心理上孤独、疏离和价值观念或社会规范崩溃的受害者。第二种看法提出，城市由许多文化区域组成，文化区域之间虽然相互分离，但是，一个文化区域推动着具有宽容精神的社会秩序模式。在芝加哥学派看来，当这些社区都存在时，我们最终看到它们在更广泛社会文化价值的融合下瓦解了。

图4.5 箭牌大厦，麦地那运动俱乐部（现为芝加哥洲际酒店）和论坛大厦都是在20世纪20年代建成的，这三大建筑奇迹地处芝加哥"壮丽一英里"的南端

帕克：作为一种精神状态的城市

芝加哥学派的奠基人帕克是一个记者，他曾经在德国师从齐美尔。帕克把他当记者的知识与城市社会学的研究结合了起来。齐美尔的理论强调城市是一种精神状态，而不仅仅是一种建成环境。齐美尔在他的著名论文"都市与精神生活"中提出，城市更看重理性而不是情绪（看重的是脑而不是心），强调货币经济的重要性、非人情味、循规蹈矩和事不关己的态度。这些价值观念强调了个人自由独特的城市生活。帕克在他影响深远的一段陈述中阐述了这个观点：

> 城市是——一种精神状态，许多习俗和传统，以及许多合乎情理和随着传统传递下来的态度和情感。换句话说，城市不仅仅是一个形体对象，不仅仅是一个人造物。城市包括了构成城市的那些人的鲜活的各种活动（Park，1925/1967b）。

帕克把城市看成城市居民参与和交流的产物，不单单是一个形体的人造物或一群人。帕克特别对那些阻断人们交流和相互作用的城市条件感兴趣，在他看来，阻断人们的交流和相互作用最终导致基本群体的衰退、社区崩溃和社会混乱。在基本群体中，人们是面对面地联系在一起的，合作居于主导地位，帕克使用了库利（Charles Horton Cooley）的这个基本群体的概念来解释他的看法。"在城市环境的影响下，有可能消除人们对地方情感上归属感，削弱基本群体的限制和禁忌，它们对大城市日益增加的堕落和犯罪是负有责任的（Park，1925/1967b）。"

在帕克的理想模型中，城市在两个相互连接的层面上组织起来，一个层面是"生物的"，一个层面是"文化的"。生物的层面涉及生物的和环境的因素和力包括竞争、入侵、演替，生物的和环境的因素和力决定土地使用。生物的层面与城市生态学的观念相联系。文化的层面涉及象征和心理调整，涉及受到共同情感和价值影响的城市生活的社会组织。文化的层面与符号相互作用的观念相联系，而且现在已经成为众所周知的社会文化观念。

在帕克对地方社区的思想中，恰恰是这种文化模型居于主导："城市植根于居住在拉里的人们的习惯和习俗。因此，城市具有道德和建成环境上的安排，二者以特殊方式相互作用，以相互塑造和调整对方（Park，1925/1967b：4）。文化模型强调了符号和心理调整和受到共同情感和价值影响的城市生活的社会组织。但是，生态模型最终包含了这种关注城市社会中的社会心理和文化因素的文化模式，我们后边会谈到这个问题。

沃什：作为一种生活方式的城市生活

在推进城乡生活方式比较上，沃什（1897—1952）论断最为重要。沃什是芝加哥大学学习社会学的学生，之后他一直在芝加哥大学社会学系任教，直到1952年突然去世。1938年，他发表了"作为一种生活方式的城市生活"的重要论文，这篇论文让芝加哥学派产生了重大影响。

沃什提出，独特的城市生活行为模式构成了城市的特征。规模、密度和人口异质性（多样性）是决定城市生活的三大变量。在规模、密度和人口异质性这些变量的影响下，人际关系相对削弱了；素昧平生、一面之交和邂逅等都是人际关系上去人格化和分割的特征；以及社会结构解体和加大了变动性、不稳定性和不安全性。

沃什认为，城市影响生活在城市里的人。他对这种看法做了如下总结：

> 人们常常从社会学意义上把城市生活方式的特征描绘为，人们之间的间接联系替代了他们的基本联系，亲属联系削弱，家庭的社会意义衰减，邻里消失，社会凝聚的传统基础受到侵蚀（Wirth，1938/1995：21-22）。

在沃什的观点中，间接关系的发展冲淡了基本群体连带关系的意义。减少了与邻里和朋友的关系，削弱了亲属和家庭的联系，所有这些都在削弱地方社区里的社会联系。欧洲的先驱们提出过城乡社会二元化的类型，沃什的方向与他们一致，消极地看待城市和城市生活对个人、家庭和邻里的影响。沃什的观点已经被称之为"决定论者的理论"（Fischer，1976）。也就是说，"规模、密度和人口异质性"的因变量决定了社区和心理上的结果。随着基本社会联系的削弱，前景黯淡，个人终归感觉到疏远，感觉到社会规范和价值观都崩溃了。

体验活动4.2：城市增长史

研究你的城市或你选择的城市的历史，寻找城市快速发展的时期。规模、密度和人口异质性以什么方式决定城市的发展过程？在城市的迅速增长时期，是否有历史的证据表明犯罪率上升、家庭破裂、贫困或其他社会问题？

沃什的决定论一直都受到广泛的批判。这种批判采用了"人口组成论"的形式（Fischer，1976：32-36）。人口组成论者认为，正是构成一个城市的人群的组成影响了他们各自的"城市生活方式"。因此，人口组成论者认为，决定一个人的城市生活的恰恰是他（她）的年龄、民族、生命周期的阶段和经济状态。

人口组成论者强调人口组成的重要性，阶级、生命周期的阶段、生活方式的方向，决定性地影响着个人和群体的城市生活。人口组成论者淡化了城市环境在决定城市关系方面的重要性。这些理论家主张，有许多取决于人口特征的城市生活方式。

我们可以认为，人口组成论者的理论基础是芝加哥学派的"文化区域"。正如费舍尔（Claude Fischcher，1984：33）所说，我们可以把这些社会世界描绘为亲属圈、民族圈、街坊圈，生活方式圈。沃什把他的任务定位在强调社会规范和价值观的崩溃和疏离的城市特征，而不提帕克、佐伯、伯吉斯和芝加哥学派其他成员讨论的活跃的社区。实际上，沃什本人的1925年完成的博士论文是"聚居区"（1928/1964），生动地描绘了芝加哥犹太人的聚居区。不过，与"作为一种生活方式的城市生活"的重要论文一样，沃什在他的这篇博士论文中，也没有在涉及城市定义时提到"社会世界"。而且，在沃什的个人经历中，他以他认为不可能的方式体验着芝加哥这座城市。他的同事休斯（Everett Hughes）如是说："沃什习惯谈论城市如何非常没有人情味的那些事情，但是，他本人却是生活在一个非常有人情味的亲属和朋友的圈圈里（Kasarda and Janowitz，1974：338）。"

甘斯：作为多种生活方式的城市生活和郊区生活

甘斯（Herbert Gans）是一个重要的人口组成论者，对决定论者的理论构成重要挑战。甘斯提出，存在为数众多的城市适应过程，把城市生活说成是一种生活方式是错误的，而且把人引入歧途。1962年，针对沃什的"作为一种生活方式的城市生活"的论文，甘斯发表了他的重要论文，"作为多种生活方式的城市生活和郊区生活"。甘斯提出了下述观点：（1）沃什的城市居民没有体现城市男人和女人的全貌，而是可以描绘了一般社会中失去个性的和成为部件的那些成员，他们代表的是社会而不是城市；（2）正在城区之外的那些居民倾向于呈现出更多郊区的而非城区的生活方式；（3）沃什描述的城市生活方式最适合于内城那些不稳定的地区，但是，我们也能在内城地区看到各种各样的生活方式，而非一种生活方式。甘斯认为，城市生活方式不能简单地解释为城市规模、密度和多样性的产物。最好在社会阶级和生命周期的阶段上来解释城市生活方式。

甘斯以城市差别为基础，提出了至少5种城市生活方式，这5种生活方式反映了市中心地区的和随社会阶级和家庭生活周期诸阶段而改变的特点。甘斯使用了如下分类：

1. 世界公民人群；
2. 未婚或无子女的人群；
3. 民族村寨；
4. 贫困人群；
5. 陷入困境的和走下坡路的人群。

把这个模式与人口组成因素结合起来，如经济因素（世界公民和贫困的、陷入困境的），文化因素（城市民族聚居区）和生活周期的阶段（单身和婚后无子女）。

观念上的、生活方式上的世界公民，看重市中心的文化设施。他们一般对艺术情有独钟，如作家、艺术家、知识分子和各种专业人士。大量

图4.6 在芝加哥市区高架轨道下，我们可以体验到城市密度和规模造成的那种没有人情味的感受（摄影：Mark Hutter）

图4.7 纽约下东区的果园街，是文化区域的一个例子，犹太商人和精明的顾客的世界，他们在那里讨价还价；这条街周日封闭起来，变成一条步行街，商人们摆起小摊，展示他们的商品（摄影：Mark Hutter）

图4.8 费城南部的"Geno's Steaks"牛排店

内城居民是没有结婚的,或者婚后无子女的。这个群体是这个城市富裕和很有影响的成员。不那么富裕的世界公民可能搬到郊区去居住,在那里养大孩子,同时努力保持与亲戚和基础人群的关系,抵制其他民族或种族人群的入侵。

贫困人群的成员发现,他们别无选择,只能待在城市中心区。这个群体包括贫穷、情感受到伤害或者残疾、家庭破裂的人,这个群体有很大数量的有色人种,他们不得已居住在破旧的住房里,或者由于种族歧视以及政府在城市中最贫困地区建设了供他们使用的廉租房,他们不得不在那里居住。

陷入困境的和走下坡路的人群继续住在城里。一个社区虽然发生了变化,但是陷入困境的人们承受不了搬走的费用,他们没有经济能力去住好房子。依靠固定收入生活的老年人,一些没有稳定经济收入的家庭,都属于这个人群。

体验活动4.3:五种不同的城市生活方式

给你所在的社区列一个清单,绘制草图或拍一些社区中特定个人或群体的照片,作为甘斯所说的五种不同的城市生活方式的例子。

甘斯继续描述了第6种城市生活方式,他们是那些生活在城市远郊或近郊的个人或家庭。他描绘了那些像亲戚一样的近邻:"无论这种关系有多么紧密或接触有多么频繁,互动还是很亲密的,当然,无论如何还是不如亲戚(Gans,1962:634)。"

单身或已婚但无子女的世界公民,专业人士,住在城里是他们的选择。那个城市还没有早期理论家描绘的那种社会混乱的特征。那些住在城市远郊或近郊的人有一种中产阶级的生活方式:他们一般住在独立住宅里;多数已成婚;他们的收入很高;与内城居住的那些人相比,他们更多的身份是白领。

在甘斯描绘的市区居民人群中,民族的工人阶级聚居区是最有凝聚力的,而且,通常会聚集成为数个达到小城镇规模的同质社区,比沃什描绘的聚集程度还高,这样的聚居区很有人情味,不孤独,社会有序,社区居民重视"亲情和基本群体联系,缺少与陌生人的接触,正式组织弱小,怀疑他们街区外的任何事情和所有的人"(Gans,1962:630)。

穷人,那些陷入困境的人,别无选择,只能居住在城市的贫困地段。对于那些贫困地段,至少给我们的第一印象是,真的与早期学者描绘的那种社会混乱特征有联系。他们的家庭也似乎与有关城市生活的社会混乱和疏离的许多理论所描述过那种家庭的负面特征一致。但是,在下一章,我们会看到,他们的家庭生活结构和活动要比我们预想的复杂得多。

总之,沃什和决定论与甘斯的人口组成论之间的差别在于,城市如何影响小群体的观念。沃什的决定论认为,规模、密度和异质的生态因素严重破坏了"文化区域",最终破坏了建立在亲戚、家庭、街区和朋友基础上的社会联系。相反,对于甘斯这样的人口组成论者来讲,那些城市聚居区让它的居民免遭异化了的城市的影响,"而且,那种城市生活对群体中的个人没有严重的、直接的影响"(Fischer,1976:35)。

实际上，甘斯不仅就城市或家庭、身份相同的人、邻居和教会的卷入来解释了城区和郊区居民生活方式上的差异，而且，甘斯还使用政治经济学的术语：

> 特征没有解释行为的原因，特征不过一些线索，揭示社会创造的和文化界定的角色、选择和需要。因果分析必须一直追溯到更大的、社会的、经济的和政治制度上，它们决定着角色表演的情形，决定着选择和需要的文化内涵，决定着实现它们的机会（Gans，1962：641）。

甘斯进一步提出，通过考察地方层面和区域层面的生态过程，我们还是不能认识城市经济。我们还有必要去认识国民经济和社会制度所发挥的作用，认识国民经济和社会制度对区域和地方生活方式的影响。

费舍尔的亚文化论

城市社会学家费舍尔（1975，1976）既不赞同决定论，也不赞同人口组成论，他提出他自己的亚文化论（Fischer，1975，1976）。这个理论在认识各种城市生活上一直都很有影响。

人口组合论认为，沃什低估了城市生活方式上人口组成因素的影响，费舍尔同意人口组合论的这个看法。沃什认为，城市只会摧毁社会群体，费舍尔对沃什的这个观念持批判态度。他认为，城市生活实际上可以增强一些社会群体，因为，恰恰是在城市里，大量的人可以聚集在一起，拥有共同的兴趣和价值观念，而且，能够形成亚文化。采用类似的方式，费舍尔批判了人口组合论，因为人口组合论者不承认规模、密度和异质对城市生活的影响。

实际上，费舍尔认为，规模、密度和异质变量影响着社会生活。但是，费舍尔不同于沃什，他认为，这些影响可以产生、增强和巩固社会群体，它们并非必然破坏社会群体。与此相反，社区的规模和密度有助于在共享利益的基础上产生多样化的亚文化——无论是在生命周期的那个阶段上还是在种族渊源上，都有可能形成共同利益。大学生和华人都是他拿出来证明存在亚文化的案例；当他们发生接触和参与到对应的群体中，这种亚文化就会蓬勃发展起来。其他一些亚人群类似地建设了繁荣的社群，如具有共同经济利益和处在生命周期同样阶段上的群体，如雅皮士（年轻的城市职业人士）；还有一些人基于共同的文化和个人价值观，如纽约格林尼治村或旧金山卡斯特罗区里的同性恋社群。艺术家和漂泊者，如生活在纽约苏荷地区的那些艺术家和漂泊者；新的种族的和民族的群体，如迈阿密小哈瓦那的古巴人，布鲁克林小奥德萨的俄国犹太人。

这些亚文化之所以能够发展起来是因为，城市的规模、密度和异质让人们可以找到共享的利益发展社群联系，形成小世界的新增的文化区域。因为只有在城市能够吸引足够数量的具有亚文化的人，才能形成亚文化，所以，费舍尔谈到城市的临界值，把它看成一个决定因素。这个临界值让很多共享类似价值和利益的人可以聚到一起。在一个小城镇里，人数不允许形成这些亚文化。例如，古典吉他手因为人数不够而不太可能在小城镇里形成特殊的具有亚文化的社群，但是，在大城市这不是问题。因此，在一个城市

图4.9 纽约市东村沿街都是各个民族的餐馆。大城市才有可能提供支撑这些餐馆的"临界值"（摄影：Mark Hutte）

里,想法相同的人们可以聚在一起,发展一个社群,未必一定会感觉到城市的疏离和反常状态。只有在大城市,人们才能谈论"有自己民族烹饪特色的餐馆";小城镇不可能支撑起各种各样的"异国"餐馆。"这种城市生活会有独特的结果,包括出现'异常',但是,'异常'不是因为城市破坏了社会世界——如决定论者所说——而常常是因为城市创造了社会世界(Fischer,1976:36–37)。"

体验活动4.4:访问亚文化

参观一个不属于你平常经历的亚文化的地方或事件,——例如,如果你从未参加过罗马天主教的礼拜或从没在一家埃塞尔比亚餐馆里用过餐,去试试。如果你的小镇没有这类亚文化得以成立的"临界值",那么,不妨上网找找,了解它。写一篇报告,谈谈你的体验。

芝加哥学派和城市生态学

芝加哥学派宏观取向的城市生态学理论与芝加哥学派的城市生活观,在本质上是联系在一起的。生态学是生物学的一个分支,研究有机物与环境的关系和相互作用。人类生态学是一种社会学分析结构,它研究人与社会制度和环境的间隔和相互依赖的关系。人类生态学研究形体的影响和形体对人的生活的影响,例如,大山如何妨碍人类居住,或者,河流如何既用作交通通道,又用来做屏障。人类生态学还关注人类如影响环境;例如,空调如何允许非常炎热的地区展开城市开发。城市生态学研究影响城市人居环境的生态学过程。

1915年,在帕克和他的芝加哥大学的同事和学生的推动下,城市生态学开始与芝加哥学派联系起来。虽然帕克是城市生活研究的倡导者,但是,城市生态学对他的影响越来越大。城市生态学在20世纪大部分时间里都在影响和塑造着美国城市社会学的方向。帕克发现了与植物生态学适应性的类比,他阐述了在城市研究中如何使用优势、共生、入侵和演替之类的生态学概念。城市生态学模型强调那些决定城市社区土地使用模式的类比、生物因素和环境因素,生物力与环境力。

正是在认识土地使用模式时,帕克把竞争看成了一个关键概念,竞争空间。竞争在这里是所谓经济竞争,与生物竞争对应。在城市里,最具有实力的经济群体会有能力,会得到和控制重要区位,其他人必须做出调整。竞争是一个基本生态过程,它揭示了社区结构。这种竞争引起了进入自然地区的社区隔离。竞争和隔离没有导致静态的社区,但是,通过入侵和演替的生态过程,土地使用模式会不断发生变化。通过市场力和正在变化中的民族社群,一个民族社区替代另一个民族社群,中心商务区的收缩和膨胀引起了生态学家的关注。

城市生态学家把城市的组织和建成环境布局看成城市自己的发展。帕克的一个学生,后来成为同事的佐尔博(Harvey Zorbaugh,1929)在他的重要著作《富豪居住区和少数族裔聚居区》中提出了这样一种看法,"城市耐人寻味地在违抗人的命令。就像机器人一样,人创造了它,但是,它并不顾及创造者的初衷——越来越明显,城市有一个必须加以考虑的自然组织(Zorbaugh,1929:188)。"

因此,城市生态学家把城市看成一个自然现象,而不是一个人造物。

伯吉斯和同心地带假说

在考察城市增长过程中,伯吉斯(Ernest Burgess,1886—1966)对城市生态观做了一个很著名的阐述。伯吉斯大部分的工作时间是在芝加哥大学度过的，他确定了20世纪早期美国的社会学，他的影响扩展到家庭社会学和城市社会学的研究，他成为了芝加哥大学另一个关键人物。伯吉斯与帕克一起撰写了著名的教科书《社会学概论》（1921，芝加哥大学出版社），之后多次再版。在阐述城市生态学时，伯吉斯的同心地带假说发挥了关键作用。芝加哥20世纪20年代中期的生态图描绘了伯吉斯的同心地带假说，这个假说也用到了美国其他城市。各种各样的城市都被简化成为一个规则的环状的同心地带，每一个地带都有自己的特征。

伯吉斯提出，这些地带是一种理想概念；它们会随着自然障碍，如河流、湖泊和山丘而改变，它们也会被人造的交通走廊，如铁路线和公路而调整。实际上，密歇根湖的岸线明显改变了芝加哥的同心布局，横贯5个圆圈的中心，让芝加哥形成5个半球地带的生态模式。

伯吉斯把芝加哥看成5个同心地带，外圈比内圈大，只有一个共同的圆心。伯吉斯认为，经济竞争最终会决定如何这5个地带里的土地。第一圈或最里边的那一圈组成了"中心商务区"（CBD）。恰恰这个地区的地价最高，那里集中了摩天大楼式的写字楼百货大楼、银行、娱乐和服务设施，如酒店、餐馆和剧场。谁付得起地价，谁就可以得到最有前景的地块。这些类型的商业和服务业活动正是可以获得最大收益的产业，所以，它们能够偿付最高的土地价格，也能承担得起相应的税负。在芝加哥，这个地区就是它的中心商业区，城郊火车线在中心区以高架方式环绕市中心区。芝加哥的这个地区人口流动性

图表4.4 伯吉斯的芝加哥的同心地带图（资料来源：Source: Ernest W. Burgess（1925[1966]）'The Growth of the City: An Introduction to a Research Project' in Robert E. Park et al., The City, Chicago: University of Chicago Press）

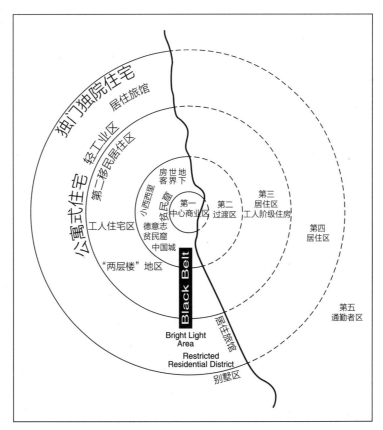

最大，人们早进晚出。

围绕中心商务区的地带叫做"过渡地带"。商务、工业和商业利益很容易就会影响到这个地带。它可能自然而然地成为一种经济投机的直接后果。如果那里的地价最终高于占据那块土地的建筑物的话，为什么还花钱去修缮那些建筑呢？所以，这个地区有芝加哥最古老的建筑，许多建筑物每况愈下。住在那里的都是走投无路的人。这个过渡区充斥了犯罪、卖淫，住在分租房里的"穷困潦倒的人"。这个地区也包含了那些微不足道的少数族裔人群，他们拒绝去住更好的房子。20世纪20年代中期，芝加哥的这种过渡区包括了犹太人的聚居区、意大利人聚居的小西西里，还有称之为"黑带"的地区，那里聚集了来自美国乡村的黑人。那个过渡区里也有富裕人群居住，这类地区在芝加哥被称之为"富人区"。

第三个地带称之为"工人阶级住房区"。正是这个地带里包括了移民后代的居所，包括了比过渡区要好的住房，当然，比中产阶级家庭聚居的那个地带的住房要差一些。居住模式不仅反映了经济因素，也反映了人们的一种愿望，希望住在工厂周边地区。伯吉斯在他的同心圈图中提到的"德意志"是一个犹太人聚居区，他们在经济上正在走上坡路，期待成为富裕的犹太人，他们比那些东欧移民要早来美国。

第四个地带，"居住区"，包含了"比较好的"的居民。中产阶级人群在那里居住，那里有不错的公寓门面，带花园的私人住宅。他们大多是职业人士，小商业业主，从事管理工作的人群，白领就业者。这个地带里还有居住旅馆。伯吉斯提出，这个"卫星富人区"也就是所谓地方商业区，有一些类似中心商业区的服务，不过，规模小一些罢了。

第五个地带，"通勤地带"环绕市区。这个就是郊区，或者与市区同属一个行政管辖区，或者是与这个城市相邻的小卫星城，属于不同的行政辖区。这种通勤地带在经济上依赖于市区，许多居民在市区工作。这类社区常常是人们所说的"睡觉的"郊区。

> **体验活动4.5：绘制社区图**
>
> 按照吉伯斯同心地带假说，构建社区图，并描绘那里的人群和住房类型。

伯吉斯把这个模型描绘为一个静态的实体是不正确的；实际上，城市布局是历史的。当然，在讨论其他商业区的发展时，伯吉斯实际上认识到了城市的膨胀过程，尤其是看到了中心商务区的膨胀过程。

往日的芝加哥，乡村城镇和移民聚居地的集合，地方社区正在重组布局，市中心商业区以看得见或看不见的方式主导着地方社区，同时，地方社区有自己子商业区，所以，它们又是分散的。在连锁店的开发中，人们正在研究集中的分散化，集中的分散化是在城市组织基础上对这种城市变化的唯一描绘（Burgess，1925/1967：52）。

伯吉斯的集中的分散化理论提出，随着城市的增长，不断繁殖出在某种程度上城市中心区相似的特征，当然，它们在规模上要小一些。人们低估了伯吉斯的思想。在讨论伯吉斯的同心地带假说时，对城市增长过程的讨论常常变成了对霍伊特（Homer Hoyt）和尤尔曼（Ullman）的讨论，而且，变成了对哈里斯（Harris）的讨论，他们确实是在伯吉斯的基础上建立生态模型的，反映了城市发展正在发生的历史变化。虽然城市的历史发展没有在同心地带模型中反映出来，但是，伯吉斯确实看到了城市的历史发展，注意到这一点是很重要的。

在讨论霍伊特、尤尔曼和哈里斯的工作之前，从历史的角度去看待他们的理论是有道理的。城市历史学家格尔森（Robert Fogelson，2001）在他颇受欢迎的著作《市中心：兴起和衰落，1880—1950》中研究了市中心。

格尔森追溯了美国市中心从1880—1950年的兴盛和衰竭的历史。他的历史研究既看到了城市之间竞争的重要性，也看到了城市内部竞争的重要性。城市内部的竞争导致市中心商业区大大优于外部商业区的开发，尽管重要，市中心不过是许多商业区之一，因此得到了中心商业区的头衔。格尔森研究了19世纪末和20世纪初地铁的开发和使用，研究了围绕摩天大楼开发而展开的争斗。从政治和经济观点对这些开发的考察反映了城市内部的竞争。随着汽车使用率的提高，通过发明停车收费表、停车场、交通信号灯等措施解决城市交通拥堵问题，进一步证明这种提供了城市内部存在竞争的证据。最重要的是，格尔森描绘了在城市不同部分及其周边地区具有不同经济利益的商人、房地产业主、房地产开发商的斗争，描绘了他们如何在城市土地使用模式上发挥作用。城市形式和增长模式存在一个"自然"秩序，格尔森的分析实际上对城市生态学家的这个观点提出了质疑。

伯吉斯同心地带假说的修正

人们开始不断修正伯吉斯的生态模型，其中，人们关注最多的两个早期修正是，霍伊特（1939）的修正，尤尔曼和哈里斯（1945）的修正。此后，谢维基（Shevky）和贝尔（Bell）提出的社会地区分析的生态模型。让我们分别考察他们对伯吉斯生态模型的修正。

城市土地经济学家霍伊特基于地形，如山丘、河流、航行和交通线，提出了城市化的"地带模式"。例如，一个工业区可能沿河发展，或紧挨着铁路线或主要公路发展。霍伊特在他的分析中再加上了历史维。伯吉斯基本上关注的是芝加哥，不像伯吉斯，霍伊特的结论是在研究了1900年、1915年和1936年等时期美国142城市的基础上提出来的。像伯吉斯的模型，霍伊特的"地带模型"强调了中心商业区的重要性。但是，他假设从中心商业区向外边沿地带辐射会出现饼形的或楔形地带，因此，他修正了伯吉斯的同心地带模型。霍伊特还集中关注了上层阶级的居住模式在确定空间布局上的重要性。上层阶级常常占据优势地形，如山顶（波士顿的灯塔山），滨水地区（芝加哥的黄金水岸），或沿到市区的便利的交通线（如费城的主干线）。中等的和更低的阶层占据剩下的地方。

城市生态学家和地理学家哈里斯和尤尔曼1945年对城市生态模型进行了修正。哈里斯和尤尔曼对霍伊特把重心放在居住模型上提出了质疑，他们提出了一个城市土地使用的多核模型。他们多城市的考察强调基于特殊城市活动或需要开发的许多中心。因此，他们对同心地带假说和地带模型均提出了挑战。

哈里斯和尤尔曼把20世纪早期美国城市看成一个去中心增长和向多中心城市模式转变的过程。例如，在分析零售区时，他们提出，这些零售区最初都在市区。但是，随着时间的推移，城市经历了增长和人口的迁徙，郊区零售区逐步发展起来了。相类似，制造工厂最初都布置在与主要交通线相邻的大块土地上。核心围绕着多样性活动的中心展开，包括制造、零售和教育。哈里斯和尤尔曼强调城市增长、地形和交通等因素的重要性。更有意义的是，他们发现不同形式的分散化取决于一个城市的历史条件和文化条件，取决于那个城市的经济和生态状况。哈里斯和尤尔曼分析的重大突破，是注意到了影响城市土地使用的历史因素和文化因素。

在建立生态模型时，伯吉斯、霍伊特、哈里斯和尤尔曼都在某种程度上注意到了决定城市土

图表4.5 三个城市模型（资料来源：Chauncy D. Harris and Edward L. Ullman（1945）'The Nature of Cities', The Annals, 242: 7-17）

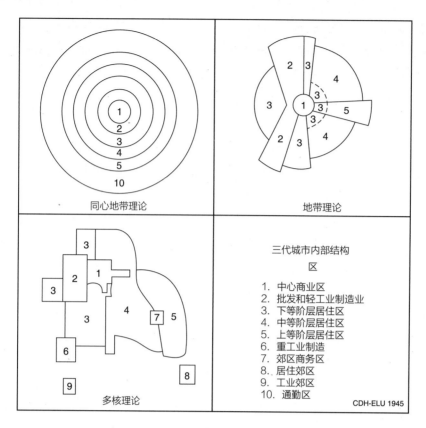

地的历史因素和文化因素，从本质上讲，这些模型都不断反映出了生态决定论的思想。而且，他们都仅仅集中在20世纪早期那个时间段上，仅关注美国城市的土地使用模式。这个时期是很独特的时期，工业迅速增长、人口迅速增长，来自东欧和南欧的移民数量巨大，来自美国南部乡村的贫穷的白人和黑人数量巨大。然而，伯吉斯、霍伊特、哈里斯和尤尔曼没有使用比较方法；他们没有考察其他社会和文化条件下和其他历史时期的城市。

谢维基和贝尔（1955）对生态模型做了最后一个修正，修正的基础当然是伯吉斯、霍伊特、哈里斯和尤尔曼发展的生态模型。谢维基和贝尔把他们的模型称之为社会地区分析，试图阐述形成美国城市空间分布的城市生活因素。谢维基和贝尔找到了三大交叉指标：家庭模式（子女数目、母亲参加工作和居住类型）；社会阶层和身份（收入、教育和职业）；种族和民族。谢维基和贝尔考察了旧金山的湾区，在居住模式中找到了符合他们三大交叉指标的变化。少数族裔聚居的街区在一些特定地区，中心商业区外的奥克兰、里士满和旧金山。富裕的家庭生活在相对靠近市中心一些具有文化吸引力的地区。有学龄儿童的中产阶级家庭，生活在那些有好学校的公寓式住宅区或郊区独立住宅区。

体验活动4.6：生态模型

研究你所在社区的生态模型在过去50年或100年中的变化。我们可以找出哪些特定的时间段，地带或多个核心发生了重大变化？

但是，谢维基和贝尔的分析本质上依然是在延伸城市生态学。他们并不是没有从根本上怀疑这个根本性的生态学假定。费雷（Walter Firey）考察了芝加哥学派生态学观念，找到了它的不足。费雷的研究对符号相互作用论及其对城市生活的影响，都有重要贡献。

费雷：作为生态变量的情感和象征意义

20世纪30年代末和40年代初，为了检验伯吉斯的同心地带假说，费雷考察了波士顿的土地使用模式。费雷概括了他在考察中发现的城市生态学方式的基本缺陷。他提出，人们不仅仅对形体做出反应，人们还对建成环境的观念做出反应。我们对建成环境的认识是建立在我们对那个环境的情感，对它的象征意义的背景之上的。我们不是简单地对一个空间做出反应，而是对那个空间的象征意义做出反应。

费雷批评人类生态学家，没有强调社会的道德或文化方面，片面强调环境本身在决定城市空间布局上的自然属性。费雷认为，在决定土地使用上，除开经济竞争外，情感和象征意义这两个社会心理因素也在发挥作用。实际上，情感和象征意义可以替代其他方面的考虑，可以导致非经济的、"非理性的"土地使用。所以，我们必须把情感和象征意义看成影响地方发展的重要文化因素，而且把情感和象征意义看成补充的生态变量。

费雷在波士顿选择了4个空间标志不是由生态变量决定的地区，来证明他的认识，波士顿公园、波士顿墓地、笔架山（Beacon Hill）和北端，这些地方展示了附加在空间概念上的文化遗产，情感和象征意义的力量。人们对这些地方的使用反映了它们的文化重要性。

费雷研究了笔架山的富人区，波士顿北的工人阶级的意大利族群聚居地区，坐落在波士顿市中心的波士顿公园和美国革命时期的公墓。在我看来，因为霍伊特、哈里斯和尤尔曼的修正都没有从根本上改变伯吉斯生态理论中的生态经济决定论基础，所以，与霍伊特、哈里斯和尤尔曼对同心地带模型的修正相比，费雷的研究对伯吉斯生态理论的批判更重要一些。伯吉斯和他的模型的修正者们没有认识到社会文化变量，包括情感和象征意义，在决定土地使用模式上的重要性。费雷的研究强调了场所的力量，社会心理因素的重要性，突显了情感的依附，社会群体和特定社区之间的持续连接。

对于社会心理学家来讲，对伯吉斯同心地带假说和城市生态学的主要批判是，他们没有考虑人类，与其他动物不同，发展了一种复杂的文化。这种文化影响了人们如何看待、解释和使用环境的决策。人们不是简单地对他们的环境做出反应，而是通过社会选择作用于他们的环境的。伯吉斯同心地带假说和城市生态学太依赖非人的力量，如依赖竞争，来解释土地使用模式。与此相反，费雷认为、情感和象征意义及其他"非理性的"因素常常在选择特定区位时具有决定性的作用。费雷提出，"社会价值、理想或目的对土地使用是具有重要影响的，但是，伯吉斯决定论的基础就是否认社会价值、理想或目的对土地使用所具有的重要影响（1947：1）。"

费雷对波士顿中心选址的研究表明，情感和象征意义这两个社会心理因素影响着土地使用模式。对于竞争而言，"一定文化价值的象征意义与一定的空间相关，这同样是空间的一个的属性。经济因素确实会影响选址，与此同时，情绪也会对选址活动产生重大影响。"

费雷把伯吉斯同心地带模型用于波士顿。他发现，在与中心商业区相邻的过渡地带，伯吉斯的生态学理论不能解释3个异常现象。波士顿公园以及相邻的公园，若干个殖民地时期的墓地、老教堂、礼拜所，聚集在波士顿中心商业区的中心地带，仅波士顿公园就占地48英亩。虽然在经济上不合理，但是正如齐美尔所说，波士顿人是在用他们的心而不是他们的头保留下市中心的这些历史标志。

在居住选择上，情感和象征意义也是决定因素。笔架山紧邻波士顿的中心商业区。在费雷展开研究的那个时期，这个原先很时髦的富豪居住区正面临困难。许多大房子被分割成小房子，富人陆续搬到建在后海湾新的高档住宅区去。但是，那里大量的居民还是选择留下来，与此同时，还有一些富人选择搬进来，这样，笔架山依然是富人区，直到现在，那里依然是低密度的居住区。

并非只有历史居住区或富人区才有情感和象征意义。波士顿的北端实际上是一个工人阶级的意大利族群聚居地，当一些家庭的收入让他们完全可以搬到富人聚居的地方去居住，许多人仍然选择留在这个传统的民族聚集区，家族联系，与邻居和包括教堂在内的社区机构的紧密联系，有地方特色的零售商店，让这些家庭的民族需要和愿望可以得到满足，他们宁愿住在这种同质的社区里，而不选择搬到异质的社区去，那里可能让他们在社会心理上不那么满意。费雷的结论是，"在所有案例中，我们都能找到一种象征意义—情感的关系，这种关系对土地使用有着很大的影响。我们不应该认为波士顿的这类现象不过是生态'变异'。实际上，美国许多老城市都有类似的特征（1945: 146）。"

图4.10 在决定土地使用模式的选择中，情感发挥着一定的作用。波士顿中心商业区里与波士顿公园相邻的公共花园就是一个例子，反映了在土地使用模式选择上情感的力量（摄影：Mark Hutter）

符号相互作用和城市生活：结论

生态学强调个体与建成环境的直接关系，符号相互作用论者认为生态学严重扭曲了人类的社会性质，城市生态学没有给社会心理学留下空间。城市生态学没有看到，人们从象征意义上改造着环境。人们是在对建成环境的观念做出反应，而不是对现实世界做出反应。人们不是作用于空间本身，而是作用于具有象征意义的空间。在《成为城市》一书中，卡普、斯通和尤尔以下述方式表达了这种看法：

> 正是附着在城市地区的情感：正是附着在城市地区的各种意义必然地决定了城市的形成和社会组织。——除非我们考虑到附着在城市拓扑结构各种特征上的用途、意义、象征意义、常常具有的情感和情绪，否则，我们不会正确地认识城市的相互作用模式，因此，也肯定不能完全认识城市的社会组织（Karp, Stone and Yoels, 1977: 74）。

对城市生态观念的第二个批判，源于对它的第一个批判。过度强调空间布局，而没有充分注意空间所具有的人与人之间社会相互作用的属性，这种空间属性超越了特定的地理边界。为了超出从地理范围意义上定义的社区，符号相互作用论者致力于使用人类交流和互动来重新定义社区。这就产生了"象征意义的"城市社区的观念，这种观念反映了这样一种现象，人们希望克服当代城市缺乏人情味的唯理性，给人们提供人性化的、认同的、涉及社区的资源。

城市生态学基本上没有关注城市认同中出现的初级人际关系和活动，这种缺失，部分源于城市生态学脱离历史的反城市的偏见，以及把城市生态看成城市生态学基本理论的全部内容。这样，城市生态学不考虑城市随时间而改变着的意义。像所有人类互动一样，城市社会关系是一个连续的变化、演替或发展的状态。社区是活生生的。城市不是一个固定不变的物体。我们必须把城市看成一个具有象征意义的事物，城市居民积极地参与城市的建设。进一步讲，空间和象征意义的安排常常反映了权力安排，而权力安排反映了那些掌握权力的人的需要。

但是，符号互动论者并没有完全把对权力安排的研究合并到它对城市生活的分析中来。正是政治经济学理论把重心放在权力和经济学上，研究权力如何在道路、街区和中心商业区发挥作用。我打算在本书的第6章里专门讨论城市政治经济学问题。第5章通过城市规划的学科观点来讨论城市。

结论

芝加哥曾经是20世纪初的"让人敬畏的城市"。它大幅度而多样性的人口增长唤起了世界的想象力。芝加哥学派以19世纪学者的工作为基础，把研究重点放在社会混乱和社会混乱的后果上。我们可以把芝加哥学派的两大理论成分概括为，对城市生活的微观社会心理学研究和宏观的城市生态学研究。帕克提出了城市研究纲领。芝加哥学派采用了两个有些矛盾的城市观。第一个看法，芝加哥学派把城市看作是冷漠的、分隔的和从属的，城市导致了社会混乱；第二个看法是，芝加哥学派把城市看成一个小文化区域。沃什的"作为一种生活方式的城市"把重点放在城市规模、密度和异质性如何直接影响城市社会生活。这篇论文总结了芝加哥学派"决定论"的城市观。甘斯的人口组成论的观念修正了这种"决定论"的城市观。费舍尔的"亚文化"论努力调和沃什和甘斯的观念。伯吉斯的同心地带假说提出了城市生态学，霍伊特的地带论，哈里斯和尤尔曼的多核心模型，谢维基和贝尔的社会地区分析，分别对伯吉斯的同心地带假说做了修正。但是，费雷在城市分析中强调了文化和社会心理因素、情感和象征意义的重要性。符号互动论对城市生态学提出了两大批判：第一，城市生态学没有认识到人们在象征意义上改造了他们的环境；第二，城市生态学规范强调了空间布局，而没有强调社会相互作用。芝加哥学派和符号互动论，都没有全面考虑权力的性质和经济安排，这种缺失导致了城市分析中政治经济学观念的发展。

思考题

1. 找出在美国工业革命中让芝加哥成为"让人敬畏的城市"的特征。
2. 简要地定义起源于芝加哥学派的两个主要的社会学观念。
3. 按照帕克的模型，哪两个相互联系的层面形成了城市的组织基础？
4. 按照沃什的理论，哪三个因素决定着城市生活？
5. 简要总结甘斯用来反对沃什判断的方式。
6. 解释费舍尔使用的术语，临界值。
7. 生物学的竞争概念如何用于城市生态学？
8. 简要总结同心地带假说的五个地带。列出对同心地带假说的三个主要修正。
9. 简要地总结费雷有关情感和象征意义的观念。
10. 按照符号互动论者的观念，对城市生态学理论的两个主要批判分别是什么？

第5章 城市规划

本章大纲

理想城市：城市规划师对工业城市的反应
  伯纳姆和城市美化思潮
  霍华德：田园城市思潮
  赖特：广亩城市（Broadacre City）
  柯布西耶：没有街巷的城市

城市规划的实施
  新泽西州的拉德本和20世纪30年代的绿带城镇
  调整的三块磁铁
  未来世界：通用汽车公司和1939—1940年的纽约世界博览会
  摩西：政治掮客——纽约市和俄勒冈的波特兰
  培根：费城的改造
  雅各布斯：美国大城市的死与生

结论

思考题

背景图：这是一幅描绘1901年的设计独特的华盛顿特区鸟瞰图。

我们可以把城市的形状和形式看成对我们所具有的社会价值和文化的一种反映。地理学家、社会学家、建筑师和规划师都同意，建成环境并不是决定我们行为的唯一因素，建成环境是通过环境、价值和行为的相互作用来影响和约束我们的行为的。通过考察城市思想家和规划师的工作，我们可以更好地认识城市环境如何影响城市居民。

因此，研究体验城市不能不涉及城市规划师和城市思想家的工作，不能不考虑城市规划师和城市思想家对如何建设未来城市的看法。城市规划师和城市思想家的未来城市理论体系，反映的不仅是特殊的建筑环境如何影响人，而且，在更一般的层面上，还反映了城市规划师和城市思想家的世界观和价值体系。

雷斯曼（Leonard Reissman，1970）在考察"城市过程"时，谈到了城市思想家有关城市性质的基本观念，其中包括了有关城市环境的重要信息。充满认识局限性而又天真的规划模式，常常试图表达复杂的城市环境。例如，雷斯曼提出，城市思想家没有完全承认人的愿望和人的需要的重要意义。每一个人都乐于住在小社区里，都要回归自然，城市思想家的这个假定并非一个既成事实。城市思想家不应该做出这样的假定。社会学家对社会价值和社会规范的认识肯定会让城市思想家获益，但是，社会学家常常偏爱他们自己那些不可靠的假定和天真浪漫的想法。许多早期社会学家的理论里，充斥了反城市的偏见以及他们个人对乡村生活的怀念，从而影响了他们对城市的判断。

雷斯曼提出，无论如何，即使不成功，城市思想家的工作对描绘城市生活核心里的那些基本价值取向还是很有意义的。"从社会学的角度讲，乌托邦研究与我们是有关的，不仅因为乌托邦本身有意思，还因为它们成为一枕黄粱的原因更有意思。也许是个病态的结论，但却是真的（Reissman，1970：68）。"

为了克服我们面临的城市问题，实现可能更好的城市生活，20世纪的规划师编制了无数的规划方案。这些规划方案可能差别很大，但都对城市开发政策产生很大的影响。

理想城市：城市规划师对工业城市的反应

随着20世纪的第一缕阳光，工业化和商业扩张的城市时代到来了。伴随农业机械化的发展，乡村出现了大量的农业剩余劳动力，从而进一步推动了城市增长加速。1870年，美国大约有60%的劳动力在农场工作；到了1900年，这个数字降至37%（Hine，1979）。城市化似乎是"未来不可逆转的浪潮"（Teaford，1986：1）。当时，有些人积极地看待这种未来，更多的人则是忧心忡忡。城市问题远远超出人们的想象。城市历史学家提福德（Jon Teaford）对20世纪初的城市问题做了如下分类：

> 世纪之交，大部分美国人都同意，城市是现在和未来要面对的首要问题。城市存在着巨大的贫富差距，城市拥挤的让人精疲力竭，有着民族多样性，也存在犯罪和堕落，城市成了美国最大的社会问题（Teaford，1986：2）。

霍尔（Peter Hall，2014）提出，19世纪90年代，人们一直都在积极反思美国的城市。尽管城市增长加速导致了一系列问题，但是，美国的社会改革家和规划师还是把城市增长加速看成能够建设超越所有城市的理想城市的基础。

19世纪下半叶的芝加哥是一个"令人敬畏的"城市。社会历史学家史密斯（Carl Smith，1994）研究了这个城市发生的一系列灾难性的事件，以及那些灾难与社会混乱和社会现实的人所共知的联系。他研究了1871年发生的芝加哥大火、1876年发生的赫马基特广场爆炸案，接下来的"无政府主义者的"审判，普尔曼的模范城镇（一个"公司城镇"，位于芝加哥南边的城市界限内）以及它的工人罢工。这些事件和公众对它们的感受当时确实很大程度地影响了美国人，让他们把城市看成是"危险的"。史密斯指出，许多人把社会和文化混乱看成是城市增长和社会变化不可避免的结果。许多人觉得，要想解决正在出现的城市和它"外来的"移民和流动人口的威胁，"最好的办法是改造城市，或者至少减少这种正在出现的城市对其他地方的影响（Smith, 1994：261）。"

这种或那种改造城市的方案大多涉及减缓甚至逆转人口向美国城市中心地区的迁徙，包括外国移民和国内从乡村转移出来的人口。除开限制移民外，最流行的"解决方案"之一——是应该把那些心怀不满且不稳定的人送到美国广袤的乡村去，把这些融入土地的懒惰而不守规矩的城市居民改造成勤劳和有责任感的人，这并非什么新方案（Smith, 1994：261）。

人们把20世纪初称之为"进步时代"，在这个美国国家建设史上至关重要的时期里，城市政府建立了城市规划部门，负责短期内解决必需的基础设施问题，如道路拥挤、空气污染、标准住房条件。有些城市政府还建立了长期而全面的城市发展和更新计划。与欧洲城市相比，美国的城市面临特别严重的问题，因为大量的城市增长是在没有总体规划的条件下发生的。这种城市增长的突发性，加上政府遵循自由市场的经济政策，对工业和商业发展带来的诸多问题，听之任之，放任自流，从而导致了许多自然环境问题和社会问题。

社会改革家当时看到了解决城市问题的需要，包括解决各种形式的社会混乱的需要，如居高不下的犯罪率，未成年人犯罪，背井离乡的家庭。城市建成环境当时同样是理不清：拥挤不堪的住房、极其肮脏的道路、不适当的排水设施、空气污染和严重的交通拥堵。当时，恶劣的医疗条件和很高的死亡率屡见不鲜。城市规划师和思想家们认为，需要用反映更好生活方式的模范城市来替代混乱的、没有规划设计的城市。许多城市思想家觉得，改造城市的经济和政治制度是未来城市的唯一方案。

19世纪下半叶，大型景观公园，如纽约的中央公园，都成为城市总体规划的一个部分，公园不仅是美化城市，而且旨在发展市民的兴趣，让他们为生活在自己的城市里感到自豪。常常光顾这类新设计的公共场所的人，能够通过观察上层阶级人士在使用公园时如何讲礼貌和守秩序而被教化。到了19世纪末，风景园林师与市政工程导向的建筑和规划专业人士结合了起来，推动了"城市美化"思潮，这个思潮的基本目标就是通过提高城市设计来改善城市生活。城市历史学家保尔（Paul Boyer, 1978）坚持认为，城市美化思潮的基本前提是，把建设纪念性建筑、林荫大道、市政中心作为建设有吸引力且适合生活的城市环境的一个重要组成部分。他们相信，纪念性建筑、林荫大道、市政中心会在改善城市社会风尚方面发挥作用，让市民们产生一种维护这座城市的情怀。这样，市民们会增加一种城市责任感。大大提高市民的城市情感"会减缓甚至逆转伴随城市兴起而出现的社会和道德凝聚力衰退（Paul Boyer, 1978：284）。"

人们当时就发现，城市的形体外观和城市的道德风尚之间存在着内在联系。城市美化思潮寻求改变建成环境，刺激市民的理想，产生一种自豪感。城市美化思潮开始看到的是改善市政设施，开展垃圾收集、城市绿化、管理工业污染、建设地下管线等项目。这个思潮最终认识到，必须有更加全面的城市规划。

伯纳姆和城市美化思潮

芝加哥的杰出建筑师伯纳姆（Daniel H. Burnham）是城市美化思潮的带头人，他与鲁特（John Root）合作设计了早期摩天大楼，包括芝加哥的雷恩莱斯大厦和纽约的熨斗大厦。他主持制定了《芝加哥规划》（1909），他对建筑师和规划师的告诫是：

不要把规划做的太小。那些小规划不会有神奇的力量让人热血沸腾，而且，那些小规划可能也不会变成现实。制定大规划；期望的目标要高，记住，一个宏伟的、条理清晰的蓝图一旦被采纳是不会被束之高阁的，大规划会一直陪伴我们，它是活生生的，大规划会宣扬自己坚持下去的劲头与日俱增。记住，我们的子孙打算做的那些事情会让我们惊叹不已。让你的口号成为规定，让你的指南美不胜收。

伯纳姆和19世纪后期其他有影响力的建筑师，包括著名的建筑事务所，"马金、米德和怀特"（MMW）都认为，真正的美化城市之源在文艺复兴和巴洛克时期的城市，它们都是以古希腊和古罗马形成的古典主义城市为基础的。对于美国建筑师来讲，要想建成世界水平的城市，必须以欧洲新古典主义的成果为基础。

在拿破仑三世统治下，奥斯曼改造了巴黎，建设了林荫大道和拱廊街，罗马时代建设的古典建筑，维也纳行驶电车的环城大道以及宽阔的大道加上新的里程碑式的建筑，所有这些都启迪了伯纳姆。伯纳姆憧憬一个拥有宽阔大道的城市，大道两旁种植了行道树，古典风格的公共建筑、市政厅、剧场、图书馆和博物馆沿路一字排开，它们既反映人类文明的进步，也反映美国现代工业的发展。

1893年的芝加哥世界博览会让城市美化思潮下形成的理想城市有了一展风采的机会。为了纪念哥伦布到达西半球400年，联邦政府拨款资助申办世界博览会，芝加哥赢得了这届世界博览会的举办权。尽管世界博览会本身并不是永久性的，但是，建设世界博览会展馆建筑群和整个场地，给伯纳姆和建筑师们提供了一个建设他们理想城市的机会。

1871年芝加哥大火之后，芝加哥成为美国建筑的领跑城市，正在成为新美国城市的典范。芝加哥世界博览会或"白城""标志了美国生活中的城市兴起"（Glaab and Brown，1983：260）。

这届博览会的建筑群在世界博览会预留地上迅速建成，因为那些建筑统一使用白色主调，所以，人们亦称"白城"。整个建设是按照一个具有欧洲艺术博物馆新古典主义风格的建筑规划展开的，这个建筑规划忽视了当代建筑师如沙利文的创新。沙利文主张的现代建筑设计原则是"形式服从功能"，当然，他设计的交通大厦显然是一个例外。宽阔的大道加上壮丽的景致，宏伟的景观，装饰了雕塑和雕像的公共广场，设计上复制希腊和罗马神庙的或文艺复兴巨大建筑的纪念性建筑，都成为芝加哥世界博览会建筑群的布局特点。

白城清晰、有序和大都市的气派，为未来城市展示一个大有可为的前景。博览会使用了电话和电力交通系统，夜晚使用了电灯照明。白城的城市风貌与那个时期单调、丑陋、肮脏、混乱的工业城市形成了鲜明的对比。

当时，美国已经陷入严重的经济萧条，失业人数增加，罢工不断，但是，美国芝加哥世界博览会还是如期举行了。在7个月的博览会期间，数百万人参观了白城，被它的优美所折服，加上参加博览会外娱乐场的活动人数，官方统计的到达白城的人数达到了2700万；那个娱乐场包括各种流行的娱乐，如准人类学展览，"原始人和外国人"，"小埃及"的肚皮舞，摩天轮，让登上摩天轮的人可以鸟瞰整个展区。最重要的是，"白

图5.1 在"白城",芝加哥世界博览会(1893),一座桥上的行人

城"提供了一个引人注目的城市规划的可能性,突显了城市改造的愿望,对适当的城市特征作了示范。城市社会历史学家卢伯夫(Roy Lubove)提出,"这个临时的白城激起了人们对他们生活和工作的真实城市的不满,那些城市是那么'单调和丑陋'。城市美化思潮借助这种不满情绪,提出了把规划城市当成艺术工作来完成的要求(1967:10)。"历史学家格拉布和布朗(Glaab, Brown, 1983)分享了类似的积极评价:"怎么高估这个宏大博览会的象征意义都不为过:它鼓励人们把自己的城市想象为人工制成品,相信经过足够的努力和想象,他们能够把自己的城市改造成文明生活的场所(1983:261)。"

"白城"当时成为了城市美化思潮不朽的新古典主义建筑风格的原型,20世纪的前20年里,新古典主义建筑风格蓬勃发展,启迪了美国大型公共建筑的设计与建设。纽约市政厅就是按照市政中心的设想建设的一个例子,旧金山市政厅同样也是值得一提的例子。在一些案例中,新古典主义建筑风格扩大到范围更大的城市项目上。1900年,若干个"白城"建筑团队参与了华盛顿特区国会山和波托马克河之间林荫道的设计和建设,成为美化华盛顿特区总体规划的一部分。

在芝加哥,伯纳姆的芝加哥规划(1909)不仅影响了市中心区的建设,还影响了以后50年的整个芝加哥的城市建设,至今被认为是城市规划的一个里程碑。伯纳姆规划旨在建设一个"有序、便利而和谐的城市"(Chudacoff and Smith, 2000:199)。伯纳姆强调的是建设一个和谐和有序的城市:"芝加哥与其他城市一样认识到,是时候消除迅速增长的混乱,尤其是没有共同传统或生活习惯的外国移民带来的混乱,建立起城市秩序来(Teaford, 1986:42)。"

伯纳姆的芝加哥规划(1909)号召改造整个芝加哥地区。具体涉及都市公园和林荫大道体系的建设,包括建设沿密歇根湖岸边20英里长的公园,一个宏大的市政中心,一个新的铁路车站,一条东西向的大道。这个伯纳姆的芝加哥规划(1909)提出的许多设想都被采纳了,包括那个湖岸公园。虽然因为湖岸公园项目的建设费用昂贵,一些详细的设计不得不放弃,但是,大部分设计最终都实现了。"伯纳姆的芝加哥规划(1909)的规模和创新让国民着迷(Chudacoff and Smith, 2000:199–200)。"

费城通过拆除一个密集的拥挤不堪的街区,建设了一条宽阔和景观化的本杰明富兰克林公园大道。这条公园大道从巨大的维多利亚市政厅,那里有一尊威廉佩·恩延的雕像,一直延伸到耸立在山丘上的费城美术馆,从那里可以一览整个城市中心(熟悉电影《洛基》的观众可能看出来了,"英雄"拳击手爬的就是这个美术馆的台阶)。

但是,城市美化思潮终归意义有限。它最重要的意义在于把景观城市公园思潮与20世纪的城市规划合并到了一起。城市地理学家雷尔夫

（Edward Relph）对伯纳姆和城市美化思潮做了一个简要的评价："尤其是在紧迫需要实行社会改革的时候，需要改善基本生活条件的时候，需要铺路和安装下水道时候，城市政府既没有实施总体规划的意图，没有提供实施总体规划的资金（Relph，1987：55）。"城市美化思潮确实推动了许多城市的市政建设，给它们提供了方向，但是，城市美化思潮本身并没有认识到更为基本的城市问题，包括没有提出一座城市全体市民的那些需要。

霍华德：田园城市思潮

霍华德（Ebenezer Howard）在英格兰提出了一个比城市美化思潮更重要的规划议程，它对后来出现的当代城市形式产生了更深刻的社会影响。1898年，霍华德在一本名为《明天！一条实行真正改革的和平之路》（后更名为《明天的田园城市》）（1902/1965）的小册子里，提出了我们现在都知道的"田园城市"思潮。在撰写这本后来被证明深刻影响了城市规划的书时，霍华德既不是建筑师，也不是规划师，而是伦敦法庭的速记员。霍华德反对现代工业城市，反对生活在工业城市里的富人和穷人之间的社会分化，反对工业城市拥挤不堪的条件，越来越多的人到城市寻找经济机会和工作。因为最大的城市继续产生更多的工作岗位，所以，那些最大的城市还会继续增长。与齐美尔一样，霍华德也委婉地谈到了城市生活的社会心理特征——"拥挤人群的孤独"（Howard，1996：347）。

土地的私人所有制，让市中心地区的房地产价值高到不可思议的程度，城市因此而向外蔓延开来，寻找较低的地价。周边乡村确实有比市区好得多的自然环境，开放的田野和新鲜的空气，但是，乡村没有经济基础，几乎没有工作岗位，或者说，乡村没有切实可行的社会设施。于是，霍华德想要回答的是，如何把城市生活的好处与乡村生活的好处结合起来，让人们既能拥有城乡各自的优势，又不被城乡各自的劣势所干扰。

霍华德提出了在乡村地区建设自治的"田园城市"，这个设想反映了英国19世纪社区规划的传统。这些田园城市既有城乡生活的良好品质，又没有各自的负面后果。霍华德的设想是，"通过城乡协调，工业与农业的协调，工作与休闲的协调，实现一个健康的、自然的、经济发达的城乡生活（1898/1956：51）。"霍华德的"三块磁铁"模式说明了他的目的（图表5.1）。这个著名的图示，使用的是古老的语言和古老的书写风格（霍华德用手书写了那些维多利亚时代使用书写字母的风格），"这是对维多利亚时代晚期英国城乡美德和弊端的不错的包装（Hall and Ward，1998：18）。"

在霍华德的"三块磁铁"图中，城镇磁铁块和乡村磁铁块都与他设想的新城乡磁铁块对应，城市就业和娱乐的好处与乡村健康和宽松的生活条件结合了起来。

图表5.1

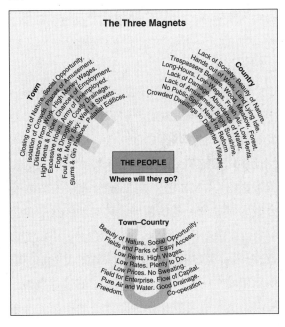

现实中不仅只有两种生活选择，城镇生活和乡村生活，其实还有第三种选择，城镇生活的优势与乡村美丽而令人愉悦的生活有可能完美地结合在一起；而且，这块磁铁就是能够过这种生活的确定性，它会产生我们正在努力争取的结果——人们自发地从我们拥挤的城市投向我们自然的地球母亲的怀抱，与此同时，投向了生命之源、幸福之源、富裕之源和力量之源（Hall and Ward，1998：19，引自 Howard，1898：7）。

霍华德提出的"田园城市"的基础是合作所有制的原则。公司为大家的共同利益而拥有土地，这样，就可以控制房地产投机；任何一处房地产的增值都会让整个社区获益。霍华德的规划是要把居民人数的上限控制为3万人，每一个街区中心（行政区）的人数为5000人，实际上，每一个行政区就是一个小城镇。田园城市会是自给自足的，有自己所有的工厂、地方商业、学校、零售商店以及其他社区公用设施。在所有居民的步行距离内会建立永久性绿带。这个绿带会让人们享受开放空间的好处，也阻止城市因为进一步的增长而占用开放空间。每一个行政区里的住房会有不同的设计，有些住房会有公共庭院和合作使用的厨房。所有的田园城市都会建在种植了行道树的大路上。

霍华德认为，城市的公共场所有两种凝聚力牢牢地拴住这些田园城市（Fishman，1982）。他设想了一个建在城镇中心的"中央公园"，给人们提供休闲的机会，包括一个很大的公园区和若干剧场。"水晶宫"，与公园相邻的一个拱廊，会成为制成商品的销售场地和其他形式的购物场所。中央公园还有第二个凝聚力，"市民的自豪感。"那里包括市政厅、图书馆、博物馆、音乐厅和讲座厅，医院，"社区的最高价值聚集在一起，文化、慈善事业、医疗卫生和相互合作

（Fishman，1982：44）。"

> **体验活动5.1：磁铁和凝聚力**
>
> 参观你所在社区的地方，或你选择一个社区作为"磁铁"（自然、社会机会、商业）的地方和"凝聚力"（公园、剧场和购物、市政中心）。哪里是布置这些设施相互之间的位置？它们的布局是否反映了本章所讨论的任何规划师的哲学思想？你认为它们的布局成功吗？为什么或为什么不？

这种设想为田园城市的新城镇是通过规划设计建设起来的，而不是现存拥挤城市的延伸扩展。这些新城镇最终成为城市的组成部分——簇团的城市——居民们可以在城镇网络中自由出行和居住，乡村环绕在它们的周围。每一个田园城市都会成为更大的田园城市群的一个组成部分，而这个田园城市群环绕着一个中心城市，所有的田园城市相互连接，共享休闲娱乐设施和服务设施。

卢伯夫（1967）提出，"田园城市"思潮（the Garden City movement）的基本原则是：

1. 城市分散化；
2. 限制城市规模，但是，规模受到限制的城市具有一个协调的农业—工业经济；
3. 使用城镇周边的绿带来帮助限制城镇规模，同时，把绿带用作农业—休闲区；
4. 土地合作所有制保证整个社区而不是私人个人获得土地升值带来的收益；
5. 大规模规划的经济和社会优势（Lubove，1967：11）。

赖特：广亩城市（Broadacre City）

城市的结局取决于汽车和电梯之间的竞赛，任何把赌注下给电梯的人肯定是疯了。

——赖特

两大基本理论影响了20世纪的新城镇规划（Calthorpe，1994）。一个基本理论是霍华德首先提出田园城市思潮。第二个基本理论就是由赖特（Frank Lloyd Wright，1867—1959）和柯布西耶（Le Corbusier）提出的现代主义。在20世纪30年代的大萧条时期，赖特和柯布西耶都主张在空间上把功能分开，包括专门的工业区、居住区，而且，所有的建筑与步行导向的道路分开。赖特和柯布西耶都坚持现代主义的基本原则，"功能分开"，热爱汽车，私人和公共空间的主导地位（Calthorpe，1994：xv）。

赖特可能是20世纪美国最伟大的建筑师。我们应该如何去纠正工业城市的根本缺陷，保留农业生活方式有什么必要，赖特对工业城市很有看法。他把大工业城市比喻成某种"纤维肿瘤"的断面，人类盘剥的象征。赖特的想法是在19世纪末和20世纪初形成的，当时，美国正处在从乡村社会向高度工业城市社会的大转变时期，但是，经营自己农场和"美好生活"源于在土地上的耕耘，这些原则和传统并没有烟消云散。

从赖特使用的广亩城市这个术语中我们可以看出，赖特强调个人主义，强调了他对大自然的钟爱。在杰斐逊（Thomas Jefferson）看来，只有到了每个人都有自己的土地时，才会实现真正的民主，赖特呼应了杰斐逊的这个观念。赖特寻求把城市融入乡村，建设一种分散的城市，强调家庭的农耕生活根基。赖特的"广亩城市"体现了最大限度的郊区，反映了杰斐逊的农耕个人主义。现代科学技术，特别是电力和机动车，让"广亩城市"有可能建立起来。

赖特拒绝他所认定的那种非自然的和不近人情的城市环境。他把城市的罪恶归咎于资本主义经济和资本主义经济强调的地租、货币和盈利，而且，他把城市的罪恶归咎于政府和官僚体制（Reissman，1970）。赖特的解决办法就是结束建设高密度的工业城市，回归土地和诚实的劳作，生活在分散开来的城市里，杰斐逊的民主指南引领这种城市的未来。

我们有着无限多的可能性去把城市营造成适合人的地方，在那里，自由可以繁荣起来，人的灵魂可以得以生长，一种民主批准的城市和我们迫切需要的城市。——确实如此，而且，这个分散的和重新融入自然的城市展现在20世纪的黎明之中。民主的自由人诚实地称之为新的自由（Reissman，1970：60，Wright）。

赖特的"广亩城市"反映了赖特的水平设计的"草原学派"，同时，赖特的"广亩城市"也十分贴切地反映了他所倡导的那种城市。"广亩城市"的密度极低，所以，可以称之为完全分散的网格式地块体系，每一个地块的规模为1英亩。现代科学技术，特别是电力和机动车，让"广亩城市"有可能建立起来。小农场、工厂和学校会散布在大地上。住房是为每一个家庭设计的，代表这个社会的基本经济单元。人们在他们的农场里工作，也在小工厂、工厂、商店和办公室里做兼职工作。霍尔不仅"广亩城市"看成赖特哲学的巅峰，而且，还把"广亩城市"看成"赖特对几乎每一种美国城市思考，准确地讲，所有的美国反城市思考的集大成之作"（2002：312）。赖特的模型把杰斐逊的个人观点与新的科学技术结合起来，"重新把美国建设成一个自由农民和地主的国家：爱迪生和福特会让杰斐逊死而复生（2002：312，Fishman，1982：123）。"

赖特设想的住房也反映了一种水平的布局模式。这些"美国草原式"住房成为郊区农舍风格式住房的先行者，强调了开放空间和适合于现代生活的功能设计。"汽车化"会让赖特的郊区在未来"蔓延"成理想的城市，因为有了汽车，人

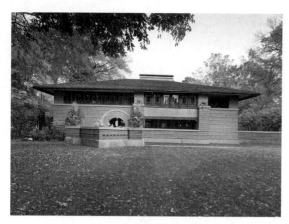

图5.2 赖特设计的"草原"住房是一幢完美的低层建筑,很大的空间间隔,会在赖特的"广亩城市"里建设起来(Source: Shutterstock © Henryk Sadura)

图5.3 鸟瞰位于亚利桑那州斯科茨代尔的西塔里埃森和麦克道威尔山。在建设西塔里埃森的时候,西塔里埃森离菲尼克斯很远;现在,蔓延已经让菲尼克斯很靠近西塔里埃森了(Source: Shutterstock ©Tim Roberts)

们无需像城市中心那样,相互紧挨着住在一起。汽车在高速公路上行驶,可以让人们做长距离的自由快速的旅行。正如赖特所说,这种新的蔓延的城市现在就可以在任何地方建设起来(Stern,1986)。

每一个拥有住房的独立家庭,在广袤的原野上独自过着自己生活,这是赖特青睐的理想城市的景色,他否定了传统的城市社区。正如沃德(Stephen V. Ward)所说,20世纪30年代的城市规划师都对赖特放弃城市社区的想法不感兴趣。但是,赖特预言了郊区的蔓延,它在第二次世界大战之后影响到许多美国人(Ward,2002)。蔓延的郊区和远郊区成为当代景观的特征,但是,在这种郊区和远郊区的蔓延中,赖特所期待的整体设计是不会成为现实的。

"广亩城市"也是赖特对柯布西耶的"光明城市"(Radiant City)的提议截然相反的反应。赖特不是朝上建一座城市,而是向外建起一座城市;我们在这一节开始的时候引述了赖特的一段话,选择电梯还是汽车的增长可能。不过,赖特在他事业就要走到尽头的时候,也可能是半开玩笑半认真,他提出建设一幢1英里高的摩天大楼,它可能认识到这样一个事实,人口的持续增长最终会消耗掉有限的土地资源。

"西塔里埃森"是赖特的家和办公室,位于亚利桑那州荒漠天堂山谷的马里克帕方山,建于1937—1938年。"西塔里埃森"本身就是城市蔓延的受害者。经过认真思考,赖特仔细选择了这个场地,距离菲尼克斯市中心10英里,他认为,郊区扩展也不会影响他。这个建筑群建在山坡上,远景很好。但是,迅速发展的菲尼克斯建设了架线塔,把电力输送到菲尼克斯的远郊,破坏了"西塔里埃森"的景观。赖特投诉了菲尼克斯市政府,试图阻止这个不可避免的事件,可惜,赖特败诉。此后,赖特把入口改建在主体建筑的背后。建筑评论家穆萨姆(Herbert Muschamp)这样写道:

这位前所未有的伟大建筑师的设想有可能让美国的自然天堂,从东海岸到西海岸,都铺满沥青,都建成度假酒店、泰斯特冷饮站、汽车坟场、广告牌、烟尘、抵押的和特许的独门独院的住宅,这个叫赖特的冒险家还不让人忍俊不禁吗?

柯布西耶:没有街巷的城市

纽约的摩天大楼太小了。

——柯布西耶,1947

说出这段豪言的是瑞士出生的建筑师基诺瑞（Charles-édouard Jeanneret, 1887—1965），基诺瑞生命的大部分时间是在巴黎度过的，后来还成了法国公民，基诺瑞使用了"柯布西耶"作为他的笔名，这个笔名是一个名扬四海的名字。1930年，柯布西耶访问了纽约，他当时提出，摩天大楼太多了，一个挨着一个。他尤其对繁忙的纽约街巷怒火中烧。纽约的城市评论家伯曼（Marshall Berman, 1999）提出，当柯布西耶说他喜爱纽约的摩天大楼时，他厌恶那些摩天大楼与街巷连接的方式：

图5.4 柯布西耶期待重新建设的城市，"光明城市"，是由许多居住和商用高层建筑组成，道路把它们连接起来。每一幢高楼都坐落在公园式的场地里（Source: Ullstein Bild/The Granger Collection NYC）

　　街巷特别困扰他：街巷让他口吐白沫。他一而再，再而三地撰文宣称，"我们必须消灭城市街巷！"柯布西耶反对现代城市的街巷生活，他会庆祝"一种极端重要的新现象的复活，车流！小汽车，小汽车，快，快！"柯布西耶会清除所有的街巷，把那些空间重新安排进入巨大的混凝土板和玻璃板制成的没有尽头的楼宇里，每座大楼都是一个独立的世界，有自己的地下车库；大楼与大楼之间用宽阔的公路连接起来，每一个大楼都是"一个生产车流的工厂"，用大量的树和草把大楼包围起来。他称他的新模型为"公园里的大楼"（Berman, 1999: 537）。

　　柯布西耶正在对他自己在巴黎的体验做出反应，他在纽约看到情况与巴黎大同小异。市中心都是非常拥挤的。那些做生意的写字楼紧挨着饱受肮脏和疾病折磨的贫民窟。对于柯布西耶来讲，关键是他的著名悖论：必须通过增加城市中心地区的密度减少城市中心的拥挤（Hall, 2002）。大大提高容积率，建设摩天大楼，就可以解决这个矛盾。绿色的开放空间环绕着这些摩天大楼，地下和高架快速交通系统把摩天大楼连接起来。为了实现这个设想，柯布西耶提出，拆除混乱、拥挤的市中心，用"光明城"代替它们（Le Corbusier, 1967）。

　　最重要的是，柯布西耶认为，城市的历史，没有计划的增长和错误包围着城市，它不能适应新时代的条件。柯布西耶的"光明城"要求在新的现代城市清除掉历史的城市和步行导向的街巷："步行导向的街巷是千年以前行人使用的道路，步行导向的街巷是历史的遗存：步行导向的街巷是失去了功能的、过时的器官。步行导向的街巷消磨我们的时间。步行导向的街巷令人不快！为什么它还在那？（Gold, 1998: 48）。"

　　1925年，柯布西耶在为巴黎设计的"瓦赞规划"中提出了这个光明城市的设想。他的"城市"由一组60层高的大楼组成，这些大楼统一设计，坐落在开放空间里，通过高速交通通道与周边的居住公寓连接起来。设计容量为300万人。柯布西耶设想用这个规划替代正在衰败下去的巴黎的右岸中心。他提议拆除帕里的历史街区，那里充斥着陈旧又不卫生的建筑，仅仅保留少数重要纪念建筑物。标准化的统一的建筑物会承载这个历史核心的多方面功能。所以，他的设想旨在消除历史城市的那些多样性和复杂性的特征。

　　巴黎人对柯布西耶的这些想法的反应是震惊和沮丧。人们把柯布西耶看成"野蛮人"，他打算用冰冷、枯燥和没有生气的城市替代他们钟爱的巴黎。建筑史学家赫克斯特波尔（Ada Louise

Huxtable，2004）认为，如若执行了柯布西耶的瓦赞规划，后果不堪设想。

柯布西耶相信，通过大规模的城市更新改造，一个完美的社会就可以出现，整整诱惑了他10年的这种信念驱使他制定了这个瓦赞规划，想用一个千篇一律和枯燥乏味的城市，去替代一个密切的、充满人情世故的、充满历史和文化多样性事件的、世界积淀最丰富的城市（Huxtable，2004：200）。

芒福德（1975）提出，柯布西耶工作的影响是，他能够把20世纪早期建筑和城市规划领域的两大主导观念合并在一起。第一个观念是，利用官僚化和现代工业技术标准化来发展一个机器制造的环境。第二个观念是，充分利用宽阔的开放空间，提供阳光、视野和绿地，来弥补密集的高层建筑城市所带来的消极影响。

芒福德一方面承认柯布西耶的贡献，一方面对柯布西耶展开了批判，他认为，主导柯布西耶工作的有3个错误认识。第一个错误认识是，高估了标准化、统一和集中管理的官僚制度理想。柯布西耶认为，建设摩天大楼在技术上是可行的，所以，我们可以把摩天大楼建得极高。现代交通系统通过提速而减少了空间距离，这样，我们就可以营造巨大的开放空间。然而，那些摩天大楼在空间上依然是孤独的，没有大众一起聚会的场所。

柯布西耶的第二个错误认识是"轻视了历史和传统的形式"，从而忽略了"过去全部文化丰富性和多样性"的历史（Mumford，1975：119，117）。柯布西耶想象清除掉城市的过去。柯布西耶的城市是一个没有历史的、在文化真空中设计出来的城市，过分强调现在，而没有让城市从过去的错误中获益，实际上，威胁用现在可以创造的去消灭那些具有永久价值的。芒福德把这种错

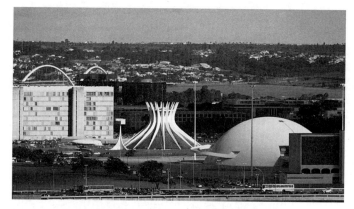

图5.5 巴西利亚、巴西首都、按柯布西耶的原则进行的城市布局

误叫做"一次性城市容器"（1975：120）。

柯布西耶的第三个错误认识是，把开放空间过度当作公园使用。芒福德觉得，柯布西耶的那些公园是很枯燥无味的，没有考虑到人们各种各样的需要和人际交往的复杂性。柯布西耶确实是想避免出现他在贫民窟里看到的那种拥挤不堪的情形，但是，通过极端的空间隔离，硬拉开人们的活动距离，会破坏人类需要交往的基本特征。在创造视野开阔和绿色的开放空间时，柯布西耶遗忘了开放空间还有一些看不见的功能要发挥出来，——"会面和交谈、儿童的嬉戏、园艺、游戏、散步、谈恋爱、户外放松（1975：120）。"

芒福德的结论是，"公园里的城市"审美上的单调性反映了"公园里的城市"模式所崇尚的社会是严格管制、统一和服从的社会，所以，它是行不通的。"高层建筑、垂直交通、空间隔离、多条高速公路和地铁，或大规模停车场，所有这些设施没有一个是用来建设能够使用现代文明创造的所有设施的社区，没有一个能够把它们融入综合的城市形式里（1975：120）。"必须承认自由的人类社区的多样性，家庭的亲密无间、对自然环境本能地、创造性地利用。

柯布西耶设计的建筑本来就不多，更不用说他想象的城市了。可是，柯布西耶的确是20世纪最有影响的建筑师和城市规划师。例如，在1939—1940年纽约世界博览会上，通用汽车公司

举办的未来世界展（回头再来讨论）就是源于柯布西耶有关未来城市的一些想法，他的未来城市是非常依赖汽车的城市。20世纪50年代后期到60年代初期，柯布西耶受邀规划印度旁遮普邦的首府昌迪加尔，他的规划方案在实现过程中受到了一些批判。柯布西耶的城市设计没有反映印度的文化遗产，也不适合于那里的气候。成功的建筑，如旁遮普大学，没有得到充分利用，周围都是贫民窟，没有供电和供热。柯布西耶的学生按照他的原则规划了巴西未来主义的首都巴西利亚。令人瞠目结舌，巴西利亚的现代建筑和公路竟然与巴西利亚城市边缘有增无减的贫民窟或棚户区混合在一起。

柯布西耶是20世纪早期建筑现代主义思潮的一部分。他和他的追随者，如格罗皮乌斯（Walter Gropius）和密斯·凡·德·罗（Mies Van der Rohe），十分鄙视那些反映了不同历史时期城市增长的城市布局的不均匀性，和建成环境中建筑多样性的传统城市特征。那些最初受到嘲笑的建筑后来都成为国际设计的基础，成为现代写字楼和摩天大楼的设计标准。不要任何装饰的现代摩天大楼及其裸露的形式和功能性都成为战后美国城市改造项目的范本。提供给城市贫困人口居住的大楼成为标准。

建筑史学家科蒂斯（William J. R. Curtis,

图5.6 这张照片上是在公园里的一幢正在建设的高层建筑。因为没有几个居民的聚会场所，它可能最终还是不成功（Source: Shutterstock © Sergey Baykov）

1996）在概括柯布西耶和赖特时提出，柯布西耶和赖特都相信，建筑具有把个人和社会重新连接成为一种新的自然秩序形式和新形式的文明的力量，因此，他们都对他们那个时期的问题做出了反应。他们错了：

赖特和柯布西耶都把他们自己看成现代版的哲学家——国王，以理想城市的形式来规定一个完美社会的构造。虽然赖特和柯布西耶的城市模型明显不同，但是他们强调了类似的问题：如何克服劳动分工带来的分化，如何使用城市这台机器来维持社会的和视觉的整体感，如何把人和"自然"重新结合起来。——满是尘土的"广亩城市"的模型和失去了光泽的"光明城市"依然是他们创造者的财富：两个个人主义的艺术家——思想家，乐观但错误地想象，建筑形式能够推行一种新的完整的文明（Curtis, 1996: 327）。

> **体验活动5.2：汽车还是电梯？**
>
> 参观你所在城市的市中心，或你选择的城市，看看汽车还是电梯在什么程度上主导了城市设计。有没有对这个城市设计有很大影响的规划师？在你所看到的建成环境中，哪些规划理论是显而易见的？

城市规划的实施

这一章的前半部分，我们描述了伯纳姆、霍华德、赖特和柯布西耶的工作，他们都对思考城市和郊区的性质和对新城镇规划产生了重大影响。这一部分，我们重新回到霍华德的观念和那些观念对小城镇和郊区增长的影响；然后，我们再看看战后美国，以及1939—1940年纽约世界博览会上通用汽车公司未来世界展中提出的那些想法。20世纪20年代一直到60年代，纽约市的城市规划师是摩西（Robert Moses）。著名的政治捐客摩西其实是柯布西耶有关城市性质的那些观念的主要实践者。在整个20世纪中叶，摩西是一个逻辑清晰且很有影响的城市规划发言人。培根（Edmund Bacon）对费城具有类似的影响，尤其是第二次世界大战结束后。

新泽西州的拉德本和20世纪30年代的绿带城镇

霍华德版的田园城市是人口在3万人以及周围绿带环绕的小城镇；被认为是乡村和城镇最好的部分的结合。这个版本遵循了由城市公共空间主导和村庄规模的中心环绕的传统城市模式。

建设新城以满足人们的所有需要，霍华德的那些想法形成了田园城市思潮，在英格兰，通过建设了莱奇沃斯和韦林这两座英国田园城市，霍华德本人名声大噪。结果证明莱奇沃斯和韦林实际上是花园郊区，而不是霍华德设想的乌托邦的田园城市。莱奇沃斯和韦林对城市规划思想具有深刻的世界范围的影响，推动了城市规划思潮。

霍华德的想法影响了美国许多规划师和建筑师。但是，那些规划师和建筑师基本上没有全面地解读一个新的社区概念。相反，1910年以后，"花园村庄"、"花园郊区"和"花园家园"之类的名义下的开发反映了霍华德的观念（Glaab and Brown，1983）。20世纪20年代后期新泽西的拉德本和30年代的绿带城镇的规划师努力把霍华德的田园城市引入美国。

1928—1929年，就在大萧条发生之前，人们认为，美国建筑师斯坦（Clarence Stein）和赖特（Henry Wright）在新泽西设计的城镇拉德本是"汽车时代的城镇"，引起了全国范围的关注（Jackson，1985：162）。斯坦觉得，像纽约和芝加哥之类的"恐龙"城市已经不算现代技术成果了。"恐龙"城市需要大规模财政开支来建设基础设施和公共工程设施，同时，需要大规模财政资金来维持运行和不断更新。"恐龙"城市非常拥挤，"恐龙"城市要使用大量的土地，从而导致房地产价格居高不下，无止境的房地产投资会导对土地的使用更多也更拥挤（Lubove，1967）。

斯坦和赖特及其他们在美国区域规划协会（RPAA）的同行们提出的区域城市的概念，区域城市成为另一种选择。美国区域规划协会成立于1923年，看到了斯坦和赖特的想法在拉德本得到了实际应用。这个叫作拉德本的模范城镇在新泽西东北郊区，距纽约市17英里，设计规模为28000人，以霍华德的田园城市为指南。霍华德主张的是社会融合，而斯坦和赖特设计的拉德本实际上是一个比较富裕的人聚居的地方；另外，拉德本规定，禁止把房地产卖给犹太人和美国非洲裔人。它的倡导者屈服于私密性、排斥性、安全和保护的压力，并且日益展现出战后郊区建设的本质特征。

这个"汽车时代的城镇"旨在让汽车在城镇里的使用率最小化，汽车在城镇边缘的主干道上运行。市镇中心地区的行人可以不用担心汽车通过公园和城市里的大街小巷了，主要道路下建有通道。规划了占地23英亩，包括共享花园的"超级地块"。主要道路和死胡同分开，地方园林式大道，乡村式的布局和住房，这些拉德本的设计特征后来都转变成了郊区开发规划的基本特征。很不幸，20世纪30年代的大萧条耽误了全面开发这个规划设计的社区。但是，正如城市历史学家提福德所说，"这个方案让许多职业规划师兴奋不已，影响了他们的工作。而且，拉德本项目标志了人们对汽车增长带来的不舒适和危险的关注，期待降低它们（Teaford，1986：68）。"拉德本还推动联邦政府在大萧条时期展开一系列新城镇的建设。

20世纪30年代，社会学家和城市规划认为，不加约束的城市增长只会导致社会解体和去个性化。这种想法影响了联邦政府。联邦政府也

图5.7 拉德本，新译西："汽车时代的城镇"

在试图通过安置局管理和控制没有规划的城市蔓延，以缓解对经济适用房的需要，为成千上万大萧条中失去工作的工人提供就业机会。在塔克维尔（Rexford Guy Tugwell）领导下的联邦安置局在思想上与霍华德的田园城市观念联系紧密，"相信规划是一种可以用来推动广泛的社会和经济改革的办法（Schuman and Sclar, 1996：437）。"

克服城市生活弊端的解决办法是建设3000个规划的郊区社区，使用"绿带城镇"冠名，在大城市外建立永久性绿地公园。最初的绿带项目计划设想建设25个城镇，城镇规模限制在1万人。选址时考虑到居住者就业的便利，在城镇周围给居住者提供优美的环境。同时，那些城镇可以消除贫民窟的拥挤，提供低成本住房，培育社区凝聚力（Chudacoff and Smith, 2005）。这个计划背后的基本政策是罗斯福行政当局领导下的行政官员塔克维尔提出来的："我的想法是在人口中心之外，挑些便宜的土地，建设一个完整的社区，让人搬迁过来。然后，拆除城里整个贫民窟，把那里变成公园（Chudacoff, 1975）。"

实际上，当时真正建设起来的绿带城市只有3个。它们的人口容量在2万—3万人（Schuman and Sclar, 1996）。马里兰州的格林贝尔特地处华盛顿特区之外的乡村里；俄亥俄州的格林希尔斯位于靠近辛辛那提市的农田里；威斯康星州格林戴尔在密尔沃基市东南3英里处，这就是当时建设的绿带城市，它们包含了田园城市思潮的许多设计要素，包括使用"超级地块"，围绕社区留下不开发的土地作为"绿带"。预算不足，私人房地产开商担心此举会影响他们的市场，所以，对政府施压，政府的支持者认为这个社区规划项目是社会主义的，基于这些理由，政府放弃了田园城市的规划目标。随后，联邦安置局被撤销了，第二次世界大战之后，国会授权把绿带土地和建筑卖给非盈利的社会组织，优先卖给现存的居民和从战场上撤下来的复员军人（Chudacoff and Smith, 2005；Schuman and Sclar, 1996）。

调整的三块磁铁

英国城市史和批评家霍尔在他的城市规划史的重要著作《明天的城市》（2002）中提出，霍华德更是一个社会空想家而非一个城市建成环境规划师，认识到这一点是至关重要的。他认为，霍华德和他的田园城市的追随者们的"愿景是——另一种建成形式，而且还是另一种社会，那个社会既不是资本主义，也不是官僚制的社会主义：一种基于男人和女人自愿合作基础上的社会，他们在小型的自治的公民社会里劳动和生活"（Hall, 2014：3）。

霍尔与伍德（Colin Ward）一道（1998）评价了霍华德和田园城市思潮的遗产，更新了霍华德的"三块磁铁"的模式。在霍华德之后100年，霍尔和伍德发现英格兰"城镇"和"乡村"在性质上已经发生了惊人的变化，于是，他们修正了霍华德有关优势和劣势的"三块磁铁"模式，让它能够反映现在的状况（图表5.2）。

图表5.2

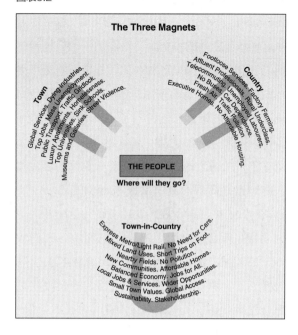

现在人们看到,这个城镇已呈现出一些与100年前的国家有关的消极因素,现在,因为海外竞争,全球经济的影响,城市工业气数已尽,导致了很高的失业率。城市变成了全球信息服务中心。这样,就出现了新的不平等,城市里,一方面是受过高等教育且训练有素的劳动者,另一方面大量受教育程度低的人正在寻找熟练工种的工作。光化学烟雾替代了燃煤产生的工业烟雾,而交通拥堵一如既往。一个贫困、犯罪、不适合孩子成长的地方,一个没有适当学校的地方,那里的人们希望搬到其他地方,得到更好的生活,这种对城镇的看法没有改变(Hall and Ward,1998)。

霍尔和伍德提出,乡村已经转变了。技术和交通进步,尤其是电力和汽车方面的发展,为乡村转变提供了机会。电话和电子邮件提高了交流水平。生活方式正在进步,从集中供热、电视再到互联网,已经把家变成了娱乐和下达指令的中心——这些在霍华德时代是难以想象的。霍尔和伍德总结道,"明显的事实是,经过一个世纪,我们已经把英国乡村转变成了巨大尺度上的霍华德版的城镇—乡村(1998:105)。"

霍尔和伍德讲述到,过去50年里,英国乡村一直都在重新聚集人口。英国政府,尤其在第二次世界大战之后,发现必须建设新住房和社区,替换掉遭受战争破坏的住房,减少大都市——尤其是伦敦的人口压力。1946年,英国颁布了《新城镇法》,它成为英国政府长期政策的里程碑,按照《新城镇法》,遵循花园城市的一些原则,英国建成了35个新城镇。

"推"和"拉"两个因素一直都在促进人们向这些新城镇迁徙。他们在城市生活中看到的城市落后面,教育欠佳、犯罪、环境恶化,推动他们离开城市,而且,小城镇和村庄中那些他们缺少的东西吸引着他们到小城镇去(Hall and Ward,1998:105)。不过,霍尔和伍德讲述了在当代"城镇—乡村"磁块中没有反映霍华德版的重大差别。增长一直更多地发生在英国乡村地区,而不是新城镇地区。更重要的是,霍华德不会满意这种增长过程一直受到经济和社会的限制,而且影响较大。低收入群体留在了市区,住在规定的公共住房里。而且,霍华德会对依赖小汽车和长距离工作、娱乐出行感到不安。

未来世界:通用汽车公司和1939—1940年的纽约世界博览会

通用汽车公司在1939年的世界博览会上有一个展台,许多人认为,那个展台是这届博览会的亮点。通用汽车公司建造了一个1960年的美国的微缩模型。一个非常重要的工业设计师格蒂斯(Norman Bel Geddes)指导了这个未来世界的设计,维特伯德(George Wittbold)负责施工。这个微缩模型由50万个独立设计的建筑和住房组成;数千英里的多道公路;数百万树木和18种灌木;河流、小溪、湖泊和山冈;桥梁;工业中心;大学和旅游休闲城镇;高层建筑主导的城市;5万辆微缩汽车。552把椅子安装在传送机上,长度为1/3英里，每小时可以输送2150人，全天可以输送28000人，贯穿3.5万平方英尺的多层展区（General Motors，1939，1940）。鸟瞰这个未来城市，人们可以清晰地看到柯布西耶精神下的城市的高楼和公路的未来。

引起人们关注的，是对未来城市的描绘——微缩的柯布西耶的光明城，以及通用汽车公司预见到了它在这个未来世界里的角色。通用汽车公司的总裁斯隆（Alfred P. Sloan）在介绍这个未来世界的小册子上阐述了这样一种看法，文明的进步与交通的发展密切相关。未来社会的成功是建立在更好更有效的交通条件之上的。在另外一个推广的手册上，同样表达了通用汽车公司的这种看法：

"未来世界"不是具体的预测未来公路可能是什么，而是激动人心的描绘，通过公路设计和建设的继续进步，汽车的使用如何可以进一步扩展，汽车工业如何增加财富，过上更好的生活（General Motors，1939）。

以下是参观"未来城市"的观众坐在传送机上时所听到的旁白：

1940年，这座美国城市的人口接近100万，现在，1960年，这座城市要大多了，它分为3个单元，居住单元、商业单元和工业单元。距市区9英里的地方是巨大的飞机场。

这是一座重新围绕高度发达的现代交通系统设计的美国城市，虽然到了1960年，这个现代交通系统还没有完成。无论何时能实现，这些快速的城市大道终会取代过时的商业区和令人不快的贫民窟（General Motors，1940）。

就在世界博览会开幕同一年的1939年9月，很快，会在欧洲爆发第二次世界大战的迹象已经显现出来了。这个博览会按计划延续到了第二年。参加这届博览会的人数达到4500万人。直到战后，"未来世界"的设想才开始变成美国城市和郊区的现实。

> **体验活动5.3：设计你自己的"未来城市"**
>
> 假设你和你的同学打算设计一个"未来城市"的展台。你需要回答哪些研究问题来帮助确定你的设计？设计结果会是什么样的，你认为，大众在多大程度上会欣赏它，而且打算看它建设起来？

葛兰特（David Gelernter，1995）在谈到这届世界博览会时，提到了政治分析家李普曼（Walter Lippmann）对"未来世界"展台和私人企业在建设未来美国中的作用所做的评论。"通用汽车公司花了一点钱来告诉美国公众，如果美国希望得到民营企业在汽车制造上的收益，它就必须利用公共企业来建设城市和公路（Gelernter引自Lippmann，1995：362）。"在战后美国的建设中，在城市更新改造、州际公路和郊区发展上，汽车究竟产生了什么一般意义上的影响，通用汽车公司究竟产生了多么大的特殊影响，人们围绕这些问题展开了争论，而李普曼的上述判断是其中的一部分。

图5.8 通用汽车公司在纽约世界博览会（1939—1940）上展览的未来城市模型"未来世界"，它受到柯布西耶想法的很大影响（Source: © Bettmann/CORBIS）

这场争论涉及州际公路系统和它的未来作用，格蒂斯把州际公路系统称之为横跨大陆的超级高速公路。身份为纽约市公园专员的摩西是建设为纽约市服务的公路系统的主要决策者，但是，包括摩西在内的一些人觉得，不需要建设横跨大陆的超级高速公路。"未来世界"实际上成为纽约城市改造的原型，而且"未来世界"最终成为第二次世界大战后许多美国的城市规划师所遵循的原型。历史学家佩奇（Max Page）提出，"不仅柯布西耶，还有纽约的城市建设者和意象者们，开发商和历史文化保护人士，大家都认为，城市改造不仅是期望的，也是可能的，也许还是不可避免的（1999：19）。"

摩西：政治掮客——纽约市和俄勒冈的波特兰

从20世纪20年代到60年代，摩西（1888—1981）成为政府插手20世纪美国城市建设的集中代表。摩西曾经是一个政治学家，而不是受过专业训练的规划师，他从来也不是一个选举出来的官员，但是，他在纽约市和纽约州得到过许多任命的官职，掌握了巨大的权力。实际上，摩西"有一次同时占了12个官职，包括纽约市公园专员、州公园理事会理事长、州电力委员会的负责人、纽约三区大桥和隧道管理局的局长"（Goldberger，1979）。长岛公路、把纽约市与公路衔接起来的三区大桥和维萨诺大桥，林肯表演艺术中心，1963—1964年的世界博览会，都是摩西经手的重大项目。

长岛公路建于20世纪30年代，给纽约市的中产阶级打开了通往长岛乡村地区的大门，给城市居民提供了一条道路，去长岛：琼斯海滩，一个巨大的滨海公园，是一个最引人注目的成就。随着纽约市里和纽约市周边的公路系统的扩大，在郊区建设上发挥了重要作用，最终让大量纽约市的中产阶级移居郊区。

图5.9　纽约市林肯中心的大卫·科赫剧场所在地原先是"贫民窟"。这个被拆除的街区曾经是电影《西区故事》的外景地（Source：WPPilot，Wikimedia Commons，http：//creativecommons.org/licenses/by/4.0）

然而，20世纪50年代后期到60年代早期建设的跨布朗克斯的高速公路充满争议，后来被反对者称之为"失望的公路"，它摧毁的并非"贫民窟"地区，而是活跃的、经济稳定的城市村庄。6万居民，大部分是工人阶级，中产阶级犹太人以及黑人，意大利裔美国人，爱尔兰裔美国人，被合法地驱逐出他们的家园。为了建设公路而破坏这个社区，最终成为纽约市大规模城市更新和城市公路建设时期的结束。政治学家和城市学家伯曼（Marshall Berman）是在布朗克斯长大的，他从他个人的角度目睹了建设跨布朗克斯的高速公路而打碎他的街区的过程。他的观点是："因此，人口减少了，经济枯萎了，情感破灭了——像建成环境上的伤痕一样，内心的伤痛更严重——布朗克斯成熟了，可以对付所有的城市病（1988：293）。"

福尤厄（Alan Feuer，2002）在纽约时报撰文讲述到，跨布朗克斯的高速公路横穿东特里蒙特和莫里斯高地两个街区，把它们分别切成两块，所以，它们再也没有从这个开发中恢复过来。而且，直到现在，当地居民仍然在汽车尾气的重度污染中挣扎。有些人依然认为，这条公路通过布朗克斯到新泽西，再向西，从商业上把长岛和新英格兰地区连接起来，事实证明，这条公路是一场交通噩梦，被称之为纽约市最"野蛮"的路段之一。光线不佳、排水不畅、坡道不好，且视线不良，影响着车辆行驶，可是这里每日通行车辆高达18万辆。2000年发生交通事故2622次，5人丧失了生命（Feuer，2002）。

摩西的影响不只是纽约市，实际上，美国许多城市都受到了摩西的影响。如俄勒冈的波特兰。1943年，摩西访问了波特兰，建议修建公路，通过城市更新，清除掉南边的民族街区。波特兰市政府同意了他的计划，冠名为"高速公路城市"，并且立即开工建设。这条高速路沿着维拉米特河的河岸展开，取代了纽约市苏荷区外乡村中那个可能是历史铸铁建筑物最集中的地方（Breen and Rigby，2004）。波特兰建设了一个外观平庸的音乐厅，没有特色的中等收入住房，以及办公楼，让曾经很繁荣的市中心解体。

直到20世纪70年代，波特兰才开始振兴市中心的改造项目，包括在市中心建设轻轨公交系统，与一个公交汽车线路结合在一起，公交汽车线使用的重新设计的单向道路，市中心采取车费优惠分区。这样，波特兰市中心的车辆交通量很低，同时，通过建设公园，开发商店，把市中心变成了有吸引力的、步行友好的地区，波特兰彻底改变了第二次世界大战以来采用的摩西方向（Breen and Rigby，2004：177）。维拉米特河两岸的滨河公园进一步增加了这个城市的魅力。与市中心相邻的珍珠区包括了公寓式住宅单元、画廊、餐馆，鲍威尔书店使用了珍珠区的最佳位置，书店内部采用不规则的平面规划方式占用了整个地块，这个书店已经成为波特兰的著名旅游景点。珍珠区的建设仅有30年，由一批婴儿潮时代出生的老年人建设起来，处处彰显出"这个街区坚韧不拔的性格"（Breen and Rigby，2004：180）。

波特兰都市区一直都是与城市化相关的智慧增长的先锋和范例。智慧增长既是城市的也是郊区的规划理论，强调改造内城地区，限制郊区的蔓延。智慧增长倡导振兴街区以及围绕老郊区的那些相邻地区。波特兰都市区一直都是推行新城市主义观念的地方。新城市主义（后边我们会深入讨论）倡导可以步行的社区，混合使用的街区，公共交通和自行车友好的道路。这些举措的最终目标都是为了增加社区居民之间的社会互动。

社会学家波多布尼克（Bruce Podobnik，2011）指导了一个很有意思的研究，研究新城市主义在波特兰和它周边地区产生的社会影响和环境影响。波多布尼克对波特兰市希斯波罗镇一个名叫"奥伦科车站"的新城市主义社区，两个老街区和一个传统郊区的生活方式进行了比较。他发现，"奥伦科车站"居民的社会互动水平比较高。居民对很喜欢生活在一个人为设计且人口密度比较大的社区。比起以传统方式设计的社区，"奥伦科车站"的居民更依靠公共交通出行，社区内部步行水平高一些，因此，波多布尼克在一定程度上得出了比较研究结论。他的整体评价是，他的研究支持这样一个判断，新城市主义社区能够促进城市生活环境中的社会凝聚，促进人们采取更健康的生活方式（Podobnick，2011：107）。

波特兰的经验反驳了摩西的许多观念。对摩西项目的考察显示，摩西的思想与柯布西耶的"光明城市"的观念是一致的。人们描绘摩西和柯布西耶都热衷于抽象的公共利益而轻视具体的人（Campbell and Fainstein，1996）。怀特（William H. Whyte）把摩西和柯布西耶的观念看成是对抗城市的：

每个人似乎都是为了重建我们的城市，以一种非凡的方法团结一致。——但是，在喜爱还是不喜爱城市这件事上是不一样的。——大部分正在改造的城市——恰恰是由那些不喜欢城市的人设计的。这些不喜欢城市的人不仅仅是不喜欢城市的噪声、肮脏和拥挤，他们还不喜欢城市的丰富多彩和熙熙攘攘，不喜欢城市的紧张，不喜欢城市的喧嚣——改造城市的结果不是城市范畴的城市，而是对抗城市的（Burns, Sanders and Ades, 1999：494，引自Whyte）。

柯布西耶和摩西版的城市通常被称为城市的公路和塔楼，或者在公园里的塔楼。高速公路而不是传统的街道把公园区里的高楼分开。柯布西耶和摩西版的城市缺少街道，缺少街头巷尾丰富多彩的生活。

培根：费城的改造

费城："我听说的最糟糕的、最落后的、愚蠢的城市。——无论前面有何艰难险阻，我都会竭尽全力地让费城变得更好。"（Salisbury and Boasburg, 2005：A5，引自Edmund N. Bacon）

培根（Edmund N. Bacon, 1919—2005）是20世纪最杰出的城市规划师之一，是"费城的摩西"。他成了1964年《时代》周刊的封面人物，配上了有关城市更新的故事，由此可见他的重要性[他的名声还有他是演员凯文（Kevin Bacon）的父亲]。可是，培根并没有摩西那样的政治和经济权力，摩西曾经管理着数亿项目资金。从1949~1970年，培根担任费城规划委员会执行主任，这是一个非常重要的位置，当然，规划委员会本身并没有权力改变它自己。现代费城的城市风貌确实反映了培根个人的城市版本、他坚韧不拔的精神和他从改革政治家获得的支持，尤其是战后费城的两任市长克拉克（Joseph Clark）和迪尔沃斯（Richardson Dilworth）（Hine, 1989, 1999）。培根试图把柯布西耶和摩西的观念与具有高度社会互动的步行城市结合起来。

《费城问询报》的建筑评论家萨福朗（Inga Saffron, 2005）指出，培根在一个拥挤的贫民窟、马拉车和臭气熏天的下水道的城市里长大。他受到包括柯布西耶在内的他那个时代的城市规划师的影响。萨福朗说道，"类似与柯布西耶和其他一些主张社会改良的现代主义者，培根承诺给这个人口密集、暗淡、工业时代的城市带来秩序、卫生、开放空间和20世纪的汽车技术（2005：1）。"

与摩西和柯布西耶一样，培根也把汽车看成关键的城市交通载体。结果，他错误地鼓动拆除繁忙的南街零售商业区，而支持建设穿过市中心区的高速公路，通过这条高速公路把斯库尔基尔和特拉华州州际高速公路连接起来。政治抵制阻止了这个方案的实施。有一首很有名的歌曲把南街称之为"嬉皮士"的聚会场所，实际上，直到今天，南街依然是繁荣的商业区，那里的商店基本上是当地人所有的店铺，为多种顾客服务。

费城中心是显示出柯布西耶对20世纪城市规划影响的一个城市项目。培根最初设想，这个高层建筑要包括许多商店和餐馆，替代一个铁路编组站，这个铁路编组站使用了一座巨石垒成的名叫"中国城墙"天桥，它横在斯库尔基尔到市政厅的路上。费城中心当时掀起了一股市中心城市更新的浪潮。遗憾的是，培根有关费城中心的许多设想都没有实现，以经济上的权宜之计为名，放弃了许多城市公共设施的建设，而支持建设更多的写字楼。包括没有建设一条兼顾行人友好的大道，费城中心的设计问题已经让费城中心成为一个效果相当不好的写字楼综合体。

培根对费城市中心那个称之为"画廊"的郊区式购物中心的建设有很大影响。经济上确实取得了一些成功，但是，它更多地反映的是郊区购物中心的特征，而不是市中心购物街的特征。几乎没有利用那条街，商店被限制在一个多层的私人经营的零售空间里。这个购物中心与新的会展中心相连，用作与城市其他地方相连的铁路终点站。

但是，培根不同于摩西和其他城市规划师的地方，培根体验到的费城形象影响了。当时，城市规划师的主流观点是，拯救贫民窟之类的老社区的最好方式就是，清除掉它们，用城市更新项目取而代之。培根有另一种看法："清除贫民窟是建筑师的乐趣。——被认为是自由开明的政策，但是，清除贫民窟是愚蠢的（Hine，1989：1H）。"20世纪50年代后期，培根负责更新费城一个称之为"社会山"的历史街区，那时，这个街坊实际上是名不见经传的社区。

"社会山"是费城衰败的一部分，那里有一个水果蔬菜批发市场，有许多可以追溯到殖民地时代的结构完整的历史排屋。培根没有争取联邦政府专门用来支持清除贫民窟的项目拨款，他认为，"社会山"是有救的。首先把水果蔬菜批发市场搬走，在那个场地上建起了由贝聿铭设计的3座高层公寓楼，居住的是富裕的居民。与此毗邻的住房条件很恶劣，通过地方政府城市家园项目，有选择地进行了修复。拆除了维多利亚式的住房，用殖民地式的建筑替代；重建殖民地式的建筑。这种改造方式让"社会山"街区突显了殖民时期的建筑风貌，当然，这并非真实的建筑史（Saffron，2005）。

更重要的是，受到早些时候访问中国上海的影响，给"社会山"设计了一种宽阔的小和中等街段的人行道网络和大量的口袋公园。前费城问询报的建筑评论家海因（Thomas Hine）写道，"这个系统不仅产生了令人愉悦的亲密的空间；它还推动人们投资社会山，那里的公众支持建设一个独特的有希望的街区"（1999：88）。现在，"社会山"是一个非常富裕的社区，保留着费城"步行城市"的传统风貌。另外，社会山的改造促进了附近其他居住区的振兴。

费城巨大的维多利亚式的市政厅上立着一尊威廉·佩恩的雕像，培根长期以来一直倡导这样一个"君子协定"，费城没有任何建筑的高度超过比利·佩恩帽子的高度。这样，作为美国最著名城市之一的费城，有一个中心城市，但是中心商业区的人口密度不高。在费城中心地区漫步，甚至在高峰时段，也不觉得拥挤，许多城市的确是人头攒动。随后，费城已经建设了比市政厅要高的建筑，最显眼的是自由广场一号大厦和自由广场二号大厦。加哈（Helmut Jahn）设计的那些摩天大楼最初是设想建在德州的休斯敦的，但是，因为那个城市遇到了经济萧条无力建设。这些摩天大楼并没有压倒费城的天际线；市政厅依然是主导，市中心的城市特征完整无损地保留了下来。

培根还设计了迪尔沃斯广场和与市政厅相邻的肯尼迪广场（俗称"爱情公园"，源于用"L-O-V-E"4个字母组成的现代雕塑）。"爱情公园"一开放，就吸引了滑板仔，他们发现这个公园的水泥地面的分布很合适他们玩滑板。人们如何重新确定和重新解释建成环境，人们如何按照建筑师始料未及的方式使用它，"爱情公园"是一个至关重要的例子。2000年初，市长办公室试图禁止在这个公园里使用滑板，保证其他使用方式不受影响。那时，培根90多岁了，在那个公园里，带着头盔，站在滑板上，出现在地方电视的新闻节目上。他宣布："抓一个让老太太摔跤的滑板仔给我看看，如果真抓到了，我会重新考虑这个禁令。"他鼓励滑板运动显示了他的大度，更重要

图5.10 费城更新改造后的"社会山"社区。这些房子经过翻修恢复到18世纪的城市风貌。但是，图上依稀可见一个面对大街的隐蔽车库（摄影：作者）

图5.11 2002年10月28日，92岁高龄的培根在费城"爱情公园"里，站在滑板上，表示他反对市政府禁止在这个公园做滑板运动的决定。培根曾经是费城的"政治掮客"，在20世纪60年代后期，负责"社会山"和费城其他地区的旧城改造的是，此举显示出他的信念，建成环境一定要反映城市居民的需要。

> **体验活动5.4：被禁止的活动**
>
> 参观一个不允许进行诸如滑板或骑自行车等娱乐活动的城市，但人们可能试探着去做那些被禁止的活动。你看到有人在从事禁止的活动吗？违犯规则的后果是什么？基于你对使用这个地方的人和空间特征的印象，这种禁令的理由充分吗？

1989年，培根声称，"费城一直都是一个奇怪的工头。它接受了我的礼品，却一直都在拒绝它们。我很高兴费城接受的和拒绝的"（Hine, 1989：16H）。但是，建筑批判家萨福朗表达了相反的观点，很多人都有这种看法："培根的社会山、费城中心、画廊都是有瑕疵的。它们中任何一个都让我们很难去评价他的历史遗产。培根是不完美的，但是很难想象，如果真没有这些不完美，费城会是什么样子（Saffron, 2005：2）。"

雅各布斯：美国大城市的死与生

城市应该具有充满活力的街区和高水平的社会互动，雅各布斯（Jane Jacobs，1916—2006）是这种主张的领军人物，新城市主义思潮的先驱，实际上，她没有正式受过建筑或社会学的培训。20世纪50年代和60年代，雅各布斯是格林尼治村的居民，那里是纽约市曼哈顿下城区的一个作家、艺术家聚居的社区，雅各布斯作为一个社会活动分子，从理论上反对柯布西耶的城市观，从实践上反对摩西领导下的现代城市规划，成为这两条战线的主要声音。《美国大城市的死与生》（1961）是她的一部影响深远的重要著作，她寻求推翻当时展开的城市更新实践的思想基础，试图让人们认识到，像格林尼治村那样的小规模多样化社区的价值。她强烈反对她那个时代的城市更新：

> 原来设想，用低收入家庭住房计划替代贫民窟，不曾想到，低收入家庭住房工程还不如贫民窟，那些低收入家庭聚居的大楼成为犯罪、破坏和一般社会绝望的中心。中等收入家庭的住房计划所创造的枯燥无味和千篇一律堪称奇迹，它们与任何丰富多彩的城市生活形同隔世。高档住房计划旨在削减它们的狂躁，却庸俗到了索然无味的地步。文化中心竟然支撑不了一个好的书店。除了别无选择的乞丐，所有人都避开了市政中心，让乞丐在那里闲逛。商业中心毫无创意地模仿标准化的郊区连锁购物商店。先是没有地方散步，现在发展到无路可走，而且，根本就没有步行的人了。高速公路让大城市开膛破肚。这哪里是改造城市，这是炒了城市的鱿鱼（Jacobs, 1961：4）。

她的《美国大城市的死与生》关注的是空间模式和建成环境对城市社会生活质量的影响。雅各布斯试图告诉我们，城市文化依赖于人际互动和公共空间之间的关系。多样性、未曾预料的高密度和功能混合，有这类特征的街区自发产生各种互动模式，雅各布斯把预期使用的城市空间，如高密度的隔离的项目，与这类互动模式进行了对比，以考察不同街区社会背景下的变量。雅各布斯关注的小规模的多样性的和混合的街坊，她从根本上反对大规模政府主导建设的高速公路、住宅项目和市中心的改造。

雅各布斯还提出，小规模多样性还有其他一些好处，如对混合街区的相互关照，限制犯罪的发生。我们可以看到，雅各布斯的规模不大的街区与怀特（1988）提倡的小公园和拥挤的街道之类的公共空间，实际上具有相同的功能。雅各布斯和怀特都把多样性看成城市生活的本质。

雅各布斯认为柯布西耶城市观的根本问题是，它寻求决定人们如何在"光明城市"里生活。柯布西耶的城市观否认了这样一个事实，个人不是简单地对他们的环境做出反应；实际上，人们作用于他们的环境，以适合于他们自己的方式重新规定他们的环境。

回想我在布鲁克林本森赫斯特长大的经历和孩子们在街头玩的各种游戏，雅各布斯的观点显然是事实。玩棒球或垒球的男孩子把街心的下水道井盖当成本垒，而把这个街段上的下一个井盖当成第二个基地。第一个和第三个基地是停在路边的车辆的轮胎。女孩子使用人行道上的地砖方格来玩跳房子的游戏。排房前的台阶成了人们攀谈和小孩子玩耍的地方。屋顶成了沐浴阳光的"沥青海滩"。街区小商店既是购物的地方，也是人们聚会的地方。街巷被看成是街区的纽带，而不只是一个通往其他地方的通道。摩西和其他城市建设的专业人士以及城市的"总建筑师们"，没有在他们确定为贫民窟的地区看到生活本身的活力。雅各布斯是反对摩西的领军人物，摩西鼓吹建设一条高速公路横穿纽约的中国城、苏荷、格林尼治村和曼哈顿的下东端。

伯曼（Marshall Berman，1988）在思考通过建设跨布朗克斯高速公路拆除布朗克斯社区的问题时谈到了雅各布斯的观念。他注意到，雅各布斯的城市是一个小街区的世界，个人与家庭、朋友、街坊、商店老板，甚至与那些常常在街头巷

图5.12　济托面包房曾经在20世纪的大部分时间里成为格林尼治村的一个地方标志。它最终在2005年关张了，居民对此很沮丧

尾相遇却不知根底的陌生人的关系，个人参与社会活动，成为那些地方的特征。他认为，雅各布斯的观点是一种女性主义的反应：

> 她热情地描绘了家庭生活。——因为她一天到晚都与邻居们在一起，以大部分妇女如何度过一天的那些方式在一起，所以，她确切地知道那些邻居24小时的行踪，尤其是当她们做了母亲，然而，男人大概都不会这样了解邻居。她认识所有店铺的老板，了解那些老板维持的巨大的非正式社会网络，雅各布斯这样做是因为她要挑起全家的生活重担。很多年里，雅各布斯都带着孩子穿过那些不宁静的街巷（最初是抱着，然后是婴儿车，再后来是滑板和自行车），手里还拿走沉重的购物袋，与街坊闲聊，努力掌握自己的

生活，因此，她才可以不可思议地详尽和敏感地描绘出人行道。雅各布斯的大量思想源于她对日常生活的结构和活动的很好地把握。她让她的读者觉得，妇女了解喜欢城里生活的什么东西，了解每一条街巷，了解每一天，那些规划和建设城市的人远不及雅各布斯对这类事物的认识（Berman，1988：322）。

> **体验活动5.5：认识的陌生人**
>
> 找出日常生活中你在不经意中常常看到的那些你"认识"的陌生人。这些"认识的陌生人"中是否有谁，经过他们的自我介绍，或反过来你向他们自我介绍，而成为你的点头之交的熟人？你发现你还有与这个陌生人一样的其他朋友或点头之交吗？你的街区什么样的形体布局会促进或妨碍你建立这种"认识的陌生人"的关系？

伯曼认为，虽然雅各布斯从未使用过诸如"女性主义"和"女权"（在她写这本书的时候，这类术语确实还不流行），她的城市观成为后来女权主义思潮的先驱，女权主义寻求恢复女性为她们自己建立的和维系的那个家庭世界，"隐藏在历史背后"（Berman，1988：322）。伯曼同意雅各布斯的看法，"高速公路的世界"正在摧毁城市和城市家庭、街区和街坊的参与和关系。伯曼赞扬雅各布斯的基础是他们共享的远景：

> 雅各布斯正在与家庭和街坊一起庆祝。——街头巷尾挤满了素不相识的人，他们来自不同的社会阶层，不同的民族，有着不同的年龄、信仰和生活方式，这是她理想的街巷；女性出去工作，男人花很多时间在家里度过，夫妻二人就在他们家附近的小工作单位里上班，孩子们能够发现他们是生活在一个两性世界里，生活并劳动

在日常生活中扮演中心角色的世界里（Berman，1988：322）。

"光明的花园城市美化"，雅各布斯（1961）把几个术语连接起来，攻击所有主张使用集中权力的城市规划师的基本思想观念。主张使用集中权力的城市规划师都担心始料未及的城市生活质量。他们的模式都有一个希望控制和支配人的核心。她叹息道，"从头到尾，从霍华德和伯纳姆到最近对城市更新法案的修订，整个调配都与城市的运转无关。没有研究的，没有关注到的城市已经成了祭品（Jacobs，1961：25）。"

结论

社会学家和城市规划都同意，城市的形状和形式不仅影响社会行动，还反映社会的价值和文化。建成环境不决定人的行为，但是，建成环境在许多重要方面影响着人的行动。城市规划师和城市空想家对工业城市的问题有了他们的认识，作为对这些问题的反应，他们建立了他们的理想城市的模型。20世纪的4个关键规划师是伯纳姆、霍华德、赖特和柯布西耶。伯纳姆倡导的"城市美化"思潮以这样一个观念为基础，建设纪念性建筑、大道和市政中心可能促进市民的参与和忠诚；霍华德推动的"田园城市"思潮试图把乡村和城市生活中最好的一面结合起来；赖特主张的"广亩城市"框架是一个分散化的、低密度的、个人拥有自己住宅的城市；柯布西耶的"光明城市"设想了没有街巷的城市，把城市塞进摩天大楼里。

这些规划师的观念的实施包括新泽西的拉德本"汽车时代的城镇"和20世纪30年代的绿带城镇。在柯布西耶的影响下，通用汽车公司在纽约世界博览会上（1939—1940）拿出了一个称之为"未来世界"的展台。摩西在纽约所做的工作以

及他对俄勒冈的波特兰的影响，培根对费城的影响，都是政府帮助的城市更新的范例。雅各布斯在她的名著《美国大城市的死与生》中提出，保护和恢复没有规划的、多样性的、混合使用的城市街区。

思考题

1. 研究城市规划师和空想家的工作的目的何在？
2. 谁设计了1893年芝加哥博览会的"白城"？它对20世纪最初几十年的城市规划师有什么重大意义？
3. 什么是伯纳姆"城市美化"思潮的优点和缺点？
4. 简单描述霍华德的"田园城市"思潮和他的三块磁铁模型，这些磁铁对今天有何现实意义？
5. 赖特"广亩城市"如何与当代关注的郊区蔓延联系起来？
6. 芒福德发现了柯布西耶城市改造规划——"光明城市"的那三大错误？
7. 为什么规划师把新泽西的拉德本称之为"汽车时代的城镇"？
8. 通用汽车公司在1939—1940年纽约世界博览会的"未来世界"上提出了什么城市远景？
9. 摩西是谁？列举他在纽约和波特兰所经手的一些项目。
10. 培根为费城所做的设计有哪些优点和缺点？
11. 简单描绘雅各布斯有关城市性质的观点。她把"光明的花园城市美化"称之为城市规划师的信仰，评价她的这种看法。

第6章 城市政治经济学、新城市社会学和场所的力量

本章大纲

城市政治经济学
 哈维的巴尔的摩
从芝加哥到洛杉矶：洛杉矶学派
 边缘城市
 私托邦
 异质的文化
 成为主题公园的城市
 设防的城市
 受到限制的空间
 历史的地理重组
 积累和控制的福特主义和后福特主义制度
 全球化
 自然的政治学
动荡中的全球城市理论
 现代化理论和全球城市化
 发展理论：另一种观点
 城市、全球经济和不平等
 世界城市、世界体系理论和信息革命
新城市社会学：增长机器和社会空间思考
 祖金："谁的文化？谁的城市？"
 城市意象、力量和场所的象征意义
 场所的政治记忆和集体记忆
 场所力量的项目：洛杉矶
 独立宫、国家公园管理局和重新诠释历史
结论
思考题

背景图：美国圣迭戈市瓦斯灯区，维斯特菲尔德霍顿广场室外购物商城。

这一章，我们从城市政治经济学或新城市社会学的理论观点出发，继续讨论城市生活研究和城市生态学。讨论城市政治经济学理论观点的背景是，如何构造城市社会空间。考察一些有影响的城市地理学家的理论贡献肯定可以帮助我们展开讨论。城市地理学是城市社会学的一个学科盟友。城市的空间分布和城市的建成环境是城市地理学的出发点。从这个观点出发，城市地理学研究建设、管理和体验城市的方式。

两大批判主导了对芝加哥学派生态模型的讨论。一大批判源于城市政治经学的理论，城市政治经学认为，生态方式低估了了解城市增长的政治因素和经济因素的重要性。城市政治经学是在20世纪60年代后期和70年代初期发展起来的，是对美国出现的城市动荡的一种反应，城市政治经学提出了一种非常不同的城市土地使用观念。这种观点的支持者觉得，生态观点不足以完全解释或预测到城市土地使用（Gottdiener and Feagin，1988；Smith，1990）。这个城市政治经济学观点成为当代城市社会学的主导观念。

第二大批判强调了社会心理因素在认识城市体验时的重要性。这个观点一定程度上起源于社会心理学，米德和他的学生布鲁默，在20世纪20年代和30年代提出的符号互动论奠定了这种社会心理学的基础。第二大批判提出，生态模型没有完全认识到或强调社会心理因素。社会心理因素强调个人和群体为何不是简单地对环境做出反应，而是依照那个建成环境对他们的意义来行动。那些采取社会心理学观点的研究者，集中对城市空间的象征意义展开研究，这种研究后来称之为符号互动论，施特劳斯和他对城市意象的研究为这种研究确定了方向。

城市政治经济学

20世纪60年代，芝加哥学派的两个理论组成部分，城市生态学和城市生活研究，面临危机。这种危机产生的原因很多，其中包括了20世纪30年代和40年代美国政府政策的影响。联邦政府当时正在制定有关住房、公路建设和城市更新的诸多政策，这些政策对城市结构和发展机制都产生了影响。城市生态学假定，城市模式的成因是"自然力"和自由市场竞争，面对政府干预政策，这个假定不复存在了。

第二次世界大战结束后展开的郊区建设是始料未及的，当时，城市中心地区发展停滞或处于衰退状态，或者说，在城市生态学的范式和它的同心地带模型的框架内，我们不能认识郊区建设。同样，白人族裔的少数群体继续从内城地区向城外地区转移，与同心地带的假设一致，尽管如此，我们还是不能解释内城贫民窟里贫穷的非洲裔美国人的那种持续隔离。

20世纪60年代，非洲裔美国人不可避免地生活在贫困中，他们对此沮丧万分，因此，他们相继在洛杉矶的瓦茨区、纽瓦克、费城、华盛顿特区和其他一些城市发动了城市暴动。正如社会学家沃尔顿（John Walton，1986）提出，并不是疏离或价值观念与社会规范崩溃推动了人们暴动，而是他们的愤怒。城市中心正在衰败成蔓延开来的贫民窟，没有变成伯吉斯同心地带说中假定的过渡地带。社会"混乱"是贫困的结果，贫困导致种族和阶级不平等，社会"混乱"不是规模、密度和人口异质的结果。

20世纪70年代，这些城市问题仍然没有得到解决。当时发生了城市住房危机、石油危机，通货膨胀以及随之而来的生活标准下降的危机。当美国所有地区的人都感到了这些经济压力的时候，美国城市里的问题最为严重。集中关注阶级问题的马克思主义观念在考察这些社会问题时似乎比生态模型更具相关性。

世界城市化模式，尤其是发展中国家的城市化模式，非常不同于发达的欧洲和北美历史上曾经出现的城市发展模式。"作为一种生活方式的城市生活"体现了沃什的普世城市模式的观点,沃什认为,城市生态学没有考虑发生在贫穷的不发达国家的不同城市增长模式,所以,需要研究一种新的城市理论框架。

政治经济社会学家费金(Joe Feagin)提出,城市生态学理论常常设想,"土地形状是没有人的因素的,是无意识的,甚至是生物的或低于文化的(1999:134)。"费金引用费雷的观点(1947:17)提出,那些城市生态学理论的生态假设是以"城市布局中具有一种自然而然的、自然的稳定心和自然的秩序"为基础的。然而,建立在这个基础之上的生态假设,不能解释美国城市正在发生的事情,也不能解释世界范围城市正在发生事情。芝加哥学派的城市生态学理论不足以预测或解释美国的城市危机,也不足以用来认识非西方国家的城市模式,因此,我们需要寻找新的范式来对还没有认识的东西做出解释。这个新的纲领就是城市政治经济学。

> **体验活动6.1:以牺牲他人为代价来改变某些人的利益**
>
> 在你的城市或你选择的城市找到一个地方,你可以在那里看到认识"在社会结构和变化过程中的城市以牺牲他人为代价让另一些人获益"的途径。社会因素、经济因素和政治因素正在发挥着什么作用?当你走过城市的这个地区时,拍下照片或做一个录像,说明你的看法。

政治经济学模型有这样一个基本前提:城市的增长和发展、衰落和坍塌,都不是偶然的。社会因素、经济因素和政治因素是关键因素,社会结构和社会变化过程以牺牲他人为代价而让某些人获益,因此,我们必须在社会结构和社会变化过程中去认识城市。这种模型的基础是马克思主义;马克思没有发展一种有关城市的理论,他把他的政治经济学理论用于城市,提出了城市是劳动场所阶级冲突和资本积累的地方。

城市生态学发展了一个以入侵和演替的"自然"生态过程为基础的城市土地使用和城市增长模型。帕克发现,我们可以与植物生态学进行类比,把植物生态学的一些概念,如优势、共生、入侵和演替用于城市研究。人与他们所处环境之间的关系,与植物与周边动物之间的互动具有一定的相似性。

帕克正是把竞争概念看成与空间竞争相关的关键概念。这里所说的是经济竞争,与此相对的是生物学竞争。在城市里,最强势的经济群体会竞争、赢得和控制黄金地段,而其他群体会适应。当然,城市生态学更重视"生物的"竞争,而不是"社会的或经济的"竞争。

城市政治经济学反对帕克的这种观点,而且提出了一个基于社会冲突和马克思主义的不同的空间使用模型。卡斯特尔(Manual Castells)简要地表达了这个看法,"空间一直都与国家相联系"(Castells,1983:317)。卡斯特尔(1979,1983)提出,我们常常可以从谁赢谁输的角度看城市的土地使用模式和建设。城市生态学认为,城市社会组织更依赖自然的、空间的、技术的和生物学的数据,而不那么依赖于阶级关系和社会数据,卡斯特尔不同意城市生态学的这种看法。他认为这种模式有利于统治阶级。

马克思主义的地理学家哈维(David Harvey,1973)提出,现代的城市理论依然在思想上依赖于恩格斯对曼彻斯特的判断和帕克对芝加哥的判断。在评价这两个观念时(哈维是在讲地理学家,实际上,他的判断是可以延伸到社会学家的),哈维提出:"似乎很遗憾,当代地理学家一直关注伯吉斯和帕克而不是恩格斯(1973:133)。"恩格斯描绘了曼彻斯特和它的土地使用模式,伯吉斯提出了同心地带假定,在谈到二者的相似性时,哈维写道:

1844年恩格斯采用的方式，当时及现在，依然比帕克和伯吉斯的文化方式更贴近实实在在的经济现实和社会现实。事实上，做一定的显而易见的调整，就可以让恩格斯的描述适合当代美国城市（加上为生活在郊区的富人提供良好交通设施的同心地带，让通勤者进城时看不到那些让富裕更为耀眼的污垢和痛苦）——恩格斯提到的社会共同利益不是由任何一种高级"道德秩序"产生的。相反，城市的苦难不可避免地与邪恶和贪婪的资本主义制度相伴而生。社会共同利益是通过市场交换制度的运行推动的。

哈维（1973，1985）应用马克思的政治经济学观念考察了空间化的社会冲突，集中研究与政府实施的空间使用办法所做的基于阶级的斗争。哈维提出，空间并不是一个简单的物理现象，并不只是影响人的"外在的"东西，空间还是人对它所做出的一种文化解释。这样，哈维在社会意义上定义了空间。哈维的这种观点非常类似于符号互动论者的观点，符号互动论者认为，个人并不是简单地对他们的环境做出反应，个人还在解释环境，赋予环境某种意义。最广义地讲，现实不是外在的东西，现实是社会里构造起来的。哈维超出符号互动论的地方是，他对物理空间使用办法的解释，他认为，社会的符号构造决定了物理空间的使用办法，而符号是经济和政治利益控制的一个结果。哈维否定了城市生态学，断言空间应该被看成一个稀缺资源，不是自然生态过程在分配这个稀缺资源，而是基于经济与政治冲突和竞争过程的结果，来分配这个稀缺资源。资本的力量在永无休止的收益积累中影响着政治的和经济的决策过程，而政治和经济的决策过程常常导致社会冲突、阶级斗争和空间开发。哈维强调收益在决定城市建成环境的形式上是一个关键因素。

哈维的巴尔的摩

哈维用城市政治经济学的观念来解释美国城市的增长和发展，把城市增长和发展看成资本希望通过土地使用模式让自己的收益最大化的一个结果。哈维曾经在马里兰巴尔的摩的霍普金斯大学执教，所以，他目睹了巴尔的摩的变化。哈维（1973，1985）提出，巴尔的摩的不断转变是追逐收益和未来资本积累愿望的一种反映，是具有经济实力的那些人掌握了建设和改造建成环境的生产资料的一种反映。哈维（1973：137）比大部分社会科学家走得更远，他认为，一定不要只是描述建成环境；他认为，在"被社会控制的城市土地市场和被社会化管理起来的住房市场"的基础上，而不是在"土地竞标"中，才会带来希望的建成环境变化。哈维的分析（2000）描绘了巴尔的摩从一个工业城市到去工业化的城市的转变，在巴尔的摩失去了大部分制造业岗位之后，巴尔的摩贫困人群出现了贫民窟化，通过改造内港以及购物亭、国家水族馆、科学博物馆、篮球和足球场和酒店，再把巴尔的摩转变成一个号称游客比迪士尼还要多的重要旅游城市。

图6.1 巴尔的摩港口中心是巴尔的摩从衰败的城市以及衰退的经济基础转变成为模范复兴城市和旅游城市的核心。港口中心包括大棚餐馆、詹姆斯·劳斯的商店，劳斯曾经是纽约南街海港和波士顿法尼尔顿市场的开发商。巴尔的摩港口中心有鹅卵石铺装的步行街，一个国家水族馆、一个科学博物馆，水面上还有一个历史文物，一艘退役的护卫舰，一个老式潜水艇、帆船、桨船和水上出租车，可以去海湾巡游，到那里进餐

哈维（2000）讲道，不说"开发商的乌托邦：巴尔的摩的内港更新"如何，现在的巴尔的摩确实比他1969年初到时要"混乱"多了。他举出的事实有，现在，那里的闲置起来的和放弃的住房比以前多了，无家可归者和贫困的劳动者更多了。机会和生活标准不平等还在增加。公立学校不能担负起它们的教育义务。贫富差距随处可见：长期贫困和社会苦难的迹象，与世界一流的医疗设施和公共卫生设施同时存在。贫穷人口的寿命为国内最低，类似于世界上最贫穷国家居民的寿命。富裕的人口，无论黑人和白人，正在持续离开巴尔的摩。

哈维还告诉我们，"公私合伙"投资市中心和内港更新，把港口地区转变成了一个"作为商品的城市奇观"（Harvey，2000：144）。但是，"饲养市中心这个怪兽常常意味着公共部门承担风险，私人部门获利"（（Harvey，2000：141）。这里，哈维是指政府补贴建设内港地区那些购物和餐饮大棚，旅游景点，市中心酒店、会展中心，巴尔的摩金莺队的篮球场，巴尔的摩乌鸦队（原克利夫兰布朗队）的足球场。不过，巴尔的摩声称，一切都好：

在这些不断加剧的不平等中，兴隆的大公司和赚钱的公司（包括媒体）用多方面的政治正确推广它们自己的身份政治品牌。它们的反复传递的核心信息是，对辉煌的自由市场（最好的是垄断、独占和国家补贴的）的所有挑战都被无情打压下去或不复存在。我怀疑，我们无助感的核心就有这些观念的影响（Harvey，2000：154）。

2005年巴尔的摩土地使用资助斗争证明了哈维的理论在理解城市更新基本问题时具有启发性。纽约时报（Gately，2005）对两个截然不同的场地做了报道。一个地块在巴尔的摩东区一个凋敝的社区里，第二个场地在内港旅游区里，计划建设一家酒店，两个场地之间的距离为2英里。巴尔的摩东区曾经是一个繁荣的社区，但是随着制造业为基础的经济的衰退，在经济上受到冷遇，不能从内港经济成功中获益。巴尔的摩市打算建设一个3.05亿美元的高档酒店，与市政府所有的会展中心连接起来。反对方是巴尔的摩东区的居民和领导人，本来市政府按照协议要投入5000万美元来改造这个社区，然而，市政府食言了，巴尔的摩东区的居民和领导人对此举很不满意。巴尔的摩统一领导开发（BUILD）这个倡导组织的联合主席迈尔斯牧师（Rev. Douglas Miles）把这种冲突看成两个不同城市的象征："它是两个城市和两种景象的神话——一个郊区富人区，一个市中心，一个发展非常好，一个苦苦挣扎（Gately，2005：A12）。"

> **体验活动6.2：这项开发是如何获得资助的？**
>
> 在你的城市或你选择的城市，找到一个职业运动场、酒店、购物中心或其他最近展开的商业开发。研究这项开发是如何获得资助的，是公共资金出资，还是对私人开发商减税？与街区居民谈谈，查看新闻档案，找出居民究竟是支持还是反对这项开发，他们这样做的理由何在。

市政府官员最初表示，市政府没有兑现原先5000万美元政府资助合同的理由是，巴尔的摩东区社区未能提出可行的重新计划。市政府之所以使用政府资金支持酒店的建设是因为它可以让会展中心可以具有竞争优势。市政府进一步提出，市政府会成为巴尔的摩的牟利者，即使私人酒店公司已经拒绝投入它们自己的资金，担心与政府的这种联合会让它没有收益。批判者使用旅游和会展业的衰退证明，建造这家酒店有多么不适当和愚蠢。更重要的是，批判者觉得，巴尔的摩不应该把开发方向定在酒店业，而应该投资改造巴尔的摩的贫穷街区，那里有16000块以上的空地或被扔掉的住宅。

这个故事最终以一个罕见的积极结果结束。经过致力于巴尔的摩东区改造的非营利公私合作机构，巴尔的摩东区建设公司（EBDI）的努力和公众的质疑，有可能使用这些资金，开发酒店的计划暂缓（Baltimore Sun，2010）。巴尔的摩东区建设公司的使命就是通过一个综合改造项目来改造这个社区，这个项目旨在改造88英亩土地，建设新住房、商务、社区学院和公立的中小学和一个生物技术研究园区。

相关居民的搬迁是巴尔的摩东区建设公司的任务之一。巴尔的摩东区建设公司的一个重要特征是以公正的方式使用政府征用政策，保证在改造中关注市民的权利。征用权是政府把私人财产用于公众的一种政府权力，或者在征用时给私人某种赔偿。巴尔的摩大学社区发展研究所的主任凯利（Jim Kelly）提供这样一个积极的评价："为了改造一个严重衰败的城市街区，征用权具有相当重要的作用，在这种情况下，必须通过法律保证居民有权参与规划，而且留在这个改造后的社区里（Shrinking Cities，2010）。"

2015年4月下旬，距内港很近的地方，一个警察的暴行导致公众的抗议，而且最终演变成破坏性的暴乱。暴乱分子大都是年轻的黑人，他们抢劫了商店，在汽车上乱涂，向警察扔石头、砖头和水泥块。这些骚乱发生在2015年4月26日周日为25岁的黑人青年格雷（Freddie Gray）举行的葬礼之后，他脊椎受到重伤，4月19日死在警察的看守所里。这场暴乱延续到第二天。至少有15个警察受伤，27个人被捕。马里兰的州长宣布该州进入紧急状态，国民警卫队出动帮助恢复社会秩序。巴尔的摩市长宣布实行一周宵禁，从晚上10点至第二天清晨5点（Foreman, Jr. and Myers，2015；Stolberg，2015）。

暴乱结束之后，奥巴马总统在临时举行的记者招待会上宣布，暴乱分子正在抢劫，他们不是抗议，没有提出他们的诉求，就是盗窃而已（PBS News Hour，2015）。他进一步谈到，他不同情暴乱分子，称他们为"一小撮人借机达到自己目的人，必须以犯罪论处"（Davis and Apuzzo，2015）。奥巴马以缓和的语气把这件事放到更大的背景中：

警察与个人的互动，主要是警察与非洲裔美国人的互动中，不良互动屡见不鲜。此类事件由来已久，并不新鲜，我们不应该设想它是新鲜事（Davis and Apuzzo，2015）。

2015年4月27日晚上，NBC晚间新闻试图通过提供背景信息解释为什么这场暴乱如此激烈。这个报道引用了许多数据源的数据，突显了巴尔的摩贫穷黑人生活状态的一些事实：50%的年轻黑人没有就业；贫困街区1/3的住房是空置的或被抛弃了；最近4年期间，一半男性黑人青年被捕过；因为谋杀而死去的比例高于其他原因死亡2倍（NBC Nightly News，2015）。

同一个晚上，公共电视网的新闻有一个专题环节，题目是"格雷街区的愤怒和不信任"。这个街区在历史上就遭受过大规模逮捕，警察对这个街区的政策特别严酷，警察与当地居民的关系已经疏远了，以致当地居民很担心警察的行动。公共电视网指定专题记者贾德（Jackie Judd）报道巴尔的摩所发生的事件，弄清为什么格雷之死会引起如此巨大的愤怒。贾德对一个人做了采访，这个人说得很简单："巴尔的摩，我们与警察的关系不好。警察每天都打我们的屁股。对巴尔的摩来讲，格雷之死没有什么新鲜的（PBS News Hour，2015）。"贾德在格雷的街区进行了若干天的调查，最后，她描述了这个事件：

格雷居住的西巴尔的摩桑德堂，就是巴尔的摩的零点，那里建筑空置，失业率高于平均水平，贫困且是一个坚挺的海洛因市场。空空如也的社区。没有杂货店、没有银行、没有餐馆，但不乏酒店，一个对青年人而言似乎没有明天的地方（PBS News Hour, 2015）。

贾德还对当地居民凯利做了采访，他是社区活动分子，有一个叫作"没有边界的联盟"的市民游说团体，他在年轻时，同样与警察发生过冲突。他说，"你正在面对找食物，设法活下去的一群人。问题并非真的是这个国家的黑人或白人的问题，现在的问题是活下去。"

对比而言，注意到这样一个事实是很重要的，巴尔的摩的这场暴乱发生的地方其实距离巴尔的摩内港地区很近，巴尔的摩的符号经济或文化经济就在那里。巴尔的摩黄莺队的篮球场就在巴尔的摩的内港。就在举行格雷葬礼的那个周日，黄莺队正在打主场比赛，提醒粉丝在离开球场时要格外小心。黄莺队推迟了原定周一举行的主场比赛，随后，再次改期。2015年4月29日，篮球史上第一次出现了无人观看的主场比赛，禁止观众观看比赛。餐馆、商店、内港地区的旅游点都实际上关闭了。华盛顿邮报列举了关闭的社会机构，包括全城的公立学校和巴尔的摩城市社区学院；城区法庭、巡回法庭和巴尔的摩地区法庭；驻巴尔的摩和郊区的联邦机关，包括复员军人事务部的区域办公室，司法部移民评审执行官办公室，许多社会保障管理设施，医疗中心和医院；3个购物中心，马里兰科学中心和国家水族馆。在内港里的赌场，"恺撒的马蹄巴尔的摩"，宣布提前关门，执行宵禁规定（Washington Post, 2015）。总之，这个城市的经济实际上停摆了。

归根结底，要想维持一个长期繁荣而成功的符号经济或文化经济，一个城市必须让所有的人，富裕的和贫穷的，都进入那个非实物的符号经济中，这一点是不容置疑的。巴尔的摩发生的暴乱从反面证明了巴尔的摩在这一点上的失误。

从芝加哥到洛杉矶：洛杉矶学派

我们把20世纪初的芝加哥看成"让人敬畏的城市"，同样，我们可以把洛杉矶看成20世纪后期的"让人敬畏的城市"。洛杉矶是美国第二大城市，大都市的面积超过4000平方英里。这个地处加州南部的大都市区包括了5个县，洛杉矶县，奥兰治县、河滨县、圣布拉蒂诺县和文图拉县，总人口为1600万（Dear, 2002）。

如同芝加哥一样，洛杉矶正在增长的都市区也吸收了大量的移民，成为移民中心。自1965年以来，从中美洲、南美洲、亚洲来的移民大大改变了这个城市的民族构成。从白人或"盎格鲁"主导的城市，变成现在，80%的人口几乎可以均分为非西班牙裔白人和西班牙裔；剩下的20%同样对半，一半是黑人，一半是亚洲人。2005年，洛杉矶第一次选举产生了一个西班牙裔的市长，反映了人口模式的变化。

洛杉矶不仅是美国的第二大城市，而且还是一个"世界"城市，洛杉矶的全球经济体系在太平洋沿岸国家的国际经济体系中发挥着核心作用。洛杉矶的经济是后工业经济，其基础是多样化的制造部门、信息服务和金融服务。加州大学洛杉矶分校的城市地理学家索亚（Edward Soja, 2002：150）指出，"从'天下'这个词汇的最完整意义上讲，与其他地方相比，洛杉矶更是天下的。"除开它的政治经济分量外，索亚还提出，基于它的电影业，洛杉矶在思想观念上的影响也是很有分量的。洛杉矶的突起对美国同样重要。

天下似乎就在洛杉矶。美国的大部分针对东方国家的进出口贸易都经由洛杉矶。全球的人流、信息流和观念与贸易相伴。昔日被称之为爱荷华的港口的洛杉矶，如今成了世界贸易（仓储）的中转站，连接四面八方，汇聚东方和西方。城市的每一个角落都有各种文化，家乡的习俗和礼仪，冲突和对抗，在适当的地方再现，这样，当代洛杉矶成了城市版的微缩世界（Soja，2002：151）。

伯吉斯和佐尔博（Harvey Zorbaugh）把芝加哥的空间模式生动地描绘为同心地带，可是，不像芝加哥，洛杉矶的空间模式是，经济、民族和文化都在大都市区范围内分散开来。在洛杉矶工作的著名社会科学家，如迪尔（Michael Dear，2002）、戴维斯（Mike Davis，1990，1992a，1992b，1998）和索亚（2002），阐述了一个与芝加哥学派城市生态学观念相反的城市理论观念，阐述了一种反映城市政治经济方向上城市观。洛杉矶的社会科学家提出，像洛杉矶这样的后现代城市都是以政治经济因素为基础的，而不是以芝加哥学派的城市生态模型为基础的，应该把后现代城市看成研究未来城市的分析范式。

南加州大学的地理学家迪尔讲，他和他从事区域研究的同事弗拉斯蒂（Steven Flusty）"坚持认为，南加州是一个非同一般的绵延地带，那里有多个中心、使用多种语言、汇聚了多种文化，南加州改写了美国的城市观"（Dear，2002：6）。南加州的城市变化模式如此反常，所以，迪尔和弗拉斯蒂认为，需要建立一种不同的分析框架。迪尔提出，"随之而来的认识论的困难出现在如何表述现状的问题上，如后现代、高度现代和超现代（Dear，2002：6）。"洛杉矶是20世纪后期后现代地理布局的雏形，索亚是第一批得到此种认识的学者之一，迪尔引用索亚的话讲：

还有什么更好的地方可以用来分析和归纳资本空间化机制吗？从许多方面讲，洛杉矶都是"无所不有"的地方，——可以称之为蔓延的城市区域，一个典型地方；或一个中观世界，一个有序的世界，可以在连接和互动组合中同时看到微观的和宏观的、具体的和抽象的（Dear，2002：11）。

图表6.1 基诺资本主义：一种后现代城市结构模式

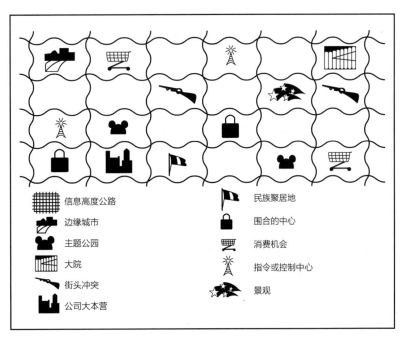

资料来源：Reprinted from Michael J. Dear and Steven Flusty. 1998. "Postmodern Urbanism," in Annals of the American Association of Geographers, 88（1）: 50-72. Copyright by Blackwell Publishers.

迪尔（2002）概括了新的城市空间安排，把当代洛杉矶与20世纪初芝加哥的同心地带安排进行对比。他和他的同事把影响土地使用模式的决策过程与一种流行的赌博游戏"基诺"做了对比，提出了"基诺资本主义"这样一个术语，用它来描述影响洛杉矶之类的后现代城市土地使用的决策方式（图表6.1）。迪尔等人否定了建立在中心推动的聚集经济基础上的生态的土地使用模式，如芝加哥学派强调的同心圆，他们支持一个看似随机的土地使用模式，这种土地使用模式反映了当代技术、交通和通信条件。这些条件已经导致了关键城市变化，边缘城市、私托邦、异质文化、成为主题公园的城市、设防的城市，加以限制的空间，历史地理布局的重组，福特主义和后福特主义积累和监管制度，全球化，自然政治学，这些都是他们用来描绘那些城市变化的术语。

边缘城市

华盛顿邮报的记者加罗（Joel Garreau）提出的那种"边缘城市"是一种商业、居住和零售簇团，它们以城市环路、放射道路和一个州际公路交会处的区域购物中心为基础形成（1991）。洛杉矶其实就可以看成边缘城市的一个"始作俑者"。让边缘城市得以出现的基本条件是，汽车主导；相应的道路和停车设施；通信革命；大量的女性加入了劳动大军。

私托邦

私托邦，也就是人们常说的那种有人把门的居住区，实际上已经成为一种典型的居住形式。这种大院式居住区里的房子是私人所有的，建有院墙和大门，业主会负责管理居住区。持批判态度的人认为，这种大院式居住区是一种"成功的分裂"，把公民的概念改变成了"满足一个人对私有财产的若干义务就是一个人的责任"（McKenzie，1994：196，quoted in Dear，2002：18）。迪尔和弗拉斯蒂（1998）认为，因为私托邦的基础是排斥、控制和不参与周边更大行政辖区事务，所以，私托邦在本质上是不民主的和反社区的。

异质的文化

洛杉矶和南加州整个地区的民族多样性和少数民族人口比例的上升，是一个确定的社会文化特征。迪尔和詹克斯（Charles Jencks）把这一特征看成洛杉矶正在形成的城市观念的一个关键："洛杉矶包括了若干高身份聚居区和多种混合身份聚居区，从整体上看，洛杉矶可能是世界上最异质的城市（Jencks，1993：32，quoted in Dear，2002：18）。"

洛杉矶不同于其他城市，它的民族人口既具有规模和活力，潜在的文化机制已经导致音乐、食品、建筑和新艺术形式方面的民族适应性融合发展。洛杉矶和南加州地区文化异质的问题在于社会经济两极化，种族主义，不平等，无家可归和社会不稳定（Dear，2002）。

成为主题公园的城市

洛杉矶的电影业和迪士尼乐园让其成为一种"梦境"。城市和建筑评论家索尔金（Michael Sorkin，1992）把这个"主题公园的城市"描绘为用场所形成特征的城市，这些场所是对真实地方的合成和模拟。由此而产生的建成环境并不反映任何一种建筑风格或历史时期，它既是任何一个地方，又不是任何地方。社区因为"假地方"与现代通信技术的结合已经不复存在，人们没有感到他们与他们生活的地方有什么联系。"电话和电子邮箱"让街巷可有可无，而且，通过提高监控、操纵、隔离等级，人们与任何特定的空间都没有什么联系，这个新城市预示着一种"无法想象的千篇一律"，而且成了主题公园。

设防的城市

人们有时把大洛杉矶描绘为一种反乌托邦的，类似于1982年电影《银翼杀手》里的那个城市。迪尔引述了戴维斯的看法（1992a，1992b），城市是一个堡垒。洛杉矶的阶级和民族两极化已经让富人考虑如何保护自己不受别人攻击的办法。结果是改变城市的建成环境形式，把它转变成设防的和隔离的商业的和居住的地区，减少公共空间。戴维斯把洛杉矶的这种城市现象描绘为"到了转折点的后现代性"（1992b：155，quoted in Dear，2002：19）。

大院式居住区和购物中心都是设防的，使用高技术治安方式做安全保障。对于迪尔来讲，这种结果是"在处处设防的城市里，贫困的劳动阶层和赤贫者都被挤到了大街上，通过设计好的保安措施，而被赶出了富裕的堡垒式的城市"（2002：19）。

受到限制的空间

戴维斯（1990, 1992a, 1992b, 1998）根据洛杉矶的"城市生活军事化"和那些源于生态担忧而刻意做的空间布局，把洛杉矶描绘为一个堡垒。戴维斯以芝加哥学派的人类生态学模型为基础，注意到了伯吉斯按照集中、分割、入侵和演替等"生物学"因素安排的同心地带。戴维斯使用芝加哥学派人类生态学模型来调整未来的生态的城市结构。他保留了收入、土地价值、阶级和种族这样一些生态决定因素，把担心作为一个新增的决定因素。

弗拉斯蒂（1994）和迪尔（1998）通过详细阐述戴维斯有关堡垒城市的概念，推出了受到限制的空间，用这个术语来描绘用于各种各样限制的现代安保技术，描绘了用到整个城市的监控技术。城堡风格的高层建筑，保安把守的居住大楼，大院式社区，构成了这种城市的建成环境，而且，那里的警察使用监测和干扰的办法让不受欢迎的人留在他们应该待着的地方。

历史的地理重组

迪尔（2002）在解释这个区域当代城市发展过程的6种重组时提到了索亚（1996）的重要贡献。外城市是对城市应该是什么的一个大型模拟。索亚把奥兰治县看成一个最好的例子，奥兰治县显示了一种"仿制景观"——一个让这个县政府破产的主题公园，欺诈邮件运行基地，储蓄和贷款失误。迪尔把其他5种形式总结如下：

索亚的清单：**灵活的城市**，与向后福特主义过渡相关，尤其与去工业化和信息经济的兴起相关；**国际大都市**，涉及洛杉矶的全球化，洛杉矶的国际城市的身份和洛杉矶内部文化的多元化。按照索亚的观点，周围化、后福特主义和全球化一起解释了洛杉矶城市重建的经历。基于周围化、后福特主义和全球化机制的3种特殊地区；**撕裂的迷宫**，它描绘了洛杉矶这个后现代城市社会、经济和政治两极分化的特征；**监狱式的城市**，涉及暴力和警察监控混合而带来的新的"限制的城市地理"；**模拟城市**，索亚用这个术语描绘看待正在从研究洛杉矶中出现的那些城市的新方式，一种突显后现代观点的认识结构的调整（Dear，2002：20-21）。

积累和控制的福特主义和后福特主义制度

迪尔（2002）这里所指的是时代转型，从大规模生产（福特主义）和包括底特律、芝加哥和匹兹堡在内的工业资本主义城市的时代，转变到一个以小规模、小批量工业生产为特征的时代（后福特主义时代）。在洛杉矶，后福特主义的生产采取了劳动密集型手工艺的形式，如成衣和首饰，以及高技术产品的生产，如航空和军火工业。政治经济变化反映了生产方式方面的变化，包括新保守主义的兴起，私有化精神的兴起，社会福利计划衰落以及经济萧条和裁员时期。

全球化

通过用税收优惠的办法，吸引外资改造邦克山市中心，洛杉矶受到了全球化的影响。低工资和劳动密集型产业也吸引了大批墨西哥和中美洲地区的移民，这也是洛杉矶受到全球化影响的另一个方面。因为东亚国际贸易出现顺差，所以，南加州的银行和房地产已经过度积累。迪尔认为，全球/地方的对立"变成了当代城市理论的一个重要主题，尤其是所谓'世界城市'和全球的'城市体制'"（2002：22）。

自然的政治学

南加利福尼亚地区的自然环境受到了城市化的冲击，出现了许多环境问题，如空气污染和野生动物栖息地的消失。于是，围绕环境管理政治和草根环境思潮的斗争反映了自然的政治化。在考察洛杉矶学派以及迪尔和索亚提出的观念时，如米勒（D. W. Miller，2000）在《高等教育纪实》上发表的论文所说的那样，城市社会学家戈特迪纳（Mark Gottdiener）不同意涉及洛杉矶特殊性的许多基本假定提出的那些基本假定。戈特迪纳认为，洛杉矶学派的代表人物过分强调了作为一个独特地理位置的洛杉矶，美国人口普查局在统计上把洛杉矶归于联合大都市统计区（CMSA）的类别里。戈特迪纳指出，1995年，美国人口普查局认定了13个联合大都市统计区，纽约地区人口最多。戈特迪纳认为，边缘城市、作为主题公园的城市、去工业化、全球化，其实并非洛杉矶独家具有的特征。我们"需要寻找涉及城市增长的新概念和新理论"来认识蔓延和发展的城市化地区的扩散（Gottdiener，2002：161）。

戈特迪纳强烈主张，新城市社会学的概念和理论观点可以帮助对土地使用的社会空间形式和社会文化模式会的研究。他认为，这种新城市社会学方式强调了认识联合大都市统计区一些重要概念的重要性，如政府政策，房地产开发和投机；工资差别和工会的影响；在增长、去工业化和全球经济方面，符号价值和象征性因素的影响越来越重要了；民众的富裕程度正在上升（Gottdiener，2002）。他发现了认识这些新的社会力量的必要性，因为这些社会力量正在影响新的土地使用模式。这些新的模式包括连锁商务活动，集中的购物中心的发展，分散化的带状购物中心。人口沿着阶级、种族、民族，甚至年龄等方向分化。发展不平衡已经产生，跨越代际的社会不平等已经再现。最后，戈特迪纳的结论是，这些新的社会力量"正在让社会越来越难以适当地应对与环境质量、公平、政府管理、社区生活质量，社会流动性、公共交通，市民文化相关的问题"（Gottdiener，2002：178）。

动荡中的全球城市理论

自第二次世界大战结束以来，世界范围内，城市的数目和规模一直都在剧增。这个全球现象被称之为第三次城市革命。城市社会学家始终最为关注对第三次城市革命的研究。已经提出的理论一直都存在争议。有些观念被认为是不适当的，社会学家已经提出了新的理论，更好地解释了第三次城市革命和居住在这个城市世界里的人们所面对的后果。

现代化理论和全球城市化

19世纪后期，曾经出现过很多有关现代化的理论。我们已经看到如梅因、滕尼斯、迪尔凯姆和韦伯等社会学家如何看待城市化的阶段和方面，把如何看待城市化的阶段和方面当作他们的认识基础。20世纪上半叶，芝加哥学派的城市生态学坚持了那些有关城市化阶段和方面的基本假定。战后的50年代和60年代，社会学家通过世界范围的比较分析，扩宽了他们对城市化的认识。

战后时期目睹了西方工业社会殖民帝国的迅速解体，伴随着西方人称之为"不发达和落后的社会"的转变。

在这个时期，西方社会也处在社会变革的过程之中。在对社会变革展开的跨文化分析和历史分析中都出现了结构功能主义，尤其是结构功能主义的分支，现代化理论的支持。结构功能主义把每一个社会看成一个由称之为"机构"的子系统构成的系统；家庭、宗教、经济、政治和教育都是主要的机构。这些机构交织在一起，所以，一个机构的变化，如经济的变化，总会影响其他机构，如家庭和教育。结构功能主义关注因为工业化和城市化而引起的机构的功能变化，如家庭、宗教和教育的功能变化。社会因为机构变化而寻求恢复它的平衡。机构功能主义关注功能变化，其中包括了一个渐进变化的主题。

现代化理论使用结构功能主义，利用全球视角，解释政治、经济以及社会发展和城市化之间的理论关系。现代化理论关注社会和个人体验，因为工业化、城市化和国家—州的发展而发生的变化。自第二次世界大战以来，现代化理论在社会学中得到了广泛的应用。

现代化的概念和从这个概念出发的诸种理论，一直主导着全球社会变化分析。现代化这一术语是指以先进工业技术为特征的社会变化过程。科学技术引导社会从传统的、前工业化社会的机构，向复杂的工业城市社会的机构转变。现代化与政治、经济、社会和个人领域的各种变化相联系，从部落或村庄权力机构到政党和文官制度下的官僚机构；从文盲到经过教育获得了语言能力的非文盲，从而提高了生产技能；从传统的宗教到世俗化的信仰体系；从归属性的层次体制到更大的社会和地理流动性，导致更加以绩效为基础的分层制度。同样，大家族关系失去了它们无处不在的普遍性，而且，核心家庭变得越来越重要（Smelser，1973）。

现代化的理论家们努力把西欧和美国技术社会的发展塑造成一种模式，用来分析发展中的国家。勒纳（Daniel Lerner）在他颇有影响的著作《传统社会的流逝：现代化中的中东》中提出，"在世界上所有大陆的现代化的社会中，不考虑种族、肤色和信仰，同样的模式再次出现"（1958：46）。扩散理论是相信，大多数国家通过工业化和城市化最终会导致效仿西方社会。在考察不那么发达国家的城市化过程中，主张现代化理论的人们设想，不那么发达国家的城市化会按照类似于19世纪西方工业城市增长的阶段展开。他们认为，城市化与工业和经济增长相联系。

20世纪70年代，人们普遍不满现代化理论和现代化与表现现代化自己的城市化模式的许多基本假定。这里，我把这些批判归纳为3类。第一类问题涉及现代化理论所依靠的一种基于进步概念的进化模式。批判者认为，现代化理论不正确地支持这样一种观念，进步是一种比传统稳定性更有价值的现象，而且，现代社会，即西方工业社会，高于传统的非工业化社会。第二类问题涉及这样一种观念，现代社会制度是没有问题的。批判者认为，现代化理论没有看到现代化对教会、教育和家庭等机构的消极影响。第三类问题涉及现代化"解放的"后果，以及现代化对欠发达社会和人们在其中感受到善意的影响。我会集中讨论这些批判如何提高我们对与现代化相关的城市变化的认识。

发展理论：另一种观点

提出现代化理论的人们假定，经济发展是所有国家都要走的道路。他们还认为，欠发达国家的文化会日益与现代化世界的文化趋同。现代化理论在某种程度上承认，非西方社会文化的价值可能影响工业化的步伐，在这种情况下，现代化理论提出，非西方社会文化的价值不会影响工业化和现代化的必然性。现代化理论假定，发展模式就是在工业革命之后发生在西欧和美国的那个模式。

现代化理论的分支，扩散理论和收敛假说预期，随着欠发达国家被工业化，文化差异会减少。随着社会的现代化，欠发达国家的社会会越来越类似（个人特征会收敛），而且，欠发达国家独特的文化会在现代化过程一开始就让步，那里的人们思考问题越来越像更发达国家的人。我们把扩散理论的这种预期称之为收敛假说。收敛假说是，在欠发达国家实现一定水平的工业生产、教育和城市化时，它独特的文化传统会日益减少。这些欠发达国家的经济会经历一个类似于工业化西方的持续的经济增长。这样，这些欠发达国家就会与发达工业经济国家一样跻身于世界市场。这种变化首先会在城市地区发生，然后逐步向经济落后的乡村地区延伸。与这种经济发展相伴的是向"现代的"态度和信念转变，改变家庭和家族之类的机构。

体验活动6.3：经济竞争模式

在发展中国家选择一个你很熟悉的城市，例如，你曾经去过那或你认识从那里来的人。通过与他们的交谈，或者利用互联网做调查，了解那个城市在经济竞争力方面的发展情况。它是否遵循了一种符合趋同理论、依附理论或其他一些理论的模式？

依附理论强烈反对现代化理论假说所做的这些预测。更重要的是，提出依附理论的人们重点研究工业化和经济全球化的影响。他们不是把研究重心放在西方现代化模式和家庭结构，而是研究经济全球化对贫穷国家的影响，这些贫穷国家不仅是第三世界国家，还包括工业化国家。

同样反对现代化理论的发展理论或世界体系理论是更激进的"依附或欠发达"方式。研究拉丁美洲的学者，包括弗兰克（Andre Gunder Frank，1966/1995）首先提出了这些观点。华勒斯坦（Immanuel Wallerstein，1974）从历史和国际角度扩大了这种分析。弗兰克提出，西方国家通过剥削其他国家而实现现代化，而且，实现了现代化的西方国家继续盘剥欠发达国家，阻碍它们全面现代化。按照这种观点，经济上的不发达并非所有社会共同的初始条件，相反，经济上的不发达是更先进社会从外边创造的。弗兰克提出，"现在的发达国家从来就不是不发达国家，当然，它们可能是没有发展的（Frank，1966/1995）。"恰恰是通过对其他国家的殖民化，西方国家发达了，而非西方国家变得不发达了。桑德森（Sanderson）使用了弗兰克的学术论文的标题，提出"对某些国家讲是发展，而对另一些国家来讲就是欠发展——'欠发展的发展'"（1995：135）。

从本质上讲，依附理论发现，比较发达的社会把第三世界国家置于经济依赖的状态中，因为跨国公司控制了第三世界国家的经济，所以，妨碍了它们的经济发展，国际银行界与此一样，经济上比较发达的社会控制了第三世界国家的经济。这样，当欠发达国家按照经济发达国家的要求提供资源和廉价劳动力时，欠发达国家仍然在经济上很脆弱且可以盘剥。实际上，依附理论提出，欠发达国家提高了现代工业国家的发展，反过来，现代工业国家妨碍了欠发达国家的发展。

按照依附理论的逻辑，妨碍欠发达国家经济发展的东西并非它们的传统或传统主义（认为传统习俗比现代思想对社会更重要），而是其他国家控制了它们的经济。所以，依附理论主张，为了实现基础更为广泛的工业化和城市化，欠发达国家的经济收益一定要留在那些收益产出的国家，这样，它们才能在那里重新投入和消费。按照目前情况看，出口原材料的国家依然很穷。这是因为发达国家的人口增长长期处于负值状态，因此，它们对欠发达国家原料的需要保持稳定状态。另外，欠发达国家对出口的依赖性通常妨碍了它们形成欠发达国家的经济联盟，提高它们自己产品的价值。这样，欠发达国家之间在经济上不是合作，而是竞争。

我要说的最后一点对我的分析至关重要，依附理论提出，在构成第三世界的欠发达国家发展着一种双重经济体制。在这个体制下，一种经济是现代且可以盈利的，涉及原材料的出口。但是，这种出口经济并不给欠发达国家的其他部门的现代化提供奖励或资源。很遗憾，在这个体制下的另一种经济是大部分人发现自己就在其中的经济。恰恰是在这个经济中，贫困是那么普遍。

城市、全球经济和不平等

金融服务、市场推广和高技术构成了现代城市的全球经济特征。史密斯（David A. Smith, 1996）指出，城市化是国家、社会和经济发展的一个组成部分。就这一点来讲，像美国、西欧、澳大利亚和日本这类核心国家的城市的确如此。所有这些国家在它们涉及全球经济的部门里都吸纳了受过良好教育的人就业。在那些欠发达国家里，在受教育的人数相似时，没有受到这种教育的人承担依附经济产生的后果。在许多国家，受过良好教育且富裕的人，没有受过良好教育且贫穷的人，二者之间的差别是有目共睹的。纽约时报专栏作家弗雷德曼（Thomas Friedman）描述了他在埃及从开罗到亚历山大港乘火车旅行的经历。在火车上，受过教育的埃及人始终都在通过手机与人交流，而火车外边的农田里，赤脚的农民正在农田里赶着水牛耕种，这与他们先祖种田的方式没有什么区别。提供这个例子的阿布拉汉森（Mark Abrahamson）提出，"弗雷德曼最后说，火车里是公元2000年，而火车外，时间还停留在公元前2000年（2004：9）。"

因为全球不平等，一些人，特别是那些生活在第三世界城市里的女性、儿童、老年人和生活在贫困中的家庭，在经济上最受伤害，依附理论

> **体验活动6.4：有技术的和没技术的**
>
> 在你的城市或你选择的城市里，找到一个地方或一种情况，你可以观察到技术先进、富裕的人们与生活在便利和技术方面少得多的穷人之间的鲜明对比。你觉得贫富差别会随着时间的推移缩小还是扩大？解释你的答案。

对分析这种状况很有帮助。现代化理论把第三世界的贫困归结于环境问题和人口过多，有害的传统习俗和价值观念，政治不稳定，不适当的技术。另一方面，依附理论认为，发生在欠发达国家的贫困源于它们从属的经济地位。

欠发达经济社会的贫困比相对发达的经济社会的贫困更严重、更广泛。缺少足够的粮食、住房和医疗卫生问题是世界贫穷国家人民日常生活状况的突出问题。估计有20%的世界人口，至少8亿人居住在欠发达国家，深切地感受到了贫困所造成的灾难性后果，每年因为饥饿而死亡的人数高达1500万，许多是孩子（Macionis, 2005）。全球贫困尤其影响女性。布莱顿（Lynne Brydon）和夏特（Sylvia Chant）在分析第三世界女性时，批判了现代化理论，因为它基本上采用了"从上到下"的发展观，也在一定程度上批判了依附理论（1989）。他们发现，现代化理论和依附理论都没有考察社会变革中女性的地位。现代化理论和依附理论的却是源于它们没有认识到，女性应该是一个有自己权利的社会群体。布莱顿和夏特提出，"那些认为女性状况会随着经济发展而得到改善的人，往往没有考虑广泛的男性统治的社会正在把女性置于从属地位（1989：7）。"

男性统治的社会或父权制是一种男性至少的意识形态，它强调了男性在生活的所有方面对女性的支配地位，包括政治、经济、教育、宗教和家庭。这种思想观念在欠发达国家尤为突出。在

第三世界国家，妇女几乎没有政治权力。当女性不只是做操持家务的工作时，她们所从事的工作还是比较低层次的工作，她们工作时间比较长，而收入还是不及男性。男人继续控制着土地，在大部分第三世界国家里，土地仍然是基本的财富来源。男性首先拥有受教育权，女性缺少教育，所以没有几种经济选择。女性在宗教事务上的角色常常是从属的或没有多大影响的。另外，现代化常常导致女性的依赖性和从属性，并不是没有大幅增加她们的独立性。甚至向城市中心的运动也不影响男性统治社会的权力。

世界城市、世界体系理论和信息革命

在发展世界体系理论方面，华勒斯坦一直都是美国最有影响的社会学家之一。在《现代世界体系》（1974）和随后的一系列著述中，华勒斯坦（1979，1984）提出了国家之间存在分层的观点。他采用历史的和跨文化的方式提出，在19世纪，西欧各国开始通过对其他国家的经济盘剥而展开了它们迅速的工业发展，这样，西欧建立了一个国际经济。短时期内，国际范围的经济制度发展起来。华勒斯坦认为，当代世界划分为一个三层体系，按照各国进入全球资本主义经济的状态，各国处于不同的位置。三个主要类型的国家分层是核心、半边缘和边缘，各国基于它们的资源和障碍而向上或向下移动，形成它们在国际体系中的位置。

获得主导位置的社会，发展出多样化的经济，现代化、工业化和城市化。华勒斯坦认为，美国、英国、德国和日本是核心国家，核心国家都是最工业化和最城市化的国家。核心国家通过国际经济协议控制了全世界的贸易，从而让自己居于主导地位。核心国家在政治上呈现出有一个稳定的政府，内部阶级冲突不大。因为核心国家的工人是由这种经济制度选择的，所以，他们的生活水平很好，从而保证了社会稳定。相当程度的政治自由和个人自由扩大到庞大的中产阶级。一些核心国家的主要城市，包括纽约、东京和伦敦，获得了全球城市的身份（Sassen，1991），这个身份反映了它们作为国际经济事务、政治事务和文化事务中心的重要性；纽约、东京和伦敦都是大型跨国公司的总部所在地，提供大量的金融、技术和咨询服务业务。

第二个层次的国家，半边缘国家，它们的工业和金融服务业有了一定程度的发展，能够提供原料或制成品。然而，它们仍然依赖于核心国家提供的资本和技术资源。南欧的西班牙和葡萄牙就是这样一类国家；一些产油国，如巴西和墨西哥；一些中东国家，包括沙特阿拉伯、科威特；亚洲的韩国和印度；撒哈拉沙漠以南的一些国家，如尼日利亚和南非，也是所谓半边缘国家。这些国家的特别重要的城市有马德里（西班牙）、里斯本（葡萄牙）、圣保罗（巴西）、利雅得（沙特阿拉伯）、首尔（韩国）、加尔各答和孟买（印度）。两个亚洲城市，新加坡和中国香港对国际经济也是特别重要的。

第三个层次的国家，边缘国家，它们具有高度专门化的经济，通常由特殊的原材料生产所支配，如木材、纤维环或粮食。它们的经济高度依赖半边缘国家或核心国家。不像核心国家，属于这个边缘群体的国家生活标准不高，存在阶级冲突，政治不稳定。结果常常是一个专制政府。大部分撒哈拉以南的非洲国家，拉丁美洲国家和加勒比地区的国家都属这个边缘国家分类。这些国家的城市化不平衡，首位城市完全主导了那里的城市化。

首位城市是指那个具有经济、政治、社会和文化支配地位的城市。因为它们是工业和经济活动以及政治管理的中心，所以，它们是巨大人口增长的中心。这个社会所具有经济、政治和文化发达的潜力都云集在首位城市里。首位城市一般吸引了大量来自乡村地区和很小的城市化地区的移民。它们的规模和重要性都是在那个国家其他城市之上。

首位城市的人口通常占据了那个国家总人口的很高比例。例如，1940年的南美，迅速城市化发生之前，即20世纪下半叶之前，2/3的人口是生活在乡村地区。到了1990年，那里2/3的人口生活在城市，特别是生活在首位城市里（Short，1996）。例如，乌拉圭的蒙得维的亚人口为1341000人，而全国人口为3399237，蒙得维的亚人口约占全国人口的40%。阿根廷的布宜诺斯艾利斯的人口为13047000，而阿根廷的全国人口为39144753。墨西哥的墨西哥城人口为18660000，而全国人口为104959594。巴西的圣保罗的人口为17099000，里约热内卢的人口为10803000，而巴西的全国人口为184101109（Park，2005）。亚洲和撒哈拉沙漠以南的非洲，情形大体一样。

卡斯特尔（1989，1996）修正了华勒斯坦稳定核心、边缘和半边缘国家的模式。他认为，由于信息革命，传统的与土地联系在一起的财富资源，农业和采掘业，与贸易相联系的财富资源，与工业制造业相联系的财富资源，都让位于通过信息的创造和操纵而积累起来的财富。奥斯塔的皮毛，卡内基的钢铁，以福特汽车为代表的工业产品，曾经都是美国最富裕和最具经济影响力的财富之源。现在，美国最富的人是盖茨，知识成了他的财富之源。也就是一代人，手机、传真、互联网等革新的术所引领的通信革命已经创造了新的大规模市场的产品，实际上是人们买的任何东西，包括汽车、电子设备，服装和食品。

卡斯特尔还提出，巨型城市不仅规模巨大，而且还成为极高人口密度和全球经济之间的集中点，因此，巨型城市发挥了集中政治、经济、媒体和交流活动的作用。巨型城市是城市和城市所在世界区域的人口磁石。卡斯特尔还认为，那些拥有新的信息革命所需技能的劳动力的城市会繁荣起来。南亚，印度和中国，南美，尤其是墨西哥和阿根廷的一些城市就有这种劳动力（Kleniewski，2006）。

卡莱尼维斯基（Nancy Kleniewski，2006）在她对卡斯特尔的评价中提出，卡斯特尔对世界体系理论做了三个重要修正，卡斯特尔的第一个修正最有别于原先的世界体系理论："新的国际劳动力分工越来越是沿着信息网络和信息流组织的，而不是按国家安排的（Kleniewski，2006：165）。"第二个修正是卡斯特尔的全球观点，卡斯特尔认为，"信息劳动力"比起廉价劳动力更活跃，两种形式的劳动力都比基于原材料生产的劳动要占据优势。"这样，随之而来的是教育和科学技术越来越重要，因为信息经济评价的劳动力是脑力劳动者，而不是体力劳动者（Kleniewski，2006：165）。"第三个修正是，那些劳动力与世界经济不相关的区域本身会与世界经济疏远，被排除在世界经济之外。卡斯特尔发现，撒哈拉沙漠以南地区有可能孤立于全球资本流的"第四世界"。卡莱尼维斯基的结论是，卡斯特尔认为，"结构性地与世界经济不相关，比起依赖世界经济威胁更大（2006：165）。"

城市政治经济学、世界体系理论和信息革命

图6.2 尼日利亚的拉格斯就是首位城市的一个例子。拉格斯是工业和经济活动的中心，它主导了整个国家的其他部分

都涉及对城市化更广大的宏观层面的关注。全球城市革命如何影响人们的日常生活，如何影响城市居民，这应该是关注城市化宏观层面问题的焦点，但是，实际情况并非如此。下一节，我会努力把这些宏观层面的看法，与微观层面有关城市体验特征的社会心理学的看法结合起来。

新城市社会学：增长机器和社会空间思考

许多社会学家都会从建成环境结构的观点去看待城市建成环境。但是，构成城市建成环境的政治、经济和社会要素实际上是认识城市环境的根本。社会心理学集中关注生活在城市里的人们之间的互动，分析他们有序的和无序的活动，有计划的和自发的活动，以此作为城市分析的内容。社会心理学旨在分析城市体验，即人们对建成环境所做出的包括情绪和感觉在内的反应。社会心理学显然超出了生态学分析和政治经济学分析，社会心理学寻求建成环境对个人的意义，个人对建成环境的认识和行动，而不只是对建成环境做出被动的反应。试图拓宽政治经济理论的两种方式是增长的机器和社会空间思考（SSP）。

洛根和莫罗西（John Logan, Harvey Molotch, 1987）提出了城市增长机器理论。他们关注在广泛的政治经济背景下美国城市的增长。他们认为城市可以看成城市增长机器，一群来自能够从增长中获益的机构的代表，开发和影响这些城市增长机器。在刺激投资和经济增长方面达成共识的那些关键机构包括房地产经纪人、地方银行、具有影响力的政治家、公司董事长、商会成员。

洛根和莫罗西提出，这些关键机构可以提出他们自己的利益，争论一些问题，如一个城市应该追逐旅游业、制造业、服务业，还是居住房地产业。在这种情况下，这些关键机构都有一种积极的增长心态。它们一起推进作为增长机器的城市的可操作性，追逐一种积极的商务议程，把它们的城市推到经济竞争中去，与其他投资和竞争地区展开竞争。在国家的重新分配功能范围内，对商业利益的追逐基本上主导了城市政治。进一步讲，这些关键机构了解地方社区的情感，而且对此很敏感，在这种情况下，他们在阐述这部增长机器如何运转中并不完全把这些情感看成一种促进因素。洛根和莫罗西提出，"随着城市增长，政府要寻找场地安排那些会让周边房地产贬值的公共工程项目（如污水处理厂、监狱、教管所），他们首先找的场地在那些贫穷街区里（John Logan, Harvey Molotch, 1987: 113）。"

洛根和莫罗西认识到增长可能会引起社会冲突，但是，他们没有意识到社区代表的重要性，实际上，社区代表在感到增长与他们社区的利益发生冲突时，很有可能会反对这类增长。洛根和莫罗西没有在他们的方式中完整地加入一个冲突取向，他们之所以没有这样做，在一定程度上是因为他们没有充分考虑到城市意象的主张和空间理论化的重要性。社会空间方式试图把空间看成认识构成增长机器的房地产开发商和政府机构政治经济行动的一个重要因素。

与胡奇森（Ray Hutchinson, 2000）一起，戈特迪纳（Mark Gottdiener, 1985, 1994, 1997）一直都是把城市政治经济与社会心理思考结合起来的领军人物之一。戈特迪纳把对环境符号性质的感觉以及构成社会行为的传统因素，如阶级、种族、性别、年龄和社会身份，与政治经济方面的思考结合起来，试图扩宽政治经济思考。空间被看成了人类行为的另一个组成因素。戈特迪纳（1994）把这个增加了参数的观念称之为新城市社会学，他把这个思维角度称之为社会空间思考（SSP）。

他在分析城市结构和城市环境的政治经济框架里引入了重要的符号活动。他认为，新城市社会学克服了城市生态学的局限性。在认识城市区位重要性的问题上,城市生态学采用的是技术决定论的思维模式。新城市社会学还克服了政治经济学的局限性。政治经济学的分析模式强调空间是一个政治经济活动发生的容器,而忽略了空间关系所具有的象征意义,社会空间思考恰恰是从空间关系的象征意义上来扩大政治经济学的分析模式。社会空间思考(SSP)强调了空间生产和城市空间对人的意义。

社会空间思考强调了城市空间布局上的人的方面。社会空间思考想要了解谁是活动者,他们如何活动,不仅仅是有关增长和变化聚集水平的事实和数据。活动包括作为社会阶级和阶级派系部分的人的行动,或作为性别、种族、民族利益部分的人的行动。人们如何为了开发模式而聚集起来做斗争,这是社会空间思考的一个重要问题,——但是,我们没有把人们为了开发模式而聚集起来做斗争看成一个机器(Gottdiener and Hutchinson, 2000: 141)。

祖金:"谁的文化?谁的城市?"

研究纽约市的变化占据了社会学家祖金(Sharon Zukin)的大部分学术活动。她在调查研究的基础上,形成了一种观点,把她所看到的与政治经济学的观念结合起来,形成一种符号经济学或文化经济学。以城市旅游、传媒和娱乐行业的重要经济作用为基础,建立这种新的"符号经济学"。她认为,随着地方制造业的消失,文化日益成为城市的商务活动。美术、美食、服装、音乐以及旅游等文化消费,成为城市符号经济驱动力的基础。祖金描绘了由城市更新和公共空间私人化的文化战略所创造出来符号经济。她很有说服力地提出,最近发生的符号经济学的增长具有可以看得见的空间反应。符号经济"改造了地理和生态"(Zukin,1995: 8)。符号经济学建立了新的工作场所、商业地区和居住区,让人们重新思考公共的和私人的,地方的和跨国的,商品和文化等事物的传统意义。

金融、传媒和娱乐方面等方面的符号经济增长已经推动了城镇的增长,产生了一个巨大的新的劳动大军,改变了消费者和就业者的思考方向。那些就业者工作的地方——酒店、餐馆、新的建设和没有开发的土地的扩大——不只是工作场所。它们改造了地理和生态;那些就业者工作的地方还是创造和改变的地方(Zukin,19995: 8)。

对于祖金来讲,符号经济不是一件孤立的东西;符号经济涉及一个地方诸种文化象征与资本主义活动相结合的多种方式:"文化象征和企业资产是交织在一起的(Zukin, 1995: 3)。"她提出,我们在历史上看到了三种主要的符号经济形式,符号经济形式影响着人们如何观察和使用一个地方,从而影响到城市更新的投资和经济开发。

符号经济最基本的形式就是可以获利的那些符号或象征——那些符号或象征是我们"看到的和感觉到的城市"(Zukin, 1995: 7)。符号经济的第二种形式涉及"空间企业家",他们关注一个地方做房地产开发的收益和工作岗位。她使用了莫罗西提出的"空间企业家"的概念(1976)。"空间企业家"是那些搞零售、写字楼或住房开发的投资者,房地产商、公司和风险投资者都一样。符号经济的第三种形式涉及传统"空间企业家",他们依靠博物馆、公园和纪念物等文化形式,在城市里做投资。这些传统"空间企业家"和市政府的相关部门出于公众的理由和慈善的理由,为大众谋福利,实际上,此举间接地反映或促进了经济繁荣。20世纪最后25年伊始,随着制造业和工业部门的衰落,服务业和消费者—文化业不断加速发展，包括艺术、电影、剧场和运动，以及与之相联系的食品和饮料、零售和旅游"空间企业家"这种符号经济形式越来越重要了，从而让符号经济获得了发展动力。

祖金主要关注的问题是，城市符号经济或文化经济如何影响"社会融合或排斥取决于我们的观点"（Zukin，1995：vii）。她认为，通过城市的形象和符号，城市的文化构造让人们"各就各位"，通过私人部门的那些有权势的人支持的规划，城市的文化制度管理着城市符号经济，让它来生产商品和指定公共空间。管理起来的城市形象，让中产阶级、富人和游客获益，消除和隐藏那些不良的城市形象。"对城市各种各样文化的控制意味着，有可能控制所有的城市疾病，从暴力和犯罪到经济衰退（Zukin，1995：2）。"

符号经济依赖于建设有吸引力的地方，它们可能是博物馆、娱乐区，如"老少咸宜"的时代广场；体育中心；公园；或针对城市中比较富裕人群的节日市场。例如，纽约的布莱恩公园，建立一个昂贵的露天咖啡馆是一种控制公园里出现的人的办法："露天咖啡从临时才有工作的人和无家可归的人手里夺回了那条路（Zukin，1995：9）。"

祖金不仅对谁占有了"实际"空间有兴趣，而且对使用"符号"空间也感兴趣。在一个相关的研究中她提出，"提出'谁的城市？'的问题，意义不只是有关占有的政治问题；实际上，'谁的城市？'的问题还在问，谁有权利成为这座城市的主导形象（Zukin，1996：43）。"祖金对布莱恩公园的使用展开了分析，我们会在第9章中更详细地来讨论她的这个分析。

城市意象、力量和场所的象征意义

空间具有象征意义。权力和结合了空间具有象征意义认识的经济因素相互作用，影响着人们对他们所处建成环境的解释。前面我们已经谈到过，在帕克有关"作为一种精神状态的城市"的概念中，在托马斯"审时度势"的概念中，都阐述了符号互动论的基本假定对城市意象的重要性，或者说，对城市如何概念化，对城市意象如何影响城市，符号互动论的基本假定都是很重要的。施特劳斯（1991/1975）考察了如何通过人们对城市的各种"意象"去解释现实的城市。人们对城市的感受影响着他们如何去体验城市和作用于城市。通过使用一定景观中的"情感"经历，城市的空间复杂性和社会多样性结合了起来，而且，城市生活不变的特征是，为了"看到"这座城市，人们必须使用特定方式和标志性的对象。

施特劳斯提出，人们知道那个他们密切参与其中的城市的最好部分；"特定社会的成员的空间表达构成了"他们的观念（1961/1975：67）。对于施特劳斯来讲，社会关系是一个城市形象的基础。城市形象可以看成是社会关系的空间结果，即人们在不同地方相互之间所具有的不同类型社会关系的一个空间结果。扩展开来，城市的意义，这个城市的区、街区、街巷和建筑的意义，通过一种解释过程展现出来。施特劳斯与他的同事，沃尔（R. Richard Wohl），一起提出，"城市如何建立它的意义的问题。街头巷尾、人、建筑、变动的场景并没有贴着什么标签。我们需要阐述和诠释它们（Wohl and Strauss，1958：527）。"

不过，沃尔和施特劳斯没有讲清，有权势的人如何影响这个"贴标签"的过程，那些有权势的人能够影响和控制给予一个社区的象征意义。提出这种新城市社会学和社会空间方式的人们，对房地产开发商和其他权力掮客，包括银行家、大生意人很感兴趣，研究他们如何通过支持政府机构而发挥的他们的影响，如何通过操纵城市的形象、符号和解释，来转变城市空间。我们可以先讨论一下文化地理学家如何区分空间和场所的。

文化地理学家赋予场所和位置这两个术语不同的意义。位置一般是指一个特定空间中的建成环境上的地点，常常具有如经纬度和海拔高度之类的客观的空间定位。场所涉及的是地理位置以及主观意义，这个主观意义暗指了一个社会层次中的位置，例如，"他知道他的位置"或"把她摆在她的位置上"，相类似，场所的意义一般涉及对特定地方的主观感觉。正如城市建筑历史学家海顿（Dolores Hayden）在她的著作《场所的力量》中所说，"人们会给他们觉得幸福或痛苦的关键地方打上标记。个人的场所感，既是对周围建成环境的一种生物反应，也是一种文化创造（1995：16）。"这样，场所既是地理的，也是社会的。我们可以从权力，控制城市意象和场所的象征意义上看场所。我打算在这一节通过考察吉伯特（Melissa Gilbert, 1999）和帕尔多（Mary Pardo, 2004）的女权主义方式和迈勒（Christopher Mele, 2000）的新城市社会学的方式，说明这个场所既是地理的也是社会的观点。

吉尔伯特（1999）责备洛根和莫罗西在他们的城市增长机器观念中没有分析权力关系，对他们有关机构、能动性和日常生活的概念体系不满，认为他们没有注意地理尺度，正是不注意地理尺度导致了一种浪漫化的社会观念，而且，他们没有完全地建立一种对场所政治学的分析。另一方面，吉尔伯特认为，女权主义的理论家们认识到了场所与生俱来的政治，看到了社区常常是反民主的、父权的和由同类人组成的。地方社区常常具有歧视性政治和社会安排的特征。

吉尔伯特认为需要建立一种有关场所的综合政治学，建立一种身份政治学。有必要把场所的女权政治与对社区共同利益重要性的观念结合起来，这种社区共同利益属于各种各样身份的人。她提出，女权主义城市地理学家超出固定实体的空间观，既从地理角度，也从关系角度看待空间，在这个基础上，女权主义城市地理学家重新建立空间概念。在吉尔伯特看来，就过程而言，我们把空间看成社会关系网上的节点。就一致、差异和场所如何相互构成而言，这些女权主义地理学家考察了空间。吉尔伯特提出，贫困的、种族化的、少数族裔的城市妇女常常建立一种场所的政治来挑战她们在地方层面的边缘化，挑战建立和维系她们在更大社会层面上边缘化的权力关系。一个很好的例子是，拉丁裔和非洲裔的女性在洛杉矶成功地展开了反对环境种族主义的活动。

帕尔多（2004）讨论了一群墨西哥裔美国妇女的社区活动，她们的组织叫"东洛杉矶的大妈们"（MELA）。帕尔多提出，由亲属和邻里构成的社会网络组成了"东洛杉矶的大妈们"成员的家庭结构。这个社会支持结构成为让家庭参与更大社区活动的重要中间因素。妇女们把基于家庭、宗教和文化的传统网络转变成政治资产，改善她们社区生活的质量。她们动用社会网络和家庭角色作为一个政治行动的基础，包括建立一所新的学校和安全的工作场地。

1984年，加利福尼亚州政府决定在东洛杉矶建设垃圾焚化炉，那个社区聚居着低收入的墨西哥裔的人群。尽管东洛杉矶的空气质量已经很脆弱，州政府还是做出了决定。1985年，加州管教部在东洛杉矶选择一个场地建设洛杉矶县的第一座州里的监狱。这个监狱周边有34所学校。州政府之所以决定在这个地区建设垃圾焚烧厂和监狱，是州政府认为，这个社区的居民不太可能有效地组织起来反对这两个项目。这个看法的基础是，政治家觉得墨西哥裔美国人参与选举的人数比例很低，他们认为，墨西哥裔美国人"有一组文化'抑制剂'，包括亲属制度、逆来顺受、宗教传统主义、传统的文化价值和对祖国的依恋"（Pardo，2004：74）。政治家们打错了如意算盘。

> **体验活动6.5：贬值的项目**
>
> 拜访你所在城市或你选择的城市的一个低收入邻居。注意看看有没有让周边房地产贬值的项目，如污水处理厂或垃圾填埋场、火力发电厂、监狱或拘留所、临时过渡居所、精神病院。研究一下究竟是低收入居住地在先还是这些让房地产贬值项目在先。果真如此，这类项目对附近的居民有益吗？让社区的房地产贬值了吗？在这个城市的其他地方能够找到这类项目吗？

帕尔多首先讨论了女性与性别有关的"传统"职责，如对孩子的教育，对社区周边安全的关注，参与教会活动，参与其他妈妈的行动，反对在她们的地方建拘留所。这些女性对过去政府的不公正提出类似的抱怨，包括在她们的社区建设公路交会处，影响那里的空气质量。然后，帕尔多讨论了那些女性共同关心的问题，如医疗、住房、卫生和让她们作为"东洛杉矶的大妈们"的成员集体行动的城市环境问题。"东洛杉矶的大妈们"在改变州里的这两项决定上还是很有影响的。帕尔多看到的那个通过"东洛杉矶的大妈们"行动而出现的社区动员恰恰反驳了这样一种看法，通过文化特征可以预测政治参与。实际上，"东洛杉矶的大妈们"使用她们民族的、性别的、阶级的身份作为一种推动力量来促进政治活动，逆转了事不关己的冷漠文化。帕尔多的结论是：

> 梅拉的故事一方面揭示了个人和群体如何转变为"大妈"（mother）这样看似传统的角色。另一方面，这个故事说明了，"大妈"这样的传统角色其实也可以成为吸引社区成员进入"政治"领域的社会作用者。研究妇女的贡献以及男人的愿望能够很大程度地揭示出草根运动的网络机制（Pardo, 2004：82）。

场所的政治记忆和集体记忆

在一本有关社区意象建设的专著中，迈勒（2000）不同意施特劳斯的城市意象的概念，在施特劳斯看来，通过共享符号和对场所意义的理解，人们形成的公众的共识就是城市意象。迈勒采纳了新城市社会学和社会空间方式。他提出，"场所的意义是社会权力和争论的一个结果，而不是作为特设的人们对场所形象达成一致意见的副产品（2000：14）。"迈勒把场所的象征意义放到了以政治、经济和文化分层的基础上。

任何一个历史时期有关场所代表的突出主题都反映了广泛的政治和社会趋势。这些路标以非中性的方式让"不同的"场所、人和社会活动产生意义，都与不对称的政治、经济和文化方面相联系（Mele, 2000：14-15）。

迈勒通过对纽约下东城的历史和当代状况的分析，阐明他的观点。作为一名研究生在那里居住时，他分析了房地产投资商从根本上改变城市意象和场所的象征意义，以住在那里的人们，提高他们自己的经济利益。在整个20世纪里，纽约下东城一直都是贫穷移民和工人阶级聚居的地方。20世纪早期，从东欧移民来的贫穷的犹太人聚居在那里，20世纪下半叶，变成了波多黎各移民的聚居地。那里还一直是各种各样的波希米亚人居住地，诗人、画家、作家、音乐家以及其他艺术家，还有各种激进分子，社会主义者和共产主义者，工会活动分子，最近又出现了反文化的年轻人。

迈勒提出，房地产开发商和传媒人士，服从地方政府的规定，为这个具有社会和文化多样性和政治激进的地区选择一个名声，拿这个名声作为这个地区居住和商业市场推广的形象。不去回避那里的贫穷，名声不好和社区的问题，而是重

图6.3 第二大街食品杂货店是所剩无几的下东区贫穷犹太人的一家小店。2007年，这个店也关张了。原因是，随着纽约市东村的贵族化，小店老板再也付不起飞涨的房租了。2008年，这里变成了富裕街区中的高档餐馆，用餐的是比较富裕的顾客（摄影：作者）

新确定这些状况，向那些中产阶级的上层年轻的专业人士推广这个地区，他们会发现这个"乱哄哄的"街区是一个很吸引人的地方，可以在那里追逐波希米亚人的生活方式。

迈勒提出，这个被边缘化的贫穷社区的居民一直都在抵制，防止他们的社区被替换掉。这场斗争不仅仅涉及经济和政治问题，还涉及象征问题。许多拉丁美洲人，波多黎各和多米尼加人，以及一些黑人把他们的社区叫做"罗伊赛达"（Loisaida）。房地产投资者和掮客在从经济上改造这个地区的斗争中，把这个地方称之为"字母城"，因为那里的街巷都是以字母命名的（A大道，B大道，等等）。与正在出现的先锋派艺术相联系的居民在20世纪70年代后期和80年代初期创造了"字母城"。"字母城"也叫"东村"，嬉皮士和后来的格林尼治村的成员用来把他们的地下文化和相邻"西村"的反主流文化区别开来，人们认为"西村"的反主流文化是中产阶级的，而且是乏味的。

这个有趣的名字，"字母城"，掩盖了这个地区难以控制的物质和社会的衰落，降低了这个地区拉丁裔的身份。房地产商和开发商很快就喜欢上了"东村"这个名字。"东村"把这个街区拉丁裔的身份与它的工人阶级的过去分开来，与那些落后的街巷、大道分开，因为房东、嬉皮士和其他一些新来的人一起把下东城的北部叫作"东村"，所以，地方的、国家的和国际的媒体都这样称呼这个地方。对于许多地方活动分子来讲，这个名字是房地产开发商的名字，充满了替代原来街区的独特意义。继续使用"字母城"和"东村"之类的名字，这件事强有力地证明了文化表达在街区改造中的重要意义，而且证明了原来居民并没有停止他们的抵制（Mele, 2000: xi-xii）。

我们可以在有关围绕恢复过去的历史地理位置的斗争中看到场所政治的存在。历史的过去有时可以作为经济、政治和文化因素结果的历史隐藏起来。我打算首先简单考察洛杉矶建设那堵纪念美国无名英雄的墙，然后再考察费城的独立大厦和它被遗忘的历史。

20世纪的历史保护运动一直都在争取保留具有历史意义的建筑物。然而，具有"历史重要性"的意义中常常夹杂着政治意义和经济意义。因此，我说的是，"历史的"和"重要的"一般反映的是那些掌握权力的人所关注的当代政治和经济意义。鲍耶尔（Christine Boyer, 1994）和海顿（1995）都提出，反映在建筑物上的过去其实反映的是一种对历史的主观看法，女性、有色人种，经济地位低下以及没有多少社会权力的阶层对此并不太在意。所以，保护的是能够支持一定意义的建筑，而反映对过去的其他看法的那些证据都被摧毁了。

进一步讲，鲍耶尔和海顿在他们的著作中都提出，在反映当代社区意识中，历史和对过去的集体记忆都是很有价值的，人们不仅了解过去，而且还会知道现在城市和社区的政治。

> **体验活动6.6：历史保护**
>
> 参观你的城市或你选择的城市的一个受到保护的历史遗迹。研究对这个地方的保护是如何展开的：是掌握政治或经济权力的人推动的，还是受到来自居民的公共压力？存在争议（如有人要拆除它）？保存下来的建筑描绘了怎样的过去？

鲍耶尔在《集体记忆之城》（The City of Collective Memory，1994）一书中把重点放在那些会产生有意义的和富有想象力的公共空间的项目上。这些项目展示了一个全面而包容的集体记忆，包括那些边缘化社区群体对过去所做的解释。比较传统的处理城市形象建筑的方式，仅仅突显一种对历史的无瑕疵的看法，一种试图保护"胜利者的消费文化，设计者勾画和包装的环境，用以提高场所的声望和愿望"（Boyer，1994：5），鲍耶尔设想的那些项目超出了这种比较传统的处理城市形象建筑的方式。她谴责，"白色人种的、中产阶级的建筑和规划专业人士的思想观念推动着当代城市建筑艺术，在全球资本重组中，采取去政治的方式，对待城市具有竞争性的区位，他们目光短浅地把注意力放在改善城市的市场开拓能力上，提高城市的形象、宜居性和文化资本"（Boyer，1994：4–5）。

鲍耶尔关注历史和记忆之间的联系，关注这种联系是否可以推动城市公共场所的振兴。她认为，只有在准确反映使用过那个历史场地的所有人的过去情况下，才能振兴城市的公共场所。她号召把整个社区都包括设计元素中，甚至在那段历史可能给官方解释找来麻烦的时候，也要这样做。

"集体记忆的城市"的公共场所应该包括一个连续的城市外观，一种空间结构，它覆盖了富裕的地方和贫穷的地方，令人骄傲的地方和令人

图6.4 这张照片摄于2013年12月20日。人权运动领导人马丁·路德·金博士就是在照片上的这所房子里出生的，它在亚特兰大的美好的奥本区。联邦国家公园局修缮了这所房子，免费向世人开放。给历史保护相互树立了一个积极的范例（摄影：AP Photo/DavidGoldman）

蒙羞的地方，长久的形式和短暂的形式，而且，应该包括供公众集会和公众辨论的场所，以及私人记忆散步和个人休养的场所（Boyer，1994：9）。

场所力量的项目：洛杉矶

鲍耶尔欣赏的一个这种类型的项目，一直都是洛杉矶社区改造局的"场所力量"项目。海顿是一个关注历史场地、人、变动和事件解释的城市历史学家。一些历史学家和地理学家正在重新考察社会对空间的使用，因此，她专门在相对较新的历史学家和地理学家的思潮背景下撰写城市场所里女性史和民族史。

海顿在她的《场所的力量》（The Power of

Place，1995）一书中谈到了洛杉矶保护社区记忆场所问题。《场所的力量》既谈到了保护项目，也谈到了受到保护的地方的历史。她认为，涉足历史保护的的规划师应该认识到，保护建筑和保护若干阶级、民族和性别的历史是很重要的。城市更新和经济开发都很有力，它们可以让过去居民的任何参照物荡涤殆尽，比如勾起过去居民对他们的斗争，他们的生活和他们对场所使用的回忆的那些建筑物。海顿的这部著作可以看成重新考察社会对空间的使用的历史学家、社会学家和地理学家所思所想的一部分。

海顿说明了对场所建成环境的记忆如何能够在城市增长机器的冲击下还能让人的历史稳固下来。她把场所的力量定义为"一般城市景观养护市民公共记忆的那种力量，一般城市景观包括共享场地里的共享时间的那种力量"（Hayden, 1995：9）。她主张，涉足历史保护的城市规划师应该明白，保护建筑和保护若干阶级、民族和性别的历史是很重要的。城市更新和经济开发都很有力，它们可以让过去居民的任何参照物荡涤殆尽，比如勾起过去居民对他们的斗争，他们的生活和带给他们对场所使用记忆的那些建筑物。

洛杉矶社区改造局的"场所力量"计划是非营利的，致力于歌唱在洛杉矶生活和工作的人们的生活。海顿专门研究了一个项目，洛杉矶市中心的"比蒂·梅森墙和公园"。比蒂·梅森公园包括一个喷水池、公用设施、地面铺装、照明、标牌和纪念比蒂·梅森生活的永久性的、公共艺术品。比蒂·梅森在19世纪的洛杉矶当过奴隶，做过助产士、房地产业主和教会社区领袖。这面比蒂·梅森墙是一面黑色的水泥墙，施工的时候，把梅森的照片、用金属镌刻的文字镶嵌在墙上，记录了梅森与洛杉矶相伴的生活经历。

这个纪念公园和墙褒奖了一个曾经在这个街区居住过的非洲裔美国女性，实际上，人们过去基本上遗忘了她。比蒂·梅森墙和公园展示了人

图6.5 位于比蒂梅森公园里的这面墙记录了比蒂梅森奶奶的生活，歌颂她的生活。海顿积极推动了这个纪念场地的建设，她是"场所力量"及其相关项目的负责人，与她一道还有一些人，他们致力于保护"市中心的公众的过去。"（摄影：作者）

们努力通过社区改造局的项目振兴洛杉矶历史的市中心地区。海顿认为，比蒂·梅森墙反映的不仅是良好的设计，而且在没有建筑物存在了的情况下，示意了那里原先有过的使用历史。她认为，确实有不少的历史需要用适当的纪念物表示出来。

在费城独立宫附近的历史区发现了当年奴隶集中居住的营地，这类事件也是海顿和鲍耶尔关注的重要案例，那里藏着穷人或被剥夺了权利的有色人种和受到性别歧视的人们的历史。

独立宫、国家公园管理局和重新诠释历史

2002年，国家公园管理局正在费城独立宫附近开挖，打算建设一个投资900万美元的"自由钟"楼和一个博物馆，纪念革命战争和美国建国初期的那段历史。国家公园局过去在谈到"自由钟"时谈到，在独立战争之前，废奴主义者把自由钟当作他们的符号之后，"自由钟"具有重要的象征意义。正是废奴主义者给这个钟命名"自由钟"，成为废奴主义者的标志。但是，这个象征后来呈现出当代的"通用"品质。按照设计，进入这个钟楼的入口正好建在一个奴隶聚居的营地里，这是很具有讽刺意味的。18世纪90年代，

乔治·华盛顿担任美国第一届总统期间，就把他带到费城来的一些奴隶安置在那个奴隶营地里。华盛顿"不仅从他的芒特弗农庄园带来了房子，还带来了养马的奴隶"。实际上，奴隶制度在费城是非法的（Washington Jr.，2002）。

一开始，国家公园管理局计划不要提出或者干脆不承认费城的革命时代还有圈奴隶的房子。公园局的发言人谢里丹（Phil Sheridan）提出，独立宫广场和自由钟楼的历史使命就是推出这个"自由钟"，而不是突显华盛顿的奴隶。但是，费城的主要报纸和非洲裔美国人发声的重要阵地《费城论坛》，反对谢里丹的说法，"国家公园管理局本来是负责保护和解释美国历史的，可是，充满讽刺意味的是，它事实上在刻意忽略和企图抹掉美国历史的一个重要方面，这就是美国公园管理局的官员们不正确的立场（Washington, Jr.2002）。"公众反对这种企图掩盖费城奴隶制历史的行为，随着这种声音出现在费城，当局不能充耳不闻。迫于政治压力，国家公园管理局修改了它的设计，这个新翻建的中心将会包括那段奴隶史。

除开公众的压力，把奴隶制这件事包括到这个故事中去的另一个动机是，通过展示费城历史上与奴隶制的联系，国家公园管理局的独立亭可以吸引各种各样的游客。费城论坛的记者，索尔茨伯里（Stephan Salisbury，2003）提出，鉴于费城多样性的早期定居者和新的共和国的历史，我们要以更加全面和包容的方式重新构造费城历史。他说，这样做会给这座城市带来经济上的收益。估计到费城的游客有1/3不是白人。"费城会展局多元文化事务大会"的霍尔（Tanya Hall）认为，如果费城真的选择打有色人种的游客的牌，那么，费城的旅游收益就不会是10亿美元（Stephan Salisbury，2003）。独立宫当时的新负责人鲍尔（Mary Bower）认识到，独立宫具有潜力承载费城集体记忆中的那些新的发现：

"那里会出现一个文化转变和一个新版的公园"（Salisbury，2003）。索尔茨伯里的理由是：

> 因为与费城利益攸关的事情总会产生不可估量的后果；如果不是刻意回避那段历史的话，至少许多人一直都认为这段历史不光彩；因为国家公园管理局试图致力于让美国丰富多彩；因为文化旅游业正在寻找有色人种的游客；因为黑白美国人似乎早就做好了准备与这个国家的起源和发展的现实联系起来（Stephan Salisbury，2003：C1）。

国家公园局本来打算举办的展览，却大约拖延了一年时间，其中包括了一个纪念活动，讨论殖民时期费城的奴隶问题。随后，2005年6月，索尔茨伯里写道，国家公园局最终做了反思，"一个意义深远的方式转变"。与另外两个机构合作，国家公园局使用原先的游客中心，建立了"独立生活史中心"。独立生活史中心实施了一个创新计划，一个向公众开放正在使用的考古实验室。专业考古学家正在那里详细分析独立宫场地里发现的3万多件物件，游客可以目睹这些考古学家的工作，包括研究旧工具和日常家庭物品——家居物品、衣物、武器和不计其数的其他物件。

2007年，这是发生最初争议之后的第5个年头，终于宣布要设计一个纪念馆，纪念那些奴隶和他们生活的总统府。很快。在独立广场上建设总统府的工程开工了。因为考古工作还在展开，所以施工现场采取了保护措施。超出30万游客在一个公共平台上观察了这项工程。随后，还竖起了解说栏，讨论美国独立时期费城的奴隶制问题。与公园管理局一道工作的独立宫协建立了一个网站，其中包括国家公园管理局一段承认自己的过失的文字，谈到当初有没有涉及奴隶问题，现在期待通过还在展开的考古工作，"我们可以在费城的这个场地上为过去发生的事情建立

图6.6 总统府：建立新国家时的自由民和奴隶是一个露天场馆，显示了原始建筑的轮廓，包括了标牌和录像等展览方式，华盛顿曾经在建国初期居住在那里，那里还居住着华盛顿从家乡带来的奴隶，当时，费城是美国的首都。这个建筑坐落在独立广场历史区里，那里还有自由钟和独立宫等纪念性建筑。国家公园管理局最初打算忽略掉那里有奴隶聚居的营地，但是，迫于公众的压力，华盛顿家奴和美国奴隶所发挥的历史作用最终在这个纪念场所得到了彰显（摄影：作者）

起一个更加精确的画面，实际上，那个时期这里有很多种人生活和工作。能比较好地认识影响这个国家历史的因素和力量（Independence Hall Association，2010）。"

2010年，这个名叫"总统府：建立新国家时的自由民和奴隶"纪念馆建成。它是一个露天场馆，显示了原始建筑的轮廓，允许游客观看保留下来的房基。那里还播放了一个纪录片，描绘了总统府的历史，包括戏剧性地描绘了华盛顿的奴隶在总统府的工作，以及那时美国社会的奴隶状况。与之相邻的自由钟中心包括了对废奴和奴隶制的讨论，而独立公园游客中心有一个有关地铁的展览。距离那里不远的非洲裔美国人博物馆也有费城黑人历史的音像制品介绍。

有关总统府展览的实际效果一直都有一些争论（Rothstein，2010），美国独立故事的整体目标是，那个时期的费城包括了各种各样的人。独立公园地区是后殖民时期最重要的街区之一。那个社区里有很多群体的人在那里工作和居住，是历史学家华纳（Sam Bass Warner）所说的"步行城市"的一个重要例子。索尔茨伯里（2005：B3）预计，这个项目会比较完整地展示那个时期的城市日常生活。

独立公园会描绘早期城市中一个最有意义的街区，那里自由的黑人可以生活在一个有贵族身份的富商的隔壁，生活在爱尔兰劳工、德国店主和威尔士文员的隔壁。这里显示了这个国家文化多样性的根实际上有多么深。剩下的物件会告诉我们当时的日常生活状况，像其他地方一样鲜活，与考古学家期待的一样（Stephan Salisbury，2005：B3）。

在公众的压力下，经过对一个社区和它的多样化的人的历史的分析整理，一段比这个国家还古老的历史，一个地处这个宣布国家独立的城市费城中的场地，最终让它的历史真相得到恢复。

结论

20世纪60年代，美国城市发生的一系列事件，让人们不得不对芝加哥学派的主导城市理论模式，即城市生态学和城市生活研究，进行一次重大反思。符号互动论强调了在认识城市生活变化的性质中社会心理因素的重要性。另外一种理论观念，城市政治经济学提出了它的基本假设，由于关键社会、经济和政治因素的存在，城市会出现增长和发展，还会发生兴盛和衰落。城市政治经济学遵循马克思的思想，认为空间使用是以社会冲突模式为基础的，哈维通过研究巴尔的摩和它的内港开发对此做了阐述。20世纪后期，人们把洛杉矶作为一个与几十年前的芝加哥相类似的"令人敬畏的城市"展开了研究。迪尔、戴维斯、索亚等人的观念，尤其是迪尔用"基诺资本主义"对洛杉矶空间布局的解释，让社会学的洛杉矶学派跃然纸上。

为了解释第三次城市革命，一些社会学家接受了现代化理论，而另外一些社会学家支持反对现代化理论的依附理论。依附理论以及与此相关的华勒斯坦的世界体系理论，强调了发达国家在使欠发达国家处于依附状态的作用。现在，许多城市成为世界经济的一部分，受到信息技术的影响越来越大，但是，依然陷入贫困和痛苦的困境之中。卡斯特尔强调通过创造和控制信息，增加财富的积累，从而修正了世界系统理论；结果是世界上的一些地方会与世界经济发生结构性的不相关。

戈特迪纳通过批判洛杉矶学派而提出了社会空间观念，也就是新城市社会学。洛根和莫罗西的城市增长机器的概念优劣参半。所以，祖金分析了符号经济学，解释了正在出现的当代城市经济。

与空间象征意义结合起来的权力因素和经济因素相互作用，影响了人们如何去解释他们的建成环境。在城市意象、权力和场所的象征意义时，我们谈到了女性地理学家的工作，她们研究了女性在社区里的"传统"角色如何可以赋予她们为城市公正而斗争的力量。利用权力去指定场所的意义，有组织地去抵制这种权力，可以产生更加包容的场所符号政治，如洛杉矶的"场所力量"项目，又如在费城的"总统府"、"自由钟中心"和"独立宫历史地区"所增加的奴隶的故事和多样性的故事。

思考题

1. 政治经学模式以什么基本假设作为出发点？举例说明。
2. 用哪些特征把洛杉矶定义为一个20世纪后期的"令人敬畏的城市"？
3. 定义和解释现代化理论、扩散理论、发展理论和依附理论之间的关系。
4. 定义新城市社会学，提出一个应用案例。
5. 描绘一些影响城市发展的权力关系，用例子说明城市权力斗争如何在21世纪展开。

第三部分

城市意象
City Imagery

第7章　城市意象

本章大纲

作为艺术作品的城市
　　巴黎和印象派艺术家
　　纽约市和垃圾桶派
作为街头和社区美术的壁画
　　费城的壁画计划
　　洛杉矶的壁画
　　作为社区资源的美术馆：底特律艺术学院
结论
思考题

背景图：比利时根特的街头艺术画廊。通过指定可以涂鸦的小巷，承认涂鸦是一种重要的街头艺术形式，反映城市文化，同时，就把涂鸦管理了起来。

人们对一幢建筑、一条街、一个街区，一整座城市的印象不仅源于他们眼睛看到的。实际上，许多心理学的和社会学的因素都会强烈地影响着人们的印象和感受，影响着人们的体验和记忆。个人通过以那个环境心境为基础的社会结构来面对他的或她的环境。我们常常看到，我们的想象相互重叠和补充。毫不奇怪，人的想象是社会相互作用的产物。我们感觉空间和环境的方式是在社会生活中学到的，以体验为基础。

我们在这一章里来考察作为艺术作品的城市。作为艺术作品的城市不仅反映为城市形象，作为艺术作品的城市还通过社会、政治和经济行动而凝固下来。两个历史的例子和两个当代的例子说明了不同的城市意象。一个历史的例子是通过印象派的眼睛所看到的19世纪的巴黎，另一个历史的例子是社会现实主义者，如20世纪初纽约的垃圾桶派所看到的纽约市。两个当代的例子反映了人们当前所关注的问题：洛杉矶、费城和纽约都可以看到涂鸦艺术家和街头壁画家的艺术作品。在这一章的最后，我们打算以底特律和底特律的美术馆为例，讨论作为公共物品的艺术。

作为艺术作品的城市

城市意象是人们体验城市的结果。作为人们体验城市的结果，城市意象还影响着城市生活本身。城市意象具有符号功能，它帮助人们与一个场所建立起一种紧密的联系，那个场所承载着分享那个共同环境的人们之间的互动。共享的场所和社区意象是发展人们之间紧密联系的推动者。城市社会地理学家林奇（Kevin Lynch）曾经指出：

> 景观还在发挥着它的社会功能。所有人都熟悉的命名环境提供了人们的共同记忆和标识的材料，命名的环境把一群人联系在一起，让他们相互交流。命名的环境还是一个保留集体记忆和理想的巨大记忆体系（Lynch, 1960: 126）。

城市历史学家沃尔（R. Richard Wohl）和符号互动论者施特劳斯都同意林奇的这个判断。如前所述，沃尔和施特劳斯（1958）提供了许多例证，说明人们如何给城市找到一个简单的建成环境的符号。这个符号帮助人们组成城市印象和推动日常活动。

城市意象不单单以对城市的直接感觉为基础，它还受到隐藏着的政治、经济和社会因素的影响，林奇、沃尔和施特劳斯都没有强调这样一种认识。最支持这种观点的可能是采取城市政治经济学观念的那些人。戈特迪纳的观念尤其与此相关，他的社会空间理论中结合了政治经济学的观点。

戈特迪纳关注意的是，思想观念在构建城市空间中的作用。他在题为"文化、思想观念和城市标志"（1986）的论文中，对以费雷著作为代表的城市生态的社会文化学派提出了异议，对林奇及其那些作为城市规划师的追随者们提出的交流模式同样提出了异议。戈特迪纳认为，城市意象不像林奇说的那么简单，不过是一种视觉认识，实际上，城市意象是政治权力和经济学为基础的意识形态因素的结果。

城市学家，如城市艺术史学家奥尔森（Donald J. Olsen）一直都在讲，大城市超出了它的经济规模，应该把它们看成"刻意为之的艺术创作，城市不仅给人以愉悦，而且包含了各种观念，如价值观念，城市成了一种看得见的思想和道德表达"（Olsen, 1986: 4）。奥尔森（1986）在他精彩而且富有思想的著作中考察了19世纪欧洲的三大首府城市，伦敦、巴黎和维也纳，提出了"作为艺术作品的城市"的判断。在谈到这些作为艺术作品的城市时，奥尔森有意对比了当代历史学家和社会科学家，他们一直把重点放在"现代性的不理智的方面"（1986：x）。他认为，必须把城市看成"倍加珍惜和展开研究的对象，而不是把它当成丑恶的东西去揭露，城市是艺术作品，而不是社会病态的案例"（1986：296–297）。

奥尔森强调，我们要去认识"历史"和技术在"影响1914年以前的意识和决定一般欧洲行为方面的价值。他所说的"历史"，"不是如马克思或其他人所说的客观的历史推动力，而是思维模式、分类系统以及研究和解释人类历史相关的感觉模式"（Olsen，1986：296–297）。

巴黎和印象派艺术家

我的工作就是带着外国人满城转，告诉他们这个城市的美之所在。奥芬巴赫作曲，梅尔哈克作词的轻歌剧巴黎生活中的人物。

Gache-Patin（1984：109），引自Haley（1867）

19世纪建设和发展起来的大工业城市，如伦敦、巴黎和维也纳帮助解释了那个世纪。社会科学家和社会改革家努力寻求认识出现在那些大都市区的新城市生活的性质和特征。社会科学家、社会评论家、社会改革者最初关注影响新到城市的贫穷的工人阶级群体的大规模变化。城市贫民窟集中体现了社会混乱的特征。贫困、童工、弃儿、卖淫、私生子、虐待妇女和儿童深刻影响了人们对城市生活的感受。如狄更斯的《雾都孤儿》和《艰难时代》那样，作家的作品淋漓尽致地描绘了新的生活方式。

与此同时，正在出现的资产阶级也很关注新的生活方式。例如，奥斯汀的《傲慢与偏见》、《理智与情感》，我妻子最喜欢的《爱玛》，考察了资产阶级的正反两方面。另外，为了适应新的资产阶级，新工业城市正在建设中，旧城市里那些狭窄和弯曲的街巷正在得到改造。我们看到，在改造的城市中，只有巴黎是为上升的精英阶层准备的，只有巴黎被描绘的美轮美奂。正是法国的印象主义让这个城市充满了阳光。

作为社会学家，我们一般想到的19世纪的欧洲城市都是贫民窟，肮脏狭窄的街巷，都是狄更斯描绘的那种因为工业发展而产生的阴暗的城市。在包括托克维尔、马克思和恩格斯、梅因和滕尼斯这些早期社会学家的著作中，这些体现出19世纪欧洲城市社会混乱特征的意象都跃然纸上。但是，我们想想19世纪的巴黎，宽阔的大街、每日都有节日景象的街头巷尾，音容笑貌中洋溢着幸福感的人，在无以计数的咖啡馆和餐馆中或在那些大道上聚会，在公园里度过休闲的时光。法国印象派画家的作品笼罩了我们对巴黎的意象。印象派画家（马奈、雷诺阿、莫奈、卡耶波特、莫里索、毕沙罗，等等）给正在出现的资产阶级中的中产阶级群体描绘了一幅巴黎景象。在我们的讨论中，我们打算考察印象派画家笔下的巴黎意象，考察它如何通过大规模城市改造而被创造出来。我还打算通过考察同样在巴黎的那些不那么富裕的人的情况和巴黎的改造对他们意味着什么，来调整巴黎的形象。

如同英格兰和德国的城市一样，19世纪的巴黎出现了巨大的增长。19世纪伊始，巴黎的人口大约在50万，到了19世纪末，巴黎的人口高达350万。19世纪上半叶，巴黎成为法国快速发展的铁路系统的枢纽。19世纪30年代，巴黎经历了一场工业和金融繁荣阶段。1848年，巴黎成为世界制造业的领军城市之一。40万以上的人在小工厂、非常大大纺织厂，重工业工厂和化学工厂里工作（Girouard，1985）。但是，到了19世纪中叶，狭窄、弯曲和肮脏的街巷充斥巴黎，几乎没有公共卫生设施，几乎没有室外照明。那时，巴黎每日都出现交通拥堵，严重阻碍了劳动大军的分布和经济活动本身。专制政府认为，需要大规模改造巴黎。

在19世纪中叶的革命发生之后，拿破仑三世下令塞纳省省长奥斯曼（Baron George-Eugene Haussmann）对巴黎展开大规模改造。我们使用"奥斯曼化"这个术语表达巴黎的这次大规模改造。奥斯曼计划是对巴黎实施大规模拆除。使用现代技术，用推土机推平了贫穷的工人阶级聚居的社区。因为成排居住区的拆除，人们被迫移搬迁到巴黎核心区之外的地方去。1848年以前的巴黎特征是狭隘和弯曲的街巷。巴黎当时的道路的设计不仅妨碍了交通运行速度，而且成为抗击军队镇压革命活动和抓捕革命者的一道迷宫式的防线。实际上，把旧巴黎夷为平地，用宽阔的道路和新的高层公寓楼取而代之，是有若干目的的。在需要的时候，可以允许大规模军队畅通无阻地开进市区。可以把改造的那些地方用来开设餐馆、咖啡店、剧场和公园，富裕的资产阶级可以与他们的同类人互动。

我们对巴黎的当代想象是在19世纪中叶建立起来的。我们必须在巴黎改造的背景下，在改造后的巴黎如何与那个时代的资产阶级的生活结合起来的背景下，去认识印象派。赫伯特（Robert L. Herbert，1988）揭示了印象派画家如何既是现代消费生活和展示的参与者，又是它们的观察者。从1865年到1885年，休闲和娱乐的基本主题主导了巴黎人的生活。巴黎的街头巷尾、咖啡馆、舞厅、歌剧院、剧场、餐馆和公园都成为印象派画家的主题。温伯格、伯尔格和库里（Weinberg, Bolger and Curry，1994：135）引述当代评论家有关在"大城市时代"描绘现代生活必然性的看法。法国印象派画家的典型目标就是描绘城市景色。德伦（Edmond Duranty）对1876年第二届印象派画展做了如下评论：

> 画家不要坐井观天，走出与日常生活隔绝的画室，到现实世界中去，这很有必要。我们需要特别注意现代的个人，他在家里和大街上的衣着，他的社会习惯（引自Weinberg, Bolger and Curry，1994：136）。

奥斯曼领导建设了林荫大道以及与之相邻的公园和广场。当时，这种林荫大道是相当宽阔的，长达数英里。店铺、咖啡馆、餐馆、剧场和有着优美凉台的公寓楼，沿着这些林荫大道一字排开，这些地方成为正在崛起的资产阶级休闲娱乐的场所和居住场所。霍尔引述了本雅明（Walter Benjamin，1995）著作中一句话，"林荫大道不是日常生活的大街；它们是戏台，用来炫耀的"（1998：721）。建设林荫大道的最终目标是建设一个让人留下印象的城市，让公众和民族为之骄傲的城市。用沃森（Dondld Olsen）的话来讲：

> 塞瓦斯托波尔大道、马勒塞尔布大道、未来歌剧院大街都致力于私人居住和私人商务活动，尽管如此，它们的目标十分类似于协和广场、巴黎圣母院和卢浮宫，就是要唤醒公众的和民族的自豪感。巴黎老区里仍然有僻静的地方，有隐藏起来的宅院，狭窄的通道和没有装饰的背街，资产阶级的别墅区都在巴黎的远郊，那里的巴黎就没有那么多乔装打扮了。不过，确实没有任何城市如此全方位地严肃对待它的外观和行为，仿佛全世界的人都在看它似的，都在把它当成法兰西民族的骄傲（Olsen, 1986：291, quoted in Hall, 1998：721）。

我们关注的是奥斯曼的巴黎，它成为作为艺术作品的城市，印象派画家如此生动地捕捉到了它。资产阶级及其休闲的公共生活是印象派画家的核心主题。当然，在我开始这个考察之前，我们还要认识到和了解奥斯曼如何成为第二次世界大战后美国城市更新和公共工程计划的先驱。

美国建筑史学家克斯托夫（Spiro Kostof）提醒我们，为了认识20世纪城市更新的政策，必须认识奥斯曼化的法律基础和政治基础。他提出，巴黎的改造是城市规划或"城市装饰"最早的表现之一，在巴黎的改造中，国家有权指定城市的一部分与城市变化不相符。这种制定允许国家为"公共利益"而征用私人财产。奥斯曼使用征用权、没收权和强制购买等手段，能够占有相应的土地，不再需要与拥有那些财产的人去协商就可以按照自己的意图去开发。"奥斯曼化城市常常与社会工程同日而语，这个社会工程旨在拯救那些处在民粹主义骚动之中的城市，把有产阶级与贫穷的和无权势阶级隔离开来（Kostof, 1992: 266）。

巴黎改造的好处在于公共卫生（清除贫民窟，留出采光通风的开发地区），建设现代住宅和商业设施，建立社会秩序。许多人认为，改造巴黎的真正目的是"社会稳定"，通过建设宽阔的林荫大道，让军队可以顺利进入城市。第二次世界大战之前很有影响的马克思主义评论家本杰明（Walter Benjamin）认为，设计宽阔林荫大道的目的是在内战情况下保障巴黎的安全。法国大革命时期，1830年和1848年，巴黎都经历过残酷的街巷战斗。但是，本杰明提出，法国在普法战争中大败之后，1871年，巴黎爆发了巴黎公社起义，当时修筑的街垒比以前还好一些（Benjamin, 1995）。

城市化和巴黎的改造突显了社会分化。穷人被赶出了整洁的大街。奥斯曼在改造区里刻意不为穷人提供充足的公共住房，当一个老的街区被"奥斯曼化"，它的经济上的居民构成不可逆转地发生了改变。越来越富裕的人们住进了沿着林荫大道一字排开的公寓里，此时，少数人可以在那里找到住处，但是，很大比例生活在奥斯曼化地区的人是资产阶级（Willms, 1997）。

大部分穷人被迫迁往巴黎的远郊，所谓"红腰带"，那里聚居着工人阶级，一般都是法国共产党的选民（Kasinitz, 1995）。1863年的一则评论这样写道，"巴黎的改造把工人大众赶出了市中心，让他们居住到了巴黎的边沿地区，所以，巴黎出现了两个环：一个富裕，一个贫穷；一个包围另一个，穷苦阶级像一个巨大的环，包围着富裕阶级（Willms, 1997: 271）。"

体验活动7.1：征用权

确定你所在城市或你选择的城市里某个地区，那里的房地产已经被政府征用或者计划征用？征用权一定涉及"输者和赢者"，或者能够让所有的利益攸关者获得一个公平的结果？

巴黎的街头曾经被描绘会动荡不安的地方，政治暴乱的场地。正是在街头，民众显示出他们对现存政治制度的失望，表现出高涨的革命热情。在1830年和1848年的街头战斗中，路障成为巴黎城市景观中政治意象。"街头呈现为一种政治争斗的城市空间，'人民'不断在街头表达他们集体的力量，维护'秩序'的官方机构被迫处置和压制这种公共示威（Distel, Sagraves and Rapetti, 1995: 90）。"

著名浪漫主义画家德鲁克努瓦（Eugène Delacroix）名叫"自由引导人民"的作品是街头革命意义的一种象征性的表达。

通过对巴黎奥斯曼化的改造，摄影师、画家和文学家和大众都对街头意象产生了兴趣。正是通过一群前卫画家的作品，新的巴黎布局才被描绘了出来，并得以张扬，这些画家后来就成了我们现在所知道的"印象派画家"。"奥斯曼的巴黎，加上他的宽阔的、优美的大道，以纪念物为焦点的景色，也变成了其他地方效仿的模式——城市生活成为了一个艺术品，一种美学体验，一种公共的奇观（Kostof, 1992: 266–267）。"印象派画家描绘了大街的壮丽大道和运动的行人。

图7.1 德鲁克努瓦的"自由引导人民"（1930）。德鲁克努瓦在画这幅纪念1830年革命的画时，已经是一个著名的巴黎画家了。他写道，"如果我没有为了国家而战，我至少要为我的国家画一幅画（1830年10月21日给兄弟写的一封信）。"

图7.2 卡勒波特的《巴黎街道：雨天》

卡勒波特（Gustave Caillebotte）的《雨中的巴黎街头》（1877），可能是描绘公共场所崛起的资产阶级的最著名的绘画作品之一。

19世纪的诗人和社会批判家波德莱尔（Charles Baudelaire）曾经撰写了一篇很有影响的论文，"现代生活的画家"，推动了许多印象派画家去描绘当代城市生活。受到波德莱尔鼓励的画家们，采取了游荡者即现代观众的化身的观点来创作。"完美的游荡者是'充满热情的观众'，这个现代人在人群中徘徊，这个现代人最有保障的一件事就是，城市生活让他有可能隐姓埋名，无人知晓他是谁（Fer，1993：30）。"许多绘画把游荡者描绘为一个闲人，他冷静地观察生活。头顶上的帽子常常是他时髦的象征，这一点恰恰反映了波德莱尔的一种信念，时尚是现代性的一个组成部分，所以，应该在艺术中把时髦描绘出来。马奈的"杜乐丽花园里的音乐"（1862）就反映了波德莱尔这个思想的影响。这幅画上，巴黎上层社会的人们正在杜乐丽花园里享受出游的乐趣，其中包括了马奈自己、波德莱尔和音乐家奥芬巴赫（Jacques Offenbach）（Welton，1993）。

新巴黎的交通和工业对印象派画家异常重要。卡勒波特的在"欧洲桥上"（1876—1877）和"欧洲之桥"（1876）描绘了这座桥上的行人。莫奈使用巴黎的若干火车站作为他绘画的一个经常出现的主题"圣拉扎尔火车站的欧洲桥"（1877），《圣拉扎尔火车站》（1977），《圣拉扎尔火车站，诺曼底火车》（1877）。

奥斯曼化的巴黎的另外一个后果是巴黎成为旅游和消费的地方。克里斯琴森在他的历史记述中引述了当时的一个评论，巴黎已经成为"一个奢侈的地方，猎奇胜过使用，一个展示之城，玻璃罩之下的地方，世界客店，外国人仰慕的地方，对市民来讲并不实用，当然，对于阿尔比恩（古时指英格兰）的儿孙们，巴黎既让人感到舒适，又让人不亦乐乎，应有尽有"（Fournel cited in Christiansen，1994：106）。

在巴黎宏伟宽阔而优美的，与新的"人行道"连接起来的林荫大道上，商品世界的巴黎一览无余。"新"巴黎的公园和林荫大道成为许多印象派画家的主题，最著名的有莫奈和毕沙罗。恰恰就是在"新"巴黎的公园和林荫大道上，游荡者在陌生人中徘徊，在无以计数的咖啡馆里、在话剧、戏剧、芭蕾和歌剧的剧场里，在舞厅里、在赛马场上、在花园和公园里，游荡者打量着擦肩而过的人们。休闲娱乐主题主导了印象派绘画的鼎盛时期。雷诺瓦的那些城市咖啡馆里的生活的绘画作品，至今让我们感到愉悦，让我们希望自己也能享受到那个无尽的欢乐时光。恰恰就是在"新"巴黎的公园和林荫大道上，巴黎人享受着他们的闲暇时光，这是工业化和城市化带给他们的奖赏。雷诺阿的煎饼磨坊的舞会（1876）就是庆祝美好的生活，欢庆正在出现的光怪陆离的城市生活。

有阳光普照的城市，当然也有夜幕下的城市。正是劳特雷克（Henri Toulouse-Lautrec）的作品描绘了城市生活的阴暗面。劳特雷克的作品反映了城市里的妓女和酒鬼的地下世界，反映了城市险象环生和光怪陆离的一面，与雷诺阿阳光灿烂的巴黎色彩形成对比。通过提供城市现实生活的另一面，巴黎的夜生活也能让我们充满想象。就在雷诺阿创作煎饼磨坊的舞会之后13年，劳特雷克创作了黑暗版的咖啡店生活，煎饼磨坊的一个角落（1889），正如威尔顿（Jude Welton, 1993）所说，不苟言笑的女孩子们，一个面相不善的正在看舞蹈的男人，把他们组合在一个画面里，从而与雷诺阿所看到的那种和煦幸福的舞厅场景形成鲜明对比。劳特雷克有关红磨坊生活的那些作品揭示了巴黎生活严酷、可怕和沉闷的一面，而没有去美化资产阶级。正是美国现实主义作品，尤其是垃圾桶派的成员们，完整地描绘了城市，在他们的作品里，我们可以看到对城市工人阶级及其工人阶级城市生活的描绘。灿烂的新巴黎是印象派画家的主要主题。

巴黎的火车站、街区和桥梁，印象派的巴黎主要表现的是室外的城市，一个明亮的、有气氛的和宽敞的城市。如同法国作家施普费尔（Jean Schopfer）所说的那样，巴黎的生活是"室外生活"，一个真正公共的和城市的生活。当真实的巴黎城社会关系紧张、充满着阶级冲突，如同那些当代现实主义作家描绘的那样住在小公寓和阁楼里，产生出城市特有的人情淡漠疏离的状况，那么，人们可以摆脱这些压力，到大街上去，到公园里去，到"新巴黎的"河岸上去。博纳尔（Pierre Bonnard）和维亚尔（Edouard Vuillard）设计的那种公寓，斯德雷（Theophile Steinlen）和劳特雷克笔下的令人毛骨悚然的妓院和舞厅，与它们相比，莫奈、毕沙罗等人笔下的这个辉煌和健康的新巴黎是一种解脱（Gache-Patin, 1984: 116）。

纽约市和垃圾桶派

在这个谁也不在乎谁的城市里，坐坐地铁。

拉斯卡（Edward Laska）、凯利（Thomas W. Kelly）和哈里斯（Charles K. Harris）

这是20世纪初一个流行歌曲的一段歌词，既表达了对城市未来的乐观情绪，也传递了对城市未来的失望情绪。著名艺术史学家科恩舒莱（Annie Cohen-Solal）以及拉斯卡、凯利和哈里斯等人都认为，这首关于纽约市的歌曲"反映了正在这个世界新都市里迸发出来的城市文化的活力和放荡不羁的特性"（Annie Cohen-Solal, 2001: 186）。当时，纽约市和其他一些美国城市的新的交通系统、新的火车站和摩天大楼，都在迅速发展，与此同时，它们也正在经历着住房短缺、不好用的上下水系统，过分拥挤和交通堵塞等重大困难。

19世纪后期和20世纪早期，在美国工业城市展开的改革思潮旨在解决如此普遍的社会混乱问题。这个改革思潮成为影响芝加哥学派先驱者们和其他一些城市生活分析家的主要思想基础。20世纪初的那些揭露社会黑暗的小说，如诺里斯（Frank Norris）的《章鱼》和辛克莱（Upton

Sinclair)的《丛林》,集中暴露了对移民的剥削压榨。它们抓住了一般人与组织起来的公司权力和滥用权力展开抗争的原因。辛克莱和其他一些作家接受了西奥多·罗斯福(Theodore Roosevelt)提出的挑战,在麦金利(William McKinley)1901年被刺杀之后成为美国总统,1904年再次当选美国总统。罗斯福大声疾呼研究美国城市的重要性,责备作家们更关注风景如画的欧洲市场,而不去关注纽约市富尔顿大街的市场(Sam Hunter, 1972)。罗斯福曾经担任纽约市的警察局长和市长,他在一篇题为"包厘街的但丁"的文章里提出,"包厘街是一条人间大街,一条充满沸腾生活的大街,一条充斥各种利益的大街,一条光怪陆离之街,一条辛勤劳作之街,一条卑鄙龌龊和满是悲剧之街,而且,地狱的恶魔死死攥着包厘街(Sam Hunter, 1972:39, 引自"Dante in the Bowery" by Theodore Roosevelt)。"

美术史家亨特(Sam Hunter, 1972)说,文学家、政论家、画家与社会改革家一道,接受了罗斯福的这个挑战,把注意力放到考察社会不公正和社会混乱的问题上,包括贫困、卖淫、酗酒和民间不当行为,这些事情正在城市里横行。克莱(Stephen Crane, 1893)的《玛吉:街头女孩》和德莱塞(Theodore Dreiser, 1900)的《嘉丽妹妹》,都是文学家对当时的社会现实的反映,它们生动地描绘了那些年轻妇女在面对严酷的城市生活现实时不可避免地表现出来的天真无邪和相当无助的窘境。这些文学作品涉及的都是卖淫、诱惑、通奸和重婚之类的故事,而那些故事里的人物是不可能主宰严酷的经济重压的。这些文学作品采取了写实的、不加判断的方式,所以,那些文学作品让中产阶级和富人们突然发现,他们几乎不知道的穷人的生活。日常街头生活所具有的破坏性和危险性成为当时大量文学作品的一大主题。当时的流行歌曲也反映出对都市穷人和不幸的冷漠和不关心的态度。

与19世纪中叶的伦敦一样,城市里大部分富裕的人们不了解生活在贫民窟里的穷人的生活。美术批评家休斯(Robert Hughes)提出,这些新闻作品深深地触动了富人。新闻撰稿人鼓励富人自己去体验一下这些城市状况的现实。"在20世纪最初10年里,勇敢的人们有兴趣去看看市中心贫民窟里的生活,如同他们的儿女们在20世纪20年代会去纽约的哈林地区,看看那些身上散发着臭气的陌生人(Hughes,1997:332)。"

当时,画家拒绝了印象派画家的那种城市浪漫主义,把头转向社会现实,表达他们对这些问题的感受。"垃圾桶派"的画家是一批青年画家,他们希望描绘他们身边的生活,他们首先出现在费城,然后,出现在纽约,纽约的这批垃圾桶派的画家影响更大,当然,这个美术流派的名字直到20世纪30年代中期才成为一个常用词汇。如同社会学的芝加哥学派的奠基人帕克一样,这个流派的画家们共享有关城市现实的新闻概念。

图7.3 路斯(1867—1933)的油画作品《台阶上》。路斯是"垃圾桶派"画家之一,这个出现在20世纪初的美术流派以社会现实主义的态度描绘了他们当时所体验到的城市生活

"垃圾桶派"画家包括路斯（George Luks）、斯罗尼（John Sloan）、格莱肯斯（William J. Glackens）、希恩（Everett Shinn）、贝劳斯（George Bellows），为首的是亨利（Robert Henri）。除开亨利和贝劳斯之外，所有人都在出版社做过插图画家。他们画笔下的纽约让帕克的城市概念有了用图表达出来的意义，城市是一个由陌生人组成的文化区域。"所有6位美术家都是城市新人，他们的美术作品显示了那时大部分纽约人都有的体验：富有挑战意义的在规模空前和异质的城市里面对着无以计数的陌生人（Zurier and Snyder 1995：14）。"不像法国和美国的印象派画家，"垃圾桶派"画家不仅试图描绘城市生活的积极方面，也努力反映城市生活的阴暗面。

"垃圾桶派"画家的主题是正在出现的工业城市，重心放在街头的日常生活、剧场、舞厅、酒吧和会所的夜生活。他们对贫民窟和移民聚居地里的生活感兴趣，同时，也对上层社会感兴趣。他们的全部作品都反映出他们对城市场景的兴趣，他们用现实主义的色彩加上积极地肯定城市生活的态度来描绘城市。科恩—索拉尔（Cohen-Solal）最概括地描述了"垃圾桶派"画家的兴趣：

他们描绘了新与旧的冲撞，日与夜的城市，捕捉展开中的城市文明，以及建设工地、架高起来的火车、摩天大楼、贫民窟、市场、挖掘场地、事故和火焰——混乱的错综复杂的现实世界的元素。他们画拥挤的人群、拳击赛和夜总会。他们描绘男性的理想，站在改变中的女性的角色，总之，正在迅速成为纽约最有价值的资源的人流。这些都是他们从期刊插图中引进的主题，他们使用铅笔、蜡笔、水彩、水粉、木炭，把它们变成美术作品，把绘画活动置于一种新的自然而然的创作活动中（Cohen-Solal，2001：170）。

> **体验活动7.2：艺术源于生活，还是生活？**
>
> 找一件描绘低收入居民或低收入社区移民生活的艺术作品。实地考察或在网上浏览那个居民。这个艺术作品如何现实地描绘了你所观察到的？这艺术是否强调某些社会或文化主题？

"垃圾桶派"画家更热衷于描绘建设摩天大楼的人或被摩天大楼的阴影笼罩的人，而不是摩天大楼本身，摩天大楼当时成为美国城市大公司的象征（Zurier and Snyder, 1995）。不过，他们最明白摩天大楼的象征意义（我在下一章还会更多地谈到作为美国大公司象征的摩天大楼的意义）。

说摩天大楼是丑陋的，是一种时尚。可以肯定，所有的垃圾桶派画家都会告诉我们："不是那样，摩天大楼很美丽。20层楼就足以说明美国的意义了，摩天大楼处处显示了我们年轻国家的朝气（Cohen-Solal，2001：170）。"

斯罗尼的"纽约的麦迪逊花园"（这个作品的名字以后被人张冠李戴了，叫做"招募，联合广场"）是新建设完成的摩天大楼之中的一个公园，包括巨大的大都会人寿保险公司大厦。当时，纽约市已经成为大公司资本主义的中心，而大都会人寿保险公司大厦就是这个纽约市的重要标志。但是，在斯罗尼1909年的绘画作品中，这个建筑还没有这种影响。"纽约的麦迪逊花园"描绘了任何一个征召军人现场都会有的一个那种场面，一个军人正在向可能的被招募者说明从军的道理，而两个孩子正在观看征兵的告示，背景上的两个年轻妇女瞟了一眼两个正在谈话的男人。斯罗尼自己说道，"我看到一个母亲正在给他6岁的儿子讲述大都会人寿保险公司大厦。这个小孩明显无动于衷！（Zurier and Snyder，1995：16）。"

贝劳斯的城市现实主义主题反映了正在变化的纽约的活力与能量——下曼哈顿拥挤的生活，职业拳击手和宾夕法尼亚车站的开挖现场。他的有关下东区的作品，特别是他的杰作"悬崖居民"（1913，洛杉矶县美术馆）描绘了拥挤在一起人们，这个场景恰恰呼应了镌刻在自由女神像基座上的美国诗人拉萨路斯（Emma Lazarus）的十四行诗，"挤在一起高喊自由的大众"。贝劳斯曾经把"悬崖居民"的预备作品率先在社会主义期刊"大众"上发表，其标题是讽刺性的，"他们为什么不到乡村去度假呢？"据说这幅画的基础是，上曼哈顿的社会名流淡忘了贫困，这个问句意味着，穷人可以跑到街上躲避火灾，夏季，他们的房顶很容易散热。"河鼠"（1906）和"42个孩子"（1907）描绘的是在哈得孙河码头上游泳的孩子们，他们的童年充满生命活力，而河流污染了，码头破败不堪。

当时，职业拳击在纽约市是非法的。他们钻法律的空子，让竞赛双方的选手临时成为私人拳击俱乐部的成员。贝劳斯的"夏基斯的雄鹿"（1907）和"本俱乐部的两名会员"（1909）是拳击高潮时定格下来的生动画面。激动不已的人群中，看不见女性，这类拳击俱乐部拒绝女性入场。

贝劳斯也对纽约建筑的不断变化非常感兴趣。他描绘了宾夕法尼亚铁路的开挖场地和宾夕法尼亚火车站建筑（"夜间挖掘"，1908；"宾夕法尼亚车站挖掘"，1909）描绘了正在大幅增长中的城市形象。1962年，这个火车站本身被拆除了，在那个场地上建设了相对乏味的麦迪逊广场花园。这一事件引起轩然大波，迎来了历史保护的时代。贝劳斯的宾夕法尼亚火车站的形象，吸引了那些纽约建设者们的注意并启发他们用来设计新的天际线背景的方法。"从远处看，纽约的象征就是它的天际线，那些引导城市凝聚力的商人的产品。但是，在街面水平上，纽约不是由建筑确定的，而是由人确定的，人的多样性让这个城市具有的多种语言的文化（Snyder，1995：34）。"

当然，垃圾桶派作品的主要主题还是描绘贫民窟，不是去描绘他们被自己的处境所压倒，而是在那种处境中崛起。在斯罗尼笔下的"东边"，路斯笔下的"赫斯特街"，从贝劳斯笔下的城市悬崖居民，我们都看到一种积极的景象。他们把这些场景中的贫民窟居民描绘为充满生机的一群人，他们奋力抗争，度过困境，让不堪入目的地方变成充满希望的地方。

路斯笔下的"赫斯特街"是纽约犹太移民聚居的一条繁荣的市场街，小贩们出售日常生活所需要的商品，包括水果和蔬菜、肉和鱼、锅碗瓢勺、抹布和纺织品，应有尽有。戈尔德（Michael Gold）在他的经典小说《没钱的犹太人》（1930）中生动地描绘了下东区那些大街上的招牌和声音：

我始终不能忘怀我儿时住过的那个叫做东边的地方。

那里距著名的包厘街也就是一街之隔，我家住在一个破旧的公寓楼里，外墙上挂着躲避火灾的逃生楼梯，还晾着床单衣物。

那条街上人常常在窗户上晒衣物。那条街上从来都没有少了晾晒的衣物。那条街让人目不暇接，激动不已。那条街不知疲倦。那条街人声鼎沸。那条街噼里啪啦作响，好像点燃了烟花爆竹。

人们在那条街上推推搡搡，吵吵嚷嚷。小贩推着他们的小车成群结队地走过那条街。女人喊、孩子哭、狗也叫着凑个热闹。

一只鹦鹉在那里学舌。一个乞丐在那里唱歌。几个衣衫褴褛的孩子在马拉的车厢下玩耍。肥胖的主妇们步履蹒跚。

赶出租马车的车夫们靠在椅子上。他们咯咯地傻笑着，喝着罐装啤酒。

皮条客、赌徒和红鼻头的流浪汉，微不足道的政客，大汗淋漓的拳击手，高大的码头工人。

东边的生活走马灯似地经过杰克·沃尔夫酒吧的门前。

酒吧的老酒鬼躺在人行道上,若梦若醒的读着一份警方告示。

东边的母亲把胸脯倚靠在婴儿手推车的车把上,闲聊着,推着婴儿手推车往前走。车夫拿小锤敲着铜片,叮叮当当作响,让马车从婴儿手推车旁越过。

卷着尘土和报纸的风在那条街上呼啸。妓女们尖声地笑着。一个先知走过,他留着白胡子,穿着犹太人的老式服装。孩子们随着手风琴声翩翩起舞。两个流浪汉在那里厮打着。

沸腾、肮脏、吵吵闹闹,乱成一锅粥!那条街上的声音此起彼伏,像一个狂欢街,或者像一场风暴。那条街上嘈杂的声音不绝于耳。甚至睡觉时,我都能听到它;它现在还在我的耳边响起(1930/1996:13-14)。

路斯的"赫斯特街"里,有一个游荡者,也许,这个游荡者就是路斯本人,他正注视着纷乱的街头,虽然人在现场,但他并不是那个场景中的一员。垃圾桶派画家常常扮演一个游荡者的角色,一个没有参与当代生活的客观的观察者。1994—1995年,由大都会美术馆和阿蒙卡特博物馆出面组织,在沃斯堡举办过一个题为"美国的印象派和写实主义",(1885—1915),现代生活绘画的画展,美术史学家温伯格(H. Barbara Weinberg),伯尔格(Doreen Bolger)和科里(David Park Curry)为垃圾桶派画家那一部分美术作品建立了这样一个标题,"充满激情的旁观者"。19世纪中叶巴黎的诗人波德莱尔曾经说,"游荡者具有敏锐的洞察力"(温伯格等人,1994:15)。"对于这个完美的游荡者,对于这个'充满激情的旁观者',成为众人心里,潮起和潮落之间,短暂和永恒之间的观众,是一件多么大的幸事啊(Baudelaire cited in Weinberg et al., 1994:15)。"

作为街头和社区美术的壁画

自古以来,人类就在大自然里和人造的世界里,在洞穴里,在建筑物的墙壁上,地面上、树上或纪念物上,留下自己的印记。只要一个人可以在任何可以使用的表面通过书写或雕刻的方式,给后人留下他的信息,他总会这样做的。我们发现的这类证据可以追溯到冰河时代更新纪的洞穴里;在古罗马时代的地下墓穴里,在庞贝的废墟里;以及现代人那个臭名昭著的"到此一游"。这种留下自己印记的人类活动延续至今。涂鸦这个术语用来特指那些公共场所墙上或任何表面上留下的印记。这个词源于意大利语的graffio,划痕或乱涂乱画。

从20世纪50年代开始,延续到60年代,美国的城市都遭遇到了猖獗的涂鸦行为。到了70年代,涂鸦泛滥成灾。人们的反应不一,有人对此深恶痛绝,有人认为是一种艺术创作。有人把涂鸦看成那些没有受过专门训练的无所顾忌的天才利用公共场所表现他们的存在,发出他们的声音。有些涂鸦的确被认为是一种艺术。哈林(Keith Haring)和巴奎特(Jean-Michel Basquiat)是两位最有名的涂鸦艺术家,而且,两位都在名声大噪的时候离世。巴奎特1998年因海洛因死亡,年仅27岁;哈林1990年死于艾滋病,年仅31岁。

有些人认为涂鸦反映了那个时期的政治活动。许多地方没有正规训练的美术家受到20世纪60年代后期民权思潮的影响,在公共墙壁上绘画,以此作为呼吁社会变革的方式。那些以积极态度看待涂鸦的人们觉得,涂鸦是那些无名之辈创作天才的体现,他们正在表达他们的心理需要,或者说,他们以对社会的观察为基础,发出他们的社会、经济和/或政治主张。许多年轻人,并没有受过正规美术训练的艺术家,在街区的墙壁上,形象地描绘城市问题,如毒品和种族紧张关系。在那些贫困的街区,帮派成员所画的涂鸦常常成为帮派地盘的标记。那些字迹与城市生活的一些方面有关，被看成是反抗的表达。其他一些流行的图案包括名字、性爱、运动、帮派标志。视觉社会学家维嘉拉（Camilo Jose Vergara，1995）通过他自己拍下的照片，记录了街区居民如何在街头的墙壁上画壁画，这些壁画涉及了地方的和文化的主题，以及街头记忆，通常用来纪念那些为争地盘而丧生的帮派成员。壁画的主题还有恳求、恐吓和威胁之类的信息。维嘉拉解释了这些壁画如何提供了一种存在感，如何对剥夺和贫民窟的生活现实做出他们的反应。

> **体验活动7.3：涂鸦评论**
>
> 在你的城市或选择一个城市找到一个涂鸦的例子。你会如何去描绘这个涂鸦的视觉感受；例如，你会认为它是艺术吗？真有某种信息存在的话，它传达了什么信息呢？这个城市有计划清除或遮盖那些涂鸦吗？

从消极意义上看涂鸦的人认为，涂鸦是一种反社会行为的表达。当涂鸦变得越来越普遍时，污损了大量公共的和私人的墙壁时，许多市政府推行了各种反乱涂乱画的运动。目标旨在只要它一出现，就把它覆盖起来。这类运动把涂鸦看成一种社区疏忽和放纵的象征。威尔逊和凯琳曾经提出过一种"破窗"理论，而乱涂乱画就是对"破窗"理论的一种反应。1979年，格拉泽（Nathan Glazer）发表了一篇题为"公共利益"的文章，阐述了他对纽约地铁中涂鸦的后果的看法："我没有刻意把涂鸦者与抢劫、攻击、谋杀行人的犯罪分子联系起来，但是，我还是不可避免地认为，涂鸦者和那些犯罪分子同属一个失控的捕食者的世界（Chang，2002）。"

2002年7月，布隆伯格（Michael Bloomberg）领导下的纽约市政府开始工作。布隆伯格市长的基本立场是反对涂鸦，他要求洗刷掉纽约市威廉斯堡墙壁上的涂鸦。布隆伯格决定向乱涂乱画宣战，并且要求警察出面干预，并处罚涂鸦人。布隆伯格说：

> 尽管资源有限，我们还是不打算不去理会纽约的需要。乱涂乱画直接威胁到了纽约市民的生活质量。——乱涂乱画不仅丑陋，还招来犯罪分子，它向市民传达了一个信息，市政府不管此事（Cheng，2002）。

紧随布隆伯格的行动，不仅纽约，美国其他城市的政府官员也对乱涂乱画展开了旷日持久的斗争。

图7.4　反对城市乱涂乱画的一种办法就是刷白粉。这样做作用不大，与这个墙相邻的是一家废弃的工厂

图7.5　合法的涂鸦：在地铁车厢上那些涂鸦的启发，纽约市政府现在允许利用地铁车厢做广告，获得财政收益（作者摄影）

费城的壁画计划

费城是成功实施反乱涂乱画项目的城市之一。除开乱涂乱画一出现就抹掉它之外，按照市政府的街头壁画计划，聘请涂鸦艺术家合法地绘制壁画。市政府聘请那些受过美术训练的画家，到社区去，了解市民对壁画主题的愿望，用这类壁画取代那些乱涂乱画。

20世纪70年代，费城就开始了壁画计划，作为对50年代和60年代帮派之战留下的乱涂乱画印记一个反应。那时的乱涂乱画中有一些确实是用来纪念帮派为占地盘打斗而死去的成员的。到了20世纪70年代，这种帮派战基本上消失了，但是，乱涂乱画依然十分猖獗。"费城壁画计划"的艺术指导，高尔登（Jane Golden）提出，原先的帮派成员"能够通过其他帮派的地盘，他们想把他们的标记留在他们去过的地方，涂鸦成了一种身份，他们觉得他们没有身份"。除开"标记"外，涂鸦的素材源于连环画书和首创。

费城美术馆的城市外展计划的环境艺术项目形成对乱涂乱画的第一次冲击，当然，它的目标并非乱涂乱画，而是通过街头艺术来美化社区。环境艺术项目中包括了社区壁画以及其他一些活动。20世纪80年代，在古德（Wilson Goode）市长领导期间，费城建立了"费城反乱涂乱画网"（PAGN），专门对付墙壁上的乱涂乱画。1984年，费城娱乐部专门建立了壁画艺术项目（MAP）。"费城反乱涂乱画网"（PAGN）专门聘请了高登，她最后成为这个网络的艺术指导和负责人。壁画艺术项目（MAP）后来成为市政府支持的公共项目，是与社区居民、年轻人、艺术家以及广泛的公共和私人组织相联系的公共项目，用街头壁画来反映多种社区的精神和经历。

高登最初是10个现场代表之一，负责与涂鸦艺术家会面沟通。以免于起诉作为交换条件，要求那些青少年签一个"保证书"，不再乱涂乱画。

接下来，他们可以参与"费城反乱涂乱画网"的项目。他们最初所做的工作就是清洗墙壁，后来，他们还承担一些由市政府付给他们酬劳的工作。1986年至1992年之间，"费城反乱涂乱画网"每年夏季雇用300—3000名青少年来参与他们反乱涂乱画的工作。除开提供夏季工作外，这个项目还给青少年提供艺术指导，给青少年提供与高中考试相关的辅导，与专业美术家一道欣赏美术作品。一群试用的涂鸦艺术家完成了第一批壁画；现在，这个项目包括了美术课和青年艺术家的实习。1996年，随着这个机构的创始人斯宾塞（Tim Spencer）的去世，这个项目转给了娱乐部，成为"壁画艺术项目"（MAP）。现在，壁画艺术项目成为放学后的项目，没有再给那些乱涂乱画的人提供太多此类社区服务的机会了（Tremblay, 1999）。

自从1984年以来，壁画艺术项目一直都努力与全市的社区一道推广反映和恢复社区的壁画。壁画艺术项目重新指导乱涂乱画的人创造艺术品，现在，在地方自愿艺术家、社区领导人和儿童的参与下，费城市的街头壁画超出了2000个。费城的这个项目是美国最大的项目之一，因此，费城可以声称自己是"美国的壁画之都"。实际上，壁画不仅用给街坊提供了一个美好的遗产，那些壁画还在改变城市形象本身方面发挥作用。高登和她的同事把壁画看成给社区成员提供的一次表达和确定自己的机会；壁画还在培育社区凝聚力方面的一种办法。这个项目的成功在于每个项目都进入了街区，所以，最终的结果被看成是社区艺术，而不仅仅是公共艺术。

这些壁画是在与社区进行协商和建立起伙伴关系的基础上完成的。展开对街区居民的调查，听取和接受他们的意见，是设计壁画和确定壁画主题的基础，壁画常常反映了社区的重要性，如"安全街"，"赞美社区"、"同情"、"和平墙"。在费城的"格雷渡船"地区刚刚发生了一起种族冲突，于是，人们马上在那里绘制了"和平墙"。住在"格雷渡船"地区的白人工人阶级和黑人工人阶级之间关系紧张。通过在创造这个壁画过程中的合作，居民在这个共享的活动中找到共同之处，从而有助于缓解关系紧张，扩大冲突双方的理解。不同年龄和种族的人们可以手牵手，求同存异，赞美自己的社区。"保佑和平缔造者：因为他们会叫神的儿女。"

一开始，壁画都集中在费城的北部和西部。那里的人都很贫穷，那里有很多空地和废弃工厂的厂房。大量的住房处在年久失修的状态。创造壁画的目的是为了鼓舞街区，培育社区的凝聚力和自豪感。"我们从比较贫穷的街区开始。壁画成了一种希望的信号，社区有可能实现它们。壁画是积极变化的催化剂。它们改变了人们看他们自己、他们的生活方式和他们未来的方式（Clark，1998）。"

费城北部地区社区领导人之一的伯切特（Ruth Birchett）对一个确定为正在消失的社区做了这样的描述：那条街上原本有50家人，有一个冰激凌店、一个面包房、一个清洁工和一个药房。我们失去的太多了。这是一个被政府遗忘了的街区（Halpern，2002）。

现在那里看不到商业。没有商店。在这条街的一端有一个无家可归者的收容所，围绕那个角落，有一个自制的纪念物，纪念那一年被打死的三位青年（Halpern，2002）。那条街的一边，还有最后一所房子，人们在那所房子的一面墙上创作了一幅壁画，哈尔彭（Sue Halpern）描绘了那幅壁画：

这幅壁画覆盖了街区最后一所房子的整个侧面，画中一对年老的黑人夫妇俯视着年轻的一代——一个妇女在那里叹息无意义的暴力，一个未成年的母亲抱着一个婴儿。画面中央传统装饰着非洲符号，一道彩虹和一对紧握的手，每一个符号都传递着它自己的希望、爱和问候。眼睛还是落到了这幅画上像幽灵似的破管子的轮廓上——肯定是一个符号，其含义很深。伯切特解释道，"这里的主要经济活动是毒品交易，这就是为什么画上了这个破管子。对此不舒服的只有做毒品生意的人（Halpern，2002）。"

壁画在培育社区自豪感上成功反映在毒品贩子不在这幅画附近出现了。不过，遗憾的是，毒品贩子还在这个街坊里出没，只是隔了几条街而已。也许乐观地讲，哈尔佩恩把这幅壁画看成了社区行动和街坊改善的一种催化剂（"改造街坊，重建社区"，Halpern，2002）她注意到，那里建设了一个社区花园，人们乐于重新来这条街了。

自从20世纪90年代结束以来，费城的壁画项目已经有新的目标。街头壁画不仅延伸到了贫困社区之外，同时还出现了崇尚英雄、社区自尊和赞美社区生活等新的壁画主题（Golden, Rice and Kinney, 2002）。那些上了壁画的英雄中包括篮球运动员J博士（Julius Erving）和爵士乐音乐家小华盛顿（Grover Washington, Jr.）（高38英尺的"J博士"壁画立在用栅栏围起来的房子的一面墙上）。

在意大利人聚居的南费城地区，最有名的壁画可能是描绘当地出生的歌剧演员兰沙（Mario Lanza）、被收养的意大利籍的流行歌手辛纳屈（Frank Sinatra）、以第九街（意大利的）食品市场为背景的前任市长瑞佐（Frank Rizzo）的巨幅画像。瑞佐是一个很有争议的人物，随着非洲美国裔社区日益发展起来的政治力量，瑞佐的白色人种人群把他们的政治势力的支撑者。一个当地帮助创作这幅瑞佐壁画的画家这样说道："这些幅壁画体现了移民的精神，扩大你已经到手的胜利成果。这就是这些幅壁画的意义所在。它们显示了费城的意义所在（Joe Di Bella quoted in Golden et al., 2002：100）。"

图7.6 纪念费城前任市长瑞佐的壁画，它坐落在费城南第九街意大利市场前（摄影：作者）

图7.7 波多黎各社区的街头"纪念"涂鸦

壁画成为许多地方社区和政治联盟的背景。实际上，壁画一直都政治驱动下的涂鸦目标。1999年，在宾夕法尼亚州右翼州长里奇（Tom Ridge）签署了阿布贾马尔的死亡令之后，阿布贾马尔杀了警察，支持他的人使用灰色油漆在墙上喷下了"释放摩因"的字样。凯乐（Diane Keller）是费城的一个重要的壁画手，他说，"不喜欢瑞佐的人认为。瑞佐的那幅壁画是反映了瑞佐挑衅、引人注目的形象（quoted in Golden et al., 2002：101）。"

壁画当前的主题反映的都是比较短暂时期社区居民直接关心一些世俗的、宗教的和民族的事务。随着街区的变化，壁画在新居民那里得不到共鸣。除非我们去保护壁画，否则，10年或20年之内，壁画可能会消失和败落。高登等（2002）解释道：

壁画的主题和象征，甚至壁画的审美，反映的是创作社区所关注的问题和人物。这种草根创作既是有力量的，也是很脆弱的。当前的壁画涉及其他公共艺术没有触及的事情，但是，壁画更容易受到变化的影响（Golden et al., 2002：21）。

但是，正如高登在ABC新闻的"今日世界"栏目中所说的那样，现在壁画是很有影响的："壁画可以从视觉上体现我们的过去和我们的现在。——壁画是一种教育手段。因为壁画一般可以维持20年，孩子们，甚至很多人，都可以在经过那些壁画时抬头看看那些壁画，了解那个地区的历史（quoted in Jennings, 2000）。"

洛杉矶的壁画

洛杉矶是一个有着悠久街头艺术的城市，那些街头艺术一直都在推动社区主题。洛杉矶的壁画源于长期的公共墙艺术传统。墨西哥革命的政府在20世纪20年代所展开的壁画艺术项目对洛杉矶的壁画有很大的影响（（Dunitz and Prigoff, 1997）。那时，墨西哥革命政府利用了壁画三杰里维拉（Diego Rivera）、西盖罗斯（David Alfaro Siqueiros）和奥罗茨克（Jose Clemente Orozco）的绘画天赋，通过墨西哥城和其他一些地方的公共墙壁传递革命思想。

在20世纪30年代的大萧条期间，墨西哥人的爱国热情启发了美国的联邦政府。在罗斯福新政的主导下，联邦政府在1933年实施了"公共艺术创作项目"（PWAP）。1943年，美国卷入第二次世界大战，直到这时，"公共艺术创作项目"才停止下来。如同其他地方一样，洛杉矶和加州其他城市一样，公共建筑内外的壁画都是政府委托创作的。评论家们认为，这些壁画常常导致盎格鲁美国人的视角，而忽视了墨西哥美国人、亚裔美国人和其他民族和种族美国人的贡献（Westenberg，2001）。

农场工人运动领导人查维茨（Cesar Chavez），20世纪60年代和70年代的社会动荡，都对洛杉矶的当代壁画艺术产生过影响。这些壁画一直都有非常强烈的拉丁民族的影响，反映了早期墨西哥壁画家的风格。草根艺术组织和集体，尤其是移民农场工人，倡导社会变革。包括圣迭戈、旧金山和洛杉矶在内的许多城市中心地区出现了许多壁画，它们都主张实施社会变革。

1974年，洛杉矶市政府给贝加（Judy Baca）领导的"城市壁画项目"（CMP）提供资助。但是，市政府反对这个组织打算创作的壁画的主题。贝加及其追随他的人们的反应是，建立非营利的、多元文化的艺术中心，"社会和公共艺术资源中心"（SPARC）。在贝加的长期领导下，这个艺术中心一直都坚持推进社区主题的街头艺术创作。

图7.8　一位流浪汉坐在公园中（作者拍摄）

他们一道的还有社会活动家、学者。参与这个项目的画家中有芝加哥（Judy Chicago）、斯莱辛格（Christina Schlesinger）、德本（Gary Tokumoto）、塞万提茨（Yreina Cervantez）和瓦尔兹（Patricia Valdez）（Tannenbaum，2002）。

"社会和公共艺术资源中心"成为洛杉矶地区和对街区壁画的领导者，如洛杉矶东边的特雷斯市、博伊尔高地，以及非洲裔街区，如瓦茨和中南等街区。壁画的主题反映了对社区事务的自豪、重要人物和政治人物的头像、政治主张。反映政治主张的壁画常常要受到政府有关部门的审查。墨西哥资产阶级革命领袖萨帕塔（Emiliano Zapata）主张土地改革从富裕的地主手中夺走土地，分给贫穷的农工，所以描绘他的"革命演变"，让洛杉矶市文化事务部愤慨。同样，萨帕塔运动的现任领导人马科斯（Marcos）反对《北美自由协定》（NAFTA），所以，描绘他的壁画同样让洛杉矶市文化事务部恼火。洛杉矶市文化事务部认为这两幅壁画都具有煽动性。它不希望惹恼就在附近的墨西哥领事馆，尽管社区居民是支持这些壁画的，可它们还是被清除掉了（Westenberg，2001）。

洛杉矶的许多壁画都具有庆祝功能（Dunitz，1993）。壁画上描绘了重大事件，如1985年的洛杉矶奥林匹克运动会。当然，壁画艺术思潮的核心还是放在社区生活的积极方面，尤其对于拉美裔的社区来讲，加州大学洛杉矶分校的前副校长和洛克菲勒基金会文化与艺术部主任

> **体验活动7.4：创作你自己的壁画**
>
> 想象一下，你和你的同学打算创作一幅壁画。你打算在哪里进行呢？你需要什么材料，什么样的授权？你会画什么？它会传达什么样的社会或政治信息？

"社会和公共艺术资源中心"负责的洛杉矶最著名的壁画可能是"洛杉矶的长城"。这个壁画高13英尺，长度达到半英里。这幅壁画坐落在圣费尔南多峡谷的图加河，那里是建于20世纪30年代的一个洪水管理渠道。这幅壁画描绘了洛杉矶的多民族的历史。时间跨度从史前时期开始，主要重点放在第二次世界大战结束后的那段时期。这个项目从1976年开始，7年之后才完成。开始时，大约有400名青少年参与设计创作，与

帕雷德斯（Raymond Paredes）认为，洛杉矶壁画运动是很重要的：

> 我相信，人们会从20世纪90年代回头看看70年代的洛杉矶，对于拉丁社区来讲，这一点就像非洲裔美国社区展开的哈林复兴一样重要。那些壁画曾经是哈林复兴历史现象的最重要的创造之一。与时俱进的壁画会是对洛杉矶本身是否与时俱进的一个考验；也是对它能不能带着自豪感和它的遗产而成为世界级城市的一个考验（quoted in Tannenbaum, 2002）。

邓茨和普利戈夫在总结壁画意义时比较谨慎。他们认为，我们不应该把壁画看成解决贫困社区问题的解决办法。

在人们正在广泛认可和接受壁画艺术时，贫穷街区画家创作的用来自我表达和自我肯定的那些壁画，几乎不可能得到正式美术团体的评价那些壁画，其实都是这场壁画运动的核心。对于那些被政府、学校、劳动力市场和家庭抛弃的年轻人或破败的社区来讲，壁画并非灵丹妙药。但是，我们可以认为社区壁画是一种培育能力的力量，让社区问题大白天下，成为人们之间和文化之间进行交流的一种方式（Dunitz and Prigoff, 1997: 18）。

作为社区资源的美术馆：底特律艺术学院

"汽车之城"底特律通过它的汽车产业，在20世纪初成为制造业经济威力的一种象征，成为城市的企业来控制城市的一种象征。它在第二次世界大战期间成为"民主的兵工厂"，第二次世界大战之后继续成为繁荣的象征。令人啼笑皆非的是，随着底特律郊区的增长，这个汽车之城最终成为废墟，美国成为郊区的国家，而不是一个城市国家，汽车工业严重衰退。现在，底特律成为去工业化的城市灾难的象征。

底特律一度成为美国第四大城市，人口接近200万（185万）。现在，底特律的人口数下降到77万，以人口总数排序算，底特律在美国排名第十一位。现在，底特律的人口继续萎缩，估计每月人口减少1000人。底特律的人口曾经以白人和中产阶级为主（第二次世界大战结束时，人口为160万），不过现在，黑人和穷人人口居主导地位（83%，据2009年的统计）。2008年至2012年期间，底特律平均家庭收入为26955美元，38.1%的人口生活在贫困线以下（美国人口统计局，2014）。自20世纪60年代以来，底特律一直处在经济困境之中，而且日趋恶化，现在，这个城市已经宣布破产了。

没有一个稳定牢固的税基，社会服务衰落了，学校状况一团糟。2014年，劳动统计局报告，底特律的失业率是美国平均失业率的4倍。整个街区被抛弃。因为长期无人问津，一些建筑常常自己就坍塌了；在城市景观中，开放空间竟然大于使用了的空间。原先还有人气的街区，因为无人居住，已经不具有任何价值。2014年，奥巴马行政当局的工作小组提出了抛弃房屋的问题。他们提出，拆除大约4万幢年久失修的建筑，拆除或更新数十万附属建筑，清理数千堆满垃圾的地块（Davey, 2014）。最近的一次调查提出，底特律目前有3万以上的空置房和91000块空置的地块（Runk, 2010）。

弗鲁姆（David Frum, 2009）在分析底特律的衰落（对盖伊的《底特律的过去和现在》一书评论的一部分）时提出，底特律没有保护它的历史是导致它衰退的另一个因素。他对大量拆除项目做了归类，包括拆除19世纪华丽的罗马式市政厅；推倒内战前的豪宅，在那个场地上建设一幢毫无特色的写字楼，供底特律报使用；拆除通用汽车汉姆川克工厂附近的工人住宅，用停车场、草地来替代,并建设宽阔的公路,把那里与城市分开。对于底特律的未来,弗鲁姆认为,通过保护保护历史,加上现在的创新,底特律不是没有前途的。"保护旧的以培育新的"(Frum,2009):

> 这是一个教训,不仅适合底特律的过去,而且适合它的未来。沿着底特律河的大工厂已经关闭了。美国不再在这里制造了。有些人想推倒那些厂房了事。把它们留下,现在是个纪念物,算作对过去成就的一个念想;把它们留给未来,有人会要它们的。城市能够延续几百年,然后,重新面对新时代,在原先的断壁残垣中重新发现有价值的东西。布鲁克林就是这样。迈阿密海滩同样。波士顿和查尔斯顿,甚至都柏林和布拉格,都是这样。对复兴的承诺可能成为现实,甚至鬼城底特律也能复兴(Frum,2009)。

自2010年以来,一群企业家正在推出文化和经济计划,帮助恢复底特律。底特律艺术学院正在试图解释清楚大众文化的新意义。

底特律艺术学院(最初的名字是底特律美术馆;现在人们常常使用"DIA"来表达)是一个新古典学院派,成立于1927年,当时,底特律还处在它的经济巅峰上。底特律艺术学院的建筑类似于美国其他城市的美术馆,在风格上与其他城市的圣殿和银行相似。这个美术馆的收藏开始于1880年代,然后,通过那些主要经济推手的善行而持续积累。在美国绘画和雕塑、家具、装饰艺术品,同时,还包括了20世纪初从欧洲购买的一部分艺术品,以及古希腊、罗马、埃及和美索不达米亚的珍品,加上伊斯兰的中东和非洲艺术。这些收藏品反映了民间领袖的艺术兴趣,正如科特(Holland Cotter,2007)在纽约时报上讲到的那样,他还反映了他们的白人上层阶级的观念。

但是,这个城市人口构成在20世纪发生了很大的变化,所以,这个美术馆越来越不适合与越来越多的穷人和黑人了。这个美术馆所在地区,道路很宽,两边有很多空置的宅基地,到处都是用木板隔离起来的建筑,人行道已经失修了。这个美术馆本身是处在一个特定的文化区里,道路宽阔,建筑给人留下印象。1997年,底特律艺术学院投资1.58亿美元完成扩建和更新。这个总体规划项目不仅改变了建筑,还更新了它的收藏品,重新组织了非洲收藏,形成了一个新的非洲裔美国人画廊,这个画廊不仅对底特律,而且对美国全国都具有重要的象征意义。科特认为,美洲裔美国人画廊"在两个方面构成了一种重要姿态。它承认,美国美术的历史现实,强调这个美术馆作为一个地方机构的身份"(Cotter,2007)。

2013年7月,经过几十年的严重衰退,底特律市最终宣布破产,底特律市政府要寻找可能的财政收入来偿还债务,来补足公共部门工人养老金账户窟窿。底特律艺术学院和它的世界级的收藏都归底特律市所有,因此,人们很快想到出卖一部分藏品还债。著名拍卖行佳士得应邀评估过去用市政府的钱购买的那些可以出售的艺术品。其中包括梵高的自画像,估计价值在1亿—2亿美元之间。然而,就在拍卖或任何出售行动发生之前,底特律市政府从基金、私人捐献和密西根州政府那里筹集到了8亿美元,来拯救这个底特律艺术学院。投入各方与市政府就这笔资金达成的协议包括,保护这个美术馆的藏品,它的所有权转移给一个独立的慈善信托机构(Stryker,2014a,2014b;Kennedy,2015)。

眼前看来,底特律艺术学院已经保留了下来。但是,对一个城市具有重要经济象征意义的美术馆来讲,人们一般并不认为它是重要的社会、文化或经济资产。另一方面,人们常常从更积极的意义上看待职业运动员。在全美主要职业棒球队中，底特律老虎队的工资支出是最高球队之一。一垒手卡布雷拉（Miguel Cabrera）的年薪为2300万美元。打橄榄球的底特律雄狮队的四分卫三年合同金额为5300万美元。自从2000年以来，底特律老虎队在柯美里加球场比赛，公共资金每年为它使用这个体育场要支付1/3的费用，约为2亿美元。

底特律市并没有因为破产而放弃设想在市中心建设一个新的体育馆项目，供职业曲棍球队和篮球队使用。整个建设成本为6.5亿美元，其中公共资金要支付2.85亿美元，包括高档住房、办公室、餐馆和商店。开发商是"奥林匹克开发"公司，它是老虎队和曲棍球红翼队的业主的公司，也是小恺撒广场的出资人。"奥林匹克开发"公司的发言人阐述了这台增长机器的政治经济地位："公私合作是美国全国如何支持体育馆和大规模开发的基本途径"（quoted in Drape, 2013）。

在考虑美术馆对城市文化和社会福利的意义时，科特2007年所做的总结其实与底特律艺术学院所面临的困境更有关联，

简而言之，在一个充满活力但萧条的城镇上，一个脆弱的社会机构的故事，这是一个胜败交织在一起的故事。这是一个真正的美国故事，它反映了我们对待一个疾病缠身的城市时那种令人羞愧的方式；反映了我们的文化价值观；反映了有关种族和阶级的必然政治如何影响书写我们历史的社会机构；它也反映了璀璨的艺术瑰宝总不会毫无用途（Cotter, 2007）。

结论

施特劳斯（1958）和林奇（1960）发展的城市意象的观念，强调了感受城市环境的轻松自如的一面，然而，因为没有强调隐藏在感受城市环境背后的政治、经济和社会因素的重要性，所以，他们的城市意象观念是有局限性的，事实上，在建立城市意象的过程中，政治、经济和社会因素发挥着重要作用。19世纪大规模改造后的巴黎就是一例。奥斯曼按照拿破仑三世的指令设计了一个培育社会秩序，给正在出现的资产阶级提供一片肥田沃土。印象派画家的作品描绘了城市建成环境结构改造后出现的新的城市生活体验。对比而言，20世纪初，随着数以万计的移民到达这个正在出现的工业城市，史无前例的城市增长改造了纽约市。社会现实主义的"垃圾桶派"的艺术家描绘了贫困和穷困潦倒的人们的生活。巴黎印象派画家和纽约垃圾桶派的画家分别产生了对这两座城市差别巨大的城市意象。

壁画，例如费城和洛杉矶的壁画，都在发挥着街头和社区艺术的功能，反映了街区和社区的主题和他们关注的问题。在推进公众参与，形成社区自豪感方面，壁画是有益的，与此同时，壁画还清除了那些乱涂乱画给城市带来的破坏性的效果。这一章的最后一小节讨论了底特律的衰落，讨论了有关底特律艺术学院作为一种资源的价值，或者为城市积淀文化内涵，或者从经济上拯救底特律的预算，这是底特律面临的两难抉择。

思考题

1. 林奇、沃尔和施特劳斯认为，人们通过一些因素，把城市作为一种艺术品来体验，解释戈特迪纳的观念如何增强了林奇、沃尔和施特劳斯的那些看法。什么角度最有力地与戈特迪纳的看法联系在一起？
2. 列举一些影响人们把城市当作艺术作品来体验的政治、经济和社会因素。
3. 把经过19世纪城市更新后的巴黎的"艺术作

品"方面与19世纪90年代和20世纪初纽约的"艺术作品"方面,做一个对比分析。

4. 举例解释壁画作为社区艺术的意义。

5. 我们在一定程度上可以把公共美术馆看成一种社区资源,描述一下影响我们这种看法的相冲突的价值和属性。

第8章 作为地标的摩天大楼

本章大纲

城市形象、象征和思想观念
    麦加
    纽约市

变化中的天际线
    莫斯科
    中国香港

对世界贸易中心的攻击和媒体反应
    从公众批判到感伤主义
    世界贸易中心：一个失去标志的机会
    "世贸遗址清真寺"

结论

思考题

背景图：阿拉伯酋长国迪拜夜晚的天际线。迪拜通过它的天际线让自己在世界舞台上显山露水。这个天际线包括一幢高88层的建筑，高度超过180米。哈利法塔的高度为823米，是迄今世界上最高的建筑和世界上最高的人造物。

> 我们先造房子，然后，我们造的房子反过来塑造我们。
>
> 温斯顿·丘吉尔（1874—1965）

帕克提出了"作为一种精神状态的城市"的判断，这个判断揭示出有关城市意象和城市标识符号互动的一个基本前提："更准确地讲，城市是精神状态、许多习俗和传统以及许多合乎情理和随着传统传递下来的态度和情感（Park，1925/1967b：1）。"

我打算在这一章里，考察作为城市和社会标志的摩天大楼。20世纪初，世界上最高的十大建筑或在纽约或在芝加哥。21世纪的第一个10年里，在世界上最高的十大建筑中，美国仅有芝加哥的威利斯（原西尔斯）大厦包括其中，其余9个摩天大楼都在亚洲城市，迪拜、上海、吉隆坡、香港、南京和广州。目前，世界上最高的建筑是阿拉伯酋长国迪拜的哈利法塔，有163层。从2010年的上海世界博览会上我们可以看到，中国通过上海天际线上的建筑奇观来展示了强大的国力。我们可以推断，出现在亚洲的超高建筑可能反映了经济实力正在从西方向东方转移。也可能表达了正在崛起的亚洲社会希望具有象征意义地宣布，它们不仅出现在世界经济舞台上，而且，它们还具有它们的文化实力。但是，为什么有了超高的建筑就意味着经济、技术、政治或文化上的伟大，这个疑问至今也没有得到解决。我打算在这一章研究摩天大楼作为伟大标志的象征意义。这一章关注的基本点是宗教与建成环境以及摩天大楼的关系——宗教的天际线对世俗的天际线。

城市形象、象征和思想观念

正如我们在第7章中讨论的那样，沃尔和施特劳斯（1958）告诉我们，城市的特定景象可以成为整个城市的象征。纽约的天际线、旧金山的金门大桥、新奥尔良的法国街都成为具体的城市认同符号，成为居民个人身份的来源。沃尔和施特劳斯指出，城市的空间复杂性和社会多样性常常是通过使用选定景观的"情感"史而结合起来的，如芝加哥的"水塔"，旧金山的"电报山"。为了"看"城市，人们使用了一定风格的和符号的景象，芝加哥的"水塔"和旧金山的"电报山"都是以这个判断为基础建成的。"于是，城市出现了意义问题。道路、人、建筑、变换的景色都没有贴上标签。它们需要说明和解释（Wohl and Strauss，1958：527）。"

我们需要从城市整体上管理它的符号。一方面，我们需要研究处于城市意象核心上的相互作用机制，另一方面，我们需要研究意象在多大程度上作为独立变量影响城市生活本身。除开施特劳斯，没有几个相互作用论者做了此类选择。如何通过那些能够把"空间"变成"场所"的掌握权力的人来影响"贴标签"的过程，沃尔和施特劳斯没有突出解释这个方面的问题。

华纳（Sam Bass Warner Jr.，1984）在一篇重要论文，"贫民窟与摩天大楼：城市形象、象征和思想观念"中提出，摄影艺术把象征大公司实力的摩天大楼变成了"天际线"。这个天际线的意象给城市居民揭示了一个可能性和进步的世界。正如我的同事亚伯特（Jim Abbott，2000：70）提出的那样，对于华纳来讲，这种转换在性质上和实际上都是错觉："把大公司实力的象征变成了艺术景象，把人们的注意力从产生城市贫民窟的根源引到别处去，安抚那些受害者。"华纳对城市意象消极面的分析旨在说明，资本主义思想观念所固有的冲突如何被掩盖了起来。华纳的论文至少证明，有可能展开跨界的研究，把微观研究和宏观研究联系起来。

麦加

摩天大楼可以成为政治经济实力的符号表达，摩天大楼也能反映对一个圣地景观的大规模改造，这种改造反映的不仅是政治经济实力，还反映了基于旅游和消费的符号经济。沙特阿拉伯麦加正在出现的天际线就是一例。

众所周知，麦加是一年一度的麦加朝觐之地，麦加朝觐吸引力越来越多的穆斯林，最近这些年，估计每年麦加朝觐的人数达到200万。朝觐者也可以在一年中的其他时间里去麦加。这种"小朝圣"不履行麦加朝觐的义务。麦加朝觐是伊斯兰教的一个中心支柱，每一个身体健康的穆斯林，无论是逊尼派、什叶派，还是任何其他穆斯林派别的信徒，都要求在他们的有生之年去麦加朝觐。朝觐是为期五天的心灵之旅的一部分，旨在清除一个人的罪孽并使他更接近神（Batrawy，2014）。我们每年都可以看到来自世界各地的信徒围绕麦加的天房聚集在一起。所有朝觐的男性衣着简单，大家都穿着白色长袍，象征着他们在神面前的平等。他们绕着天房，逆时针步行七周，完成这个朝觐的其他仪式。

天房所在的这个禁寺一直以来都是麦加的主导性建筑场地。但是，就在这座历史悠久的地标性建筑对面，建设起了一群摩天大楼建筑群，它们把阴影完全地投到了天房所在的那个场地上。这个新大厦的场地直到21世纪曾经都是18世纪奥斯曼人在布尔格山丘上建设的阿贾德堡垒，用来保护天房。在准备开发这个摩天大楼群时，布尔格山丘、阿贾德堡垒及其其他建筑统统被夷为平地，包括可以追溯到先知穆罕默德的比拉尔清真寺。那些有精心雕刻大门和格子窗户的传统住房被拆除了，而那些世世代代居住在这座城市里的人们被驱赶了。多车道的公路取代了构成这座城市特征的无数小街小巷。这个非常迅速的改造巨大地改变了麦加，把它从一个以古老街区中的低层建筑为特征的不大而且虔诚的宗教城市，变成一个由大量现代巨型建筑组成的城市，那些现代巨型建筑不仅在建成环境上主导了麦加的景观，而且，把麦加变成了一个建立在以奢侈消费为基础的世俗城市。

高度为1972英尺（601m）的麦加皇家钟楼大酒店成为麦加新天际线上的皇冠。在2012年落成时，这幢摩天大楼在世界最高建筑上排名第三。这个大厦的顶部是一个巨大的钟，其规模是伦敦大本钟的5倍。10英里之外都可以看到它，到了晚上，钟面上彩灯绽放。这家酒店包括许多桑拿、健身房、美容院和餐馆，以及一个专供巧克力甜点的房间。包括24小时贴身服务在内的"全套服务"以保证富裕顾客的舒适（Butt，2009）。

评论麦加的人们对麦加的建设越来越反感和愤怒（Batrawy，2014；Sardar，2014）。越来越多的富裕人群作为旅游者到麦加来，他们不是对宗教救赎而是对奢侈消费情有独钟，新天际线下的那些建筑满足了富裕人群的愿望。有人把麦加的建设称之为"麦加哈顿"：

建筑师安佳维（Sami Angawi）说，"它不是麦加。它是麦加哈顿。这幢高楼和灯光多么像拉斯维加斯啊。"安佳维始终致力于研究朝觐，是对麦加城市变化最直言不讳的批判之一。"推土机和炸药把麦加的真正历史扫地出门。这是建设吗？（Barrawy，2014）"

季刊"批判穆斯林"的编辑，《麦加：圣城》的作者，萨尔德（Ziauddin Sardar，2014），在纽约时报上发表了一篇言辞犀利的短文，那些地方对沙特阿拉伯统治阶级的这种改造给予谴责。不仅仅这个圣城被推土机推掉了，穆斯林信仰的对多分法的特征也不翼而飞了。在萨尔德看来，沙特阿拉伯的统治阶级对抗宗教观念和蔑视历史。

图8.1 沙特阿拉伯麦加用麦加皇家钟楼大酒店形成的天际线。这个大厦上的钟楼是世界上最高的钟楼（601m），建设费用高达15亿美元。这个大厦前的地面层是禁寺，天房就在那里，是麦加主要的宗教圣地（资料来源：Shutterstock, Ahmad Faizal Yahya）

结果不只是摧毁了历史的建筑环境，还从根本上修改了朝觐经历的意义。麦加朝觐不再是一次精神领悟，麦加朝觐也不再推动穆斯林不同派别、世界各地不同文化之间的争论和对话。实际上，麦加成了世俗的旅游景点。

　　现在，麦加朝觐成了一个打包旅游地，你到那里，住在哪个旅馆，都带有团体性，几乎碰不到不同文化和不同民族的人，因为枯竭了历史、宗教和文化的多样性，所以，麦加朝觐不再是一次转变，千载难逢的精神体验。麦加朝觐已经降至一次仪式和俗不可耐的购物经历而已（Sardar, 2014：A27）。

纽约市

　　1908年至1915年期间，美国全国范围内展开了一场写字楼建设高潮，纽约一马当先。纽约和芝加哥历史性地建设了摩天大楼，在施工中，使用电梯运送钢架结构，建设高层建筑。19世纪末和20世纪初，摩天大楼成为美国大公司的象征，而且迅速改变了纽约的天际线，纽约原先的天际线是由大教堂的塔尖决定的，现在则是以商业和公民政府为基础的。曼哈顿岛建筑密度和人口密度很高，开发空间狭小，这一点决定了这种创新城市形式的局部密度和纽约独特天际线的出现。从纽约的港口看纽约的天际线不仅成为美国大公司的象征，也成为美国本身的象征。纽约市这些摩天大楼的故事，会突显美国大公司发展的象征意义上的和经济意义上的重要性。这一节集中谈谈辛格大厦、大都会人寿大厦、市政大楼、沃尔伍兹大厦，然后，我们再看看芬斯科（Fenske）和霍尔茨伍兹伍兹（Holdsworth）的判断（1992）。

　　20世纪初的那些年里，国家和世界级的跨国公司需要大量集中起来的办公空间。这些大公司试图把这种对办公空间的需要与公司形象结合起来，公司形象可以在国内和国际上推广公司的名字。另外，比较小的商业和专业企业通过经济上的连接而与大公司发生业务关系，它们也需要与大公司相邻的办公空间。需要大的写字楼，而且希望是高的写字楼。纽约在世界贸易和金融服务业上越来越重要，而且逐步集中到了下曼哈顿地区，从而影响了正在出现的摩天大楼城市（Fenske and Holdsworth, 1992：129）。

体验活动8.1：摩天大楼和它们的象征意义

亲自或通过互联网，参观一个摩天大楼云集的大城市的市中心，它们建于何年？有没有旧的正在拆除或新的正在建造？你认为这座城市的摩天大楼有什么象征意义？

辛格大厦

47层高的辛格大厦是在1908年竣工的,它成为当时最高的摩天大楼,让下曼哈顿天际线的最高点在高度上翻了一番。辛格大厦由两个部分组成。一个比较低的建筑有14层高,包含33万平方英尺的建筑空间。一个比较高的建筑有27层楼高,虽然高度为612英尺高,但是,基础面积仅有70平方英尺,所以,那幢建筑非常细小,其办公空间仅为13万平方英尺。

这个建筑的正面当时可谓一个建筑杰作,主入口加上宏伟的楼梯,画廊式的大堂高度达到两层楼,由16根意大利式的大理石装饰的立柱支撑着上了釉的重装饰穹隅碟式圆顶(Landau and Condit,1996)。想参观这个大厦观察区的人需要付50美分的门票费(50美分当时也不算小数目了),从那里,人们可以一览无余地看到整个纽约、港口和周边景色。

一开始,这个建筑的设计就有写字楼和形象标志两大目的。用这幢大楼给"辛格制造公司"(缝纫机制造厂商,后来更名为"辛格股份有限公司")提供一个看得见的和标志性的总部。实际上,公司本身并不需要如此大的办公空间;辛格的总老板仅仅使用了顶层的一间办公室,其他办公室都出租出去了(Fenske and Holdsworth,1992)。然而,辛格大厦是第一批摩天大楼之一,它们不再是伦敦议会大厦那样的城市公共建筑符号。实际上,辛格大厦成了一家大公司的广告和商标。人们把建筑师弗拉戈(Ernest Flagg)设计的这幢具有华丽艺术风格的建筑描绘为充满蓬勃向上的美的建筑(Landau and Condit,1996:359)。弗拉戈的一个徒弟培根(Mardges Bacon)提出,这幢建筑"奢华、炫耀,是专门为大公司的客户设计的。总而言之,这幢建筑能够满足大生意时代做好生意的需要"(Landau and Condit,1996:359)。

事实上,不到一年的时间,辛格大厦的世界

图8.2　1908年,纽约辛格大厦的景色。这个写字楼为辛格制造公司既提供了办公空间,也提供了一种形象。直到世界贸易大厦遭袭被摧毁,辛格大厦一直都是被拆除的最大摩天大楼

建筑高度记录就被打破了。就在辛格大厦的正北方,"城市投资大厦"建设了起来,它的高度为43层楼,它的办公空间全部用于出租。这样,"城市投资大厦"就永久性地挡住了辛格大厦朝北方向上的视线。不过,辛格大厦的出现还是改变了纽约的天际线,它的后撤设计为以后的摩天大楼设计提供了样板。"辛格大厦是一个审美上的胜利,它证明了钢架结构摩天大楼的可塑性,从而有可能让这个城市更加美丽(Landau and Condit,1996:361)。"

不幸的是,到了20世纪60年代,随着建筑品味向现代派方向转变,辛格大厦实现了第二个和最后一项世界记录,尽管那项世界记录让人疑虑重重。1968年,辛格大厦成为被拆除的最高的写字楼,给"美国钢铁大厦"腾位置,那家公司实际上从来都没有使用那幢建筑,现在称之为"自由广场大厦"。建筑批判家戈德伯格

（Paul Goldberger）提出，"辛格建筑可以消失，但是，我们通过一个54层楼高的纪念碑会记住另一幢建筑的什么呢？使用拆除温柔、雅致和完全人性化的辛格大厦而腾出来的场地上建设起来的自由广场大厦却是反城市的，而且气势很足（Goldberger，1979：9）。"

大都会人寿保险大厦

拆除帕克赫斯特的长老会教堂，再拆除美国最著名的教堂之一的麦迪逊大道长老会教堂，这类事件表明，教堂塔尖不再是现代城市的象征了。麦迪逊大道长老会教堂由建筑师怀特（Stanford White）设计，由他所在的建筑企业"麦金、米德和怀特"建造，它的建筑质量和建筑寿命都是首屈一指，但是，只用了13年它就被持续扩大的"大都会人寿保险大厦"所取代。

1909年竣工的大都会人寿保险大厦和它的钟楼的象征意义有二，首先它的场地区位，其次它用世俗天际线的纪念性取代了宗教天际线的纪念性。大都会人寿保险大厦有50层楼高，是当时第一幢超出700英尺高度的建筑。这个建筑仿照了威尼斯圣马克广场钟楼。大都会人寿保险大厦钟楼上的那盏灯印证了这家公司的广告词，它是"永不熄灭的灯"（Dupre，1996：27）。

大都会人寿保险公司成立于1868年，到19世纪末，这家公司已经成为美国最大保险公司之一，公司总部设在纽约市。1906年，与"互保"、"纽约"和"公平"等三家保险公司相比，大都会人寿保险公司的资产依然比它的这三大竞争对手少。建设大都会人寿保险大厦的目的一是满足公司对办公空间的需要，二是提高公司的形象。建设完成后，这幢大厦多余的办公空间都出租了，正如一个公司官员所说，这个大厦成了"不花公司一分钱的广告，因为租赁户的房租就够支付这笔广告费了"（Fenske and Holdsworth，1992：140）。这幢大厦的图案成了租赁户和公司

图8.3　大都会保险公司初建成后，1909年

的信笺和徽标（Zunz，1990）。在这幢大厦施工期间，大都会人寿保险公司宣称，它正在获得更多的投保户，以致它的投保户超过纽约所有人寿保险公司投保户之和。

市政大楼

纽约市一直需要一个集中的办公地点。1907年，一项竞标展开，在下曼哈顿与市政厅相邻和靠近布鲁克林大桥的地方，设计和建设一幢市政大楼。建筑设计必须骑跨一条街（钱伯斯街），这样，这座桥梁上下的车辆能够在这幢建筑下通过（现在市政大楼下的这条街已经封闭了，不让车辆通行）。当时邀请了13家重要建筑企业参加这幢一流市政府办公大楼的设计竞赛，要求这个建筑能够成为纽约的纪念性建筑（Landau and Condit，1996）。三人组成的评审小组负责筛选，纽约市的桥梁总管和城市艺术委员会最终批准。这个建筑设计竞赛的胜者为麦金、米德和怀特事务所。

这个市政大楼的高度为559英尺，可以使用

的建筑空间为125万平方英尺。因为这幢建筑的"公共特征",所以,在建筑设计上采用了学院派建筑风格(Landau and Condit, 1996: 374)。传统风格的雕塑图形表达了人民政府"引领、行政、权力和节俭"的原则,与此同时,这幢建筑上用于装饰的小天使象征着"市民的骄傲和市民的责任"。这幢建筑的顶部是一个"婚礼蛋糕式的柱廊支撑的塔"(Goldberger, 1979: 31),而塔尖上则是温曼(Adolph Alexander Weinman)创作的"市政之光"的雕塑。兰道和康蒂克(Landau and Condit)提出,"这个市政大楼证明,公共建筑和商业建筑上的表达形式和意象越来越巩固,这种品质也是辛格大厦和大都会人寿保险大厦所具有的(1996: 375)。"

伍尔沃斯大楼

伍尔沃斯大楼的建设历时两年,于1913年竣工,是纽约市最著名的摩天大楼之一,是20世纪初摩天大楼盛行时期的巅峰之作。美国廉价商店"五分一毛店"的老板伍尔沃斯(F. W. Woolworth)同意建设这幢新哥特式风格的建筑。他指示他的建筑师吉尔伯特(Cass Gilbert)设计一幢世界上最高的建筑(在建筑设计过程中,新的更高建筑正在曼哈顿不断出现,所以,这幢建筑在设计时就几度易稿,保证这个建筑建成后是当时最高的建筑)。这幢建筑的最终建筑高度为792英尺。这个建筑高度一直维持到20世纪30年代,克莱斯勒大厦和帝国大厦最终刷新了当时的世界建筑高度。

伍尔沃斯和吉尔伯特两人都想让这个公司总部大楼成为一个令人印象深刻的城市纪念性建筑,成为纽约天际线上的建筑制高点,成为"五分一毛店"的永久性广告。但是,从一开始,伍尔沃斯公司打算使用的就仅仅是全部建筑面积的很小一部分。实际上,这家公司仅占这幢50层大楼不足两层的办公空间。欧文国民银行从一开始就是这个建筑的一个出资方,它最后使用了最

图8.4 支撑大堂画廊的柱子上雕塑了拿着银币和一个银币袋的伍尔沃斯。这个雕塑是大厅里包括12人的雕塑群像中的一个,他们都参与了这幢建筑的建设(摄影,作者)

下面的四层楼,剩下的办公空间依靠市场出租(Fenske and Holdsworth, 1992)。

伍尔沃斯提出采用新哥特式建筑风格,而吉尔伯特具体设计。北欧市政厅成为吉尔伯特的设计模式。他觉得,哥特式风格会给他"最大程度表达愿望的可能性,最终看到逐步通过建筑高度而获得了灵性的建筑主体"(Dupre, 1996: 29)。伍尔沃斯大楼的大厅重复了这种哥特式的建筑风格。伍尔沃斯大楼同时也反映了学院派的建筑理论。伍尔沃斯大楼采取了大教堂式的十字布局形式,包括拱形入口和电梯大厅。大堂包括了彩色的玻璃天窗,在半层楼的画廊里,创作了代表贸易和劳工的壁画,从那里可以看到整个大堂的中央,大堂的墙壁和地面都是大理石铺装的,大理石有一部分是进口的,一部分是当地的。新哥特式的铜质大门和硬件常常压上了"W"的字样。大堂里那些

用来支撑电梯大厅南北天花板的柱子上有一些怪诞的人物，实际上，他们是与这幢大楼的建设相关的人，如伍尔沃斯（手里拿着银币），吉尔伯特（手里拿着建筑模型），欧文银行的董事长皮尔森（Lewis Pierson）（手里拿着一个安全存钱盒子），辛迪加的老板霍洛维茨（Louis Horowitz），结构工程师奥斯（Gunwald Aus），正在测量大梁。

伍尔沃斯大楼很快得到了一个神圣的名字，"商业大教堂"。在这个建筑竣工典礼上，卡德曼牧师（the Reverend S. Parkes Cadman）使用了这个名字，至今，人们一直都在使用这个名字。在那个就要让成千上万访客读到的精美的小册子里，卡德曼牧师谈到，商业如何在公众想象里取代了宗教。"宗教在中世纪独占了美术和建筑，自1865年以来，商业已经迷上了美国（Cadman，1916）。"他在以下这段话里描绘了他如何把伍尔沃斯大楼叫作"商业大教堂"：

> 在曼哈顿岛及其最南端，耸立着一群从未见过的或找不到先例的建筑。黄昏时分，黑暗的帷幕正在缓缓落下时，从布鲁克林大桥上一眼望去，黑暗映衬下无数的窗户闪烁着星星点点的光亮，特纳和拉斯金都没有用他们的画笔描绘出这般壮丽的景象。热爱这座城市和这个国家的人，来自四面八方的批判，追逐完美的人们，给它穿靴戴帽的人，所有人都承认，在这群建筑中，伍尔沃斯大楼堪称女王。夜幕降临，灯光犹如衣裳，披在沐浴后的伍尔沃斯大楼的身上，或者在夏日早晨清新的空气中，伍尔沃斯大楼就像圣约翰看到的那个天堂的城垛，它让人深深感动，甚至让人潸然泪下。"商业的大教堂"——人们选择的精神寄托，通过商业交换，疏离的人们团结了起来，和平相处，减少战争的威胁（Cadman，1916：Foreword）。

图8.5　伍尔沃斯大楼以及背景上依稀可见的辛格大厦。伍尔沃斯大楼采用的是新哥特式建筑风格，所以它的外号叫"商业大教堂"

大都会人寿保险大厦一直都掌握在它最初的投资公司的手中，但是，2007年，一家房地产投资公司和其他一些投资公司最终购买了这幢大厦，它们都有自己的如意算盘，计划把这个大楼变成豪华公寓和酒店。2011年，万豪酒店集团购买了大都会人寿保险大厦，宣布万豪的一档新版高端酒店会在2015年4月开张。出于好奇，我在网上查看了一下，2015年劳动节前的那个周末，每晚房间价格在725—1200美元之间。

伍尔沃斯大楼也处在一个非常有意思的转变之中。2012年，一个投资公司购买了这个新哥特式大楼的顶部30层。目前正在通过更新改造，把这30层转变成豪华型公寓。设计公寓单元仅34套，也就是说，多数为一层一套公寓，少数为一层两个居住单元。所有的住户都可以使用以这幢建筑的设计师吉尔伯特的名字命名的私人休息厅、地下的游泳池和健身中心。公寓价格为，一个卧室1290平方英尺的单元为387.5万美元，还有包括7层的居住单元，这种顶层单元称之为"天上城堡"，包括两层一个电梯，还有室外观景台其面积为9403平方英尺，售价为1.1亿美元（Higgins，2014）。

大都会人寿保险大厦、伍尔沃斯大楼、市政大楼和现在已经拆除了的辛格大厦，这四幢宏伟的摩天大楼是第一个摩天大楼时代的最好例子，它们成为美国大公司的象征。

变化中的天际线

莫斯科和香港虽然相距4000英里，然而，它们都在争夺对城市天际线的控制。俄罗斯幅员辽阔，横跨欧亚大陆，是欧亚大陆的地理和文化门户，莫斯科是俄罗斯的首都。对比之下，就辖区面积而言，香港不过一个弹丸之地。但是，像莫斯科一样，香港也是若干方面的门户：在地理上，它是中国和更大的东太平洋地区之间的门户，在文化上，它是中国和前宗主国英国之间的门户。这一节，我们探讨在过去的100年里，摩天大楼式建筑的发展如何反映这两个城市所承受的纷扰的转变。

莫斯科

走近莫斯科，莫斯科的外观非同寻常（Baron von Haxthausen wrote in 1856），而且，据我所知，没有哪座欧洲城市可以与莫斯科相比：麻雀岭（苏联时期称之为列宁山）是观察莫斯科的最佳位置。从红色屋顶的海洋中升起了难以计数的金色的屋顶、绿色的圆屋顶和塔楼（每一个教堂至少有3个屋顶，大部分教堂有5个屋顶，甚至13个屋顶，而且，莫斯科大约有400座教堂），克里姆林宫在一个山坡上，鹤立鸡群（Kostof, 1991：318, who cites Gutkind, 1972：43）。

外人很难理解，俄罗斯民族的情感是一种基本上脱离琐碎日常生活的精神情感。过去若干世纪以来，外人很难理解，俄罗斯对她的人民不只是一个他们挚爱和要保护的国家："俄罗斯"更是一种精神状态，一个世俗的境界，一个近乎宗教信仰的对象——难以想象，难以用理性的尺子丈量（Tibor Szamuely, The Russian Tradition, quoted in Read, 1995）。

莫斯科这座城市集中体现这个判断。科尔顿（Timothy J. Colton, 1995）在对莫斯科进行的综合考察中提出，社会主义的莫斯科努力改变莫斯科的城市景观，反映莫斯科世俗的、国家的和集体主义的象征，这些象征高于宗教的、商业的、个人主义的象征。拆除大教堂、修道院、堡垒，用苏维埃的大厦替代那些纪念性的门楼和塔楼，都显示出社会主义莫斯科的这种信念。同样，后苏联时代莫斯科城市景观的变化依然支持这个判断。

为了说明这一点，我打算谈谈"基督救世主主教座堂"的建设、拆除和重建的故事。20世纪，莫斯科的天际线发生了很大的变化，反映了不同的意识形态。在20世纪早期的前布尔什维克时期，俄罗斯东正教教堂和修道院居于主导地位。1933年，当时莫斯科最高的建筑，"基督救世主主教座堂"被拆除。第二次世界大战后，在这个场地上建设了莫斯科游泳馆。20世纪50年代，与大规模公寓大楼一道，建造了七座斯大林主义的摩天大楼。

1947年，出现了一个建设一套高层标志性建筑的设想。著名建筑师科斯托夫（Spiro Kostof, 1991）说，20世纪30年代拆除了大量的教堂、大教堂，然后，在那些场地上建设了统一的6—8层的住宅楼，因此，建设一套高层标志性建筑的愿望是，重新建设莫斯科清晰可见的天际线，以此

图8.6 莫斯科国立大学大楼是第二次世界大战后建设起来的体量最大的高层摩天大楼，成为莫斯科的一个地标性建筑

作为一种取向。当时计划在不同的战略场地上建设8座摩天大楼。按照规划设计,它们都布置在城市的入口处,主要道路的交叉路口,紧邻火车站。8座摩天大楼中的2座为酒店,1座大学,2座公寓,2座政府办公楼。科斯托夫提到,苏联当局觉得,这些建筑围绕城市布置,而不是簇团,因此,它们形成的天际线会产生不同的象征意义,不同于美国城市天际线所产生的资本主义贪婪的象征意义,那种摩天大楼无序的簇团破坏了社区价值和城市品质。

莫斯科的那些摩天大楼在风格上类似于麦金、米德和怀特在纽约设计建设的市政大楼。它们的建筑主体都是矩形的,凹进上升,最后到达大楼的尖顶。人们无疑会给那些摩天大楼一个"婚庆蛋糕"的绰号。这些建筑环绕莫斯科,主导它们对应地区的环境。

1994年夏,我参加了人文夏季学院国家基金项目,研究莫斯科的建筑和美术。我们对莫斯科的参观是从麻雀(列宁)岭开始的。这个地区在莫斯科的西南郊,从那里可以很好地一览莫斯科的市区,克里姆林宫十分显眼,现在,克里姆林宫从视觉上已经恢复了它的历史重要性,集教堂、修道院和宫殿为一体的神圣的地方,同时,也让人想起原先那个无处不在的苏联共产党政府。从这个角度看去,可以争夺主导天际线的还是莫斯科无数的教堂和修道院(布尔什维克革命前,估计莫斯科有450个教堂,80个修道院和修女院,现在当然会远远少于这个数目),我们还可以看到,革命后建设起来的政府建筑,斯大林时代建设的摩天大楼,还有赫鲁晓夫和勃烈日列夫时代建设的巨型公寓大楼。在这些景物背后若隐若现的是莫斯科国立大学。

远离1994年天际线的是地处市区中心西南方向上的规模宏大的"基督救世主主教座堂"。"基督救世主主教座堂"建于1839—1883年之间,占地面积超过8000平方英尺,有5个金色的穹顶,

图8.7 这是19世纪看到的基督救世主主教座堂。它1931年被拆除了

48处外墙大理石浮雕,金色的和大理石材料制作的内装饰。这个教堂可以容纳7000人,所以,莫斯科再也没有在规模上可以与它相比的教堂了。1931年,在斯大林的命令下,这个宏大的教堂以及许多建筑都在那个时期被炸毁了。当时,党的愿望是用更宏大的"苏维埃宫"去代替它。

斯大林1931年第一个五年计划下的莫斯科建筑模式是把克里姆林宫置于莫斯科的中轴线上,两边为两个巨型建筑,"苏维埃宫"和"重工业委员会"。这两个建筑最终也没有建设。我会很关注设想的"苏维埃宫",因为这个"苏维埃宫"设想的历史和它要使用的场地的历史告诉了我们20世纪莫斯科和俄罗斯的历史。"基督救世主主教座堂"是一个用来纪念1812年胜利和俄罗斯东正教教会荣耀的纪念碑。它完全建成时已经是19世纪后期了,而到了1933年,它被苏联摧毁。

托凡(Bris Iofan)在有关"苏维埃宫"的设计竞赛中胜出。他设想的"苏维埃宫"高达435m。这个建筑会成为世界上最大的建筑,超过帝国大厦和埃菲尔铁塔。"苏维埃宫"的顶部立有75m高的列宁雕像。这个建筑中包括两个会堂,一个会堂可以容纳2万人,另一个会堂可以容纳8000人。那里会成为最高苏维埃会议和党的全国代表大会的会场。同时还设计了相关办公室、餐馆和服务设施。

图8.8 苏维埃宫并没有建设起来，当然，按照设计方案，这个建筑的高度是纽约帝国大厦的两倍，楼顶上会耸立高达75m的列宁塑像。这个设计是在20世纪30年代完成的，设计目标是，让这个建筑成为俄国共产主义的非宗教的标志

整个建设场地的面积为11万m²，建设工程于1937年展开。但是，由于这个场地是沼泽地，地下有莫斯科河的许多溪流，所以，施工面临复杂问题。与此同时，第二次世界大战（即俄国人所说的"卫国战争"）爆发前的国际紧张局势最终阻碍了"苏维埃宫"的建设。战争期间，建筑没有使用的钢架都被拆除，用于战争。战争结束后，这个项目再也没有重新展开，这个场地变成了世界上最大的露天游泳池。大莫斯科游泳池可以供3000人同时游泳。到了20世纪80年代后期，这个游泳池最终因年久失修而关闭。苏联解体后，开始在这个场地上建设新的"基督救世主主教座堂"。俄罗斯东正教教会曾经设想基本复原原来的"基督救世主主教座堂"，在莫斯科市的鼓励和财政支持下，这个设想最终成为现实，1995年，这个大教堂的重建完工。俄罗斯东正教教会的愿望让人们认识到了城市景观的这些历史变化的政治性质和象征意义。

> **体验活动8.2：礼拜堂**
>
> 在你的城市或你选择的城市里找到一个具有建筑和或历史意义的礼拜堂。那幢建筑是哪个年代建设起来的？这幢建筑的使用是否发生过变更？例如，现在的宗教派别是当初的那个宗教派别吗？它是否曾经受到拆除的威胁，或者，它一直都在挣扎获得维修的费用吗？它对这座城市的居民，包括那些不是宗教信徒的居民，具有什么象征意义？

1995年9月26日，纽约时报报道了莫斯科原地重建"基督救世主主教座堂"的消息（"莫斯科正在恢复它历史辉煌的标志：唤醒神圣俄罗斯的形象，莫斯科重建斯大林推倒的大教堂"欧兰格，1995）。这里，我来复述一下"基督救世主主教座堂"对建成环境所构成的象征意义的重要价值。纽约时报提出，巨大的露天游泳池现在成为了历史记忆。在那个地方，2500位劳动者正在夜以继日地建设一个新的标志，既体现后共产主义时代的国家实力，也提高俄罗斯东正教教会的影响。

欧兰格（Steven Erlanger，1995）谈到，一些人对投资建设这个巨大工程是否明智表示怀疑，他们认为，这笔投资本可以用来改造莫斯科的基础设施，满足住房和工厂日益增长的需要。还有一些人，特别是那些与俄罗斯东正教教会有着各种联系的老人认为，重建这座大教堂是一件具有象征意义的事件，它反映对过去罪孽的幡然

图8.9 1995年，新的"基督救世主主教座堂"在这个场地上竣工，成为俄罗斯东正教教会的标志

悔悟，也反映了新的民族主义的俄罗斯的出现。一个小博物馆与这个建设场地相邻，那个小博物馆的参观留言簿上的留言反映这样的看法："我们必须重建我们的教堂！我们必须赎罪！""俄罗斯正在摆脱邪恶。善良正在胜利。"

欧兰格（1995）在纽约时报上引述了一位33岁的作家，亚尔科维奇（Igor Yarkevich）的话：

  在共产主义制度下，苏联的知识分子常常讲，"这里原先有一座令人流连忘返的教堂，现在，却是地铁站和游泳池。"过一段时间，那些知识分子会说，"你晓得的，那里曾经是一个令人叹为观止的游泳池，现在，新老板们在那里盖起了一座教堂。"

2000年，"基督救世主主教座堂"竣工。新建的教堂使用了现代建筑材料，安装了空调、现代通信设施、电梯和地下停车场。日常旅游项目包括参观40m高的观景平台，眺望莫斯科的全景（Moscow.info，2015）。另外，在大教堂下，人们可以找到洗车的、洗衣的、会议中心和咖啡店。这些设施已经显现出冲突。一个消费者权益观察组织提出，这个教堂正在从事俄罗斯正教会和基督救世主主教座堂基金会都反对的不合法的经贸活动（Bigg and Balmforth，2012）。2012年，女子朋克乐队"小猫暴动"的5名成员在基督救世主主教座堂里的祭坛举行了一场反对普京和俄罗斯正教会的演出，这场表演被收入名为"朋克祈祷——上帝之母，赶走普京"的音乐录像中，结果这个乐队的两名成员被控犯有扰乱公共秩序、冒犯宗教信徒和"流氓行为"等罪名而被逮捕（Lipman，2012）。许多人认为，政府对那些持不同政见者声音的反应太苛刻了。

李普曼（Masha Lipman，2012）注意到这个教堂的角色如何在发生着变化，而这种角色变化是很具有讽刺意味的。在共产党人的意志征服了它并且它被边缘化的时候，它顺从了苏联的国家权力。"在普京领导下的俄罗斯，对国家的忠诚几乎不可避免地包含着对俄罗斯东正教会的崇敬，教会的地位已经大大提高了，但是，东正教依然维持着苏联时期形成的卑微的地位（Lipman，2012）。"

中国香港

1996年1月底，港英当局宣布，它会用新设计的邮票替代原来的邮票。以前在英国统治下，邮票传统上都是使用从维多利亚时代直到伊丽莎白二世时代的种种王室形象。邮票的一角为在位君主的肖像。这张新的邮票不再保留王室形象，第一组新邮票凸显了香港的天际线。邮票上的这种设计变化反映了即将出现的政治现实，英国政府将把香港的主权归还中国。港英当局希望凸显的香港形象是香港的天际线，香港的这个天际线象征着香港经济的全球实力。

1984年，中英双方签署的联合声明确定，中国于1997年7月1日接管香港主权，中国政府保证香港完全自治，在经济、社会和政治制度方面至少50年不变，中国负责香港的国防和外交关系。香港汇丰银行大厦和中国银行大厦反映了香港政治上的双重性和当前经济活力，没有任何其他建筑可以超过这两个建筑的象征意义（Brunn and Williams，1993）。香港汇丰银行大厦的产权归香港汇丰银行，体现了英国的局部金融据点和私人资本主义；中国银行代表了中华人民共和国在香港的金融中心。

类似曼哈顿岛，香港岛的空间也是狭窄的。香港的经济很繁荣，因此，决定建设高层建筑可以看成是对香港地价做出的一种反应。尽管如此，在香港和纽约的高层建筑设计与施工中，我们都可以看到符号因素所发挥的作用。

英国建筑师福斯特（Sir Norman Foster）设计的香港汇丰银行大厦是在1987年竣工的。香港

图8.10 英国建筑师福斯特设计的香港汇丰银行大厦的建设旨在展示英国的经济重要性。它支配了香港的天际线，而让相邻的立法院建筑相形见绌。接下来，贝聿铭设计的中国银行大厦又让香港汇丰银行大厦瞠乎其后

汇丰银行大厦的建设费用和设计费用都是香港有史以来最贵的，超过50亿港元，因此，引起很大争议。这幢建筑有52层（587英尺，179m），使用钢、铝和玻璃等材料建成。建筑师们对这幢建筑做了各种各样的形容，如"不锈钢楼梯"、"中国灯笼"、"超级技术的巨石"、"堪比英国大教堂"、"世界第八大奇迹"、"奇丑无比"、"类似现代化工厂的风格"（Rafferty 1990：281）。拉夫蒂引述了"伦敦时代"的建筑批判家肯尼维提（Charles Knevitt）的话来讲，这幢建筑是"西方技术的精密性与东方的神秘和迷信的交汇"（Rafferty，1990：281）。

这幢建筑是否符合风水说的若干原则，这是这幢建筑引起争议的另一个问题。中国人相信，必须实现与自然的平衡与协调，这就是风水说的基础。选址、设计、建筑、道路和设施的位置都必须协调。如果它们是和谐的，那么好运就会来；否则，不幸就会接踵而来。

香港汇丰银行大厦外墙的最初设计是用红或绿的锯齿形花纹完成。银行家和风水先生们对此设计惊恐不安。银行家们不喜欢那些色彩，但喜欢锯齿形花纹；中国人不喜欢锯齿形花纹，但喜欢那些色彩。对于中国人来讲，锯齿向下可以解释为挥霍财富，让荣耀散开。对于银行家来讲，即使重要公共建筑在传统上使用过那些色彩，用在这幢建筑上还是不适当的。最后，这幢大厦的外墙采用了比较保守的银灰色，使用为保时捷提供涂料的那家公司的涂料粉刷外墙，也不再使用锯齿形的装饰模式。

银行的风水师英格（Koo Pak Ing）受邀决定进入这幢新建筑的最佳拐角，选择最佳的电梯安装位置，那些电梯与一条从附近山峰上甩下的龙尾对齐（Bennett，1992：89）。相类似，为了保护风水，在最佳时间搬动香港汇丰银行老建筑前的两尊铜质狮子，而且同时送达新的安置地点，避免任何时间上的先后。总之，要想解决围绕这幢建筑而展开的各种矛盾，唯一的办法是，在中国管理下的香港，香港汇丰银行继续运营成功。许多居民都表达了建筑上的普遍看法：我们有一幢很好的建筑。成本是什么？——许多年的盈利，但是，这幢建筑把我们放到了世界建筑图上（Rafferty，1990：28–282）。

中国银行大楼是中国政府建设的，用来作为中国银行的重要的总部。它体现了香港经济的继续繁荣。这幢建筑不仅反映了中国对香港金融市场的支配性地位，同时反映出的中国对香港天际线的主导地位，让附近的立法院建筑和香港汇丰银行建筑都相形见绌。

美籍华裔建筑师贝聿铭设计了香港中国银行大厦。这幢建筑宏伟、比例优美、设施完备。巨大的玻璃和铝合金幕墙衬托了这个建筑的外线条。这个建筑的高度为1209英尺（369m），许多人认为它是外观最佳的现代摩天大楼。

在1988年竣工时，香港中国银行大厦是当时亚洲最高的建筑。可是，中央广场大厦（高度为1227英尺或374m）很快超过了它。中央广场大厦是由香港伍振明建筑事务所设计，坐落在湾仔区，遥看中国内地的九龙山（Bennett，1992：80）。它是后现代版的帝国大厦，采用了金银两色的玻璃幕墙。到了晚上，垂直布置的彩色霓虹

图8.11 从香港国际贸易中心大楼的楼顶鸟瞰香港中心的天际线，包括贝聿铭设计的中国银行大厦（左边）。IFC2是香港国际贸易中心大楼的简称。它是2003年竣工的。是香港第二高的建筑

灯大放异彩，又有人给了它一个别称，"猫抓的"。但是，因为它远离香港的主要天际线，所以，它对香港的主要天际线影响不大。

1988年8月8日是中国银行大厦落成揭幕仪式举行的日子。选择这一天是因为这个数字的发音类似发财。但是，风水师觉得，以一些相互连接起来的三角形或金字塔形为基础的形状是运气不佳的。在广东话中，"金字塔"的发音类似kam tap，而这个词的意思是骨灰坛（Rafferty，1990）。另外，这幢建筑有很多尖锐的边，在阳光照耀下，像闪闪发光的刀刃。这是一种危险的信号，传统中国建筑努力回避这种设计。一些人认为，一些边指向了立法院，一些边指向了政府大楼，而另外一些边好像指向了中国银行大厦本身（Rafferty，1990）。最后，这个建筑顶上的两个电子避雷针被认为不吉利。

这个大楼顶上插两根"筷子"，让大楼的高度极高，也不是什么好事。当地的一个风水大师讲，好人是不会在头上插筷子的。中国人总是把筷子平放着。把它们竖起来类似祭奠死者时点的香火。他们希望中国银行大厦不会发生此类事情，香港也一样（Rafferty，1990：345）。

现在，香港和纽约都被认为是"世界垂直城市的标志——两个城市都把摩天大楼看成现代城市生活的基本设施"（摩天大楼博物馆，2008）。摩天大楼博物馆在纽约市，它曾经举办过一个大型展览（2008年7月16日至2009年6月），对比了香港和纽约市。展览主办者提出，现在，香港的高层建筑的数目、香港的人口密度和实际的公共交通运输量，都超过了纽约市。公寓大楼采取了摩天大楼的尺度，一般50—60层高，甚至还有更高的公寓。香港的人口密度为每平方英里9万人，远远超过了曼哈顿每平方英里7万人的人口密度。这个展览提出了这样的结论，香港实现了20世纪初建筑师的许多梦想（摩天大楼博物馆，2008）。支撑这个结论的是一家提供全球建筑数据的房地产调查机构安波利斯。它创造了一种包括高度和宽度在内的计算方法来衡量天际线（Emporis.com，2009）。安波利斯使用这种计算方法，对全球城市天际线对视觉的影响做了一个排序，香港首当其冲，随后是纽约和芝加哥。

对世界贸易中心的攻击和媒体反应

2001年9月11日星期二早上，在没有任何预警的情况下，4架飞机遭到劫持。其中两架飞机分别撞上了纽约的世界贸易大厦的两座大楼，3000人丧生，飞机上的乘客和机组人员也同时遇难。第三架飞机袭击了位于华盛顿特区的五角大楼，除飞机上的乘客和机组人员外，还有大约200人全部丧生。第四架飞机冲进了宾夕法尼亚州的一处农田里，飞机上的乘客和机组人员无一生还。

就在世界贸易大厦的两座大楼被摧毁和五角大楼遭到攻击的第一时间里，许多报纸和期刊承认这场恐怖袭击的象征意义。华尔街日报的记者克劳德（David S. Cloud，2001）和金（Neil King，2001）撰文谈到这次恐怖袭击，此文开门

图8.12 在2001年9月11日遭受恐怖袭击而被摧毁之前，世界贸易中心主导了纽约市的标志性天际线

见山地提出，"恐怖分子成功地攻击了最重要的美国实力的象征，华尔街和五角大楼，让美国人丢掉了他们的幻想——美国不会遭受大规模有组织的暴力攻击。"这篇文章第12页的子标题是："对美国实力符号的攻击改变了国家的世界角色观。"费城问询报称，"美国资本主义崩溃的象征"（Saffron, 2001），"恐怖主义者袭击美国文化、资本主义的象征"（Bowden, 2001）。世界贸易大厦的名字，在纽约建成环境上的主导性，都让它成为美国资本主义的最著名的标志。同样，五角大楼是美国军事实力的象征和指挥所。

就在世贸中心遭到恐怖袭击之后，美国其他一些标志性建筑也采取了人员疏散的紧急行动，不说几分钟，至少在几小时之内，做到了这样，包括著名的高层建筑，旧金山的泛美金字塔、底特律的复兴中心、亚特兰大的桃树中心、芝加哥的西尔斯大厦（Firestone, 2001）。美国的一些休闲和消费的主题公园也采取了人员疏散的措施，包括在加州阿纳海姆的迪士尼乐园，在佛罗里达奥兰多的沃尔特·迪士尼世界和海洋世界，在明尼苏达布鲁明顿的美国最大的购物中心美国购物中心。其他一些具有明显美国声誉的标志性建筑也实施了类似的安全措施。费城的自由钟和独立大会堂关闭了。不允许步行通过金门大桥，胡佛大坝上的公路和游客中心也关闭了。拉斯韦加斯的平流层塔、圣路易斯的大拱门和西雅图的太空针等一些高层建筑也关闭了。取消了重要和不那么重要的篮球赛；在受到恐怖袭击之后的第一个周末里，基本上停止了体育赛事，包括推迟了周日全国足球联赛。弗里德曼（Thomas L. Friedman, 2001）谈到，在恐怖袭击发生之后，埃及电视台请他评估一下该事件对美国人的影响。弗里德曼做了一个类比，炸毁其中有数千人的金字塔与美国这次遭受的恐怖袭击，二者的影响是一样的。他说，"世界贸易大厦是我们使用钢铁和玻璃而不是石头建造的金字塔，是美国企业和自由市场的金字塔，有人已经摧毁了它们（2011: A31）。"

纽约时报杂志的撰稿人刘易斯（Michael Lewis, 2001）从关注那些建筑的象征，转变到关注那些建筑表达的什么，转变到关注在那些建筑里工作的人和那些摧毁那些建筑的人。刘易斯在文章中说，"为什么是你呢？"他的判断是，华尔街和其他金融中心不仅仅是场所，还是观念，主导观念是自由和资本主义的观念。"在金融中心工作的那种人不仅仅是象征，而是自由的实践者（Lewis, 2001: 70）。"他提出，市场临时关闭，但是，它们毕竟还是会再开门的，继续它们的经济追逐。经济制度被认为是不受恐怖主义影响的。在他看来，恐怖主义者是基金交易员和在这些标志性建筑里工作的其他资本家的精神上的对头。他认为，这些恐怖主义者是宗教的原教旨主义者，"他们的事业依赖于用一些想象出来的更高神权的名义来否定个人的自由"（Lewis, 2001: 71）。在谈到世界贸易中心时，他问到：

所以，为什么是你？这次恐怖袭击是由一个聪明的人设计的，相比我们对他的了解来讲，他更了解我们。因此，他一定也了解他选择的目标是坚不可摧的。对我自己问题，我只有一个答案，在现代资本主义全球展示中，你已经变成了展品，现代资本主义深深地打扰了那些以神的名义驾驶飞机冲向建筑物的那种人。当第一架飞机攻击北楼时，你的那个朋友正目不转睛地盯着计算机屏幕上的价格，他不同于眼睛正盯着飞机驾驶舱里仪表盘的那个年轻人（Lewis，2001：70）。

在此之前的一些年里，阿布拉汉森（Mark Abrahamson，1980）就指出，许多城市如此紧密地承担起一定类型的活动，以致它们的名字成了那项活动的同义词。例如，说到底特律就想到汽车业。类似，纽约市呈现出一个更为宽广的情境，尤其在全球层面上。提到纽约的名字或它的地方和建筑物，如华尔街和世贸中心，就不仅简单表达了美国民主的资本主义，而且也简单书写了美国的文化价值，包括世俗主义和务实主义。

流行历史学家和小说家卡尔（Caleb Carr，2001）已经指出，下曼哈顿的建筑，尤其是世界贸易中心，成为美国文化主导地位和全球力量的化身。一些人认为，那些建筑和发生在那些建筑里活动直接威胁到他们的价值，他们自己的生活方式和他们的实际的自主性。摧毁那些建筑实质上是摧毁那种威胁的一种方式。卡尔（2001：92）提出，"恐怖分子迷恋世界贸易大厦没有什么不合理的。事实上，从文化战的背景上看，恐怖分子迷恋世界贸易大厦是完全可以理解的。"

恐怖主义明智地选择它的攻击目标。专栏作家维尔（George F. Will，2001）提出，恐怖主义并不愚蠢："恐怖主义是看得见和看不见的混合——肢体暴力和政治象征（2001：57）。"作为对卡尔看法的一种响应，他把恐怖主义者的目标看成美国价值和美国实力的象征。

世贸中心的双子塔就像曼哈顿一样，是美国文明活力的建筑表现，五角大楼是美国推行和捍卫民主价值能力和决心的象征。这些目标已经激怒了文明之敌，就像汇集起来的雷电。这些敌人总在那里（Will，2001：57）。

维尔进一步提出，恐怖主义符合"成本效益"或，用股票交换术语讲，恐怖主义是"四两拨千斤"的豪赌。哥伦比亚可卡因霸王埃斯科瓦尔（Pablo Escobar）把恐怖主义看成"穷人的原子弹"（Bowden，2001：A4）。虽然对世界贸易中心和五角大楼的协同攻击没有原子弹那样大的威力，但是，这种协同攻击所产生的心理影响与使用原子弹攻击所造成的心理影响大同小异。宾夕法尼亚大学焦虑治疗和研究中心的心理学家亚丁（Elna Yadin）说，对世界贸易中心和五角大楼的协同攻击"是恐怖袭击的碑铭主义。它实际上是触动美国所有人心的某种东西。它是人们过去不曾认为可能的某种东西"（Burling, McCullough and Uhlman, 2001：A28）。维尔（2001）引述了中国人的一句老话，"杀一儆百"。

恐怖主义者攻击了体现美国经济和政治/军事实力最明显的地方，他们的确成功了，让许多美国人担心国家的安全和他们国家的安全不受协同攻击。美国的那个理所当然的世界被粉碎了。纽约时报有一个"国家身心麻痹症"的通栏标题（Harden, 2001）。今日美国的一则头条解释了这个思想，"美国陷入疯狂：攻击以摧毁生命、地标和国家的安全感（Willing and Drinkard, 2001）。"费城询问报提出："和平的心态让受害者陷入迷茫而不知所措（Burling et al., 2001）。"

体验活动8.3：地标和恐怖主义

在你的城市或你选择的城市找到一处地标建筑或其他公共场所，由于它的象征价值而成为恐怖主义者攻击的目标。如果有可能的话，实地考察它。自2001年以来，公众靠近那里是否受到限制？存在需要保护它的意义吗？

这次恐怖主义袭击彻底摧毁了世界贸易中心的双子塔，实际上，这次袭击还产生了巨大的心理影响。引述创伤专家贝林等人的话讲，"昨天恐怖分子的袭击成为一个分水岭事件，它让许多美国人在心理上觉得恐惧，对政府和复仇缺乏信心（2001：A28）。"在建筑象征意义的背景下，我们可以最好地理解这次恐怖袭击所产生的令人震惊的影响。费城卡布里尼学院政治科学系的领导人赫德克（Jim Headtke）提出，"世界贸易中心是美国资本主义的象征，从恐怖主义者的观点讲，世界贸易中心是美国衰落的象征。飞机上的和大楼里的那些受害者并非这场攻击的真正目标。预料之中的受害者正是你和我（Bowden，2001：A4）。"

从公众批判到感伤主义

有关世界贸易中心的感情在"9·11"恐怖袭击之前一直都在变化。此事可以追溯到纽约和新泽西港务局成立的1921年。港务局是一个半自主的政府机构，负责纽约和新泽西之间许多桥梁和隧道的建设、维护和管理。20世纪50年代后期，世界贸易中心的经济目的与把世界贸易中心用来作为港务局的中心工作场所联系到了一起。港务局当时还想把曼哈顿西边的船坞迁移到新泽西的港口去。纽约州和新泽西州在建设世界贸易中心的问题上都有一些其他目的。纽约把建设这些大厦看成把下曼哈顿转变成国际金融中心的一种途径。另外，往哈得孙河里填土会覆盖原先的码头，新创造28英亩建设用地面积，实际上，那里就是现在的世界金融中心和炮台公园城。对于新泽西来讲，建设世界贸易中心会让它自己甩掉过时的和不能盈利的曼哈顿和新泽西之间的铁路。港务局会接管那个铁路线，把它改造成港务局的跨哈得孙河铁路线，而且，新泽西会得到纽约放弃的港口生意。

1966年，世界贸易中心在抵制声中破土动工，并在1973年4月4日正式宣布竣工。建筑师山崎石（Minoru Yamasaki）与埃默里—鲁斯父子建筑事务所一起为港务局设计了世界贸易中心（山崎石还是圣路易斯臭名昭著的公共住宅大楼"普鲁艾格"的设计者，这个公共住宅大楼群在1972年炸毁了，我们在本书中还会讨论这个问题）。世界贸易中心大厦的高度超过了当时世界上最高的建筑帝国大厦。世界贸易中心的那对高楼的高度为1350英尺，有110层楼。它们并非完全一样。北楼，世界贸易中心1号楼的高度为1367英尺；南楼，世界贸易中心1号楼的高度为1362英尺。挖土填埋了破旧的西岸码头，形成了世界金融中心和炮台公园城的建设场地。

我们可以定量衡量世界贸易中心的巨大规模（Dunlap）。在一般工作日里，大约有5万人在那里工作，另外还有8万访客。每层楼的面积超过4万平方英尺，也就是说，一层楼的建筑面积超过1英亩。世界贸易大楼有自己的邮政编码（10048）。当柯布西耶厌恶的购物街渐行渐远，世界贸易中心的内部通道里有70多家商店和餐馆，使用者认为那就是一条购物街。

世界贸易中心大楼旨在让办公空间最大化。这一目标成功实现了。芝加哥的希尔斯大厦和吉隆坡的双子塔在高度上都超过了世界贸易中心大楼，但是，它们在建筑面积上还是比世界贸易中心大楼的建筑面积小。通过在设计上消除大部分摩天大楼都有的那种内部支撑立柱而实现这两幢大楼的办公空间最大化。这两幢大楼依靠芯柱和外部承重墙向上延伸。由于依靠外墙来支撑建筑，所以，当劫持的商用飞机冲向建筑时，加上泄漏出来的燃油，导致这两幢大楼不可能不完全倒塌。实际上，山崎石设计的两个主要建筑，世贸中心和普鲁特——伊戈住宅楼，最终都是被炸毁的，当然，目标和手段截然不同。

世界贸易中心两幢大楼在施工时的绰号分别是"大卫"和"尼尔森"，承认洛克菲勒兄弟对这两幢大楼的指导（Stern，Mellins and Fishman 1995；Dunlap，2001：A14）。大卫·洛克菲勒当时是大通曼哈顿银行的董事长和下曼哈顿协会的创立者。尼尔森·洛克菲勒当时是纽约州的州长。在建设世界贸易中心时，是有很大矛盾的。小规模建筑，形成一个地区框架的道路，人们把这样的城市生活与柯布西耶的设计对立起来。世界贸易中心替代并赶走了沿着"无线电一条街"的那些小无线电生意。

世界贸易中心的规模和技术革新并没有得到建筑界好评和公众的好评。世界贸易中心的实际规模，以及它所引起的对城市建成环境和人体的大规模临时或永久性的干扰，引来各种批判和反对的声音（Stern et al.，1995）。港务局的种种目的，大卫·洛克菲勒金融帝国、纽约和新泽西的政治家们，包括州长尼尔森·洛克菲勒和卡希尔都惹恼了公众和媒体。另外，世界贸易中心大楼的巨大体量，打乱了下曼哈顿哈得孙河沿岸地区传统低矮建筑的空间布局形态和凝聚状态。

在建设和启用世界贸易中心大楼之后，人们充其量是容忍了它们，但从来都谈不上喜爱。然而，始料未及且不同凡响的事件帮助改变了它们的形象。1994年8月7日，法国的高空行走大师佩蒂（Philippe Petit）在一根钢丝上走过世贸中心的两幢大楼，同年，自称"人蝇"的威利（George Willig）非法攀登了南楼，世界贸易中心大楼"被拟人化了"。当威利爬到楼顶时，立即遭到逮捕，按每层楼1.1美分处以罚金。对佩蒂的处罚是，在中央公园给儿童做一次表演。就在"9·11"恐怖袭击17天之后，9月28日国家公共广播电台的"深思熟虑"节目回忆，佩蒂曾经谈到他如何能够应对看不见的风和空气湍流。在他横跨两座大厦时，他感觉到了两座大厦的共鸣。佩蒂谈到，他的感觉如何随着人类悲剧而改变。他诗情画意般地把两座大厦看成他的孩子，他期望他真的可以再在它们之间跳舞。

图8.13　1974年8月7日，法国的高空钢丝杂技演员佩蒂在世贸中心两座塔楼之间非法架设的钢丝上大胆行走，令纽约市民兴奋不已

2001年9月11日，世界贸易中心大楼被摧毁了。实际上，这是世界贸易中心遭受的第二次攻击，对它的第一次攻击发生在8年以前的1993年，一辆停在地下车库里的藏有炸弹的卡车发生爆炸。在那场灾难中，6人死亡，许多人受伤，世贸中心遭到重创。但是，世界贸易中心依然存在。世界贸易中心的生还改变了人们对它的感受。真实而看得见的世界贸易中心接受了人们对它宣泄的情绪。在世界贸易中心被摧毁之后，华尔街报社论版副编辑海宁格（Daniel Henninger，2001）谈到了一种与看得见的东西相关的受到情绪影响的情感。在2001年9月12日社论中，海宁格说：

事实上，除非我们曾经看到过世界贸易中心大厦，否则我们不会知道，从哈得孙河中的霍伯肯轮渡上，看到晴朗夜色中的世界贸易中心该有多么美轮美奂；所有的建筑都会被点亮，由佩利（Cesar Pelli）设计的那个胖胖的圆屋顶的世界金融中心大楼以完美的比例与两座宏伟的银塔搭配起来。难以置信，我真的再也看不到这幅美景了。

我爱世界贸易中心大厦。我在它们的影子下差不多工作了25年。我看到自由女神像就看到它们。秋天的夜晚，当世界贸易中心大厦和曼哈顿的其他建筑一起华灯绽放时，世界贸易中心大厦总是让人欢乐。世界贸易中心大厦代表这个城市的所有人呼唤着，这里的每一个人似乎都以辛勤劳作为荣。无论怎样，高高耸立的两座宏伟的银塔曾经就在那（Henninger，2001）。

虽然这一对高楼从来没有被认为在建筑上有多么大的意义，但是，它们巨大的规模还是主导了下曼哈顿和这座城市的天际线，成为一个在数英里外就可以看到的标志性建筑。费城询问报的建筑史学家弗容提出：

关于昨天有计划的恐怖袭击，有许多令人震惊的事情，其中之一就是我们突然明白了，就在恐怖分子的眨眼之间，两幢规模如此巨大、建筑如此复杂的、由人所创造的建筑，竟然随即就从我们的景观中消失了。甚至在这个建筑爆破习以为常的时代，纽约天际线上的这个空白在很长时间里都可能会让一些人不寒而栗。现在，这两座宏大的建筑已经成为人类努力和文明社会的脆弱性的见证（2001：A13）。

世界贸易中心：一个失去标志的机会

是否重建世界贸易中心的问题马上就出现了，如果重建，应该以什么形式来重建。2001年9月23日，纽约时报杂志就此询问了许多重量级的建筑师。斯特恩（Robert A. M. Stern）、迪勒（Elizabeth Diller）和斯科费德（Ricardo Scofidio）、埃森曼（Peter Eisenman）都谈到作为美国文化和社会象征标志的摩天大楼和天际线的历史意义。所有人都众口一词地提出，一定不是简单地更替建筑物和写字楼，还要建设一个满足实际需要、美学需要和象征需要的建成环境。

斯特恩支持重建世界贸易中心大厦，因为它们是纽约人和美国成就的象征；不这样做就是一种失败的象征。另一方面，迪勒和斯科费德认为，天际线的标准已经丢失了，更强大的形象会是留下天际线上的那个空白，而不是去补上那个空白。"我们认为，擦掉那个删除的才是悲剧（Meier，2001：81）。"埃森曼认为，西方的文化和价值遭到攻击。无论在这个场地上建设什么都不应该受到高度限制，因为一个相对更矮的建筑可能意味着一种退缩。梅耶（2001）对为什么要重建这些大楼做了一个明确的总结：

那里必须有一组建筑，就像过去那个世界贸易中心一样，它们是纽约实力的象征。城市生活依赖于生活在那里的人，依赖于正在那里工作的人，依赖喜爱那座城市的人——我们想要在那里看见形形色色的人。我们想要人们能够在一个辉煌的地方。

2010年3月，世界贸易中心的开发商，希尔福斯德（Larry A. Silverstein）与包括纽约和新泽西港务局在内的及几个相关政府机构签署了初步协议，解决与建设两个摩天大楼相关的问题。总共要建设四座摩天大楼，在商业房地产市场恢复时，增加第四座摩天大楼（Bagli，2010）。2014年，世界贸易中心一号楼竣工（它的非官方楼名是"自由大楼"）。世界贸易中心一号楼具有象征意义的高度为1776英尺（541m），是西半球最高的建筑。它联合了已经建成的"9·11"国家纪念碑和建在原先世界贸易中心双塔场地上的耗资32亿美元的交通枢纽。2014年11月，包括《名利场》、《时尚》、《纽约人》三家著名杂志在内的出版集团，康泰纳仕，成为入驻世界贸易中心一号楼的第一家租赁商户。它租赁了这个104层建筑的第20层到第44层。在康泰纳仕入驻这个建筑时，这个建筑的使用率仅为60%，这个租赁水平令人堪忧。

纽约时报建筑评论家肯麦尔曼（Michael Kimmelman，2014）提出了一种观点，世界贸易

图8.14 世界贸易中心一号楼坐落在下曼哈顿被摧毁的世界贸易中心双塔的遗址上,目前是西半球最高的建筑,也是世界上高度第三的建筑

中心一号楼旨在反映纽约市坚韧和不屈不挠的精神,可是,除了建筑高度,它并没有实现其目标。在肯麦尔曼眼中,世界贸易中心一号楼无非是一个可以在任何地方建设的建筑而已。他抱怨道:"世界贸易中心一号楼对应一个设计上有瑕疵的且没有充分展开的楼顶;它的与无形相悖的笨重乏味的转角。毫无趣味(Kimmelman, 2014:23)。"

更重要的是,肯麦尔曼觉得,这个新的建筑没有与新的周边建成环境融合起来。世界贸易中心双塔曾经是下曼哈顿金融中心的一个组成部分,可是,现在它周围是一个生活—工作社区,主要由年轻的专业人士构成,他们许多人都有很小的孩子。"9·11"以后,曾经有人提出建设中心商务区来替代两幢大楼,那个设想的中心商务区规模不大,在混合使用街区里包括居住、购物、文化、金融办公等设施,有一条非常有生气的和令人兴奋的街头生活。然而,迫于政治和金融的权宜之计和压力,建设的是一幢写字楼,办公时间使用,晚上和周末人迹罕至(在我个人看来,首先是我的女儿,随后是我的侄儿和他的妻子以及两个小孩住在纽约的翠贝卡,与世界贸易中心一号楼咫尺之遥。过去20年,翠贝卡地区从原先的商业/仓储地区转变成一个居住—工作社区,把商务与住房、零售店结合在一起,包括一家食品超市。世界贸易中心场地真的会延伸到这个社区)。

肯麦尔曼认为,纽约市错失了一个绝佳的良机。如果抓住了这次机会,它会导致改造纽约市本身,实际上,纽约市的其他地方正在改造着纽约。那些地方正在展开巨大项目,如哈得孙园、滨州车站、罗斯福岛,都在"改造着纽约的道路和天际线"。他们的设计是所有人的事。不错应该还不到那去(Kimmelman,2014:28)。

"世贸遗址清真寺"

2010年夏季,纽约市和国家在关于是否应该在那个被摧毁的世界贸易中心大厦,即世贸遗址附近,建一座清真寺。这个清真寺是一幢13层楼的建筑的一个组成部分,那幢建筑里有一个穆斯林主题的社区中心,包括游泳池、健身房、展览空间、会议室、日托所、老年中心、500座的讲堂、伊斯兰祈祷空间。开发商们提出,他们把这个中心设想为一个跨信仰的人们互动的中心,以及为穆斯林同胞架起一座桥梁,弥补他们之间信仰裂痕。宗教自由的权利,"9·11"恐怖袭击留下的令人震惊的伤痕,这个项目引起了二者之间的争执。

这个计划建设的伊斯兰中心的正式名称为"科尔多瓦楼",后来改称"帕克51"(因为这个场地的地址为帕克街51号),围绕这个伊斯兰中心的建设,各方按意识形态结成联盟,展开了政治斗争。若干保守的共和党人和美国最主要的犹太民权组织——反诽谤联盟(ADL)反对建设这个伊斯兰中心；许多自由派和温和派人士是支持这个建设的，如纽约市市长布隆伯格和奥巴马总统。反对一方认为，那个地点太靠近遭到恐怖袭击的地点，所以，预计它会给那些在"9·11"恐怖袭击中痛失所爱的人们造成不可弥补的伤害和心理上的痛苦。前阿拉斯加州张和共和党副主席候选人佩林（Sarah Palin）呼吁"和平的"穆斯林"拒绝"这个计划，佩林把这个计划建造的建筑称之为美国的"锥心之疼"（Delong, 2010）。另一些人提出，这个清真寺会成为伊斯兰恐怖主义的"胜利"象征，玷污了人们对那个不幸日子里丧生的人们的记忆。

支持这个建设计划的人们提出，用纽约市市长布隆伯格的话来讲，这个伊斯兰中心会成为美国和纽约市"容忍和开放"的象征（Adams, 2010）。另外一些具有类似情绪的人们提出，这个社区中心会吸引那些不了解伊斯兰的人们，他们错误地把伊斯兰看成一种偏执的和恐怖主义的宗教。前众议院议长金里奇反驳，只要沙特阿拉伯没有教堂或犹太教教堂，那么，在世贸遗址附近就不应该建设清真寺（Hunt, 2010）。

> **体验活动8.4：少数族裔的宗教和文化**
>
> 在你的城市或你选择的城市里，参观一个展示"少数族裔宗教/文化"的宗教场所或文化中心，它的受众是那个中心所在社区中的少数族裔人群。当那个宗教场所或文化中心初建时，那里是一个"少数族裔的宗教/文化"的街区，还是围绕那个宗教场所或文化中心的那个街区已经变化了？那个街区的居民对它的存在有何感受？随着时间的推移，公众越来越接受那个宗教场所或文化中心了吗？

《美国新闻周刊》封面故事（2010年8月16日）计划了"考验我们的容忍程度"（Zakaria 2010）和"宗教自由的新斗争"的讨论。两篇文章归纳了美国有关宗教自由的争论。两篇文章的作者，扎卡里亚（Fareed Zakaria）和米勒尔（Lisa Miller）采用了这样的立场，这个清真寺的位置提供了一个引人注目的象征，了解和容忍所有宗教如何就是美国意识形态的标志，虽然发生了伊斯兰武装恐怖分子引起的悲剧事件，美国应该依然坚持这种思想观念不变。扎卡里亚（2010）在他的文章中反驳了"反诽谤联盟"，他把从"反诽谤联盟"得到的奖牌和1万美元奖金都还给了那个组织。他敦促"反诽谤联盟"改变立场，重新获得其倡导宗教自由的声誉，它"致力于永远结束对任何公民派别或团体不公正和不公平的歧视和嘲弄"（Zakaria, 2010：18）。赫茨伯格（Hendrik Hertzberg, 2010：28）在《纽约人》引述了乔治·华盛顿的一段话，美国"不去惩罚那些偏执的人，不去助其害人，只要求生活在美国保护之下的人们应该屈尊做一个好的公民。"华盛顿的结论是：

> 生活在这片土地上的亚伯拉罕的子孙们可以继续尊重和享受其他居民的愿望，每一个人会安全地坐在他自己的屋檐下，没有一个人会让他担忧（Washington quoted in Hertzberg, 2010：28）。

图8.15　越洋广场和西百老汇街角的建筑

围绕这个中心是否应该建设的问题，讨论持续了许多年。一个保守派团体向若干法庭提出诉讼，反对这项工程。这项建设计划的支持者们认为，那些反对这个建设项目的人反映了他们的种族主义情绪和偏见。2014年4月，开发商贾迈勒提出了新计划。他宣布计划建一幢3层楼的博物馆。他的代言人申可普夫（Hank Sheinkopf）说，这幢建筑会致力于探索伊斯兰信仰，伊斯兰的艺术和文化（quoted in Otterman, 2014）。这幢建筑也会包括一个祈祷和社区活动的圣殿。申可普夫对这个建筑的设计提出了他的看法，"在建成环境上和计划上，这个设计都更加是一个因地制宜的方案。它会证明，对这个街区和纽约市的艺术和文化团体来讲，这个项目都是具有重要意义的（Sheinkopf quoted in Fears, 2014）。"开发商贾迈勒希望使用他自己的资金来建设这个博物馆，但是，必须保证对这个项目有一个长期的金融支撑。这个计划立即遭到了反对，有人对这个设计与珍珠港纪念遗址附近建设的那个日本神庙和天皇圣地进行了比较。

总而言之，围绕"世贸遗址清真寺"的争议的基础是，所有的关注者都认识到了象征的力量。在这个案例中，如同世界贸易中心一样，人们计划建造这个建筑的推动力不仅仅是行动，而且还有信仰系统。因为那个建筑物的象征意义与陷入四面楚歌的敌人所定义的象征意义如此不同，所以，斗争不仅仅是围绕一个建筑的建成环境而展开，而且还会围绕那幢建筑的象征意义而展开。

结论

这一章的基本前提是，建筑物有时成为整个城市的符号表达；城市意象成为我们体验城市生活的一种独立变量。按照这种看法，摩天大楼，宏伟的建筑设计表达，可谓标志性建筑物，它是城市和更大的社会的象征。这种象征的潜台词是神圣的与世俗的关系，与文化、宗教、经济和权力的关系。麦加的钟塔摩天大楼与麦加的宗教中心同时并存，说明了神圣—世俗的双重性。20世纪初，摩天大楼成为写字楼，而且成为美国大公司的标志，摩天大楼改变了纽约和其他城市的天际线，天际线从教堂的塔顶转变成以商业和城市政府大楼为基础的天际线。在争夺由建筑物形成的天际线的争斗中，摧毁、重建莫斯科的基督救世主主教座堂，莫斯科因此提供了另外一个例子。香港经历了类似的斗争，香港主权回归中国，在政治和经济转型中，香港建筑呈现了它的象征意义。2001年9月11日攻击世界贸易中心的象征意义，这个恐怖袭击产生的心理影响，围绕世界贸易中心大楼的争论，围绕"世贸中心遗址清真寺"的冲突，所有这些都解释了城市意象如何影响和表达体验城市生活的那种方式。

思考题

1. 追溯天际线和摩天大楼作为城市标志概念的理论根基。
2. 总结麦加围绕更新和新建筑的争议。
3. 列举纽约市最早且最重要的摩天大楼。建设它们标志了什么，这些意义如何一直都在改变？
4. 描述过去一个世纪莫斯科设计的主要建筑项目。
5. 解释香港摩天大楼如何表达了这个城市最近几十年所发生的变化，解释它将如何继续发展。
6. 描绘城市规划师如何对世界贸易中心大楼的坍塌做出反应，包括围绕世贸遗址重建方案而展开的争论。
7. 人们设想在下曼哈顿建设伊斯兰文化中心，解释为什么出现争论。

第四部分

城市生活的社会心理学

The Social Psychology of City Life

第9章 体验陌生人和寻求公共秩序

本章大纲

私人空间、地方空间和公共空间
  陌生人和公共空间的"美德"
  公共空间有什么益处
  干杯:"谁都知道你名字的地方"
  安德森:人不以群分的屋檐

匿名和对社会秩序的要求
  刺激超负荷的城市
  旁观者效应

公共空间:重新发现城市中心
  威廉·怀特:人吸引人
  公共广场和公园:拉丁美洲和纽约市的公共空间
  为布莱恩公园而战斗

修正的行为规范
  伊利亚·安德森:论"适应都市生活"
  快闪族

结论

思考题

背景图:人们坐在罗马的西班牙台阶上,享受着落日前最后的阳光。西班牙台阶是罗马的重要旅游景点,常常人头攒动。

我在前面几章里提到，由滕尼斯、梅因、迪尔凯姆、沃什和其他一些学者提出的二分法引出了这样一个假定，乡村生活构成了亲密的和个人的基本关系，与此相反，城市生活的特征是匿名的、断裂化的、转瞬即逝的，以及间接地与相互不知根知底的陌生人纠缠在一起。这种认识是错误的，它让许多分析忽视了乡村生活匿名的一面和城市生活亲密的一面。另外，城市研究的很大注意力一直都是放在发现社群的性质上。没有更详细地考察陌生人的世界。我们可以认识基本群体关系中存在的社会互动，我们同样也能去考察陌生人世界里存在的社会互动。

在沃什有关城市生活的定义中，城市被看成是杂乱无章和道德沦丧的，社会学家们对此提出了两大争议。第一点是否认"社群衰落"的判断。社会学家强调城市中是有生机勃勃的社群生活的，以此推翻沃什的看法。社会学家的目标是依靠社群研究，"重新发现社群"，尤其是重新认识工人阶级的居住区。另外一些社会学家不同意沃什关于在市中心商业区盛行的城市生活属性的那些假设。这些社会学家努力在公共空间基础上，去考察被齐美尔和沃什看成"孤独人群"的世界和那里的公共空间。在这些社会学家看来，被齐美尔和沃什看成"孤独人群"的世界，并不是匿名的或道德沦丧的地方。这些城市居民的默默无闻是社会自身规则、规定和文化模式控制的一种社会产物。

社会学家在具体描述城市里陌生人的价值时，试图强调陌生人之间存在的那种社会关系的意义。雅各布斯（1961）在她的名著《美国大城市的死与生》中强调城市生活这样一个独特性质："大城市不像小城镇，不仅仅是大一些。大城市不像郊区，不仅仅是密一些。大城市在若干基本方面不同于小城镇和郊区，其中之一是大城市到处都是陌生人（1961：30）。"洛芙兰（1973）在她的富有思想深度的著作《陌生人的世界》中强调，住在城市里就是与陌生人生活在一起。"城市——是一种特殊社会状况的中心；那里的每一个人任何时候都对与他共享那个空间的绝大多数人一无所知（1973：3）。"

高夫曼在他的一系列专著中，尤其是《日常生活中的自我展示》（1959），《公共空间的行为》（1963）和《公共空间的关系》（1971），研究了陌生人之间存在的看不见的和基本的社会秩序。社会心理学家桑内特对洛芙兰和高夫曼做了如下描述：

> 洛芙兰和高夫曼的著作详细探索了，例如，这样一种习俗，在拥挤的街道上，陌生人相互同时让对方松一口气：我们把眼睛稍微转转，而不是盯着陌生人，让对方觉得我们是安全的；我们像跳芭蕾似的避开对面走过来的人使用的那个路径，这样，我们每一个人都有一条直路可走；如果我们必须与陌生人搭讪，我们总是从自责开始，等等（Sennett, 1992：299）。

一定类型的礼仪控制行为，一种要求矜持和漠然的礼仪。不苟言笑实际上就是把自己与陌生人屏蔽开，不与陌生人纠缠，虽然陌生人可能以不可接受方式做事，但相当于容忍陌生人。这样，陌生人之间甚至在没有道德判断或共识的基础上相互打交道。

我们在这一章里打算研究这个陌生人的世界，研究把城市控制成"陌生人的世界"的那些基本规则，洛芙兰已经对此做过引人瞩目的研究，我们还要研究供陌生人互动的公共空间，它是城市的"典型的社会领域"。首先，我们有必要区分私人的、地方的和公共的这三大空间。

私人空间、地方空间和公共空间

在这个讨论中，我要提出另外一种考察城市

生活的类型。甘斯（1962）在一篇重要的文章里讨论了作为生活方式的城市生活和郊区生活。他区分出城市生活和郊区生活的不同类型，国际化大都市的、民族村落的、贫穷的、不得已的、单身和未婚的、住在郊区的。

亨特（Albert Hunter, 1995）区分了私人的、地方的和公共的城市生活的三大空间。私人空间是指由朋友和家人亲密或紧密联系起来的那个世界。他提出，这个群体中的人彼此在生活上常常靠得很近，当然，彼此之间的空间距离未必一定很近。友谊和家庭联系和关系可以超过地理边界。交通技术的进步，如汽车、火车和飞机，通信技术的进步，如电话和互联网，都让友谊和家庭纽带和关系超越了地理边界。地方空间是指居住社区以及为居住社区提供服务的地方机构，包括地方商店、学校、教堂和自愿组织所在的那个世界。在那些私人空间和公共空间交叉的地方，可以看到公共空间的空间范围。那些公共空间是市中心区的公共场所，道路、人行道、公园和公共交通。公共空间这个术语中所说的公共的是指更广大的城市和社会，涉及正式的官僚机构。亨特提出，随着我们从私人空间到地方空间，再到公共空间，内在的社会关系发生了变化。另外，在私人、地方和公共空间里，个人的情感和情绪逐步衰减。

亨特发现，城市运转实际上发生在三种领域或社会秩序中。情感依次从私人的、地方的和公共的领域连续衰减（Hunter，1995：211）。第一种情感，私人的情感，受到家庭和家族关系的约束。第二种情感，地方的情感，是私人情感的扩展，包括志趣相投的人，即至少共享一种社会阶级因素。他们可能是相同的族裔、种族、生活阶段或经济背景。我们通常把这种类型的社区叫做城市领地（Abrahamson，2006）。公共场合是指这个匿名的"城市中心"，在"陌生人的世界里"社会关系（Lofland，1973）。正是在公共场合支持了沃什和更早的西美尔提出的城市生活的匿名性质。

更重要的是，亨特提出，在这三个领域中，每一个领域都有它们自己的潜在的基本社会联系。

- 私人空间：社会情感支撑的平等的相互关系。
- 地方空间：相互帮助和支持，地方社区身份和权力，如地方生意人、宗教领袖、社会自愿组织的董事和董事会成员。
- 公共空间：正式的官僚机构。

在亨特看来，三种不同身份（和关系）体现了三种不同的社会秩序：

> 三种社会秩序中的三种社会关系确定了三种社会结构或身份：朋友、街坊邻里和国民。这些身份每一个都意味着那种身份在互动中的平等：朋友对朋友，邻居对邻居，国民对国民；这些身份每一个还意味着它是更大集体单元中的一个组成部分：朋友圈，地方社区和国家（Hunter，1995：211）。

以下，我们集中讨论公共空间。

陌生人和公共空间的"美德"

许多年以前，我休闲时在比利时的三个城市，布鲁尔、鲁汶和布鲁塞尔的城市广场里度过了非常美妙的时光。这三个中心城市广场都称之为市场，也就是说，它们都是作为市场来使用。那里出售的商品琳琅满目，包括蔬菜和水果、肉类和禽类、鱼类在内的食品；还包括服装和最近这些年红火起来的供应周末蜂拥而至的游客的纪念品。在其他一些国家相类似的地方称之为城镇广场，或称之为城镇中心、市政中心、城市广场、市场、意大利人所说的广场，西班牙所说的广场。它们通常地处城市中心，环绕着许多商店、餐馆和咖啡店。这些咖啡店会把座椅搬到户外，面对广场，让顾客欣赏他们面前的"走秀"。

鲁汶是鲁汶大学所在地，鲁汶大学建于1425年，是世界上最古老的天主教大学。鲁汶的城市历史中心是比利时最美的城镇中心之一。这个称之为老市场的城镇广场挤满了酒吧、餐馆，供学生、教职员工使用。老市场周围还有鲁汶市的市政厅和圣彼得大教堂，被联合国教科文组织认定为世界遗产。

布鲁尔是一座中世纪的城市，城市里有很多运河，人们常常称它为北方威尼斯。2008年的黑色幽默电影《在布鲁尔》精彩地描绘了这座古城。布鲁尔的城镇广场、市场，已经延续了1000多年，公元958年开市。这个广场的一边是行会的房子，许多是面对广场的餐馆。中世纪的布鲁尔钟楼高达270英尺，从钟楼上可以鸟瞰布鲁尔全城。

布鲁塞尔的布鲁塞尔大广场有一个理所当然的声誉，它不仅是欧洲最大的广场之一，而且还是最华丽的和最戏剧性的广场之一（Fodor's Belgium and Luxembourg, 2001）。与布鲁尔相似，行会的房子围绕着广场。那里有许多餐馆和街头小贩。娱乐是布鲁塞尔大广场景色的一部分。夜幕降临后，泛光灯下的广场别具戏剧性。

我去过这三个城镇广场，它们每一个城镇广场都让我流连忘返，刻骨铭心。我不会讲弗兰德语，但是，它并不妨碍我的愉悦之情。实际上，广场上的那些人都亲切地告诉我许多相邻的场所，尤其是告诉我餐馆在哪，那里有什么食物和啤酒。

比利时的这些城镇和城镇广场以及欧洲其他地方的城镇广场，在历史上也是宗教和世俗节日的场所，有时也做军事演习和执行刑罚。在古希腊，广场是很大的公共场所，用于政府开会，周围环绕着公共建筑和神庙，而且还包含市场。古希腊广场是人们会面、交易、八卦、闲聊和互动的地方。工业化时代以前的城市里，尤其是那种城市的公共空间里，生活其实就是一种包罗万象的社会互动。

随着工业革命的到来，公共广场和整个公共空间活动的社会集中已经减少了。包括电话和互联网在内的技术革新，加上最后发展起来的手机，结合起来对这种社会集中的减少负有一部分责任。私人小汽车让人们可以独自旅行，这样就不在火车、公交汽车和其他形式的公共交通工具上与人接触了。住房比以往要大，因为家用电器，如冰箱、冰柜，使得人们减少了去商店的频率。网购对实体书店的衰退负有责任，书店传统上是人们聚会的一种场所。总而言之，人们在公共空间和集会场所逗留的时间已经大幅减少了，这一点对世俗社会的影响具有消极意义。

公共空间有什么益处

我们已经讲过，洛芙兰（1998）曾经考察过"公共场所"，即公园、广场和道路等公共空间。洛芙兰（1998）认为，正是城市公共空间里的多样性，才构成了城市不同于乡村的基本特征。批评这种看法的人认为，多样性确实创造了公共空间，但是，具有多样性的城市却成了一个危险的

图9.1 比利时布鲁塞尔的城镇广场是公共场所的社交中心

地方。洛芙兰详细地讨论了公共空间对谁有利的问题，谈到了我们为什么要重视公共空间，洛芙兰还列举了公共空间的6种使用功能，以及公共空间所发挥的作用。洛芙兰希望我们以认识乡村和郊区生活相同的方式去认识公共空间的社会价值。公共空间的6种使用功能是：

1. 学习环境；
2. 稍作喘息和休息的地方；
3. 交流中心；
4. 允许从事政治活动的地方；
5. 通告社会规则/社会冲突；
6. 产生大都市人。

公共空间第一个重要功能是提供了一个学习环境。城市的街头巷尾是孩子们长见识的地方，是成年人互动和接受他人的地方。我们通过在公共空间里体验生活，能够很快了解到可以接受的和基本的社会规范，譬如如何与陌生人相处，如何在人群中穿行，如何觉得与不同类型的人相处不难受，我们并不是把公共空间看成一个传授社会弊端的场所。我们可以在私人空间和地方空间中传授基本的社会规范，但是，真正掌握了那些社会规范靠纸上谈兵是不行的，还必须去亲身体验它们。

公共空间是休息和放松的地方，是提供娱乐机会的地方，这是公共空间的第二个功能。公共空间是"溜达"的场所；咖啡馆、餐馆、酒吧、夜总会，都让人们有个去处，坐在里边，在那里做做功课。这些娱乐不仅仅是娱乐本身，还包括与人建立联系，也许就是一次萍水相逢，但是，在这类娱乐中确实是有可能孕育出友谊来的。街头小店、理发店和美容店、小咖啡店，都成为社会活动场所，当地居民、过客，在一种和谐的、互动的氛围中走到了一起。这种氛围让陌生人之间形成共同的感觉，其他场合很难复制这种氛围。

公共空间的第三个功能是交流。公共空间是一种社交水平很高的交流中心，这个交流中心把城市的各个部分连接起来。公共空间促进和帮助人们展开日常的接触和联系。人们可以在公园的长凳上，人们可以交流各自的想法，可以在那里分享物品，尽管他们可能有不同文化背景，人们在那里可以展开的活动不胜枚举。公共空间让人们在各种公共空间形式下不断交流信息，信息可能是政治观念，或者简单的交换物品。人们可以迅速交流，更多交流，接受新的激进的观念。通过相互之间的观念融合，让不同的人融合在一起。

洛芙兰提出的公共空间的第四个功能是，人们可以在公共空间里展开政治活动。公共空间告诉人们，人跟人不需要一样也可以一起行动（Sennett，1970，1977，cited in Lofland，1998）。从根本上讲，人跟人不需要一样也可以一起行动是有效展开政治活动的基础。实际上，一个人与陌生人互动时了解到的信息让他或她了解了政治。伦敦海德公园的"演讲者之角"就是一个久负盛名的公共场所，主讲人宣称他们的政治主张和社会观念，听讲的人与他们争论，任何一个人都能"站在肥皂箱子上"，向所有路过那里的人陈述自己的看法。纽约的联合广场和华盛顿广场也是具有这种功能的案例。

洛芙兰描述了公共空间的第五个功能。通过社会法规和社会冲突，政治现实用看得见的形式展开。人们在公共空间里进行的活动不胜枚举，展开的公共戏剧形形色色，如游行和示威。这些公开活动在历史上都是因为各种各样的理由而展开的，例如，地位秩序、实力、忠诚、传统、共同利益、社会和文化变革。法国大革命时期发生的生与死的景象提供了这方面鲜活的例证，埃及开罗、美国许多城市发生的"占领华尔街运动"，等等，都显示了公共空间的重要性。

最后，公共空间的第六个功能是产生没有群

分的人。洛芙兰很好奇，为什么城市里有如此之多不同类型的人。她的关键看法是："生活在城市本身就是在培育着人们容忍的品格，教育人们讲文明礼貌，这样，生活在城市本身就在创造着热爱城市的人们，这种判断本身实际上回答了为什么城市里有如此之多不同类型的人这个问题（Lofland，1998：237）。"与其他地方相比，城市是宽容的，城市的大部分地方都允许人们表达他们自己的喜怒哀乐。生活在城市里的人必须容忍他人；小地方没有那么多各式各样的人，小地方的人也许要用他们的一生才能遇到城里人一天就可以遇到的不同民族和文化的人。

洛芙兰对比了两种容忍形式：消极的和积极的。消极的容忍是说，人们能够接受那个大家共享地方的人的差别，但是，不同的人在那个空间里是隔开的。"视而不见"就象征着共享一个不大空间的人们之间的分隔。积极的容忍是说，人们能够在不分人群的条件下完全认可差别。他们一定知道如何搁置争议。当这些人们充分认识到在这种状况下的城市环境是安全的时候，没有理由不去容忍他人。当人们能够认识到他们与别人的不同时，他们释怀了，没有什么好担心的，因此，他们就能够更大程度地容忍他人。

人不以群分的思想观念实际上营造了一种积极的容忍氛围，体现了一定的城市特征。城区部分一定以步行或公交主导，如公共汽车、火车、有轨车，而不是私人小汽车。步行或公交主导，让人们有可能在从一个地方到另一个地方去的过程中更多地与陌生人交往。如果有隔离，那也一定是小尺度的，让具有各种背景的人们可以混杂在一起，相互了解。多样性的人群一定具有一些很重要的差别，人们之间的相互作用一定会有"底线"，这样，可以推动和教会人们求同存异。"迪士尼式的城市（或城市的一些部分）干净、整洁、纯洁，没有什么令人惊愕的、没有什么让人不愉快的，没有什么可以让家庭或公司小聚时需要担心，但是，迪士尼这类公共场所不会有助于培育人不以群分的思想观念（Lofland，1998：243）。"最后，人们对城市公共空间的担心会随着容忍精神的培育而消失。这种容忍精神会让市民们觉得出行是安全的，如果他们不在公共空间里互动，他们是不会知道何为容忍，或者他们总是以群来分人。

洛芙兰是谨慎的和悲观的；如同我们现在所知道的那样，她担心公共空间不复存在。她忧虑反对公共空间的势力大于支持公共空间的势力。她强调了公共空间的三个重要方面：技术、旅游、胆怯。曾几何时，技术把个人从私人空间推到了公共空间，然而，现在，技术发展正在重新把人们拉回到家里。现代技术让人们做出选择；他们不再被迫走出家门，到公共场所去，因为，通过互联网和家庭娱乐中心，公共空间就在家里。旅游的流行正在把公共空间变成卫生又安全的"主题公园"。四平八稳轮廓分明的公共空间正在输给了"迪士尼化"。胆怯是指这样一个事实，当越来越多的人退出公共空间，有些人会到未知的、可能还有些危险的地方去："不那么熟悉（不那么暴露），最后，还是避而远之（Lofland，1998：249）。"

干杯："谁都知道你名字的地方"

奥登堡（Ray Oldenburg）的《不错的好去处》认定了街区里那些展开"非正式公共生活的一些核心设施"（1989：8）。他集中关注了他所说的"第三"场所即非正式聚会场所的重要意义。他的想法是，我们的"第一"场所是家；"第二"场所是工作的地方；我们的"第三"场所是在工作和家庭打发日常生活时光的同样很重要的地方。日益增加的家庭和住房私密化，工作场所循规蹈矩，"第三场所"是在这二者之间提供一个公共的平衡。"第三场所"在社区健康上具有重要功能。

> **体验活动9.1：去第三场所**
>
> 在你的社区里找到一个"第三场所"，在那里待上1个小时。相互不陌生的人们在工作之余去那里。人们之间如何相处？有多少人指名道姓地互相问候？你认为你是"常客"之一？为什么是或不是？

"第三场所"包括街区的小酒馆——就像电视连续剧《干杯》（Cheers）中的那种小酒馆——餐馆、药店、理发店、美容美发店、咖啡店。在第三场所，人们建立起一种社区和他们在社区中位置的感觉。第三场所是社区成员交往的地方，找到他们可以分享的共同之处。在迪尔凯姆的术语中，第三场所是帮助建立起一种自然而然的凝聚的地方。人们通过他们的姓名而不是头衔相互交往；在好的第三场所，人们通过他们的社会自我而结识，而不是通过他们的工作身份而认识。好的第三场所很随意，它让人们愿意"坐下歇歇脚"。因为是偶尔相遇，人们可以谈笑风生，产生一种情谊感。

第三场所的常客基本上确定了这种场所的特征，一种与人们以严肃方式使用的其他地方形成截然不同的使用方式让这种场所的公共性质毋庸置疑。尽管第三场所的设施非常不同于我们的居家，但是，在心理舒适上，好的第三场所与我们的家明显相似，是居家的一种延伸（Oldenburg，1989：42）。

奥登堡提出，社区生活的生命力依赖于第三场所的好坏。"第三场所是一个社区社会生命力的心脏，是民主的根基，然而很不幸，第三场所在美国色社会景观中是一个正在消退的方面（Oldenburg, 1989: front inside dust jacket）。"没有第三场所，我们就没有办法逃出居家—工作—居家的无限循环圈。社会福祉和个人健康依赖于这种第三场所。奥登堡把有关社区消退的讨论看成是对丧失了第三场所的一种反映。

城区丧失掉第三场所，基本上是由第二次世界大战结束后的城市规划所致。柯布西耶和摩西都在他们的城市更新规划中把城市看成公路和高楼大厦，忽视了建设这种非正式聚会场所的必要性。柯布西耶的"光辉城市"中没有第三场所的位置。选择小汽车，而不是人的腿脚；选择高速公路，而不是街巷。住宅大楼没有安排人们聚集、交谈、闲聊和八卦的地方。

郊区也没有给第三场所留下一席之地，奥登堡认为，第三场所衰退在一定意义上推动了蔓延的城市郊区化。按照住房区的定义，郊区相对独立于商店和商业服务，地方上的酒吧或咖啡店，独立于把居民聚集在一起的那些社区聚会场所。奥登堡赞成女建筑史学家海登（Dolores Hayden）的观点，她认为"美国人用理想的家园替代了理想的城市"（Hayden quoted in Oldenburg，1989：7）。住宅是不能替代社区的。在越来越大的宅基地上建设越来越大的住房，奥登堡对这种发展方向展开了研究。他认为，在越来越大的宅基地上建设越来越大的住房只能导致社区文化和设施的衰落。所以，"除了居家和工作的地方，我们没有令人满意的和实现社会凝聚的第三空间，而第三空间是美好生活不可或缺的元素（Oldenburg，1989：9）。"奥登堡（1989）认为，郊区的发展让社区生活日趋没落。

奥登堡的结论是，社会生活需要这三种场所：居家、工作和"第三场所"，这种随性的聚会场所。当第三场所开始消失，居家和工作会填充这个社会空白。不过，奥登堡认为，居家和工作不能完全满足我们调侃的需要，不能完全满足因为始料未及而产生惊讶的需要，不能满足获得新知和新的刺激的需要。居家和工作限于解决家庭事务和工作事务。社会交往还需要其他的地方。不提供这种第三场所会让本该发生在那里的

图9.2 一名游客，本书作者，在波士顿的Bull & Finch酒吧前经过。这个酒吧是受欢迎的电视情景喜剧"干杯"的灵感来源

事情出现在家里和工作场所。婚姻不合，甚至最终导致离婚，奥登堡怀疑，很有可能就是过分依靠婚姻关系所致，因为缺少其他的社会场所来调整和疏导人们的情绪。

最后，奥登堡认为，丧失第三场所最终减少了个人的福祉，草根民主和市民社会的衰落。随着社区的衰落，对公共空间的担心增加了。哈佛大学教授普特南（Robert Putnam, 2000）在《独自打保龄球：美国社区的坍塌和复苏》中进一步拓展了奥登堡的研究。普特南使用统计数据描绘了美国社会联系和市民参与的衰退。现在，我们可以提提普特南的主要结论。他发现人们对政府的信任程度大幅降低，投票率低下可以反映这一点，而且，工会成员、家长—教师组织成员、教徒、许许多多自愿组织的成员都在减少。他认为，富裕程度和教育水平与市民参与之间，过去是有着很紧密的联系的。但是现在，随着社会和阶层地位的提高，参与市民组织的人数反而衰退了。社会参与率降低的结果是市民的冷漠，最终威胁到社会健康和个人健康。我们在本书中还会考察普特南的论点。现在，我要比较具体地描绘公共空间的运转，如何在陌生人之间建立起和维护社会秩序。

安德森：人不以群分的屋檐

安德森始终致力于研究种族、贫困、街头文化和城市生活性质等主题。他在《人不以群分的屋檐》（2004）和以后同名专著（2011）中反映了美国社会中年轻黑人的困境。当他们出现在公共空间里的时候，那些年轻的黑人完全被忽视了，而且不过是"一群被遗忘的人"（Anderson, 2004：15）。安德森看到，不仅那些衣着颇像"贫民窟"的年轻黑人，而且就连那些衣冠楚楚的年轻黑人，也被人刻意地回避了。所以，他们觉得白人疏远和不待见他们，他们因此而失去了自尊。读者可能注意到，安德森正在提起本书前面提到的一些主题。安德森提到齐美尔（1903/1995）和沃什（1938/1995），人们为了保护自己不受陌生人的干扰而采取了视而不见的态度，我们在讨论"作为生活方式的城市生活"时，分别讨论过他们的看法。安德森提出，现在这种视而不见的态度转变成了对陌生人的态度，尤其是对那些看上去"例外"的人的警惕，如年轻的男性黑人。

在那些可以遇见陌生人的公共场所里，人们带着警惕和担忧，这就是安德森看到的城市。他接下来讨论了公共空间，那个人不以群分的屋檐，不同社会文化背景的人们在文明的氛围下相处。"然而，在担心、不信任和疏远的大背景下，有那么一个可以暂时缓解一下担心，引来文明之风的人不以群分的屋檐，让各式各样的人解下他们身上无形的盔甲（Anderson, 2004：15）。"

以他在费城的体验为基础，安德森认为健身中心、候车室、综合剧场、室内购物中心、超市、购物区、公园和运动场馆，都属于人不以群分的屋檐。费城的实例是"雷丁车站市场"，一个非常大的市场，个体商户出售各种各样的小商品和食品，可以在那里享用，也可以打包拿回家。安德森做了一个很生动的说明。他是一个非洲裔美国人，他坐在一个共享的午餐大厅里，与一个"面红耳赤"的爱尔兰人友好地聊起一场篮球赛。安德森认为，在那些冷漠的大街上不大可能出现这类对话。他认为，就连常常不是很文明的公交车辆，也有可能成为一个人不以群分的屋檐。再回到前面说到的"一群被遗忘的人"，安德森指出，他们常发现自己独自坐在公交汽车和火车上。为了抵抗自尊心受损，他们中的一些人采取了进攻，如坐在"雷丁车站市场"过道的凳子上，让别人很难挨着他坐，或者不好走过去。对于那些对此行为提出挑战的白人来讲，这个黑人不是不可理喻的，相反，更有可能与他们交谈。

安德森认为，在人不以群分的屋檐下，人们有了更多的参与感，彼此之间能够产生信任感，可以消除隔阂。当人们消除偏见和陈规，分享对文明生活的认识时，"百姓的人种志"才能出现。"在这种人不以群分的屋檐下邂逅，可以推进一种日常生活的文明，让人们之间有一个更深入的了解，至少促进人们建立一种新的容忍的社会规范，在适当的时候，会让不同人群相敬如宾（Anderson，2004：29）。"

图9.3 费城"雷丁车站市场"的美食街。这个市场一直都是一个地方场所，那里聚集了各种风格的烹饪方式制作出来的食品，无论任何种族、信仰或社会阶级。最近这些年，这个地方已经成了一个旅游景点，满足了那些希望体验纯正费城生活的游客的愿望

格雷厄姆（Peter R. Grahame，2009）在安德森（2004）、施特劳斯（1961/1975）和本书第一版（Hutter，2007）的基础上，把人不以群分的屋檐与城市意象的讨论联系了起来。在一些地方，包容的形象十分突出。例如，许多地方挂着各国国旗，不同民族的人们手拉手，也有不同民族的孩子们聚集在一起。例如高档服装上的"联合的贝纳通色彩"的标语口号。格雷厄姆提出了这样一个有关形象的问题，为什么那些宣称包容的地方实际上并不包容？为什么一些地方并没有人不以群分的屋檐的意象却实现了这个意象呢？

格雷厄姆提出，一些城市似乎推行一种包容的形象。例如，纽约和多伦多欢迎它们多样的移民人群。对比而言，波士顿和蒙特利尔不再强调包容的意象。蒙特利尔强调它的法国文化传统。波士顿强调保持革命战争时期的自由传统，而不是当代城市的民族文化多样性。波士顿是老北教堂和保罗里比亚的房子的所在地，而不是意大利人的聚居地，以及他们的咖啡、面包房和食品店的所在地，它们都在波士顿的北端。

格雷厄姆还鼓励研究城市布局，建筑物、空间、公共空间中那些可能或不能用来推动人们相互接触的地方。例如，他展开了民族地理分区研究，指出了重要的街头巷尾，聚集地点，鼓励人们互动的那些空间。"雷丁车站市场"可以说是人不以群分的屋檐，它很大，熙熙攘攘，人头攒动，食品摊鳞次栉比，像个节日庙会，让人们不得不互动。另一方面，购物中心的餐饮大厅并非典型的或很有意思的地方。同样，一些类型的公共交通，如公共汽车和地铁，旨在让人们之间的互动最小化，然而，另外一些类型的公共交通工具，如旧金山的缆车和有轨车（许多是从其他城市运来的），"似乎像一个旅行团体的活动，大家像一个团体"。格雷厄姆还注意到发生在公共场所的礼仪和互动，为什么一些地方是人不以群分的屋檐。而另外一些地方则不是。例如，他对酒

店、汽车旅馆和一张床加早餐的家庭旅馆的旅客行为做了比较，前者一般避免互动，住在一张床加早餐的家庭旅馆里的旅客则愿意友好交谈。另一个例子是，游客在尼亚加拉瀑布之类的地方可能会有目光交流并分享所看到的奇观，而另外一些地方，如在海滩边看日落的那些地方，都是体验孤独的地方。

格雷厄姆在他的总结中提出了"真实"的概念，"以这个新增的因素来解释为什么一些地方成了人不以群分的屋檐，实现那些'对体验城市很有价值'的活动"。"真实"涉及事情的品质；不是刻意为之的那种"真实"。他认为，当我们去规划和精心安排一些地方，正如祖金所说，那些地方让人得不到真实的体验，产生了社会阶级壁垒，难道那些地方不是一杯加奶的咖啡吗（Grahame，2009）？

匿名和对社会秩序的要求

20世纪30年代的著名演员嘉宝（Greta Garbo）在她演艺生涯处于巅峰状态时，选择了退休，离开舞台，淡出公众视野。人们常常以为嘉宝说的是，"我想独处。"实际上，嘉宝是说，"我想要大家让我独处（New York Times，1990）。"从她退休到她84岁去世，几乎经历了半个世纪，在此期间，她每天都是曼哈顿街头的过客。她区分了独处和让她独处。她要的是让她能够在不受干扰的情况下在公共空间里走动。她完全知道，真想在城市的街头巷尾独处，就得依赖陌生人的合作。就在陌生人确实知道有一个人存在的同时，那些陌生人一定对嘉宝视而不见。

在非社会性行动中，有一些非参与的在场者。要想隐姓埋名，就要在这些在场者之间建立起一种社会面对规则：人们进入一种回避社会互动的社会互动形式。这个判断似乎是矛盾的，因此，我们需要澄清我们所说的互动是什么。这一节的讨论要以符号互动论者卡普、斯通和尤尔的理论为基础。他们在《成为城市的》（1977）中提出，互动不仅仅就是说说话。"我们主张这样一种看法，人们在其他人知道的情况下行动，人们还根据其他人的可能反应不断调整他们自己的行为，在所有这种社会状态下，互动其实发生了（Karp et al.，1977：101）。"这里的核心观点是"他人知道的行动。"通过利用这种定义，回避行为和不卷入其中的行为，甚至在没有任何社会互动正在发生时，都可以看成是一种形式的社会互动。卡普、斯通和尤尔在他们的分析中，使用似乎矛盾的术语——公开的匿名，公开的私密，文明的视而不见。他们在比较新的版本的《成为城市的》中提出：

> 虽是知己，不知对方姓甚名谁，公开的私密，卷入了，却是冷漠的，这些对城市互动的描述不说是矛盾的，至少让人云山雾罩，实际上，这些明显的对立面结合在一起才构成了良好的城市生活品质。这些明显的对立面意味着，城里人几乎没有花时间与别人做言语的互动，在这种时候，他们正在根据了解到的对方可能做出的反应来调整自己的行为（Karp et al.，1991：89）。

为什么人们似乎对别人，甚至在确实需要干预的情况下，都是那么淡漠呢？道理很简单，在与陌生人互动时，我们有必要保持匿名和私密性。当一个人处在需要陌生人帮助的境地时会发生什么呢？确实有这样一个悲剧，当一个年轻的妇女哭喊着救命时却因为人们的视而不见而丧生。

1964年的一个晚上，一位29岁的妇女，酒吧经理，基诺维亚[Catherine（Kitty）Genovese]下班回家，就在她居住的街坊，纽约市皇后区植物

图9.4 著名电影演员嘉宝在她的演艺生涯处于巅峰状态时,选择了"我想独处"。只有与陌生人合作,才能做到这一点

园,被人杀害了。当时,她确实大声呼救过。许多邻居听到呼救声时,也打开过窗户,至少有一个人叫杀手放了这个女人,但是没有一个人真正出手营救她。杀手作案后,钻进自己的汽车,逃之夭夭,几分钟后这个杀手又回来了,发现基诺维亚还躺在路边呻吟,于是杀手继续残害她,直到她再也没有声息为止。一个邻居给警察局打了电话,警察到达现场后,把基诺维亚送上救护车。她在去医院的路上就死去了。

基诺维亚的死亡悲剧和她邻居的漠然让人们审视自己,为什么没有一个人伸手救援,为什么没有一个邻居"管"此事。布道的神父认为,人们没有成为"乐善好施"的人。20世纪60年代的一个持有异议的歌手奥克斯(Phil Ochs)受到这场悲剧的启发,写了一首歌,这首歌关注社会冷漠,歌名就是"小朋友圈之外"。这个令人震惊的事件似乎体现了城市的那种冷漠的形象,城市里的人没有公民的责任感。

一开始,社会学家和社会心理学家把这个过失归咎于城市。他们阐述了沃什(1938/1995)有关城市社会关系"肤浅的、匿名的和短暂的特征"的理论假设,阐述了齐美尔(1903/1995)的观点,"城里人使用他的头而不是他的心做出反应。"由此而得到的结论是,城市是冷漠的和无情的,城里人是不会去管与他没有直接关系的事情的。

刺激超负荷的城市

在沃什和齐美尔理论的基础上,心理学家米尔格伦(Stanley Milgram)提出了他的城市"超负荷"理论。齐美尔认为,城市居民承受的刺激让他们目不暇接、眼花缭乱。这就需要他们能够选择特别重要的刺激并忽略掉其他的刺激。这样,他们就会对超越情感和情绪的理智做出理性的反应。米尔格伦的"刺激超负荷"的概念与齐美尔的想法相似;这个概念强调人们具有适应和应对超负荷刺激环境的能力。

超负荷刺激意味着城市居民的道德和社会投入受到严重限制。

最终适应超负荷的社会环境是完全无视道德和社会投入的需要、兴趣,而且完全不再考虑去交那种可以说是贴心的朋友,倒是要建立起非常有效的甄别能力,确定一个人是朋友还是陌生人(Milgram,1977a:26)。

米尔格伦接着提出,基诺维亚谋杀案首先让人看到的是"在城市,在危急的情况下,社会责任最明显的缺失"(Milgram,1977a:26)。

然而,米尔格伦撰写论文解释,危急时刻没有人伸出援助之手并非城市冷漠或无情的反映。实际上,这种状况是他称之为"事不关己高高挂起的行为规范"的反映。人们常常发现自己处于需要帮助的境地,而实际情况常常相反,这就是现在的城市。在每一种情况下,所有人都可以得到帮助是不可能的。如果真照顾了这个人,却照顾不了别人。

而且,米尔格伦认为,城里人把别人在情绪和社会私密性方面的权利看得比关心照顾别人更重要。一个人不应该干预别人的事情,尤其是在不了解事情背景的情况下,更不应该贸然去干预。城市人群的异质性鼓励对别的不属于自己和自己不了解的人群的社会规范和行为方式采取容忍态度。"城市的异质性对人们的行为、服饰、伦理规范产生了比一般小城镇大得多的容忍程度,但是,这种多样性也鼓励那些担心冒犯了别人或越过了难以确定界限人们保守一些(Milgram,1977a:27)。"

社会心理学家卡尔普等人(1991)提出了最小—最大假定,这个假定支持了"活着也让别人活着"的态度。这个最小—最大假定——最小参与以便最大化社会秩序——强调了人们之间的互动,尤其强调人们在公共空间里相互都不认识的情况下展开互动。带着对这种状况的共同认识,人们通常以不显眼的和允许陌生人之间习以为常的举止而展开互动,实际上,公共空间里大体都是如此。正如前面讲到的那样,卡尔普等使用的"公共的私密性"涉及"参与、漠然和与他人的合作之间取得平衡"的必要性(1991:89)。

旁观者效应

社会心理学家拉坦纳(Bibb Latané)和达利(John Darley)在《没有反应的旁观者》(1970)一书中概括出这样一个结论,我们可以按照当时的具体情况来解释基诺维亚的死,它并不反映城市居民的漠然或无情。拉坦纳和达利认为,在熙熙攘攘的情况下,一个人可能设想,别人会去管的。例如,紧急救护人员的训练是这样的,在紧急情况下,他们应该指定一个特定的个人,要求他(她)具体做某件事。例如,他们可能要求一个具体人去给急救中心打电话,而不是简单地问,"谁给急救中心打电话?"

> **体验活动9.2:"急救"演习**
>
> 在你的老师允许的情况下,在你班上或校园里搞一个急救演习;例如,安排一个假装突发疾病。看看其他人如何反应。注意,你可能需要一些同伴帮助你,弄清所有在"急救"现场目击者都是谁,对他们做出解释,那里发生了什么。

拉坦纳和达利认为,在拥挤的人群中,人们的"漠然"实际上是他们所说的一种"责任扩散"的反映。正是这种用头而不是用心做出反应的社会心理现象,解释了拥挤人群中人们的行为,不是冷漠或无情。拉坦纳和达利还强调,城市旁观者,比起非城市旁观者,不太可能相互了解或了解受害者,而且,拉坦纳和达利提出这样的结论,在拥挤的情况下,发生出手帮助的概率会不大。米尔格伦赞同这种观点,正是城市生活条件最终让城里人忽视了帮助其他城里人:

大城市当然实际上限制了人们的乐善好施的冲动。如果一个市民对每个人的需要都伸出手来,如果他真的对每一个利他的事都敏感,都冲动,那么,他自己应该做的事就会做的一团糟。在城市中,我们不可避免会有意地,在策略上漠

图9.5 南费城一家叫"帕特的牛排"的餐馆前的露天座椅上,一个无家可归者坐在那里,旁边一个桌子上围坐着几个女孩,她们用餐聊天,完全不去理睬那个无家可归的人

然处之，不激动或不愤怒地面对城市生活。我们每一个人最多可以力所能及地去承担一定的责任，担负起适当的道义。城市生活是严酷的；我们确实欠我们自己和我们的朋友们一个更美好的城市（Milgram，1964/1977b：46）。

公共空间：重新发现城市中心

让我们再回头看看公共领域的一个关键地点——公共广场。许多美国城市的市政官员，包括纽约市在内的，已经制定了分区法规，要求办公楼收进，腾出空间，在大楼前面建设广场。然而，那些官员们从根本上不了解如何使用这些广场。在设计这些广场时，确实考虑了采光和通风，但是，在设计上没有关注广场的社会目的。城市规划师认为，这些广场要是真的空空的，肯定对老百姓最好。实际上，一些空空荡荡的广场成了游手好闲的人和其他一些不受欢迎的人待的地方，最后被人们认为是危险的地方。另一些广场，安装了屏障，限制人们使用它们。

威廉·怀特：人吸引人

怀特（William H. Whyte）对公共广场和公园的突破性研究证明了控制陌生人行为的一些基本规律。那些给公众安全感的地方吸引人们前去。按照怀特的看法，我们在没有人的地方是找不到安全的地方的，而恰恰是在有人的地方才能找到安全的地方。怀特说管制的城市生活是公共空间的那些核心，中心商务区（CBD）、中心城市、市中心、城市的最内环地区。怀特不同意齐美尔、沃什和其他一些人的看法，他们认为，熙熙攘攘、人头攒动的行人模式和道路拥挤与社会秩序相悖，是"孤独的人群"。怀特的研究还对柯布西耶的光明城的概念和那种没有街头生活的设计提出异议。怀特发现，那些最拥挤的市中心区的道路和广场是选择产生的。"吸引人们去的恰恰是其他的人。许多城市空间正在按照与此条规律相悖的方式来设计，人们最喜欢去的地方正是在设计时要取消的地方（Whyte，1988：9）。"

怀特的发现基本上反映了重新界定的公园、空地和那些常常认为很危险的"广场"，那些广场都是分区规划要求高楼前必须留出的。怀特的例子就是布莱恩公园，紧挨着42街纽约公共图书馆以西的地方。20世纪60年代，直到80年代，在这个公园周围写字楼里工作的人们或图书馆的读者，实际上是不怎么使用这个公园的。因为长得过分茂盛的树木挡住了人行道和街上的人们看到这个公园的视线，所以，让这个公园成了一个危险的地方，成了无家可归者、毒品贩子和其他无赖的天堂。

在实施怀特倡导的公园公共使用政策中，市政府把树木剪矮，打通视线。怀特建议，在这类广场里设置可以移动的椅子，允许小食品商贩出售食品和饮料。他倡导举办公众音乐会，建设中央草坪，允许在草坪上摆放桌椅（不要写"不要践踏草坪"的警示牌）。这样一来，公共空间就成为人们社会互动的更频繁的场所。人们按照他们的愿望自由地搬动桌椅。这样的空间会成为吸引人的地方，公共空间越有人气，人们就越乐于使用公共空间。对布莱恩公园的改造，让它成为纽约市利用率最高的公共空间。

在记录了行人的街头行为和街头短片中，怀特揭示了公共空间的诱人之处。怀特和他的学生，在十几年的时间里，记录了人们如何使用包括广场、公园、街头巷尾、咖啡店和商店和火车站在内的公共场所。人们喜欢与别人待在一起，他们喜欢交谈、吃喝，喜欢与人在拥挤的公共空间里"八卦"。实际上，一些这类街头生活参与者的行动就意味着突显拥挤："出乎我们意料的是，停下脚步攀谈的人并不是走出人流，如果他们真的不在人流里停下来交谈的话，他们会重新进入人流（Whyte，1988：8）。"

怀特的录像和对它们的解释证明了社会活动的普遍性,揭示了构成这些所谓"匿名的"社会互动的基本社会秩序。怀特的发现在雅各布斯那里得到了回应,她描绘了"好城市人行道上的芭蕾舞":

无论何处,那些运转良好的老城看似乱糟糟,其实是很有秩序的,维持着道路安全和城市自由。这种秩序是一种复杂的秩序。这种复杂的核心是人行道在使用上的复杂性,让人目不暇接。这个秩序由运动和变化构成——我们可以把它比喻成舞蹈——不是那种动作一致、整齐划一的舞蹈,而是每一个舞蹈者跳着自己的芭蕾舞,成为整个舞蹈群体中的一个分子,神奇地让人翩翩起舞,形成一个有序的整体。一个不错的人行道芭蕾不会在另一个地方重复,任何一个地方都会上演新的芭蕾(Jacobs,1961:50)。

公共广场和公园:拉丁美洲和纽约市的公共空间

怀特《小城市空间里的社会生活》成为使用城市广场的重要指南,提供了有关看法的证明,人们如何使用公共空间。当我们观察其他国家如何使用公共空间时,怀特的观点得到了进一步的证实。我们可以拿拉丁美洲国家的广场为例。令人遗憾的是,无论是美国还是拉丁美洲国家,政治势力和经济力量都让对广场和公园之类公共空间的使用陷入困境。

> **体验活动9.3:濒危的公共空间**
>
> 实地或通过互联网参观你所在城市或你选择的城市的一个广场。研究可能威胁到这个公共空间存在的任何经济、政治和文化力量,或公众对它的访问。维持这类公共空间对社区里的人有多么重要?

拉美广场构成公共空间的核心,具有完整的区位特征,既是一般标志,也是社区中心。它们是西班牙社会组织规则的永久性遗产。西班牙人城镇广场的概念源于17世纪西班牙的东印度群岛法,据此,每一个定居点都要求有一个面对开放空间的教堂,围绕这个教堂和公共空间形成一个中心(Gade,1974)。那些坐落在城市核心区的广场周围都是一些历史建筑,有教堂和政府办公楼,以及社区最富裕的或最有社会地位的人群的住房。教堂是宗教势力的象征,政府建筑是政治权力的象征,富裕人群的住房象征着经济实力。主导广场中心的是喷水池或历史悠久的军事和政治领袖的塑像。

然而,出现在那里的人和他们对广场的使用象征着公民的卷入。这样的广场是步行友好的,没有汽车行驶,包括室内和室外的市场,食品小摊和餐馆,商用办公室等。街上的小贩出售商品、食品或各种服务,如擦鞋以及流浪音乐人,给人们提供了聚集、交谈和八卦的设置,让人们享受公共秀的氛围。广场也是举办节日庆典、宗教仪式、政府和军事事件的地方。拉美地理学家盖德(Daniel W. Gade)谈到,城市规划师长期以来都积极地评价核心广场在为社区提供服务方面的重要性。"以地中海式的室外聚会场所为基础,长期具有各种功能的人们承认具有核心地

图9.6 2013年2月2日,墨西哥城,人们走在大都会主教座堂和大都会礼拜堂前的宪法广场上

位的那些广场，集中了城镇的人文发展（Gade，1974：22）。"

城市人类学家洛（Setha Low，2000）感人肺腑地描绘了围绕哥斯达黎加广场周围展开的大众生活。她对那些广场提出了如下判断：

广场是这样一种地方，各种社会群体和社会阶级以很有秩序的方式出现在一起，虽然同一个地方，时空是分开的，但是，各种社会群体和社会阶级融合在一起互动。社会接触、社会层次结构上的互补和容忍之类的规则都是广场文化的特质，城市的其他一些地方未必一定要遵循出现在官场上的那些规则（Low，2000：35）。

洛给我们提供了一幅活生生的广场生活景象。但是她认为，现代化和城市更新正在威胁着市民们的这种公共生活以及它的意义。广场被看成是参与和民主的和个人的互动的最后场所，但是它正在受到国际资本主义的威胁。波多黎各正在发生着重大经济和政治转型，这种转变影响到了对公共广场的使用。她引述了哈维（1985）、史密斯（1996b）和祖金（1991）的著述。这些理论家把政治经济理论与建成环境的使用联系起来，特别关注了人们对公共空间的使用。类似的因素也在改变着纽约市公园的使用方式。

为布莱恩公园而战斗

如前所述，怀特有关公共空间使用的想法，启发了对布莱恩公园的改造。祖金对怀特的分析补充了文化、经济和政治方面的补充。祖金提出，把公园的管理分给私人非营利组织来管理，恰恰反映了中产阶级和公司的利益。一方是占领布莱恩广场的无家可归者、穷人、少数族裔、毒品贩子，一方是在这个公园周围工作的比较富裕的或希望按照自己的社会和文化目标使用的中产阶级，祖金看穿了他们为布莱恩公园所做的斗争。

我们在第6章中曾经提到过，祖金对以旅游、传媒和娱乐为基础的新的"符号经济"或"文化经济"所展开的广泛分析，而这里所说的她对布莱恩公园的研究是那个分析的一部分。祖金描述了符号经济如何通过城市更新和公共空间私人化的文化战略而产生。祖金很有说服力地提出，最近出现的符号经济的增长具有明显可见的空间影响：这种空间重新塑造"影响了地理和生态"，重新塑造出来的地方是一个创造和改造的地方（Zikin，1995：8）。

祖金主要关注的是城市符号经济力量如何影响"我们站在我们自己的立场上所看到的社会包容或社会排斥"（Zikin，1995：vii）。她认为，通过文化形象和符号，城市文化诸方面的建设，让人们"各得其所"，控制商品经济，利用由私人部门有权势的人所掌控的规划手段来设计公共空间。控制城市形象是为了让中产阶级、富裕的人群和游客们受益。不好的形象被消除或被藏匿起来。"对城市文化的控制意味着有可能控制各种各样的城市病，避免暴力和仇恨的犯罪活动影响经济增长。"

符号经济日益依赖于建设有吸引力的地方，它们可能是博物馆、娱乐分区，如新的"适合于家庭"的时代广场、运动场、公园或节日式的集市，满足比较富裕的城市群体。对于布莱恩公园来讲，开一家价格不菲的路边咖啡店，其实就是一种控制谁来这个公园的手段："路边咖啡店从那些打零工的和无家可归的人那里夺回了这条路。"

自从1988年把布莱恩公园交给了私营的"布莱恩公园修建公司"以来，这个公园变成非常受欢迎的聚会场所，而且利用率很高。但是，果然应了祖金1995年的预言，这个公园在某种程度上不再是公共场所了，实际上，它变成了一种商业活动，举办收费的活动，允许公司赞助（Williams，2005）。2005年，纽约时报的记者威廉姆斯（Timothy Williams）报道，由奥林匹克时装公司赞助的服装周，由美国家庭影院频道（HBO）赞助的夏季电影节，美国广播公司支付的夏季电影系列，都在这个公园举办，纽约时报同样赞助了一个图书展销会。这个公园还用于私人承办的假日市场，在冬季的几个月里，私人赞助的滑冰活动（滑冰是免费的，但是必须租用滑冰器械）。赞助者偿付租金，所以，允许它们整个公园展示它们公司的标志。这个公园还为电影和电视工作人员的工作暂时关闭，私人可以交费举行生日庆祝活动或公司的联谊活动，各种家庭庆祝会，新产品推介会，包括微软的媒体视窗版和咖啡伴侣，届时，公园都暂时不对外开放。

因为许多事件都是私人的，所以，问题不只是这个公园的商业化问题，而且涉及市中心一个公共公园的功能问题，那里本来是向所有人开放的，然而，事实并非如此。进一步的问题是，运行和管理这个公园的私人公司没有拿公共资金，它是依靠商业化活动才得以运营的。代表曼哈顿选区的纽约州议会议员高德飞（Richard N. Gottfried）认为，公园的商业化活动导致了公园的商业化，也就把公众的公园转变成了私人的"主题公园"。"在纽约这座城市的历史上，从来都没有把公园看成可以自负盈亏的实体，我认为，把公园看成可以自负盈亏的实体是一种危险的观念。""这种观念势必让公众的公园变成了主题公园（Williams，2005：B1）。"

祖金的主要关注点不仅仅是谁占用了"实在"空间的问题，而且还关注"象征"空间的使用。祖金在一本与别人合著的书中提出，"问'谁的城市？'不只是一个有关占有的政治问题，它还在问谁有权利充当这个城市的主导性形象（Zukin，1996：43）。"这场战斗一直都在林肯中心附近的那个公共广场使用上展开，林肯中心是一个重要的娱乐综合体，包括交响乐音乐厅、歌剧厅和其他设施。纽约市实际上已经私人化了林肯中心附近的那个公共广场，允许公司在那里举办自己的集会，而一般公众在公司占用那个广场期间是不允许进入的。费城的本杰明·富兰克林公园大道具有类似命运，这是一个20世纪初在城市美化思潮推动下建设起来的公共空间，但是，在每年劳动节的那个周末里，私人会在那里举办摇滚乐音乐会，所以那里封闭了起来。

修正的行为规范

我们都会记得父母叫我们小心不认识的人。可是，如我们在这一章中所看到的那样，我们在城市里遇到了成千上万的陌生人，我们与他们的互动一般都是友善且没有受到伤害的。一个人可能消极地面对陌生人，就在那个地方，理论上讲，还有成千上万的人是积极地面对陌生人的。相互不认识的人们在他们生活的城市里相互信任，这是怎么一回事呢？答案是，当我们和周围的陌生人在不知姓甚名谁的状况下时，我们懂得一定的行为规范，而且，我们通常遵守那些行为规范，那些行为规范告诉了我们如何文明行事。

图9.7 纽约市政府曾经在很多年里对布莱恩公园不管不问。现在，这个公园成为怀特有关如何利用公共空间观念的重要例证。遗憾的是，现在很多人认为，它的成功一直都在推动一种威胁到公众接近它的商业化过程。这张照片是在举办"布莱恩公园的百老汇"活动期间拍摄的

行为科学家做过一些实验，要受试人在一些场所与陌生人互动，如公共交通场所，那里不成文的规则通常是，避免交谈，不仅如此，还要避免对视（Dunn and Norton, 2014）。

研究者答应给受试者如5块钱的免费咖啡券，要人们与陌生人展开一定的互动，询问受试者互动前后的感受。许多参与者在与陌生人讲话或有意去与陌生人对视前，觉得有些担心。但是，参与者和他们与之互动的那些陌生人一般都说他们觉得不错，这要看他们互动了多少次。对于那些低收入社区来讲，社会学家在那里看到的是社会混乱的倾向，所以，要想得出与上述情况一致的结论还是一个挑战。

> **体验活动9.4：违反行为规范**
>
> 你自己做一个违反行为规范的实验。例如，当你在乘坐公交车时，在拥挤的人群中，盯几个陌生人，或者接近一个陌生人，询问一个温和的问题，如"你认为今天的天气如何？"把发生的情况记录下来。

如果陌生的人们真的不去服从控制陌生人之间那些文明的行为规则，又会怎样，我们可能对此不无好奇。也就是说，如果这个存在基本社会秩序的陌生人的世界真的变成了一个社会"无序"的世界，会发生什么呢？桑内特在《公共人的衰落》（1977）一书中提出，在那些标志着没有亲密接触的地方，人们遗忘了在那里以文明的形式控制自己的行为举止，于是，当代社会生活正在陷入公共生活坍塌所带来的后果之中。在此之前十多年，雅各布斯（1961）强调，一个成功的城市，一定要让人们面对所有陌生人时都觉得很安全，很有保障。

社会学家已经看到，贫困严重影响着生活在贫穷社区里的民众。贫困影响了美国非洲裔社区和人们的街头行为，社会学家的这一研究表明，宏观经济和政治因素影响着人们之间的微观互动机制。瓦夸特（Loïc J. D. Wacquant）描绘了公共部门的崩溃如何导致"超级贫民窟"的发展。这种"超级贫民窟"的特征是阶级和种族的极端隔离，"超级贫民窟"导致了始料未及的与极端社会和政治孤独和暴力相伴的困难和贫困。这样，随着贫民窟原有制度基础的坍塌，贫民窟的社会结构也加速坍塌下来。

数以千计的地方商社、教堂、临时居所、娱乐设施以及组织内城生活，给居民一种集体的感觉的各类街坊协会已经消失了，反而给各种各样的黑帮、倒腾货币的、卖酒的，留下一片有组织的蛮荒，留下与警察和法庭结下解不开的冤仇，让那些作用被降低了的社会机构在贫民窟和更大社会之间建立起一个保护地带（Wacquant, 1995：440）。

伊利亚·安德森：论"适应都市生活"

对于许多贫穷的城市黑人青年来讲，他们的经济和社会活动，失业、种族烙印、毒品泛滥，让他们从心理上感觉到疏离，感觉到没有希望。因此，在互动中过分追逐对他们的尊重，尤其是在与陌生人的交往中，安德森在《街头巷尾的规范》（1999）描述了这个问题，提到了一种街头巷尾的规范，它是一种约定俗成的规矩，规范着人们在那些社会问题严重的街头的行为举止。

安德森在更早的一个著作《适应都市生活》（1990）中介绍了他对两个相邻社区所做的14年的研究成果。这两个搭界社区的人具有不同的阶级和种族，发现他们常常在街上相互接触。"北镇"是曼图亚的贫穷黑人聚集的街区，"村"则是鲍威尔顿的街区，靠近宾州大学和德雷塞尔大学，目前白人专业人士正在回迁。

安德森讨论了国家和国际经济变化对这两个社区的影响。因为联邦政府削减工作培训和社会项目的财政拨款，所以，"北镇"的居民感觉失去了工作和机会。尤其是黑人青年感觉到了经济贫困、毒品文化盛行以及日趋增加的暴力和绝望的影响。安德森讨论了老年黑人对这个社区的影响正在衰退，那些"老家伙"曾经要青年人承担起家庭义务，养成好的职业道德，因此，那个社区的文化正在坍塌。"村"里居民的阶级和种族成分正在改变，白人、中产阶级或富裕的人士，正在替代比较贫穷的黑人，那里正在绅士化。

安德森讨论了如何辨别陌生人，如何确定邂逅是否对自己构成威胁的关键因素。一个因素是这个邂逅发生在哪里，地处公共空间或地方社区的路上。另一个因素是时间，早上、中午、晚上或深夜，是否还有别人在现场。特别要注意的是陌生人的仪态举止。安德森的特殊兴趣（1990：166-167）是外表的重要性："肤色、性别、年龄、伴侣、衣着、饰物和手里拿的东西，都能帮助辨别他们，一旦设想成立，就可以开始交谈了。"如果陌生人的任何一个方面是令人担忧的，那么，做好防范。

安德森详细阐述了卡普、斯通和尤尔（1977）所说的年龄、种族和性别标志的"怀疑—信任"连续统一体，这些想问题方式常常成为一种思维模式，至少很有可能成为思考危险与否的因素："街头巷尾，对孩子一扫而过，审视白人女性和男性、黑人女性和男性、黑人男性少年，一个比一个时间长（Anderson，1990：167）。"评估安全与否的基本战略是尽可能回避街头的陌生黑人。

> 公众懂得的是肤色编码：白肤色的意味着文明、守法和值得信任，而黑肤色与贫困、犯罪、不文明和不可信密切地联系在一起。这样，一个不认识的年轻男性黑人就准备好，人们会避而远之。如果这个年轻男性黑人要求什么的话，他必须果断行事。如果他固执地坚持，有可能招来帮助（Anderson，1990：208）。

信任变成了怀疑，街头巷尾就更不安全了。因此，人们把那些街头巷尾的公共空间看成不文明的，应该尽可能避而远之的。这种想法在深更半夜里更为强烈。

人们日益把街头巷尾看成丛林，尤其是夜间，猫在黑暗里都是灰色的，而且每一只猫都构成威胁。人们受到警告，左顾右盼，没有几个人不在怀疑之列。陌生人必须接受人们审视的目光。虽然我们一般是要把这个"村"看成一座文明的孤岛——但是，基本感觉是，讲的好听一点，那里的街头巷尾和公共场所是不确定的，讲得不好听，那里很糟糕（Anderson，1990：239）。

宾州思古吉尔河校区的社会学家格雷厄姆（Peter R. Grahame）告诉我安德森在"街头礼节"和"街头智慧"之间所做的重要区别。街头礼节是一种复制方式，主要涉及规避的形式，例如，规避青年男性黑人。街头智慧是一组非常不同的技巧，它涉及细致地区分讲话、衣着、行为、情形、时间等因素，对不同类型的人们，包括不同的个人，有一种比较深刻的认识。一个具有"街头智慧"的人可能在认识街头情形时很不同于依靠"街头礼节"的人。安德森提出，人们运用街头礼节，从而觉得比较安全，但实际上，因为他们没有结交任何一个可以让他们摆脱真正麻烦的朋友，所以，他们并不是真的很安全。

快闪族

> 这类聚会具有一种狂欢节的氛围——一种社会风暴。
>
> 鲁布拉诺（2010），引述安德森的话

快闪族是从节日式的活动开始的，它们通过文字信息吸引成千上万使用微博、脸书和聚友网

图9.8 得克萨斯州奥斯汀市中心的一个快闪。照片上显示人们自发地在做瑜伽练习

等网站的人们。想要参加的这类快闪活动的人们被通知到一个指定地点集中展开某种特定的活动（Urbina，2010；Callari，2010）。这些人从四面八方出现；他们表演某种事先确定的活动，而且，这类活动常常是莫名其妙的，然后，迅速消失在人群里。这类快闪常常并不无设想的目的，当然，想让人们摸不着头脑，让人们很惊讶，他们有时成为一种政治抗议或商业推广。

快闪的例子不胜枚举。在瑞典的一个火车站，人们好像是自发地出现了，开始跳起杰克逊的"Thriller"。另一个例子是中国香港街头，人们跳起了杰克逊的"Beat It"。2008年1月31日，200人在纽约中央火车站的主要通道里聚集了5分钟。在纪念欧普拉电视栏目开播24周年，成千上万的人聚集在芝加哥壮丽大道，跟随"黑眼豆豆"的音乐跳了起来（John-Hall，2010）。2010年2月5日，我正好在华盛顿特区，估计有上千人聚集在杜邦环岛打雪仗玩（当时，我并没有参与这个活动，而是选择了去看一场乔治敦对维拉诺瓦的篮球赛）。

> **体验活动9.5：创建自己的快闪**
>
> 组织一个快闪。考虑一场活动，让人们参与进来。记录下你在这个过程中遇到的任何挑战和成功。

但是，在2009—2010年冬，一直延续到2010年春，在费城发生的许多有数百人参与的打群架的暴力快闪。他们在费城的市中心，在年轻人很喜欢聚集的两条相邻的商业街，老城和南街，横冲直撞。纽约时报记者乌尔维纳（Ian Urbina）在纽约时报的头版上这样描述了当时的情景：

数百青年在街上横冲直撞，相互争吵、斗殴、欺凌和骚扰行人和破坏设施，这种所谓快闪成了一场富有攻击性的闹剧（2010：A1）。

一个快闪的受害者如是说，他被"蜂拥而来的孩子们"包围了起来，然后，对他拳打脚踢。无独有偶，这类暴力快闪并非费城特产。无法无天的青年人在波士顿、新泽西的南奥兰治、纽约的布鲁克林，无端地欺负行人，损坏私人和公共财产（Urbina，2010）。

费城发生的那些事件引起了全社会的关注。非洲裔美国人是主要参与者，他们很多人来自贫困社区。费城市长、警察长和青少年法庭的法官一致谴责了那里一直在发生的事情（Urbina，2010）。警察逮捕了许多暴力参与者，法庭给予他们严厉的判决。媒体对这些事件做出了回应。它们都提到，负面舆论会严重破坏商务活动和旅游也。为什么快闪会演绎成暴力活动，这个问题依然没有得到答案。

费城市长纳特（Michael Nutter）并不认为种族是一个主导因素，很多人不同意，他们认为，与贫困联系在一起的种族是认识这种现象的关键。费城问询报引述安德森的话讲（Lubrano，2010），那些生活在被社会疏远的超级贫民窟里的贫穷的黑人青年们，通过聚集在一起，发泄他们的沮丧和压抑的情绪。互联网通过短信方式动员起许多青年，让他们觉得他们很有力量（Anderson quoted in Lubrano，2010：A11）。

安德森在他公开出版的著作中这样写道，"年轻的黑人男性——日益成为人们担心的对象。""'标志性贫民窟'的负面声誉，那里深不可测，挤满了'坏人'，这种舆论推波助澜，变成了一种强大的推动力（Anderson quoted in Lubrano, 2010：A1）。"

正如安德森更早的一些著述（1990，1999）同其他一些人所讲的那样，暴力常常成为阳刚和残酷的表达。这些青年在快闪中的表演并非出人意料。对极端暴力者回应就只能是镇压、逮捕和起诉了。给那些无聊的青年提供适当以社区为基础的活动。如果他们的父母真的能够更多地参与他们的日常生活，那一定是会有帮助的（Witt and Caldwell, 2010）。西费城高中高年级的学生杜伯森（Khalif Dobson）是费城学生会的成员，参与了"儿童和青少年市民"团体，他在评价快闪是说出了与马丁·路德·金相同的话："人们应该记住，这种街头骚乱是不被人关注的人的语言（quoted in Lubrano, 2010：A11）。"

一些报道中提及一种快闪的变种是"淘汰赛"。媒体很快就报道了它们，但是，对许多这类快闪变种夸大其词了，在这种"淘汰赛"中，年轻人的帮派，大部分是黑人，漫无目标地在街上游荡，攻击那些毫无防备的路人，把他们打得失去知觉，然后迅速跑掉，媒体把这类事件描绘为达到流行病程度的行为。

现在，舆论似乎认为，对许多这类淘汰赛风的描绘是没有事实证据的（Roller, 2013; Eversley, 2013）。但是，公共空间似乎发生了一般变化，让人们从信任变成了疑虑，形成了一种忧心忡忡的文化（Gladdner, 2009）。如果传播开来，这种变化会威胁基本的城市社会秩序。

如果控制人们行为的法律真的不起作用了，会发生什么呢？如果社会联系被如此削弱了，那么陌生人的世界会变成一个没有社会秩序的世界吗？我们在下一章再来回答这些问题。

结论

作为陌生人的世界的城市是这一章中心论题。城市，在沃什看来，是杂乱无章的和道德沦丧的，许多人不同意沃什的这种看法，他们长期坚持，城市里有许许多多生机勃勃的社群，人们和睦相处。除此之外，在一些城市地区，如市中心或中心商务区的街头巷尾，素昧平生的人们相安无事。这一章特别强调控制人们在公共空间里互动的基本规则，强调城市是一个陌生人的世界。

亨特区分了私人的、地方的和公共的城市生活的三大空间。公共空间分析的重量级人物，洛芙兰，描述了公共空间的6种使用功能。最后，创造不以群分的人是一个特别有意义的话题。洛芙兰提出，城市生活要求人们相互容忍，文明礼让。建立聚会场所，建立奥登堡所说的"第三"场所，非正式聚会场所，给人们提供一个家庭和工作关系之外的与人互动的机会，提高社区的公民意识。安德森认为，城市里那些"人不以群分的屋檐"具有同样的功能。

容忍和匿名是维护社会秩序的必要条件。卡普等人的学术观点和他们的最小—最大假说，最小化的互动对最大化的社会秩序，其实都与米尔格伦有关不参与规范的观念类似，与达利责任分散的观念类似。不是漠视陌生人的困境，而是不"干涉"别人的生活，这种规范解释了麻木不仁是什么样子。

公共空间，尤其是广场和公园，对公民意识、公众参与、社区模式和城市标志，都具有推动作用。人们对自己家里和社区有一种神圣的感受，他们回归到家里和社区中，经济力量使用公共空间来实现它们自己的经济收益，符号经济寻求通过私人化的方式改造公园和广场，把那里变成不具有包容性的场地，基于这些理由，城市公共场所一直都在逐渐消失。

安德森对费城街坊展开了研究，那里的社会状况对维护陌生人世界的社会秩序造成了很大的困难，导致没有规则的规则，"街头巷尾的规范"。最近出现的一些社会现象，如快闪，可能标志了陌生人之间的一种新的在公共场所聚集的方式，或者可能走向暴力，威胁到社会秩序和信任。

思考题

1. 私人空间、地方空间和公共空间分别意味着什么？
2. 列举洛芙兰公共空间的6大使用功能。
3. 为什么挤在城市里的人们可能会忽视陌生人和陌生人的关注，甚至在紧急情况，哪两种方式对此现象做了解释？
4. 解释怀特推翻的城市规划原理，为什么祖金对实施怀特想法心存疑虑。
5. 解释安德森的"街头礼节"和"街头智慧"两个概念之间的区别。

第10章 "目睹的"混乱和恐惧生态

本章大纲

文明在公共空间里的衰退
    个人责任与政府帮助
    非洲裔美国人和排斥在公共空间之外：新泽西大西洋城
威尔逊和凯琳：破窗理论
    拦截盘查和举起手来，不杀
    邓奈尔：街上的人和打破的窗户
    贫困的入罪
    戴维斯：美国的恐惧生态和安全地带
    街头监控
辛普森和罗登布什："破窗"的社会建设
    "目睹的"混乱
    巴黎和巴黎远郊区所发生的骚乱和恐怖事件
    那些避而远之的地方和担心的生态
结论
思考题

背景图：在许多城市的市中心，路人常常都不会去瞟一眼无家可归者或乞丐，从他们身边走过，仿佛他们根本就不存在似的。

社会秩序问题已经成为考察城市生活的一个基本问题。如果陌生的人们真的不再和平地一起生活，城市生活会是什么样子？如果陌生人之间的行为真的再也不遵循文明的潜规则，那又会发生什么事情呢？果真没有了文明的潜规则，城市会承受何种影响？整个社会又会承受何种影响呢？如果陌生人的那个具有基本社会秩序的世界，真的变成了一个社会"混乱"的世界，会发生什么呢？实际上，在前一章最后部分讨论的贫穷对费城非洲裔美国人社区的影响时，我们已经涉及了这些问题。混乱和那些把市民们结合在一起的社会约束的解体，会产生什么样的威胁，我们打算在这一章，从这个角度，更深入地研究上述问题。我们打算考察：在公共空间严重衰退时，美国城市发生了什么；考察公共空间的衰退对人们在公共空间以及私人空间和地方空间里的关系产生什么影响。自从20世纪70年代以来，一些人谴责社会秩序的恶化，与此同时，另外一些人提出，过去几代人的社会秩序是排斥少数族裔和穷人的。在多大程度上，社会秩序的感受是主观的，是以阶级、权力和经济主导地位等因素为基础的呢？让我们来探索这些问题。

文明在公共空间里的衰退

雅各布斯的《美国大城市的死与生》（1961）是对城市文明的一个呼唤。正是在城市的人行道上，人们彼此看到了对方的差异，相互建立起一种公共信任感。雅各布斯的看法是以她的生活经历为基础的，20世纪50年代到60年代初，雅各布斯住在纽约格林尼治村的哈得孙街。在她生活的那个街坊里，邻里之间，邻里和买卖人之间，有着很高的社会交往频率。建立起了生机勃勃的相互联系的社会网络。陌生人其实也是这个互动网络中的一部分。他们可能始终不知对方姓甚名谁，但是，随着时间的推移，他们变成了"熟悉的陌生人"，通过有规律的日常生活行为和参与人行道上的生活，"熟悉的陌生人"得到了信任，成为那个城市交往体系中的一部分。那时，街上总是有人的，一天24小时，时时刻刻都有人在大街上。孩子们在街头玩耍，街坊在巷尾八卦和购物，或者就是坐在门前，看看大街上来来往往的人们，这种高强度的街头互动模式保证总有"眼睛盯着大街"（Jacobs，1961：35）。"眼睛盯着大街"是一种非正式的社会控制力量，防范犯罪。

雅各布斯认为，成功的街头巷尾是自己解决自己的社会治安问题的。而且，这种社会治安并不显山露水，而是通过高强度的使用和各种各样的人的接触而出现的，其实，人们并不是没有意识到他们正在从事社会治安的工作。人行道和道路上的治安，基本上不是由警察来维持的，城市的公共治安与警察维护社会治安一样必要。这种城市公共治安几乎是由街坊四邻非刻意地自愿组织起来的网络成员来实施的，街坊四邻有自己的标准，而且是自己推行的（Jacobs，1961：31–32）。

雅各布斯提出，"人行道上点头打招呼的人可能漫无目的地，偶然地出现，城市健康的公共生活在一些微妙的变化中成长起来（1961：71）。"雅各布斯争辩道，"只有在街头巷尾的建设可以让陌生人以文明但必然有保留的方式存在其中时，才有可能谈论容忍和给差别很大的街坊留出空间来（Jacobs，1961：71）。"

沃尔泽（Michael Walzer, 1995）提出了"如果——会怎样"的问题。如果这个街头巷尾不成功，那会怎样？如果那个街头巷尾似乎总是不安全的，总是让人避而远之，那会怎样？如果那个街头巷尾的治安不尽人意，那会怎样？公园、公共嬉戏场所、公共厕所等公共空间同理，那会怎样呢？沃尔泽认为，如果这些社会混乱的确是事实，那么，这些公共场所会成为社会异常、性别异常和政治异常的地方。结果是人们缩回到他们私人的和控制起来的世界里，扔掉公共空间。

> **体验活动10.1：眼睛盯着大街**
>
> 在附近的街道、公园、游乐场或其他地方待上一个小时，"盯着大街"。你是否发现任何可疑的事情？那个地方是不是还有其他人经常"盯着大街"？你注意到人们在这个地方普遍感到安全吗？

20世纪60年代后期和70年代，许多美国人的城市生活出现了问题。正是在那个时期，桑纳特（1977）撰写了他的《公共人的陷落》。这本著作揭示，当代社会生活随着公共生活的坍塌而受到重创时，在那些标志着没有亲密行为的地方，人们忘记了如何文明地举手投足。许多社会评论家都同意桑纳特的这个判断，把20世纪60年代后期和70年代看成美国城市史上的一个重要时期。在那些年里，人们正在审视着美国社会的方方面面。除开反对越南战争的思潮、女权思潮和民权思潮外，美国城市当时正目睹着一般民众就公共空间问题向当局提问的时期。戈夫曼（Erving Goffman，1971）讲道，人们询问，在一些情况下，社会接触和有关道德秩序的基本假设被忽视了：

> 在最近10年里，在公共场合和围绕公共场合的道德秩序的基本假定发生了一些很有意思的事情。为了让使用者保持公用设施和半公用设施有效运转，维护公用和半公用财产，保护在那些公共场所的人，人们认为有必要加强那里的社会治安，包括公开逮捕而引起的那些带有羞辱性的后果。但是，其他一些因素，如事实上的尊重，阶级、种族、年龄上的不成文的隔离，其实还在那里运转着，在现在的城市里，这些因素的效率似乎差远了（Goffman，1971：289）。

伯曼（Marshall Berman，1972）在对戈夫曼（1971）的《公共关系》展开富有真知灼见地评论后，按照戈夫曼的意见，归纳了那些公共场所和公用设施因为加强了警力而不再是让人疑虑的地方。这些公共场所和公用设施包括人流稠密程序复杂的图书馆，有着复杂防贼设施的商店，或者干脆关门的商店，使用无人售票设备的公交汽车和有轨车，在乘客和司机之间安装隔离栏的出租汽车，使用视频监控器的银行和转账柜台。戈夫曼认为，在政治会议上，公共集会上，政府官员出面的场合，实施严厉的保安措施和视频监控。当时，为了防贼和肆意破坏，包括到处出现的在建筑物上乱涂乱画，维稳措施大规模增加了，过去只在监狱和内城首饰店的窗户和门上安装了铁纱窗和铁护栏，现在，延伸到一般的商店和高档商业和居住区。公寓大楼的看门人已经执行类似于保安的功能，城市公共建筑的维修经理们每天都如临大敌。戈夫曼提出建设一种新的包括内庭和内街和几乎没有窗户的"要塞"。"而且，大部分市民学了社会学课程，他们的轻松取决于可能犯罪的那些人的自我约束，实际上，可能犯罪的那些人从来就没有自尊的理由（Goffman，1971：290，cited in Berman，1972：12）。"

个人责任与政府援助

在朱利安尼（Rudolph Giuliani，1994—2002）担任纽约市长期间具有很大影响的社会学家西格尔（Fred Siegel，1995，1997）提出，在20世纪50年代到60年代初，被雅各布斯大加赞扬的那种让人们互信和一起生活的"嵌入式装置"正在被拆除。他认为，正是一系列自由主义政策的实施，最终导致了城市文明的衰落和公共空间的荒废，那些自由主义政策包括对无受害人的犯罪，去刑事犯罪化，把精神病患者放逐到社会上，去精神病机构化，不严重触犯法律法规的非刑事犯罪处置办法等。

被疏离的非洲裔美国城市居民引发了骚乱，那些骚乱给社会带来了威胁，西格尔尤其不同意大城市市政府应对此类问题的那些自由主义的基本原则。西格尔极力反对大城市市长们的自由主义政策：放弃严格的个人责任，在依靠政府才是健康的观念下，建立一个巨大的社会福利制度。在西格尔看来，自由主义政策的基础是，市长们相信黑人的愤怒是他们对贫穷的合理反应。西格尔使用"反复出现的骚乱"来表述当时愈演愈烈的犯罪，当时，市政府大规模膨胀，地方税急剧增加，从而把私人产业挤出了城市，进一步导致公共财政陷入困境，西格尔在这两大基础上谴责了这种"骚乱思想方法"。

西格尔也反对放弃民事责任的观念，设想对那些轻微犯罪不做刑事处罚就可以让警方专注大案要案。他认为，把"没有受害人"（在那个犯罪活动中，没有个人受到伤害，所以没有那种有理由或愿望付诸法律行动的原告）犯罪，从刑事犯罪中排除出去，这种思潮是越战时期，反对给道德立法的更大思潮的一部分。对社会整体的种种约束和社区对"越轨"行为所承担的治安职责与个人权利对立。而且，对轻微犯罪不做刑事处罚，把患有精神病的病人从精神病医院里放出来，当时是关联在一起的，从而不适当和不必要地打破了社会规范。所以，保护个人权利的愿望最终是以社区为代价的，是以城市文明的衰退为代价的。20世纪60年代后期、70年代和80年代，纽约市每况愈下的社会风气就是一个明证。西格尔在下面一段话里谈到了对纽约的体验，不过，他觉得这个讨论适用于那个时期大部分美国城市：

纽约人懂得，到公共场所，会把他们自己置于受到各种伤害的境地。走进市政厅外边的那个公园里，纽约人面临扑面而来的垃圾般的审美攻击。在东村和上百老汇，抢匪的"销赃市场"甚至堵了人行道。附近的每一条街上，充斥着讨钱的无家可归的人，他们常常"粗鲁地尾随"行人。在那里开车的人必须偿付那些人擦车费。作家施瓦茨（Gil Schwartz）接他的女儿，"我告诉另一个来接孩子的家长，我们打算搬出纽约市了。他问我'为什么？'我悄悄地领着我的孩子，绕过睡在门厅里的那个酒鬼，[走了]（Siegel, 1995: 370）。"

非洲裔美国人和排斥在公共空间之外：新泽西大西洋城

我们并不认同公共空间"衰落"的观念。我们的看法强调这样一个事实，对于许多美国人来讲，从历史上看，我们应该从"排斥"而不是"衰落"的意义上看待公共空间，围绕公共空间展开的斗争涉及的是各种排斥政策。

杨（Flora Dorsey Young）曾经是罗文大学社会学系的同事。她的父母在费城的黑人社区里长大，成为弗莱泽（Franklin Frazier）所说的那个社区"黑人中产阶级"的成员。她的父母都受过很好的教育，她的父亲是一个成功的牙医。杨博士清晰地回忆，在第二次世界大战爆发前的费城，非洲裔美国人到费城市中心的购物区之前，先在家里上厕所，因为他们不能使用市中心购物区的公共厕所。他们去那里买东西，买衣服和帽子，是不许试的。费城市中心百货公司给非洲裔黑人定的规矩是，售出的任何东西概不退货。街头规则要求男性和女性黑人给白人让路，不许与白人对眼，尽可能不要在公共场合招摇。电影院里，黑人必须坐在隔离出来的那个部分里。像美国南北其他许多城市一样，称之为"兄弟情谊之城"的费城在20世纪初期是一个实施种族隔离的城市。实际上，杨的那些记忆也是许多非洲裔美国人共同的记忆，非洲裔美国人被制度性地贬低了、隔离了，常常被排除在城市公共场所之外，只是相对最近这些年，这种状况才有些转变，如果我们叹息过去的那个公共空间的衰落，那么，我们如何才能化解杨的那些痛苦的记忆呢？

费城天普大学城市历史学家西蒙（Bryant Simon，2004：13）提醒我们，叹息美国公共场所衰落的看法是一种理想化的怀旧，失去了人行道、闲逛、街头巷尾的小店、电影院的城市，实际上，这种理想化的怀旧形象忽略了那时公共空间具有排斥性这样一种基本事实。西蒙认为，公共空间不涉及民主而涉及排斥。他进一步提出，在解释过去的时候，没有把那些被排斥在公共空间之外的人的体验考虑进去。

这种抹掉过去空间隔离政策和种种卑劣行径的做法，与现在城市研究和城市规划的做法大同小异。涉及美国城市衰落和需要新传统设计的方式来拯救城市的著作不计其数，它们常常是怀念过去的城市，哪怕这种怀旧情绪很微妙，我们常常忘记了我们怀念的那个过去是排斥性的，有排斥塑造的。那些被排除在公共空间之外的人如何看待或如何行动，恰恰是那些地方令人遗憾的方面，所以，干脆把他们一起排斥在外；把一些人排斥在公共空间之外是让公共空间成为公共空间的出发点（Simon，2004：18）。

西蒙通过新泽西州的大西洋城案例证明了他的判断。因为大西洋城过去的声誉不错，是美国大城市的游乐场之一，所以，西蒙用大西洋城为例让人觉得有些意外。重要的城市地理学家库斯特勒（James Kunstler，1993：228）把大西洋城看成"美国的伟大公共空间之一"，颇具争议地提出了衰落的公共空间和衰落的公共空间的替代物，如大西洋城这样的"无人知晓的地方"。从1900年开始，直到20世纪中叶，大西洋一直都是美国的重要旅游城镇之一，是中产阶级的游乐场。无论从费城、纽约、巴尔的摩，还是大西洋海岸中部区域的那些比较小的城镇和工业城市，都很容易使用铁路、公交汽车和私家车到达大西洋城。木质的滨海栈道，女子骑着马跳水的表

图10.1 这是大西洋城1915年的一个画面，人们成群结队地在滨海栈道上，在各式各样的商店前漫步，乘坐轮椅四处活动

演，全美选美比赛，街名按大富豪的棋盘编制，这些都成为大西洋城的特殊之处。

在那个时期，大西洋城成为幻想之都，白人游客陶醉在他们正在上升的社会地位之中，在一个轻松、愉悦且没有焦虑的氛围中满足自己休闲的欲望。作为一个旅游城市，大西洋城的服务对象瞄准的是中产阶级价格的奢侈经历。到大西洋城去，在那里的滨海栈道上走走，可以让人感觉到受到了尊重，实现了包容和社会阶层变动的美国梦。

但是，在那个时期，滨海栈道完全被隔离了（Simon，2004）。在滨海栈道最著名的时期，从20世纪20年代到50年代，不允许非洲裔美国人完全接近滨海栈道。允许他们使用的滨海栈道是一个远离旅游区的限制性特殊地区。与杨谈到的费城一样，非洲裔美国人走进大西洋城等于走进了一个专为白人定制的地方，面对着与费城类似的歧视。出现在大西洋城的旅游区和滨海栈道上的非洲裔美国人都是做服务生的和推轮椅的，这种手推轮椅类似手推车，可以舒服地坐下两个人。中产阶级的白人坐在轮椅上，非洲裔美国人负责推车，成为"美国制造"的流动符号。"在这个休假圣地衰落之前的那些年里，这种轮椅表明这个城市是没有通行问题的，而且，坐在轮椅上，

就可以看到这个城市的流光溢彩。游客可以放松一下他们的警觉，实现他们的梦想（Simon，2004：6）。"

然而，到了20世纪60年代，大西洋城没有躲过城市衰退和枯萎的命运。休假时尚、低廉的机票和没有跟上现代化的步伐，都成为大西洋城衰落的原因。那里的经济萧条导致酒店、剧场、中产阶级的购物区关门，代之而起的是便宜的T恤衫和纪念品商店、快餐小摊。西蒙谈到，随着大西洋大道上的剧场和店铺的关门，在主要购物区里步行的人减少了，而"有权"在滨海栈道上步行的人越来越少了。这种状况进一步加速了商业倒闭风潮。越来越少的商铺意味着越来越少的人在街上和滨海栈道上行走。于是，大西洋城不再是中产阶级游客或中产阶级居民的梦幻之城，反倒成了失败的象征。

大西洋城衰落的一个重要原因是20世纪60年代的民权运动，它让法庭和立法机构向非洲裔美国人开放旅游设施和滨海栈道。随着大西洋城的民主化，它也就不再是一个被隔离出来的白人中产阶级的梦幻之地了。20世纪60年代后期，随着纽瓦克、底特律、洛杉矶的瓦茨地区相继爆发骚乱，给中产阶级传达了这样一个信息，大西洋城是不安全的，是需要避而远之的地方。自20世纪30年代以来，大西洋城的犯罪率一直保持不变，而从20世纪50年代后期开始，随着有关大西洋城犯罪率增加了的说法，游客们开始绕着大西洋城走。20世纪60年代，犯罪变得更加暴力了，更加个体化，更加痛苦，最重要的是，犯罪不限于大西洋城那些比较贫穷的地方。滨海栈道本身也不可避免地成为犯罪发生的地方，每一个犯罪事件都吸引了媒体的关注（Simon，2004）。

结束包括滨海栈道以及相邻地区在内的大西洋城公共场所的种族隔离，实现民主化，加上对犯罪的担心，都成为白人中产阶级放弃整个大西洋城的基本因素。他们"担心公共场所不能得到管理，而且失去控制，于是，选择自己解决"（Simon，2004：14）。白人中产阶级在隔离的郊区，在受到管理的购物中心，在一些事实上隔离的休闲和娱乐场所，找到了他们的天堂。白人绝不明确地声称他们有种族隔离的愿望，在他们居住的地方，在他们购物的堤岸，在他们玩耍的地方，在与他们相同的人在一起，他们感受到了种族隔离。

> **体验活动10.2：街区隔离**
>
> 在你的城市或你选择的城市找一个种族隔离的街区。研究这种隔离是如何出现的，如何保持下来的。那里的居民对这个街区的种族组成是否满意？

在他们的闲暇时间和他们的街区里，这些家庭并不要求清晰地显示出种族尊重和优越性；他们并不幻想非洲裔佣人把他们推到滨海栈道上去。他们以其他方式显示他们的中产阶级身份，包括放弃大西洋城。当中产阶级离开城市来组织他们自己的新世界时，他们想要把有色人种排除在他们自己的空间中，尽可能离有色人种远点。但他们虽想这样做，却不想引人注意他们创造公共空间的这种新方式。所以，他们容忍少数行为举止得体的另类出现在他们的街巷和购物中心里。这样，他们可以说他们自己是中立的，没有按照种族和阶级来划分人群；他们实际上是住在都是白人的街区里，他们的孩子们实际上是在都是白人的学校里读书，公园里也都是白人（Simon，2004：14）。

就公共空间而言，消除种族隔离的大西洋城还被改造成为环境受到更大控制的地方，其限制是以阶级、适当的行为，共同的规矩。实际上，20世纪70年代中期，赌场被认为是大西洋城的救星，第一个赌场是在1978年开放的。赌博当时确实是很强大的经济引擎。赌场肯定把相当数量的人重新带了回来；从21世纪开始，每年到大西洋来的访客达到3500万（Simon，2004）。大西洋城已经恢复了它作为中产阶级和富裕人群期望去玩的旅游城市，种族隔离不再是明目张胆的，严密监控让种族隔离的形式更加微妙。

赌博确实改变了大西洋城。在鼎盛时期，大西洋城有12个赌城，投资60亿，给联邦、州和地方提供了数百万的税收。4.5万人在赌场就业。与此同时，给居住在大西洋城的居民带来了赌场之外的工作。但是，收入比较高的人一般都不是大西洋城的居民，他们住在其他郊区市政辖区里。住在城里的那些人从事最没有技能的和工资支付最低的工作。大西洋城本身并没有振兴起来，大量的废弃建筑依然在那里，而且，20世纪90年代末期，它们的数目还在一定程度地增加，许多地块完全没有建筑。穷人和他们的房子虽然看得见，但是，远离赌场。大西洋城没有大型中产阶级社区。这些土地使用模式反映了伯吉斯（Ernest Burgess）所说的过渡分区；不去维护那里的建筑物。人们期望有一天赌场扩大，会购买他们的土地。但是这种事并未发生。

大西洋城20世纪60年代和70年代盛行的那种担心实际上依然存在。具有讽刺性的是，赌场最初并不介意这种担心的存在。赌场提供的安全环境可以抵御赌场之外的危险。他们的停车场就在赌场里。赌场采用封闭空间，与周围环境隔离。实际上，赌城成了一个堡垒，保安和摄像头保证了赌场顾客的安全。通过精心设计，确保那些常常光顾滨海栈道，兜售俗气的T恤、便宜纪念品和食品的"不受欢迎的人"，不会进入赌场里干扰赌客。

大西洋城的赌城设计最终证明对赌场是不利的，赌场没有把大西洋城的海滩和滨海栈道与它们的形象结合起来，这是大西洋城衰落的一个主要因素。另一个因素是，大西洋城没有像拉斯韦加斯在大西洋城发展一种多样化的经济，拉斯韦加斯通过繁荣的会展商务而崛起，会展商务可以把成千上万的人引到城市里来，住在酒店里，去餐馆，购物和享受丰富多彩的娱乐项目。

给大西洋城带来萧条的最后一个因素，可能是整个东北部沿海地区赌场合法化而引起的竞争。20世纪90年代初，大西洋城的赌场垄断了东北部沿海地区合法的赌场生意，而到了20世纪90年代中期，事情迅速发生了变化。首先，康涅狄格州出现了由美洲原住民控制的两家赌场。随后，东北部沿海地区的其他一些州也让赌博合法化了，这样，到2014年，费城是靠近大西洋城最近的大城市，在它100英里范围内已经建立起了24家赌场，而费城距大西洋城仅仅50英里。实际上，费城行政边界内就有一家赌场。

大西洋城最终发现它需要来自非赌博生意赚到的收入，所以，它努力让它的符号经济多样化。从滨海栈道延伸到海里去的码头上设计了高档商店和餐馆，新的会展中心直接与新泽西火车线相衔接，与此同时，会展中心附近还有一个相当大的由折扣店组成的购物中心。但是，从室外的折扣店走到赌场，意味着步入所谓"恶土"。2012年，在设计上把滨海栈道和大海与赌场结合起来的新赌场"狂欢"开张了。但是这家新赌场还是太小了，也来得太晚了。到2014年夏季，包括投资20亿建设的"狂欢"在内的4家赌场都破产了，而且关门。第五家赌场面临关门。

大西洋城的希望是，通过更加以家庭为导向的，加上非赌博性质的娱乐、餐饮和购物等商业活动，通过吸引和扩大大西洋城的会展商务，发展大西洋城的符号经济。一家关门的赌场打算转变成一个职业学校，开设酒店和旅游服务方面的课程。

但是，被赌场加酒店"封闭"起来的滨海栈道，酒店用于住宿的房间的大量减少，后果并不利于赌博和博彩业。大西洋城忽视和没有把它的最大的地理资产，大西洋，融入到它的城市形象中，大西洋城的可能已经让自己的经济踏上了不归之路。那种期望赌场可以振兴大西洋城的乐观情绪已经消失了，当然，还有一些人依然乐观。《滨海栈道帝国：大西洋城的生、繁荣和陷落》的作者约翰逊（Nelson Johnson，2014）在书中以及相关的电视系列片中都谈到了这种乐观的想法：

大西洋城必须再次彻底改造自己。大西洋城并非没有希望了。除开赌博，大西洋城其实还有很多事可做。远在天边近在眼前的是美不胜收的资产：浩瀚的大西洋、美丽的海滩，全美1/4的人口都很容易到达，滨海栈道，现代的会展设施，10英里外的国际机场，高等教育机构始终可提供支持，最后，一只训练有素的劳动力队伍可以让一切顺利展开。

西蒙总结了他的看法，一座城市和它的公共场所如何可以发展起来，为什么赌场给城市带来的恰恰是它的对立面：

西蒙说，"人们建设城市，他们在人行道上，在咖啡馆里，电影院前，商店里，"——"在公共场所人们手舞足蹈给城市带来了生机，带来能量和活力。赌场花了大量的精力去实现一个与此相反的效果（Baals，2004）。"

担心社会动荡，历史上形成的印象，移民、穷人和少数族裔更有可能犯罪，或不按主流文化规范和价值行事，都导致了过分热衷于监控和治安。大西洋城非洲裔美国人和他们被排除在公共空间之外的历史经验就是对那些觉得有危险存在的地方实行控制的一个明证。随后几节集中谈谈控制公共空间的治安办法。

威尔逊和凯琳：破窗理论

从20世纪60年代后期开始，一股社会思潮席卷了美国人的意识，这个社会思潮的本质是大胆质问当局，拒绝接受现存社会秩序的基本承诺。这股思潮激怒了许多"体制内的人"，同时，也让"体制外的人"兴奋不已，如少数族裔、妇女和其他一些原先丧失权力的群体和个人。这个社会思潮不仅突然成为可以接受的，而且，原先几代人都认为粗鲁和不文明的外貌和行为，在这个社会思潮下，不再被认为是不可以容忍的和不受尊重的。拒绝原先几代人立下的那些文明规则，实际上等于拒绝了在城市日常生活秩序中体现出来的国家的基本合法性。在《修好打破的窗户》中，凯琳（George Kelling）详细解释了他和合著者科尔斯（Catherine Coles，1996）提出的控制非暴力越轨行为的合理结论。他们认为，20世纪60年代的那个思潮导致了"几乎所有形式的非暴力越轨行为的表达都被认为是个人的表达，尤其是对宪法第一修正案或与讲话相关的权利的表达"（Shapiro，2002：2）。破窗理论关注非暴力越轨行为的后果和控制必要性。

强制的破窗理论是社区警务的基础。威尔逊（James Q. Wilson）和凯琳（1982）使用"破窗"这个术语形象地说明了这样一种理论，放任和忽视轻微犯罪，如打破一扇窗户，会传达一个无人问津的错误信号。这种无人问津会引出进一步违规违法行为，有些违规违法行为并非微不足道，最后会产生一种令人担忧的氛围，导致严重犯罪，导致街坊衰落。破窗理论断言，必须有力打击街坊犯罪行为，必须惩罚目无法纪的人。为了避免社会混乱的发生，提倡强制执法，甚至不放过那些滋扰性质的违法违规行为。

20世纪90年代中期，纽约市是第一批使用这种"破窗理论"执法的城市之一。当时，朱利亚尼担任市长，而纽约市的警察局长是布拉顿（William Bratton），他努力改变警察局和整个城市对犯罪的态度。布拉顿的顾问正是被称之为"社区警务"之父的凯琳。所谓社区警务文化的发展目标是，通过"维护秩序"减少犯罪的办法让社区生活更美好。

纽约警察局旧政策的基础是，他们认为没有时间来打击"破窗"犯罪，需要集中精力办大案要案。所以，纽约警察局忽略了许多轻微违规违法行为。发展社区警务的新政策认为有必要从"被动响应性"警务反应，如对收到的犯罪进行调查，转变成"主动性"反应，预防犯罪。警察局的一份出版物详细解释了这个新战略："纽约警察局使用有组织的果断行动减少了城市的混乱，削弱可能发生的严重犯罪的基础（Norquist，1998：61）。"

纽约警察局的一个具体目标是打击那些地铁逃票者。警察不仅抓捕了那些逃票的人，而且发现其中1/10的逃票者有前科或者携带毒品或武器。一个警察说："我们有了一个不错的新警察局长和一个很好的新战略：抢劫、逃票和捣乱，我们解决其中一种犯罪，等于解决了全部犯罪（Siegel，1997：193）。"无论是否是巧合，在20世纪90年代的最后5年里，纽约市的旅游业大幅上升，逃票现象下降了，随地小便的现象减少了，砸车盗窃已被杜绝，严重犯罪的数量大幅下降。

体验活动10.3：相当违法

找一个人头攒动的地方，如公交枢纽站或交叉路口，花时间观察高峰时段来来往往的人们。你发现有什么违法行为吗？如公交乘客逃票，或开车时打手机，或没有礼让？有穿制服的执法人员在场吗？

然而，在纽约市和其他地方实施破窗政策之后不久，大量的批评出现了，他们认为，破窗政策存在严重的负面效果。在执法过程中，破窗政策常常等同于"零容忍"。夏皮罗（Bruce Shapiro，2002）的批评就是一例，这个《民族》杂志的特约编辑认为，执行破窗理论支撑的治安政策，常常导致警察过度使用武力，引起警察滥用权力，侵犯基本人权。在受到这类人权侵犯的人中，有色人种比例非常高。随着对滥用武力的抱怨大幅上升，这种治安政策的合法性受到了质疑。

威尔逊和凯琳在所谓"不把财产当回事"和所谓"不把行为当回事"之间做了区分，我们在考察破窗理论时，需要注意到这个区分。"不把财产当回事"涉及对社区生活的影响，同时也涉及街头生活的性质和特征。不把财产当回事和不把行为当回事之间是有联系的。在阐述稳定街坊如何转变成衰落街坊的过程时，威尔逊和凯琳论述了这种联系。他们所说的这种联系是反乌托邦版的雅各布斯街坊健康与安全说。

每个家庭不仅要关照他们自己的家和孩子，也要留心是否有任何违法行为侵扰了街坊里的其他邻居，不能松懈他们对社区承担的责任。稳定的街坊就是由这样的家庭组成的。这时，稳定街坊开始向衰落街坊转变：有人开始在建筑物上乱涂乱画，窗户破了无人修复，实际上，那些建筑物可能已经被抛弃了。少年开始在街角的商店门前晃来晃去，而且开始捣乱，不再遵循年长者的忠告，对其所作所为不假思索。街坊开始解体，比较稳定的家庭搬走了，单身的或功能失调的家庭搬了进来。问题开始加速：更多的斗殴、更多的破坏、更多的小偷小摸、更多的酗酒、更多的乞丐追逐行人讨要。严重犯罪不可避免，人们在大街上受到骚扰或攻击。随着问题加速发展，人们抛弃了街头巷尾，一种担心的氛围蔓延开来。人们不再相互支持，当他们听说或见到其他人陷入困境，他们不愿卷入其中。在犯罪主导了那个街坊时，街坊衰落出现了。

这样的地区受到了犯罪的侵扰。虽然不是不可逆转，但更有可能的是，那里会成为人们贩卖毒品的地方，妓女会在那里招徕嫖客，小汽车会被拆掉，人们不信他们可以通过非正式的方式管理公共行为。小伙子抢劫了酗酒的人，以此为乐，有人会与妓女合谋抢劫嫖客，甚至采取暴力方式。拦路抢劫也会发生（Wilson and Kelling, 1982: 31-32）。

这种坍塌会导致作为一种生计的犯罪的发展，尤其对年轻人更是如此。一些人不同意威尔逊的看法，他们认为，这种向犯罪的转变对那些没有经济未来的人们来讲是一种生存办法。面对失业没有希望，尽管犯罪是非法的，他们还是把犯罪看成一种不得已的选择。

威尔逊（1975/1983）在他的早期著作中指出，社会秩序在比较贫困街坊的崩溃，"可以看得见的社会混乱的迹象"，都是犯罪增加的原因。威尔逊的基本看法是，人们有权期待社会秩序，期待在公共场所的人们行为适当。当这种期待落空，人们觉得，社区生活的根本基础正在解体。行为标准的坍塌常常导致不把财产当回事。在威尔逊和凯琳（1982）提出的"不把财产当回事"中，相互作用的后果继续发酵，导致更严重的不守社会规范的行为，最终导致掠夺性的犯罪行为。

拦截盘查和举起手来，不杀

1994年至2001年，在朱利亚尼担任纽约市长期间，纽约市警察局增加了拦截盘查的执法力度。从本质上讲，拦截盘查的基础是破窗理论；拦截盘查是一种主动出击的执法方式。拦截盘查在全国范围，尤其是城市，得到了支持。拦截盘查的目标是通过拦下"嫌疑人"，即警察认定有可能卷入或了解各种非法活动的人，搜查他们，给他们提出一堆问题，以确认他们事实上是不是

有、知道，或可能进行犯罪活动。这样做的最终目标是收缴非法持有的枪支弹药，获得解决已有疑案的线索，最重要的可能是，让犯罪分子意识到，他们在任何时候都有可能被拦截下来受到盘问和搜查。从表面上看，这类政策似乎在纽约和旧金山之类的城市是有效的，那里的犯罪率确实大幅下降了。

拦截盘查具有侵犯的特征，支持者们认为，这种政策不是种族歧视驱动的，而是犯罪驱动的。但是，有人拿出证据质疑这个观点（参见纽约自由公民联盟）。例如，2004年至2012年6月，在纽约市拦截盘查的人中，83%是黑人或西班牙裔人（Bergner, 2014）。2013年，纽约南区的美国地区法庭的一个法官裁定，拦截盘查政策是没有宪法基础的，拦截盘查政策是歧视性的，具有种族偏见的，违反第四和第十四宪法修正案。

就在这个法庭裁定出台时，警方的证据却显示，21世纪的纽约市比20世纪90年代要安全多了。微小犯罪和谋杀犯罪都下降了3倍多。重大犯罪和暴力犯罪同样大幅下降。可是，因微小犯罪和非暴力犯罪而遭到逮捕的人数比例大大上升了；拦截盘查政策对这个结果具有重大影响（Goldstein, 2014）。

以上这个法庭裁定，其他相似的法庭令，加上反对这种主动出击执法方式的公开争论，重新审视拦截盘查政策的呼声不绝于耳。警方过度执法，包括警察在执法过程中导致一个非法卖烟卷的人死亡，是引发这场争论的推手。

重新评估对待轻微犯罪的政策，并没有阻止患有哮喘病的温文尔雅的非洲裔美国人加纳（Eric Garner）在被警方拘押时的死亡。2014年7月17日，加纳在纽约市的史泰登岛被拘押时因窒息而死亡，当时，他不断告诉警官，"我上不来气了。"警方拘押加纳的原因是他在街坊的人行道上贩卖香烟。这些香烟没有上纽约州的税，以低于注册烟贩售价的方式非法贱卖。2014年12月

4日，一个大陪审团决定不起诉那个警官。这个事件的录像，加上此前黑人男青年死于白人警官手中的其他报道，尤其是一起发生在密苏里州弗格森的警察枪杀一名黑人青年的事件（第14章再讨论），引起了公众的愤慨，他们游行示威，要求警方停止暴行。示威者高喊，"举起手来，不杀"和"我上不来气"，以此作为对警方种族歧视政策的抗议，他们认为，那些青年可能或根本就没有微小的犯罪行为。美国司法部长霍德（Eric Holder）承诺司法部将对这些事件的人权问题展开调查。

加纳事件立即让我想起我在布鲁克林度过的童年时代，类似微小犯罪行为屡见不鲜。街头巷尾的小糖果店是街坊的一种"第三场所"，出售"散烟"，1美分可以买3支没有过滤嘴的香烟，2支有过滤嘴的香烟。买散烟的顾客包括不到法定吸烟年龄的男生和像我一样的女生。小糖果店合法地出售报纸、糖果、廉价杂货、冰激凌、麦芽牛奶和饼干等，除此之外，许多小糖果店每周非法给予在那个店里打弹球机分数最高的人一点小小的奖励，或者以其他赌博方式给胜者相似的奖励。无论采用哪种方式发奖都是非法的。也有少数糖果店经营赛马博彩。谁都知道这类形式非法活动的存在，但是，守法的人和警察对此不以为然。如果完全失控的事情发生，警告就足以制止这类非法活动了。据我所知，当时没有拘押那个小糖果店的老板，也没有谁因这类微小违法行为而被枪杀。

那时，在我所在的街坊发生此类事情是不可想象的，更不用说置人于死地。社区里的人都认识在我们街坊巡逻的警察，他们实际上成为我们社区的一员。警察和街坊居民一道，"眼睛盯着街上"，以改善社区的治安状况。在一些社区这种情况可能不复存在了。那些社区的居民和警方之间可能弥漫着不信任和担心的氛围。

担心的氛围并非特例，许多人，尤其是非洲裔美国人和其他少数族裔的人群恐惧警方，而警方担心非洲裔美国人和其他少数族裔的人群。于是，形成了过度警觉的治安文化，如纽约时报的布鲁克斯（David Brooks，2014）所说：

一种自立的和偏激的治安文化在许多地方发展了起来：在这种文化下，除开警官外，谁都不懂治安；警官学校学的那一套行不通；为了做社会治安的工作，我们得服从这种文化下的规矩，服从弱肉强食的法则；世界上只有两种人，警察和浑蛋（Brooks，2014）。

加纳死后5个月，非洲裔美国人布莱斯里（Ismaaiyl Brinsley）伏击了纽约两名正在巡逻的警察，他在社交媒体上指出，他伏击警察的行动旨在报复白人警察杀害黑人的行为，此事件等于火上浇油，让人们更为担忧了（Mueller and Baker，2014）。

2013年，纽约市市长换届竞选，最终胜者是布拉西奥（Bill de Blasio），他特别反对拦截盘查政策。所以，他再次任命朱利亚尼行政当局时期的警察局长布拉顿，很可笑的是，在朱利亚尼任市长时，布拉顿恰恰是推行这种基于破窗理论的主动执法的先锋。但是，在布拉西奥行政管理当局领导下，布拉顿制定了新的治安指南。他向警官发送了这样的信息，他们在处理嫌疑犯是有很大独立裁定权的，警告，不是逮捕，会是很有效果的。

布鲁克林区的区长和前警察局局长亚当斯（Eric L. Adams）谈到这种新的反破窗情绪："我认为，我们需要看看我们是否还需要这些拘押。现在是一个重新评估后'破窗'的情形，现在，实际上没有破窗户了（Adams quoted in Goldstein，2014）。"

最遗憾的是，布拉西奥市长和布拉顿警察局长提出的，布鲁克林区区长亚当斯所解释的那种基于常识方式没有阻止加纳的悲剧。有一个人祈裤，这种基于常识的方式会在将来成为标准运行程序。但是，只要充斥在执法者和公众之间的那种担心的氛围没有减少，这类不幸事件还会在未来延续。近期而言，似乎需要评估警方如何在没有武力威胁下维持社会秩序。警方的暴力执法终究是要停止的，与此同时，社区一定要尊重执法的官员，他们正在为保护社会和阻止社会混乱而工作着。

邓奈尔：街上的人和打破的窗户

邓奈尔（Mitchell Duneier）在一本观点鲜明的人种学专著《人行道》（1999）中，考察了像加纳一样的贫困黑人的街头生活，那些人恰恰依靠在街头兜售过期的杂志、兜售新书或旧书，或干脆乞讨为生。他认为，威尔逊和凯琳（1982），以及以后的凯琳和科尔斯（1996）编撰的书，《修好打破的窗户》，没有区分城市在建成环境方面的混乱和社会混乱的区别。建成环境方面的混乱涉及打破的窗户和类似形式的财产损坏，它们表明，这个社区无人照料，从而引起更大的破坏，最终让社区的社会秩序遭到破坏。对比而言，社会混乱涉及的是人，他们的那些行为被认为是目无法纪的，可能对比较富裕的和有权力人群构成威胁，有可能出现犯罪。"不像一扇破窗，社会混乱是人所为，如纽约第六大街上那些摆摊的、捡垃圾的和乞讨的，他们能够思考，他们创造出从'所有人惦记'、'有些人惦记'，到'谁也不关心'的意义来（Duneier, 1999: 288）。"

邓奈尔研究的是中产阶级上层聚居的地方，纽约市格林尼治村，正是因为雅各布斯有关城市生活的著作而名声在外的那个街坊。邓奈尔关注的是摆摊的、捡垃圾的和乞讨的，所谓街头的人，与途经第六大道和西八街交叉路口的比较富裕的行色匆匆的路过那里的人，之间的互动。"破窗"理论和生活质量的提高成为朱利亚尼行政当局的里程碑，邓奈尔正是在这个背景下，考察这两种人之间的互动关系，从一定距离上看，街头的人和路人的互动似乎在性质上是矛盾的。

邓奈尔分析了由街上的、街头的人和路过那里的人，建立起来的非正式且不成文的规则和规矩，自我管理他们各自的空间，井水不犯河水。街头的人和路过那里的人之间，街头的人与警察之间，显示出一种基本的社会秩序感。

这些摊贩中有一个人，认为他自己是那个街坊的一个"名人"，邓奈尔援引雅各布斯的话，断定这个小贩确实具有雅各布斯所说的名人的许多特征："人行道生活的社会结构在一定程度上支撑着自己认定自己是名人的个体。所谓名人是，与其他人频繁交往的那个人，很有兴趣让自己成为一个名人的那个人（Jacobs, 1961: 68; cited in Duneier, 1999: 8）。"

邓奈尔提出，一些人认为他们的行为让社会显得很混乱，甚至在这种情况下，这种名人具有一个很有效的功能，那就是让街头生活更安全。

在第六大街上摆摊的那些人可看成是被打破的窗户，但这个研究显示，他们大部分实际上已经成了其他名人或陌生人（包括那些犯罪分子，实际上，他们中的许多人曾经是犯罪分子）眼中的名人，他们被期待，"有人惦记"，而且，他们应该努力过得更好（Duneier, 1999: 289）。

图10.2　纽约街头，人们在书摊旁流连

贫困的入罪

亚利桑那州立大学的政治学家哈克特（Bernard E. Harcourt，2001）同样对破窗理论展开了批判，他提出，人们一般把这种哲学描绘为一种开明的实用的公共政策，其实不然，按照破窗理论制定出来的政策，基本上是一种有害的保守的哲学。哈克特认为，社区形体和社会"混乱"的基本原因源于犯罪的"根本原因"——如贫困、歧视、教育缺失，以及内城地区缺少工作岗位和经济机会。为了支撑这个看法，其他人提出，实施按照破窗理论制定出来的政策后，犯罪衰退了，这种犯罪减少的原因可能是因为其他因素的改变，如人口变化，从青少年转变到不易犯罪的年龄，许多青少年回到了学校，毒品市场的衰退，就业机会的增加，甚至一些从事熟练工种的工作岗位。

在陌生人的互动中弥漫着怀疑和信任。所以，陌生人相会和出没的那个地方影响着人们的怀疑与信任对比。当我们把陌生人描绘为一个孤独的个人，无论他出于什么动机，个人的或精神病引起的，扰乱了基本社会规则，那么，他的行动都会增加人们的担心和不信任。人们常常把无家可归看成社会文明衰落的象征。一些人露宿街头，在公共公园里乱乱涂乱画，挑衅性地乞讨，从而打破了社会规范，要特别注意这些人。那些落实"生活品质问题"的呼吁，让人们想到建立针对那些破坏社会文明规则行为的法规。对此持批评意见的人认为，这就是一个希望把"贫困犯罪化"的例子。让我们考察一些这类法规。

是否应该允许无家可归者露宿公园和其他公共场所，这个问题成为围绕个人权利和集体权利的展开争论的焦点（Kendall，2001）。许多城市，包括旧金山、波特兰、巴尔的摩、圣莫妮卡和费城，地方政府试图改善市中心和公共场所。它们使用的方式之一就是强迫实施城市法规，控制在公共场所闲逛（包括在公共场所附近逗留或睡觉）和破坏社会规范。

因为这样或那样的理由，无家可归者的出现是不受欢迎的，而那些为无家可归者呼吁公民权利的团体则把这类强制实施的法令看成是对个人权利的攻击。对无家可归者而言，那些呼吁者的判断是，当他们没有可以负担得起的住房时，他们有权使用公共公园，在那里睡觉。还可以这样讲，乞讨是讨生活的一种合法活动，应该看成宪法第一修正案保证的一种言论自由的形式。

> **体验活动10.4：无家可归**
>
> 在你的或选择的城市找到一个无家可归者睡觉、尾随乞讨的地方。如果有可能，你与他们中的某人交谈一下。城市当局在多大程度上接受他们的存在？是否有禁止无家可归者出现的法令？在什么程度上强制执行这类法令？

地方采用了多种方式控制无家可归者，包括改造公共长凳，为了防止人们占据整个长凳，公共长凳多了几个分割长凳的扶手，从制度上干扰和阻止无家可归者，给他们买单程票，把他们送到别处去。

1998年，费城市政府提出了管理和控制人行道行为的"人行道"提案，这个提案被认为是把贫穷犯罪化的一个例子（O'Brien，1999）。如果这个提案果真通过了，那么，躺在城市人行道上和尾随乞讨都被禁止了。反对这个提案人中很多都是支持无家可归者的，他们认为这个提案是把无家可归当成了犯罪。相比之下，支持这个提案的人提出，违令者不会为此付出犯罪记录。实际上，无家可归者会因为躺在人行道而要付罚金和做社区服务工作。

这个争议的基本问题是，费城市政府试图协调商界的经济需要和无家可归者的权利。商界认为，因为无家可归者和乞丐的出现，尤其是在自动提款机和银行入口处出现的那些乞丐和无家可归者，可能会吓跑一些潜在的顾客。反对这个提案的人关注的是无家可归者的权利受到了侵犯。他们特别关注那些因为滥用药物或有精神疾患而被收容所或医疗部门拒之门外的无家可归者。

费城市议会议长斯特雷特（John F. Street, quoted in Burton, 1998）支持这个提案："我们不能允许他们（因为滥用药物或有精神疾患的人）出现在大街上。他们出现在街头对他们是不公平的，而对一般公众同样是不公平的。市政府承诺提供有效的服务，用公正、礼貌、安全和体面的方式，让无家可归者离开街头巷尾。"在颇具争议的情况下，费城市议会还是通过了这个提案（McDonald and Davies, 1998）。2011年，有人提出了另一个提案，给警察更大的权力去处理街头乞丐。支持者们认为，这种尾随着行人的乞丐会让游客受到惊扰，他们的行为会影响酒店和其他商务活动。这个提案被议会拒绝了，其基础是，原先通过的提案就足以解决这个问题了（Lin, 2011）。

戴维斯：美国的恐惧生态和安全地带

戴维斯（Mike Davis）对破窗理论的批判最有影响和最直言不讳。戴维斯是一个社会活动家和学者，在洛杉矶生活，那里实施了类似费城的法令，其口号是"夺回街头巷尾"。戴维斯提出，警察局正在使用的社会控制方式在本质上是试图把穷人和"不受欢迎的人"行为犯罪化，从而导致了"恐怖生态"和"公共空间的军事化"（Davis, 1992a, 1992b）。戴维斯使用了伯吉斯的双重同心圆的分区模式。戴维斯不是去看基于经济因素的土地使用模式，他把"担心"当作根本性的新因素，是以"对安全的痴迷"为基础的（Davis's term: Davis, 1992a: 155; Sorkin, 1992: xiii）。戴维斯写道，20世纪60年代后期夏季打响的"第二次内战"在公共空间里制度化下来。他提出，"从城市贫穷群体那里为中产阶级

争夺利益的'公开的社会战'已经终止了旧自由派在社会控制方面所作的努力，他们至少试图用改革的方式来抵消压制（Davis, 1992a: 155）。"他认为，建筑、城市规划和武装起来的警力开始控制公共空间，把穷人的大量行为犯罪化：

为了减少与棘手的人接触，通过城市改造的方式，把生机勃勃的步行街变成了车水马龙的车辆通道，把公园变成无家可归者的临时收容站。美国城市正在整体翻转过来，或者说，从里向外翻。市中心集中了新的超大型建筑和超级购物中心，商家迁入其中，而临街街面被剥得精光，公共活动在会展中心之类的严格的功能厅里展开，公共通道被内部化了，成为私人管理的通道（Davis, 1990: 226）。

戴维斯的看法在史密斯（Neil Smith）的著作中得到了回响，史密斯认为，所谓收复失地的复仇主义新形式城市政策，正在影响着美国的城市。收复失地意味着报复或复仇，史密斯使用"复仇的城市"来给城市贴上标签。

对那些采用"破窗"形式政策，来反对被认为不遵守文明规则的人的城市，史密斯给它们贴上了"复仇者的城市"的标签。这种"复仇者的城市"是惩罚少数族裔和边缘化的人群的城市，因为他们没有遵循美国的传统价值。

在分析"复仇者的城市"中，史密斯（1997）提出了一个重要观点。他在身份和个人主义概念之间作了区分。传统的社会公正概念是不考虑个人身份的，不管是男还是女，富裕或贫穷，肤色的黑白，社会公正集中在个人权利上。他拿一个无家可归者的话为例："为什么无家可归的个体就没有住房权？"在这个例子中，这个人的身份是无家可归者，使用这个身份来强调一个人对"公平正义"享有的权利和个人身份的重要性。前面我们曾经引述过西格尔的"粗鲁地尾

随行人的乞丐"的例子，史密斯把这个例子重新提了出来，"我还有生活在没有无家可归者的街坊里权利吗；人们没有生活在没有无家可归者的街坊的权利吗？"身份在这里变成了一个载体，在这个载体上重申个人主义，这是"复仇者的城市"的标志。在身份的载体上重申个人主义的结果是，只有那些拥有政治影响力的个人可以声称他们的个人权利，如穷人之上的富人，黑人之上的白人，女人之上的男人。

街头监控

作为执法政策的一部分，许多城市出于公共安全的理由，在技术条件许可的地方，开始安装和使用闭路电视摄像头（CCTV），对公共场所的活动实施监控。20世纪90年代，CCTV在英国许多城市随处可见（Fyfe and Bannister，1996）。

根据保险业协会的一个小型调查，里德（Allan Reeder）在1998年7月的《大西洋月刊》上撰文写道，为了公共安全，美国60多个城市使用了录像技术（Reeder，1998）。现在，这种监控设备无处不在，公共住宅小区、公园、地铁、城市道路。在旧金山，监控摄像头安装在地铁的每一节车厢里；在巴尔的摩，车辆通过红绿灯时都会受到摄像头的监控。芝加哥的市长戴利（Richard Daley）2004年宣布，公共场所的2000多个摄像头将要并网，在遇到可疑行为或紧急情况时，可以及时警告当局。戴利说，监控摄像头等于数百双眼睛，下一步就是在那些可能存在问题的地方设置警察岗位（Kinzer，2004）。监控摄像头的使用不限于城市。封闭的郊区居住小区更有可能装有监控摄像头，监控居住区的大门和社区内部的大道。

除开多个城市的政府机构使用监控摄像头，私人部门同样适用了监控摄像头，如写字楼、公寓、车库、商店、银行和餐馆。《今日美国》估计，到2000年，美国拥有了数百万的监控摄像头，

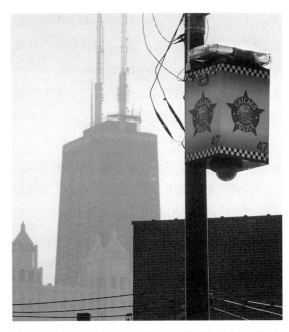

图10.3 这是摄于2010年3月19日芝加哥的一张照片，从卡布里尼绿色住宅项目处过马路时看到的一个监控摄像头。数以千计的监控摄像头让芝加哥处于高等级的监控状态，比其他任何美国城市的监控水平都要高。背景是约翰汉克大厦

大部分可以录像并存储下来（Zuckerman，2001；cited in Gumpert and Drucker，2001）。

据说英国在使用监控摄像设备方面比其他国家更加制度化（Reeder，1998；Bulos and Chaker，1998，cited in Gumpert and Druker，2001）。一位犯罪学家提出，"保守估计，伦敦有上百万个摄像头。每天，在伦敦或美国任何一个大城市，都有300多个摄像头和30个不同的CCTV系统在运转，录下每一个人的行为举止。摄像头是整天运转的，在一些地方，如伦敦的地铁里，摄像头是不间歇的（quoted in Gumpert and Drucker，2001）。"

纽约是美国监控设施最多的城市。据报道，曼哈顿的每一个社区都安装了200多个摄像头（Gumpert and Drucker，2001）。1998年，纽约公民自由联盟（NYCLU）开展了监控摄像头项目，记录在曼哈顿可以看得见的监控摄像头的数目。这个项目的第一阶段，发现了2000多个摄像头，估计还有更多的摄像头。纽约公民自由联盟报道，

估计11%为政府部门的监控设备；剩下的都是私人公司的、老板的、业主的和工作伙伴的（NYC Surveillance Camera Project Information，1999；cited in Gumpert and Drucker，2001）。这种监控政策的意义在于，"监控摄像头预示了结社自由的后果，隐晦地暗示了与公共场所匿名的权利，以及自由行动的权利（Gumpert and Drucker，2001：4）。"纽约公民自由联盟持这样的立场，当摄像头监控了公寓大楼的入口或商业卸货地点时，它们也侵犯了私密性。纽约公民自由联盟提出：

把摄像头安装在房间里和厕所里，摄像头记录了人们最私密的时刻，男人常常查看记录下了的妇女脱掉衣服或上厕所的时刻。在这些例子里，监控摄像头的不利方面是显而易见的。但是，在另一些情况下，摄像头对人的侵犯并不明显，当然，同样是具有侵犯性的（New York Civil Liberties Union n.d）。

> **体验活动10.5：监控摄像头**
>
> 找到一个安装了监控摄像头的地方。如果你有可能查看监控录像，不妨看看监控摄像。否则，花点时间，看看监控摄像头究竟"看"到了什么。观察到什么种类的人和行为？你认为那里为什么要安装监控摄像头？

2010年5月2日星期六发生在纽约时代广场的一起事故，显示了安装公共监控摄像头的一个积极意义。一个街头小贩注意到停在路边的一辆车辆正在冒烟，发现那辆车上有一个简陋的自制爆炸装置，他马上向警方报告。警方封锁了该地区，拆除了这个爆炸装置。监控摄像头记录下了若干嫌疑人，把录像发送给了媒体，在电视上播放。几天以后，警方逮捕了那段录像上一个嫌疑人，那个嫌疑人正准备飞往迪拜。最后，发现他是巴基斯坦裔的美国公民，他先前购买了这辆车。他在认罪后，得到了审判和定罪。

时代广场是美国商业、旅游和传媒文化的象征，所以，那里很有可能成为发动攻击的地点。很有些讽刺意味的是，此事竟然是由一个小贩发现的，用雅各布斯的话讲，小贩是"熟悉的陌生人"，他的眼睛总是盯着大街的，他的勤劳可能防止了一场灾难（Chen，2010）。

2013年4月15日，在波士顿举行马拉松期间发生了类似的恐怖袭击，安放在终点线附近的两枚自制的炸弹造成了严重后果。举行马拉松比赛的那一天是麻省的公共假日"爱国日"，纪念引发美国独立战争的那场称之为列克星敦和康德拉的战役。2013年，26000多人参加了第117届马拉松长跑，成千上万的人挤在路旁，观看比赛。那两个炸弹杀死了3个人，炸伤了264人，其中上百人被炸成重伤，被送至急救中心。地方警方和联邦调查局一起在15个街区展开相关排查，寻找证据。在寻找肇事者的过程中，目击者使用他们的手机记录下了恐怖事件发生的现场，与此同时，准备拍摄比赛结束情景的摄像机也记录下了这个恐怖袭击的现场。另外，不可低估的是监控摄像头，尤其是从安装爱附近百货大楼上和附近其他建筑物上的监控摄像头，它们收集和保存了视觉数据（Johnson，2013）。

就时代广场事件而言，媒体和大众对那里安装的监控摄像头并无异议，几乎没有人去讨论是否应该有这种形式的监控。沉默似乎表明公众认可了在城市大街安装摄像头。在波士顿乃至全美，人们对监控摄像头的评价整体上还是积极的，有效地推动了公众安全。

然而，还是有一些人反对滥用监控摄像头，用监控摄像头来威慑犯罪，实际上，监控摄像头可能威胁到了公众在公共场所的匿名权利（Healey，2013）。海利（Jon Healey，2013）在洛杉矶时报撰文写道，"安全和隐私以及自由之

图10.4 这张照片上有两个嫌疑人。2013年4月15日,他们在波士顿马拉松比赛现场发生爆炸之前,步行通过拥挤的人群。公共空间安装监控摄像头最好。但是,监控摄像头无处不在确实也产生了这样一个问题,侵犯了人们的私密性。资料来源:FBI

图10.5 这条阴森的背街让在那里走过的人忧心忡忡

间存在一种交换。从辅助调查犯罪到阻止犯罪发生,我们越是朝这个方向努力,我们就越要拿我们的隐私和自由来交换。"

辛普森和罗登布什:"破窗"的社会建设

在芝加哥街坊展开的一项研究从根本上动摇了破窗理论的基本假设。这项研究是在芝加哥大学的辛普森(Robert J. Sampson)和罗登布什(Stephen W. Raudenbush)指导下完成的。我们要引用的两篇文章来说明这项研究(Sampson and Raudenbush,2004)。在1999年的那份报告中他们写道,贫困集中和"集体效能"低落导致社会混乱和犯罪,"集体效能"是邻里合作强化他们社区的能力(Sampson and Raudenbush,1999)。街坊秩序井然的程度并非一个关键要素。他们没有发现混乱和犯罪之间的具体证据。而且,他们在后一篇文章里(Sampson and Raudenbush,2004)提出,一般人通过形体混乱和社会混乱的客观迹象看到了他们社区的混乱,与此相比,对混乱的感受更重要。社区的种族、民族和阶级构成影响着人们对社区混乱的感受。让我们更详细地讨论辛普森和罗登布什的研究。

20世纪90年代中期,辛普森和他的研究团队研究了芝加哥。他们对数以千计的有孩子的家庭进行了调查,认为196个街坊的23000街段是形体混乱和社会混乱的。他们的研究方式是,在驱车通过那些道路时,对那些街段进行录像,受过训练的观察者以公众的角度,系统地对整个街段进行编码和录音。形体混乱的迹象包括垃圾遍地,街上和人行道上可以看到空啤酒瓶、乱涂乱画、人行道上的针管、避孕套、废弃的汽车、随处可见上了封条的门窗、打破的窗户和空置的住房。社会混乱的迹象包括在街头游荡的人,喝醉的人和看似酗酒的人、妓女,争吵和斗殴,在人行道上或马路上出售毒品。

辛普森和罗登布什把对街坊形体混乱和社会混乱的评估与不同类型的暴力犯罪,包括谋杀、抢劫、入室盗窃等联系起来。他们发现,一旦他们考虑到其他的街坊特征,如贫困和不稳定,除开抢劫之外,贫困、不稳定与混乱的关联就完全消失了。他们猜想,抢劫可能限制社会互动,而且可能减少社会控制;社会混乱和形体混乱可能吸引抢劫犯。但是,在对他们的资料进行仔细分析之后,他们的结论是,"混乱与暴力犯罪的关联程度为中等(1999:637)。"他们提出,在降低犯罪率和可见的混乱中,"集体效能"和结构性约束才是重要因素,所谓结构性约束是一种居民之间的凝聚,它与居民对公共空间社会控制的共同期盼结合在一起(1999:603)。在那些有着基本信任和有集体行动来改善和保护街区的社区，犯罪率会降低。

辛普森和罗登布什（1999）进一步提出，我们为了阻止"破窗"，就强调通过严厉的治安行动，强制实施法令，可能并不正确。他们主张，更多关注这类政策，鼓励发展居民间的集体行动，共同解决混乱问题，提高集体效能，从而达到降低犯罪率的目的。他们的结论是：

> 人们现在都期望通过法律的强制性来解决混乱，这种想法显然是不正确的，至少在直接打击犯罪方面是不正确的。与此不同，让犯罪得以发生的因素似乎是制度性弱势和被削弱的集体效能，其次才是混乱。通过严厉的政策解决社会混乱，可能在政治上受到欢迎，但是在减少犯罪上，并非强势，因为这样的战略没有从根本上解决制度性弱势和被削弱的集体效能的问题，尤其是没有解决削弱集体效能的问题。一种更为微妙的方式——是了解居民间那种自然而然的阻止混乱的集体努力，如何在增加集体效能方面提供不成预料的收益——长期降低犯罪（Sampson and Raudenbush, 1999: 638）。

"目睹的"混乱

辛普森和罗登布什在他们2004年的文章里提出了若干根本问题。街区还存在一个更为根本的问题，而混乱可能是存在这个问题的证据，他们问"我们的秩序感是由什么引起的呢？"（2004: 319）。人们仅仅依靠他们在街区里找到的客观存在的蛛丝马迹而作出反应，或者，他们通过在他们街坊建立起来的一定的种族群体、民族群体或阶级群体的存在或不存在，经过社会心理的梳理，才"看"到混乱的？辛普森和罗登布什（2004）发现，人们对混乱的感受并非一定与他们街区实际存在的混乱吻合。研究者发现，如流浪汉之类的社会混乱，如"打破了的窗户"之类的建成环境混乱的客观迹象，二者并不影响人们对街区混乱的感觉。对人们街坊混乱与否更有影响的因素是种族、民族和街坊的阶级构成。在感受到混乱的问题上，社会结构是比看得见的混乱更强大的指标。

研究者们还惊讶地发现，当街坊里有非洲裔美国人居住时，或者，当街区较为贫穷时，在那个街区居住的所有种族的居民都感受到了增大的混乱。辛普森和罗登布什根据黑人、白人和拉丁族裔与街区的黑人存在相关这样一个事实而得出这样的结论，这种看法不仅仅是一种族偏见，这种看法还是美国社会所有民族、种族和阶级的群体对民族、贫困和混乱之间长期存在的经验相关性的一种反映，而且，按照社会学家华德康（Loïc Wacquant, 1995）的看法，这种看法还是对"现代城市贫民窟的种族烙印流露出来的成见的一种反应"（Sampson and Raudenbush, 2004: 336）。

辛普森和罗登布什（2004）认为，他们的发现不仅对破窗理论具有重要意义，而且对认识美国至今普遍存在的种族隔离更为重要。这些研究者提出，破窗理论不只是谈论"看到的"街坊里的混乱。他们推论，如果社会建立起混乱的"意义"，那么，我们必须提出混乱的基本原因。简单地修缮"打破的窗户"或监管那些具有各种形式社会缺陷的居民，是不会有效打击犯罪和混乱

图10.6　第63街是芝加哥最繁忙的大道之一，它穿过一个黑人聚居的街区。即使这个街区相对繁荣和清洁，因为黑人居住在那里，对一个黑人街区的感受还是比较负面的

的。为了改变街区，必须结束偏见和各种歧视政策，尤其是结束与此相关的基本的社会心理活动。

通过减少混乱的方式努力改善城市街区，清扫道路和人行道，抹掉建筑物上乱涂乱画的痕迹，清理废弃的小汽车，减少在公共场所消费饮料及其相关的垃圾，清除犯罪根源，如嫖娼卖淫、黑社会和毒品出售，是积极的举措，具有积极的效果——这些步骤在大量的民族族群和穷人聚居的街区可能收效有限。收效有限并非源于这类社区居民的缺失，而是由于带有内在偏见和统计性歧视的社会心理活动所致，这种社会心理目前正在美国种族化的城市背景下发挥着作用。换句话说，简单地刷墙可能起不到什么作用，究竟起不起作用取决于社会背景（Sampson and Raudenbush, 2004：337）。

就人们按照种族和阶级而形成的空间分化而言，辛普森和罗登布什认为，为了认识城市的不公平，不仅要研究制度因素，还要研究相关的社会心理活动。他们断言，"因为历史和制度的原因而引起的犯罪和混乱，给少数族裔和贫困居民高度聚居的社区打上了烙印（Sampson and Raudenbush, 2004：337）。"贫民窟的混乱形象一直都给贫民窟带来消极的种族偏见。所以，这种偏见不仅让人们搬出这类街区，而且最终应运而生了种族隔离的政策。因此，人们有可能逃出那些被视为具有高犯罪率和混乱的黑人或少数族裔的街区。研究者们断言，美国延续下来的种族隔离可能在一定程度上与带着混乱感受的种族偏见相关（Sampson and Raudenbush, 2004）。

我们在下面的章节里会看到，通过开发郊区和内城的隔离开来的居住项目，私人实践和政府政策一直都在推进美国社区的种族和阶级隔离。现在，我们讨论巴黎和巴黎郊区最近所发生的那些事件，它们同样涉及担心和排斥文化的后果。

巴黎和巴黎远郊区所发生的骚乱和恐怖事件

出生在法国的加州大学伯克利分校的社会学教授华德康（2008），对美国和法国的贫困社区展开过大量研究。他是研究"城市弃子"的最重要学者之一，那些人陷入经济极端边缘化的境地，生活在"地处大都市区最底层的被隔离起来的街区里"（Wacquant, 2008：1）。他提出，这些"被隔离起来的街区"地处北美、南美和西欧社会的城市地区，这些"被隔离起来的街区"有着各种各样的称号，ghetto（美国英语），banlieues（法语），quarteiri perferici（意大利语），problemorade（瑞典语），Favela（巴西），villa miseria（阿根廷），rancho（委内瑞拉），等等。人们对他们的认识常常是消极的。

因为那里是暴力、堕落和社会解体的温床，局内局外的人都认为它们是城市的"无法无天的地方"，"有问题的居住区"，"禁区"或"偏僻的地方"，"令人担心的贫困和无人问津的地区"，唯恐避之不及（Wacquant, 2008：1）。

运用对美国和法国贫民窟大量研究所获得经验，通过比较分析，华德康发现，在生活条件类似的情况下，基本原因却是不同的。美国种族隔离和抛弃城市中心地区的公共政策引起市场和国家支持的退出。原先分割的群体实现了民族混合，加上大规模失业的压力，原先的法国工人阶级社区解体了，而在大城市近郊形成了贫穷劳工阶级的住宅区，尽管社会福利大不如前，但依然发挥着社会福利的功能，满足民众的需要。

城市郊区形成的那些劳工阶级的住宅区并非一般所说的统一的民族"社区"。实际上，正相反，那里居民的需要从根本上讲是社会的，在需求上是没有区别的或没有"多样性"（知识界最新的术语）的，社会治安、学校、住房、医疗、就业等方面都是平等的。他们是公民，而不是那种"民族"的人（无论是以民族、语言还是以宗教为基础的）(Wacquant, 2008: 284)。

法国城市的贫穷工人阶级住宅区一般都在那些城市的远郊。法国乃至巴黎的低收入家庭居住的高层公寓成为郊区主导景观。巴黎在历史上就一直在把穷人和移民家庭赶出市中心，在这一点上是不同于美国的。法国内政部长瓦尔斯（Manuel Valls）认为，这是法国"地区的、社会的、民族的隔离制度"(quoted in Kimmelman, 2015: A6）的后果。建设包含小公寓单元的高层建筑，让草地和休闲玩耍的场地围绕那些高层建筑，社会中心和商店等公用设施在布局上簇团，形成居住区，这恰恰是柯布西耶倡导的规划城市的基本模式。20世纪60年代中期，法国的确按照柯布西耶这种城市规划原理建设了一批远郊居住区。一开始，这些远郊居住区吸引了城市周围拥挤旧房或外省拥挤旧房的居民迁入。后来，来自法国在北非和西非前殖民地的移民，作为外籍劳工到达法国后，也住进了这类远郊居住区。最初的反应还是积极的，上了年纪的居民普遍感觉乐观和充满希望(Smith, 2005d)。然而，进入20世纪80年代以后，受政府支持的购房计划的吸引，大部分中产阶级法国原住民从那些远郊居住区里搬了出来。更多缺少教育和贫穷的移民取代了他们。目前，这些郊区的穷人是当初北非和西非移民的第二代和第三代了。

如同美国的住房建设项目，巴黎的住房项目现在吸纳了失业的、缺乏教育的人群。许多人依靠公共资助才可以住下来，每家得到的补贴大约是郊区居住区房租的50%。让他们的经济状况更为严峻的，是受到很大控制的经济：那些有工作的人得到不错的收入，工作岗位相当保险，很难解雇就业者。这种受到很大控制的经济让阿拉伯少数族裔的人群和西非黑人少数族裔很难进入劳动大军，尤其是那些熟练工种。那些郊区居住区的失业率是全国平均失业率10%的1—2倍，而收入则低40%(Smith, 2005c)。"这类法国郊区相当于美国的内城(Smith, 2005a: A8)。"

美国政府为贫困人口建设的居住区在形体上呈现出解体的特征，而法国郊区的这些居住区还没有达到美国内城居住区那种衰败程度，史密斯（2005b）写道，维护良好的草坪和花坛与灰色的墙体形成反差。那里的犯罪率同样低于美国内城居住区的犯罪率。法国实施的是严格的枪支管制法令，所以，与枪支相关的犯罪十分罕见。家庭制度依然强大，代际之间的联系同样十分紧密。但是，年轻人正在日益疏远更大的社会。如同我们在美国内城看到的那些青少年一样，法国的青少年具有相似的文化风范，使用专门的术语，穿着独特的服装，如宽松的长裤。这些青少年甚至比他们的父辈和祖辈更加被社会边缘化，他们有自己的价值观念，他们也没有融入法国的主流文化(Dilanian, 2005)。史密斯提出了类似的判断：

随着法国出生的第二代移民和现在的第三代移民年龄的增长，紧密的社会结构正在分崩离析。这两代人中的许多年轻移民正在寻找他们自己，询问他们属于那里。他们与自己民族的国家的联系要比祖辈弱多了，但是，他们正在发现，与学校教给他们的不一致，他们并不完全是法兰西人(Smith, 2005b: WK3)。

2005年10月27日，一个祖籍为毛里求斯的少年和一个祖籍为突尼斯的少年被电死，当时，他们正在巴黎市郊的克里希苏瓦躲避警察的追捕。那些找不到工作，居住条件恶劣并受到各种形式歧视的人们积怨很深，而这两个少年之死恰恰成为引发大规模社会动荡的导火索。骚乱首先在巴黎市郊展开，然后蔓延至法国25个主要城市地区的其他低收入社区。最终，300个城镇都经历了某种形式的动乱和暴力行为。这场骚乱是自20世纪60年代以来最严重的一次。仅2周时间，6000多辆机动车被损毁，数十幢公共建筑和私人建筑遭到重创，10名警官被枪杀，更多的警官受伤（Landle，2005）。卷入这场骚乱的大部分青少年是穆斯林，当然，他们几乎没有什么意识形态或宗教色彩或政治诉求。但是，人们担心穆斯林政治激进势力可能随着疏离和怨恨的加深而渗透进来（Smith，2005a，2005c）。人们还担心，随着暴力的蔓延，那些具有稳定穆斯林人口的西欧国家也会陷入动荡之中。

2005年在法国发生骚乱，20世纪60年代许多美国城市曾经也发生过骚乱，如1992年，洛杉矶发生过大规模骚乱，史密斯（2005b）找出了法国城市骚乱和美国城市骚乱之间的相似性。所有的骚乱地区都对应着高度的社会和政治孤独，尤其是年轻人所体验到的那种社会和政治孤独。作为对这种社会反抗和城市动乱的反应，美国在承认文化多样性的大背景下，通过提供政治和经济机会办法，一直都在实施克服社会歧视的政策，但是，法国并不承认这种文化多样性。法国一直有一种人们称之为"民族同质的神话"——官方忽视民族差异并推行法国身份的政策。法国始终没有正式承认国家内部各民族之间客观存在的民族差异，所以，也就一直都没有积极区别对待的政策（对因种族、性别等原因遭歧视的群体在就业等方面给予特别照顾）。但是，现实和困局是穆斯林—阿拉伯—法国公民正在面临着歧视，如同非洲裔法国人一样。一位法国社会学家在2004年的一项研究突显了他们所面临的情况。对应258份招聘广告，研究者发出了2000个虚拟的简历，包括身份证明和照片。有法语名字的男性白人获得面谈邀请的人数是有阿拉伯名字男性获得面谈邀请人数的6倍（30%对6%）（Dilanian，2005）。

虽然法国政府的社会保障体系采取了相对昂贵的举措来给公民提供食物、住房和教育，包括提供给伊斯兰阿拉伯人和西非人，但是法国的相关政策没有涉及，许多人因为失业、歧视和远郊居住区在地理位置上而感觉到的社会和政治孤独，实际上，这是一个常见问题。一个体验过骚乱和暴力的巴黎郊区的市长提出，"取消种族隔离模式的失败与贫民窟化的不良结果结合到了一起，没有给人们提供一个他们可以攀登的社会上升阶梯（Manuel Valls quoted in Smith，2005b：WK3）。"

法国政府对这类社会动乱的实时反应是，承诺给社区协会、住房更新改造提供更多的资金，对寻找工作的人提供更多的帮助。法国总理德维勒班（Dominique de Villepin）承诺打击歧视，称打击歧视的时刻其实就是法国的"真相时刻"。

德维勒班在议会讲演中提出，"反对所有歧视的斗争一定要成为我们国家首要解决的问题。现在，在寻找住房、寻找一份工作、甚至寻找休闲娱乐时，确实存在歧视（Dilanian，2005：A16）。"

图10.7　饱受高失业率和社会政治孤立的法国城市的低收入远郊居住区

法国消除种族隔离的专家，杜汉（Alain Touraine）认为这种种族歧视问题不仅仅是贫困问题，还是更深层次的种族隔离问题。"我们生活在一个迅速背离消除种族隔离的过程中，这是两边都面临的问题（quoted in Smith, 2005c: A12）。"史密斯的结论是，居住在这类街区里的居民有一个简单的解决办法："撤回警察，帮助年轻人找到工作（2005c: A12）。"直到2015年1月事件发生，消除种族隔离的工作还没有完成，因此，迫使政府最终做出反应。

2015年1月7日，一个枪手闯入法国讽刺周刊《查理周刊》的办公室，开枪杀害了11人，击伤11人。两天以后，另一场袭击又发生了，这一次是在巴黎犹太人聚居街区的犹太人超市里，导致一名警官和4名犹太人人质的死亡，当时，杀手抓了15个人做人质。两起枪击事件的枪手都是穆斯林，是基地组织也门分支的成员，居住在巴黎郊区格里尼市，那里生活着数百万移民家庭，他们不仅贫困，而且与工作机会无缘。

作为这两起恐怖袭击事件的直接后果，以及对种族和歧视基本历史作出的反应，法国政府宣布重新划分巴黎边界的计划，把那些贫困的郊区包括到新的"巴黎大都市区"或"大巴黎都市区"里来。这一举措大约包括了接近700万人，是当时居住在巴黎市中心居民人数的3倍还多。一个新的区域理事会负责实施这个巴黎都市区设想，它负责协调居住、城市规划和公共交通。这个区域理事会的最终目标，是允许人们更容易到达工作岗位和商务中心。当这个远景实现，希望可以结束郊区隔离。金梅尔曼（Michael Kimmelman）的结论是："法国正在弥补《查理周刊》恐怖袭击所突显出来的不平等，解决国家的社会结构和疏远的穆斯林以及移民青年的难题。城市更新和改造巴黎不过是解决这类问题的开始（2015: A1）。"

那些避而远之的地方和担心的生态

媒体对这两起恐怖袭击事件做出了反应，媒体恐怖主义事务分析专家艾默生（Steve Emerson）在电视新闻节目中，把欧洲城市的穆斯林街区描绘为，

天堂般安全的地方。政府在那里，但不行使主权，如法国、英国、瑞典、德国，所以，我们有了这样一个地方，那里建立起沙利亚法庭，那里穆斯林人口的密度非常高，警察不去那里。——如伯明翰，完全都是穆斯林，对非穆斯林来讲很简单，就是不进去（Karerat, 2015）。

许多知识丰富的专家很快对艾默生发起了挑战，他们认为爱默生的判断是完全不真实的，他自己签署了一个公开道歉，电视台同样为此道歉（Emerson, 2015; Sanders, 2015）。然而，与这种想法相关的普遍担心则是有证据的，著名的美国人，包括路易斯安那州的州长金德尔（Bobby Jindal）（Wemple, 2015; Pipes, 2015）一直把欧洲城市的穆斯林街区描绘为非穆斯林莫入的自我封闭的地方，西方社会规范在那里行不通。

回到雅各布斯定义我们关注大街日常生活和公共安全的那种方式，记住，雅各布斯强调，要想成为一个成功的人，那个城市一定要让他觉得身处陌生人之中是安全的和保险的。混乱威胁到街区文明，这是人们关注的一个基本问题。我们已经看到，美国许多城市，巴黎，许多权威部门试图说明这个威胁。到目前为止，似乎无人知晓，消除21世纪的城市担心生态的关键社会体制因素究竟是什么。

结论

混乱对街区文明的威胁，对把人们联系在一起的社会凝聚力的威胁，本章对此展开了讨论。

每个人都"盯着大街",雅各布斯的方式是街区信任的范例。但是,许多人认为,社会秩序已经被严重破坏了,社会公德从20世纪70年代就开始每况愈下。与这种看法相反的是西蒙对大西洋城的研究,他的研究显示,社会秩序是通过公共场所的排斥性方式来实现的,尤其是排斥少数族裔人群。

根据威尔逊和凯琳颇具影响的"破窗"理论,出现了拦截检查的治安方式,这种治安方式导致了警察严厉的执法行动,同时也出现了野蛮执法的现象。邓奈尔研究了贫穷黑人居住的街坊,一些人沿街叫卖或者乞讨,这项研究提出,破窗理论把建成环境的混乱与人的混乱混为一谈,没有看到一种基本的互动结构和社会秩序。把贫穷犯罪化是一种更大的社会实践,而破窗理论不过是这种实践的一个部分和一个方面。许多城市大量增加了监控摄像头的使用,确实减少或阻止了犯罪,但是,监控摄像头威胁到了个人的私密性和自由。

辛普森和罗登布什使用了涉及城市意象客观性的观念提出,对建成环境和城市整体混乱的感受是主观的,这种主观感受以社会制度因素为基础,城市的阶级和种族多样性与社会制度因素相关。巴黎在经历了恐怖袭击之后,宣布了若干计划。为了消除巴黎郊区的隔离状态,让巴黎郊区居民与巴黎市区居民分享巴黎生活。但是实际上,巴黎的社会秩序正在坍塌,或者,由于排斥性的实践活动,那些弱势群体是否正在以暴力对抗政府的排斥性实践活动?我们的确可以通过更加有效和公平的社会政策去改变排斥性的实践活动。

思考题

1. 描述雅各布斯有关如何维护城市街区社会秩序的观点。这个社会秩序在20世纪60年代和70年代如何坍塌的?
2. 使用大西洋城的案例,总结这样一种看法,不同意把"旧的"社会秩序看成一种有希望的生活方式。
3. 解释"破窗"理论和如何用到城市法律的实施上。"破窗"理论对社会上不那么幸运的人有什么影响?
4. 总结辛普森和罗登布什对"破窗"理论的看法。
5. 围绕巴黎2005年骚乱和2015年的恐怖袭击,描述社会因素。这些社会因素如何与社会秩序和担心生态概念相联系?

第五部分

城市的人和场所
City People and Places

第11章 城市社区和社会政策

本章大纲

少数族裔聚居区和聚居地

白种民族聚居地
    民族教会和"弥撒快闪"现象
    迈阿密的小哈瓦那和哈瓦那：记忆的城市

非洲裔美国人的少数族裔聚居区
    大迁徙
    战后政策
    融合和多重隔离

城市更新和拆迁
    芝加哥的卡布里尼小区和新泽西州月桂山市的埃瑟尔·劳伦斯小区
    公共住宅生活研究
    斯图文森小区

绅士化和追逐本真状态
    超级绅士化的案例1：旧金山
    超级绅士化的案例2：伦敦的玛丽塞勒斯特
    超级绅士化的案例3：纽约市的公寓空壳公司

美国城市里的无家可归者

结论

思考题

背景图：这是一幢公共住宅的外观照，它给人这样一种印象，那里居民的生活方式就是贫困和拥挤。

本书这个部分集中讨论社会分层结构和过程，讨论社会分层结构和过程如何用到居住在不同类型城市社区中的人身上。由于种族、民族、阶级和性别，人的社会分层通常是人的分隔，因此，人的社会分层产生了不同类型的社区，我打算在第11章谈谈不同类型的社区是如何产生的。支撑这个讨论的是少数族裔聚居区和聚居地之间的区别，这样，我们需要考察美国城市白色人种的民族聚居地的历史发展。然后，我们再讨论20世纪初的城市里非洲裔美国人少数族裔聚居区的出现及其后果。第二次世界大战结束后建设起来的高层公寓是典型的高层少数族裔聚居区，非洲裔美国人对此的体验与我们的讨论特别相关。这一章还要讨论绅士化和美国城市的转变。最后，谈谈对城市无家可归者的研究。

少数族裔聚居区和聚居地

对移民群体和美国南部黑人迁徙的研究，对他们如何建立社区以及社区如何改变了美国城市的研究，一直都使城市规划师、官员和学者兴趣盎然。实际上，由于大规模城市迁徙，城市发生的种种巨大变化成为芝加哥学派的发展动力，芝加哥学派在20世纪早期就确立了美国社会学。芝加哥学派建立起来的分析角度，反映了对新来者占主导地位的公众看法，是对原有社会学观念的升华。在随后的那些年里，美国城市的社会、文化、经济和政治都发生了变化，城市社会学的观点同样也随之发生了变化。通过考察这些新城市居民和他们的少数族裔聚居区和聚居地来展开我们的讨论一定不无益处。

社会学家梅西（Douglas S. Massey）和丹顿（Nancy A. Denton）在他们的重要著作《美国的种族隔离》中，把少数族裔聚居区定义为"一个群体的成员独占的若干个街区，那个群体的所有成员实际上都居住在其中"（1993：18–19）。他们这个定义意味着，少数族裔聚居区的居民身不由己地被隔离了。

另一方面，聚居地里的居民在很大比例上属于同一个群体，所以，很大比例的居民具有相同的文化背景和民族背景，他们自愿地居住在那里。街区不是隔离的，常常混合了多个民族的群体。由于人们希望与那些"像他们自己"的人居住在一起，所以，在一定程度上，同一个群体的成员居住在特定的街区里。他们常常有相同的商业设施和机构，如给他们提供食品的街坊杂货店和餐馆，符合他们休闲品味的酒吧和剧场，为当地服务的教堂和学校。每一个独立群体，加上他们的商店和机构，占据一个与其他群体分享的地理区域。随着时间的推移，这些商店和机构对特定群体具有特殊意义（Abrahamson，2006）。

在本书第1章里描述了我在本森赫斯特成长的经历，本森赫斯特是一个居住着犹太人和意大利人两个民族群体的社区。本森赫斯特在空间上是一个整体，但是，社区符号并不是一致的。意大利人和犹太人各自有自己的民族杂货店、糖果店、蔬菜水果店和肉铺，每个群体或去天主教教堂，或去犹太教教堂。实际上，如果我们去要求两个不同群体的成员画一画他们街区的认知图，他们自己的那些商业设施和机构会出现在他们的认知图上，与此同时，他们可能在他们的认知图上忽略了另一个群体的商业设施和机构。

少数族裔聚居区这个概念，历史上是特指前工业化时代中欧和北欧那些隔离起来的犹太人社区。少数族裔聚居区（ghetto）是意大利语的一个词汇，特指按习惯和法律分隔的犹太人街区。沃什（1928/1964，1938/1995）谈到过少数族裔聚居区的经典意义以及把它用于芝加哥犹太人社区。沃什认为，人们一直以为中世纪的少数族裔聚居区是通过政府法令建设起来的，其实不然，中世纪的少数族裔聚居区常常是自愿产生的，因为一个群体的成员希望留在那个群体之中。

犹太人用来建立地方隔离起来的社区的那些因素其实是可以在犹太人的传统中，在他们的习惯和风俗中找到的，这一点不仅体现在犹太人的传统特征中，也一般体现在中世纪城镇居民的特征中。对于犹太人来讲，为执行犹太教的戒律、犹太人建立起来的礼仪和饮食规定，为使把个人与家族的和公共机构联系起来的功能发挥作用，空间分隔的和社会孤立出来的社区似乎为此提供了最好的机会。另外，空间分隔的和社会孤立出来的社区里存在大量血缘的和相识的关系，它们对于建立团队精神是不可或缺的，而团队精神是社区生活的一个重要因素（Wirth, 1928/1964：86）。

沃什（1938/1995）指出，芝加哥犹太人少数族裔聚居区的居民并没有被强行隔离，也不完全是犹太人（沃什描述的社区其实使用聚居区比使用少数族裔聚居区更好一些）。但是，无论一个犹太社区是与另一个族群共享一个街区，还是在地理上散布开来，这个具有犹太文化的社区是通过符号隔离的方式建立了起来。作为对导师的呼应，沃什提出，"少数族裔聚居区——是一种精神状态。"所有的少数族裔聚居区，不论是民族的还是种族的，都应该从社会心理方面去思考，而不是从地理（形体的）方面去思考，沃什对此做了进一步的理论概括：

> 犹太社区之所以成为一个社区，是因为他们能够一起行动，犹太社区具有异质的文化元素，分布在我们城市的不同地区。犹太社区是一个文化社区，近乎一种现代城市必须提供的共同生活。少数族裔聚居区，我们只有把少数族裔聚居区，华人的、黑人的、西西里的或犹太的少数族裔聚居区，看成一种社会心理现象，一种生态现象，我们才有可能全面地认识少数族裔聚居区（Wirth, 1928/1964：98）。

沃什预计，随着犹太文化的孤立减少和异族通婚增加，经过几代人的文化融合，犹太聚居区会最终消失，少数族裔聚居区的命运是一样的。在此之前，帕克（1925/1967b）就把芝加哥描绘为拼接构成的社会圈，相同的融合过程：

> 学习城市生活的学生都熟悉的中国城，小西西里和其他一些所谓少数族裔聚居区，都是城市生活的条件和倾向不可避免会产生的特色地区。

> 从他们的少数族裔聚居区和移民天地里，出现了他们更加期待的、更加充满活力的和更加雄心勃勃的想法，他们搬进了第二个移民居住区或者进入一个多民族多文化混杂的地区，那里各种移民和种族群体生活在一起（Park, 1925/1967b: 9, quoted in Peach, 2005：37）。

体验活动11.1：民族聚居区

亲自或通过互联网参观你所在的城市或你选择的城市的一个民族聚居区。你在那里看到了什么样的人？有什么样的商店、餐馆、宗教场所和其他设施可以证明它是一个民族聚居区？通过考察这个聚居区的历史，你认为它支持这类聚居区是同化过程一个阶段的观点吗？

正如英国地理学家皮奇（Ceri Peach, 2005：47）指出的那样，我们可以把少数族裔聚居区看成所有移民群体都绕不过去的融合过程的一个阶段。皮奇提出，芝加哥学派和沃什把少数族裔聚居区、聚居区、完全一体化的和融合了的郊区，看成所有移民群体都会经过的社区。这个融合过程的确被白色人种的移民群体证明是事实，但是，非洲裔美国人并不是没有体验到这个融合过程。没有这个体验源于不能在融合和文化多元化之间做出区分。融合涉及多数族裔和少数族裔逐渐在社会上和居住上混合起来这样一种情形。在高度隔离通过社会封闭和居住分离继续保留下来的情况下，文化多元化或"多元文化"（当代术语）发生了。

芝加哥学派认为，少数族裔聚居区模式可能是自愿行动或强制行动的结果，沃什在讨论犹太人聚居区时谈到过这个问题。皮奇做出了类似的判断："民族分隔可能是那个族群为了生存而刻意为之，或者，可能是消极地强加在弱势族裔身上的（2005：36）。"但是，芝加哥学派低估了强迫非洲裔美国人进入隔离起来的街坊，并且让他们留在那里不动的胁迫的意义。

最后，芝加哥学派在这个领域的基本问题是，它没有认识到，人口从高度集中的市中心街坊向蔓延开来的郊区社区移动是可逆的。这个认识上的错误源于芝加哥学派没有在熔炉与文化区域的融合和多元模式之间做出区分，没有在少数族裔聚居区和聚居区之间做出区分。皮奇（2005）的结论是，这个错误导致芝加哥学派的信奉者们不能看到或预见到内城少数族裔聚居区延续了被迫隔离的过程，许多非洲裔美国人直到现在还在经历的过程。"在这个根本性的错误认识下，曲解了定居群体的民族史，误解了影响黑人的过程，错误地预测了他们在美国城市里的未来（Pearch，2005：37）。"

在以下这一节里，我进一步讨论美国白人移民族群的经历。然后，再讨论非洲裔美国人从美国南部乡村迁徙到北部城市的经历。

白种民族聚居地

1876年到1925年的50年间，美国工业经历了一个大规模增长时期。如炼油和炼钢等新兴工业，如信用之类的新的经济组织活动，新的海外市场，都导致更大的劳动力需求。制造业和以工业为基础的城市正在迅速增长。非农业劳动力迅速加速。1890年，有800万人在工厂、矿山、建筑和交通部门就业。20年后，1910年，同样还是这些工业，就业人口达到1500万，几乎是20年前的1倍。仅靠出生率和从农田里转移出来的人口满足不了经济快速发展对劳动力的需要。另外，由于固执的种族主义和歧视，没有使用黑人劳动力加剧了城市劳动力的短缺（Dinnerstein，Nichols and Reimers，2003）。

幸运的是，美国有了另外一个劳动力来源：在1880年至1930年期间，由于移民法，再加上世界范围的大萧条降临，2500万移民到达了美国，从1880年到1924年，在移民法案严格限制了向美国的移民时，大量来自南欧和东欧的移民蜂拥而来。这些"新"移民来自奥地利—匈牙利，希腊、意大利、波兰、罗马尼亚、俄国和塞尔维亚。还有一些族群，中国和日本、墨西哥、法属加拿大和西印度也加进了这股移民大潮中。对比而言，"老"移民，即在1820年至1880年期间到达的那些移民，几乎都是来自西北欧国家的移民，如英格兰、爱尔兰、苏格兰、法国、德国、挪威和瑞典（图表11.1）。

内战以前30年的移民总数为500万。1860—1890年，移民人数是内战以前30年移民总数的2倍，1890年到第一次世界大战爆发为止，移民人数是内战以前30年移民总数的3倍。20世纪初，移民人数达到峰值。在1905、1906、1907、1910、1913、1914这些年里，每年向美国移民的人数超过100万。对如此大规模移民原因的主要解释是，移民所在国正经历着人口爆炸和失调。19世纪下半叶，本国人口过剩的压力加上对美国经济机会的期待和当时建设起来的快速公交系统，包括铁路和轮船，让世界移民的车轮不停地运转。琼斯（Maldwyn Allen Jones）在研究美国移民史时，谈到了在不同文化背景下人们到美国来的共同推动因素，他的结论成为大家的共识，其著作（1960）成为一个标准著作。

追逐财富、土地、渴望改变、自由、宁静、

图表11.1 地图和图示展示了1870—1930年期间，从欧洲不同部分向美国移民的数目。（资料来源，美国统计局）

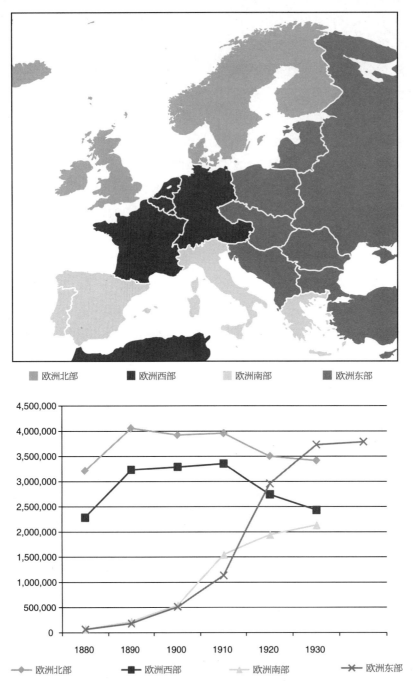

期望语言难以言表的某种东西，混合在一起成为移民的推动力。不同移民群体的体验从根本上讲是一致的。无论他们什么时候移民，他们都离开了故土，这就意味着他们必然面对一个不熟悉的环境和新的状态。美国移民的故事是数百万雄心勃勃、无所畏惧的传说之一，他们大部分都是卑微的，几乎所有的人都名不见经传。他们来自各种背景，但是，他们的渴望都超出了地平线，为了寻找新的生活，他们愿意一搏（Jones, 1960: 4-5）。

先于这个50年巨大工业中心增长期（1876—1925），"老"移民的居住模式在地理上是散布的。由于大规模就业场所集中于城市，而且，就业场所附近有低廉的住房，所以，新移民聚集到了一起。移民一到，就被吸引到了经济正在扩大的城市地区，随后而来的亲戚朋友，形成一个移民链，继续形成这种集中的定居模式。来自南欧和东欧的移民集中在美国东北部和中西部的工业城市里，正是那些城市地区，有着丰富的就业机会，成功的机会最大。到1920年，在人口超出10万居民的城市中，60%的人口是第一代或第二代少数民族美国人（Seller，1977）。

人们常常说的"小意大利"、"波兰"、"小叙利亚"和"犹太城"都是少数族裔聚居的地方。每个聚居地都有它自己的民族喜好，自己的宗教场所，自己的特色店、报纸、服装，自己的交谈手势和语言。芝加哥报纸的记者伊科（Mike Royko）回忆他自己的斯拉夫民族的背景，无论陌生人是否与我们撞了个满怀，我们只要闻到食品店和打开窗户的厨房的气味，听到外国话或熟悉的语言，就知道我们在哪（Seller，1977：112）。

杨希、埃里克森和朱利安尼（Yancey, Ericksen and Juliani，1976）做了这样的解释，因为工业经济的扩大，需要就业岗位的集中，所以，移民"少数族裔聚居区"的建立，反映了美国城市的一个发展阶段。经济压力迫使低收入的工业移民紧挨着工作场所居住。朋友和亲戚很大程度地影响着移民在居住地和就业方面的具体选择。移民链涉及，在跨国移民过程中、在祖国和移民目的国的个人之间的连接，涉及居住地和就业选择上亲戚和朋友的影响。

美国的朋友和亲戚圈让他们的欧洲家族和朋友保持联系，甚至得到横跨大西洋的帮助。亲戚成为招聘、移民和住房的资源，帮助那些常常具有欧洲乡村工作背景的人到城市工业里就业。许多社会历史学家（Anderson，1971；Hareven，1975；Yans-McLaughlin，1971）都提出过，19世纪，20世纪的移民都因为一个地方有他们的亲戚和朋友，而选择到那里居住和就业。

移民链推动着迁徙和定居。移民链维系了移民之间的亲戚联系，而且，在美国新环境中遇到困难时，个人和家庭可以相互帮助，实际上成为适应美国新环境的重要因素。工人们常常移民到新的工业城市中心，保持着完整的或改变了的家族联系和家庭传统。如前所述，一般是到了就业年龄的没有结婚的儿女或没有孩子的夫妻先移民，站稳脚跟后，其他家庭成员会相继到达。通过他们在工作场所或社区新建立起来的联系，他们会帮助新来的亲戚或朋友找到工作和住房。帕克和米勒在《旧大陆特征的移植》（1925）中拿出了20世纪20年代中期纽约曼哈顿区的地图（图表11.2）。这张地图描绘了由意大利不同地方的农民建立起来的独特的民族村。

把工人招募到新的工业社会里来，家庭无疑是这个过程的一个重要中介。家庭模式和价值常常整个地搬到了城市，给个人提供了一种乡村背景与新的工业城市具有连续性的感觉。移民者倾向于成群移民，原先的整个乡村社区在民族聚居地重新建立起来。他们帮助其他家庭成员和同胞招聘到工业劳动大军里来。进入工业圈里并不中断传统的家族联系，家庭用这种联系把它自己推进了工业生活。哈雷文（Tamara Hareven，1983）在对历史证据进行了考察后这样总结道，工业化中断了传统的家族联系，破坏了家庭与社区的吸收能力，这个判断基本上是不正确的。对20世纪初城市移民亲属关系方面的那些发现，恰恰与芝加哥学派支持者们的想法相悖，认识到这一点是很重要的。帕克、伯吉斯和麦肯齐（1925/1967）和之后的沃什（1938/1995）曾经都提出，扩大的家庭联系和移民社群不仅不重要，而且也不能帮助个人，扩大的家庭联系和移民社群推动了社会解体。

1880年到1920年，美国大规模移民潮期间，长距离海外移民研究揭示出，大西洋两岸的亲戚

图表11.2　纽约市意大利移民建立的意大利民族村的位置。资料来源，帕克和米勒（Old World Traits Transplanted，1925）

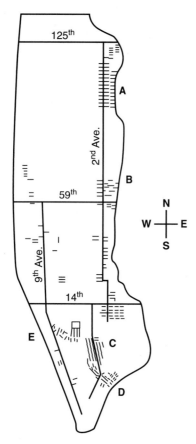

A. "Little Italy" colony from
   Piedmont
   Emilia
   Lombardy
   Venetice

B. 69th Street colony form
   Sicily, including the
   Cinisis group

C. Bowery colony from
   Sicily
   Naples
   Basilicata
   Calabria
   Abruzzi
   Apuglia
   Genoa

D. Chatham Square colony from
   Sicily
   Basilicata

E. Washington Square colony from
   Genoa
   Lombardy
   Tuscany
   Piedmont
   Venice
   Emilia

们保持着联系，并且传递着接济和帮助。第二次世界大战后的研究表明，在核心家庭之外的当代美国社会依然延续着亲属互动和互助。这项研究使人们严重怀疑城市与家庭生活对立的假定。

自1950年以来，大量的数据一直都在显示，亲戚关系维持下来了，亲属称谓家庭最重要的社会联系。这种亲属关系还证明，亲属关系是休闲娱乐活动的主要资源，相互联系的家庭之间，有着相当大的相互帮助。这类研究直接与有关城市核心家庭社会孤独的主流观念相悖，与作为城市生活特征的社会解体的基本论断相冲突，按照这个基本论断，城市生活导致家庭解体，城市居民疏离和堕落。

纽黑文（Sussman，1953）、东兰辛（Stone，1954；Smith，Form，and Stone 1954）、底特律（Axelrod，1956）、洛杉矶（Greer，1956）、旧金山（Bell and Boat，1957）、费城（Blumberg and Bell，1959）、克利夫兰（Sussman，1959）和布法罗（Litwak，1959—1960，1960a，1960b），对这些地方的城市家庭关系研究都提供了证据，当代美国家庭扩大的亲属关系发挥着重要作用。萨斯曼和伯奇纳尔（Sussman，Burchinal，1962）概括了这类相关研究，得出这样的结论：我们必须在相互联系的亲属关系中，来看待城市核心家庭，这种亲属关系在相互交换制度下提供着服务和帮助。

萨斯曼和伯奇纳尔发现，亲属之间的帮助和服务主要有这些内容：患病期间的帮助、金融援助、照料孩子、个人和生意上的建议、赠送有价值的礼品。社会活动是相互联系的家庭圈的基本功能。社会活动的主要形式包括亲友之间的串门，一起去参加社会活动，各类家庭聚会，如婚礼和葬礼，这类活动对于大家庭的团结至关重要。

直到今天，对于生活在民族聚居区里的人来讲，工人阶级大家庭依然是一个基本经济单元。大家庭对于其成员的工作和职业有着很大的影响。紧密联系在一起的工人阶级和民族家庭联合起来克服他们的经济困境。具有独处、私密和个人主义价值观念的中产阶级家庭最好地贴近了独立核心家庭的理想，当然，工人阶级建立了他们自己的"现代的"和城市大家庭的价值体系，来应对几经变迁的工业时代的城市生活。

我们一直在讨论的这个大规模移民时期是第一次世界大战暂时休战时期，这个时期大量的移民是来自南欧和东欧地区的，该时期在20世纪20年代早期和中期就结束了。1921年，美国政府迫于国内反移民的情绪，实施了一个"紧急配额法案"，严格限制来自南欧、中欧和东欧地区的移民。随后，1924年，开始实施一个更为严格的配额法，"里德法案"。这个法案实际上削减了来自南欧和东欧国家的移民数额。

下一节通过考察当代白色族群的教会和"大量暴民"现象，更新对白色族群性质的认识。然后，我们再考察非洲裔美国人从20世纪初直到现在的城市历史体验。

民族教会和"弥撒快闪"现象

我们在第9章谈到过，使用社交媒体公布计划，参与者短时间里在如火车站、购物中心的餐饮区等公共场所，人们突然自发地聚集起来，或唱歌或跳舞。这种快闪可能用聚集大众的方式在大街上搞恶作剧或扰乱社会秩序。2013年，一种新形式的快闪以新的方式出现了。在布法罗、纽约，一些罗马天主教会使用社交媒体呼喊教徒们到他们很少去过的教堂参加礼拜日的弥撒（Associated Press，2014）。这种弥撒快闪已经在许多锈带城市出现了。因为弥撒快闪不仅反映了社会互动机制，也反映了民族城市教会的现状，所以，对这种现象做些详细研究不无意义。

教会曾经是19世纪末和20世纪初移居美国的欧洲移民社群的一个支柱。犹太教教会、新教、罗马天主教、俄国和希腊东正教的教会，都是欧洲移民社群的一个组成部分。许多情况下，教区居民参加主要由他们族群成员组成的教会，两三个天主教教堂相互紧挨着的情况也并非不正常。费城就是一例，费城东北部肯辛顿和阿勒格尼大道的交叉口附近就有三座教堂，爱尔兰移民的，德国移民的和波兰移民的。对于这些族群来讲，教会增强了他们的民族身份，而不是一个融合的地点。

随着时间的推移，第一代移民的孩子以及他们的后代越来越被认为是"归化的"族群（如波兰—美国人，而不是波兰人）。第一代移民的孩子以及他们的后代不仅融合到了美国社会中，而且因为日益增多的不同民族的通婚，让他们的身份越来越具有甘斯（Herbert Gans，1979/1982c）所说的象征性族群的性质。这种象征性族群基本上是用带有怀旧文化的措辞加上民族身份的表达来确定的。甘斯（1979/1982c：501）认为，"怀旧式地忠诚于那一代移民的文化是象征性族群的特征。人们的日常行为中未必包含这种传统，但是，这个象征性族群热爱这种传统，并且为这种传统感到自豪。"

甘斯讨论的象征性族群基本上是第三代和第四代移民了。甘斯认为，作为一种长期趋势的融合过程会最终把特定族裔吸收到一个更大的文化和人群中去。当这些族群以某种形式保留着他们的宗教遗产时，这些族群会发现，他们的世俗遗产不过是一个遥远的记忆，他们仅仅保留着他们祖国的最微不足道的痕迹。例如，在哥伦布日那一天或者在平安夜吃七种鱼的晚餐时"做一回意大利人",或者在圣帕特里克节和吃咸牛肉和卷心菜是"做一回爱尔兰人"。

像布法罗这样的城市,在19世纪末和20世纪初,民族社群异常活跃。1900年,爱尔兰移民在爱尔兰族裔聚居地建设了他们的哥特式教堂,永助圣母堂。初落成时,600多个家庭经常到这个教堂。现在,不到50人参加礼拜日的弥撒(Associated Press, 2014)。无独有偶,德国、意大利、波兰和其他一些族群也建设了教堂,到教堂来的多半是他们族裔的人。随着后代成长起来,而且搬出了他们族裔的聚居地区,这些移民社群的后代融合到了更大的世俗的美国文化中。布法罗市自己的峰值人口曾经在1950年达到过58万,现在,人口规模衰减了一半,都市区大部分人口居住在郊区。布法罗的教堂支配着布法罗的符号景观,但是,很多教堂没有使用或就要闲置起来了。最近这些年,罗马天主教布法罗八县教区已经改造或关闭了差不多100座教堂。

弥撒快闪活动类似。组织者使用脸书和推特,在网上投票选择一个教堂做礼拜日的弥撒。参与者到这个选择出来的教堂做弥撒,这样,他们就有机会在一个具有历史遗产和建筑意义的教堂里体验弥撒快闪了。一个领导了"布法罗弥撒快闪"活动的很有声望教徒说,"我把这些教堂称之为信仰的推动者。我们不由自主地走进做弥撒快闪活动的教堂,觉得靠近了一种更大的力量"(Associated Press, 2014)。

图11.1 底特律的弥撒快闪:这张照片拍摄于2014年10月12日,底特律大主教维格内尔(Allen Vigneron)在底特律弗朗西斯科·阿德西西教堂布道。一个叫做"底特律弥撒快闪"的团体以快闪为模式,每个月选择一个罗马天主教教堂,鼓励地区教徒参与弥撒。10月正好选中了这个弗朗西斯科·阿德西西教堂

通过捐献,选中做弥撒快闪的教堂本身也受益。与此同时,让参加弥撒快闪的人们有机会体验一下这类教堂所在街区的情景,对于参加弥撒快闪的比较富裕的教徒们,有机会借此了解穷人的困境。这个活动的另一个组织者提出,"当这些城市空置和凋敝的时候,那些打算重新发现他们的根的年轻人之间缺少联系(Paulson, 2014)。"

在社交媒体的推动下,弥撒快闪已经在克利夫兰、芝加哥、俄亥俄的哥伦布市、肯塔基的科温顿、康涅狄格的费尔菲尔德县、密苏里的堪萨斯市、新罕布什尔的曼彻斯特、新奥尔良、纽约市、费城、匹兹堡、特拉华州的威尔明顿,(Paulson, 2014)。很多来自郊区社区受访者都赞同,老教堂是很美的,老教堂对相应族群的历史意义很大,在那些破败的街区恢复教堂的荣耀和意义是很重要的。一位神父提出,人们出席弥撒可能会有"猎奇"的成分,尽管如此,他赞同这样一种期待,来参加弥撒的人有可能帮助那些对特定族群具有历史意义的教堂得到更新。一个参与此类弥撒快闪活动的人总结了这样一些感受:"我们的祖辈建设了这些美轮美奂的老教堂,看到

体验活动11.2:创建自己的弥撒快闪

设想你和你的同学打算在教堂里、犹太教圣堂或其他宗教场所,组织一个弥撒快闪。你将如何确定你所在的地方是哪个礼拜场所?你如何公布这个事件?你需要哪些人的合作,你期待什么效果?

它们衰败，令人痛心疾首。我们有2000年的传统，是时候让我们为它欢呼（Paulson，2014：23）。"

迈阿密的小哈瓦那和哈瓦那：记忆的城市

2014年12月17日，奥巴马总统和劳尔·卡斯特罗发表了联合声明，美国和古巴之间的外交关系会得到恢复。卡斯特罗领导了这场革命，推翻了右翼独裁者巴提斯塔，建立了采用共产主义意识形态的新政府。作为对古巴1959年革命的回应，1961年，美国断绝了与古巴的联系。一开始，美国政府承认卡斯特罗政权，但是，卡斯特罗对美国所有的财产实行了国有化，与苏联发展了紧密的经济和军事联系，因此，美国采取了报复措施，实施经济制裁。另外，随着外交关系的中断，以美国中央情报局为背景的准军事性（即猪湾入侵）没有推翻卡斯特罗政府。1962年10月，美国发现苏联在古巴建设了导弹基地。于是，爆发了持续13天的军事对峙，从那个时期开始，一直延续到2014年联合声明，历届美国政府都坚持对古巴的经济制裁，采取外交孤立政策。

在这段时间里，发生过从古巴到美国的三次移民潮（Abrahamson，2006）。第一次移民潮（1959—1965）包括了135000人，基本上来自中等的和富裕的阶层，他们是在1959—1961年期间逃离古巴的，这一批移民首先是为了躲避独裁者，然后，又为躲避左翼的卡斯特罗政府和中央情报局策动的猪湾入侵。在1961年和1965年之间，在古巴导弹危机的激化下，加之其他发展，这一批古巴移民的人数达到75000人。但是，在这个时期，中产阶级要再想离开古巴的确越来越难了。

1965年至1973年期间，古巴允许一个称之为到美国"来去自由"的计划（Abrahamson 2006），这样，形成了第二次移民潮。在这次移民潮中移居美国的人数达到34万人。从1973年至1980年，没有允许任何古巴人离开古巴。1980年，古巴发生了第三次移民潮，当时，一批人占领了设在哈瓦那的秘鲁大使馆，卡斯特罗政府迫于压力，允许这批人离开古巴。在1980年4—10月之间，超过125000人在古巴的马里埃尔港乘船去迈阿密，在迈阿密，人们一直把那些船称之为"自由舰队"。同时，卡斯特罗打开古巴监狱，允许卡斯特罗称之为"古巴的人渣"，罪犯、瘾君子、同性恋者和精神病人，离开古巴去美国。迈阿密先驱报等媒体，诋毁和中伤那些在第三次移民潮中移居美国的人，给他们起了一个绰号，"马里埃尔人"。那些媒体把他们描绘为精神不正常的人或罪犯，不适合移居美国的人。1983年由帕西诺（Al Pacino）主演的电影《疤面煞星》，以虚构的方式描绘了一个带有虐待狂心理的黑帮。正如阿布拉罕（Mark Abrahamson，2006）指出的那样，这批移民中确实有人存在这类问题，但是，大部分人是忠厚的，当然，他们贫穷而且没有什么技能。

这三批移民中，相当比例的人在迈阿密西南地区第八街的中心，那里成为古巴人的民族聚居区，人称小哈瓦那。那里原先是繁荣的犹太人街区，随着一些比较富裕的人搬走，慢慢处于衰败的状态。1959年，古巴人开始进入这个地区，住进了租金低廉的小公寓住房里。于是，这个街坊很快转变成了古巴族裔的聚居区，古巴人在那里开设了包括植物药材在内的各式各样的店铺，除了买一些民间的偏方药材外，还出售宗教物品，唤起神灵和辟邪。民族食品店包括酒店、咖啡店和水果摊。包括古巴美国居民和游客特别喜爱的餐馆拉卡雷塔和凡尔赛。每年，小哈瓦那都会举办第八街游行，不说世界，这个游行堪称美国最大的街头节日。一段时期里，各类商贾云集到那里，抢占这个正在出现的古巴社群的生意（Aranda，Hughes and Sabogal，2014）。

> **体验活动11.3：移民的态度**
>
> 与来自其他国家的移民或他们父母是移民的某人做一个交谈。他们在多大程度上把美国当作他们永久的家园？他们有回到祖国去的愿望吗？为什么有或没有此类愿望？

图11.2 Versailles咖啡馆，顾客主要是古巴裔美国人、迈阿密人和游客

我们应该注意，小哈瓦那不同代际的人在文化和政治态度上是有差异的。第一批移民基本上认为他们自己是流亡者。流亡者觉得他们现在的境遇都是暂时的。回到祖国去，恢复他们的生活，才是他们的方向。另一方面，移民把他们的新家和建立起来的社群看成他们日常生活的中心。他们正是在新家和新的社群里生活、结婚、抚养孩子、找到工作，发展社群的关系。那些被驱逐出来的流放者的下一代和下几代确实是这样想的，而老一代的被驱逐出来的流放者正在老去和逝去。对于被驱逐出来的流放者的下一代和下几代，哈瓦那正在成为遥远的记忆。他们可以为他们失去家园而悲伤，但是，对于年轻的几代人来讲，他们只是从神话中，从媒体上看到和从阅读中，了解哈瓦那和古巴。他们现在的家园是迈阿密的小哈瓦那，而不是古巴的哈瓦那。年轻一代知道，50多年前的哈瓦那不是现在的哈瓦那。

这样，他们相应的记忆库是有代沟的。这种差别还反映在他们的政治观念上。老一代依然保留着强烈的反卡斯特罗的情绪。年轻一代则是更加多元化了，更加向多种可能性和和解开放，尤其是使用新的外交姿态与古巴和解。

古巴的哈瓦那一直遭受美国政治经济制裁的痛苦。哈瓦那的基础设施确实需要维修。过去几十年，除美国之外很多国家的游客都参观过哈瓦那，即使这样，哈瓦那的面貌依然还是很旧的。因为古巴不能从美国进口汽车，所以，哈瓦那的街头仍然跑着数以千计的50年代的美国小汽车，人们非常细心地维护着那些小汽车。坐落在哈瓦那市中心的那些富有价值的建筑都需要维修。

老几代移民记忆中的城市哈瓦那现在已经不复存在了，阿布拉罕引述了瑞夫（David Rieff, 1993）所谈到的有趣的个人感受来说明了这一点：

> 一位妇女在迈阿密待了很多年之后回到古巴。她解释说，即使她生于那里，在她访问哈瓦那时，她还是觉得像个外国人。当她回到迈阿密，她惨兮兮地发现，哈瓦那与她没有什么关系了。那些年里，她一直"怀念着一个完全不复存在的东西，除开我们心里有它，实际上，我们热爱的是一个不存在的地方（Rieff, 1993: 204; quoted in Abrahamson, 2006: 132）。"

一旦外交关系完全恢复，可能会出现的一件事是国会大厦，哈瓦那的纪念性建筑。这幢建筑建于20世纪20年代，是以华盛顿特区的国会大厦和巴黎的先贤祠为样板建造的。古巴革命之后，那里成为古巴科学院，后来，又称为科技环境部。2014年末，在经过大规模整修后，古巴国民大会在2015年3月重新回到了这幢建筑里。

政府官员们已经说过，国会大厦的维修和重新开放与美国外交关系的恢复是一个巧合。当然，国会大厦的维修和重新开放是有象征意义的[同样巧合是，哈瓦那的国会大厦重新开放了，而华盛顿特区的国会山却被维修穹顶的脚手架围了起来（Associated Press，2015）]。古巴历史学家莱亚尔（Eusebio Leal）说："是时候重新宣称这个建设它是希望获得的伟大象征意义（MIroff，2015）。"那时，莱亚尔所属的机构正在涉足哈瓦那国会大厦和其他重要建筑的恢复工作。

非洲裔美国人的少数族裔聚居区

如前所述，20世纪20年代中期，大规模东欧和南欧移民过程结束了。但是，在20世纪20年代下半叶和30年代的大萧条时期，以及第二次世界大战结束之后，美国的城市移民潮依然在延续。当然，这个向城市的迁徙是国家内部的人口迁徙而已，由来自南部乡村的非洲裔美国人组成，他们重新落脚东北部和中西部的工业城市中心。

大迁徙

诸多因素解释了这种国内迁徙。南部农业，尤其是棉花生产的变化，首先是遭受棉铃虫灾害，后来，机械化生产的出现，都迫使贫穷的非洲裔美国人离开已经相当稳定的经济，尽管这个经济并非至关重要。与此同时，北部城市工业工作岗位许诺了更好的生活。这些因素结合在一起导致了所谓"大迁徙"。1910年，9/10的非洲裔美国人在美国南部地区生活，其中2/3住在乡村。1916—1919年，大约有50万居住在南部乡村地区的非洲裔美国人迁徙到了北部城市，这个时期是第一次世界大战爆发的时期，东欧和南欧的移民暂时中止了。第一次世界大战之前开始的黑人迁徙规模很大，以致那些城市黑人与白人的比例从1910年的17%，发展到1950年的48%（Glaab and Brown，1983）。

到了20世纪20年代，接近100万黑人加入到这场大迁徙中来。大约在1930年，大萧条就要降临的时刻，芝加哥的南部和纽约市的哈林地区形成了世界上最稠密的非洲裔美国人的地区，比南部地区的非洲裔美国人的比例要大。

20世纪30年代，虽然大迁徙基本处于休眠状态，但是，随着20世纪40年代初实现采摘棉花农活的机械化，第二次世界大战爆发造成的劳动力短缺，迁徙恢复并超过了过去的水平。在20年的时间里，500万非洲裔美国人迁徙到美国北部的大城市里。莱曼（Nicholas Lemann）在他对这场大迁徙引人注目的研究中提出，这场大迁徙是"历史上最大和最迅速的人口内部迁徙——也许是由非饥饿或屠杀的原因所致的最大的迁徙"（1991：6）。这些移民不仅仅改变了他们的生活方式，而且，在这个大迁徙过程中，美国社会改变了（Grossman，1989；Lemann，1991）。

许多年轻人当兵，加上军工生产规模加大，劳动力短缺给黑人带来了机会。如同白人移民一样，非洲裔美国人聚集到了城市少数族裔聚居区。但是，与南欧和东欧移民相比，美国社会强制推行的隔离和歧视性就业，限制了非洲裔美国人的居住模式和经济体验。非洲裔美国人被迫生活在隔离起来的房子里，欺诈他们偿付更高的房租。老板常常禁止他们的工作，拒绝他们参加工会，而工会控制着工作岗位。当他们有了工作时，付给他们的工资也比白人少。但是，大多数人移民在美国北部城市建立了黑人中产阶级、工人阶级和低收入工人阶级。对于他们来讲，对于那些发现他们自己遭受贫困折磨的黑人来讲，正是非洲裔美国人的家庭优势和黑人很强大的家族联系，支撑帮助他们渡过难关。

从1910年到第二次世界大战爆发的大迁徙时

图11.3 1941年，复活节的早上，芝加哥南边的一群黑人男孩

期，非洲裔美国人的经历比白人移民的经历要糟糕多了。种族主义盛行，让越来越多的非洲裔美国人和其他少数族裔人群住进了隔离起来的少数族裔聚居区。随着农业技术的发展，越来越多的南部乡村黑人不断向北部工业城市迁徙，以致居住条件越来越拥挤。这样的贫民窟扩大到了相邻的白人工人阶级街坊，而那些白人逐步随着社会变化而搬到郊区去了。

战后政策

第二次世界大战结束后，日益扩大的贫民窟，缺少工资较高的工作岗位，社会服务成本越来越高，工业和制造业工作的转移，白人中产阶级城市居民开始大规模向郊区搬迁，这些发展趋势让许多城市迅速衰退。联邦政府实施了财政资金用于郊区建设的政策，进一步给美国的城市困境雪上加霜。数百万从第二次世界大战的战场回来的军人需要他们自己的住房。战争和战前10年的大萧条，让大量美国城市住房的状况不堪入目。联邦政府的反应是拨出巨大财政资金建设州际公路系统，而州际公路的建设恰恰帮助了郊区的建设。另外，联邦住房政策从经济上鼓励年轻人在郊区购房。便利的抵押贷款、纳税奖励，包括减少贷款利率，从联邦税收中减少地方和州所要征收的税负，从而让购买独立开郊区住房比租赁住房更有吸引力。但是，许多法规和政策让非洲裔美国人不能满足申请贷款的条件。除开拒给贷款、抵押和保险等歧视性政策外，许多城市社区本身就是银行不予借贷的地区。实际上，城市核心地区常常缺少商业投资，难以征收房地产税，所以，公共财政资金极度匮乏，而少数族裔常常就生活在这类社区里（Massey and Denton，1993）。

> **体验活动11.4：战后口述历史**
>
> 与参加第二次世界大战的退伍军人或在20世纪40年代已经成年的人聊天，最好是非洲裔美国人。有关战后政策，如《退伍军人安置法案》和退伍军人管理局发放的住房贷款，他们记得些什么？非洲裔美国人在什么程度上，以什么方式，被排除在一定街区和一定种类的就业之外？

大约在20世纪50年代，城市衰退日益严重，迫使联邦政府转向城市更新政策，阻止城市衰退，给城市贫穷人口，主要是有色少数族裔人口，提供住房。随后出台的"城市更新计划"证明具有始料未及的后果，甚至让工人阶级和贫穷人口的境遇每况愈下。在20世纪50年代、60年代，直到进入70年代，联邦政府摧毁了数以百计的工人阶级和贫穷人口聚居的街坊，那些街坊都以"贫民窟"冠名，与此同时，联邦政府推倒了占据中心城区很大部分的低收入群体居住的住房。数百万居民和小生意人被撵走。拿纽约市为例，政府在那些被清理出来的地方建设了娱乐中心，如林肯中心、大公司办公楼、世贸中心、中产阶级的住房，又如曼哈顿的史蒂文森城。相对少的用地面积被用来满足那里原先居民的住房需要。那时为贫穷人群建设的住房采用了大规模公寓大楼的形式，居住在那里的人们形成了他们自己的社区。

在审视证据时，学者们提出，从奴隶制、改

造、大萧条和贯穿20世纪40年代到60年代的大迁徙，整个历史显示，非洲裔美国人长期的主要来源一直都是由祖辈、父辈、同辈的姑表兄弟姐妹，以及自己的兄弟姐妹一起形成的庞大的家族网。就扩大到所有社会经济状态的生活安排来讲，这样做的非洲裔美国人家庭要比白人家庭普遍2倍（Farley and Allen，1987）。这些大家族为其家族成员提供经济以及情感上的支持。尽管有过种族压迫和物质匮乏的历史，尽管严酷的城市生活条件，正是因为非洲裔美国家庭特有的适应性和适应能力，让他们能够生存下来（Billingsley，1968；Anderson，1999）。

一个不能回避的结论是，对于非洲裔美国人和其他贫穷的美国人来讲，伴随着颠覆性的后果，这种更大的"关爱社会"已经不复存在了。在贫困生活条件下家庭生活的结构和稳定性正在发生变化，尽管非洲裔美国人有着这种家族相互支持的强项，但是，非洲裔美国人传统的支撑网络是不足以抵抗这类变化的。这类变化包括，结婚率下降、离婚率上升、生育率降低、女性当家的比例上升、未婚生育比例上升、生活在单亲家庭的儿童数量增加、更大比例的儿童生活在贫困状态中（Acs et al.，2013）。这些人口倾向已经影响到了每一个美国人。当然，这些人口倾向尤其影响了非洲裔美国人。在应对贫困问题上，我想提醒读者，黑人和白人族裔人群的大家族网还是存在的，那些体验过经济不稳定的家庭尤为如此。

融合和多重隔离

德雷克（St. Clair Drake）和凯顿（Horace R. Cayton）在1945年出版了一本名为《黑色的大都市》的著作，讨论芝加哥南区，也称之为布朗茨维尔。在那本书中，他们谈及了这个黑人社区里的黑人的体验，重点是黑人和白人存在的种族紧张关系和政府的角色，它们都影响到了黑人社区（Peretz，2004）。德雷克和凯顿（1945）的研究表明，芝加哥学派城市"自然地区"的生态学概念是有局限性的。种族主义和种族歧视模式才是主要的影响因素，而不是在黑人社区建设和发展中入侵和更替过程中出现的自然区。弗雷泽（E. Franklin Frazier，1964）和斯皮尔（Alan Spear，1967）的研究也得出了类似的结论。

芝加哥学派提出了一个循环，这个循环由若干阶段组成，最初的接触、竞争、冲突、适应和融合。芝加哥学派认为，族群最终会走过这些阶段，融合到美国社会中去。初始的接触是通过原始的和第二层次的互动过程展开的。当不同群体面对工作、住房、社区管理的时候而自然发生的竞争和冲突。但是，通过道德和政治秩序，适应和融合就会发生（Persons，1987）。

适应是指族群相互之间所做出的调整。融合则是结果，一定的族群采纳和分享了更大社会的文化和传统。帕克和伯吉斯把这种融合看成移民族群的最终结果。弗雷泽可能是20世纪30年代出自芝加哥学派的最重要的非洲裔美国人。弗雷泽对黑人家庭的研究让他怀疑这个循环的显著性。他发现贯穿这个循环的各种形式的冲突，而没有看到黑人社群里发生的融合。种族关系阻碍了芝加哥学派设想的完全的融合。弗雷泽得出这样的结论，有必要区分民主关系和种族关系（Persons，1987）。思想史学家佩生斯（Stow Persons，1987）对芝加哥学派和芝加哥学派的民族研究展开了分析，对弗雷泽在"社会学和社会学研究的理论结构"中表达的观点做了概括：

融合曾经被定义为一个更大的文化适应过程，不过，那个族群显示出完整的标志。——只要种族和民族标志不成为进入完全的初级和二级社会建制中，包括联姻，融合了的人口中可能包含着任何数目的种族群体或族群。融合了的人会用主导群体的传统标志他们自己，然而，美国黑人依然首先认为他们自己是黑人，然后才认为他们是美国人。美国黑人适应了新的文化，但美国黑人并不是没有融合（Persons，1987：141）。

如前所述，比奇（Ceri Peach，2005）对芝加哥学派在民族和种族问题上的研究做了概括，他认为，芝加哥学派没有完全地预计到非洲裔美国人所经历的城市隔离的未来，欧洲移民没有这种城市隔离的经历。梅西和丹顿（Massey and Denton，1993）集中研究了非洲裔美国人和欧洲移民之间的3大基本差异。首先，欧洲移民群体并不是在隔离开来的社区里生活。那些街区都是由许多不同族群构成的。除开一个波兰人占总人口的54%的聚居区外，其他聚居区没有那个民族的人口占多数。相反，在非洲美国人居住的街坊里，超过75%的人口是黑人。第二，欧洲族群分布在整个城市；他们并非都住在一个民族聚居区里。这样，他们没有体验到与非洲裔美国人所体验到的那种程度的孤独，实际上，非洲裔美国人被排除在白人街区之外。第三而且最重要的一个差别是，民族聚居区最终与芝加哥学派设想的融合模式一致，而非洲裔美国人生活而且继续生活在黑人少数族裔聚居区里，那种少数族裔聚居区已经成为他们城市生活体验的不变的特征。"对于欧洲移民来讲，聚居区是吸收、适应和调整美国社会的地方。聚居区像一个跳板，让那里的人向更广大的美国社会迁徙，适应更大的美国社会，然而，黑人被困在越来越不密不透风的肤色线之后（Massey and Denton，1993：33）。"

20世纪60年代的民权运动考虑到了解除城市和郊区社区的隔离问题。但是，解除隔离的后果是，居住在黑人少数族裔聚居区里的中产阶级家庭能够搬迁到比较富裕的、白人居多的社区去。因为那里有比较好的教育机构、更多的就业机会，所以，他们能够从新居住环境中获益。同时，留给内城地区的不仅仅是种族隔离，还留下了阶级隔离。支撑结构、社会网络服务以及它们更加中产阶级的价值体系都消失了，结果是强调了威尔逊（William Julius Wilson，1987，1996）所说的"经济重建"，改造内城经济，发展一个黑人的城市底层阶层。

梅西和丹顿（1993）提出，黑人少数族裔聚居区是一种特殊的城市种族隔离形式，黑人少数族裔聚居区一直都是黑人普遍贫困的一个主要影响因素，一直都很不利地影响着种族关系。黑人少数族裔聚居区实际上是一个有预谋的政府政策的结果，私人房地产投资者、银行家和商界隔离非洲裔城市人口的体制性歧视实践支持着政府的这项政策。甚至那些成功的非洲裔美国人都发现很难在黑人少数族裔聚居区之外找到住房，即便他们搬迁了，他们也会体验到白人邻里的威胁和白眼。梅西和丹顿进一步发现，城市街坊依然是高度隔离的。他们谈到了具有多重隔离的当代黑人少数族裔聚居区，那里的隔离模式如此完全，以致那里的人实际上与更大社会的人们没有联系。

不均匀、孤立、簇团、密集和集中5个独立方面确定与隔离相关的诸种地理变量。

黑人可能分散开，这样，他们会在一些地方多，而在另一些地方少，从而导致不同程度的不均匀；因为与白人共享一个街区的事情很罕见，所以，黑人是可以分散开，但肯定是种族孤立的。另外，黑人街区可以紧密地簇团而形成一个绵延的聚居区或者棋盘式的分散开。黑人街区可以集中制一个非常小的地区或者散布在整个城市建成环境里，最后，黑人街区可以在空间上围绕城市核心区集中起来或者沿着城市边缘地带而散布开来（Massey and Denton，1993：74）。

当一个地区的5个独立方面都排在前列，那么，那里就存在多重隔离。一个少数族裔聚居区，甚至整个大都市区，都可能具有多方面的隔离。梅西和丹顿（1993：75-77）提出了若干指标来衡量多重隔离。他们使用了1980年的人口统计数据，提出16个大都市区是多重隔离的：亚特兰大、巴尔的摩、布法罗、芝加哥、克里夫兰、达拉斯、底特律、印第安纳波利斯、堪萨斯城、洛杉矶、密尔沃基、纽约、费城和圣路易斯。梅西和丹顿进一步指出，其他族裔，包括拉美族裔，都没有达到非洲裔美国人感受到的那种多重隔离的水平。许多拉美裔美国人也很贫穷并处于弱势，他们曾经也是被隔离起来的或者仅仅在一个方面被隔离，而且是集中的。梅西和丹顿（1993）得出了这样的结论，多重隔离的后果是使城市贫困在延续。为了克服延续下来的城市贫困和种族不平等和不公正，必须解决导致多重隔离的多种制度性歧视。除非从制度上改变歧视，否则那些制度性歧视必然造成恶劣后果，而且，美国的未来也因此而处于岌岌可危的境地。

随着种族不平等加剧，白人的担心会增加，种族偏见会与日俱增，与黑人的敌对情绪也会增加，导致种族公正和机会平等的问题更加棘手。直到我们直面摧毁少数族裔聚居区的困难任务，否则，居住隔离的灾难性后果会毒害整个美国社会。除非我们决定终止美国由来已久的种族歧视，否则，我们不能指望人和国家向前发展（Massey and Denton, 1993：74）。

我在下一部分会讨论政府的非洲裔美国人的住房政策是如何被种族主义和种族歧视推波助澜的，为低收入阶层建设高层的、隔离开的公寓大楼对许多美国大城市非洲裔美国人，包括芝加哥、纽约和圣路易斯，造成了很大的影响。

城市更新和拆迁

哈林的公寓大楼遭人厌恶。厌恶那些公寓大楼几乎就像厌恶警察一样，而且罄竹难书。两种厌恶的理由其实是相同的。无论有多少自由讲演，无论出了多少种小册子，无论建立了多少民权委员会，它们都忍无可忍地暴露出了白人世界的真正态度。

这类公寓大楼当然是令人不寒而栗的，世界范围这类住房的情境大体与此相同，现行的住房与监狱大同小异。它们都集中在哈林区，没有色彩、暗淡、高大且令人厌恶。

James Baldwin, 1961

第二次世界大战结束以后的美国，支持城市更新和清除贫民窟的支持者们看到了柯布西耶倡导的高层公寓和其间的公园绿地，高速公路把它们连接起来，以此作为解决城市问题的经济上可行的解决办法。按照1949年出台的"城市更新法案"，用政府补贴的住房替代被拆除的旧的贫民窟。起初，联邦计划被认为很不错。到了1950年，芒福德对纽约住房局的计划和实现提出了许多意见。实际上，芒福德是不赞成柯布西耶的光明城模式的。从积极意义上讲，纽约住房局大力改善低收入群体生活区，其规模是过去100年所有住房改革者不能比拟的。清洁、采光良好、卫生的居住区，替代了采光极差、发霉、肮脏且拥挤不堪的居住区，当然，还是很拥挤（Mumford quoted in Vergara, 1995：42）。

然而，许多地区是在没有进行咨询且遭到居民反对的情况下清理贫民窟的，用清理出来的土地建设如圣路易斯的普鲁特—伊戈和芝加哥的卡布里尼之类的高层建筑居住区，如纽约曼哈顿和布鲁克林区的许多高层住宅。这些公寓大楼没有建设共用设施，如会面的地方或地方上的小购物区，人们非正式的聚会场所。也没有建设托儿所或娱乐休闲区。以不多的投资就把所有的穷人和低收入的人塞了进去。

20世纪50年代，公共住房俗称"黑屋"，涉及清除贫民窟的城市更新称之为"清除黑人"。

中等收入公寓住宅替代了成千上万低收入的内城住房单元，可能最著名的要算纽约市的斯图文森城了，或加上娱乐中心，如纽约市的林肯中心，包括供大都会歌剧院和纽约爱乐乐团使用的剧场（此后，拍摄电影《西区故事》的街区也被用于林肯中心）。被赶走的穷人负担不起中产阶级水平的住房。那些穷人被迫搬进政府补贴的住房单元里。那些住房单元一开始是打算安排贫困家庭居住的，但是，那些住房单元很快成为了非洲裔美国人的隔离的住房。

最臭名昭著的是建于1956年的普鲁特—伊戈住宅区。这个居住区受到柯布西耶的启迪，赢得了许多建筑奖。建筑师是山崎石，他后来还设计了世界贸易中心。普鲁特—伊戈住宅区由43幢11层的住宅楼，2762套住房单元，可以容纳12000人，占地60英亩。很大比例的承租家庭是依靠政府住房补贴的。

哈佛大学城市历史学家霍夫曼（Alexander von Hoffman）描绘了随后发生的事情：

仅仅几年后，年久失修、破坏公物和犯罪折磨着普鲁特—伊戈。这个住宅区本来在建筑革新上还是领先的那些娱乐走廊和隔层停的电梯都变成了惹事的和危险的地方。大量的空置房出现了，这种状况表明，甚至穷人也不愿意住在普鲁特—伊戈了。1972年，花费了500多万美元之后依然解决不了那里的问题，此后，圣路易斯市住房局推掉了三座高层住宅楼，成为当时的轰动事件。一年以后，圣路易斯市住房局与美国住房与城市建设部取得一致意见，宣布完全拆除这个不可救药的居住区的全部住宅公寓大楼（von Hoffman n.d.）。

建筑批判家詹克斯（Charles Jencks）把摧毁普鲁特—伊戈住宅区全部公寓大楼的开始时间，1973年7月15日下午3：22分，确定为现代主义结束和后现代主义开始的时间，现代主义的主要信念是，建筑能够解决社会问题，从此，建筑可以推动社会进步的论断不复存在（Harvey, 1989）。

普鲁特—伊戈住宅区失败的原因是什么呢？建筑设计责无旁贷，与此同时，政治、社会和经济因素结合在一起也脱不了干系。在罗斯福行政当局的新政时期，20世纪30年代，公共工程管理计划（PWA）开始建设高质量的公共住宅。房地产业开发一方的利益攸关者们担心，联邦"承租人"的房子太诱人了，那样一来，就没有鼓励人们拥有自己的房子，房地产业开发一方成功地说服政府停止建造可以与他们一争高低的住房。到第二次世界大战结束时，联邦政府通过国会法案，控制公共住房成本，因为造价低廉，所以，公共住房都很简陋（Wright, 1981）。

雷沃特（Lee Rainwater）的学生杨西（William L. Yancey, 1973）和他的同事们在20世纪60年代整整用了3年时间研究普鲁特—伊戈。杨西提出，普鲁特—伊戈住宅区的建筑设计彻底摧毁了低收入阶层和工人阶级街坊的那种非正式的社会网络。因为普鲁特—伊戈住宅区规模很大，所以，让那里的居民与周边社区隔离开了。建筑师和建筑商首先关心的是给人们提供住房，其次才考虑发展一个社区和街坊的要求。

杨西在1951年的建筑论坛上讥讽普鲁特–伊戈住宅区的住宅单元之间没有"浪费掉的空间"。然而，事实证明，没有这种"浪费掉的空间"才是一个颠覆性的失误。那里的居民称赞公寓里的"私人"空间，与此同时，他们对建筑里的"公共"空间很不满意。大楼的每一层都有长长的狭窄的楼道，通到两边的楼梯和一个电梯。这种设计妨碍了自由的互动，妨碍人们聚在一起。恶人会在楼道里、楼梯上、电梯里游荡。抢劫、斗殴和强奸常常在那里发生。

建筑之间的"公共"空间同样没有与公寓里的私人空间接合起来。那些"公共"空间简直就是空地，人们没法在那里聚集。高大的建筑以垂直的方式把公寓与周围地区隔离开来。因为开放空间如此宽阔,人们很难辨认陌生人。尤其是家长,他们总是觉得看不见孩子,够不着孩子,孩子们很可能会遇到麻烦。建筑之间的采光不好,给罪犯留下可乘之机。建筑物的内部给破坏和犯罪留下方便之门:走廊让恶人易于隐藏,一层没有公共厕所,于是有人在电梯里小便。薄薄的墙壁何谈私密。对社会治安的担心导致母亲把孩子关在家里。缺少托儿所和交通,进一步把人困在家里,于是,人们觉得家里格外拥挤(Rainwater,1970)。

杨西的结论是,这种"浪费的空间"都是必不可少的,是社区的一种"防卫空间"。我们应该把"浪费的空间"用于发展社会支持、保护,用于在朋友和亲戚之间形成非正式网络,用于低收入和工人阶级街区所需要的非正式社会控制。杨西提出,堆满垃圾的小巷、小街和那些被认为是"贫民窟"的后院,实际上都是发展这类非正式网络的半公共场合。没有这类街巷,社区可以"坍塌",家庭会把自己隔离起来,把家作为抵御敌对攻击的最后一道防线。

建筑论坛曾经不遗余力地赞扬普鲁特—伊戈。它看到了普鲁特—伊戈建设了以画廊为基础的"垂直街区",那里包含了洗衣设施、游戏玩耍的空间和公共门廊,建筑之间的通风空间有可能种树,发展成为公园。然而,10年以后,这个最重要的建筑设计杂志终于承认,普鲁特—伊戈是一场建筑灾难。建筑论坛提出,普鲁特—伊戈居住区公寓楼之间的空间,现在杂草丛生,打碎的玻璃、垃圾随处可见(Teaford,1986:125)。那里的社会犯罪猖獗,电梯成为强奸和抢劫的便利场所。

设计住宅要考虑到居民的需要。应该用半公共空间替代那些人们不能使用的公共空间,半公共空间让社会互动最大化,产生非正式控制,邻居相互关照。杨西提出,如果一定要对贫民窟的房子做些设计,如果一定要适应不能改变那些让社会下层处于危险之中的社会经济基础,建筑师确实可以通过一些设计,让社会下层免遭伤害(Yancey,1973:120)。

芝加哥的卡布里尼小区和新泽西州月桂山市的埃瑟尔·劳伦斯小区

为了纠正采取柯布西耶光明城理念而建造的高层公共住宅大楼所带来的灾难性后果,《芝加哥2000》宣布了一个雄心勃勃的新版规划,拆除1937~1970年建设的两个公共住宅小区:芝加哥北部的卡布里尼住宅区和芝加哥南部的更大规模的罗伯特·泰勒住宅区。罗伯特·泰勒住宅区曾经是世界上最大的住宅区。它包括28幢式样一样的16层高的住宅大楼,4415个住房单元,形成绵延4英里长的走廊。罗伯特·泰勒住宅区最初容纳了27000贫穷的黑人居民(Teaford,1986)。卡布里尼住宅区是芝加哥的一个公共住宅区,坐落在芝加哥的北边。卡布里尼住宅区由高层和中层居住大楼组成,有3606个住宅单元,可以容纳15000人。卡布里尼住宅区曾经是一个贫穷的街区,随着时间的推移,那个街区给人的印象是黑帮暴力,住房年久失修。卡布里尼住宅区逐步成为政府公共住房失误的象征。20世纪90年代,芝加哥的北部地区逐步成为芝加哥高档住宅云集的地方。于是,卡布里尼住宅区成为再开发场地,开始用高层建筑和排房来替代。那时,改造卡布里尼住宅区的基本目标不仅仅是让贫穷的居民住得更好,而且还要通过改造而把不受欢迎的住宅拆掉,留着它们会影响高档住宅区的房地产价值。

《芝加哥2000》打算拆除那些旧的高层居住大楼,开发连排的住宅小楼,把不同收入群体混合在一起。开发与住宅相匹配的学校、公园、商店和社会服务设施。这些设计大体要用15—20年的时间逐步开发,整个投入约10亿美元(Siegel,1998)。在开发建设完成时,原来高层居住大楼

图11.4 费城：低收入花园住房已替代两处高耸的楼房，留存的高楼现在专为年长者保留

里的居民有资格回迁到这个新的收入水平混合的居住区。否则，居民可以选择接受联邦政府第8条款住房补贴，去租赁其他地方的私人住宅。

这个开发项目的目标是建立一个新的种族和经济融合的社区（Ihejirika，2010）。

在一期开发中，一些被拆除的高层居住楼的原居民迁入了新建的小楼房，他们需要拿出1/3的收入来支付租金。他们的富裕的邻居花25万元购买他们的住房。一个收入很高的业主对这个社区的未来抱有乐观的态度："犹豫是肯定的，因他们（公共住房的租赁者）来自不同的环境。但是，这并非意味着他们不好（cited in Siegel，1998）。"2011年，最后一幢高层居住大楼被拆除了，只留下20世纪40年代建设的弗朗西斯科卡布里尼居住区的排房。然而，只有400原居民回迁，2100原居民搬到类似的混合收入住宅区去了。大多数原居民搬到了他们不熟悉的地区去了，那里仍然是贫穷的黑人居住区。那些原住民形成的社会小圈层和大家族当然一并消失了（Austen，2012）。

拆除普鲁特-伊戈居住区和卡布里尼居住区是20世纪90年代美国联邦政府推进不同收入居民混合居住项目的一部分，政府使用住房券和税收优惠办法让人们到别处去找房子住。较富裕的人始终对与穷人住在一个社区里而忧心忡忡，他们认为，与穷人住在一起让整个生活质量受到损害，房地产价值会因此而下滑。然而，研究表明，使用政府住房券的人实际上并不意味着犯罪。兰斯（Lens，2014）分析了1997~2008年期间215个城市的犯罪和住宅数据，他的结论是，在城市和郊区以住房选择券为主的居住区和犯罪率居高不下之间是没有相关性的。

> **体验活动11.5：公共住房**
>
> 实地考察，或通过互联网考察一个公共住宅区。这个住宅区是我们讨论的高层塔楼项目，还是蔓延开来的低矮的公共住房？它在多大程度上具有犯罪或失修的问题？你会选择在那里居住吗？为什么选择或为什么不选择住在那里。

费城的郊区，新泽西州月桂山市埃瑟尔·劳伦斯小区，是提供给中低收入家庭的经济适用房居住小区，对它的案例研究也发现，中低收入家庭集中居住与那里的犯罪或社区混乱并没有相关性，也不影响房地产的价值（Massey et al.，2013）。新泽西高等法院分别在1973年和1983年下令，要求市政当局的分区规划部门规划出供中低收入家庭居住的经济适用房小区。他们的研究结论是，建设经济适用房小区是提供更好住房机会和教育机会的有效途径，而良好的教育可以形成更好的工作机会，而不会对更大社区产生消极影响。

公共住宅生活研究

苏迪尔（Sudhir Alladi Venkatesh）是一个社会学家，他曾经在罗伯特·泰勒住宅区居住过10年。罗伯特·泰勒住宅区是由芝加哥房产局建设和管理的，设计意图就是为芝加哥的贫穷人口提供住宅。拆除高层公共住宅大楼就可以解决问题，苏迪尔（2000）并不认同这种观念。他不再使用基于建筑决定论的"谴责受害者"的方式。他希望不要把目光盯住居民或者认为高层公寓大楼是一种不健康的建成环境。苏迪尔关注的是住宅公共住房中的人们的日常生活,考察他们如何创造一个他们能够平静生活的社区。苏迪尔强调,居民的强项,他们对资源的使用,他们分享公共物品和服务,他们为了应对日常生活的挑战而建立起来的社会网络。

苏迪尔认为,联邦政府在60年代中期出资建设了许多公共住宅小区,而这项政府政策造成了灾难性的后果,联邦政府一直都在试图摆脱自由主义的方向,但始终也没有完全实现,再加上制造业和工业中熟练工种的就业机会消失,都是导致公共住宅政策失败的主要因素。公共住宅的问题并非高层公寓的建成环境问题或它的居住者的问题,而是政府机构没有提供必要的支撑,帮助居民克服这种环境条件下所出现的困难。苏迪尔认为,真正的罪魁祸首是,没有全面依法办事,削减了联邦资助,社会经济困难,日益增加的黑恶势力。这些缺失对公共住宅小区的生活产生了令人难以相信的恶果。为了生存,公共住宅小区的居民每天都要面对犯罪和人为破坏,都要为生计而奔波,因此,他们最终感到那种无力回天的绝望。苏迪尔描绘了居民如何寻求使用各种资源,包括分享物品和服务,建立社会网络,然而他们的努力最终被证明是徒劳的,那里的居民面对的是日常生活中的那些艰难困苦的挑战。

苏迪尔提出,必须在联邦政府政策、芝加哥市政府的政治体制、芝加哥住房局以及周边社区的更大经济和政治背景下,去看待居民如何努力团结起来争取较好的生活条件,包括公寓大楼里的电梯、安全和可以利用的嬉戏场所,必要的医疗卫生和就业服务等。尽管罗伯特·泰勒住宅区的居民尽力调动所有可以利用的资源,他们最终也不能摆脱这个社区分崩离析的命运。苏迪尔说,"这个芝加哥的案例表明,任何一个社区的活力不只是公共住房本身,而是与政府、民间和私人部门的支撑分不开的,没有认识到这种联系可能是最大的失误(Venkatesh,2000:272)。"

苏迪尔的结论是,公租房房客"在资源匮乏的情况下想用自己的力量去创造美好的生活"必然是徒劳的(Venkatesh,2000:272)。"如果公共住房街区里那些创新的生存战略,果真能与政府资源的增加和适当的经济发展相伴,且一直强化公租房房客的网络和协会,让整个社区真的能够满足社区的需要,那么,公租房社区就能不断得到更新恢复"(Venkatesh,2000:275)。然而,事实并非如此。在1993年至2007年期间,罗伯特·泰勒住宅区被拆除了,不幸的是,大量的谴责是针对当地居民的,而不是把矛头对准政府政策和力量,实际上,政府政策和力量才是真正的资源所在。

斯图文森小区

在结束对城市公租房的讨论之前,让我们粗

图11.5 斯图文森小区始建于1944年,在纽约市专员摩西城市更新计划的推动下,以大都市人寿保险公司做财政担保下,更替公租房、商业建筑和储气罐。斯图文森小区和相邻的比较高档的彼得库柏村,组成一个由110幢13—15层高的住宅公寓,大体可以容纳25000人。

略地看看中等收入家庭居住的公寓式住宅楼，还是具有参考意义的。第二次世界大战结束之后，计划建设一个可以容纳24000人的"小区"去替代由拥挤的公租房主导的纽约曼哈顿下东区的很大一部分。大都会人寿保险公司加上摩西慷慨的财政支持，建成了斯图文森小区。但是，不同于其他许多城市更新项目，这个小区是为中产阶级群体开发的，而不是针对贫困人口的。尽管这个街坊被拆除，为斯图文森小区的开发腾出空间来，但是，计划搬迁到斯图文森小区的是中产阶级居民，而不是拆迁户。当时，并没有考虑拆迁户到何处去住的问题。申请到斯图文森小区居住的每一个人都要通过审查，常常包括检查他们当时居住的住房状况，看看他们是否很好地维护了他们的住房（Demas，2000）。当时，搬入这个小区的都是白人，主要是爱尔兰和意大利天主教徒和来自东欧地区的犹太人。大都会人寿保险公司的董事长，埃克（Frederick H. Ecker）认为，排除美国黑人是正当的："不要把黑人和白人混在一起。也许他们混在一起100年了，但是，现在不要把他们混在一起（Retica，2005）。"直到1950年，这个居住区开始允许非洲裔美国人居住。最近几十年，斯图文森小区成为多民族的混合居住区，包括西班牙人、南亚和东亚人。

考察成功的斯图文森小区的参考意义在于，为什么这个住宅区成功了，而其他一些小区，如普鲁特-伊戈居住区，却失败了。这个故事在一定意义上说明，人本身而不是建筑如何有可能决定一个人对那个环境的适应性。更重要的是，这个故事反映出，适当的资金投入可以建成一个供人居住的住宅小区，而不是一个旨在把人按照收入、种族和肤色分隔开来的居住区，普鲁特-伊戈居住区的建设目标恰恰是要把低收入家庭封闭在普鲁特-伊戈居住区里。

斯图文森小区是坐落在比较密集地区的"柯布西耶的光明城"。不过，这些建筑通过步行道和如同公园式的绿色地区衔接起来，而不是用公路把住宅楼连接起来。曲折的步行道经过嬉戏场所、草坪和公园，这些景观成功地防止建筑物主导了小区的建成环境，那些住宅楼里包含着公寓，它们布局合理，维护得不错。霍利山学院的英语教授德马斯（Corrine Demas）是在斯图文森小区长大的，她回忆了她在那里的童年生活。她这样描绘了斯图文森小区的形体布局：

> 斯图文森小区。如果我写的是一部小说的话，你会认为我编造了它，然而，我写的是回忆录。想象一只巨大的手，托起曼哈顿18个街坊的公租房，在那些地方，围绕一块称之为"椭圆形"的中央绿地，建设许多用砖块砌成的公寓。沿着小区的4个边的4个半圆形的车道形成小区唯一的道路，纵横交错的铺装步行道，12个围合起来的游戏场，有些安排了秋千和滑梯，有些安排了篮球架，有些什么设备也没有，就是一个开放空间而已（Demas，2000：2）。

德马斯进一步讲道，在斯图文森小区，儿童活动是受到严格管理的：

> 斯图文森小区的每件事都有章可循，而且那些规矩都得到精心的维护。有序是那里的主流。围绕嬉戏场所的金属围栏很高，一般人是爬不上去的，夜晚那里还上锁，实际上我始终也没搞清楚究竟想把什么挡在围栏之外。白天，孩子们在里边玩，我们透过围栏向里看，如同动物园里观动物似的，孩子们仿佛关在笼子里（Demas，2000：8）。

不过，德马斯温馨地回忆了儿童在那里玩耍的情景，回忆了许多与她始终保持联系的童年伙伴。纽约时报杂志的首席研究员雷卡（Aaron Retica，2005）同样是在斯图文森小区长大的，他与德马斯的回忆一样，那个小区里边是没有商店的。没有商店意味着街头活动相对不多。雷卡引述了雅各布斯在《美国大城市的死与生》中一段话，没有商店通常意味着没有社区生活："中等收入家庭的居住区确实是奇迹般地沉闷和循规蹈矩，它们与生龙活虎的城市生活隔绝开来（Jane Jacobs，1961）。"但是，雷卡提出，就算循规蹈矩且没有商店，一些雅各布斯没有考察过的住宅小区特征产生了一种切实可行的社区生活。雷卡注意到，在斯图文森小区的范围内就有15个嬉戏场所。德马斯描绘的那个中央绿地承担了城镇广场的功能，给所有的居民提供了一个相互交往的地方。雷卡把斯图文森小区的设计与西班牙庄园做了对比，二者都是面朝里的。结果是城市街区不同于芒福德或雅各布斯所预测的那样。雷卡的结论是：

> 公园里的塔楼模式在许多试验过的地方都失败了。这个模式在斯图文森小区究竟能不能延续下去还有待观察，现在，大都市人寿保险公司已经把每一个新的空置房都排除在了租赁之外。当然，五代人都过去了，对我来讲，这个几乎经历了60年的实验证明，在本以为不可能的地方总可以找到最丰富市民生活（Retica，2005：back page）。

格德伯格（Paul Goldberger）是纽约时报颇具影响的建筑评论家，他的判断是，"这些因素很可能比建筑的影响更大，也许斯图文森居住区的最重要的经验是，建筑未必总是至关重要的（1979：104）。"

2006年，在房地产空前繁荣的时期，斯图文森小区和相邻的彼得库珀村以54亿美元的价格被卖掉了。这个买卖似乎成了纽约市房地产危机的象征，这个买卖让斯图文森小区的穷人、工人阶级和中产阶级居民们不得不考虑他们的居所。还好，2008年金融危机让斯图文森小区的新业主们暂时搁置了他们提高租金和赶走中产阶级居民的计划（Bagli，2014）。然而，2008年金融危机让这些新业主受到损失，于是，他们把这个庞大的住宅小区卖给了另一个房地产投资集团。2014年，这个房地产投资集团宣布，它可能不得不以拍卖的方式再次卖掉这个小区。这次拍卖的金融风险是巨大的。对于新上任的纽约市的市长白思豪（Bill de Blasio）来讲，与这个买卖相关的政治后果也是巨大的。斯图文森小区是曼哈顿可以承受的中产阶级住房的最后堡垒。如果真把它卖给了一个会大规模提高房租的新业主，那么，大规模公众抗议在所难免。基于这个认识，纽约市副市长格兰（Alicia Glen）极力阐明市长的判断："我们的住房计划强调的是维持现状，新开发可能让许多可承受的住房单元面临风险，因为赌注太大，所以不能听之任之（Bagli，2014）。"

在这些金融谋略背后的与斯图文森小区和彼得库珀村相关的绅士化过程引出了这一章的下一小节。

绅士化和追逐本真状态

绅士化是一个过程，通过这个过程，大量高收入人群搬进低收入人群居住的社区，他们改造翻新现有的住房，把那个街区转变成与他们生活方式相匹配的街区。绅士化迫使低收入人群迁出他们原先居住的地方，从而改变了那个街区的原有特征。20世纪60年代初，人们使用绅士化来描述富裕人群迁入伦敦一些衰败地区的现象。媒体把那些富裕人群描绘为上流社会的成员，家族渊源良好，具有很高的社会阶层，仅次于贵族。英国社会学家格拉斯（Ruth Glass）是第一批使用这个术语的人物之一：

中产阶级已经接二连三地侵入了伦敦工人阶级聚集的街区。"绅士化"一旦在一个地区启动，就会一发而不可收拾，所有的或大部分工人阶级原住民会被迫搬迁，那个地区的整个社会特征会改变（quoted in Solnit, 2000: 59-60）。

随后，美国和加拿大的许多城市都发生了此类现象。当时，被转变的地区包括弗吉尼亚的里士满地区，华盛顿特区的乔治城，费城的社会山，多伦多的约克维尔，纽约的下东区和苏荷。随着街区的绅士化，那里的住宅变得更贵了，房地产税上涨，于是，低收入家庭发现他们被挤出了自己的家园。

在《城市新前沿》一书中，史密斯（Neil Smith, 1996b）从政治经济角度谈到了中心城区绅士化的过程，谈到中产阶级业主、中产阶级房客和商业业主的资本大量涌入内城和贫穷劳工阶层街区的重要意义，实际上，那些内城和贫穷劳工阶层街区长期缺少投资，一些富起来的居民已经搬走了。在这本《城市新前沿》中，在更早的一篇题为"新城市、新前沿：荒凉、像荒凉的西部那样的下东区"的论文中，史密斯使用前沿这个术语来描述这种转变。史密斯说明了这种前沿的思想观念如何与有必要开发原先贬值的城市土地的经济观念联系起来。这些想法与城市投资的流进流出相联系，成为全球经济重组的一部分。

绅士化的前沿也是一个超级前沿。不仅国际资本流入了纽约的房地产市场，与此同时，国际移民为新的与新城市经济相联系的服务业提供了劳动力。现在，纽约的菜市场主要是韩国人开的；那些为绅士化的建筑服务的水电工往往是意大利人，木匠则常常是波兰人，女佣常常来自巴哈马和萨尔瓦多，照看那些中产阶级家庭的小孩（Smith, 1992: 92）。

需求侧的判断和供应侧的判断解释了为什么会出现绅士化的现象。需求侧的判断强调文化和生活品质。许多因素解释了内城场地的变更。一开始，许多城市就已经发生了经济结构调整。高收入的专业性的、研究型的和服务业里的行政管理型的工作岗位在中心城区大大增加。填充这类工作岗位的劳动者常常是受过高等教育的单身男女，或同居或结婚但无子嗣的男女。这些雅皮士（年轻的城市专业人士）和丁克族（双收入，没有孩子）青睐"城市生活方式"。这些雅皮士和丁克族选择住在靠近工作地点的地方，靠近商店、餐馆、剧场、会所和博物馆。因为没有生儿育女的忧虑，所以，新的消费模式发展起来，这一点也反映到了他们对住房的选择上。许多老城市都有很多可以转变成租金不高的旧住宅和老工业场地。从维多利亚式的褐色砖石住宅，到改造原先豪华建筑、厂房和仓库而产生的公寓，那里的住宅形式各式各样。

集中在经济因素上的供应侧的判断解释了这类可承受住宅的可能性。如同史密斯（1992, 1996a, 1996b）这样的政治经济学家指出，尽管人向城市中心地区回流是绅士化的基本要素，但是，绅士化并不就是人的回流，绅士化更是资本向城市的回流。史密斯认为，郊区已经获得了大量的投资，而许多内城街区长期得不到投资。用来维护和修缮内城建筑的资金越来越少。最终导致内城土地价格下滑。土地价值和潜在的土地价值所致的"租隙"产生了新投资的条件，投资者期待他们对内城地区的投资可以得到更大的回报。"从最基本的层面上看，恰恰是资本流向新郊区景观的建设和随后产生的地租缺口创造了重建中心城区的经济机会（Smith, 1996a: 347）。"

我们在第9章曾经讨论过安德森（1990）的《街头巷尾：一个城市街区的种族、阶级和变化》。绅士化为他研究两个社区居民之间的关系提供了宏观背景。由于资本流入内城地区，住房更新和高档街区购物的出现导致那里的房地产价值上升。随着房地产税收和租金的上升，低收入居民不能承受了，他们不得不搬出那些地段，这就是绅士化付出的代价。低收入居民还觉得，雅皮士们乐于生活在一个阶级同质化的社区里，而不接受文化多样性。

社区里的其他人发现，雅皮士们没有什么兴趣与社区里的黑人和低收入邻居交往。人们倾向于把这些年轻的专业人士看成急功近利的人。从这个角度看，加速不受欢迎的人群迁出会改善雅皮士们居住的住房的价值，让他们居住的街区更舒适。另外，新迁入的人并不欢迎肤色差异，担心肤色差异，至少对黑人很冷漠。雅皮士们期待的不是文化多样性，而是阶级同质（Anderson，1990：144-145）。

纽约市下曼哈顿苏荷区"厂房生活"的开发可以说明人口模式及生活方式与转变中的经济条件之间的关系。苏荷（SoHo）是下曼哈顿的一个部分，曾经用做工厂厂房的铸铁建筑成为苏荷地区的特征（Wolfe，2003）。铸铁是一种建筑材料，把生铁注入所需形状和尺寸的砂模中而成，在1860—1890年期间，许多商业建筑的立面都使用了铸铁，它们首先用于纺织业。后来，苏荷变成了制帽中心。20世纪60年代后期，多种轻工业和仓储业主导了苏荷地区，但是，这类商业活动每况愈下。那些厂房的天花板很高，开间宽敞，吸引了许多年轻的艺术家和工匠，而且房租便宜，实际上，在很多情况下，出租这类房子是不合法的。

到了20世纪70年代末，因为那里的租金低廉，苏荷地区吸引了许多画廊、酒吧和餐馆、精品服装店、室内装饰和古董店。高档商业的出现进一步吸引了更高收入的居民，他们与艺术家争夺生活空间，那些十分富裕的居民常常把供出租的房子转变成合作公寓，甚至买下整幢建筑用于居住。当时颁布的建筑使用规则禁止在非居住建筑中居住，于是，艺术家们必须"正式"居住在另一个地方，否则就是触犯法规。绅士化改变了苏荷地区，威胁到了艺术家社区和剩下的那些商业的未来。实际上，20世纪90年代，向曼哈顿和布鲁克林的其他一些"租隙"地区的转移已经开始。到2015年，包括新泽西的霍伯肯和纽瓦克在内的其他都市区都在绅士化。

祖金（Sharon Zukin）在她的一部非常有意思的专著《住在楼顶上》（1989）中考察了苏荷区的发展。20世纪60年代，一份政府资助的规划计划拆除这个铸铁地区，代之以适合于大公司再开发的高层建筑。与此同时，艺术家社群正在发展起来，最终导致了1971年规划，确定苏荷区为"艺术区"，"实施历史保护，用于艺术"。但是，

图11.6　位于纽约苏荷地区的铸铁建筑

祖金提出了一个重要观点，把苏荷区确定为艺术区并不一定意味着文化战胜了资本，它使用保护而不是新建设作为苏荷地区房地产升值的另一种战略。祖金（1989：352）如是说，"为下曼哈顿的艺术家争取合法地在楼顶上居住，不过预示着放宽了1973年以后出现的楼顶市场，为新的小开发商提供了一个资本积累的基础。"

史密斯一直都认为，大开发商很快就取代了小开发商。20世纪90年代，房地产开发商首先购买整幢建筑，展开必要的更新改造，然后，把它们卖给那些打算联合起来购买和建立楼顶合作社的居民，实际上，改造后公寓的售价是大部分艺术家承受不起的。史密斯（1996a：354）得出了这样的结论："苏荷确实成了绅士化的一种艺术象征，但是，就是苏荷，要想存在下去，仍然摆脱不了更为基本的经济力量。"

祖金（2010）详细阐述了她对绅士化对城市影响的早期观点。她对雅各布斯（1961）的一些观念提出了相反的看法。祖金的《赤裸裸的城市：原汁原味城市场所的死与生》是雅各布斯的《美国大城市的死与生》的一个修正。本真的地方是指街区本身的地方特色，那里居住着不同阶层各种各样的人，雅各布斯特别赞赏这样的街区。那里包括经年日久的老房子，那里的餐馆反映了老住户的民族背景，夫妻店夹杂着新居民开的画廊和小古董店。这些社区与城市更新建立起来的同质的街区，与"非本真的"、乏味的、千篇一律的郊区形成，形成鲜明的对照。

我们都会记得，雅各布斯十分钟爱20世纪中叶的格林尼治村，盛赞了哈得孙大街的街区生活。雅各布斯觉得，在那个地区生活和工作的多样性的人，创造了最具活力的城市体验。雅各布斯认为，有地方居民自我管理的街区注意保护他们的社区。随着那些街区特征的渐变，居民换了，商店变了，绅士化会逐渐发生。

祖金（2010：18）认为，雅各布斯低估了富裕的受过良好教育的人们永不知足的欲望，他们要求分享他们的城市体验——"一种对城市本色的绅士的审美"——完全摧毁城市本色。这种对原汁原味的城市的破坏，起源于他们对同质街区的追求，这种追求看似温文尔雅，实际上，产生了始料未及的后果，不再具有雅各布斯和这些绅士们盛赞的那种社会多样性。实际上，雅各布斯本人就是那些绅士之一，他们搬进了本来是工人阶级的街区。

雅各布斯的哈得孙大街形象中漏掉的是对一般意义上的资本的影响：上百年以来，经济资本悄悄溜过了格林尼治村的这个部分，留下了小商店和短短的街段；留下了移民企业家的社会资本，餐馆、洗衣店、五金杂货店，等等；留下了像雅各布斯那样的绅士的和现在许多城市居民的文化资本，他们在原汁原味的特定的城市形象中找到他们自己标志（Zukin，2010：18）。

图11.7、图11.8　迁入华盛顿特区高档化街坊的富人们所需要的商店迅速替代了工人阶级社区所需要那些商店

祖金认为，雅各布斯没有充分注意到银行和房地产公司把资本引入这些街区的力量。随着资本流入这些街区，推高了住房价格、商店的租金，提高了那里日常生活的成本。报纸、杂志和博客之类的媒体与银行和房地产公司一道不断推广新的"作为目的地的街坊"（Zukin quoted in Powell, 2010: NJ2）。因此，不那么富裕的人，移民和挣扎着的艺术家们被排挤出了这种街区，而比较富裕的人挤了进来，本真的地方便不复存在了。

祖金对纽约市的不同地段展开了案例研究，那些地段有哈林、东村、曼哈顿的联合广场，以及威廉斯堡（我父亲的家庭正好在那，彼时，那里聚集了来自东欧的犹太人和他们美国化的孩子们），以及布鲁克林的红钩。顺带提到了本森赫斯特，我在那里长大。祖金与雅各布斯都钟爱让一个街区具有意义的地方。但是她认为，经济力量最终摧毁了那些地方的异质性，代之以同质性，温文尔雅和排他性。很具有讽刺意味的是，我们对"本真"的消费恰恰是一种摧毁"本真场所"多样性特征的实实在在的力量。祖金说，"雅各布斯认为有价值的那些东西——不长的街段，鹅卵石铺装的道路，老街区那些有意义的地方标志——正好成了绅士们的'理想'。然而，雅各布斯保留不同的社会阶层的社会目标已经丧失殆尽（Powell, 2010: NJ2）。"

超级绅士化的案例1：旧金山

城市之光书店的老板和诗人费林盖蒂（Lawrence Ferlinghetti）提出，"一个艺术家和劳动大众的地方。这是旧金山的伟大之所在，或者说，它曾经是那样的。我们钟爱的城市现在不复存在了，几乎一夜之间就消失了，变成了单一公司文化的另外一部分。"

费林盖蒂，2005

环境活动分子索尔里特（Rebecca Solnit撰文）和城市考古学家兼摄影师斯瓦森伯（Susan Schwartzenberg摄影）在他们2002年的摄影随笔专辑《空城》中，考察了绅士化过程如何延伸到设定的街区之外，而且扩展到了整个城市。索尔里特的论题是，就旧金山而言，绅士化并非单单涉及城市某个地方的转变，而是涉及整个城市的转变。索尔里特遵循了史密斯和威廉姆斯的思路，他们在1986年曾经报道了城市的主要转变。

变化的方向是朝着一个由中产阶级居民区主导的新的中心城市，那里集中了专业的、行政管理的、管理的就业岗位，集中了高档休闲娱乐设施，专为在那里工作的人们（以及游客）使用。目前的更新改造，从地理的角度看，是朝着让劳动阶级更加边缘化的方向发展（Solnit and Schwartzenberg, 2002: 20）。

索尔里特和斯瓦森伯（2002）提供了一个对旧金山的可以看得见的社会学研究，旧金山的住房市场是全美最昂贵的。20世纪90年代后期，索尔里特预计，旧金山的绅士化会通过繁荣的房地产和加速的住房转移削弱旧金山的经济多样性和文化多样性。网络经济的巨大增长和由风险资本产生的虚增的收入，都导致了居高不下的房租和住房价格。老街区失去了它们作为艺术家、漂泊者的那种社区感，许多低收入的劳动阶层家庭被迫搬迁。许多人越来越发现，作为整体的旧金山是他们不能承受的且令人不快的。一方面是从事网络经济的那些人，一方面是漂泊者、艺术家和活动家，他们的经济生活几乎得不到适当的满足，索尔里特对二者的活动做了对比。她看到了从蓝领的港口城市向白领中心的变动，成为金融管理、旅游和知识产业的中心。虽然网络经济泡沫灭，在21世纪初走向衰退，但是，网络经济副产品所产生的经济力量依然影响着旧金山的经济。随着随后几年网络经济的复苏，一直延续至今，技术变化的力量和绅士化已经加速改变着旧金山的城市景观。

索尔里特概括了一个先改变街区，然后延伸至全城的两阶段绅士化过程，在这一点上，旧金山绅士化过程与纽约市苏荷区的绅士化过程大同小异。旧金山绅士化的第一阶段是由艺术家替代穷人，艺术家们开始改造旧金山的街区和社群。艺术家们打下的基础常常最终导致更富裕的人群取代他们，那些富裕的人群得益于旧金山的经济变化。在绅士化的第二个阶段，在经济上无法与有钱人竞争的艺术家们被迫离开那个社区。

索尔里特阐述了这个两阶段绅士化过程的后果。首先，流浪者和艺术家们搬进旧金山不同的可以承受的地区，他们努力找到完成工作所需要的空间，作为一种副产品，他们改变了那些街区。这个城市绅士化的过程产生了一个活跃的创造性的民间文化。当艺术家被迫迁出这个他们建立的富有创造性活力的社区时，绅士化过程的第二阶段展开，索尔里特关注的是这个阶段的后果。更富裕却没有多大创造性的人把这些社区的氛围转变成了单调且郊区式的。创造性和非营利的人受到绅士化的最严重的冲击，美术家、音乐家、贫穷的劳工，索尔里特正是站在他们的角度上来看待绅士化过程。她认为，艺术家在旧金山追逐的是那些没有多少经济效益的活动，他们指望把他们的时间更多地花在艺术创作上，但是新的经济发展，实际上却让艺术家的梦想破灭。

索尔里特提出，互联网的繁荣把旧金山变成了硅谷的郊区，艺术家被挤出那些住宅且绅士化加速，所以说，互联网经济正在让那里的文化一个一个地枯萎。不再有能力承受在那里居住的艺术家、活动分子、多种族和阶层的低收入群体一直都在被挤出那些街区。公共领域一直都是旧金山城市生活的标志，但是，新技术让空间私人化了。网络经济革命带来的新人没有把城市的街头巷尾当成公共场所，只是把它们当成一个通道而已。那些以经济为追逐目标的人们放弃了市民生活和文化生活，索尔里特对此大加谴责。"日益增加的紧迫感支配了日常的公共活动，公共场所越来越变成了人们匆匆而过的通道（Solnit and Schwartzenberg, 2002: 122）。"更多地陷入工作意味着减少参与公共事务的时间。

城市生活，类似于文化生活，需要一定的闲暇，要有一定程度的放松，需要参与未知的和始料未及的事务。对于那些觉得被驱赶的人来讲，未知的和始料未及的事情都是干扰，城市公共空间不过是尽可能快速通过的地方而已（Solnit and Schwartzenberg, 2002: 123）。

索尔里特认为艺术家推动着城市文化的创造。艺术家们给城市带来文化活力，让城市成为吸引人们工作和生活的地方，因此，她强调艺术家阶层对城市的重要意义。得以释放的创造性力量产生城市经济。如果艺术家被更加富裕的人群从经济上加以替代，那么，最终会给城市文化和经济带来消极的影响。我们可以预测到的直接后果是公共领域活动的衰退，以及最终导致整个城市本身的衰退。接受更多游客的城市，失去更多本身特色的城市，而不是一个创造性的城市，这些都是富裕人群从经济上替代艺术家的最终结果。索尔里特的结论是，像旧金山这样的城市，曾经是怪人、反常的人、富有创造性的人、激进的人的避难所。当他们被迫离开那里的时，像旧金山这样的城市就会变成"空城"。在新经济的货币的攻击下，独特的城市文化受到了侵蚀。

具有讽刺意义的是，不是穷人，而是富人，一直都在摧毁着旧金山和旧金山的公共场所。

城市是共享体验的基础设施。30年前，我们曾经担心，城市正在扔给绝望的贫困人群，城市正在衰败。甚至5年以前，这种威胁似乎是那些忽视公共空间和公共生活的新设计和新开发，一种郊区化的设计。没有一个人预见到，城市会扔给富人去糟蹋，公共生活和公共空间会被日常生活的加速和私人化而被削弱，空间里的实践活动而不是改变实际空间的方式实现了日常生活的私人化（Solnit and Schwartzenberg, 2002: 166）。

就在《空城》出版以后不久，网络经济爆发了。这样，旧金山的住房危机得到了一定程度的缓解，而对旧金山的围攻和美国城市生活危机基本上被解除了，当然，这只是暂时的。一开始，房客搬出价格比较高的公寓，房地产价格开始下降。但是，经济力量像旧金山这样的，向新经济转型的和旅游的城市，生活成本稳定在一个很高的水平上，尤其对住房存量来讲是这样。本书的第二版是在2008年大萧条之后出版的，我在第二版中提出，旧金山、纽约、奥斯汀、波特兰和西雅图等城市的城市中心的变化步伐随着国民经济而变缓，从长远角度看，摆脱旧城的倾向还将延续下去。但是，城市不可改变的事情就是它的不断变化。第二版出版以来发生的经济事件证明了这个看法。

从2010年开始，美国经济开始复苏，股市回暖；这种状况一直延续到2015年，我正在编写本书的第三版。2013年末至今，旧金山的绅士化模式正在以疯狂的步伐加速展开。这种经济转型影响到了旧金山的所有地区。在反对这种变化的斗争中，市民们表明，他们反对信息技术工人提高旧金山房地产价格和公寓房租的方式。这个收入很高的产业给他们的技术人员发放了非常高的工资，这样，他们可以在旧金山住下来，而使那些收入不高的工人支付不了租赁市场上的房租，房价驱赶穷人。谷歌公司和其他高技术公司租赁的班车给他们的员工带来了便利的交通，车上装有无线局域网，把他们送到旧金山以南30—40英里的硅谷地区上班，让它们的员工避免使用公共交通，避免与不那么富裕的人交往。这种班车实际上成了社会分层的一种象征，"打游击战"的抵制者们有时围堵那些班车行驶的道路。他们拉出横幅，分发传单，抗议使用这种公司的专用班车，抗议那些拿着高薪的人们让旧金山的生

图11.10 身着"旧金山流离失所和街区干预机构"服装的人们举着抵制的牌子，在24街堵住谷歌公司的班车。他们正在抵制这种班车的出现，抵制那些为谷歌公司和其他技术公司工作的人，他们已经搬进了他们绅士化了的街区里

图11.9 旧金山一直都在发展轻轨交通系统，用以补充公共交通运力。这些有轨车非常受欢迎，居民和游客都在使用它。如同旧金山著名的缆车一样，有轨车也成为这个绅士城市的一种象征，旧金山的符号经济是以旅游业为基础的。照片上的这种有轨车最初出现在费城，车上一直都有"PTC"（费城运输公司）的标志。很多城市，包括意大利的米兰，都购买了这种有轨车。这张照片的背景上是旧金山轮渡大厦，人们从这里乘坐围绕旧金山海湾行驶的轮渡，可以到达索萨利托和蒂伯龙等地。周六，这个地方会有很大的农产品市场和街头集市

253　第五部分　城市的人和场所

活成本暴涨（Gumbel，2014；Dorfman，2014）。2014年，谷歌公司对此做出反应，给旧金山市捐献了680万美元，让低收入家庭的孩子们可以免费乘公交汽车两年（Steinmetz，2014）。这种"代付"究竟可以在多大程度上熄灭人们的愤怒不得而知，但是，有一点是可以肯定的，这种"代付"不会改变绅士化的模式。

超级绅士化的案例2：伦敦的玛丽塞勒斯特

伦敦同样经历了重大的绅士化过程。类似于美国的那些城市，中上层的伦敦人和想成为伦敦人的那些人不断涌入伦敦的街区，寻找下一个好地方住下来。于是，伦敦的人口分布正在改变，推动住房和所有消费品的价格飞涨，从而严重影响了不那么富裕的居民。这些绅士化的模式在某种程度上缓解了那些已经拥有房地产的困境，他们感觉不到天价房租和抵押贷款月供的痛苦（D.K，2014）。这些绅士化模式很正常，但是，反常的是那些不使用这些住房的人购买了房地产投资。

2012年，"伦敦标准"（London Standard）上发表了一篇文章（Bar-Hillel and Prynn，2012），这篇文章谈到伦敦骑士桥地区一幢非常昂贵的高层公寓的情况。记录表明，这幢戏称为"玛丽塞勒斯特"的大楼拥有85套公寓，其中仅有3套全天候地用于居住。1872年12月5日，一艘被抛弃的美国商船"玛丽塞勒斯特"被人发现漂浮在大西洋平静的水面上。这艘船完好无损，仅仅丢失了一只救生船，当然，船上的8名水手和2名乘客也人间蒸发了。所以，人们使用"玛丽塞勒斯特"来描绘那些神秘的空船或空建筑。

在这幢建筑中，3个居民缴纳了完整的永久性居住税，而另外49户登记为第二住房，仅仅缴纳完整居住税的90%。27套公寓还没有卖出去，6套虽然卖出去了，却是空置的。一位政府官员提出，这幢建筑没有对地方经济或伦敦经济作出贡献；倒是证明了人的贪婪。缴纳全部居住税的三家人都是最富裕的，一个乌克兰人拥有顶层公寓，还有一个人是阿拉伯酋长国的部长，一个认识保险公司大亨。国际投资者购买了其他公寓，他们并非永久性地住在那里。

过去25年一直住在伦敦的一位作家歌德法尔伯（Michael Goldfarb，2013），在纽约时报上撰文谈及他所在的那个伦敦街区的变化，他认为，那些变化都是全球经济发展的后果。他提出，伦敦的住房价格迅速攀升，全球投资者购房并非真的用于居住，而是用房地产来积累财富；或者，他们购买房子，也只是短期行为。他们并没有想把那份财产真的用来居住，而是看重了投资的盈利。

歌德法尔伯引述了英国国家统计局的数据证明，2012年7月至2013年7月，伦敦的住房价格上升了10%。这个住宅价格涨幅超过了伦敦郊区的住宅价格涨幅，甚至比英格兰和苏格兰其他地方的住宅价格涨幅都大。实际上，"伦敦住房和公寓是一种形式的货币"，每年有10%的资本盈利。富裕的英国人和外国投资者对住房投机感兴趣，与此同时，商品价格，包括每天的柴米油盐、日常的穿着、餐馆、剧场和其他事件的价格，都贵得让人却步，当然，对于那些真的住在伦敦的富人来说不是问题。

歌德法尔伯在他的笔记中提到，他在伦敦的一个地方住了25年，已经对那里有了一种社区感。但是，这种经济投机已经让他的许多朋友和邻居被迫搬到那些不那么昂贵的地区去了。他认为，伦敦一直都是一个富有弹性的城市，经受过巨大的变化，有些变化是积极的，让伦敦真正成为全球城市。但是，歌德法尔伯对最近的未来并不乐观，房地产投机可能导致社区和伦敦身份感的重大损失。

现在，开始感到伦敦历史的下一个阶段会是一个短暂的时期，是对这个城市的一种背叛。我很想知道，那些通过购买房地产而把钱扔在伦敦的人是否能够提供共同的情感，帮助这个城市在未来的岁月里不可避免会经历的动荡中生存下来（Goldfarb，2013）。

超级绅士化的案例3：纽约市的公寓空壳公司

果壳猜测游戏是一个古老的赌博游戏，用三个果壳和一个干豆子来玩。这粒豆子很快地从一个果壳变到另一个果壳里。这个游戏的目标是赌客猜中哪个果壳里有那粒豆子，猜对了就能赢钱。果壳猜测游戏不过是一个骗局，庄主偷偷地转移了豆子，所以，赌客不可能赢。相类似，空壳公司是一个企业，常常为一个非法生意或处于无论什么原因而不愿抛头露面的富人们站台。纽约市的空壳公司一直都在匆匆忙忙地靠近中央公园价值数十亿的大楼里，购买非常高端的价值数百万的公寓单元。

图表11.3 纽约市豪华公寓空壳公司所有权比率

建筑	所有权比率
One57	77
广场	69
时代华纳中心	64
中央公园西	58
彭博塔	57
特朗普国际	57

资料来源：纽约时报，2015秘密的大楼。小结：购买时代华纳中心公寓单元的藏起来的钱。纽约时报，2月7日

经过一年多的调查，纽约时报的调查记者考察了全球现金流入的情况，这种全球现金流入一直都是纽约市高端房地产繁荣的主要因素。调查结果形成了一个由五篇文章组成的系列报道，斯托瑞等（Louise Story, Stephanie Saul, Alejandra Xanic von Bertrab, Story and Saul, 2015a, 2015b; Saul and Story, 2015a, 2015b; Story and von Bertrab, 2015）详细描绘了一些公寓单元业主的活动，空壳公司隐藏了那些业主的真实身份。那些业主之所以不暴露自己的身份，是因为有些是合法的，有些是不合法的。在这一系列文章里记者发现，隐藏身份有避税的，腐败的投资策略。不去管他们投资数百万美元购买房地产的理由，事实是，他们之所以可以这样做，是因为美国和其他国家的法律都允许通过空壳公司调动大量难以最终寻源的钱。空壳公司是公寓单元的所有人，而不是真正拥有这个公寓单元的个人。

广场酒店（儿童系列童话的主人公埃洛伊塞就住在这个著名酒店的顶层）、中央公园西路15号、彭博大厦、特朗普大楼、One57、时代华纳中心都是价值60亿美元的大楼。这些公寓单元身份公开的业主包括许多美国富人和著名人物——医生、律师、执行官、技术大亨和媒体大亨，还有娱乐和体育明星。时代华纳中心身份公开的业主包括知名歌手，巴菲特（Jimmy Buffett）和马丁（Ricky Martin），新英格兰爱国者队的四分卫布雷迪（Tom Brady），脱口秀主持人瑞帕（Kelly Ripa）以及17位上了福布斯杂志世界富豪榜的亿万富豪，包括艺术经销商、8个人是大公司的执行官（Story and Saul, 2015a）。

但是，最引人注目的是，时代华纳中心64%的公寓单元是由200多家空壳公司所有。同样，空壳公司拥有其他5个大厦公寓单元的所有权，比例从57%~77%。这些业主包括政府官员和与他们有关的人，还有一些个人，他们从事非法的商业活动，来自俄罗斯、墨西哥、哈萨克斯坦、马来西亚和印度。在一年多的时间里，纽约时报的记者研究了所有他们可以查阅的资料，发现了一个隐藏起来全球财富的不透明的经济。这些业主的身份揭示了全球财富如何正在流入纽约市的房地产市场，让人们想起了前面提到的玛丽

塞勒斯特现象。"看看伦敦、新加坡和其他一些金融中心,资本洪流建立起了外国超级富豪的聚居地,玻璃和钢铁大厦重新塑造了城市景观,阶级不平等有目共睹,于是,对阶级不平等的抱怨和争议也随之而来(Story and Saul, 2015a: A1, A14)。"

在大街上,在房地产市场上,人们都能感受到这种资本洪流的影响。在一个确定的时刻里,仅有1/3的公寓单元不是闲置的,在这种情况下,影响布隆伯格市长的那种涓滴理论(富人愈富应能惠及穷人),富人把钱花在附近商店、餐馆,给门童、门房、清洁工、司机一些小费等,其实并没有如期发生。另外,这些公寓的售价都在数百万美元的范围,水涨船高,让那些本来价值不高的房地产的售价也攀升了。房地产价格已经把整个曼哈顿和相邻地区转变成了超级绅士化的街区,不仅中产阶级和穷人,就是那些百万富豪而非亿万富豪,都不可能在那里找到经济上可承受的住房。

美国城市里的无家可归者

20世纪80年代初,美国城市中心露宿街头的人数增加了。无家可归者成为大众和政策制定者所关心的社会问题。从那时起,在之后的30多年里,旨在解决无家可归问题的政府计划和慈善机构的努力成效甚微。

美国究竟有多少无家可归者呢?估计数量相差很大,因为很难精确计算出那些变动不居的无家可归者。因为人口统计和样本调查使用的统计数据是基于登记造册的那些人,他们具有相对固定的居住地点,所以,这种人口统计和样本调查也是不适当的(Rossi, 1994)。一个有用的数据源是美国住宅和城市建设部(HUD)的年度无家可归者评估报告。2013年的年度报告(HUD, 2013)发现,2013年1月的一个晚上,美国全国范围内的有庇护所和无庇护所的无家可归者的人数为610042。他们大部分(66%)是在紧急收容站里和过渡住房项目中,35%的无家可归者露宿街头,完全没有庇护设施,如桥洞里汽车里,或者废弃的建筑物里。美国住宅和城市建设部2013年的报告指出,自从2010年以来,无家可归者的人数减少了5%(20121人),2013年没有庇护的无家可归者为6%(11030)。但是,即使无家可归者的人数减少了,其数目还是惊人的。另外,呼吁解决无家可归者问题的人所估计的数字要高很多,100万或200万。

这些无家可归者是什么人呢?我掌握的资料显示,无家可归者形形色色。20世纪50年代和60年代统计的"老"无家可归者几乎都是白人,他们的平均年龄大约在50岁。20世纪80年代,曾经出现过很大数量的"新"无家可归者,他们要年轻得多,大约30岁左右。25%为妇女,黑人和西班牙裔的数量上升(Rossi, 1994)。

以家庭为单位的无家可归者也是一种变化,过去,无家可归者一般都是单独男性。2013年"年度无家可归者评估报告"(AHAR)显示,1月份的一个夜晚,66%的无家可归者是个人;34%的无家可归者是某个家庭的一员。所有无家可归者

图11.11:与洛杉矶著名的桑塔莫妮卡码头相邻的公园中有很大一块被无家可归者占据的领地

中的58%是年龄在18岁以下的少年儿童，全部无家可归者中有9%的年龄在18—24岁之间，32%的年龄在25岁以上。57549名无家可归者是退伍军人。这份政府报告提出，2013年，退伍军人身份的无家可归者人数下降了（减少了24%，17760人）。2013年"年度无家可归者评估报告"没有按民族划分的数据，当然，2009年的"年度无家可归者评估报告"提出，白人非西班牙裔的无家可归者人数占无家可归者总人数的38%；我们可以估计，这个比例至今大体维持不变（图表11.4）。

图表11.4　美国无家可归者的人口特征

2013年1月的一个夜晚，美国有610042名无家可归者。
- 65%住在收容站里或过渡住房里；35%没有庇护设施
- 23%是年龄在18岁以下的少年儿童；10%是年龄在18-24岁的青年
- 7.5%是无人陪伴的少年儿童（18岁以下）或青年（18-24岁）
- 64%是个人；36%有家人
- 17%是长期无家可归者
- 9.5%是退伍老兵；他们中间有8%是女性

资料来源：住房和城市建设部（HUD）2013年提交给国会的"年度无家可归者评估报告"（AHAR）。

美国住房和城市建设部1999年对4000名无家可归者进行了访谈，马斯奥尼斯（John J. Macionis）发现，90%的无家可归者生活在城市地区（图表11.4）。就生活在城市地区的无家可归者而言，71%生活在城市中心，21%生活在郊区。仅有9%的无家可归者生活在乡村地区。这个比例延续至今。2013年"年度无家可归者评估报告"提出，加利福尼亚州（22%，136826人），纽约州（13%或77430人），佛罗里达州（8%或47826人），得克萨斯州（5%，29615人），马萨诸塞州（3%或19029人）这5个州的无家可归者总人数占全美无家可归者总人数的50%以上。

什么原因造成了如此巨大的无家可归者人数呢？人们通常提到的原因包括，有精神疾患但被放逐到社会上来的个人（即没有住在精神病治疗机构里）或者从未诊断过；失业者；由于公共帮助资金削减而达不到领取救济金标准的人；可以承受的住房减少，尤其是在城市地区。房租增加，可承受住房的短缺正在增长，所以付不起房租的贫困人口数量随之增加。可承受住房的减少，还源于城市更新，比较少的住房存量随着城市更新而减少，它们被大规模更新，或者被改造成了昂贵的公寓，又或者完全拆除，建起了豪华的住宅或写字楼、购物中心或体育场。这个"绅士化"过程对城市振兴有利，然而，却常常让穷人失去居所。

图表11.5　美国无家可归者的位置

	特大城市	小城市、县或区域	其他地方
全部无家可归者	46.7%	40.2%	13.0%
在收容所或过渡房里的无家可归者	45.4%	41.7%	12.9%
露宿街头的无家可归者	48.1%	38.6%	13.2%

注：特大城市为美国最大的10个城市
资料来源：住房和城市建设部（HUD）2013年提交给国会的"年度无家可归者评估报告"（AHAR）。

罗西（Peter Rossi，1994）在20多年前就提出，无家可归者人数的急剧增加与经济结构的变化相关，使用大量熟练工种的制造业向服务业转移，而服务业需要高等教育和更多的职业培训。旧金山是一个典型的案例。

在前面的讨论中，我们曾经讲到，旧金山是美国最昂贵的城市之一，而那里的收入很不平等。通过城市更新，那些在硅谷就业的高收入者住进了旧金山的中等和低收入的街区，那里的居民深深感到了绅士化的影响，许多不那么富裕的和贫困的居民被迫搬迁出去，其中有些人成了无家可归者。2004年6月，旧金山的市长宣布了一

> **体验活动11.6：与无家可归者交谈**
>
> 找到一位或几位无家可归者，与他们交谈。经过允许，你应该去一个无家可归者的收容所，供应食物的厨房或其他形式的照看无家可归者的机构。在交谈中，应该让无家可归者主导谈话。他们是沉默，还是乐于提供信息？有关他们成为无家可归者，你了解到了什么？他们如何应对他们现在的状况，他们对未来抱有什么愿望？

个10年计划，大规模减少旧金山的无家可归者的人数。这个计划打算把市中心区的无家可归者收容到室内来。旧金山新闻在涉及这项计划的10周年专题报道中指出，此事没有按照预期发生。旧金山市花费了15亿美元，让19500人离开了街头，但是，其他的无家可归者取代了他们（Knight，2014）。2015年1月，旧金山共有6346名无家可归者（O'Connor，2015）。

旧金山依然极度需要公共住房来收容无家可归者。2004年计划的目标是，到2010年，建设3000个支撑住房单元，到2014年，依然缺少300个住房单元（Knight，2014）。2014年，市政府希望完成这个数字，同时，再增加一些住房单元，到2015年，解决总数为3106无家可归者的住宿问题。通过市长办公室和城市建设和住房部提供的260万美元的资金，更新了200间公共住房单元，2015年1月投入使用。但是，等待住房的人数超过2000人。在这些申请公共住房的人中，优先考虑那些生活在收容所里的无家可归者，让无家可归者和露宿街头的人首先住进公共住房单元里（O'Connor，2015）。

历史学家霍华德（Amy Howard，2014）一直都在呼吁解决旧金山的公共住房问题，强调了提供低收入补贴住房对旧金山居民的重要性。他认为，社会不仅要为无家可归者提供居所，还要为他们提供社会空间，促进社区建设。霍华德（2014）使用了"动之以情的行动"的概念，他认为，社区不仅要与住房官员一起建立战略，还要通过托儿所、野餐和其他日常交往的方式培育社区参与。赫芬顿邮报引述了霍华德的说法，公共住房是这样一个居所，"可以称之为自己的空间，可以在那里与邻居建立关系，在那里努力完成自己的学习，得到一份工作，让你的孩子去上学"（O'Connor，2015）。霍华德进一步指出，旧金山已经成了旅游之地，吸引了来自世界各地的人们居住。旧金山人为自己的文化多样性而骄傲，正是这种文化多样性"让旧金山生机勃勃，让（低收入居民）在这座城市里生活是必不可少的，他们有资格在那里有自己的居所"（O'Connor，2015）。

无家可归者不一定同意自己成为所在城市的一个"问题"。城市更新，无家可归者抵制被赶出他们经常活动的街头，莱特（Talmadge Wright，1997）对二者之间的关系展开了研究。他认为，内城更新计划是边缘化人群主导社会建设的表现。社会空间建设、更新的前景，无家可归者的身份，莱特讨论了三者之间的理论联系，他试图说明，空间的社会建设如何在边缘化身份的社会建设性质上发挥着重要作用。莱特使用芝

图11.12 2010年1月20日，旧金山的示威者手里举着"房门钥匙，不是手铐"的标语牌在市中心的市场街冒雨游行。他们反对把无家可归犯罪化的政策，或者反对歧视无家可归者的政策

加哥的南环和圣何塞核心区作为案例，说明排他性的和官方的土地使用政策如何不能摆脱普遍的社会经济两极分化的背景。

莱特理论分析的一个重要特色是，他考察了无家可归者如何有组织地对抗对他们日常生活的改变，他们如何通过多种策略，包括民间抵制、擅自占用和法律咨询等办法来建立一个"场所"。他分析了无家可归的边缘化人群在芝加哥和圣何塞、加州发挥积极作用的机构。在芝加哥，宁静之城，一个无家可归者自己建立的营地，成为抵抗和擅自占用活动的中心。在圣何塞，无家可归者与"学生无家可归联盟"一道直接挑战市政府的可承受住房政策。总而言之，莱特的判断是，无家可归不仅仅是一个社会福利问题。从更广泛的意义上讲，无家可归是一个直接与绅士化替代问题相联系的土地使用问题，是那些有权力影响城市发展的人们应该如何去看城市的文化形象的问题。

斯诺和安德森（David A. Snow, Leon Anderson, 1993）提供了认识无家可归者困境的强有力的证据，从病理学和医学的角度去看待无家可归者是一个误导。在得克萨斯州奥斯汀的研究现场，斯诺和安德森发现，绝大多数无家可归的男男女女在面对困境时都非常能屈能伸、足智多谋且务实。他们认为，把重点放在残疾问题上会扭曲了无家可归者的特征。无家可归者之间的差异是他们发现他们自己所处境遇的结果，而不是来自性格弱点。

面对最微不足道的资源，常常遭到广大社会的白眼，被社区成员和执法官员欺凌，试图分得美国梦中的一杯羹却每每碰壁，在这种情况下，他们继续抗争而获得生存，与大街上的同类建立友谊，努力开拓一种意义和个人身份的感觉（Snow and Anderson, 1993: 316）。

斯诺在他与他的助手开展的一项早期研究中提出，强调无家可归者的个人原因是指责无家可归者的另一个例子。同时，让注意力偏离了无家可归的经济原因，导致错误地推广注定不会成功的社会政策。

把重点放在研究精神疾患、去机构化和无家可归者之间的关系，对于大多数无家可归者是没有意义的，也是不公正的。整个无家可归问题并非精神疾患和去机构化问题，而是更普遍的制度问题，如失业、熟练工和半技术工的不适当的收入，低端住房短缺（Snow et al., 1986: 422）。

无家可归者之所以露宿街头，是因为他们"选择"以他们自己的方式生活，莱特在前面提到的著作中同样表示，这种假定是错误的。这种"自愿的"以及原先提到的"个性的"看法，都遵循了"谴责无家可归者"的传统。20世纪初，对贫民窟居民和贴上了"流浪汉"标签的白人、中年人、老人展开了研究，这两种看法反映的正是那时的研究。莱特的结论是，"认为无家可归是一个个人问题，可以通过心理疏导方式加以解决，会掩盖社会不公的制度性问题，是只见树木，不见森林的看法，仿佛无家可归是个人的责任（Wright, 1997: 12）。"

总而言之，我们对美国城市无家可归者的研究表明，贫困是无家可归的首要原因。通过把贫困人群从原社会空间中排挤出去，政府的城市更新政策和绅士化模式加剧了贫困。使用惩罚性的治安行动、城市分区规划和对贫困人口不利的身份概念，土地使用政策以排斥、压制和驱赶穷人的方式，实际上改变了城市景观。社会网络没有能力给那些需要得到帮助的无家可归者提供必要的资源。这些社会资源本身不堪重负，不能补贴无家可归的家庭。这些社会网络只能勉强维持。

结论

本章考察了生活在不同类型城市社区里的人。社会学家区分了少数族裔聚居区和聚居地，少数族裔聚居区基本上是由一个种族或民族群体主导，人们常常不能对住不住在那里做选择；聚居区里的居民在很大比例上属于同一个群体，但不是排斥性的，人们往往可以选择是否住在那里。在白色欧洲人移民的聚居区里，教堂是那个社区的一个支柱。经过几代人的同化和地理变动，这类城市教堂已经不那么受重视了；弥撒快闪现象试图振兴教堂以及宗教的义务。生活在迈阿密小哈瓦那里的古巴人，把自己看成流放者或移民，古巴和美国外交关系的恢复，让人们注意到他们的这个广泛态度。

芝加哥学派的城市生态模型没有完全把握住美国种族歧视的性质，没有认识到种族歧视对非洲裔美国人少数族裔聚居区的影响。梅西和丹顿涉及居住隔离的著作通过同化和超级隔离的比较补充了芝加哥学派的城市生态模型的这个缺失。

1949年的《城市更新法案》对包括圣路易斯的普鲁特—伊戈住宅区和芝加哥的卡布里尼住宅区在内的低收入住房小区负责，那些居住区成为了与公共住房项目和工作相关问题的范例，它们试图建设适合居住的社区，但是，那些努力常常是徒劳无功的。对比而言，纽约的斯图文森小区证明了，资源和适当资金的配置可以为中产阶级居民提供一个繁荣宜居的环境。

祖金有关绅士化和追逐本真性的著作，引导人们考察了旧金山、伦敦和纽约市的超级绅士化的影响。

本章最后讨论了美国的无家可归问题，美国的无家可归问题与广泛的社会力量相联系，包括政府社会政策的改变，而全球经济环境一直都在影响着政府社会政策。

思考题

1. 解释少数族裔聚居区和聚居区的差别。
2. 弥撒快闪是什么？弥撒快闪现象如何与19世纪后期和20世纪早期欧洲白人社区的发展模式相联系？
3. 描述古巴早期移民和后期移民以及他们现在养育的孩子之间对他们美国身份的态度差别。
4. 追踪美国城市非洲裔美国少数族裔聚居区的发展和超级隔离对这些社区的影响。
5. 找出对公共住房小区建设负责的因素，解释为什么有些公共住宅小区失败了，而有些成功了。
6. 定义绅士化，列举美国大城市和其他地方超级绅士化的例子。
7. 描绘美国城市20世纪90年代以来的无家可归现象和它的趋势。谁是无家可归者，他们如何适应城市社会结构？

第12章　城市家庭、性别和单身族

本章大纲

城市家庭
　　前工业时期家庭的公共世界
　　工业城市和私密家庭的兴起
　　郊区的兴起、家庭生活崇拜，以及私密的家庭

性别、礼仪规范和公共空间
　　妇女和维多利亚时代的礼仪规范
　　公共场所的性骚扰
　　城市里的男女同性恋者

城市部落和创新阶层
　　没有孩子的城市
　　作为前沿的城市夜生活

结论

思考题

背景图：一对同性恋者和他们的孩子。当代美国很大程度地接受了这样的家庭。

工业城市的出现导致了空间分隔的发展，我们已经在本书中谈到了这一现象。空间分隔的第一种形式就是工作与居家的分隔。前工业时代城市的特征是工作用地和居家用地混合在一起使用，但是，在工业时代的城市里，人们一般不在他们居住的地方工作。在土地使用中，以功能为基础，划分土地使用分区；工业、商业、办公、购物都与居住分隔开来。除此之外，在工业时代的城市里，第二种空间分隔的形式是，按照阶级、种族和民族把街区分隔开。在前工业时代的城市里，不同阶级的人是混居在一起的。洛芙兰（1973）提出，我们不能通过他们居住的空间位置确认谁是陌生人，而是通过他们的外表发现谁是陌生人。在工业城市里，帕克和他在芝加哥大学的同僚谈到，20世纪的第一个时期里出现了一些"文化区域"，如小意大利、中国城、希腊镇和贫民窟。

这一章要谈的是空间分隔的第三种形式：通过家庭地位、性别和由此产生的个人、家庭和社区的分层模式，对空间做出划分。本章首先考察家庭、血缘关系和裙带关系的性质，城市化如何影响到家庭、血缘关系和裙带关系。然后，本章打算研究，城市中体现出来的以性别和性别选择为基础的社会排斥。随后，研究城市里数量正在增加的的单身族，它一直都在推动绅士化，包括"无子"城市的想象和年轻成年人在城市活跃的夜生活中的角色。

城市家庭

社会学长期认为，现代生活的基本特征之一，是建立一个所谓私人生活或私人领域的社会活动空间。私人领域是从社区、经济和国家公共机构中去除的一种社会生活空间。家庭是构成私人领域的最重要的机构，家庭首先要负责儿童的社会化。西方工业社会的母亲常常被认为是最重要的社会化引路人。有一种观点认为，家族和社群在历史上曾经对个人有着更加直接的控制。在近代，前工业历史时期，家庭更像一个组成家族的公共机构，家族则是更大社群的一个部分。现代社会没有这种家庭与更大社群的结合，而且，当代家庭的基本特征是家庭与社群的分隔。

法国社会历史学家阿里叶（Philippe Ariès）在《童年的世代：家庭生活的社会史》（1962）一书中分析了西方家庭的历史进化。这个分析是在家庭与更大家族、朋友关系、邻里关系、依据宗教信仰形成的关系和社群联系中展开的。阿里叶追溯了中世纪至今家庭概念的发展。他的资料来源包括绘画和日记、游戏和消遣的历史、学校和课程安排的发展。阿里叶的基本论点是，20世纪的家庭生活概念和现代的儿童天性形象都是最近的事情。他认为，家庭概念是在17世纪才出现的。他并没有否认在此之前存在家庭，但是，他对现实中的家庭和家庭的观念做了重要区分，家庭的观念对变化很敏感。阿里叶提出，生物学意义上的家庭存在没有问题：父亲、母亲和子女，所有社会都一样。但是，有关家庭关系的观念在历史的长河中可能完全不一样。

前工业时期家庭的公共世界

在前工业时期的欧洲，由于个人几乎完全与社群联系在一起，所以，家庭的权重就不那么大。个人在他们的社群里生活，在他们的社群里工作、娱乐和祈祷。社群支配了个人的全部时间和他们的思维。个人几乎没有属于他们家庭的时间。社群的集会地点是"大宅子"，可以达到25个人，包括若干家庭、孩子和仆人。这个大厅承担着公共功能，事务和社会交往。朋友、客人和亲戚在那里相会和交谈。这所房子的房间则是多功能的：家庭的各种活动，用于各类专门事务。人们在那里餐饮、睡觉、舞蹈、工作、接待来访者。

一般的情景是，大部分活动都是大家的，人们几乎从未独处。社会生活的密度让独处实际上不可能发生。家庭是社会的一个部分，与亲戚、朋友、仆人、邻居、客人、门生、债务人等都是一种社会关系。阿里叶提出，没有私人空间推动了压倒性的社会交往，从而妨碍了家庭概念的形成。

如同其他专门机构，家庭剔除了家里本应具有的一些功能。小酒馆、咖啡馆和会所的增长，为社会交往提供了另一类场合。在地理空间意义上，建立有别于社会事务和职场，让家庭不再利用家庭所在的空间来从事社会活动。随着家庭生活中私人空间的增加和家庭成员之间亲密程度的增强，我们可以看到家庭的增强。家庭渐渐地把自己与外部世界分隔开来，一个单独而独特的家庭生活出现了。正如我们会看到的那样，家庭与外部世界的分隔对于妇女和儿童具有非常重要的意义。

在《建立现代家庭》中，肖特（Edward Shorter）继续发展了阿里叶有关家庭的主题。肖特看到了家庭与社群的紧密联系。肖特提出，从1500年到1800年，"更大的社会制度牢牢地掌控着西欧和中欧的一般家庭"（Shorter，1975：3）。家庭通过两种联系得到支持：一个是错综复杂的家族联系，包括叔舅、姑姨和堂表亲，另一个就是广大的社群。那时的家庭没有脱离社群的独立意义。人们不认为婚姻具有脱离社群的独立意义。婚姻常常是在大家族的经济利益的基础上所做出的安排。

> **体验活动12.1："唐顿庄园"是前工业时期的吗？**
>
> 观看一集或几集电视剧《唐顿庄园》。《唐顿庄园》有哪些方面类似前工业时期的"大宅子"？电视剧《唐顿庄园》中的人物和他们的生活方式在哪些方面与前工业时期的家庭类似呢？

肖特的中心判断是，在核心家庭和周围社群之间关系的变化中，我们可以看到家庭的历史。在前工业时期，传统家庭中的人或社会成长环境是不鼓励私密性的，也不让家里出现亲疏差别。阿里叶描绘了一个相当美妙的、理想化的前工业时期的生活，不同年龄、性别和阶级的所有人都混在一个屋檐下，肖特强调了婚姻和家庭生活的消极特征。丈夫和妻子之间情绪冷淡，通过严格的劳动分工、性别控制了家庭生活特点。

总之，欧洲前工业时期的传统生活特点是，家庭以比现在大得多的程度与周围社群联系在一起。丈夫和妻子的关系不像当代工业社会这样亲密或私密。另外，妇女的身份和待遇随着她们涉足的生产性劳动而变化。当一个女性功不可没，她就更有权力，她就可以控制她自己的生活。如果相反，她可能就像一个家奴，顺从和屈服于她的主人——她的丈夫。

虽然历史上研究过的大多数家庭是由核心家庭组成的，然而，那些核心家庭的特征不能与现代私密家庭的特征相提并论。家庭在历史上并非亲密的，那时的家庭并不鼓励私密。那时的家庭既不脱离社群，也不是高度流动的，在社会或地理空间上与它的社群联系在一起。随着19世纪工业化和城市化而发展起来的现代私密家庭单元，在社会意义上和地理意义上，都是流动的，与大家族的联系，与社群的联系，都所剩无几。

为什么会发生这样的转变呢？为什么18世纪和19世纪的个人生活向私密化和家庭私密的方向转变呢？为什么历史家庭变化的意义并非家庭的规模和构成，而是核心家庭摆脱外部世界呢？为什么家庭建立了这样一种观念，这种观念把家庭看成情感支持和满足的中心呢？这些变化对家庭、对丈夫、对妻子、对孩子有什么意义？家庭在变成私密性的社会机构方面究竟取得了多大的成功呢？家庭在变成私密性的社会机构方面对社群和城市究竟具有有何种意义呢？对此，我恐怕只能概括性地做一些回答。

工业城市和私密家庭的兴起

为了回答上述一些问题，我们需要认识到，在工业化过程中，社会发生的变化导致了公共劳动和社会机构逐步独立于私密的家庭世界。自19世纪以来，美国中产阶级家庭生活的显著标志是消除掉他们家庭生活背后的社群基础。

芝加哥学派一直都影响着对城市家庭和家族模式的研究，它明确区分了城市生活和乡村生活。芝加哥学派的代表人物认为，虚弱的城市力量正在分解传统的生活方式，城市让家庭内部的那个社会分解。沃什（1938/1995）在他的"作为一种生活方式的城市"的论文中，论述了城市对家庭的影响：

> 社会学常常把城市生活方式的特征描述为，用间接接触替代直接接触，弱化家族联系，减少家庭内部的社会意义，邻里关系消失和削弱传统的社会凝聚基础（Wirth, 1938/1995: 21-22）。

就家庭内部的社会分解而言，芝加哥学派看到了城市生活对家庭和家族的影响的本质。当代家庭破裂继续反映了家庭的危机和衰落。

从20世纪30年代后期开始，第二次世界大战结束，社会学芝加哥学派的许多观点或者与新的看法结合了起来，或者影响了新的看法。20世纪50年代，美国社会学的主流学派是以帕森斯（Talcott Parsons, 1902—1980）为首的结构——功能学派，帕森斯是20世纪最重要的和最有影响的社会学家之一。帕森斯同意芝加哥学派对城市的看法，城市确实削弱了家族联系，但是，帕森斯否认家庭的社会意义衰落了。帕金森更积极且功能性地认识当代美国家庭。按照帕森斯的看法，独立的核心家庭"是美国血缘关系最清晰的特征，独立的核心家庭成为家庭独特功能和发展的基础"（1943:28）。典型的美国家庭包括丈夫、妻子和子女，这种家庭在经济上独立于他们的大家族，常常在地理上远离大家族。

帕森斯提出，工业化和城市化深刻改变了美国社会。尤其是，他认为，随着社会其他机构接管了家庭制度原先所具有的教育、宗教、政治和经济功能，社会高度"分化了"。帕森斯所说的"分化"是指，原先由一个社会机构承担的功能现在分别被若干个机构承担。这样，学校、教堂、小团体、政党、自愿组织、职业团体分别接管了原先属于家庭的那些功能。帕森斯不是消极地看待工业化和城市化，而是把家庭看成一个更特殊的群体，把家庭的功能集中在孩子的社会化上，集中在给家庭成员提供情感上的支持和影响方面。

帕森斯进一步提出，独立的核心家庭可能很适合于满足工业城市社会固有的那种职业流动和地理流动的需要。核心家庭不受强制性的大家族关系的影响，最好地流动到有工作的地方，流动到那些能够获得职业机会优势的地方。对比而言，传统大家庭制度对经济、居住权以及责任都

图12.1 1950年，一家三代共进晚餐。这张照片呈现了大众媒体和电视情景喜剧中描绘的那种家庭形象

具有广泛的和强制性的约束,而对于工业社会来讲,这种约束是不正常的。

帕森斯(1955)发现了大量支持核心家庭的事实,核心家庭对高婚姻率和离婚后高再婚率的重要作用,第二次世界大战后生育率大增,那个时期独立家庭住宅建设的增加(尤其在郊区),因此,他反对有关当代家庭破裂的社会解组论。所有这些倾向证明,家庭依然是显而易见的,而不是社会解组,核心家庭关系的活力增加。这样,一种特殊的家庭制度从功能上满足家庭成员情感和个性的需要。进一步讲,在没有其他亲戚的条件下,在没有对住在附近的亲戚承担特定义务和关系的条件下,这个由母亲、父亲和子女组成的相对独立和自我维系的经济单元,这个独立生活的家庭,可能更适合这种形式的社会。总之,在没有大家族关系的情况下,独立生活满足了两个主要的社会需要:孩子的社会化,丈夫、妻子和他们孩子的情感支撑和个性发展。帕森斯强调在这种情况下核心家庭的重要性。另外,为了就业,家庭不得不在地理上流动起来,这样,独立核心家庭具有最大的优势,最能够满足现代工业城市生活的需要。

上述讨论基本上涉及的是白人中产阶级家庭。实际上,对有色人种家庭以及最近出现的白人移民家庭来讲,他们所熟悉的经历可能很不一样。非洲裔美国家庭通过历史经验以及城市参与来适应城市。它当然也很不同于帕森斯的独立的核心家庭模式。在维持一般血缘关系,尤其在母亲和女儿之间,在参与血缘、朋友和邻居的社会关系网方面,非洲裔美国家庭的压力更大一些(Stack, 1974; Billingsley, 1992; McAdoo, 2007)。

在城市和郊区环境下,社群参与和血缘关系,对于拉丁美洲移民家庭、东亚移民家庭、印度次大陆的移民家庭、中东、非洲和最近的欧洲移民,尤其是来自东欧和俄国的移民,十分重要,不能低估。

拿墨西哥美国人的体验为例,时间可以追溯到原先墨西哥的疆域与美国西南部和加州的疆域合并的时期,直到最近的墨西哥移民。霍洛维茨(Ruth Horowitz, 1983)一直坚持认为,在社群参与的背景下,我们可以认识墨西哥美国家庭的结构和发展机制。墨西哥裔的美国人在城乡移民劳动力中都占相当比例,他们常常面对经济困境,无论是城市街区,还是乡村区域,都在为墨西哥裔美国家庭的适应和生存发挥着重要作用。迈尔斯(John Myers, 2003)提出,类似于其他少数族裔的适应和生存之道,墨西哥美国人的街区给墨西哥裔美国人提供了一个避风港,给了他们一个地理标志,在社会和经济正在发生变化和经历动荡的城市环境下,街区给他们一种回家的感觉,一种安全感。"在隔离的街区中生活让墨西哥人继续在封闭的墨西哥社会和文化中活动。街区使得和保证了墨西哥社会和文化的延续(Myers, 2003: 473)。"

郊区的兴起、家庭生活崇拜,以及私密的家庭

人们认为,分析19世纪郊区以及正在出现的家庭生活崇拜的那些思想观念,实际上预示了帕森斯描绘的"独立核心家庭"的出现。在某种程度上讲,美国郊区的发展可以看成是对城市家庭生活每况愈下的一种反应。我按照杰克逊(Kenneth T. Jackson, 1985)《马唐草畔:美国的郊区化》的思维模式来讨论这个问题。

1820—1920年的100年间,一个重要的社会和文化革命改变了美国的生活。农业社会的那种小城镇正在迅速地让位于正在出现的巨大的城市社会。而且,这个巨大的城市社会正在通过两大移民潮获得充分的人口供应,而且,这两大移民潮所带来的人口不再是以英格兰人为主导的人口。在19世纪30年代,第一次移民潮开始,在随后的50年里,除开来自英格兰的移民外,许多移

民来自爱尔兰、德国和斯堪的纳维亚国家。第二次移民潮的移民主要来自东欧和南欧，包括波兰人、意大利人、希腊人、斯拉夫人和犹太人。

许多移民，尤其是第一次移民潮中的爱尔兰人和第二次移民潮中几乎所有族裔的人，都在就业机会多的城市中心落脚，因此，不仅极大地改变了城市，也极大地改变了乡村本身。最初那些英国移民的后裔，尤其对于那些美国中产阶级和更富有的人们来讲，城市成为新美国的象征。人们对未来城市要走的道路并不了解，所以，这个象征常常充满危险。

随着1830年和南北战争之间的那几十年里展开的这些变化，许多人开始感觉到美国发展起来的工业城市是令人担忧的地方。人们把城市描绘为贪婪和罪恶的地方。人们认为，在家庭里，在家庭生活的美德中，可以找到解决办法。这是对男女在适应工业生活中所扮演的新角色的一种反应。

制造业的增长意味着人们离开家，到外边去工作。对于很富裕的家庭来讲，妻子不去做有报酬的工作。居住的地方很快成为妻子们唯一负责的地方。所以，丈夫和妻子的关系决定了"传统的"劳动分工，实际上，我们长期以来就是这样分工的。男主外，做工养家，女主内，照看家和孩子。而且，家被认为道德居上。正是在这个时期，"家庭生活崇拜"发展了，韦尔特（Barbara Welter, 1966）所说的"真正的妇女崇拜"成为"家庭生活崇拜"的基础。韦尔特把虔诚、贞节、顺从、持家称之为女性的四个基本品质，与母亲、女儿、姐妹和妻子等理想化的女性角色相联系。

在这个时期，妇女杂志和宗教开始颂扬家庭生活、私密和隔绝的好处。艾略特牧师（William G. Eliot, 1853）对女性听众这样讲道：

我们自由制度的基础是，作为一个人，我们爱自己的家。所有的人都是自由和平等的，在这个宣言中，在围坐在火炉边的一家人那里，我们都能感受到我们国家的强大。我们共和国的基础就是家家户户的那个火炉（quoted in Jackson, 1985: 48）。

那个时期流传最广的歌曲是写于1823年的《家，甜蜜的家》（Jackson, 1985）。这首歌叙述了游子对童年的家的回忆，这个主题十分适合一个正在发生巨变的社会。拉什（Christopher Lasch, 1977）把家称之为一个"无情世界的避风港"。正是在家里，家庭的私密性才能展现出来，正是家才能成为人们的一个庇护所，一个隐身的地方。家会成为妻子和丈夫、父母与孩子建立一种带有强烈情感的新的中心。妇女要扮演人妻、人母和家的创造者的角色，家被看成理想之地。

此外，当时人们认为，郊区而非城市才是私人居家的理想场地。杰克逊历史性地论述了美国私人家庭思想观念和郊区化的发展。礼俗社群基本上是家和家庭的面对面的关系，"法理社会"则是不带个人色彩和不谈友善的外部社会，"礼俗社群"和"法理社会"的区别与半乡村状态下的郊区及其独立住房的理想相关（Jackson, 1985: 46）。

19世纪女性专门主持家务的理念延续了赞美家庭神圣的意识形态。中产阶级的郊区是女性主持家务和神圣家庭的理想场所。城市在人们的心目中成为污泥浊水和不知姓甚名谁的地方；郊区则是绿色的，空气清新，妇女可以在恰当的健康和道德的氛围中养儿育女（Palen, 1995）。

我会在第14章进一步讨论郊区的发展和"郊区的生活方式"。当然，我们现在先注意这样一个事实，在私密的中产阶级郊区建设私密的家真的成了美国人的理想。

性别、礼仪规范和公共空间

讨论任何有关公共场合的问题，如果不注意社会排斥如何在公共场合展开，都是不完整的。第10章的重点是说，要想认识推动排斥不断变化和排斥如何影响非洲裔美国人，必须注意到种族因素。进一步讲，通过空间隔离政策，对陌生人的担忧竟然变成了常态，而空间隔离政策实际上超出了公共场所的范围，延伸到了整个城市。这一章，我详细阐述城市里基于性别的社会排斥的思想观念。同时，我们一并讨论城市里的私人场所。

城市科学家肖特（John Rennie Short，1996：231）使用了男人创造的城市来表达城市空间的社会建设，反映以男性为主导的设计和规划专业，以及各种带有性别偏见的设计行业。女权主义的地理学家阐述的一个一般论点是，城市结构模式反映了成为男性生产中心和女性繁殖机构的空间建设。在考虑性别与空间时，一直都是在特定场所中建立有关男性和女性的定义的，家是女人的场所，而公共场所则是男人的场所。但是，甚至被认为是私人空间的那些地方，在传统上也是男性主导的："男人的家是他的城堡"是一句流行民间的俗话，它表达了这种看法。家是依据男人的便利而安排的。家是男人休息、娱乐和放松的地方："老婆，请把我的拖鞋拿过来。"正如女权主义者所说，私人场所是妇女劳作的地方，而公共场所是受到控制的或是排斥性空间。

欧克里（Ann Oakley，1974）研究了当代维多利亚文件，想找到把妇女约束在家里和限制或禁止她们在外边做事的理由。这项研究显示："当时认为妇女在外做事不合适的四个理由是，道德、有害身体、顾及不了居所和家、不符合性别之间的劳动分工（Ann Oakley，1974：45）。"

中上阶层最先有了把妇女约束在家里的思想观念。妇女无所事事象征着富裕。赋闲在家的妇女堪称楷模。社会的发展和道德规范成为维多利亚时代的缩影。对于工人阶级来讲，女主内的规范在19世纪的最后25年里开始具体化。女主内尽管断了家庭的一个经济来源，但还是盛行起来。"人们逐渐接受了这样的观念，结了婚的妇女还在外边做工是不幸的和不光彩的（Ann Oakley，1974：50）。"对维多利亚时代和那个时代的规矩比较详细地研究不无启发，因为这些规则是正在兴起的资产阶级上层所为，在性别角色关系问题上，资产阶级上层不仅影响了它自己的阶级，也影响了整个社会。

妇女和维多利亚时代的礼仪规范

19世纪期间，英格兰的统治阶级经历了巨大变革。新的富裕家庭在名声显赫时，便开始通过工业和商业方面的成就取代原先的富人，原先那些富人之所以富有通常与遗产和家族血缘相关。为了让那些"发了财"的人减少颠沛流离的社会生活，一个精心安排的规范化的社会逐步形成。写在家政手册中的那些规则，行为规范手册，以及杂志上刊登的社评，都适合那些十分规范的社会聚会。法庭上和市政厅里的布置，同样旨在控制所有参与者的行为举止。

建立这些"社会"规则，目的是控制社会阶级的进入和参与。维多利亚"社会"当时正在经历前所未有的社会变革，所以，很有必要建立这些"社会"规则；社会接受的严格规则在社会入口处竖起的一道屏障，从而保证了社会稳定。礼仪行为还包括了出生、婚礼和葬礼的礼仪。礼仪规则显示，把新的个人和家庭介绍给一个群体成员也是一件很敏感的事务。介绍、访问和进餐方式都变得规规矩矩，而且非常烦琐。

居所日益成为社会聚会的重要地方。居所用来控制和管理接触者，"来客"希望与他们地位相等的人和寻求进入他们群体的人接触。私人会所具有类似的功能。这个"社会"控制着接近和卷入上层社会的那些人。对于新到者，有必要抛弃掉旧的从属关系、家族和非家族的关系，而成为这个令人骄傲的社会群体的一员。

妇女的角色是自相矛盾的。男性主导的男权意识影响了维多利亚"社会"，但是，维多利亚"社会"却是由妇女精心制作的。维多利亚"社会"鼓励妇女担当起居家的守卫者；鼓励男人离家去做生意、当兵、去教堂、参与政治。妇女的责任是控制社会聚会，保持变化中的社会秩序井然。不过，妇女隐居在家里，把她们的活动天地约束在家里，约束在待客接物上，与此同时，男人正在扩大他们在新的工业界的影响，扩大他们在工业界的参与程度。这种状态最终证明是妇女独立和自主性的一场灾难。

社会化实践增强了这种分化。男人通过社会化而操纵不断变化和日益复杂的工业、金融和商业的世界，而妇女通过社会化而进入繁文缛节的复杂家庭事务中，与家里的佣人大同小异。妇女的服装是社会地位和成就的一种标志。

控制妇女性行为的规则也是自相矛盾的。强调通过控制性行为和性欲望而让妇女的行为得体。否认她们自己的性欲望，把男性的性欲当成罪恶，维多利亚妇女因此获得她们的身份。纯洁的信仰和精致的礼仪规范，强调端庄、不苟言笑和洁身自好，用来给日常生活提供一种秩序、稳定和身份。但是，那些礼仪规范在心理上是枯燥乏味的。另外，把妇女放在一个处女的位置上，把她们限制在家里，把她们排除在经济事务之外，强化了父权思想和妇女屈从的规范（Bartelt and Hutter, 1977）。

里斯曼（David Riesman, Glazer and Denney, 1950）提出，在相对稳定的社会，人们对社会规则的遵从反映了他们是特定年龄组、家族和种族群体的成员。很好地建立了他们的行为模式，而且持续很长一个时期。但是，对于正在发生巨变的社会里，这类规范性指南是不起作用的。建立礼仪规则是为了控制和管理重要的生活关系。

在日常生活中，步行、乘坐有轨车、去餐馆进餐、去剧场看戏和参加其他类型的文化活动，的确需要建立一套规则来控制人们的行为，让人们在从未遇到过的情形下知道如何做出自己的反应。19世纪末和20世纪之初，美国的确面临这种情况，当时，美国正在发生着重大社会变革和工业发展。城市正在以惊人的速度发展。人们正在从南部和中西部地区的乡村向城市转移。出现了一个前所未有的移民潮，大量来自东欧和南欧的移民正在涌入美国。为了控制那些正在出现社会中的差异巨大的人群，确实制定了礼仪规范手册，传授那些社会规范和道德准则，要求人们切实履行他们的义务。这是尽量维持现状的一种举措。

19世纪英格兰和美国处于迅速的社会变革和城市化的时期。那时，有关礼仪规范的书上几乎没有几条规范涉及陌生人之间的关系。当陌生人是异性时，涉及陌生人之间关系的问题被认为尤为严重。男性的建议常常采用礼仪规范指南的形式，妇女在公共场合的行为举止应该得当。通过对非参与或非常有限参与的严格控制方式，让妇女有可能躲避男性不速之客的搭讪。要想在大庭

图12.2 礼仪规范控制着包括公共场所和居家在内的所有类型的社会互动。无论人们是在城里的公园里，如同纽约的中央公园，还是在城外的树林里，这张画上富人野餐的形象反映了控制他们行为的礼仪规范

资料来源：BPL（Flickr: Picnicking in the woods）[Public domain], via Wikimedia Commons.

广众条件下避免与陌生人交往，最好的办法就是避开公共场所，用家这类私密的地方去隔离不速之客。不过，正如洛芙兰提出的那样，"就我们对19世纪末和20世纪初女性就业、娱乐和政治参与的了解，通过颁布礼仪规范指南，似乎不太可能把相当数量的妇女留在她们的家庭'天堂'里（1973）。"

洛芙兰（1973）在一篇有关1881年至1962年礼仪规范的评论中发现，那些早期的礼仪规范集中而且清晰地指导了人们在公共场合的行为，随后人们逐步减少了对这类问题的关注。这一点反映出人们感觉到美国正在出现的工业城市的不稳定性和不可预测性，到了20世纪中叶，人们觉察到日益增多的规则。有关礼仪规范的早期著作展示了这类主题：

> 街头礼仪规范：辨认街头的朋友——忽略辨认熟人——与女性握手——青年女性的街头行为——陪同客人——购物行为——女性在公共场合的行为举止——遇到一个女性熟人——骑车和开车——旅行者和旅行（Lofland, 1973: 116-117）。

这些早期指南对人们在相应公共场合的行为举止提供了详尽的规定。一般训诫模式旨在控制彼此陌生的男性和女性的接触［以下例子源于巴德尔特（Bartelt），赫特（Hutter）和巴德尔特（Bartelt, 1986），他们考察了性别尊重和正式的礼仪规范］。以下摘录源于埃希勒（Lillian Eichler）的1922年出版的礼仪手册："如果一个妇女的手袋或手套滑落到了地上，过路的男人捡起它们，只需要微笑，说声'谢谢'。不允许进一步交谈（1922: 194）。""当一个男人看到一个女乘客开窗有困难，他一定不要犹豫，去帮助那个妇女。当然，一旦车窗打开了，事情也就结束了。"

范德比尔特（Amy Vanderbilt）在1967年的著作中继续谈及控制公共场合陌生人之间的互动："在有轨车上，坐着的男人与站着女人目光相遇，男人起身，摸摸帽子，把座位让给那位妇女，目光不过示意而已。然后，尽量离这位妇女远一点，而且不再朝这个妇女坐着的方向张望（1967: 211）。"

当代的礼仪规范书籍把注意力转向了公共生活的其他领域——行人行为、握手、开门、公共场所吸烟、餐馆行为、女性着装——继续倡导的一种行为模式。这种模式的基本理由就是保护女性——开门，在人行道的外侧行走（防止街上的垃圾和雨水脏了女性的衣裳），问问女性，是否可以抽支烟。这些恭敬行为模式的基础源于女性的无助和脆弱。当然，与此同时，很微妙却很直接地假定了女性的从属地位。这就是女性因为受到礼让而需要付出的代价。以下指南说明了这一点：

> 陪着一位女性的男人"为女性开门，把住门，让那位女性走过。在一个旋转门前，他推动转门，让女性通过。""如果通道只能走一个人，除非不得已，真要帮助相伴的女性做什么事，否则，男人应该让那个女性走在他前面（Fenwick, 1948: 29）。"

> 一个男人在街头与一个女人亲吻——见面寒暄或正在说再见——无论气候怎样，男人都应当摘下帽子。也许我应该特别地提到，这个男人要想到自己的妻子或女儿，斟酌一下这种礼貌（Vanderbilt, 1974: 20）。

> 有教养的女性不会抽烟，抽烟会让女性显眼，或者让周围的人尴尬或冒犯了他人（Hathaway, 1928: 43）。

体验活动12.2：遵守礼节

花半个小时，在城市或校园繁忙的地方，观察来来往往的人。男性和女性如何相互寒暄，男女陌生人如何互动？他们在多大程度上遵守了文中讨论的礼仪规则？

巴德尔特等（1986）分析了礼仪规则中固有的"政治和礼节"，他们的结论是，基本的礼仪是以女性无助的哲学为基础的。他们认为，这种思考依然影响着那些阐述当代礼仪规则的著作。礼让成为社会控制的现实形式，男人维持和持续着他们的权力和强势的状态。

"比较精明的"人都懂得，妇女其实并不弱势，也不是无助，无论出于什么动机延续这些模式——女性特征，对女性的礼让，或者无论什么——只要那个模式仅仅以性别差异为标准，那个模式就是一种用来反对女性的社会控制手段。用本来就很不公正的术语，把那些模式编撰成日常状态下规范行为的术语，从而把这些诠释的流程与性别之间始终存在权力差异的一般性别政治制度联系起来（Bartelt et al.，1986：213）。

女权主义学者经常指出，把空间分成公共空间和私人空间对阐述性别角色是有影响的。公共空间常常成为男人的天下，被定义为男性空间。恰恰是公共空间以物质的方式表达了男性的秩序和权威观。出现在大街上，出现在公共空间里的"女性"被看成威胁（Wilson，1991）。

社会历史学家威尔逊（Elizabeth Wilson，1991）提出，城市设计错就错在男性试图控制混乱，尤其是男性需要去控制女性"场所"。男人把公共场合规定为他们的空间疆域，当女性冒险进入男性的圈子，男人相信，女性是"公正的游戏"。富裕的女性自命不凡，得到一些保护，避免不需要的接触。另一方面，贫穷的和工人阶级的女性常常被看成不值得保护的妓女、同性恋者或"放荡的"女人。女性面对的实际上是自相矛盾的情形。

威尔逊觉得，与19世纪末和20世纪初的城市的亢奋结合在一起的匿名，给女性提供了一个机会，让她们摆脱父亲和丈夫的父权控制。乡村和郊区安排以及居家都被看成是控制环境。城市有可能成为自由和自主的场地，但是，事实恰恰相反，城市成为了危险的地方。城市提供的匿名机会让女性可以与不同背景的妇女聚集在一起，发展她们的独立感，但是，危险的存在抵消了可能的工作机会和性自由。由于城市生活缺少人情味和匿名，所以，在城市里"保护"女性的方式不是通过提供治安保护来实现的，而是从根本上改变把女性作为性对象的那种看法。

公共场所的性骚扰

洛芙兰（1975，1998）在分析城市女性时提出，城市社会学忽视了对公共场所女性的研究。在她看来，因为把女性贬到居所和街坊层面，同时，因为女性一直没有大规模出现在公共场所，所以，城市社会学才忽视了对公共场所女性的研究。她提出，因为城市社会学，甚至对公共场所的女性展开研究上，存在方向性问题，所以，研究重心更多放在捣乱的男性的影响上，而不是女性卷入公共场所的性质上。一些女权主义学者和思想家过分强调性"骚扰"的普遍性，把性"骚扰"看成公共场所生活的一个主要特征，她认为，这种看法是不恰当的。她不否认，公共场所"发生"了性"骚扰"，但是，她觉得，"公共场所性骚扰的发生一直以来都被普遍夸大了"（1998：161）。因此，女性与公共场所的联系没有得到应有的关注。另外，对公共场所的担忧和厌恶常常进一步导致妇女撤出公共场所。

亨利（Nancy Henley）和弗里曼（Jo Freeman）1975年提出，日常互动模式反映了女性从属于男人，是男人用来实施对女人的社会控制的根本来源。女权主义地理学家杜莫什（Mona Domosh）和西格（Joni Seager，2001）提出，因为女性把公共场所看成她们自身安全面临风险最大的地方，所以，女性担忧城市，尤其是担忧如大街小巷、公园和公共交通这类公共场所。实际上,对女性实施暴力最频繁的地方恰恰是作为私人空间的家里。"在错误的时间出现在错误的街巷里,女性确实面临风险,但是,我们的文化也倾向于夸大这类风险,因此,把女性困在了她们的'地方'(家里)"(Domosh and Seager,2001:101)。地理学家凡伦蒂(Gill Valentine)谈到的"父权的空间表达"涉及妇女自己加在自己头上的"宵禁",女性利用这种"宵禁"把自己感觉到的进入公共空间的风险因素减至最小(Domosh and Seager,2001:101)。这样一来,女性不再单独进入一定地区,或者在一天中的某些时段里,不单独进入一定地区。

加德纳(Carol Brooks Gardner)在《路过:性别与公共场所的骚扰》中提出,公共场所的一个重要特征,"公共场所高度性别化了的属性",一直都被忽视了(11995:44)。她认为,女人和男人体验城市的方式很不同。女性在使用公共空间时担心男性的暴力,所以,女性比起男人在使用公共空间时更拘束一些。女性对性暴力的担忧更敏感一些,这种担忧约束了她们在许多城市的行为。加德纳的人种学论文考察了与性别相关的公共场所的骚扰。加德纳隐蔽在街角的某个地方,观察经过那里的姑娘们,她确实目睹了多种令人厌恶的关注形式,包括吹口哨、出言不逊、捏和跟踪,它们显示出男性对出现在公共场所的女性的控制。公共场所并非中性的地方,而是男性控制女性舒适感的地方。

邓奈尔(Mitchell Duneier,1999)对格林尼治村的街头小贩和乞丐展开了研究,他提出,一些无家可归的黑人与路过的白人女性做些得不到回应的攀谈,作为他们性别权力的一种表达。"许多穷人和无家可归的人的行为很像黑白蓝领工人,他们常常开一些带有性暗示的玩笑"(Duneier,1999:213)。邓奈尔认为,这种不受欢迎的言语互动,是一种违反控制街头陌生人行为的社会礼仪规范的形式。

其实,打破社会礼仪规范的规则或毫不隐讳的搭讪,不过是冰山一角。男人通过他们表达的节奏和时间发现,那些女性并没有迹象表明会对他们的搭讪做出回应。于是,他们便会寻衅滋事,不仅针对某个女性,实际上,会针对任何一个人,我们能够想到社会约束背后的其他人的所作所为(Duneier,1999:213)。

邓奈尔继续解释了那些搭讪的男人的行为动机,其实,他们明知那些女性一般是不会理他们的。所以,他们把这些女性"当成能够诱导起来参与互动游戏的对象"(Duneier,1999:216)。男人这样做的结果是进一步强化了女性的看法,街头巷尾是不安全的,需要躲开且不去理会那些寻衅的男人,用高夫曼的话来讲,就是"不把他们当人"。行为的循环发生作用了,证明他们相互之间的成见并非偏见,而是一个事实。

避开街头男人的目光,擦肩而过,仿佛那些男人根本就没在那里似的,女性的行为进一步增强了男人对她们的看法,没有人的同情心、冷漠、缺少尊重,不过是互动的玩具而已。对于女性来讲,男人的行为和那种不雅行为引起的尴尬境地进一步增强了让她们对那些男人的看法,就连其他人都看上去与那些男人别无二致,同样危险。焦虑转变到了其他本无劣迹的人身上,乞丐、卖书的小贩、黑人。成见注入了她们的生活(Duneier,1999:216)。

威尔逊(1991)和洛芙兰(1998)都承认存在这种形式的性骚扰。但是,他们看到,一系列女权主义文学作品过分关注城市公共场所,体现出了对城市公共场所的敌对情绪。对安全、福利和保护的关注主导了女权主义文学作品在社会问题背景下对城市的分析和看法。威尔逊认为,这种角度仅仅用来延续父权思想,把女性约束在家庭空间里。威尔逊提倡建立一个更加公正的看法，看到女性出现在城市公共场所的积极意义，看到公共场所给女性带来的愉悦，看到公共场所因为女性的出现而产生的生动局面，与此同时，认识到可能存在的危险。她认为，整个城市生活既具有风险和危险，同时，城市给女性提供了自由和机会。

既支持城市，也支持女性，二者有可能兼顾起来，实现一种平衡，既看到城市给女性带来的愉悦，也认识到城市给女性带来的危险，城市生活把女性从乡村生活或郊区家庭生活中解放出来，当然，它也是充满艰辛的（Wilson，1991：10）。

> **体验活动12.3：性别骚扰对话**
>
> 与一位或多位女性聊聊性别骚扰问题。她们是否因为是女性而在公共场所感觉到受到骚扰？再与一位或多位先生聊聊同样的话题。他们是否在公共场所目睹了妇女因为性别差别而少到骚扰？通过这类交谈，你得出了什么样的结论呢？

洛芙兰（1998）在考察城市公共场所妇女的角色时提出了与威尔逊相类似的看法。洛芙兰认为，20世纪后期，"女权主义知识精英和活动家正在揭示出同样令人畏惧的男人的幽灵，至少有某种暗示，女权主义知识精英和活动家的警告对那些愿意倾听的人来讲不是空穴来风（Lofland，1998）。"

虽然我不会轻视性骚扰行为模式的范围，但是，我基本上还是同意威尔逊和洛芙兰的判断。提高对性骚扰行为模式的关注确实可能达到了流行病的比例，对公共场所的担心文化已经发展了起来。这种对公共场所的消极反应适得其反。提高对性骚扰行为模式的关注，并没有消除性骚扰的问题，反倒是把妇女推出了她们本应成为其中一员的公共场所。这种女权主义反城市的观点，被那些希望看到把女性推出公共空间的人以各种各样的理由拿来当了令箭。然而，解决办法并不否定那些关注公共场所性骚扰问题的看法，而是通过警察和路人，从制度上推进政策，让那些搞性骚扰的人无地自容。

城市里的男女同性恋者

城市给陌生人提供集会和交往的机会，社会科学家对此判断的态度莫衷一是。齐美尔和20世纪后期的社会心理学家米尔格伦（Stanley Milgram）都强调，影响城市人的"大量刺激"（齐美尔）或"刺激过度"（米尔格伦）都对城市人具有负面效应。这类分析把重点放在"孤独的人群"和由此而生的异化感和反常状态上，"孤独的人群"和由此而生的异化感和反常状态都是反社会的陌生人之间互动的结果。与此相反的是如洛芙兰之类的社会学家的判断比较积极，他们把陌生人的世界看成志趣相投的人们的一个机会，他们共享可能非常不同于主流文化的生活方式。

城市社会学家费舍尔的亚文化论指出，城市因为其规模、密度和异质，允许相当大量的人口聚集在一起，开发他们自己的聚居街区。城市给那些生活方式被认为是离经叛道的人提供机会，找到志趣相同的人，互动，开发他们自己聚居街区。库利（Charles Horton Cooley）是20世纪早期的社会心理学家，是对人类状况展开观察的先锋人物，他强调，我们可以通过一个人与他人的社会关系，认识那个人的个性。也就是说，一个人的行为举止可以透露出他的社会联系（Karp, Stone and Yoels，1977）。

对同性恋者的发展和他们的聚居街区展开研究，确实是一种不可多得的例子，帮助我们了解费舍尔的亚文化理论，了解库利有关标志与社群相连接的判断。对于同性恋者而言，社会标志和空间标志是相互交织在一起的，社会标志和空间标志相互构建同性恋者聚居街区。现在，旧金山的卡斯特罗区和纽约的格林尼治村都是公认的同性恋者聚居地区，实际上，美国全国和世界上的许多其他城市，都有此类同性恋者聚居区。100年以前，工业化推动了美国城市的增长，与此同时，同性恋聚居街区就出现了。

19世纪下半叶，随着成熟的产业资本主义和现代城市的出现，男女同性恋的观念和身份出现了。这些观念与那个时期同性恋聚居街区的形成联系在一起。这个事实可能会让很多人大跌眼镜。人们普遍认为但并不正确的观点是，1969年的纽约的石城事件作为同性恋自由运动，是同性恋社区的发展的开端。当时，同性恋者公开抵制警察对同性恋者聚集的酒吧的骚扰（1999年6月，石城酒吧正式登记为"国家历史场所"，被授予美国第一个同性恋场地的荣誉称号）。根据这种观念，在此之前，同性恋的生活藏"在密室"里，以私密的方式存在。同性恋者被描绘为带着深深的消极情绪而孤独地活着。然而，大量的文献已经证明这是一种历史的误解。

从血缘关系主导的、紧密联系在一起的乡村社区出发，迁徙到举目无亲的城市中心，德埃米利奥（John D'Emilio，1983b）对这种大规模人口流动展开了追踪研究。与此同时，家庭从一种公共的社群机构，变成了一种私密的隔离起来的机构。对于个人来讲，工业化和城市化建立了发展一种更为自主的个人生活的社会背景。情感、亲密和性都变成了个人选择问题，而不是家庭成员决定的问题。有同性恋倾向的男女开始搬到城市里来，在小小的乡村社区里，有同性恋倾向的男女会是人所共知的且脆弱的。在城市里，希望追求与其他同性建立积极公开的属于自己的性关系的人，获得了更大的自由，开始塑造一种新的性身份和生活方式（D'Emilio，1983b）。

昌西（George Chauncey，1994）在他的著作《同性恋的纽约》中，研究了19世纪90年代同性恋世界的出现，研究了随后50年同性恋的发展。昌西否认了公开的同性恋生活是在20世纪60年代才存在的判断。昌西利用了多种资料来源，包括报纸、日记、法庭记录、书籍和信件，他发现，合租房、社区中心、包括基督教青年会、餐馆和大排档、浴堂、舞场和街头巷尾，都是一种多层的公共生活。而且，这种同性恋的世界本身也是多样性的，有不同的阶层和种族，生活在不同的街区里，包括格林尼治村，时代广场和哈林。

大量的同性恋者迁徙到城市，除开获得就业机会外，他们的动机是追逐一种同性恋的生活方式，在小城镇和乡村地区，这种生活方式被约束到极致。昌西强调，建立男性同性恋世界对参与其中的个人和他们建立的文化都是很重要的。"参与其中的人们培育了一种独特的文化，这种文化有自己的语言和习惯，自己的传统和民间历史，自己的英雄榜（George Chauncey，1994：1）。"

20世纪初，男同性恋酒吧、看对了眼而做爱的地方、浴池和公园，都给同性恋者提供了相会的场所。就经济上对丈夫的依赖和父权思想观念而言，女同性恋者受到的约束更多，所以，女同性恋者发展了比较私密的会面场所，包括文学社、会所、女校的设施和居民点的住房。20世纪20年代和30年代，公共机构，如女同性恋者专属的酒吧出现了，当然，规模不及男同性恋者专属的酒吧（D'Emilio，1983b）。

第二次世界大战对发展男同性恋和女同性恋社区和身份具有类似的影响。战争从地理上把性身份正在出现的年轻人调出了具有异性环境的家庭、社区、家乡。德埃米利奥认为，"因为战争让大量的男人和女人离开他们熟悉的环境，这样，那些原先受到限制而被边缘化了的和孤立的同性恋者反倒让自己同性恋的性欲得到了释放（1983b：38）。"在军队序列中，男人和女人按性别分隔了开来。与此同时，一些女性虽然没有加入军队，但是，因为战争，她们进入了劳动大军，以满足生产武器的需要。这并不是说异性恋不再是性爱的主导形式，而是说战争暂时削弱了培育异性恋和约束同性恋的日常生活模式。战争给同性恋者提供了新的自由，削弱了过去多同性恋者的种种约束。另外，战争强化了男女同性恋者的身份，强化了他们作为一种生活方式的性爱联系。

20世纪50年代，男同性恋的城市区域，如纽约的格林尼治村，芝加哥、洛杉矶和旧金山的类似区域，都逐步建立了起来。同时，如马萨诸塞州的伍斯特、纽约的布法罗、爱荷华州的得梅因这样的小城市，也出现了男女同性恋的亚文化圈。美国的第一个同性恋解放组织"马泰辛协会"和女同性恋者的组织"比利提斯的女儿"相继成立，为同性恋者提供了一个表达自己的平台，同时，保护同性恋者送到敌对势力的攻击，抵抗政府和就业方面的歧视。

如前所述，1969年6月的"石城事件"是伸张同性恋权利思潮的关键事件。纽约格林尼治村的"石城酒吧"是一个男同性恋者的酒吧，专为男同性恋者社群提供服务。在这个事件发生之后，报纸记者采访了一个支持者，他谈到了这个酒吧对男同性恋者的重要意义：

在我们自己的同类中，我们觉得很安全。我们不用担心被那些为了显示他们有多么了不起的朋克们殴打。在这个酒吧里，我们的人数比朋克多（quoted in McGarry and Wasserman, 1998：5）。

作为纽约警察局采用的干扰政策的一部分，同时为即将开始的市长选举做掩护，警察突然搜查了这个酒吧。这个酒吧的顾客没有顺从这个突袭，而是做出了愤怒的反应。后来，石城一直都被传神了。石城事件当时确实催生了同性恋解放的思潮，推进了男女同性恋者建立自己的组织。正如其他人（McGarry and Wasserman, 1998; Murray, 1996）所指出的那样，石城事件诱发的行动强化和组织了一个广泛的男女同性恋的组织，实际上，美国大部分城市，尤其是纽约、芝加哥和旧金山，在此之前已经存在这类组织。石城事件让这个思潮政治化了，纽约尤其如此。

石城一直都是引人注目的，男女同性恋者创造了神话，试图以此把自己确定为一个社群。这场骚乱已经成为一个社群的象征，同性恋者共享一种对他们意义重大的遗产。——自从1969年石城事件发生以来，已经过去一代人了，但是，石城依然保持着它作为一种集体抵制象征的巨大力量，成为世界范围男女同性恋者希望的灯塔（McGarry and Wasserman, 1998：20）。

"同性恋权"思潮正巧与同性恋社群相遇，而且增强了同性恋社群，所以，同性恋社群在20世纪70年代后期和80年代初继续组织和发展；在一个不长的时期里，同性恋社群对美国的城市政

图12.3　20世纪60年代初，同性恋活动群体开始采取更公开的和激进的立场。图为1965年发生在五角大楼前的抗议活动

策产生了重大影响，旧金山最为突出（Castells，1983；Murray，1996）。

旧金山和其他地方的同性恋者进入了中心城区，当然，那些地区正在衰败，同性恋者成功地改造了那些地区，把它们变成了维护良好而且在审美上可圈可点的街区。纽约的格林尼治村的边缘地段和旧金山的卡斯特罗街地区都是最成功的案例。但是，同性恋者常常因为便宜和均价住房供应有限而与其他社会群体发生竞争和对立。低收入的同性恋者一直都是因经济状况不佳和对同性恋者厌恶所致暴力行动的受害者。另外，正在旧城区展开大规模商业开发和高档公寓住房的城市，如旧金山之类的城市，同性恋者被迫迁徙，而且被描述为可承受住房消失的原因。卢宾（Gayle Rubin）曾经这样写道，在旧金山，"本来是银行、规划委员会、政治集团和大开发商所为，却转嫁给了同性恋群体，仿佛是'同性恋入侵'所致（1984：296）。"

卡斯特（Manuel Castells，1983）提出，同性恋社群改变了旧金山市。许多同性恋者具有艺术天赋，这种艺术天赋成了同性恋文化的一大元素，它们在提高城市审美方面得到了反应，对改善旧金山城市景观产生了重要影响。同性恋者承担了很大一部分"彩绘仕女"（维多利亚时代的住房）和其他老建筑的更新改造，也承担了整段街区的改造，这些更新改造对旧金山房地产市场的升级发挥了重要作用。

卡斯特罗地区首先出现了热闹非凡的街头生活，举办了各种节日和庆典活动，它们已经成为旧金山城市文化中不可或缺的一部分，把旧金山提高成为全美最受欢迎的旅游景点之一。活跃的公共场所成为了城市生活基本要素之一（Lofland，1998）。我们不能低估了同性恋社群对旧金山繁荣的重大贡献。正如卡斯特（1983）所说：

虽然这种评价可能在一定意义上是主观的，但是，大部分城市规划师似乎看重公共生活、街头活动和高度的社会互动，把它们看成城市生活最独特的积极方面之一。贯穿全部历史，城市一直都是多样性和交流的空间。当交流终止，或者当多样性被社会分隔吞噬掉，如美国郊区别无二致的后院，城市文化便濒临灭绝，一种病态文明的信号（1983：167）。

德埃米利奥（1983b）提出，工业城市社会的结构变化使得男女同性恋的身份和他们建立的相应社群有可能出现。与此同时，当时的社会不能接受同性恋的性行为。德埃米利奥询问，是什么原因导致社会的异性恋和对同性恋的恐惧，德埃米利奥是在这种形式的社会和家庭之间存在的矛盾关系中寻找他的答案。德埃米利奥的分析很具挑战性。

德埃米利奥注意到许多社会学家共享的这样一个主题，工业资本主义把家庭从经济生产单位转变成为突显家庭情感功能的单位，抚育孩子，让家庭成员获得感觉到幸福。因此，主要不再从繁殖角度来定义性行为，而主要在情感表达上来定义性行为。实际上，情感、亲近和性欲越来越成为个人的一个选择问题，而不再单单是就家庭而言的。一些人希望与他们的同性一起塑造他们对性行为的看法，而这种态度和行为上的变化恰恰给他们提供了条件和机会。

最近在异性婚姻方面的发展表明，同性恋并没有满足同性恋者在情感上的要求和需要，所以，反对男女同性恋身份和他们的社群的声音增加了。德埃米利奥指出，自20世纪60年代中期以来，出生率下降了，平均家庭规模连续衰退，离婚率攀升，人们可选择的多样生活安排增加了。资本主义允许个人以相对经济独立的方式生活在家庭之外生活，同时，在思想观念上规定，男人和女人结婚，生儿育女，保证社会的延续，正是资本主义的这种内在矛盾决定了这些发展。正如德埃米利奥在其他地方指出的那样（1983a）：

> 这样，当资本主义已经冲击了家庭生活的物质基础，男女同性恋者和异性恋的女权主义者便成了资本主义制度社会不稳定的替罪羊。把家庭提升到思想观念的高度保证了资本主义社会繁殖的不仅仅是孩子，还会繁殖出异性恋和对同性恋的恐惧（1983a：109，110）。

1992年和1993年，克林顿行政当局上台，军队中的同性恋问题使有关同性恋者和同性恋者的权利的观点明确起来。如同种族主义、反犹太主义和性别歧视，对同性恋的厌恶和恐惧同样反映出对他人的一种担忧和排斥。一个同性恋权利团体的负责人提出，"对同性恋的厌恶和恐惧——是有社会目的的。对同性恋的厌恶和恐惧让一些人保留了特权，维持不公平竞争，限制接近就业市场（cited in Angier, 1993）。"因为同性恋与性感受和生育相联系，所以，同性恋给人们厌恶和恐惧同性恋提供了理由。以生育为目的的性行为，以快感为目的的性行为，在犹太教和基督教中，尤其是天主教和新教原教旨主义那里，二者是明确分开的。鼓励以生育为目的的性行为，谴责以快感为目的的性行为。历史学家已经提出，从写圣经的背景出发，宗教禁止同性恋是可以理解的。研究同性恋问题的历史学家费德曼（Lillian Federman）提出，"原教旨主义者拒绝承认，撰写旧约的那些人是一个濒临灭绝的部落的成员。那时，他们必须强调生育，所以，男人的同性恋是禁止的（cited in Angier, 1993）。"最后，艾滋病与性行为、性愉悦和惩罚有联系，20世纪80年代和90年代，艾滋病加剧了人们对同性恋的恐惧（Angier, 1993）。

艾滋病的流行同时影响了同性恋社群，保守主义支持了严格的性逆转。这种逆转倡导回归

图12.4 这些男女同性恋的塑像矗立在纽约市格林尼治村石城酒吧对面的那个小公园里

"家庭价值"，把性行为限制在异性婚姻关系中。但是，90年代初，对同性恋方向发生了重大的态度和行为转变。1993年4月在华盛顿特区发生的支持同性恋权的示威成为这种转向的标志，同性恋权的思潮在美国的地方、州和国家层面全面展开。最明显的变化是争取同性恋婚姻的合法化，这个过程整整经历了20年，从一个激进的观念到被广泛接受和支持的观念（Pollingreport.com, 2015）。强烈地显示出，对性别和性行为方向的社会态度和社会行为的根本性的自由化。2014年10月，美国32个州颁布了相同性别婚姻法案，而18个州禁止同性婚姻。2014年10月5日，联邦高等法院拒绝受理同性婚姻禁令被推翻了的5个州的诉讼。还有另外6个同性婚姻禁令被推翻了州也受到联邦高等法院裁决的影响。2015年6月26日，就在石城事件发生46周年之前2天，联邦高等法院以5：4的比例决定，宪法保证一对同性在全国范围有权完婚。这个裁决终止了依然禁止同性婚姻的那些州的禁令。高等法院大法官，肯尼迪（Anthony M. Kennedy）在代表多数大法官做出的裁决中提出，"不再拒绝这个自由"（Liptak, 2015; Sherman, 2015）。

社会学家冈茨亚尼（Amin Ghaziani）在《同性恋街区消失了吗？》一书中描述了这些变化，看到了社会正在向"后同性恋"时代发展，

图12.5　2014年8月6日，星期三，在辛辛那提喷泉广场，若干对同性恋者在一个承诺仪式上结合了。2015年6月，美国联邦高等法院以5：4的比例裁决，宪法保证一对同性有权在国家范围内完婚

"后同性恋"时代的特征是，社会接受了不同形式性关系的存在。事实上，果真如此，那些地理上孤独的或一些称之为"同性恋者聚居区"可能就会消失了。同性恋者不再需要居住在一个保护性的环境中，不用担心反同性恋者的歧视、偏见和可能的暴力。然而，冈茨亚尼警告说，在那些不那么具有容忍精神的城市，还是需要具有某种保护的空间和社区，当然，在那些自由和宽容的城市，如旧金山，空间越来越结合在一起，卡斯特罗不再是同性恋者觉得唯一安全的地方了。

冈茨亚尼对芝加哥和芝加哥称之为"少年城"的同性恋街区进行了案例研究。他描述了住在少年城的同性恋者的生活，他认为，男女同性恋者都在不断向其他社区迁徙，如罗杰斯园，西郊的欧克园，以及北部的安德森维尔社区。随着第一批女同性恋者迁入，而后男同性恋迁入，安德森维尔本身正处于转型之中。同性恋者以及异性夫妻正在通过社区改造解决住房问题。与此同时，少年城正在变成带着孩子的异性夫妻的居住选择，他们打算在一个多样性的社区里抚育孩子成长。冈茨亚尼提出，明显的一种性别的身份取向可能正在消失。民族、职业、阶级和年龄之类的身份，像性别身份一样，都有可能在一个人的生活中发挥重要作用。实际上，许多异性夫妻与同性恋者建立了友谊，性取向在他们的互动中并不重要。相类似，同性恋者生活在异性夫妻的街区里，人们把他们看成一个邻居，而不是一个"同性恋的"邻居。

最后，让我们还是回到典型的同性恋街区，旧金山的卡斯特罗。20世纪50年代，这个地区叫"尤瑞卡谷"，是一个爱尔兰人和意大利人的聚居区。随着郊区化，许多居民向南迁移，搬到戴利市，甚至更远的海湾半岛地区。尤瑞卡谷的住房包括了许多很大的维多利亚式的住房，需要维修的程度参差不齐。20世纪60年代和70年代，男女同性恋者迁入这个地区，修缮住房，把这个地区改造成了男女同性恋者的聚居区。这个地区更名为"卡斯特罗"。绅士化的方式让比较富裕的男女同性恋者住了进来。但是，20世纪90年代，卡斯特罗地区也没有逃脱旧金山房地产居高不下的局面，年轻的男女同性恋者不再可以承受那里的住房价格。异性夫妻开始搬了进来，于是，许多房地产商恢复了那里的老地名，尤瑞卡谷，无独有偶，其实还有其他地方也在恢复旧地名，如纽约的下东区从"下东区"变成了"罗伊塞伊达"，到"爱法贝城"，再到"东村"。随着时间的推移，人们越来越能容忍同性恋者，再加上异性夫妻对原先男女同性恋者居住的地区展开的绅士化，从而让男女同性恋者向更大的城市地区扩散开来。

城市部落和创新阶层

沃特斯（Ethan Watters）2003年提出了一个概念，"城市部落"，用来描述他在年龄20出头至30多的青年人中发现的一种现象。这些依然单身的年轻的成年人形成了朋友圈，互相关照和相互奉献，他把这样的朋友圈称之为城市部落。这些部落形形色色，错综复杂，联系紧密，性别混合，建立起情感支持系统，互相帮助，常常一起度假，也有联系松散的群体。他们可能由异性夫妻和同性恋者组成，那些部落的规模不一，从6个成员到20来号人。这种部落与其他朋友圈不同的是，具有长期的、忠诚的特征。很多年轻的城市职业人士加入其中。

20世纪90年代有一个很受欢迎的电视系列片"朋友"，可以认为是城市部落的一个例子。彼得森（Karen Peterson，2003）在"今日美国"上撰文谈论城市部落，华盛顿特区一个城市部落的一个成员认为，这个电视系列片中的演员非常相互依恋，而纽约的另一个部落的成员认为，在她所属的群体里，成员在文化和种族上具有多样性。更近一些的电视情景剧，如"大爆炸理论"，把单身作为一个核心特征来描写年轻人的社会和文化动力。

> **体验活动12.4：分区规划和城市部落**
>
> 研究你所在城市或你选择的城市的分区规划。那个分区规划如何涉足家庭和非家庭群体（即没有血缘或婚姻关系的群体）的生活安排？城市如何更新它的分区规划，去适应家庭或"部落"制度的变化趋势？

对美国家庭变化著述颇多的家庭历史学家库茨（Stephanie Coontz）对城市部落概念提出了这样的看法："这个观念富有创造性地适应了这样一个事实，先立业，再成家，人们正在推迟他们的成婚的年龄。无论是否真的情愿，我们必须寻找许多不同的方式做出和维持承诺，而不是仅仅依靠婚姻做出承诺。"

建立城市部落的主要因素是，年轻人希望推迟婚姻，让他们有机会很好地立业。他们拒绝成家的另一个因素是，他们想逃避结婚然后再离婚的命运。华特斯描绘了部落没有暴露出来的特征：

> 我们是一种奇特的新品种，我们中的一些人正在城里趟水，在我们起源的家庭之外，似乎不想开始我们自己的家庭。我们对自己的事业和业余爱好感兴趣，不过，我们以各种各样的其他方式不可思议地离开了社会地图。我们热心血缘关系，但是，它似乎并没有让我们那么有兴趣留在家乡，在我们的邻里街坊里找到社群的想法很陈旧了。当我们担心"社区的坍塌"，而且抱怨我们这个国家现在的自私水平时，其实我们没有什么实际行动。虽然我们是美国增长最快的人群，但是，表述我们的人口统计名称是，"永不结婚的"，这个名称意味着一种停滞，我们不为人口做任何事情（Watters，2003：19-20）。

一些人提出，人们，尤其是年轻人，在城市里没有联系，华特斯不同意这些人的看法。从普特南（Robert Putnam，2000）《独自打保龄球》的论题到芝加哥学派早期的社会瓦解的方式，社会分析已经以不联系的方式定义了城市。普南特断言，一直都存在最少量的社区精神，实质性地减少社区参与，从而丧失"社会资本"。芝加哥学派的奠基人帕克在1925年这样写道，"大城市非常多的人生活堪比酒店中的房客，相遇却相互不了解。结果是用偶然和临时的关系取代了小社区里的那种比较亲密的和永久性的联系（Park quoted in Watters，2003：115）。"华特斯认为，尤其在涉及城市里的年轻人时，城市部落的盛行证明了这个判断。社会学家费舍尔（Claude Fischer）提出，"即使美国人撤出公共活动，如政治和市民俱乐部，问题是他们是否完全蜷缩到孤独的自我中去了，或者撤回到更加私密的家庭、工作和朋友的世界中了（Fischer quoted in Watters，2003：116）。"华特斯支持费舍尔的想法。

华特斯提出，城市部落成员形成的社会网络以许多有益的方式通过参与者形成社区凝聚感。这些参与者和支持者涉及情感和实际的需要，如帮助找工作的网络。城市部落成员间的联系提供了一种形式的"社会资本"，这种社会资本超出了普特南定义的那种民间社团。华特斯引述了1916年一位校监对社会资本构成的看法：

> 那些在人们日常生活中最重要的实实在在的资产：个人和构成一个社会单元的家庭之间的名誉、友谊、同情、社会交往。当一个人与邻居发生联系，他们再与更多的邻居发生联系，这个人便会积累他的社会资本，这种社会资本可能直接满足他的社会需要，可能意味着有可能实质性地改善整个社区的生活条件（quoted in Watters, 2003: 137）。

《创造性阶层的兴起》（2002）一书的作者，佛罗里达（Richard Florida）在华特斯有关城市部落的讨论中找到了他的观念的支持者。佛罗里达认为，城市部落证明"支持创造性的、居住在美国和世界城市中心单身个人的新型城市和体制正在兴起"（Florida cited on back cover jacket of Watters, 2003）。

佛罗里达（2002）认为，创造性阶层的成员正在推动着大都市的经济改造，这是一种颇具争议的理论。不是人们搬到他们工作的地方去生活，而是工作岗位向那些杰出的、富有创造性的人们生活的地方靠近，那些富有创造性的人基本上是根据生活品质而确定在那里居住的。"我的结论是，经济增长不是完全由公司推动的，那些杰出的、多样性的和富有进取性的地方正在出现经济增长，因为那些地方正是各种各样富有创新性的人们想要生活的地方（Richard Florida, 2002: x）。"

艺术家、音乐家、作家、发明家、建筑师、企业家和教授们组成了佛罗里达所说的"创造性阶层"。这些人会成为美国下一次经济繁荣的前沿。他们的一般联系是，他们都是创造性群体的一个部分。这个创造性群体生产着知识产业的新形式和新产品，如高技术部门、金融和法律服务、商务管理、教育机构和医疗卫生。他们工作的统一要素是，他们必须使用他们的脑力，而且是独立思考。佛罗里达建立了一个包括4个给大都市排队时具有同等权重的创造性指标体系。这个指标体系包括，劳动力中的创造性阶层部分；高技术产业的比例；以人均专利衡量的革新；由同性恋指标衡量的多样性——一个地方同性恋者在总人口中所占的比例。佛罗里达使用一组更小的指标来衡量城市经济活力的潜力：高技术、流动人口、体力劳动者、熔炉、同性恋，等等。

按照这个创造性指标体系，佛罗里达给人口超过100万的都市区排序，旧金山海湾地区、奥斯汀、圣迭戈、拉斯韦加斯、纽波特纽斯诺福克弗吉尼亚海滩和孟菲斯。在人口在50万—100万之间的城市中，阿尔伯克基排名第一，排名最后的是扬斯敦。在人口为25万—50万之间的中等规模城市，麦迪逊市排第一，什里夫波特市收尾。最后，在人口5万—10万的地区，圣达菲排第一，而俄克拉荷马州的伊里娜最后。

2012年，佛罗里达更新了他的城市排序，科罗拉多州博尔德；俄勒冈州科瓦利斯；北卡罗来纳州达勒姆；密歇根州的安娜堡——所有大学/大学城镇，位居前几名。西雅图、圣迭戈和华盛顿特区，新泽西州特伦顿（包含了普林斯顿和无数的制药公司），都排在前10名。前20名中有图森和奥斯汀。洛杉矶排名第22位，纽约第31位，芝加哥排名第45位。底特律和它的周边地区令人惊讶地排在53位，进入所有都市的前15%。

人们对《创造性阶层的兴起》（2002）一书一直都有争议。佛罗里达的中心论题是，一个吸引多样性的城市，包括存在大量的男女同性恋者和流动人口，会比一个不吸引多样性的城市，更能推动经济发展。抓住经济增长的那些地方，恰恰是那些最向多样性敞开大门的地方。佛罗里达的讨论还集中在这样一些个人，他们不受家庭和老的社群的约束，具有最大的流动性和自由。他们包括同性恋者、单身的雅皮士（年轻的城市职业人士），丁克族（双收入，但没有孩子），单身男和单身女。

佛罗里达发现，那些按照他的创造性指标体系排序很高的区域和普特南（2000）对社会资本的调查之间存在一种反比关系。普特南提出，社会流动性是与参与社群和与社群的社会联系相关。佛罗里达认为，事情正相反。当一个人被家庭和朋友的社会网络牢牢地拴住时，会阻碍社会进步。当人们不受社群的约束，自由迁徙到以技术为基础的、云集大量有才能的人和具有容忍精神的"3T"社区，社会流动就会发生。他所说的技术是指那些具有很强的技术基础的区域，常常可以在那些从事研究的大学社区，具有大量投资的技术企业社区里找到这样的地方。有才能的人是指那些艺术家和其他具有创意的人，他们充满活力，具有启发性的思维。容忍是指那些社区容忍多样性，能够吸引各种各样的人，包括外国移民、妇女和男人、同性恋者、异性恋的单身，以及与主流社会有些不同的外表。

在"3T"中，"容忍"一直都是最吸引媒体注意的。佛罗里达建立了"同性恋"指标，"流动人口"指标，反映了创造性与多样性的结合。佛罗里达强调，多样性和开放在把创造性人才吸引到大都市区里来发挥着重要作用。佛罗里达证明，创造力强的地方与向其他生活方式开放之间存在相关性。容忍和多样性是我们区域的创新之源。创造性阶层的人们欢迎不同种类的人。他引用他的同事，人口统计学家盖茨（Gary Gates）的话讲，同性恋者是创造性经济的"金丝鸟"，同性恋者常常选择居住在能够容忍不同生活方式的社区里。

佛罗里达相信，他的许多观点支持了雅各布斯在《美国大城市的死与生》（1961）所做的描述。雅各布斯看重可以步行的街区，紧凑而不是蔓延建成环境以及公共空间。佛罗里达看到了与奥登伯格（Ray Oldenburg）观念的联系，奥登伯格提出，对于那些漂泊的具有创造性的个人来讲，"第三场所"是培育社区的重要场所。像奥登伯格一样，佛罗里达看重"原汁原味的"地方，而不是国家范围的链式廉价商店或链式的"精品"店，这类商店常常构成绅士化的市中心或郊区购物中心的核心。

在佛罗里达看来，绅士化和同质化是不能吸引创造性阶层的成员的。创造性阶层的成员既不涉足传统的娱乐形式，如交响乐、歌剧或芭蕾。他们也不支持市中心的大型体育场馆。他们感兴趣的是路边咖啡店和地方音乐区段。佛罗里达看到了具有高度流动性的个人建立起来的新社区。那些具有高度流动性的个人利用那些社区的第三场所，那些社区与周围社区或与那些社区的家庭和家族联系不多。最后，创造性阶层的成员对他们自己的存在没有多少自我认识，或者对他们作为一种特殊阶层的身份并没有什么认识。他们的重要性在于他们是创造性经济发展的一部分，是创造性经济的推动者，这种创造性经济推动着大都市的经济改造。

2012年的人口统计（Vespa, Lewis and Kreider，2013）有关美国家庭和生活安排的报告揭示了这些年的一些变化。最值得注意的是，家庭户的比例下降了。1970年，家庭户为80%，而到了2012年，家庭户的数字降至66%。有18岁以下孩子的婚姻家庭的比例从40%下降到20%。在这个时期里，每个家庭的人数从3.1人下降至2.6人。与我们讨论更为相关的是，一个人的家庭总数从70年代的17%上升至2012年的27%，增加了10个百分点！

联邦人口统计局2001年对美国社区的调查显示，超出50%的成年美国人处于单身状态，其中1/7的人独居。克林伯格（Eric Klinenberg，2012）利用这些调查和其他的数据来源，预计上边提到的2012年人口统计的发现，讨论了年轻人的新的生活方式现象，即他所说的"独身时代"。他领导了一个7年的研究项目，试图更好地了解处于独身状态的人以及他们究竟是如何生活的。他发现，他们并不把单独生活看成一种不光彩的事，许多人觉得独身生活显示了他们的富裕和独特。独身主义者认为，他们是自己选择这种独身的生活方式的，他们不需要在钱上与其他人分享。克林伯格指出，独身并不意味着寻求孤立和最少的社会联系人，实际上，他们可以保持与他人的完整的联系，同时维持自己从私密生活中得到的好处。

克林伯格在解释如此之多的人成为独身主义者时强调了4个关键因素。第一个因素是上面提到的通信技术革命。第二个因素是妇女运动，它让越来越多的妇女成为获得报酬的劳动力和生活独立。她们不依赖于男人为生，婚姻没有经济上的必然性，当然，以往确实如此。第三个因素是住在城市里，城市容忍亚文化，尤其是单身的亚文化。一些绅士化社区的一个特征是，单身人群加上为他们提供服务色商店和服务设施。生活在这样的街坊里，"独身主义者"能够选择参与社区的性质和程度。最后，设施齐备和公共场所的优势提供了自由和匿名的环境。

第四个特征是对人口变化的一种反映。早结婚和早生子是因为人的寿命不过40岁多一点。现在，人的寿命延长了，他们可以延迟生命循环的传统阶段，不一定在20岁前后结婚生子。

克林伯格乐观地看待"独身"对城市造成的影响。他认为，独身者出现在公共场所是最引人注目的。独身者们常常出现在餐馆、咖啡店、剧场、音乐会、博物馆和其他带有创意性质的事件中。因此，独身主义者对城市的符号经济贡献很大。除此之外，独身者们的出现，尤其是夜晚，已经振兴了城市的公共场所以及克林伯格所说的城市的"第三场所"。周末，独身者们常常出现在公园里和其他公共空间里。当然，有人可能会问，他们会对自己所居住、工作、生活和游玩的城市的未来带来什么样的影响。

没有孩子的城市

克特金（Joel Kotkin）和莫戴尔斯（Ali Modarres）曾经在"城市杂志"上发表了一篇有趣的文章（2013），提出建设"没有孩子的城市"对于城市的未来具有重要意义。他们认为，私密家庭的发展与现代城市的建设和郊区的兴起曾经相互联系在一起。

克特金和莫戴尔斯指出，50多年以前，甘斯（1962）在"作为生活方式的城市生活和郊区生活"一文中谈到，不结婚和结婚无子正在成为城市生活的一个重要组成部分。如前所述，人们现在越来越关注不结婚和结婚无子这两个群体了，关注他们不仅是因为他们的数量增加了，而且，这两个群体是认识当代城市生活经济和社会特征的一个重要因素。

现在，人们期待可以活到80多岁，所以，他们可以选择推迟婚姻，把生儿育女的时间放到40岁左右。当这些没有孩子的单身者（他们愿意称自己是，不牵挂孩子的）在城市里生活、工作和玩耍时，他们可能对社区的福祉不做什么承诺。如果他们开始建立一个家庭，他们最终可以搬出市中心，获得更好的郊区设施，如宽敞的后院和不那么拥挤的学校，城市很难做到这一点。现在，这些富有创造力的单身人士有能力和希望把钱花在房子上，而贫穷的和中产阶级家庭在城市绅士化过程中被挤出了城市中心区，搬到郊区去。这样"没有孩子"的城市是不是可持续的或有希望的，克特金和莫戴尔斯对此提出了疑问。

> **体验活动12.5：单身和无子女的专业人士的态度**
>
> 与一位或多位住在市中心，单身和无子女的年轻专业人士交谈。他们为什么很享受他们的单身和无子女的生活？他们有计划最终结婚和育子吗？如果是这样，他们希望继续住在市中心，还是搬到郊区去？他们在多大程度上符合下文所述的"游客行为"呢？

在城市的符号经济中，年轻的单身者和结婚却没有孩子的夫妻承担着一个重要功能：他们在拉动城市符号经济，同时，又是城市符号经济的主要使用者和消费者。城市符号经济的很大一个部分依赖于年轻的单身者和结婚却没有孩子的夫妻的经济贡献。他们不仅是城市工作岗位的主要就业者，他们还是俱乐部、剧场和餐馆的常客，与其他社区成员相比，年轻的单身者和结婚却没有孩子的夫妻更像游客。

克特金和莫戴尔斯（2013）提出，在纽约这样的城市，年轻的单身者和结婚却没有孩子的夫妻接管了许多"家庭友好"的街区，如史坦顿岛区、皇后区和布鲁克林区的那些街区，包括我童年生活的那个街区，本森赫斯特，由此深刻地改变了那里的经济和社会状况。这些街区曾经是民族聚居区，具有很大的社区凝聚力。家庭生活曾经是最重要的，家庭生活与庞大的家族网联系在一起。街坊们去同一个教堂，共用第三场所，如理发店、美发店和夫妻开的小杂货店和各类商业服务，社区因此而凝聚在一起。那时，孩子们在街区里上学，在街区的公园和街头巷尾玩耍。

有孩子的年轻家庭发现，经济竞争正在把他们推出房地产市场。不仅他们是失败者，他们希望居住的那些社区也是失败者。正如雅各布斯（1961）许多年以前提出的那样，有孩子的年轻家庭是街头巷尾的眼睛，他们是街头巷尾那些小店的常客，他们把孩子送到地方的学校里，使用街坊的公园和嬉戏场所，他们对教育质量非常关心，支持地方法律的实施。他们不能与年轻的单身者和没有孩子的夫妻竞争，他们不得不搬出城市核心区，到郊区去居住。

纽约、波士顿、旧金山和西雅图这些富裕的城市包含着地理学家坎伯尼拉（Richard Campanella）提出的"儿童沙漠"。克特金和莫戴尔斯（2013）认为，这些城市可以在没有家庭存在的条件下获得经济成功。不过，对于底特律、克里夫兰和布法罗这样一些比较小的城市来讲，没有强大的符号经济，公用设施寥寥无几，当它们的家庭大规模向郊区迁徙，那些城市是难以维系的。

克特金和莫戴尔斯（2013）提出，没有孩子的城市只能出现在一定的人口水平下。没有充满活力的家庭，养育孩子正在变得不那么普通了，城市会经历一个"文化和经济活力的侵蚀"。归根结底，究竟什么是城市的总目标会成为一个问题。对于一个完全依靠没有孩子的人群，无论他们怎样富裕，城市都是难以维系的，难以保证有一个繁荣的未来。克特金和莫戴尔斯的结论是，"如果城市打算培育下一代城市人，保证有更多的年轻人，城市必须找到一种方式，让家庭重新回到市中心，千百年以来，家庭一直维持着

图12.6 在许多城市，绅士化已经把家庭友好的工人阶级聚居的街坊挤了出去，富裕的人群出没在时尚餐厅和精品店里

城市，让城市体验更加具有人情味（Kotkin and Modarres，2013）。"

作为前沿的城市夜生活

1987年，波士顿大学的社会学家梅尔宾（Murray Melbin）撰写的《作为前沿的夜晚：占领天黑下来以后的世界》一书。梅尔宾把"前沿"从空间延伸到时间。特纳（Frederick Jackson Turner，1893）在他著名论文提出，涉及美国西部的前沿在塑造美国文化方面举足轻重。正如第4章谈及芝加哥学派时就提到的那样，斯莱辛格（Arthur M. Schlesinger）强调，在定义美国社会中，19世纪美国工业城市的兴起是一个关键因素。相类似，在这一节里，我们要提到一种特殊的夜晚体验，那种会所和酒吧里的夜生活，对城市里出现的新的行为方式进行比较，那种新的行为方式表现出"前沿"的品质。

梅尔宾在这本书中把夜晚看作一个"时间上的前沿"，类似于把西部看成"空间上的前沿"。特纳在提交给美国历史协会1893年芝加哥世界博览会的论文中讲到，通过"打破习惯的约束，提供新的体验，（而且）呼唤新的机构和活动"，自由创建的前沿。梅尔宾的关注是与技术进步相关的，尤其是电灯照明，灯光让人们在漫长的白天结束之后还能参与社会生活。类似于西部前沿，晚上有了新的机会，避开社会的主导规则。梅尔宾的著作集中在当人们大部分都在睡觉时的社会规则和法规方面。他考察了晚上的活动，无论是夜班还是各式各样的娱乐，试图找到晚间活动产生的行为和态度规范，夜间行为和夜间态度常常与白天文化所特有的约束和服从有所不同。梅尔宾提出，在现代城市，经济生产不只是白天的事，已经扩展到了24小时。

宾夕法尼亚大学的社会学家葛拉齐安（David Grazian）以梅尔宾的这个观念为基础，集中研究了城市的夜生活机构，如爵士俱乐部、餐馆、酒吧、聚会场所，而且集中研究了与娱乐相关的夜晚的活动。葛拉齐安在《蓝色的芝加哥：寻找原汁原味的城市布鲁斯俱乐部》（2003）和《论制作：喧嚣的城市夜生活》（2008）两本专著中，证明了城市夜生活"在城市功能——从制造业中心向文化生产、旅游和娱乐中心——发生重大转变时所具有的重要作用"（quoted in Hyland，2008）。葛拉齐安的研究，尤其是《论制作：喧嚣的城市夜生活》，进一步提供了证据证明，年轻的职业人士在后工业社会的社会生活中所发挥的重要作用。另外，城市娱乐被认为是当代城市政治经济的基本组成部分。

葛拉齐安看到，受过良好教育的和富裕的职业人士住在市中心区，在那里的许多商务导向的服务型产业里工作。另外，因为许多职业的商务旅行日益增多，所以，城市在市中心开发了大量酒店和餐饮设施，满足商务旅行人士的居住、娱乐、零售、食品和夜生活消费的多方面需要。城市里的旅游和会展也随着这些经济变化而大幅增长，城市犯罪相对衰减。结果是相应场地大量增加，以满足大量受众的需要，让他们可以使用自己的可支配性收入。

他们包括商务旅行者、出席会展的人、休闲的游客，常来常往的职业人士，他们出入餐馆、夜总会、电影院、音乐厅、酒吧和那些吸引了漂泊的人和城市部落者的娱乐设施。他们结伴而行，成为一种保护他们免遭匿名城市不速之客伤害的社会防护措施（Grazian，2008：226）。

在城区大学校园里就读的大学生和研究生也在夜生活群体之中，他们之所以选择在这样的大学里就读，不仅仅是教育，还包括可以在相对安全的环境中体验城市夜生活。为了说明这一点，葛拉齐安研究了费城地区，那里的大学生和研究生的人数超出10万，他们是主要的娱乐消费者。费城的餐厅和夜总会场考虑到了为学生提供服务并他们展示"体育礼节"。葛拉齐安详细阐述了"城市夜生活的喧嚣"，男女在这些"肉食"市场里展开着同样的竞争博弈，把他们的自尊和身份，以及他们的钱，压在最有希望"得分"的赌注上。

在他们的朋友和同学的陪伴下，大学生们探索时尚、外表和个人仪表的具体规范，致力于信赖建设的规则；使用小把戏哄骗夜生活的门卫和不知情的旁观者；战略性地避开竞争中所面临的风险；顽皮地与愿意交往的异性调情；小心翼翼地避免不必要的进展、骚扰和其他形式的性骚扰（Grazian，2008：226）。

葛拉齐安使用了托马斯的角度（Thomas，1923；Thomas and Thomas，1928），描绘了这些餐馆和夜总会如何"确定形势"，创造一个适合于这种形式社会交往的安排。音乐、灯光、镜子、桌子的位置、酒吧的位置，都在考虑之列。高夫曼（1959）在他的《日常生活中的自我表现》和莫伊尔（David W. Maurer，1940/1999）在《大骗局：骗子的故事》都描绘过那些"骗子游戏"的技巧，葛拉齐安用图示的方式描绘了所谓"印象管理"技巧，男女主持人，调情的女招待，挤眼的调酒师，可能危险但似乎友好的保镖，所有人的所作所为都是为了维持性感氛围，保证得到更多的小费。在那里工作的和在那里的顾客都是演员和观众，同在舞台上表演着。结果是一个非虚构版的"作为前沿的夜晚"，不像电视连续剧《欲望都市》（Sex and city）所描绘的那样。

结论

这一章讨论了家庭关系和与个人、家庭和社区性别分层基本前提相关的性别关系。城市化和工业化深刻地影响了家庭和家族关系和卷入的性质。公开的家庭是前工业时代城市的特征，而工业化和城市化导致了私密的家庭的兴起——一种处于孤立状态的家庭结构，在很大程度上，家庭结构摆脱了社群。郊区的发展和基本的"家庭生活崇拜"清晰地表达了妇女的适当角色（即主内，管理家和家务事）和丈夫的适当角色（即主外，到外边工作）。

在维多利亚社会，社会排斥的基础是性别和性选择，妇女基本上被排除在公共场合之外。现在，不再把妇女排除在公共场所之外，认识到公共场合性别歧视的普遍性是很重要的。女权主义学者威尔森和洛芙兰认为，尽管在公共场合确实存在偶遇陌生人的风险，但是，它也不足以把妇女排除在公共领域之外。

城市中单身年轻人群的数目还在增加，他们建立了他们的社会网络（城市部落），这都是21世纪城市符号经济发展的关键。佛罗里达的创造性阶层的理论，以及他强调容忍、才智和技术在城市发展中可以吸引年轻人、同性恋者和商人前来生活、就业和提供工作。但是，"没有孩子"的城市的出现可能不具有积极意义。这一章最后探讨了梅尔宾如何把"作为前沿的夜晚"观念与那些晚上住在城市里的人的活动进行比较。夜晚

图12.7　一个拥挤的城市夜总会，城市喧嚣的前沿

赋予人们一种自由，让人们搁置规范金额规则，尤其是年轻人和单身成年人，扮演一个不同于他们日常生活的其他角色。

思考题

1. 确定公共场所和私人场所。按照阿里叶和肖特的理论，家庭生活如何适应这些场所？
2. 芝加哥学派的城市家庭观如何不同于帕森斯的城市家庭观？
3. 解释19世纪和20世纪初的礼仪规范详细规则的社会功能，尤其是在涉及妇女地位和对待妇女问题的那些礼仪规范的社会功能。
4. 20世纪上半叶和第二次世界结束后的几十年里，大量的同性恋者搬迁到市中心地区，解释这种搬迁的动机。
5. 解释与城市符号经济相关的城市部落、创造性阶级和没有孩子的家庭的功能。

第13章 消费城市：购物和运动

本章大纲

作为一种社会力量的购物
    市中心百货公司的兴衰
    街区商店和社区认同感
    郊区、购物中心和市中心购物的衰落
    谁的商店？谁的街区？
    新移民、内城商店的振兴和消费城市的兴起
    绅士化：华盛顿特区的U街

观赏性体育活动和社群标识模式
    棒球：一种城市赛事
    市民的自豪感和（狂热）粉丝
    通过技术进步和报纸树立形象
    棒球：国家休闲活动
    精彩绝伦的公众剧：场所和集体记忆
    篮球：新的城市体育赛事

结论

思考题

背景图：位于丹佛市中心的库尔斯球场是另一个后现代的棒球场，它与拉里莫广场毗邻，那个广场周围是老商业区，现在已经恢复了起来，充斥着高档餐馆和优雅的商店。

我打算在这一章里研究购物的社会作用，尤其集中研究市中心的百货商店，我还要在这一章里研究观赏性体育运动的社会作用，特别关注棒球和篮球，观赏性体育运动既是社区活动的来源，也是社区认同的来源。作为城市文化的组成部分和城市经济的贡献者，购物和运动发挥着重要的社会作用。

我们在前一章里讨论了工业城市如何把城市划分成为两大土地使用模式。城市的公共空间曾经是制造业、商业和金融区——中心商务区。居住区曾经是社区所在地，它们包括居所、学校、教堂和其他地方机构，如街坊购物区。我们可以更详细地把中心商务区分解为办公区和商业区。到了20世纪，市中心商业区发展成了一个包括百货商店、比较小的专营精品店、剧场、餐馆和酒吧在内的消费区。随着20世纪城市更新的开始，服务业、本国和跨国零售链替代了原先制造业使用的空间，随着21世纪消费主义愈演愈烈，城市规划师不仅让市中心地区包括更多的大型商店、餐馆和剧场，还允许建设运动场馆；所有开发建设的目标是吸引城市和郊区的居民。

在研究这些城市现象时，我采取两个方向。第一个方向与社区的社会心理定义相联系。这种定义提出了社区的地理或空间特征的重要性，社区共享的态度和价值，以及特征和影响，如社会阶级、种族、民族、性别、生命阶段，等等。社区把重点放在社区参与者共享的社会互动模式的属性和形式。

第二个方向是托马斯的名言，"不见兔子不撒鹰。"戈夫曼（1959）在他的《日常生活中的自我表达》一书中完全承认，"情景定义"不只是一种思维活动，也是一种使用布景和道具的演出活动。相类似，一个人衣着和行为适当地出现在舞台上。这一章的第二个论题把重点放在改变街坊和市中心机构的宏观因素上。新城市社会学把城市政治经济学模式与场所的符号意义和集体记忆结合在一起，在讨论这些宏观因素时，采用了这种新城市社会学的理论观点。

作为一种社会力量的购物

从人类聚集到城市的时候开始，购物就是这种社区公共和市民生活的一个组成部分。从古希腊城市的阿格拉即广场，到中世纪欧洲和亚洲的市场和集市，购物不仅仅是商品交换，还使市民们能够相会，展开社会交往。直到20世纪，美国城市依然如此；正是在有着服务街坊的那些商店的街头巷尾，人们见到了朋友和熟悉的陌生人，那些公共场所在维持着社区意义的延续，维持着社区的福祉。用奥登伯格的话来讲，购物场所给人们提供了除家里和工作地点之外的"第三场所"。

百货商店是19世纪初在欧洲出现的，是当时市中心的大型机构，成为中上层社会妇女的第三场所。工作和居住与公共交通系统集中在一起是美国的城市特征，这样，人们很容易到达中心商务区。百货商店为大众提供了一个方便的一站式、一种价格的购物场所。

电话、自动扶梯和电灯很快替代了管道风传送系统、电梯和汽灯，使百货商店有可能进一步发展。当然，消费的社会现象和消费主义思潮给百货商店的增长提供了更大的动力。巨型百货商店，"百货公司"，展示了一种鼓吹消费的新伦理，不仅是就某种特定的商品而言的消费，而且，百货商店还象征性地利用商品"世界"，把它变成追逐的对象和生活方式。

19世纪末和20世纪初，百货业大亨塞尔福里奇（Harry Gordon Selfridge）是芝加哥百货零售传奇人物马歇尔·菲尔德（Marshall Field）的百货商店执行官，后来成为伦敦塞尔福里奇百货商店的奠基人。塞尔福里奇是PBS佳作剧场的系列剧"塞尔福里奇先生"的主人公。塞尔福里奇把百货商店看成妇女的一个社群中心："知道她们为什么来百货商店吗？百货商店比她们家明亮多了。百货商店岂止一个商店，百货商店是一个社群中心（quoted in Barth，1980：180；Hower，1943；Duncan，1965）。"这些话没有言过其实：这种市中心的百货商店提供了许多服务来培育"社群中心"的形象。1878年，梅西率先开张了第一家女士餐厅。1892年，梅西描绘了女士"休息室"："装饰风格是路易十五的，我们不遗余力地装饰这间房子（quoted in Hower，1943：284）。"

在早期百货商店里发现的附加设施包括阅读和客厅；顾客使用的凳子，老人或体弱者使用的轮椅，模拟舞厅色调和照明的"暗房"，让妇女可以看看她们的晚礼服效果如何，顾客品尝食物时所使用的桌子和椅子，甚至"肃静的房间"，安抚人们疲惫的身心。还有一些特别的写字间，那里提供纸笔，布置了油画的画廊，读报时。许多百货商店还有婴儿室和美容院。百货商店哈得孙还有完整的医疗门诊，一天可以接待200为顾客，治疗各种疾病，甚至心脏病（Green，1982）。位于弗吉尼亚里士满的塔尔海默百货商店给妇女提供免费淋浴，让她们的购物更加舒适（Hendrickson，1979）。

尤因（Stuart and Elizabeth Ewing，1982：68）提出，"百货商店不只是一个消费场所，它是一个消费'景观'；商品令人眼花缭乱。"百货商店在建筑上被设计成"消费的宫殿"，加上巨大的新古典的立面，精心设计的入口，装饰起来的门廊，大型落地窗。中央大厅，玻璃穹顶，大理石铺装的台阶，奢华的展示柜，华丽的吊灯，百货商店内部同样令人印象深刻。芒福德认为，"如果一个机构的活力可以用它的建筑来估量的话，百货商店是1880—1914那个时代最具活力的机构（quoted in Hendrickson，1979：40）。"

"镀金时代"的这些大型百货公司，与沿着城市居住街坊道路两旁那些很不起眼的夫妻店相比，真是天壤之别。百货商店后来撤销了它们的画廊、阅读室和其他一些担当"社群中心"功能的设施，在此后的很长时间里，那些夫妻店依然生存着。甘斯在研究波士顿西端时，雅各布斯在研究格林尼治村时，都谈到过这种街坊小店的社会意义。甘斯描述了这些小店、餐馆和小酒店如何成为那个地区广泛交流网络的中心（1962/1982a：117）。甘斯谈到这些社会机构如何提供"信息服务"——得到和传递信息，成为信息和流言蜚语的交换中心。快餐店、廉价店、小酒馆和理发店常常为那些没有工作而闲逛的人提供服务，与此同时，街坊的杂货铺把妇女的购物和社交活动结合了起来。那些很小的街坊商店与顾客更亲近一些，所以，它们可以与现代化的大商店一比高低。雅各布斯（1961）认为，街坊商店对于社区生活是必不可少的。商店的老板常常是"公众人物"，他们具有非官方的责任，盯着大街，了解大街每天都发生了什么。他们是"指定的街头哨兵"。

雅各布斯利用街坊商店作为载体，谈到了两个成为20世纪中后期确定城市规划的模式。专业城市规划师使用的第一个模式集中在有序、合理性、一致性和"城市更新"的必要性方面。第二个模式是街坊倡导者认同的模式，这个模式集中在街坊本身，而那些街坊常常杂乱且不美观，住房的功能不仅限于居住，还包括娱乐和商业活动。雅各布斯提到过一个接受了传统规划的职业规划师朋友的看法，这个朋友在个人层面，从人和城市的角度出发，承认友善、安全和充满活力的街区，但是，从规划专业层面上，他觉得，为了拯救这些街区，我们必须摧毁这样的街区，他说，"我知道你的感受。我常常到那些街区去走走，感受那里令人愉快的街头生活。但是，我们最终要重建它。我们必须让那些人们离开街头巷尾（Jacobs，1961：20）。"

第二次世界大战结束之后，城市更新主导长

达25年以上的城市建设，混合功能的街区不仅被视为"贫民窟"，连商店也被拆除了，代之而起的是高层住宅楼和专门建设的购物区。郊区居住区的功能单一，仅仅用于居住，零售商业设施最初沿公路一字排开，后来建设了大型封闭式购物中心。那些出售各类商品的夫妻店萎缩，有很多夫妻店难以维系，因此，问题出现了，这些夫妻店的衰落对街区的购物模式和社区标志模式有什么影响。卡普、斯通和尤尔（1991）指出，有必要认识街区商店的政策内涵，街区商店具有超出经济意义的象征意义，成为维持社区社会联系的关键。

小商店、小酒店、咖啡馆等，不仅仅是购物的地方，还是街坊四邻会面的场所，社区小道消息的交流中心。拆除这类小店不仅仅是毁了那些建筑物，还破坏了那个街区的社会生活关系（Karp et al., 1991: 61）。

这样，大小尺度上的购物其实都有社会功能，都是经济的推动因素。

市中心百货公司的兴衰

1983年，我在底特律出席美国社会学学会的会议。那时，底特律市中心的大型百货商店关门了。这个大型百货商场是25层的"中产阶级的庙"和底特律中心商务区的一个机构。它的关闭象征着体现这座城市繁荣和城市文明的标志不复存在。当然，哈得孙并没有消失，它在大都市区范围内的郊区建立了很多分支。

我曾经对此展开过研究（Hutter, 1987），探索了这个作为象征和社会力量的市中心百货商店。20世纪，市中心百货商店曾经是确定美国城市中心商业区的关键机构。现在，许多城市的百货商店，包括底特律的哈得孙和费城的沃纳梅克，它们昔日的辉煌不复存在，就连那些商店本身也在市中心销声匿迹了。在其他城市，它们正以多种形式存在。对于许多市民来讲，这些大型百货店曾经体现过他们城市的繁荣和文明。

我们在第12章中谈到过，19世纪的社会，理想的妇女角色是主内，而男人在外挣钱养家。但是，对于那些比较贫穷的移民家庭来讲，需要每一个人到外边去谋生，以维持家庭的生计。妇女可以找到工作的一个地方就是纺织厂和服装厂，这是妇女在家里织布制衣传统角色的延伸（1911年，纽约三角衣厂发生重大火灾，导致100多位妇女身亡，这场灾难从一个角度反映了妇女在市中心地区工厂里的就业情况，以及她们恶劣的工作条件）。

除开工厂的工作外，零售业也是劳动妇女就业的重要场所。实际上，多诺万（Frances Donovan, 1929）领导过芝加哥学派最早期的研究之一，女售货员。本森（Susan Porter Benson, 1986）研究了这些女售货员的矛盾角色。社会历史学家巴尔特（Gunther Barth）同样认为："妇女虽然是在卖货，挣得一份不高的工资，而且工作时间很长，但是，这种形式的就业开辟了一个途径，让妇女进入男性主导的城市就业市场。最终结果是妇女成为城市生活中一种新的社会力量"（Barth, 1980: 44-45）。尽管这些女营业员收入很低，而且来自社会的经济底层，但是，她们的老板指望她们用出售的商品展示中产阶级的生活方式，指望她们的行为举止与顾客一样，仿佛她们是休闲阶级的女性。

营业员告诉顾客购买琳琅满目的商品的必要性，如何使用和目的。特拉亨伯格（Alan Trachtenberg）指出，"在百货商店里，顾客知道了自己的新角色，把他们自己看成'顾客'，有别于商品的使用者（1982: 130）。"另外，百货商店按照消费品分类布置商店。作为整体，"百货商店以各种居家过日子的角色组成的理想家庭形式来'表现'世界（Trachtenberg, 1982: 132）。"

图13.1 纽约市先锋广场上的梅西旗舰店。梅西在美国许多城市和郊区购物中心里都有分店。它在历史上一直是创新和满足顾客"需要"的先锋

体验活动13.1：参观百货商店

参观至少2个不同的百货商店。努力选择不同的商店（即一个高档店和一个"廉价"店，或一家市中心的百货店和一家郊区购物商场里的百货店）。这些百货店与这里描绘的"镀金时代"的百货店有哪些共同之处？你参观的两种不同百货店的相似性和差异是什么？

通过广告，妇女被描绘为专门购买家庭装饰、家居等物品的家庭成员。这种展示、演示和明码标价的百货工资不仅让顾客购物更方便，而且提供了购买商品的理由，表达了一种她自己和她家的"好生活"的新标准。正如邓肯（Hugh Dalziel Duncan）所说：

开支女性化——依赖于女性作为母亲、情人、妻子和妇人的传统角色的转变。作为母亲，告诉女性要适当为家庭开支，作为情人，女性必须把性感的外表变成钱，作为妻子，女性必须学习公共和私人场合要求的那种"金钱品味规范"的细节。每一个女性都必须知道如何把传统的文明仪表转变成金钱的文明仪表。不是简单地给女性所要的，而是看到她所要的东西中那些钱本身就可以买的（Duncan, 1965：127）。

百货公司利用了时尚圈。通过报纸广告和橱窗展示，百货公司告诉女性消费者何时、何地和为什么买新商品，告诉他们淘汰原先有的那些东西。尤因（1982）把市中心百货公司的商业活动看成推进和影响这种新城市景观的氛围和它们所说的"自我的商业化"。

这样，在市中心百货商店购物成为女性生活的一个不可缺少的特征。巴尔特令人信服地提出，市中心购物不只是一个时尚活动，还是帮助女性形成作为城里人身份的城市活动：

[女性]——逛逛商店，东瞅瞅，西看看，与朋友议论议论，听听售货员的解说，评头论足，买一些她们认为划算的东西，如果幸运的话，回家时，她们不仅觉得做了一些女性本分的事情，而且，还觉得逛商店很开心。这种经历几乎天天重复，让她们的现代城市女性的身份日益增强（Barth, 1980：44）。

总之，百货商店把女性重新融入市中心，当然，是以消费者的形式和城市劳动大军的一员而出现的。百货公司把市中心从专门的商务区变成了购物区。通过将市中心区向女性开放，保证了更加社会有序的城市生活的发展，也为继续发展城市公共交通提供了进一步的理由。在非出行高峰期，城铁、地铁和有轨车载客不足的情况下，让女性到市中心购物无疑是一种切实可行的办法。

有人认为，公共场所的生活缺少有意义的互动，对市中心百货商店的考察证明事实正相反。购物不是一种疏离的、非人情味的活动，相反，购物在陌生人之间形成了一种复杂的社会关系。另外，百货商店使用者具有广泛一致的城市观念，它们反映在作为城市机构的市中心百货商店上。

街区商店和社区认同感

城市认同过程非常不同于街区认同。街区认同通过卷入地方社区机构而出现,接下来我打算专门讨论。地方商店常常作为社区的社会和经济枢纽。它们既是社区中心,也是顾客和售货员、顾客之间交往的地方。去买东西具有许多不同的目的。买东西不仅仅是去地方商店的唯一理由,购物还意味着走出居所,进入一个不同的社会环境。购物是一个社会活动,一个与街坊四邻和朋友交往的机会。拿街区食品店为例,这种互动每天都在发生。怀斯曼(Jacqueline P. Wiseman,1979)在研究女性用品廉价店时,对常常发生的互动做了分类,她提出,在这些商店里,女性不仅对一件特定时装评头论足,而且,还把谈话延伸到生活的其他方面,例如,有的人结了婚,有了孩子或孙子孙女,有的找到工作了,等等。

斯通(Gregory P. Stone)的论文,"城市购物者和城市认同"(1954)认为,街区商店具有社区认同资源的功能。他把重点放在女性顾客和售货员的关系上,把这种关系看成在地方城市社区建立起来的准基本特征。斯通甄别出4种类型的顾客(经济的、个人的、伦理的和冷漠的),正是"人格化"的顾客把购物确定为一种基本的人际关系。作为个性化和个人化的顾客,这些女性在街区商店里表现出了一种倾向,她们与店主有着有很好的个人关系。

斯通把这种购物者与地方的、个人所有的小店联系起来,与大百货商店形成对比。他惊奇地发现,那些寻求通过购物活动建立个人关系的女性是最近到来的居民,她们过去与这些社区机构和个人的接触很少。这些新人寻求与地方独立商店的买卖人建立关系。斯通(如同库利一样)提出了这样的结论,与买卖人建立这种关系,可能成为那些交流频繁和有规律的任何生活领域的基础。这些商店把一个个具体的购物者融合到他(她)生活的更大社区里来。

购物者有家的感觉,买东西的同时,能够与人谈话、进行社交活动、建立友情,在这样的地方,街区商店具有了第三场所的特征。奥登伯格(1989)提出,随着连锁店的扩散和郊区购物商城的冲击,第三场所迅速消失。第三场所一直都是小城镇、市中心商业区的特征,随着第三场所的衰退,大街也衰退了。第二次世界大战结束后的美国,重大变化改变了购物作为一种城市机构的特征。人们在街区里,在中心城区,都可以感受到这种购物特征的衰退。

郊区发展从经济上严重影响了市中心百货店。首先,以郊区为基础的中产阶级居民到市中心购物的通勤距离扩大了。但是,随着第一条商业街和之后的封闭式购物广场建成,市中心百货购物区意味着购物模式上的一场巨大变化。在街区里,掩盖起来的城市更新的后果对地方小店特别不利。绅士化和移民改变了街区购物模式和社区认同过程。

郊区、购物中心和市中心购物的衰落

让我们把注意力转向郊区购物中心,这种购物中心替代了成为居住社区一部分的街区购物区,但是,郊区购物中心并不适合于社区认同。郊区购物中心已经成为许多郊区社区的伪城镇中心。一个名叫"南新泽西"的郊区城镇,为了得到那个区域重要购物中心"樱桃山购物中心"的名声,把那个城镇的行政名称改为"樱桃山"。少年们常常在傍晚时分占领这类郊区购物中心,尤其是周五晚上,而老人和带小孩的母亲则是周末到这些郊区购物中心来。购物中心之所以受到欢迎,是因为人们没有地方买东西,人们还觉得购物中心很安全。购物中心似乎很像公共场所,实际从法律上讲,购物中心并非公共场所,而是购物中心房地产所有者拥有的私人空间,业主的基本目标是通过消费者的购物活动而获得经济收益。购物中心的业主们有权赶走不受欢迎的人,

图13.2 2011年12月，一群身着T恤衫的市民步行通过康州丹伯里的丹伯里集市购物中心，他们的T恤衫上写着"占领丹伯里/我们是那99%"。他们还在这个购物中心的食品大厅里购买了食物。购物中心的管理人员告诉他们不要再回来，如果他们不服从，购物中心会给警察打电话

那些人可以是青少年、无家可归者、慈善机构的工人、示威或抗议者。身着统一制服的私人保安仿佛是警察，由他们负责清理这些人。

市中心失去经济活力，推动了郊区带状购物中心和之后的封闭式大型购物中心的建设。像沃尔玛一样的巨型商店也搬到了小城镇的边缘，进一步加快了市中心的衰退。这些巨大的商店采取了首先获取微利的营销策略，让市中心的那些小店衰退，最终破产。

戈夫曼在《公共场合的关系》一书中谈到过"固定地盘"的概念，"个人的私密感、控制感和自尊感都与他对他的固定地盘的支配联系在一起。"与此相似，莫和维尔基（Moe and Wilkie, 1997：102）指出，为了减少社区犯罪和社区衰退，有必要在居民之间培育一种共同的势力范围或领地感。在这种背景下，我们可以分析市中心的商业活动按照它们的愿望恢复可以在经济上盈利的购物模式，提供一种最有力的、很有意义的可能功能：市中心的商家帮助建立一种地方社区认同感。

20世纪下半叶，稳定的小城镇街坊也受到了威胁，开始衰退，城市的中心商业区同样处于衰退中。中心商业区的业主们所面对的问题是，公众越来越觉得，在市中心购物不安全。一些地方的确如此，而且，随着市中心商店关门，治安情况更为恶化。各种各样的破坏困扰着中心商业区和整个市中心地区。第一扇窗户只要被打破，那幢建筑物上的涂鸦便会与日俱增。然后，流浪汉、犯罪分子和"坏蛋"会占领那幢建筑乃至市中心地区。最后，居民便抛弃了他们的市中心和那里的商业街。

为了改变购物模式，让人们回到市中心，我们需要改变市中心的形象，决策者们都有这类想法。更新改造建成环境，建设新的商店，重新启用那些空置的商业空间。许多小城镇居民觉得需要恢复他们的小城镇中心区，以便实现上述目标，重新培育社区感。现有的商家在这种恢复重建过程中扮演主角。一旦更新改造成功，受益的是商家和社区居民。然而，最初的一些更新改造工作往往不成功。效仿带状商业中心，重新设计建筑立面，让整个带状商业中心的建筑外观统一起来。把城镇中心变成步行商业街。实践证明，这类战略是有缺陷的。

格拉兹和梅茨（Gratz and Mintz, 1998）讨论过"特征和历史"对城镇中心的重要性，他们认为，"特征和历史"是城镇中心必不可少的元素。"如果不能有别于商业街、购物中心，最靠近城镇中心的那个购物中心，或者按照固定模式设计的连锁店，人们为什么一定要到城镇中心来呢？旧建筑最能形成城镇中心的特色。不是这样，历史就会荡然无存（Gratz and Mintz, 1998：262–263）。"莫和维尔基提供了一些通过商家实现城镇中心振兴的成功案例。他们发现，通过提高现存建筑本身那些反映建筑设计历史模式的特征，城镇中心的元气就恢复了。这样一来，"这些地方寻求得到进入城镇中心的新投资，把它们用到那里的历史性建筑上，保护地方上为之骄傲的地方免遭衰败蔓延的侵害（Moe and Wilkie, 1997：151）。"

步行街重新还原成大街，向车辆交通开放。2008年，孟菲斯市中心委员会展开了一项研究，

这项研究发现，美国城镇中心原先存在的85%的步行街最终部分或全部重新向车辆交通开放（Harden，2013）。因为道路所具有的交通通道的固有性质和停车辅助功能不会削弱行人的活动，"溜达"和"逛街"再次成为活跃街头生活的标志。生意人开始认识到，为了改变城镇中心地区的形象，他们必须重新定义整体"状况"或"外观"。除了再次强调城镇中心的特征和历史意义外，还需要重新设计标志、店面、橱窗，以及人行道、长凳和自行车道之类的可以步行的特征。

顾客、店铺老板和购物中心的老板都把安全放在第一位。供购物中心执行经理阅读的杂志，《连锁店的时代》，告诉其读者，"当一门生意像电影或剧场很依靠外观时，安全形象至关重要，甚至要比实际安全更重要（cited in Baxandall and Ewen，2000：230）。"当代商业街使用了最新的监控系统，停车场照明良好，而且安装了人们都可以看到的录像设备，实时监控那些地方出现的每一种活动。丹佛一家制造公司制造了一种女性形象的机器人，取名"安妮机器人"，眼睛是一台照相机，鼻子里装了一个麦克风，摆放在商店里，作为一台监控设备（Friedberg，2002：446）。除了安装监控摄像机，身着统一服装的治安警察也在停车场里和购物广场里巡逻。

公共义务和私人财产之间的冲突通过支持被定义为私人空间的购物中心而得到了解决。在联邦高等法院1972年对"劳埃德公司对泰纳"一案的裁决中，在1976年对另一个购物中心工会抗议者的裁决中，多数大法官裁定，购物中心是私人财产，没有任何公共义务为公民活动提供服务。作为一种反对意见，联邦高等法院大法官马歇尔（Thurgood Marshall）认为，购物中心实际上已经承担了传统城镇广场的社会作用，购物中心的业主们扮演着传统城镇广场周边那些小店业主们的角色，当然，多数大法官允许购物中心的业主们逃避承担公共义务（Kowinski，1985；Crawford，1992）。

购物中心一直都没有把自己局限在郊区。许多城市中心已经出现了购物中心，它们与郊区购物中心可以相提并论。这些购物中心通常称之为高档购物中心，常常占用了传统百货商店的区位，公共交通可以到达那里。以芝加哥为例，水塔广场和附近尼门马克斯百货公司所在的购物中心都是私人控制的迎合富裕人群的购物中心。那些百货商店还是坐落在老"环线"的大马路上，现在，光顾那里的常常是一些不那么富裕的黑人顾客和西班牙裔的顾客。结果形成了阶级分隔的不同购物地区，只有马歇尔菲尔德百货公司在两类地区都有商店。

现在，许多封闭的购物中心本身正在受到其他购物设施的威胁。如欧普办公、百思买等量贩店，甚至沃尔玛，都大规模进军零售市场了。亚马逊和其他网购服务机构同样削减了购物中心的销售总量。双收入的家庭成员没有时间亲临购物中心和商店，所以，他们选择了网购。"不死不活"的购物中心正在成为郊区的一道风景线。在南泽西，有一个"埃斯朗购物中心"，正在被改造成"城镇中心"。这个购物中心确实还在，但是在2011年，这个购物中心的一部分被用来做这个城镇的政府办公室。剩下的部分被拆除了，代之而起的是为青年职业人士设计的公寓式住宅，沿着大街，楼下开店，楼上住人，又回归了小城镇的那种老街。

谁的商店？谁的街区？

在当代城市里，为了控制作为符号经济的城市文化而改造地方层次的街区和大都市层次上的城市。祖金用过这样的标题，"谁的文化？谁的城市？"（1995），突显了这样一场斗争，我把祖金的这个标题改变了一下，做了本节的标题。在前面几章里，我们考察了绅士化对社区的影响。现在，我再回到前面讨论的场所与记忆的关系，特别强调绅士化对这种关系的影响。

我们在第11章里谈到过对旧金山展开的一个案例研究,《空心的城市》(2002),索尔尼特(Rebecca Solnit)对旧金山的变化提出了这样的看法,绅士化不仅仅涉及一个城市特定选择地点的转变过程,实际上,绅士化还涉及整座城市。艺术家、漂泊者、活动家、组织和小生意原本在一个地方落脚,因为城市的绅士化,他们被迫离开那些街区,于是,有关那个地方的记忆就被摧毁了,索尔尼特特别关注的正是这一现象。她认为,富裕的连锁店搬进城市的一些街坊,这种变动完全改变了那个城市。为《空心的城市》一书提供照片的斯瓦森伯格(Susan Schwartzenberg)用旧金山商业街上60家星巴克咖啡店的图片说明了索尔尼特的上述观点,她甚至在每一张照片上标注了那家星巴克咖啡店所在位置上原先是家什么店:五金店、餐馆、汽车店、食品杂货店,等等。这些标题强调了第三场所的走失,那些地方对于一个社区的特征和生活是十分重要的。60家星巴克替换了60家承载着历史的小生意。这让我想起1998年的一部《你有新邮件》的电影,它描绘了一家大商店搬进这个街区,从而让一家街区书店难以维系。在一个始料未及的奇怪情境下,瑞恩(Meg Ryan)扮演的这家地方书店的老板常常出现在星巴克咖啡店里,而不是那个街区的一家咖啡店里,就在书店老板哀叹她自己的书店时,地方咖啡店其实也在与星巴克这样的全国连锁店竞争着。

新移民、内城商店的振兴和消费城市的兴起

20世纪90年代以来,美国许多城市的内城街坊一直都处在恢复之中。这种复苏原因很多。格罗根和普罗西斯奥(Grogan and Proscio,2000)在分析当代"城市回归"时发现,以街区为基础的非营利组织的数目正在不断增加,正是这样的组织领导着一种源于草根的内城恢复思潮。这种思潮给内城居民提供的是正能量,引导人们更新住房、公寓和商业区,建设公共机构,开展教育活动,建立邻里关照制度。这4种积极倾向包括社区建设、零售市场的再生,通过社会治安减少犯罪,让内城生活从巨大的官僚制度,尤其是福利制度,公房管理部门和公立学校中解放出来(Grogan and Proscio,2000:6)。这4种积极倾向被认为形成了一种引导内城复苏的"令人惊讶的正合力"(Grogan and Proscio,2000:3)。

格罗根和普罗西斯奥强调了"社区建设公司"(CDCs)的重要性。社区建设公司是20世纪60年代后期"骚乱思想"引出来的一种自然产物,当时,内城居民寻求控制他们的街区。尽管他们在意识形态起点上具有对抗性,但是,社区建设公司建立了一种在政治上比较巧妙复杂的运作办法,与政府、商会和非营利的代理机构结成伙伴关系。根据卡特行政当局执政期间通过的"社区再投资法案"(CRA),联邦政府在社区建设方面发挥了重要作用。"社区再投资法案"要求银行在它们展开业务的那些地区,给那里的社区提供贷款,尤其是把贷款直接发放给原先受到贷款机构歧视和拒绝发放贷款的人和地区。银行对联邦政府的"社区再投资法案"不无忧虑,觉得那些法规对它们不利。但是,联邦政府要求银行在执行"社区再投资法案"方面要做出一定的成绩。为了在执行"社区再投资法案"方面有起色,银行给内城街区打开了提供贷款的大门。社区建设公司最初把重点放在建设经济适用房,仅1994年,它们一年就建设了4万以上的居住单元,超过了20世纪50年代后期和60年代公共住房建设时期联邦政府的步伐。1994年到1998年之间,银行向内城地区的投资超过了3550亿美元。

随着资金和建设项目在这些内城地区展开,犯罪率开始下降。这些因素一起导致了内城街区在经济振兴上出现缓慢但稳定的增长。随着住房改善数量的增加,街区购物中心也随之增长。零

售商认识到，满足街区居民的购物需要提供服务是可以赚钱的，正是这种认识推进了街区购物中心的发展。格罗根和普罗西斯奥对此的判断是，"这是一个拥有大规模步行交通进而可以推动其他商业活动的发展的街区，这是一个社区资产让居民受益而且让居民小心翼翼地对此加以保护的街区，而且，大部分人都会觉得，在这个拥有街区购物中心的社区里，拥有房地产开始看上去像一个很有前途的投资，而且是得到更好住房的一个途径（Grogan and Proscio，2000：136）。"

祖金（2005）在分析购物对塑造美国文化的重要意义时谈到，最近到达的移民企业家和商人，对振兴纽约街区里的街坊购物区，发挥了重要作用。她还谈到，大量俄国犹太人移民在布莱顿海滩和本森赫斯特的那些布鲁克林街区住了下来，那里的商店开张了，满足新到移民的需要。那里的食品店和杂货铺正在出售如鱼子酱、熏鲟鱼之类的俄罗斯民族食品，那里的服装店陈列了大量俄罗斯顾客喜爱的民族风格和尺寸适宜的服装。同样，纽约出现了三座新的中国城，那里出售新中国移民青睐的佐料和食品。布鲁克林的西印度加勒比族群生活的地方，音像制品店出售雷盖乐和说唱乐的光盘。食品杂货店里出售加勒比地区特有的芒果和其他瓜果。

祖金还描述了那些移民店主的活动，当他们搬进那些被空置的街区商店，他们不仅填充了市场的一角，而且担当起了振兴他们那个街坊的大任。祖金描述的各种各样的移民店主，朝鲜人不仅经营水果和蔬菜，还创建了"美指"店；多米尼加人跟随波多黎各人，墨西哥人再跟随多米尼加人，经营街坊杂货铺；叙利亚人则经营报刊小摊和出售各种商品的小商店。下曼哈顿百老汇和运河街那些廉价店所在的老购物区、14街的老购物区和布鲁克林富顿购物中心都已经恢复了。所有这些地区店铺鳞次栉比，呈现出繁荣的景象，吸引着最近到达的移民社群。那里还出现了大量街头小摊，尽管它们不合法，它们还是经营着海量的廉价商品和山寨商品，从汗衫、太阳镜、提包和手表，不胜枚举。

祖金（2005）认为，购物和消费主义正在把公共空间转变成商业性的消费空间，这一转变成为城市更新战略的基础，而新来移民让街区购物繁荣起来，仅仅是这一变化中的一个部分。祖金描绘了如何通过新的奢侈品店、大众化的商店、时尚专卖店和时髦的餐馆振兴商业购物街。经过更新改造，苏荷地区的那些铸铁建筑，首先成了艺术家的阁楼，然后成了艺术画廊，最后成了出售高档商品的商店，吸引富裕的新居民和游客，这是通过绅士化而振兴中心城区的典型例子。这个商业化的苏荷地区现在已经扩大到了相邻的诺利塔地区，那里曾经是意大利裔美国工人阶级的街区。诺利塔地区同样经历了与苏荷地区一样的转变，下曼哈顿的地区的很多街坊都发生过此类转变。应该指出的是，纽约市其他一些著名的地区，如第五大道、麦迪逊大道和时代广场都在拉尔夫劳伦，耐克和沃尔特·迪士尼公司等国内和国际著名公司的推动下，再次突显了它们的消费者导向的开发倾向。祖金这样讲道：

自20世纪80年代以来，所有大城市大部分道路层面的振兴都与这类消费者导向的转变相关联。商品和商店在名称上越来越个体化，在类型上更加标准化，商业购物区被广泛认为是一种经济发展的实力，也是经济发展的一种象征。纽约

图13.3 华盛顿特区的这三个相邻的小店反映出，移民群体的民族多样性已经在振兴美国许多城市的地方购物区方面起到了关键作用

富裕的和形形色色的新商店使得媒体把购物表达为一种城市文化吸引因素——是席卷美国各地的那种郊区化和标准化之外的另一种选择,如果不说世界的话。2001年9月11日之后,这些特征甚至在维护城市形象和维持城市经济方面更显重要(Zukin,2005:27)。

实际上,祖金和其他人,最值得一提的有科恩(Lizabeth Cohen,2003),都认为,自20世纪30年代的大萧条和第二次世界大战结束后郊区的兴起以来,美国日益变成了一个"消费者的合众国"。当然,只是最近这些年,公共空间才被广泛地被转变成为消费空间。在许多城市,把公共空间转变成消费空间已经成了常态,而且,姑且不说整个国家,这种转变导致了一种经济发展,这种经济发展具有超出街区和延伸到整座城市的广泛的经济影响,把城市改造成了一种消费社会。"美国前所未有地变成了一个购物者的国家(Zukin,2005:16)。"

从街头相对固定的小贩那里买东西是一种购物形式,它已经变成了当代城市购物形式的一种特征。这些相对固定的街头小贩本身也成了城市的一道风景线,有些小贩是合法经营的,如街头售货亭,那里出售各种商品和各种食物。2014年夏季上映的电影"大厨"票房收入不菲,这个电影讲的是一个人的故事,他丢了餐馆的工作,于是,他开着食品车,周游了很多城市,销售业绩很好。在许多城市,食品车现在已经占有很大的商业市场份额了,俄勒冈州波特兰市的这类食品车的数量和它们提供的食品质量都值得一提。这类食品车出售了各国风味的食品,如亚洲、中美洲和南美洲,非洲,反映了经销者的国际背景。

从四处游荡的小贩手里买东西也不鲜见,同样是一种不可不提的城市购物形式。那些四处游荡的小贩手里拿着装着名牌手表的箱子或用山寨名牌包裹着的毯子,在人行道上走来走去,向路人兜售他们的货物。因为警察会没收他们兜售的商品,而且还会把他们拘押起来,所以,他们对警察是非常戒备的。很多这类贩子来自西非地区。

史托勒(Paul Stoller)是宾州西切斯特大学的人类学家。他在1992年7月至1998年12月之间研究了纽约街头西非族裔的小贩,来自马里、尼日尔、塞内加尔和加纳的小贩们在街头兜售木制的面具、木制的塑像以及棒球帽,"便宜的"名牌手表,各种形式的服装和装饰品。史托勒的《金钱没味》谈到,来自西非地区的那些小贩们的穆斯林信仰其实不允许他们在大街上兜售商品,出售塑像和棒球帽都有违他们的道德规范,因此,他们的兜售行为与宗教有冲突。但是,出卖那些宗教伦理允许的商品,出售那些染上宗教污点的商品,不管哪一种,金钱就是金钱。"我们在美国,我们要生活,我们必须做买卖养家糊口,因此,我们没有看到穆斯林道德与做生意有什么冲突。金钱没味(Stoller,2002:xi)。"

西非族裔小贩以男性为主导。他们的家庭通常还在非洲,而不在美国。史托勒说,许多生活在华盛顿特区,纽约或东北部城市里的西非族裔小贩都是虔诚的穆斯林信徒。他们还组建了大篷车队,在印第安纳波利斯、堪萨斯城、底特律这些他们称之为"荒野"的地方做买卖,成为非洲裔美国人商品交易会展的一个组成部分。史托勒指出,与他们在城市街头邂逅的成千上万的人们其实并不了解他们的文化背景和他们个人的背景,不知道他们的希望和价值:

虽然他每天都在纽约的街头做买卖,他仿佛与埃里森(Ralph Ellison)隐身人别无二致,是一种视而不见的人。像他的弟兄一样,他在人群中穿行,他发现那个社会的价值既令人惊异也很扰人，所以，他从买卖中挣到微薄的收入，却与社会保持着合理的距离（Stoller，2002：6）。

史托勒考虑的主要是"新移民"的体验，正在变化中的城市社群和全球化对地方购物模式的影响。这些人形成了更具文化多样性社区中的一个具有自己特征的国际西非社群。史托勒发现，因为他们的基本目的是挣钱，然后回到西非去，所以，他们与这个更大社区形影相吊。因为他们许多人做的买卖是非法的，这就更进一步加大了他们与更大社区的距离。他们与更大社区的分离其实也反映了他们的看法，美国是一个"充满暴力的、冷漠而匆忙的社会，那些道德约束几近枯竭的人们（非穆斯林人群）没有时间去关心别人"（Stoller，2002：23）。因此，他们创造了相互保护的社团以及非正式的协会，取得兄弟般的信任。这些脱离社会的活动，再加上他们的冷漠态度，让非洲裔美国顾客和那些与非洲商品有联系的街坊不免染上某种敌对情绪。

他们在商业区街头的出现，无论如何都会对那里店铺的生意造成影响。这一点在哈林很明显，哈林的小贩、地方商会和政治领导人不得不立法，把一段大商业街变成一个市场，让原先不合法的街头商业活动合法化。史托勒讨论了纽约市区的国际商贸网。街头小贩把合法的和不合法的，来自非洲和亚洲的，特别是来自朝鲜和中国的商品拿到街头上来，卖给购物者，包括国外来的游客——日本的和其他地方的，也卖给非洲裔美国人。另外，小贩们来自很多国家，不仅有西非的尼日尔、尼日利亚和科特迪瓦（象牙海岸），还有印度、巴基斯坦、阿富汗和印度尼西亚等。所以，那里的街头巷尾充斥着跨地域和跨文化的相互作用。下曼哈顿中国城里有一些朝鲜人经营的"血汗工厂"，史托勒描绘了他们如何经营这个出售非洲的纺织品、帽子、T恤、首饰和绘画的利润不菲的市场。他还进一步介绍，西非本土的那些商人如何推动国际贸易。"纽约的西非商人利用他们的家族关系，建立起一个长距离贸易网来维持非洲商品市场（Stoller，2002：87）。"

绅士化：华盛顿特区的U街

马丁·路德·金遇害40年以后，我（Hutter，2008）曾经写了一篇文章讨论华盛顿特区U街的绅士化。1968年4月4日，那个可怕的傍晚，一群人聚集在华盛顿特区中心的U街和十四街西北段的交汇处——一个黑人社区，表达他们的悲愤和沮丧。不久，一块石头打破人民药店的玻璃窗，随后，大规模抢劫、放火和骚乱维持了两天（Risen，2008）。南方基督教领导会议华盛顿总部紧挨人民药店。这场骚乱蔓延到了华盛顿特区的其他地区——第七街西北段和H街东北段，并在那里延续了3天。有13人丧生（多数是因房屋被纵火而身亡），包括两名纵火犯，警察击毙了他们，同时，受伤人数超过1000（Neibauer，2008；Schwartzman and Pierre，2008）。应约翰逊总统的要求，有13000人的联邦军队到达那个地区平息骚乱。1968年的整个夏季和秋季，那里仍然不时发生骚乱。经过这场动荡，华盛顿特区黑人社区的那些商业区发生了大规模撤资，商业活动遭受毁灭性的打击。这里所要讨论的是，40年后，U街地区究竟发生了什么和正在发生什么。

20世纪早期，U街对于处于隔离状态的黑人来讲是一个富裕地区（National Park Service，2007）。纽约的哈林地区是20世纪20年代发展起来的，在此之前，U街堪称美国最大的黑人社区。霍华德大学就在U街的北端，成为黑人知识精英和艺术精英的聚集地。

战后华盛顿特区的种族隔离愈演愈烈，于是，U街地区成为自我维持的黑人社区的中心，集中了它的商业活动、宗教机构和娱乐设施。地方报纸称U街为"黑人的康涅狄格大道"（Williams，2002）。

20世纪30年代初，U街还是这个黑人社区的娱乐中心。著名女歌手贝利（Pearl Bailey）把那里称之为"黑人百老汇"，到了晚上，以黑人为主的观众可以看到很多人的表演，如哈乐黛（Billie Holiday），艾灵顿（Duke Ellington），卡洛威（Cab Calloway），吉莱斯皮（Dizzy Gillespie），阿姆斯特朗（Louis Armstrong），柯川（John Coltrane）和菲茨杰拉德（Ella Fitzgerald）。酒馆、林肯剧场、爵士乐俱乐部，加上商店和餐馆，让那里的街头生活看上去丰富多彩。U街在整个60年代里依然是黑人社区的知识中心和文化中心。但是，随着有关房地产的种族性限制条款的终止，非洲裔美国人可以获得华盛顿特区任何地方的住房。于是，比较富裕的人们搬到郊区去了，尤其是附近的马里兰的乔治国王县。1968年春天，U街基本上是穷人和工人阶级的聚居地。房屋年久失修，鼠害横行。公立学校混乱不堪，功能失调，3/4的学生阅读水平低于全国平均水平（Schwartzman and Pierre，2008）。

在马丁·路德·金被暗杀之前的4天4个小时，他在华盛顿国家大教堂向教徒们讲述了最近在底特律和纽瓦克等美国城市发生的骚乱。他说："我不喜欢预计暴力，但是，从现在起到6月为止，如果再不给美国城市黑人一些希望的话，我感到这个夏天不仅仅是不好，而且要比去年更糟糕（quoted in Schwartzman and Pierre，2008）。"

就在金去世后，美国100多个城市爆发了市民骚乱。在华盛顿特区，前学生非暴力协调委员会的前全国主席，卡迈克尔（Stokely Carmichael）使用了"黑色力量"来号召被剥夺了权利的黑人社群来参加他领导的在14街举行的游行，许多民权人士参加了那次游行，实际上，他们的立场远比马丁·路德·金要激进。卡迈克尔要求所有的商铺歇业以纪念马丁·路德·金。大部分商铺这样做了，但是，愤怒难以抑制，暴乱依然发生了。

在1968年的暴乱发生之后，居民和商铺搬出U街的速度大大加快了。U街和十四街西北段的交汇处呈现出城市凋敝的景象，与此同时，那里成了毒品交易、卖淫和犯罪的泛滥。U街成了华盛顿特区最糟糕的犯罪地区之一。

贯穿整个20世纪70年代，政治家们都在承诺重建这个黑人社区。1969年，尼克松入主白宫几个月后，便参观了第七街的那个暴乱场地并且说，"这些混乱的、被木条封起来的建筑物，其实正在谴责我们所有的人，而对那些生活在它们阴影下的人们来讲，它们是令人压抑和沮丧的环境。它们一次又一次地提醒我们这样一个基本事实，暴力的主要受害者是那些发生暴力的街坊里的人们（quoted in Schwartzman and Pierre，2008）。"

但是，承诺便宜，真要重新投入，是要花钱的。没有就恢复那些街区的战略达成共识，即使那样做了，也基本上没有经济上的优惠。抛弃U街实际上是缩小版的抛弃城市，它折射了那个时期美国政府坚持的所谓"善意的抛弃"的社会政策。就华盛顿特区本身而言，经济推动的是重新开发市中心商业区，而不是贫困的黑人街坊。投资者因为看不到恢复这些街区有什么经济利益，于是，他们扬长而去。特区的那些贫困的黑人街区被扔给了地方上的社会组织、教会、基金、社区组织，最后是联邦和地方政府，由它们来更新改造。

1970年，对那些黑人街区实施改造的第一阶段展开，首先在一些破败的街坊里建设嬉戏场所和篮球场。20世纪80年代初，亚当摩根、杜邦环岛和洛根环岛通过新的商务和投资而被绅士化了。20世纪90年代，U街的绅士化展开。1986年对十四街和U街的建设诱发了U街的绅士化，那里建起了一个弗兰克·D·里夫斯市政中心，还建设了一座高层写字楼，市政府的几个机关在那里办公。

同时这里建设了一段规模不大的商业街，包括住房，目的是方便当地居民。最重要的是，为了建设U街/卡多佐城铁车站，拆除了许多废弃的建筑物。在20世纪80年代和90年代的建设时期，许多居民和商业机构搬出了该地区。1992年，车站完工，成为绿线的四个车站之一。特区城铁绿线把肖—卡多佐、弗农山和哥伦比亚高地等街区和围绕第七街和十四街的商业区与华盛顿特区的其他地区连接了起来。这个车站项目大大推动了对U街的改造。1997年，"非洲裔美国人南北战争纪念碑"在第十街和U街车站附近建成，纪念参加南北战争的20多万黑人战士。1999年，U街成为国家和地方登记的历史保护区（Williams，2002）。

不幸的是，大部分这类项目都意味着许多穷人和老人的搬迁。20世纪90年代后期，在哥伦比亚特区税收优惠计划的刺激下，大型投资者们开始改造U街，1997—2007年，那里建设了2000个高档公寓单元。更值得一提的是建在U街和十三街西北段交叉路口的埃丁顿公寓。这个公寓包括了180个高档租赁单元，一层是高档餐馆，还建有供居住者使用的地下停车场。

随着新居民，画廊、商店、咖啡店和会所接踵而来，它们把这个暴乱后被抛弃的地区建成了重要的旅游景点，主要居住着富裕的青年职业人士（Ault，2006；Battiata，1998；Kuan，2007）。那里所剩无几的黑人商业设施现在既为黑人服务，也为白人服务。例如，本家热狗店，它于1958年开业，那时的顾客都是黑人，包括学生、蓝领工人和职业人士，现在成了华盛顿特区的一个"旅游热点"（Westley，2007）。随着房地产税的上升，那些为不那么富裕人群服务的商店发现它们不得不离开了。

图13.4　到了周日，"雅皮士"在室外咖啡店里聚，这一点突显了U街的绅士化

21世纪的第一个十年里，U街的变化类似于整个华盛顿特区，正在成为白人为主的地区。人口学家2007年预测，如果这种倾向延续下去，华盛顿特区可能会在10年内成为以白人为主的大都市，而历史上，它一直都是以黑人为主的城市（Westley，2007）。华盛顿特区的人口本身就从1968年的85万下降到2007年的55万（Jaffe，2008）。有一个记者这样讲道，"那个曾经人口80%为黑人的巧克力城，现在黑人人口刚刚多于50%，成了咖啡城（Jaffe，2008）。这种变化不仅是因为低收入的和中产阶级黑人搬到郊区去了，而且还因为白人职业人士搬进了特区，U街的情形与此相同，都被绅士化了。人口统计数据显示，1980年到1990年期间，U街的人口发生了重大变化：1980年的黑人人口占总人口的60%，1990年的白人人口占总人口的70%，这个倾向还在继续（Athey，n.d.：75）。

体验活动13.2：绅士化的或复兴的街区

参观一个城市街区，那里有小商店、餐馆和其他商业设施，以及公寓居民。这个街区在什么程度上与U街的绅士化类似？在多大程度上类似于我们前面谈到的那种由新移民的到来而引起的复兴？

富人在华盛顿特区的增加不能否定这样一个事实，那里还有1/5的居民依然生活在贫困线上。但是，供低收入家庭居住的住房持续大幅减少。寻求住房补贴的家庭数目超出可以给他们提供的住房数量的6倍（Schwartzman and Pierre, 2008）。U街和那些出现过动荡的街区所发生的变化令人深思。城市改造究竟"谁受益"的老问题重新提了出来。民间和社区的领导人提出，华盛顿特区的经济复苏其实在经济上同时具有造成长期经济衰退的负面影响，无法获得绅士化所带来的优势。巴里（Marion Barry）在动乱时期曾经是一个社区组织者，后来，成为华盛顿特区的市长，他提出，"我们做了许多促进进步的事情。但是，这个过程不应该花去40年的光阴。贫困现象其实更糟糕了。华盛顿所发生的只是赶走贫困。其实，我们没有解决贫困本身（quoted in Schwartzman and Pierre, 2008）。"

2013年，华盛顿邮报（Shin, 2013）报道过，U街的绅士化现在"矫枉过正了"。这个地区不断增加的年轻专业人士吸引了投资者，那些年轻人希望生活便利，希望有街区公用设施。为了满足他们的需要，通过房地产投资，建设了1200多套公寓居住单元，10万平方英尺的零售空间，以及25个酒吧和餐馆也在建设中。这个地区已经变成了华盛顿特区人口最密集的地区，公寓月租均价为2700美元，两卧的公寓单元售价约为90万美元。

大西洋月刊资深编辑茹塔（Garance Franke-Ruta）看好U街地区的绅士化。她把绅士化过程看作黑人政治领导人、不同种族的房地产开发商和商人成功重建这个社区的一种反映，那里曾经在1968年的骚乱和毒品泛滥中受到重创，经历了因黑人中产阶级外迁所带来的重创。同时，茹塔觉得，这个绅士化吸纳了这个地区文化遗产中的非洲裔美国人的历史影响。从一个完全的黑人工人阶级的街区，转变成一个中产阶级的、多民族的和多种族文化的社区，并且包容和整合了黑人文化遗产，她认为，这就是U街绅士化的过程和结果。

U街是一个真正充满活力的、多民族、多种族的街区，是一个文化大熔炉，它的基础是在20世纪90年代奠定的，当时设想把华盛顿特区的未来与它的历史记忆连接起来。有时，U街对我而言可能变化太快了。但是，U街总是在告诉住在那里的人这样或那样的经验教训。

观赏性体育活动和社群标识模式

购物是消费城市的一个组成要素，观赏性体育活动同样是消费城市的一个组成要素。人们已经把职业棒球当作一个共享的社会性世界，当作一种城市形象和标识的来源，这里我集中对此做一个历史分析。最后，我谈谈在城市街头巷尾都在玩的篮球。

帕克认为，"城市是一种精神状态。"帕克的这个观念反映了符号互动的基本假设。我们还是以此为基础展开这里的讨论。沃尔（R. Richard Wohl）和特劳斯（Anselm Strauss, 1958）的思想中同样反映了符号互动的基本假设，他们认为，城市里的某些形体对象可以成为城市的象征，可以成为城市居民个人标识的一种来源。城市居民共享的社会性世界与他们共享的象征连接起来，与交流网络连接起来，这些交流网络实际上超越了他们所在局部地区接触的那些人，这样，人们可以隶属于更大的共享的社会性世界。正如涩谷保（Tamotsu Shibutani）说过的那样，"每一个社会性世界——都是一个文化区，这个文化区的边界不是由行政边界设定的，也不是由正式团体的成员确定的，而是由实际展开交流的限度确定的。"

我想拓展对有组织的棒球运动的认识。有组织的棒球运动确实与歌舞杂耍表演、各种秀和电影属于一种类型，是一种观赏性的娱乐项目，不过，它还是另外一种娱乐形式，观众在这种娱乐中，主动地解释它并赋予它某种意义。社会历史学家卡森（John Kasson，1978）在他有关康尼岛（在纽约市布鲁克林区南端海滨的一个游乐场）的重要著作中，把棒球贬低为一种被动的观赏活动。在我看来，卡森的这种认识是不正确的。我们想通过研究各种运动项目的粉丝，尤其是棒球的粉丝，证明棒球为何应看成被动观赏娱乐形式中的另类，在美国这种大众文化的发展中，参与者是主动的。

卡森（1978）提出，出现在20世纪初的新的大众文化是有它的商业娱乐起源的。"商业娱乐正在创造新文化秩序的符号，把不同类型的观众凝聚到一个整体中。"商业娱乐已经发展了，它正在谋求一种特殊的大众文化形式，观众在观赏中是主动的参与者，实际上，那些观众常常是工人阶级和较低层次的中产阶级。这些参与者想打破"上流社会"精英遵循的那些"道德"限制，那些"上流社会"精英通常包括中产阶级的新教评论家、牧师和改革家，那些改革家不仅想界定他们工作方面的活动，还想界定他们的休闲娱乐活动。

这些上流社会文化的支持者们，在创造和发展有组织的棒球运动方面是最主动的，他们想推进自己对这种运动的解释。我们会看到，观赏者和粉丝们不仅仅对那些解释有反应，而且还主动参与把棒球塑造成"全民娱乐"项目，并且积极地把棒球作为代表社区和城市认同的一种方式。

棒球：一种城市赛事

19世纪最后25年，职业棒球运动的兴起，恰好与美国社会从乡村农业社会向城市工业社会的转型同步。棒球是一种形式的城市标志，棒球把人们聚集在一起，棒球成为人们对更大社区主观认同的一种来源，也对城市的迅速工业化有所贡献。对于城市居民来讲，棒球的这些社会作用对他们尤为重要：在城市里，人们可能面临举目无亲的状况，所以，他们可以赋予对象新的含义，以不同的方式使用现存的机构，从而建立起一个新的意义、情绪和标志的来源。斯通（1968，1973）把观赏性体育运动的参与看成一种对更大社区的主观认同的来源，把体育项目的团队看成社区集体的代表。

棒球最初起源于城市而不是乡村。体育史学家阿德尔曼（Melvin L. Adelman）描述了了棒球何时（1845—1860）、何地、如何发展成为一个有标准规则的有组织的运动项目。棒球是在纽约和布鲁克林的城市里发展起来的，1842年，荷兰籍纽约人的棒球俱乐部成立，1845年至1855年期间，又出现了十几个棒球俱乐部。经过分析，阿德尔曼得出这样的结论，"棒球宣传员们长期以来都想给棒球营造一种田园形象，但是从一开始，棒球就是一种城市产物（1986：121）。"

从19世纪南北战争期间一直延续到20世纪的前20年，职业棒球运动兴起，这期间正值美国从乡村农业社会向城市工业社会转型。随着城市的迅速扩大，棒球运动也随之扩大。19世纪60年代，新的城市生活方式出现了，作为这种新的生活方式的娱乐组成部分，出现了观众会员制。观众会员制是从收费观看棒球开始的。当时，城市体育场馆还没有建设，市政府主办的项目和公园系统都没有出现，它们都是19世纪末才出现的。当时的交通不发达，人们不便到达更为开阔的地带去，那里有他们曾经生活过的乡村环境。对于大多数工人阶级群众来讲，实际上很少有机会开展体育活动和室外的休闲娱乐。因此，娱乐和休闲是被动的、商业化的，而且也不是昂贵的（Dulles，1965）。

阿德尔曼（1986）提出，没有任何其他体育运动像棒球那样用符号标志它的会员观众："观赏性体育的兴起并非源于寻求刺激，而是那个时期城市和经济发展的必然结果（1986：150）。"那时的城市里，有足够多的人有足够的收入去长期支持有组织的运动项目。观赏性体育项目个人和集体的功能，其他有组织的和商业娱乐设施，一起成为城市环境的一个特征。

与阿德尔曼的看法相似，萨默斯（Dale A. Somers）断言，"商业性的消遣和有组织的活动，如歌剧、马戏、滑稽、杂耍和体育，都用来填充闲暇的时光（1972：vii）。"萨默斯认为，乡下人也有许多城市生活特征的休闲时光，包括6天或7天为一周，但是，乡村地区毕竟偏远，暂时不具有任何意义上的社区感，因此，美国乡村的休闲时光常常是以非正式的、没有组织的、自发的方式度过的，它们当然不适合许多城市居民，实际上，城市居民也无法得到这样的休闲方式。另一位体育历史学家基尔西（George B. Kirsch）也有这种看法。城市社会环境的性质决定形成更多有组织的和受到管理的参与。"当城市的种族、宗教和民族上变得更加多样化的时候，它们的市民们在政治、宗教、文化和体育的自愿协会里寻找社群"

萨默斯（1972）提出，工业化和城市化引起了社会基本结构的巨大变化，体育和其他形式的正式的、有组织的和商业化的娱乐，都反映了这种变化。有组织的休闲和娱乐作为一种娱乐源而被创造出来。那个时期商业娱乐发生了什么呢，职业棒球运动提供了一个基本案例。19世纪40年代后期和50年代初期，棒球是城市精英阶层的一个团队运动项目，他们用打球消磨时光。波士顿、费城、布鲁克林和纽约的早期棒球队和它们非正式的粉丝团绝对是业余的，都具有上层社会的特征，主导思想是社会排斥和运动员排斥。但是，恰恰是正在出现的城市中心加上他们的新城市人口从根本上改变了棒球运动的特征。从1855年开始，棒球运动员代表了中层和下层中产阶级，反映了当时布鲁克林和纽约的就业结构（Adelman, 1986）。

城市内部和城市之间的交通进步影响了作为观赏体育项目的棒球运动。铁路越来越重要了，它让棒球比赛可以跨城市展开。例如，新奥尔良、莫比尔、圣路易斯、孟菲斯和维克斯堡这些南部城市之间的比赛就得益于铁路的开发建设（Somers, 1972）。接下来，大量的业余棒球队被迫将打球规则标准化，比赛促进了球员提高打球的技术。

市民的自豪感和（狂热）粉丝

自我宣传和城市间的竞争都是19世纪后期美国城市的重要因素（Boorstin, 1973; Callow, 1973; Strauss, 1961/1975）。哈迪（Stephen Hardy, 1981）提出，城市之间的棒球比赛刺激和扩大了市民的自豪感："城市之间的竞争扔掉了棒球的排斥性，随着铁路的延伸，棒球运动也在延伸。推动了棒球的职业化，当球队名冠以城市名，如芝加哥、路伊斯维尔、布法罗、辛辛那提、圣路易斯、费城和纽约，等等，便建立起了那个城市真正的集体代表（1981：222）。"几个城市之间的棒球比赛，被认为通过大众的参与而提高了城市的凝聚力。

例如，对于辛辛那提来讲，棒球比赛的胜利提高了这个城市的形象，仿佛它在政治上也没有输。19世纪80年代后期，辛辛那提红袜队在许多城市比赛，连胜纪录最高。当这个棒球队回到辛辛那提时，火车站人山人海，簇拥着他们，展开了街头游行，市长在市政厅迎接他们，送给他们一个27英尺的球棒（Durant and Bettman, 1965）。地方报纸引用了两位市民的看法，他们都提出了这个球队胜利的象征意义。第一位市民承认，他其实不太懂棒球本身，"但是，我乐意看到它有那么多的粉丝。棒球队给这座城市增光添彩。"另一位市民认为,"棒球队通过它的胜利给这个城市做了宣传,给我们做了宣传,对生意有所帮助(Voigt,1976:36)。"1870年,辛辛那提队的第一场比赛是在布鲁克林举行的,结果辛辛那提队输了,从而结束了连续92盘不败的记录,当时,没有座位的观众大体都有1万—2万人之多。

然而,作为社区代表的棒球运动,因为受到社会较低阶层民众的欢迎而步履维艰。在19世纪的最后25年间,棒球运动陷入困境。看棒球比赛的观众增加了,与此同时,难以管理的观众却又让它麻烦缠身。观看全国联赛的观众与南北战争之前观看业余比赛的观众在人口成分上发生了变化。观看全国联赛的观众人数确实增加了,它吸引了大量的工人阶级和低社会阶层的观众。比较成功的中产阶级勉强去看这些职业比赛。

进一步影响棒球成为城市代表的是这样一个事实,棒球赛的观众并非特别在意他们的会员身份和公平竞赛。实际上,棒球场内外典型的日常活动是吵闹、赌博和酗酒。观众在棒球赛上的行为确实可以用"狂热"这个术语来描绘,而"粉丝"(fan)一词其实就是"狂热"一词的缩写。曾经对棒球发展史做过详尽研究的史密斯(Robert Smith,1961)告诉读者,底特律的棒球赛观众尤为可恶。在比赛中,有节奏的击掌、跺脚、发出各种噪声恰恰源于底特律。巴尔的摩的观众同样臭名昭著。他们常常诅咒裁判。有这样一幅漫画,一个球队主场输了,粉丝拿着上吊绳站在更衣室门口,等待散场,绞死裁判。还有一些粉丝用镜子把光反射到对方球员的眼睛里。

基尔西(1987)分析了1855—1877年期间的棒球赛观众,他发现,粉丝的行为、礼貌和文明状态让棒球运动的鼓动者和棒球俱乐部忧心忡忡。在这种团队运动初期,业余俱乐部是不限制观看比赛的。只有全明星队比赛时才收门票费。多数观众一般是中产阶级和上流社会,因为只有他们能付得起到不同棒球赛场观看比赛的交通费用。但是,对于比较重要的比赛来讲,参加观看比赛的人中间不乏下层社会人士。南北战猜想,争论结束之后,付费观看比赛成为常态。基尔西猜想,棒球运动的鼓动者和棒球俱乐部可能想通过收费的办法来排除掉下流社会的观众。比赛中出现的找麻烦的人,包括"流氓"、骗子、扒手和小偷肯定是当时引起关注的问题。但是,基尔西发现,即使收费,这类人依然还在观众之中。

针对棒球观众的消极形象,棒球运动的鼓动者设法推动妇女参加棒球赛,希望她们的参与可以"提高人们在消磨时光时的品行,限制男观众的行为"(Kirsch,1987:12)。

正如19世纪60年代的一个体育报的编辑昆(Frank Queen)所说:"只要妇女出现,那个阶层的人都会马上改变自己的行为举止,而且,一般都是朝着好的方面转变(The New York Clipper,VII:29,May 14,1859,cited in Kirsch,1987:6)。"

赌博依然是19世纪棒球赛的普遍现象。"较劲"是赌博的流行名字,棒球赛和其他观赏性运动的丑闻很普遍,就像酗酒一样。1877年的一个报纸文章警告说:"大众对棒球的兴趣确实在过去五年里已经稳定减弱了。除非棒球赛的推动者解决棒球赛的赌博问题,否则,没有人可以做到。如果那些没有诚信的经理们坚持他们的做法,他们很快就会发现,没有人去看棒球赛,事情就这么简单(New York Times,July 6,1877,cited in Betts,1974:221)。"

通过技术进步和报纸树立形象

尽管在粉丝方面存在困难,但是,对棒球的兴趣依然不减。贯穿整个19世纪70年代,收费观看棒球比赛在持续发展,这掀起了兴建新体育场馆的浪潮。20世纪初,建筑技术大大改善,开始使用钢混结构来建设体育场馆,如费城的诗薇公园，匹兹堡的福布斯运动场，纽约的布拉斯体育馆（后来的马球馆），芝加哥的科米斯基公园，布鲁克林的埃比茨棒球场——所有这些场馆至少可以容纳3万观众。1923年，纽约的扬基球场可以容纳7万人观看比赛。

为了让观赏性体育运动更能吸引中产阶级观众，棒球运动努力通过建设新的体育场馆来改变棒球的形象，那些场馆在设计上就是针对富裕人群的，甚至在设计时就把便宜座位与比较贵的座位分开。在赛事安排上也尽量做到让中产阶级观众更方便观看比赛。为了鼓励中产阶级妇女到场，新场馆专门建设了女厕所。那些新场馆的选址一般都考虑到了与公共交通衔接起来，如有轨车和地铁线。当有轨车能以快速且便宜的方式承载数千人出行，它替代了马车，成为重要的城市公共交通工具。

交通设施的业主也在最早的一批娱乐和体育项目的推动者之中。为了增加乘客量和经济上的收益，有轨车进入娱乐界，建立了娱乐园，就是人们常说的"公交园"，一般布置在公交车终点站上。许多早期的棒球大亨也涉足交通事业，既拥有棒球队，也拥有公交线路。例如，圣路易斯红雀队的业主范德阿就建造了"运动员园"，然后，给他的铁路公司一块运动员园相邻的土地，用于有轨车线，最后，他成了铁路公司的老板，还成了棒球队的老板（Seymour，1960）。

布鲁克林棒球队同样反映了这种模式。1891年至1898年期间，布鲁克林国民团棒球队的老板们也是有轨线的运营者。他们把布鲁克林棒球队从南布鲁克林的华盛顿公园搬到布朗维尔的东园，东园恰恰同有轨车。实际上，布鲁克林国民团棒球队的别称就是"电车道奇队"，后来简称"道奇"，观众必须乘坐横跨纽约及曼哈顿海滩线到达棒球场观看比赛（Reiss，1980；Cohen，1990）。

棒球队的经营者实际上还与报纸沆瀣一气，想通过传媒给棒球队建立一个正面的形象。棒球队的业主认识到，有必要通过城市里的报纸来鼓动市民来观看棒球赛，实际上，有些棒球队的业主还拥有报纸。例如，芝加哥先锋报的业主就是芝加哥白袜队的主要投资者。实际上，职业棒球队的兴起与都市报纸之间有着很紧密的联系。鼓动棒球赛，谈论棒球赛，都是很有看点的新闻事件。报纸不仅增加了自己的发行量，而且也推动了棒球事业的发展和知名度。正是报纸把棒球从一种娱乐活动转变成了观赏性体育运动。波士顿、费城、纽约、华盛顿和芝加哥的报纸大量报道棒球赛事和各种新闻，那里的传媒获得了利润丰厚而稳定的棒球新闻报道许可权。

> **体验活动13.3：媒体中的体育运动**
>
> 看看现代媒体是如何报道棒球比赛和球员的。现在的新闻报道和100年前的新闻报道有什么相似之处和不同之处？

报纸、体育周刊和其他印刷品在建立棒球形象方面，在鼓动人们把棒球看成一种社区资源方面，都发挥了重要作用。19世纪70年代，报纸用于日常体育赛事报道的版面开始增加。美国报业巨人普利策（Joseph Pulitzer）的"纽约世界"率先建立了体育部，收益颇丰。报业大亨赫斯特（William Randolph Hearst）的《纽约日报》在19世纪90年代开辟了独立的体育版，这样，体育版成了整个报纸的一个组成部分（Barth，1980）。

报纸不仅报道棒球赛事，还决定棒球的形象。体育记者完全知道，无论何时只要有可能，体育报道，尤其是棒球赛事、出售的报纸，都要低调报道赛场里发生的赌博、酗酒和斗殴之类的龌龊事件。史密斯谈到，除了少数专门报道丑闻的记者外，体育记者之间其实是有某种默契的，他们不想损害棒球运动的形象，实际上掩盖了棒球赛的阴暗面："抑制球场里满天飞的小道消息、传闻和谣言，不要让它们伤害了棒球运动本身（Smith，1961：95）。"因此，棒球队也相当给记者们面子，不仅是送票，而且还可以免费享用赛后的大餐。

社会学家长期以来都注意到报纸对城市社会生活的影响。帕克在移民报刊及其控制（1922）和报纸的自然史（1923/1967a）中都指出，当时的移民报纸只是使用的语言不同，其实主要与当地美国报纸一样。美国当地的报纸跳出了移民社区的狭窄圈子，发挥着透过一扇窗看世界的功能（Park，1923/1967a：98）。

涩谷保（1961）发现，个人总有许多他（她）参与其中展开交流的群体，个人的观点受到这种参与的影响和限制，于是，他再次提出了传媒对城市社会生活的影响这个主题：

> 每当一个人进入一个新的渠道，如订阅一份期刊，购买一部电视机，开始有规律地聆听某个广播节目，便进入了一个新的朋友圈，他被引进了一个新的社会领域。在交流中，人们逐步欣赏了别人的品位、兴趣和人生观；当一个人得到了新的道德规范，他把更多的人加到他的观众队伍中（1961：258）。

体育术语，尤其是棒球俚语，当时成了这类体育新闻的一大特点（Gipe，1978）。体育术语同时还逐步具有了象征意义。大量这类术语很快就在当时的作者和粉丝中流传开来。第二种类型的术语仅限于棒球，有些术语至今还在使用（如巴尔的摩击球法）。第三种类型的术语是由单词或短语组成的，逐渐进入语言体系，不了解棒球的人同样可以使用。例如"代打、代替"，用来指在关键时刻启用一人去替代另一个状态不佳的人。"拼命地"描绘一个人坚定、不屈不挠的行为。到处都可以看到的一个短语，"对策"，用来指倒胃口。

对我们来讲，用符号互动的说法，棒球术语的意义在于，用这些术语来讲话变成了许多粉丝的"重要象征"，他们虽然生活在不同的世界里，但是他们共享一种"普遍的话语"。著名的棒球历史学家希摩尔（Harold Seymour）使用更为标准的社会学术语来说明棒球术语的意义：

> 棒球给人提供一种共同的交流方式，棒球比赛增强了人们之间的联系，生活在城市里的大量居民和移民，本来是素昧平生的，现在，匿名地生活在城市里都可以用棒球来与人侃侃。就像公立学校、庇护所、基督教和其他机构，对于各式各样的人来讲，棒球其实是一种凝聚因素。随着乡村社会联系的丧失，棒球让许多人有了归属感（1960：350-351）。

棒球：国家休闲活动

从19世纪70年至今，棒球围绕"棒球精神"已经成为美国的"国球"。这种棒球精神可以通过三个神话看到（Reiss，1980）。棒球源于乡村，这是第一个深入人心的神话。棒球是社会融合的一个节点，这是第二个神话。第三个神话与第二个神话相关，是所谓社会民主的神话。另外，所有三个神话实际上都可能更是幻想而非现实（Reiss，1980；Hardy，1981）。

利文（Peter Levine，1985）在他给棒球大亨斯伯丁（A. G. Spalding）写的传记中谈到，正是斯伯丁，编造了棒球是在美国牧场里发展起来的神话。棒球实际上是从英国的"圆场棒球"发展而来的，斯伯丁不顾这个历史事实提出，棒球是由一个叫做达博岱（Abner Doubleday）的人，于1839年在纽约一个名叫库伯士顿的地方创造的，此人后来在南北战争中做了将军。这个神话和把棒球的起源与乡村及其美国小镇联系起来的作用是，强调打棒球的地方要比城市环境好。正如我们已经提到的那样，俱乐部的业主以及体育专栏作家利用这个神话来推进这样一种观念，通过打球或文明看球，城市居民，通常是移民，依靠自己的力量，勤奋工作，忠诚和通过个人奋斗就会变成一个好美国人（Reiss，1980：228）。

第二个有关社会融合的神话是想讲，棒球。延伸到其他体育运动和休闲娱乐活动，可以提高身体的健康水平，陶冶情操，增加市民的荣誉感，营造一个良好的社会氛围。按照这个神话，棒球还给正在出现的城市工人阶级民众提供了一种娱乐形式。这个神话提出，棒球是一种观赏性的体育运动，让工人阶级民众有机会在扔掉他们的民族或社会阶层背景的情况下与其他人擦肩而过，帮助他们走过美国化的过程。

莱斯（Reiss，1980）认为这个社会融合的神话与当时流行的进步的美国情绪是一致的。这个神话与这样一种信念相联系，传统美国的价值可以通过棒球传授，因此，美国化就会发生，市民的诚信和进取精神就会得到提高，城市标志就会出现，对城市居民的社会控制就会发生。这个神话的作用也可以从许多当代社会历史学家提出的"社会控制"论题中看到（Hardy，1981；Boyer，1978）。事实上，这个看法提出，中产阶级和上流阶层的改革者们在推动体育会员制和娱乐活动时，基本动机并非是社会进步和提高道德水平，而是要达到社会控制和抑制的目的。

组成棒球精神的第三个神话，即社会民主的神话，与社会融合的神话是一致的。从本质上讲，这个神话提出，只要愿意看棒球赛，谁都可以看棒球赛。这个神话是1909年一个作家表述出来的，他看到所有种族的、阶级的和宗教信仰的存在差异的粉丝们都去看棒球比赛，"沉浸在一种兄弟情谊之中，这种感觉如此强烈和如此真实，仿佛美国理想，四海之内皆兄弟，变成了现实（Hartt，1909，cited in Hardy，1981：202）。"

但是，莱斯（1980）发现，比赛安排上的种种因素妨碍了社会融合。比赛通常适合于那些放下工作或可以早一些放下手中的工作就可以去看比赛的人。许多工人是不可能做到这一点的。另外，星期天，大部分工人确实有机会去看棒球赛，可是，周日常常并没有安排棒球赛。那些严格的乡村盎格鲁—撒克逊新教教徒坚持周日是安息日的星期日法规，与社会融合和社会民主的目标背道而驰。直到20世纪早期，周日举行棒球赛才开始成为现实。

> **体验活动13.4：带我出去看球赛**
>
> 假定你打算买票，在你所在城市或你选择的城市看一场重要的棒球比赛。比赛时间、体育场的位置、票价和其他一些因素在多大程度上支持社会民主和融合的神话？这个球队的广告和公关在多大程度上支持这个神话？

棒球作为一种城市建制，承载着移民后代的适应和同化的功能，这一点依然是现在大众文学作品和报章杂志文章的一个主题。卡罕（Abraham Cahan）的小说《耶克尔》（1896）中的主人公耶克尔，把自己的名字美国化了成了"家伙"，表示体育运动对移民有多么重要。受过教育的文明人会认为拳击是一个野蛮的运动，耶克尔声称，"棒球呢？大学的男生都玩（Cahan cited in Guttmann，1988：58）。"

1919年，著名体育记者富勒顿（Hugh Fullerton）在亚特兰大宪政报上撰文，他在文中引述了一个芝加哥工人家书中的一段话，"让孩子懂得美国精神和理想的最好办法之一就打棒球。棒球——是推动美国化的一种最大的力量。对外国出生年轻人来讲，其他比赛都不如棒球赛的影响大，影响甚至超过了学校和老师，棒球赛非常迅速地传达了美国精神，运动员的风范或公平的体育精神（Reiss，1980：25）。"

精彩绝伦的公众剧：场所和集体记忆

还有很多人谈到了另一方面的问题，看棒球比赛怎么就与美国化有联系，怎么与美国社会所承诺的平等、美国的体育精神和公平竞争相关（McKelvey，1963；Barth，1980；Smith，1961；Voigt，1976）。例如，城市历史学家麦凯维（Blake McKelvey，1963）提出，美国拥挤的城市如此冷漠，棒球比赛恰恰送去一剂猛药。棒球比赛给观众一个机会，让他们到相对宽松的棒球场去，与大家分享国球带来的愉悦和激动，分享社区情谊：

> 参与者了解新规则的意义，召唤体育精神和团队精神——许多人需要团队忠诚，这种团队忠诚有助于打破社会壁垒，创造一种群体或社群团结的新感觉。城市之间的比赛，推动竞争，使区域竞争对手以不伤害对手为前提，展开公平竞争（McKelvey，1963：192）。

体育历史学家哈迪（Stephen Hardy）强调，社区意识的确在广大居民之间展开了。"但是，让人们产生社区意识的不是棒球场；而恰恰是棒球比赛所产生出来的象征性身份（Hardy，1981：202）。"用芒福德的话来讲，对于看棒球赛的人而言，棒球场的作用"上演一出公共大戏"的舞台（1934/1963）。迪尔凯姆（1915/1965）在讨论宗教时这样提到：一种人们共享仪式性的或令人心潮澎湃的活动时所感受到的那种"集体的沸腾"。在迪尔凯姆看来，宗教是"一种相对于神圣事物的信仰和实践的统一体系，也就是说，在一个称之为道德社群的教会里，信仰和实践统一起来，所有人都必须遵守规则，现实世界的东西搁置一边，不去做"（1915/1965：62）。在这个意义上，宗教被认为是一种社会现象，不应该把宗教当作一种神学的或心理学的现象。仪式过程本身旨在把个人联合到一个道德社群里，因此，象征系统的内容是什么就不重要了。因为符号是社群价值的具体体现，所以，对于一个社群而言，社群的所有成员必须赞成那种符号，只有赞成符号，他们才能继续保留他们的社群身份，这样，社群的符号就是一种"集体的表达"。

按照这个思路来看一般意义上的体育和特殊意义上的棒球，体育和棒球都具有"包容的力量——为了个人和社群的利益，把个人与社群联系起来"（Birrell，1981：354）。哲学家科恩（Morris Raphael Cohen）清晰地描述了这个观点，他是19世纪90年代在布鲁克林的布朗维尔长大的，住在东园附近，东园原本就是埃比茨棒球场。他把观看棒球比赛或成为棒球爱好者的礼仪与体验到的宗教礼仪进行过比较。另外，他把那种宗教体验与城市与棒球的统一联系起来。

> 在现代生活中，众人在被称之为"他们的城市里"如此完全地和热情地扔掉他们自己，哪里会得到这种体验呢？——在棒球赛中，认同具有一种宗教的品质，我们不仅沉浸在那些看得见的表演者的行动中，我们还深深与那些神秘的个体共命运，我们把那些神秘的个体称之为竞争的城市（1919：57）。

按照科恩的这种观点，在棒球赛中可以出现这种隶属于的体验和群体"精神"。如前所述，斯通也有这种看法，投入观赏性体育运动有可能成为主体认同更大社群的一个来源。

我们应该把运动队看成更大城市世界的集体表达。运动队代表了这个更大的城市世界。这只运动队的名字很重要。这类名字过去指定了城市地区。——这些认同可能转变成认同他们所代表的更大的社区或地区（Stone，1981，cited in Karp，Stone and Yoels，1977：80-81）。

许多社会历史学家都同意斯通（1981）的看法。宾夕法利亚大学美国思想史学家库克里科（Bruce Kuklick，1991）是一个狂热的棒球粉丝，他在分析费城的马克球场时得出了与斯通类似的看法，马克球场是一个棒球场，1909年建成，采用了钢混结构，1976年拆除。马克球场曾经是费城运动员联盟以及后来费城人队的主场，费城人队1970年在那里进行了最后一场比赛。库克里科对上述看法做了稍许不同的解释。库克里科把集体记忆与形体场地联系起来，他在这个案例中把集体记忆与马克球场联系起来。"群体记忆让那些本来无声的建筑物有了一种共享的生命（Kuklick，1991：192）。"正是在球场，当比赛在更宽阔的城市标志背景下展开时，记忆被集体强化了：

在费城还有马克球场的那些年里，马克球场成了大众逃避孤独的重要地方，费城人在这个球场里成为一种联合起来的力量。这种与城市的成就和地位的联系，放大了人们的生活罗盘。荣耀因为是民众而变得不朽。这种放大的意义通常是被夸大了而理想化的，实际上，这种荣耀不过是体育运动上的，之所以被夸大，是因为个体需要把很大的力量放在集体征服的表达上。城市间的竞争，底特律、芝加哥，尤其是纽约，培育了一种战斗风格，也培育了许多社群的情绪，自豪感、胜利感，也许还培育了费城大多数人的从众心理（（Kuklick，1991：192）。

库克里科进一步设想，费城马克球场消失、无人问津、被摧毁的时候，会发生什么事情。他提出，记忆和意义都是不牢固的，需要与特定的物体联系起来，因此他认为，我们需要做历

图13.5　从入口处看到的费城马克球场的外观。马克球场建于1909年，费城体育俱乐部长期拥有它的财产权和管理权。费城费城人队1972年搬到退伍军人球场去了，2004年，又搬到了市民银行公园。费城马克球场1976年被拆除。这张照片源于1913年的贝恩新闻社，藏于国会图书馆

史保护。"破坏掉人工建筑物可以割断现在与过去的联系，以及过去积累起来的意义（Kuklick，1991：193）。"当集体分享的过去的东西不再存在，我们可以看到的结果无非是个人和城市的贫困。库克里科提出，"我们不是去创造城市遗产，而是在我们的记忆中寻找城市遗产，因为在与他人的合作中，我们把这种历史记忆放在了周围的世界里，让它无声地留在我们的生活里（1991：193）。"费城的体育俱乐部最初搬到堪萨斯，后来，又搬到亚特兰大，许多费城人其实并不知道这个历史联系。通过观察该体育俱乐部的搬迁与费城人不了解那个历史联系的事实之间的关联，库克里科提出了上述观点。费城人不知道这个历史联系，说明了人们对过去的记忆和保留的信念是不牢固的。

库克里科认为，作为社群标识核心的那个场地是很重要的。在我分享库克里科的这个观点时，我必须重申我前面讲到的一个观点，城市标识不一定非要植根于空间，它也可以植根于更无声的共享符号里和共享的交流网络里。库克里科在讨论马克球场更名时，提到了这个球场更名所

引起的共享记忆的破坏。实际上,费城人队放弃了马克球场,1972年搬到退伍军人球场,2004年,又搬到市民银行公园。但是,费城人队继续存在于费城,即使它不再在马克球场或退伍军人球场打球,它还是费城的一个聚焦点,还是一个社区标识和历史的一个来源。与此不同,费城体育俱乐部1945年以后就离开了费城,现在,它仅仅是一个遥远的和消退了的记忆而已。

波士顿红袜队的球员费斯克(Carleton Fisk)谈到这个观点。1975年第六场世界系列棒球赛是一场主场赛,波士顿红袜队赢了,当时,他"有意"让他的长飞球飞到左场以保持公正。费斯克认为,用一个棒球队和一座城市去塑造家庭和社区的标识,集体记忆比场地更重要一些。在谈及用一个更先进的球场去替换波士顿红袜队所在的芬威球场时,费斯克说,"我会产生新的记忆,我的孩子,我的孙子会产生新的记忆。我们珍惜的就是我们的记忆。我们珍惜的并不是砖头和座位,我们珍惜的是记忆(Fisk quoted in Borer, 2008:145)。"

伯尔(Michael Ian Borer, 2008)在《忠于芬威球场》中谈到过集体记忆的问题。他认识到共享和集体记忆"对于建设和维护城市标志以及个人标志"的重要性(Borer, 2008:146)。在《忠于芬威球场》一书中,他还看到了场所在影响记忆及其持续性方面的重要作用,场所提供了强化那些记忆的物质性的文化载体。"场所可以为人与人之间的过去、现在和未来的共享体验提供一个根据、一个基础、一个记忆装置。记忆装置,想象的或真实的,帮助个人储存记忆。作为公共符号的公共场所,同样可以成为社区的记忆装置(Borer, 2008:146)。"

我们可以想象,在历史场地和一个城市的运动队都不存在的时候,会对社区标识带来致命的影响。另外,当这个球队是这个城市唯一的球队时,它的消失会多么令人伤感。布鲁克林道奇队就是这样,1957年棒球赛季结束后,它搬到洛杉矶去了。不考虑一个球队在哪里比赛,一个球队依然住在那个城市,它对于保留个人的和集体的记忆都是至关重要的,甚至在未来某个时候,描述那个记忆时,那支球队还住在那个城市,这点同样重要。2009年,纽约扬基队和纽约大都会队双双搬到新的球场,它们的搬迁印证了上述观点。它们不在原先的地点,尤其不在历史悠久的扬基球场,但是,它们依然还在纽约,所以,搬迁没有减少这两只球队粉丝的记忆。

在这种背景下,棒球场可以看成是一个公共聚会场所,一个大众体验规则在运动场上有多么重要,而且还成为一种隐喻,规则如何控制着美国的城市生活。对棒球加上打棒球的地方的记忆,一起上演着一场精彩绝伦的公众剧。

这就让我想起米德(George Herbert Mead)就自我成因而对"博弈"所做的讨论。可能并非偶然,米德使用棒球和棒球的比赛规则作为一种隐喻来考察"广义的他人"如何成为现实。米德把广义的他人定义为社会群体的有组织且一般化的态度。个人从他们所属的那个社会群体的一般态度出发来确定和看待自己的行为。为了这样做,要充分实现自我意识,个人发展成一种自我意识来(Mead, 1934)。

用米德的话来讲,我们可以把棒球赛的互动或与棒球自己的规则互动,看成影响美国城市社会社会化的过程。果真如此,我们可以推断,共享的感受会在陌生人中发展起来,那些陌生人代表了多种民族,具有各种各样的社会阶级背景,他们一起分享一场球赛带来的"胜利的喜悦和失败的痛苦",或者,他们通过媒体分享比赛的知识。我们还可以理解,泰勒(Ernest Lawrence Thayer, 1888)在他的著名诗篇《凯西在击球》中描绘了一种情景,当"大力神凯西出局"时,为什么在默德维尔小镇上那么多人会哭。

总之,我们可以把棒球看成一种形式的城市

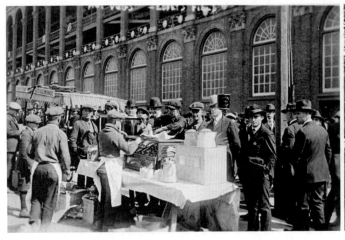 

图13.6
左图　1920年10月，布鲁克林艾伯茨球场门前拥挤的人群，他们一边吃着热狗，一边排队买票，去看布鲁克林道奇队对克里夫兰印第安队的世界系列棒球赛。布鲁克林艾伯茨球场是那个时期最著名的棒球赛球场，坐落在一个城市街坊里
右图　棒球已经在日本成了国球，城市间经常展开对抗赛，与美国一样，啦啦队算作球场的一种娱乐，他们在那里迎接横滨棒球队的到来，在比赛前介绍棒球队的队员

标志，它可以把人聚在一起，可以成为整个城市的代表。棒球也对美国迅速的城市化产生影响。正如马克·吐温（Mark Twain）曾经敏锐地观察到的那样，"棒球是名副其实的象征，它以看得见摸得着的方式体现了咆哮、撕裂和繁荣的19世纪的斗争，以及它的推动力和它的速度（cited in Dulles, 1965: 191）。"

篮球：新的城市体育赛事

贯穿20世纪的大部分时间而且延续至今，棒球依然是最典型的城市体育赛事。不过，这并非说棒球运动就没有遇到其他体育项目的挑战。实际上，有些人一定会说，在许多城市居民的心中，职业足球运动已经取代了职业棒球运动。篮球其实也是很强势的一种新的城市体育赛事。但是，在广泛意义上讲，篮球项目虽然强势，职业篮球队却没有城市标志。当然，很多市民的确在城市的街头巷尾，在城市的公园里，打篮球。

2010年3月3日的纽约时报刊登了文森特写的一则讣告，标题是"汉克·罗森斯坦，享年89，前纽约尼克队球员"（Mallozzi, 2010）。汉克·罗森斯坦（Hank Rosenstein）曾经是纽约职业篮球队尼克斯队的球员。罗森斯坦身高6英尺4英寸，体重185磅，1946年赛季，他是美国篮球协会（BAA）尼克斯队的中锋，美国篮球协会（BAA）是国家篮球协会（NBA）的前身。他是尼克斯队8个犹太裔球员之一。那时，在纽约街头打篮球的主要是犹太人（Mallozzi, 2010）。这个讣告引用朗普（Ray Lump）的话："回首往事，那时专业球队吸收了很多当地的小孩，于是就有不少犹太裔的篮球球员，他们很棒，常常主导了篮球比赛（Mallozzi, 2010: A27）。"朗普1948年至1952年期间曾经是尼克斯篮球队的队员。现在，职业篮球队的民族/种族构成已经发生了。非洲裔的球员在赛场上占主导。虽然半个世纪过去了，有一点依然不变，那就是球队的构成依然反映大部分城市球员的技能。同样，大部分城市球员的经济背景是工人阶级和贫困阶层。

就在罗森斯坦讣告发布之后几周，美国家庭影院频道（HBO）播出了一个专题片，"魔术师和伯德：一生的对手"。这个文献纪录片比较了魔术师埃尔文·约翰逊和拉里·伯德的生活和较量。约翰逊是密歇根州立大学队的球员，在密歇根州的经济衰退的东兰辛长大。伯德来自印第安纳州的一个小镇法兰西力克。他们的传记反映出如何要在广大的城乡/黑白关系的背景下去看篮球和篮球的球员。

1994年的一个纪录片《篮球梦》（James，1994）和一本书《伴随篮球的生活：中学的篮球，种族和美国梦》（Reuben A. Buford May，2009），都评价了长期以来大众对体育运动，尤其是对篮球的期待，篮球成了内城黑人青年向上升发的载体。大众的这种期待集中在，一个在内城贫困街区出生和长大的个人如何通过体育技能而走进职业体育生涯，改变自己的生活，获得财富和荣誉。实际上，现实与此大相径庭。一个人做到了，很多人却没有做到。把时间和努力都花在体育技能训练上，其代价是放弃了学术技能训练，实际上，学术技能更现实且更有可能让青年向更高社会阶层升迁。

梅（Reuben A. Buford May）是一个社会学家和佐治亚州一所内城中学球队的助理篮球教练。他描述了一个取得过一些成绩的篮球队和球员们的成功与失败、愿望和雄心。梅集中谈了他作为主教练的技巧，他用咒骂和恐吓的方式刺激球员打球。因此，在球场上获得成功的代价是形成了以粗鲁、好色、暴力、酗酒、吸毒、奢望财富为中心的态度。安德森（Elijah Anderson，2004）在研究费城内城地区一些球员时也有类似的发现。梅认为，参与中学体育活动只是暂时避开了严酷的青少年生活。他的核心观点是，篮球可能让一些球员有机会"直接"进入大学，而大部分人的体育生涯会止于中学。

年轻人以为体育可以提高他们的上升空间，而没有看到体育其实有可能妨碍他们的上升。并且，他们以此种想法作为他们生活的基础，也就是说，他们认为体育是一个有效的途径，通过这条途径，可以提高他们的社会地位，而不是浪费时间和精力。实际上，他们可以选择通过其他途径提高自己的社会地位。这些年轻人想通过篮球生涯实现他们"美好生活"的美国梦（May，2009：3）。

梅提到了1994年的文献纪录片《篮球梦》，它描绘了两个非常具有运动天赋的年轻人的梦想和精神，他们都是在芝加哥内城成长起来的。一个住在卡布尼里绿色住宅区，另一个住在一个相对档次高一些的住宅区里。他们两个都试图搭上篮球这辆车，以职业篮球手的途径去实现个人的成功。他们篮球技能让他们赢得了运动员奖学金，进入芝加哥郊区的一所私立中学，那里有全州可以排上名次的篮球队，那所学校离他们有90分钟的车程。他们花费了大量时间打篮球，以便读完中学，梦想将来成为职业篮球运动员。

这个纪录片的重心，放在他们参加篮球队如何成为全家和朋友们关心的事，以及他们如何追逐自己的梦。这个纪录片还详细描绘了这个声誉颇高的中学如何用提供奖学金的办法表达学校的期望，他们来这所学校，学校的篮球队才能成功。奖学金的延续与他们打篮球的实力相联系。当一个学生在篮球场表现不佳，那么他的奖

图13.7 对打球的和看球的来讲，篮球是一个非常流行的街头体育运动。这些打球的人是在纽约格林尼治村的一个篮球场上打球

学金就难以维系，于是，他被迫转到其他学校去上学。有这样一个令人难忘的场面，这个电影的导演李（Spike Lee）在全美中学生篮球营上对许多篮球运动员讲话，说到球员和中学的真实情况："你在这里的唯一理由是，你可以让他们的学校赢球，他们因此赚了不少钱。全部的事情无非就是钱，别无其他（Hoop Dreams, 1994）。"这两个学生虽然学习成绩不佳，最终还是进了大学，当然，他们俩谁也没有进入NBA。一个现在他们的老街区里管理一所教堂，另一个仍然站在《篮球梦》的光环下，正在试图推出一个《篮球梦》服装系列（Davis, 2009; Olkon, 2008）。

> **体验活动13.5：大学篮球运动员**
>
> 与你所在学校的一两位参加了篮球队的学生聊天。他们是否拿了奖学金？他们在大学的目标是什么，他们打算大学毕业后从事何种职业？

城市对篮球的欢迎，更多的是基于球员本身和球员的精神，而不是粉丝对一个城市职业球队的认同。实际上，高中和大学篮球队受到欢迎是针对球员的，而不像对职业棒球队的欢迎，那种欢迎源于城市居民的内心深处，源于共享的集体记忆。

总之，职业观赏性体育运动场所，包括棒球、篮球，我们还可以加上曲棍球，尤其是足球（足球现在可能最受欢迎），都是城市居民分享兴趣爱好的地方。许多社会互动场所都可以看到这种共性。在朋友和家人聚在一起的私人场合，在自家门前的第三场所，在机场车站码头之类的公共场所，这类职业观赏性体育运动常常成为人们的话题。职业观赏性体育运动是提高社区认同感和凝聚力的一种基本资源。

结论

这一章讨论的重点是两大消费活动：购物和观赏性体育运动。购物和观赏性体育运动二者都是经济的组成部分，尤其是科恩（Lizabeth Cohen, 2003）所说的，对于我们这个"消费共和"的国家，更是如此。购物和观赏性体育运动还是社群活动和社群认同不可或缺的源头。我们研究了购物的社会功能，购物作为城市活动的作用，购物对妇女生活的影响。在19世纪，百货公司开始出现在市中心地区，它为作为消费者和劳动者的女性重新成为市中心组成部分提供了基础。市中心的商铺推出了大城市区域的标识，与此同时，地方上的店铺推出了街区的标识。随着郊区购物街、县里的购物商城和"量贩"店的兴起，市中心的和街区的商铺都遭受了延续至今的寒流。这种经济衰退一直都缠绕着城市社区，问题不只是经济上的，还丧失掉了第三场所。当然，城市街区一直都伴随着绅士化而逐步振兴起来，例如华盛顿特区的U街，同时，引起了人们对何种类型商店应该在街区里存在的问题展开讨论。移民群体中出现了一批商铺老板和街头小贩，呈现了全球经济的普遍性，因此，另一种形式的振兴随之而来。

观赏性体育运动体现了另一种消费主义。在分析这些作为城市形象和标识的体育运动时，社会历史角度与符号互动论结合起来了。棒球带来的情绪和象征让我们把棒球赛事看成一种异彩纷呈的公众剧。从城市内部和城市之间的比赛，棒球曾经而且现在还是城市展开自我宣传和公众自豪感的一种资源。公交系统以及传媒一直都是这类主要为经济收益而展开的赛事的推动者。正确的行为举止、公平竞赛、体育精神，媒体为此编制了指南，媒体还竭力把棒球树立为美国的国家休闲形象。而篮球在一定意义上，尤其就非洲裔美国城市贫民而言，被认为是一种新的城市体育赛事。

思考题

1. 描述两种看社区的角度，（a）社会心理学的社区定义（b）高夫曼的"情形定义"。
2. 从一般意义上描述购物的社会功能，再从特殊意义上描述大百货商店和街头小店的社会功能。
3. 描述20世纪90年代以来移民模式如何影响着街坊和市中心的购物。
4. 解释城市更新和绅士化，包括60年代后期发生的那些社会骚乱，对内城街区的影响。
5. 从一般意义上描绘观赏性体育运动的社会功能，再从特殊意义上描述棒球和篮球的社会功能。
6. 解释棒球如何建立和保留着它的"国家休闲"形象。
7. 解释为什么篮球可以认为是一种"新的城市体育赛事"。

第六部分

城市社会
The Urban World

第14章 美国和全球的郊区化模式

本章大纲

郊区化的历史背景
  19世纪的花园——墓地和公园：郊区的前身
  郊区：中产阶级的乌托邦

郊区生活方式和公共政策
  种族、郊区和城市
  封闭的社区
  城市振兴和郊区的贫民窟：密苏里的圣路易斯市和弗格森市
  边缘城市和城市蔓延
  新城市主义
  从门廊到后院，再到门廊：一个评价

全球郊区化
  非法和随意搭建而形成的贫民窟
  全球封闭的社区和封闭的城市

结论

思考题

背景图：大房子，草坪，竖起美国国旗，阳光灿烂，蓝蓝的天，还飘着几朵白云，这就理想中的郊区的家。

郊区生活并非是天然或人造的世界奇观的发现之旅或私人探索之旅。我们看到的郊区，千篇一律，它的环境品质，毫无感官刺激可言。

赫克斯特布尔（Ada Louise Huxtable）

我们可以用郊区的空间位置来定义郊区，我们也可以用郊区的符号意义来定义郊区。按照帕克的名言，"城市是一种思维状态"，美国郊区历史权威作家杰克逊（Kenneth T. Jackson）提出，"郊区既是一种规划类型，也是一种基于想象和符号的思维状态"（1985：4–5）。城市建筑师和评论家斯特恩（Robert A. M. Stern）与"基于想象和符号的思维状态"产生共鸣，以此为基础进一步发现，"弯弯曲曲的道路，精心呵护的草坪，坡屋顶和百叶窗的房子，殖民地风格或其他风格的门廊，人们无一例外地崇尚家庭传统，为拥有房产和乡村生活而感到自豪（Stern cited in Rybczynski, 1995：179）。"

郊区化的历史背景

在第二次世界大战之前和战后郊区发展时期的著述中，芒福德都谈到过有关郊区的一些关键要素。他把郊区看成"对享有私生活的集体追求"（Mumford, 1938：215）。芒福德认为，郊区代表了一种新型的社区，就空间和经济阶层而言，郊区都是被隔离起来的。而且，在经济意义上讲，都市郊区的空间位置把消费与生产隔离开来了："除开通往城里的铁轨，我们看不到生产商品的工厂与浪漫的郊区之家的联系，消费工业品的郊区生活远离污垢和汗水（Mumford, 1938：215）。"

芒福德批评，郊区没有建设一个更适当的社会环境——郊区具有"失去社区"的特征，这个看法概括了人们围绕郊区生活品质而展开的大量争论：

郊区缺少必要的因素来支撑大规模社会合作，以及缺少创造性的交往和整个社会传统的延伸。消费很多，生产和创造少之又少。郊区生活里没有多样性的刺激，不同群体的冲击、竞争和挑战。郊区居民生活在分隔的生活之中。郊区居民的钱财在城市中心；感情却集中在1个小时或2个小时车程之外的地方，集中在他们的别墅里。他们生活的方方面面都不能整合成一个完整的活动，顾此失彼，而且都不产生完整的效果，捉襟见肘。每日奔走在"家—工作场所—家"和"家—市场—家"之间，这种日常生活实际上削弱了两端的生活。空间集中是影响心理焦点的基本要素，总而言之，郊区正在丢失上述所有方面（Mumford, 1938：217）。

正是在第二次世界大战结束之后，随着汽车时代和公路网的降临，芒福德所说的居住型的郊区在美国完全开花结果了。历史学家费希曼（Robert Fishman）最清晰地定义了居住型郊区：

我会使用"郊区"和"郊区居民的生活方式（或态度）"的字眼，仅仅去指大城市核心区之外的一个居住社区。这个郊区虽然在空间上与城市中心分离，但是，郊区本身在工作岗位上是依赖于那个城市中心的，那些工作岗位支撑着郊区居民的生活。郊区还在文化上依赖于城市中心，因为大量的城市生活机构在那里；专业办公室、百货商店、各种专卖店、医院、剧场等（Fishman, 1987：5）。

19世纪的花园——墓地和公园：郊区的前身

美国19世纪上半叶出现的花园——墓地和公园成为郊区思潮的先驱。露西娅和莫顿（Lucia and Morton White, 1977）在他们颇具影响的著作

《知识阶层与城市》中描绘了美国知识阶层一系列反城市的情绪,以此说明美国长期反城市的历史。他们发现,对城市的"担忧一直都是最共同的反应。"而且,在我们的思想史中,"对城市一直存在不同程度矛盾的和憎恶的表达(White and White,1977:1)。"马克斯(Leo Marx,1964)在他的著作《花园里的机器》中,通过关注城市的另一面——田园理想——给这个主题再添论据,他把田园理想看成对美国意义的定义。马克斯认为,在美国,田园理想的目标就是建设一个自然的景观环境,它引导技术革新,与此同时阻止机器的影响。虽然许多历史学家都批判了这种反城市和亲农业社会的非此即彼的思想方法,认为这种思想太过于简单化了(Sussman,1984;Bender,1982),可是,通过花园墓地和大规模公园系统的建设,田园牧歌的理想与城市逐渐兼容,并在19世纪的美国显现了出来。田园牧歌的理想最终,是要把在自然景观环境中建设社区的愿望变成推动建设美国郊区的一种力量。

本德尔(Thomas Bender,1982)说明了田园牧歌的理想与现代化的力量相互作用,进而产生了19世纪中叶的城市,实际上,现代化的力量在当时的工业城市里成为主导力量。这种观点设想把城市和乡村生活的价值观念与现代城市结合起来。这种城市远景正是在奥姆斯特德(Frederick Law Olmsted)的工作中得到了阐述。这种观点的形体表达就是以奥姆斯特德为主要代表的城市公园系统的发展,城市美化思潮和19世纪后期的第一批郊区。奥姆斯特德的工作首先在19世纪的公共公园思潮中出现,这个思潮可以追溯到19世纪40年代,是乡村墓地(也称花园墓地)时尚的一个副产品(Dal Co,1980)。在19世纪40年代之前,美国城市的特征是没有休闲和开放空间的。城市被设计成棋盘式的格局,推动商业和住房的经济发展。

在奥姆斯特德之前的19世纪,居民可以利用的主要类型的开放空间就是花园墓地,而花园墓地不是为活着的人设计的,是为逝去的人设计的。这样的花园墓地紧靠城市,十分壮观,而且常常成了城市的一道风景线。第一座花园墓地是毗邻波士顿市中心的奥本山,1831年成为祭献的场所。随后,1836年,费城建设了劳瑞尔山墓园,1838年,布鲁克林的绿树林墓园建成。其他一些城市也建造了类似的墓园。墓园成为市政公园的前身,在春秋两季,成千的人会到市政公园去游玩,市政公园成为"乡村"野炊和漫步的场地(Rosenzweig and Blackmar,1992)。本德尔(1982)认为,这种墓地给人们提供了一条接近自然的途径,而这一点越来越被认为是城市生活的一个基本条件。"逝者的城市会净化生者的城市(Bender,1982:82)。"

体验活动14.1:作为公园的墓地?

参观你的城市或你选择的城市的一个墓地?这个墓地有多久了?它与文中描述的花园墓地有什么相似之处?来这个墓地的人在多大程度上是为了散步、放松的?

这些花园墓地有助于推进发展一种对田园牧歌式景观的欣赏,因此,它会对美国城市和郊区规划的未来发展产生很大的影响。19世纪50年代后期开始建设的许多市政公园,可以看成是对这种对大自然的欣赏而结出的果实,纽约中央公园就是这批市政公园中的第一个。正如博伊尔(Paul Boyer,1978)所认为的那样,市政公园是当代城市景观中很重要的一个部分,我们很难想象没有它们美国城市会是什么样。当然,这是一个历史问题。公园思潮是由一个广泛的联盟构成的,这个联盟包括了社会道德家和社会改革家、商人、民间推动者、工会领导人、医生和其他一些医疗卫生战线上的人,政治家和景观设计师。倡导者把公园看成是一剂良药，用来解决城市生活里的道德混乱、堕落和腐败，尤其是影响社会底层生活的一剂良药。他们相信，通过在田园牧歌式自然环境中展开的阶级交往，公园会缓和阶级对抗。通过观察和与上流社会的人民进行交流，底层社会的人们会从上流社会的人们那里学到好的东西。公园活动也会有益于人们的身心健康。公园当然还会有经济收益，它们会提高相邻土地的价值，它们会改善城市形象。

奥姆斯特德出版了他的一本著作，《一个美国农民在英格兰的漫步和交谈》（1852），以此作为起点，开始成为公共公园思潮的领军人物。他是一个城市专家和城市规划师，他认为，美国民主的未来取决于美国城市的生活条件（Dal Co, 1980）。城市与进步和文明是一致的。城市是教育、文化和人文艺术的中心。但是，奥姆斯特德觉得，城市生活丧失了小城镇的价值观念，丧失了社会交往性、街区和社群，这些都是城市生活的特征。而且，城市人口的多样性导致社会紧张关系和对抗的出现。齐美尔在"大都市和精神生活"中这样写道，"我们走在人行道上，为了避免与别人相撞，我们必须持续不断地观察，预估并保证不与他们的运动相冲突（cited in Bender, 1982: 176）。"奥姆斯特德肯定在拥挤的城市街头找到了人们在日常生活中互动的证据。齐美尔认为，城市生活最终会产生合理的思想，这种看法在奥姆斯特德的话中得到了印证："我们虽然志同道合，却渐行渐远（quoted in Bender, 1976: 176）。"

为了应对这种破坏性的倾向，奥姆斯特德呼吁建设大型城市公园和郊区社区。包括风景如画的景观，沿着公园的道路种植行道树，奥姆斯特德设计的自然公园不仅把乡村美景带进了城市，还帮助建立一种社区的感觉。球场和嬉戏场所不在奥姆斯特德的设计之中。实际上，他倡导的是一种田园风光，具有开放空间，长满了树木，给人们提供一个静思的地方；一种在心理上可以得到升华的设计，让人们可以摆脱城市生活的喧嚣、吵闹和繁忙。到城市公园里走走，做不同于沙龙和其他带有破坏性活动的另一种活动。

奥姆斯特德认为，所有一起使用公园的社会阶级都会有所收益（Beveridge and Rocheleau, 1998）。他还特别提到，公园会给穷人和妇女带来好处。他觉得，工人缺少时间或没有闲钱去乡村，所以，他们在公园中同样可以享受自然环境。遵循社会道德论者的引导，奥姆斯特德相信，公园及其周边的私人别墅都"会影响到游园的人们"（Bender, 1982: 179）。

家务缠身的女性可以在公园里得到片刻休息，体验公园所能提供的世界。他心中有一种愿景，夏日，母亲与孩子们在公园里玩耍，傍晚，妻子与辛劳的丈夫、与已成年的孩子们，在公园里漫步。用奥姆斯特德的话讲，常常使用公园对最大多数城市居民的影响是"不可估量的"（Beveridge and Rocheleau, 1998: 46）。

由奥姆斯特德和他的合伙人沃克斯（Calvert Vaux）设计的纽约中央公园经过一年时间的建设，于1858年建设完成，奥姆斯特德的想法有了成果。这个公园坐落在曼哈顿岛的中心，从59街到110街，从第五大道到中央公园西（靠近第八大道）。这个公园包括了田园和风景画的元素。随后，波士顿、布鲁克林、布法罗、罗切斯特、底特律、路易斯维尔、密尔沃基、哈特福德、布里奇波特和威尔明顿，以及蒙特利尔，都建设了自己的公园系统。奥姆斯特德的追随者建设了其他许多公园系统，包括建在明尼阿波利斯、奥马哈和堪萨斯城的那些公园系统，以及建在辛辛那提和印第安纳波利斯的小型公园系统（Mohl, 1985）。

对奥姆斯特德来讲，中央公园是纽约城市结构的一个组成部分。他在开发郊区社区时延伸了这个观点。他提出，工业城市的空间特质导致工作场所与居住场所的分离,如果不控制工业城市,工业城市会变得人满为患且交通拥堵,而且还会导致城乡分割。为了防止出现这种情况,奥姆斯特德发现了建设郊区社区的重要性。他认为,通过城市服务的有效规划、科学技术的实际利用和郊区街坊的建设,是可以消除城市诸方面问题的,郊区街坊会成为城市的组成部分,会提供所有必要的城市服务(Dal Co,1980)。1868—1869年期间建设的芝加哥的一个郊区,河滨市是实现奥姆斯特德这个理想的重要范例。新泽西的卢埃林花园和纽约的燕尾服花园则是富人郊区的例子,它们的设计思想是把居住社区建设在类似花园的布局之中。

图14.1 19世纪旧金山金门公园鸟瞰图。旧金山金门公园是美国最著名的公园之一,至今依然在使用。这个公园包括了植物园、博物馆、游玩与休闲区。资料来源:加利福尼亚历史协会

郊区:中产阶级的乌托邦

社会史家费希曼(1987)在他的重要著作《中产阶级的乌托邦》中追溯了伴随19世纪郊区发展而出现的新的思想观念,这种思想观念的基础是:家庭和家庭生活占第一位。工业革命之前,人们选择住在城市中心。在前工业时期的英格兰和美国,城市边沿,也就是以后所说的郊区,常常是娼妓、小偷和底层阶级居住的地方,破烂不堪,声名狼藉,常常被定义为"低劣、堕落和生活放荡的地方"(Oxford University Dictionary as cited in Fishman,1987:6)。

随着工业革命而发展起来的"中产阶级的乌托邦"不仅反映了人们想逃避城市里的不利因素,也反映了人们期望生活在一种乌托邦的社区里,那里是私家生活的圣地,那里是自然环抱的桃花源。"郊区具体地展示了一种新的家庭生活理想,一种受情感驱动的理想,对于中产阶级来讲,家比任何宗教场所还要神圣(Fishman,1987:4)。"费希曼所说的中产阶级其实"是中产阶级中的一部分,他们通过资产或职业技能获得的收入水平堪比房地产主,不过,他们在城市办公楼里的日常工作让他们与中产阶级的生活方式联系起来"(1987:12)。这种中产阶级的乌托邦源于19世纪早期的英格兰,很快被移植到了美国。

费希曼继续谈到,郊区的成长意味着城市价值正在改变,城市边缘地区变成了选择居住的地方,社会阶级分隔的和独占的居住区。商业成为城市核心的主要功能,不说完全都用于商业,城市核心土地和空间主导使用功能至少是商业的,于是,城市核心的土地和空间使用不再是功能混合的。

这就意味着这种新的郊区生活方式是多样的。对于家庭来讲,郊区生活方式意味着性别角色的分割,男人到城市核心的工作场所去工作,女人则在家里操持家务和抚育孩子。对于比较大的城市地区来讲,郊区生活方式意味着社会阶级分隔和族群的分隔。中产阶级到郊区居住,工人阶级和移民转移到中心商业区附近地区居住。

费希曼的论题与杰克逊(1985)在《马唐草边疆》一书中展开的主题十分相似。费希曼强调"郊区理想",他所说的中产阶级的乌托邦,在郊区发展中十分重要,费希曼还确定了一个强调私人房地产和独立家庭的郊区版本。杰克逊把发展以神圣住宅和私人家庭为中心的新的文化价值看

成郊区理想中的关键要素。我在第12章中介绍了杰克逊的论题，我会在这里进一步展开它。

杰克逊追溯了作为美国中产阶级理想的郊区家庭的发展，正是在郊区家庭，家庭生活、私密性和隔绝等价值得到了完整的表达。他进一步列举了导致19世纪美国郊区发展的关键因素，包括可以使用的便宜土地，土地开发商所发挥的重要作用，交通革新——如铁路和有轨车，便宜的建造技术，富足的能源供应，经济上可以承受的住房。特别重要的是当时出现的政府补贴政策和种族压力因素。

杰克逊提出，我们必须从郊区发展对美国城市产生不利影响的背景上去分析美国的郊区化。他问到：

> 我们为什么忽视城市，而把资源、创造性和热情都放到郊区？显然，如此重要的现象不可能只有一种答案，不过，我认为，美国居住之所以分散是有两个必要条件的，郊区理想和人口增长，还有两个基本原因，种族偏见和低廉的住房（Jackson，1985：287）。

从有轨车发展到城郊铁路，再到汽车的出现，交通技术进步推动了城市和郊区增长的新模式。然而，交通方式的改变虽然让新居住模式有发展可能，但是，交通方式的改变并非郊区增长的原因——经济因素，作为美国理想的郊区生活方式的出现，二者结合起来才是郊区增长的原因。

郊区理想本身不能完全解释美国大规模郊区化思潮。还需要考虑到经济和政治力量，考虑到因为郊区发展而在经济上和政治上受益最大的人群。包括房地产开发商、铁路行业、有轨车公司、汽车行业和公路建设的推动者们，这些公路建设的推动者们常常与地方、区域和联邦政府搭伙做饭。联邦政府和州政府制定政策，鼓励在郊区投资。政府的这类鼓励政策包括，从收入税中扣除收入者（不包括租赁户）贷款买郊区房而支付的贷款利率，形成一种税务补贴，支持郊区房产开发。这些"郊区增长机器"的组成部分一起成为影响郊区生活方式发展的主要因素。

郊区生活方式和公共政策

郊区发展对美国城市产生了不利影响，我们必须从这个背景上去分析美国的郊区化。第二次世界大战以后，美国投入了大量的资金去建设郊区，而在城市重建方面，尤其是针对内城贫民窟的资金投入微乎其微。政府政策旨在鼓励中产阶级移出城市中心地区，因此，这些政策强化了影响郊区生活方式发展的主要因素。

正如我们在第6章讨论的那样，一群强调政治和经济因素的社会科学家，研究了城市和郊区建成环境的发展，正是他们建立了新城市社会学。他们把研究重心放在了推动城市和郊区增长的力量上。他们考察了场所的政治经济问题，集中研究了建成环境如何得到投资、规划、设计、建设和推向市场。莫罗西（1976）的论文"作为增长机器的城市"提供了一个重要的例子，说明如何可以把土地开发看成是市场上一个提供财富和权力的商品。海顿（2003）采用了这个观点：研究房地产开发商、政府机构、郊区居民和劳动者在郊区的生活方式在历史发展中的相互关系，是很重要的。

美国城市政策的整体结果是人在大都市区的分散和分割，进而导致社会的隔离，极大地减少了不同阶级和不同种族的人群可以相互面对的场所。进一步讲，这些美国城市政策导致了种族贫困集中到了我们的城市，而财富和机会变成了郊区的特征。

种族、郊区和城市

种族问题长期以来一直是认识城市和郊区居住模式基本的和解释性的变量。政治学家弗鲁格（Gerald Frug，1999）断言，通过分区规划和改造，我们已经建设了一个被分隔开来的"两种国民"的社会，用哈克（Andrew Hacker）的话讲：富人和穷人，白人和黑人，扩张的和收缩的。这些城市和郊区政策的整体结果产生了所谓"巧克力型"的城市和"香草型"的郊区。布鲁金斯学会的凯特茨（Bruce Katz）同意，"种族已经根本性地影响了整个美国在郊区实施排斥性的政策。这些排斥性的政策加剧了中心城区种族贫困的集中，帮助构筑了一道城墙，把富裕和有机会的地区与贫穷和窘迫的地区分隔开来（Katz quoted in Breen and Rigby，2004：19）。"凯特茨进一步提出，郊区的蔓延是种族隔离和社会排斥的对立面。

联邦政府出台了大量推动郊区增长的政策，这些政策常常是以城市为代价的。联邦公路计划建设一个全新的交通体系，为郊区服务，而不是满足城市的需要。1956年的联邦资助公路法案把郊区和中心城市连接起来，从而解决了郊区的移动问题。这个法案让以白人为主体的中产阶级住在郊区，而继续获得城市就业的经济收益，同时，又不承担城市税收负担。联邦政府的政策勉强支撑着城市导向的铁路和公共交通，它们会让局部城市人口受益。构成联邦政府支持郊区、支持白人、反城市和反黑人社会政策核心的是，20世纪30年代创造和战后疯涨的联邦政府担保的抵押贷款计划（Jackson，1985）。联邦住宅管理局（FHA）担保长期、低息抵押贷款，并且还有其他一些优惠，支持新郊区住房建设。

银行通过设定具有歧视性的"红线"将整个旧城区街坊都划为拒绝提供贷款、抵押、保险的地区（Jackson，1985）。杰克逊（1985）提供历史证据，说明联邦住房贷款公司（HOLC）（1933）和联邦住宅管理局（FHA）（1934）如何设计了一个评估系统，低估那些高密度的、种族混合的或年龄老化的街区。联邦住房贷款公司编制了239个城市的"住宅担保图"。这些图使用不同色彩描绘了绿色地区、黄色地区和红色地区，绿色地区对提供的抵押贷款是安全的，黄色地区属于正在衰退和一时把握不准的地区，红色地区是"危险的"，没有资格获得抵押贷款。杰克逊（1985）得出这样的结论，这些"住宅担保图"提供了一个具体的证据，联邦政府与银行和其他金融机构合谋，不给红色区域提供任何住房抵押贷款，同时非常谨慎地给黄色地区提供住房抵押贷款，给绿色地区提供住房抵押贷款，而绿色地区一般在城市边缘地区或郊区。这些政策意味着住房抵押贷款对郊区的新住房建设有效，而对内城地区的住房无效，实际上，内城地区有许多少数民族族裔聚居的街区。

阶级和种族族裔的隔离不限于白人搬到郊区，黑人留在城市里，城市本身也变得更加具有分隔性了。黑人社群给联邦政府的城市改造政策和城市更新政策起了一个从某种意义上讲很确切的名称，"清除黑人"。根据1937年、1949年和1954年的住宅法案，利用现存旧房和建设高层公寓住宅区，人为地创造了一个黑人聚居区。

政府住房政策导致了历史学家赫希（Arnold R. Hirsch，1983）所说的"营造第二贫民窟"。拿战后芝加哥为例，赫希描述了理想主义的城市规划师，如何首先提出，在所有白人聚居的街坊里，"星星点点"地并入一些住宅区。白人选民对此表示强烈反对，所以，城市政府改变它的政策，不仅支持事实上的隔离，而且实际上增强了这种隔离。

甘斯的《莱维敦拉斯》（1967/1982b）给我们提供了对郊区生活的经典研究。新泽西的莱维敦拉斯（现在的威林伯勒）距费城25英里，第二次世界大战一结束就开发建设的郊区，开发商是莱维特父子公司（Levitt and Sons），他们应用了大规模生产技术。甘斯在这个社区形成的那段时间里正好就住在新泽西的莱维敦拉斯。他发现，那里是有限制性约定的，不要把房子卖给黑人，只允许白人在那里居住。人们认为，如果种族相同，哪怕宗教不同，通过类似的宗教、阶层和白人民族背景，最容易实现社区和谐。这种看法成为这种限制性约定的基础。

甘斯在重新考察他对郊区里程碑式的分析时，提出了同族社区的正反两方面的结果，而且，他还提出了一个很有意思的观点，尽管这个观点颇具争议。他十分强调社区异质性的重要，这种看法应该反映了多元化的美国社会。最重要的是，因为支撑社区服务的大部分资金来自地方税收，没有社区异质性会导致严重分化和不平等。富裕的社区会有适当的资金支撑高质量的设施，包括现代学校。没有足够税基的低收入社区会导致公共服务不足，受到保持税收最低水平的民主过程的限制。

但是甘斯认为，人们并不是生活在作为整体的城市或郊区里，实际上是生活在一个特定的街区里。他主张，"选择在这样的街区生活，它在街段尺度上是同质的，而在社区尺度上则是异质的"，尤其选择那些有小孩子居住的社区（Gans，1967/1982b：172）。

在他看来，异质人群融合的主要障碍是担心房地产贬值而让自己的身份随之下滑。所以，只有白人和黑人具有类似的社会经济阶层背景，实现街段的异质人群融合才是比较现实的。除非居民真的具有相近的社会经济阶层背景，否则，街段融合问题很大。甘斯试图找到人群同质和异质之间的一个平衡。他认为，以全社区利益的名义，志同道合的人有可能生活在一起，即使这些人未必生活在一个街段里，他们都会是异质人群融合的最终受益者。

扩大我们的讨论范围，超出实现社区人群异

图14.2 一家三代非洲裔美国家庭坐在郊区住宅的门廊上用餐。20世纪后期，非洲裔美国开始向郊区迁徙。在此之前，各种各样与种族相关的限制妨碍了他们向郊区的迁徙

质所需要的战略，看看社区实现人群异质或多样性究竟有什么好处。这些异质社区会是由陌生人组成的，他们之间在若干方面是根本不同的。他们有不同的阶级、种族和民族背景，在了解和认识具有不同习惯和观念的人群方面具有优势。在公共场所与陌生人互动，如安德森（2004）曾经生动地描绘过的发生在类似节日情景下的社会互动，如同费城中心的那个"雷丁车站市场"（Reading Terminal Market）的大排档，人群异质或多样性也具有优势。

弗鲁格认为，在多样性社区的生活如同体验了一场"社区建设，陌生人能够生活在一起，不一定是什么凝聚精神在支撑着他们，而是一种协商和容忍的精神在支撑着他们"（Frug，1999：115）。他对比了郊区之间的差别，尤其是对比了大郊区和城市之间的差别，大郊区里的人可能相互不认识，但是，他们却共享着同质背景，城市里的人同样可能相互不认识，不过，他们之间却有着异质背景。这些陌生人的世界对于当地居民具有不同的影响。

封闭的社区

社会学家韦伯（1958）在20世纪初曾经做过经典的比较分析，他断言，历史城市的一大特征是这样一个事实——城市都是用墙围起来的。城

墙用于防御，保护城里的居民免遭城外入侵者的袭击。实际上，对外敌的担心一直都常常是建设城市一开始就有的基本动机之一。

韦伯认为，不同于中世纪欧洲的许多城市，现在，修筑城墙的防御不再是城市的基本特征了。实际上，作为城堡的城市甚至原本就不普遍。然而，韦伯发现了作为政治堡垒的城市和作为国民经济总体的城市之间的一种重要关系。许多社会学家认为，随着国家的创立，作为城市确定特征的城墙，其重要性日渐衰退。但是，最近这些年，我们在美国看到了多种新形式的城墙重新出现了。在这些现代的用墙围合起来的聚居街区里，受保护的愿望紧紧地与经济资产联系在一起。

封闭社区迅速出现了，它是一种强调把私人场合与公共场合分隔开来居住形式。封闭社区已经成为边缘城市的确定特征之一。边缘城市是一种蔓延式的郊区，由住宅区、购物中心和坐落在主要公路交汇处的商业中心构成，人们高度依赖私家车出行。封闭社区正在成为一种标准的新开发形式，这种新开发形式逐渐主导了房地产市场。1997年，美国大约有2万个封闭式社区，合计拥有超出300万个居住单元（Blakely and Snyder，1997）。封闭式社区在加州、美国西部地区、西南部地区和南部地区十分盛行，而且，封闭式社区已经成为许多富裕的退休养老社区和许多郊区开发小区的标准化特征。南佛罗里达太阳哨兵报报道，国民住宅建筑协会估计，80%的新建社区是封闭的，各类调查的结果显示，800万人现在生活在受到保卫的街坊里（Allman，Benedick and Othon，2001）。

通过讨论洛杉矶以南奥兰治县米慎维荷和其他一些封闭式社区，索加（Ed Soja，1996）描述了"边缘城市"的发展。人们使用了"边缘城市"、"技术园区"、"技术郊区"、"后郊区"、"硅谷景观"、"大都会区"等术语来表述这类郊区开发，索加则另外杜撰了一个术语，外城市（exopolis），来描绘这类郊区开发。奥兰治县包括欧文、阿纳海姆和布埃纳公园等城镇。那里的主题公园有诺特的果酱农场和迪士尼乐园。这两个主题公园试图唤起传统的理想化美国的感觉，都反映了建设者的保守主义的倾向。菲利普莫里斯集团开发的米慎维荷是一种典型的社区，它们具有打包好的局部环境和生活方式，形成了自己特有的居住生境，包括社区对每一幢住宅色彩的规定，保证住宅外观能够反映这个住宅区的主题，"希腊岛屿、卡普里别墅、独特的美国"。

《美国要塞：美国的封闭社区》（1997）的作者布莱克里（Edward J. Blakely）和施奈德（Mary Gail Snyder）指出，大门其实象征的是居民的身份，他们是那个财富显赫的社区的居民，人身及其财富得到了保护。布莱克里和施奈德对封闭社区做的分类包括，"生活方式社区"、"财富显赫的社区"、"安全区"。在加利福尼亚、亚利桑那、得克萨斯和佛罗里达这些阳光地带常见的是生活方式社区。"生活方式社区"包括三类：退休社区、高尔夫和休闲社区和郊区新城镇。

图14.3 这是佛罗里达沃斯湖的一个由保安管理的封闭式社区。保安正在大门口检查进入小区的车辆

"生活方式社区"主打的是退休社区。这些社区针对的是中上流阶层的退休老人,他们寻求一种无所不包的环境,以满足他们休闲的和社会的需求。"太阳城"和"休闲世界"都是美国退休社区链的品牌。高尔夫和休闲社区是另外一种类型的退休社区,针对的是更加富裕的退休老人,包括旧金山附近的黑鹰俱乐部和南加利福尼亚的希尔顿海角。郊区新城镇是第三种生活方式社区,通常很大,包括数千住宅单元,常常并入了工商业活动。加州的欧文牧场就是典型的郊区新城镇,它包括了封闭式社区和非封闭式社区,封闭式社区的数量相当多。不要把这类新城镇与新城市主义者杜安尼和卡尔索普设计的城市村庄混为一谈。

"财富显赫的社区"是增长最快的封闭式社区。社区大门标志了社区居民具有显赫的财富,他们与众不同。"用这些社区大门造成一种社区形象,保护现在的投资和掌控住房价值(Blakely and Snyder, 1997:41)。"这些社区居住的都是"富人和名人"、公司CEO和5%顶尖收入的那些人。

"财富显赫的社区"的特征不仅是它们的大门或控制通道的其他手段,如私人通道,还有麦克豪宅。麦克豪宅是巨大的独立家庭住宅,一般规模超过典型郊区4卧独立住宅的2—4倍。这些住宅通常在大块宅基地规划分区内,保证住宅之间有足够的空间间隔。杜安尼和施佩克(2000)都认为麦克豪宅是"郊区避邻主义"的重要例证:"我喜欢住那,可是,我不想要任何人像我这样住在这里(2000:42)。"麦克豪宅的居民希望与更大的社区隔离开,他们并非所有人会关注这种住宅形式带来的生态影响。杜安尼和施佩克指出,具有讽刺意味的是,麦克豪宅的业主们期待具有生态价值的"乡村生活"观念。但是,他们实际上拥有巨大的住宅和院落(有游泳池、网球场,等等),它们都会对街坊和周围乡村的生态造成很大的破坏。另一个事与愿违的方面

是,这些居民在没有获得满意的私人场所时,还会进一步远离他们可能追寻的那个令人愉悦的公共场所。

封闭的安全区,布莱克里和施奈德提出的第三类封闭的社区是一种新型的社区,它之所以受到欢迎,是出于人们对犯罪和陌生人的担心。不是开发商,而是居民自己建设了安全门。改造街区,安装大门和障碍,限制车流和外来的威胁,有效地建立一个与周围地区隔离开的社区。

布莱克里和施奈德把这三种封闭社区看成美国正在形成的新的"堡垒心态"的表现。建立边界是一种政治行动。封闭社区决定了成员,内外有别。他们建立和划定空间来承载维系政治、经济和社会生活的活动。

布莱克里和施奈德分析封闭社区的一个基本主题是,那些居民"要控制他们的住房、他们的道路、他们的街区"(1997:125)。人身安全和房地产价值的保护都是选择封闭社区的基本目标,希望成为没有犯罪事件发生的居住区。对此持批评意见的人认为,那些封闭的社区被设计成"高度安全的居住环境,那里居住的上中流社会的白人居民可以不去理睬种族多样性的市中心地区日益增长的社会和经济问题,退缩到高墙之后,有保安人员、电子监控设备和'快速反应'力量保护起来(Hamnett, 2005:427)。"

弗鲁格考察了用于封闭式领地的房地产法,那个法案不仅包括封闭式社区,还包括购物中心和办公园区。他认为,这类领地的"设防"在空

体验活动14.2:参观一个封闭的社区

参观一个封闭的社区,即使不允许你进入那个社区,也去看看。与其他类型的住宅相比,观察这类住宅开发中的生活是什么样的。什么样的人在那里居住?我们描绘过的那些封闭社区是否适合于对它们的描述?你愿意住在那里吗?为什么或为什么不?

间上能应对暴力犯罪。建设这样一个保护起来的，常常是用墙封闭起来的空间并不直接迎战犯罪，而是保证犯罪不在这个社区发生，发生在别的地区。另外，封闭的领地对墙内的人造成心理影响，通过监控系统、保安人员和报警系统，让他们获得一种安全感。"赶走"标志了业主财产权的法律本质。

首先让我们看看这些封闭的社区是不是真正安全。然后，我会来谈一个更重要的问题，封闭的社区对公民社会究竟有哪些意义？当然，首先，封闭的社区是安全的吗？科学日报有篇文章这样写道，

在一个危机四伏且不确定的世界里，封闭社区被认为是安全的，但是，新的研究挑战了人们的这种看法，并且提出，虽然入室偷盗的机会可能降至最低，但是，其他类型的犯罪却在上升。研究发现，与这些居住区相关的犯罪统计揭示了保险门背后的始料未及的现实（Science Daily, 2013）。

《南佛罗里达太阳哨兵报》对南佛罗里达20多个社区进行综合调查后提出，封闭社区的安全感常常是一种幻觉（Allman et al., 2001）。这家报纸比较了14对社区。每一对社区包括一个封闭社区和一个非封闭社区，它们的规模、价格范围、接近主要道路等等因素大体相同。记者考察了它们3年的犯罪记录，集中在盗车、入户盗窃、破坏和有关嫌疑车辆和人的报告。记者发现，那些大门在设计上令人生畏，而实际上并不能阻止犯罪。结合考察巡逻、访客登记和单行道等措施，存在重要的安全差异。但是，这种安全是要付出代价的，而且也不完全是一个资金问题。

安全费用可以高达4000美元/年，如劳德代尔堡高档的海湾庄园。海湾庄园有103家人组成，坐落在近海岸水道上。它的安全包括入口把门，任何时候至少有两个保安值班，保安制度，任何来宾都要求登记且区内行动受到限制，包括房地产代理和维修车辆。与其对应的居住区是里维埃拉群岛，富裕程度类似，在犯罪记录上没有实质性的差别。《南佛罗里达太阳哨兵报》说，尽管海湾庄园有安保系统，但他们的记者能够慢跑通过大门而不受到阻拦。

实际上，无论安全系统的设计有多么疏而不漏，它们都不是万无一失的。记者略施小计，如快步、慢跑、开车通过那些大开的大门，或显示相对容易得到的报社证件，就轻而易举地进入了被调查的83个封闭社区中的51个。一名警员认为，防止犯罪发生的最好办法之一就是邻里之间的相互关照，一旦发现不正常的情况，赶紧报警。然而，封闭式社区的私密性特征常常导致许多居民并不认识他们的邻里或他们雇佣的物业管理和保安人员。与封闭式社区相反，就在海湾庄园北面一个名叫灯塔的小城市（常住居民1万人）里有一个非封闭式社区，那里的独宅昂贵，连排住房相对便宜，依靠街坊和警察，犯罪率非常低。当地一位居民的心态能够反映那里的主流心态："因为我们有自己的片警，大家都有真正的社区感，所以，我觉得很安全。如果我们这里是一个封闭式社区，情形会大相径庭（Allman et al., 2001）。"

对于封闭社区而言，除开运行所要支付的经济成本外，还要付出社会和社区的代价。封闭式社区私有化了社区空间以及个人的和家庭的空间。许多较大社区的公共职责也私有化了，包括治安、教育、休闲和娱乐服务，等等。这样做的目的是建立一个私人领地，几乎不与外界分享，或者不与它自己社区内部的居民分享。

杜安尼等（2000）提出，住宅开发的主导历史模式是建立在隔离基础上的，包括种族、移民身份或阶级的隔离。在历史上，分区规划和城市规划法案都在试图保持选择的地理空间。封闭式社区实际上是在鼓吹一种"排他性观

念","如果你住在这些封闭的社区里,你就可以认为你自己是一个成功人士",这样,隔开来居住的"市场区隔"实际把历史上的隔离进一步扩大了。封闭式社区实际上是社会的和经济上的选择。

封闭式社区是美国社会种族和经济机会分裂的一种最明显和最具象征意义的表现。布莱克里和施奈德提出,"封闭式社区给不同种族、文化、阶级之间的互动平添了另一种屏障,而且可能给建设构成经济和社会机会基础的社会网络增加了问题(1997:153)。"

城市事务评论家戴维斯(Mike Davis)把封闭式社区的兴起描绘为富人整体向高墙背后撤退和侵蚀公共空间的一部分。我们可能还记得前面谈到过的戴维斯的观点,"恐惧的生态"和"公共空间的军事化"都是他所看到的"洛杉矶要塞化"的不同阶段(1992a,1992b)。戴维斯谈到的"恐惧的生态",决定了当代洛杉矶的生态分区。戴维斯采用了伯吉斯的同心圆模式,但他使用的是一对同心圆。恐惧和"对安全的痴迷"是看待土地模式的新基本要素,而不再把经济因素看成土地模式的基础(Davis,1992b)。戴维斯写到,在20世纪60年代夏天开始的"第二次南北战争"中,公共空间已经制度化了。他认为,"公开的社会冲突已经取代了旧的自由主义的社会控制。旧的自由主义的社会控制至少试图在压制和改革之间实现某种平衡,而这场公开的社会冲突是中产阶级利益反对城市穷人利益的冲突(Davis,19992a:155)。"建筑、城市规划和武装的警力已经控制了公共空间,而且把穷人的大量行为定性为犯罪。封闭的社区其实就是"美国要塞化"的一个重要例子。

弗鲁格(1999)提出,与封闭式社区或围起来的居住区扩散相伴的有法律依据的关键政策是,"一个的财产权的性质和内容是什么?"由此而产生观点是:我们应该从一个人自己家的角度来认识封闭起来的地区,而不是从作为整体的城市的角度上来认识封闭起来的地区。正如韦伯发现的那样,过去就有封闭起来的城市。然而,现在似乎不能接受筑起城墙的整座城市了。弗鲁格认为,我们更应该把封闭居住区当作公共空间而不是私人空间来对待。他提出,过去,铁路火车站和向公众开放的商业空间,如酒店、剧场和餐馆,需要没有歧视地为公众服务。他同时提出,购物中心和办公园区应该沿用类似的开放规则。他认为,这种规则还应该延伸到封闭的社区,即使它们现在并不对公众开放。一个人的家就是他的堡垒,这种观点应该仅限于住宅本身,不应该延伸到居住区里的道路。这些封闭的社区应该是开放的,弗鲁格以"自由表达所代表的那种公共价值"来让他的这种观点具有合法性。"只要承认这些外部的人,就会证明给所有人,封闭的社区不能随意用墙把它的居民与社会的其他人隔离开来(Frug,1999:2)。"

社会学家克兰尼依斯基(Nancy Kleniewski)把封闭的居民区看成"一切郊区化的结果",一切郊区化导致了公共空间的衰落和私有化的增加。克兰尼依斯基如是说,"公共的道路给私人所有的(和由私人雇用的保安控制的)购物中心让地方,游泳池和商业主题公园替代了公园,驱车进入的快餐店取代了公共食堂(2006:108)。"希望住进封闭起来的由保安管理的大院里那些富裕阶层,实际上还希望进一步让自己摆脱公民的责任。

城市振兴和郊区的贫民窟:密苏里的圣路易斯市和弗格森市

与我在圣路易斯相会
与我在展会上相会
不用告诉我灯光如此明亮
那里也比不上展销会的灯光
我们会跳胡奇科奇舞

我会是你的图西伍茨
如果你会在圣路易斯见我
在展会上见我

斯特林（Andrew Sterling）作词，麦尔斯（F. A. Mills）作曲，1904

我们对比研究了密苏里的圣路易斯和它周边郊区。圣路易斯市现在正在经历重大绅士化。围绕这个市区的近郊正在日益变成黑人的郊区贫民窟。通过考察这个大都市区，展开它的故事，我们可以发现，圣路易斯和它周边郊区发生的事情，其实与许多美国大都市区所发生事情可以同日而语。

2014年8月14日，在圣路易斯的郊区弗格森市，警察因为一个小错，枪杀了一名手无寸铁的18岁的非洲裔美国男生，布朗（Michael Brown）。此事引起了连续3天的骚乱，出现暴力事件，居民和警察发生了对峙。此后，这个动荡一直延续了2014年的整个秋天。郊区弗格森市的人口为21000人，其中75%是非洲裔美国人。他们的失业率和贫困状态都比白人高（Gandel，2014）。弗格森市发生的事情引起人们对当代郊区问题展开了大量讨论，尤其关注郊区贫民窟的兴起。

与伯吉斯的同心圆分区假说和富裕郊区的模式相反，在内城贫民窟还大量存在的同时，我们发现，在郊区的一些地段，贫困人口非常集中，而且那里的贫困人口还在上升，成为我们所说的郊区贫民窟（Kneebone，2014b）。

加尔（Emily Garr，2010）和尼伯恩（Elizabeth Kneebone，2010）在布鲁金斯研究院撰文说，到2008年，郊区成为美国贫困人口最为聚中和增长最快的地区。过去10年里，中西部城市及其郊区经历了超常的贫困人口增长速度。在最近的研究中，尼伯恩（2014a）发现，在美国100个最大的都市区里，2000年到2009—2012年期间，超过20%居民生活在贫困线以下的都市区数目翻了一番。同时，住在"高度贫困街区"里的郊区贫困人口数目从27%上升至38%，"高度贫困街区"是指，至少有1/5的人是贫困人口的街坊。这类贫困集中的街区依然是一个大城市问题，与此同时，"高度贫困街区也日益成为郊区问题。郊区贫困人口一般都在贫困高度集中的街坊里。他们与城市贫民窟里的穷人面对类似的生活状况，不适当的和缺乏资金的学校，低劣的住房和公共服务，高度的失业率（Dreier and Swanstrom，2014）。"

要想了解圣路易斯的郊区弗格森市所发生的事情，我们需要了解圣路易斯大都市区长期存在的社会和种族历史。圣路易斯大都市区是美国种族和经济隔离最为严重的地区之一，共有387个地方政府存在，因此，那里的突出特征是，郊区地方政府十分零散，一起竞争公共和私人投资以及其他资源。大部分工作机会集中在比较富裕的白人郊区，分区规划确定那里的住房为大型独立住宅，实际上阻止了在那里建设经济适用房。公共交通在此类"工作岗位"云集地区的运营非常有限或者根本就不存在。

圣路易斯大都市区的人口构成有其历史渊源。19世纪，圣路易斯市从围绕它的圣路易斯县分离出来，成为一个行政上独立的建制市。20世纪20年代，作为移民大潮的一部分，圣路易斯流入了大量到此加入工业生产的来自南方乡村地区的非洲裔美国人。与其他城市的种族分布相似，白人开始迁出圣路易斯市，住进周围的郊区。当时，排除黑人到郊区居住的限制性合同很普遍。20世纪60年代和70年代，这类限制性合同不再具有效，于是，白人便开始向远郊迁徙，黑人进入了内环郊区。

让我们以圣路易斯都市区为例，详细谈谈圣路易斯都市区人口变化的历史。1900年，就在圣路易斯世界博览会（1904年的"路易斯安那采购博览会"）开幕前几年，当地的人口为575238

人，当时是美国人口第四大城市。20世纪上半叶，圣路易斯市非常繁荣，尤其是它的"酒和鞋"产业，具有全国领先的啤酒业（百威啤酒）和制鞋业。但是，20世纪20年代末和30年代初，从住房失修、贫困人口和非技术工人的增加就可以看出圣路易斯的衰退迹象。因为20世纪30年代出现的经济大萧条以及接踵而来的第二次世界大战的爆发，原先制定的改造市区破旧社区的计划被迫暂缓。到1950年，圣路易斯市的人口上升至856796人。

随着20世纪50年代和60年代的城市更新，美国其他城市也展开了类似的城市更新，圣路易斯市的许多老区被夷为平地，代之而起的是小型住宅区和大型高层公寓，以及低收入家庭的住宅区。比较小的住宅区相对成功，但是，我们在第11章谈到的普鲁特—伊戈高层公寓居住区则是失败的，并最终拆除。

20世纪60年代以及随后的几十年里，如同其他城市，圣路易斯市在经历了人口大规模从市区外迁的过程。首先是工商企业，随后，大量中产阶级白人居民迁往郊区。到1980年，圣路易斯市的人口不足50万（453083）。这样，圣路易斯市的税基被严重侵蚀，犯罪增加，教育质量下降。许多街坊持续衰退，一些地处圣路易斯市中西部地段的最老住宅区实际上已经被抛弃了（Greer，1989）。20世纪80年代初，布鲁克林学会以人口、迁徙数据和经济指标为基础提出，圣路易斯市是铁锈地带最糟糕城市之一（Greer，1989）。2003年，圣路易斯市的人口进一步萎缩了10万，统计人口仅为332223人，在美国城市人口排行中居53位。根据2002年美国人口普查数据，圣路易斯市是美国人口萎缩最快的大城市（Park，2005）。然而，圣路易斯大都市区的人口数量依然维持在1950年的250万的水平不变。所以，大都市区的人口始终都在增长，但集中在郊区，有色族裔的人口在内环郊区增长，而白色族裔的人口在远郊区增长。

弗格森市的行政体制没有反映20世纪80年代以来那里发生的迅速的人口变化。20世纪80年代以前，白人（占全部人口的86%）人口主导了弗格森市。到2012年，弗格森市人口的67%是黑人，这个人群中几乎有50%的人生活在贫困线以下（Kneebon，2014b）。在弗格森市的政府和学校董事会中，弗格森市黑人居民的代表太少。弗格森市市政理会6个成员5个是白人，一个是西班牙裔（Editorial Board, New York Times, 2014）。弗格森市53名警官中只有3名黑人。这支警察队伍是与黑人市民作对和骚扰他们是出了名的。这种看法一直都在得到确认：在布朗被枪杀事件发生后，美国司法部在有关弗格森市警察局的报告中揭露这个警察局"非法行为的方式，违反了美国宪法第一、第四、第十四修正案和联邦法令"（United States Department of Justice, Civil Rights Division，2015：4）。

> **体验活动14.3：低收入、少数族裔的郊区**
>
> 找到一个类似弗格森市的郊区，少数族裔聚集，收入低下。实地或从互联网上参观这样的郊区，写下你的发现。研究这样的郊区，以评估其政府、警力和其他机构在多大程度上反映了人口的种族构成。

无论是城里的还是郊区的，贫穷街区的犯罪率、堕学率一直都要高一些，工作机会寥寥无几，健康问题比较糟糕。这种状况让贫困人口非常难以走出贫困。沮丧和愤怒常常导致暴力。西方学院城市与环境政策系政治学教授和系主任德莱尔（Peter Dreier）和密苏里—圣路易斯大学社区合作和公共政策管理方向的教授斯旺斯特姆（Todd Swanstrom）认为，像弗格森市这样的郊区贫民窟就是"滴滴答答作响的定时炸弹"（2014）。

20世纪60年代中期和70年代早期，在纽瓦克、底特律、辛辛那提、迈阿密、奥克兰和洛杉矶等城市发生的动乱是对持续贫困和前途黯淡的一种反应，它们预示了郊区贫民窟未来发生动荡的可能情景。尼伯恩（Kneebone）做出了类似的预测，"暴力是贫困集中的结果，而不是原因，贫困集中把许多穷人困在一起，没有任何出路，没有任何有效的方式让他们把愤怒与美国梦联系在一起"（Kneebone，2014b）。

与弗格森事件爆发的同时，圣路易斯市一直都在处在迅速绅士化的过程中。教育分析专家和托马斯·B·福德汉姆研究所的所长彼得里利（Michael Petrilli）在考察了2010年人口普查数据时发现，圣路易斯市当时在美国城市绅士化速度排行中排名16。圣路易斯市的白人人口从2000年的28.1%上升至2010年的49.2%（Petrilli，2012）。尽管种族和绅士化之间并没有绝对吻合，但是，这个统计数据还是证明了绅士化模式仍在继续。如前所述，圣路易斯都市区是美国最隔离的地区之一。最近的模式显示，市中心地区更加白了，而内环郊区则变得更黑了。

把整个都市区作为一个经济和社会实体来研究是有必要的，恰恰是因为在政策制定上长期否定这种必要性，才导致了弗格森事件的发生，实际上，中产阶级的稳定郊区正在向贫民窟的郊区转变。决策者们反其道而行之，继续使用种族和阶级来分割大都市区的居民。

边缘城市和城市蔓延

与战后郊区居住区一道开发建设的还有郊区购物中心，首先是沿道路展开的购物中心，后来是封闭式购物中心。当我们身处美国不同地区的郊区购物中心或巨型商城时，我们可能短时间地忘记了我们究竟在何处。实际上，这些购物中心都有全国范围的连锁店，没有视觉标志提醒我们身在何处。摆脱地方感是当代郊区零售商业的一个基本特征。科特金（Joel Kotkin，2001）分析了购物中心及其连锁店基本相同的性质，谈到了"美国零售业的同质化"，认为盖普、香蕉共和、贝纳通、陶瓷大谷仓、威廉斯—索拿马等专卖店凭借大众购买力占领了市场（2001：142），于是，他的基本判断是，这些专卖店的技术效率导致了一个"摧毁场所的过程"（Kotkin，2001）。

郊区购物中心的发展减少了到市中心以及那里的百货店购物的必要性。接下来的一步就是工作从中心城市向边缘地带转移，之所以有可能出现这种转移的原因之一是工作性质的变化。城市中的那些工业和制造业中心首先迁至边缘地带，通常是乡村地区，工会势力薄弱。比较最近的一步是，把工业和制造业向海外转移，完全离开美国，迁移到第三世界国家去，形成全球化的经济体制。正是经济全球化让许多社会科学家推测，居住型郊区的时代已经结束了，而集就业、居住和消费为一体的分散化的都市会取代居住型郊区。人们用后郊区（post-suburbs）、外都市（exopolis）来称呼这种集就业、居住和消费为一体的分散化的都市，更流行的名字还有，费希曼（Robert Fishman）使用的科技郊区（technoburbs）和加罗（Joel Garreau）使用的边缘城市（edge cities）。

费希曼的科技郊区是指那些边缘地区，它们可能规模大至一个县，成为一个不再依靠相邻城市的繁荣的经济单元。紧靠公路走廊的购物中心、产业园区、类校园的办公大楼、学校、医院，以及范围广泛的住房，一起形成科技郊区的特征。随着通信技术的进步，这种郊区的功能是独立于集中的城市的，所以，称它们为科技郊区。费希曼断言，这种因为技术进步而产生的独立性是当代郊区的最重要的特征。

我认为，战后美国发展的最重要的特征一直都是刺激住房、产业、专门服务和办公室工作的分散化；城市边缘与它不再需要的中心城市分离；这种分散化的环境具有与我们相伴的城市的全部经济和技术机制。这种独特的现象不是郊区化，而是一种新的城市（Fishman，1987：184）。

加罗（1991）描述了同一种现象，不过，他使用了不同的术语，边缘城市。他把边缘城市定义为包括公司总部、产业园区、购物中心和随处可见的私人住宅在内的"城市"中心。加罗发现，低层的、玻璃围合的建筑建在公园式场地里，周围环绕着停车场，它们正在替代传统城市里的厂房和摩天大楼，所有的工作、购物和居住场所都与公路距离不远。这些办公综合体反映了制造业经济向信息产业、服务业导向的经济转变。边缘城市是人们工作和生活的地理区域，人们几乎没有必要旅行到城市去了。私人小汽车取代了火车和地铁，公路把边缘城市结合在一起。边缘城市被看成是一种正在出现的新城市，它们在社会、文化、经济和政治上都独立于它们那个区域的中心城市。

我们可以把战后洛杉矶看作一种新型的城市。洛杉矶发展了一种不同的社会生态格局，与其说它具有东北部和中西部地区那些大都市的特征，还不如说它更具有科技郊区和边缘城市的特征。洛杉矶是第一批发展不仅仅用来睡觉的郊区的城市。费希曼和加罗都强调洛杉矶作为这种新型郊区发展原型的重要性。正是在洛杉矶，办公园区、购物中心、工业园区第一次与居住区交织在一起，形成了一种新型的郊区。

加罗断言，"每一个正在增长的美国城市都在按照洛杉矶的方式增长"（1991：3）。他对南加州五县地区的16个相似的城市做了分类，那个地区还有8个城市正在出现。他把边缘城市划分为3大类：

- 近郊的，那些后来获得边缘城市特征的在汽车主导前在城区边缘上形成的那些社区（如加州的帕萨德纳和康州的斯坦福德）；
- 繁荣的、经典的边缘城市，它们坐落在公路交会处，以购物中心为中心；
- 绿地中的，城市蔓延，散布在数千英亩的农田里，是一些开发商宏大计划的成果（如加利福尼亚州的尔湾和围绕佛罗里达州奥兰多的迪士尼乐园）。

加罗在整个美国辨认出了200多个边缘城市。阳光地带的边缘城市包括，亚特兰大外的巴克海特，休斯敦外的加勒利亚地区。当然，它们不限于阳关地带和美国的西部地区。实际上，它们在旧都市区的边缘上也出现了，如华盛顿特区、纽约市、费城。如华盛顿特区外，弗吉尼亚州的泰森角。在费城区域，加罗找到了3个边缘城市，如宾州的普鲁士国王、柳树林/沃明斯特，新州的樱桃山。在新泽西的北部地区，纽约市外，还有一个用布里奇沃特镇287号公路和78号公路交会处命名的边缘城市。

地方、区域和联邦政府通过对居民和商家税收优惠的办法所做的积极卷入，通过修建公路等办法为边缘城市的增长提供了整合因素。边缘城市不是因为生态上的或区位上的考虑而"自然"发展起来的。联邦政府决定建设一条绕过华盛顿特区的公路，因此，弗吉尼亚州的泰森角得以在经济上繁荣起来。泰森角地区所属县政府通过了必要的重新修订的分区规划法令，允许开发原先苹果园的土地，用于商业和零售业（Abrahamson，2004）。另外，没有总体规划来描绘边缘城市。居住开发和办公区提供可以辨认的边界，而不是社区组织者。

把居住和工作场地结合起来的混合土地使用对妇女有益，实践证明了这一点。加罗提出，通过日益加入劳动大军，"获得权力的妇女"摆脱了郊区家庭事务的纠缠：

如果边缘城市没有在就业和人口问题上引起

美国历史上的一场真正的变化,边缘城市是不会存在下来的,这个真正的变化就是让妇女获得权力。边缘城市能在20世纪70年代在全国蓬勃发展起来并非孤立事件,实际上,那个时期,妇女解放也兴起了。那些妇女生活老城边缘的中产阶级社区里,那里的人们获得了最好教育、培养了很好的道德修养、工作最稳定,女性没有就业(Carreau, 1991: 111-112)。

繁荣城(boomburgs)是进入21世纪以来受到关注的一个现象。2001年,人口学家朗(Robert Lang)和西蒙斯(Patrick Simmons)对费希曼提出的科技郊区做出反应,提出了繁荣城的概念。繁荣城的人口10万以上,但是,它们都没有中心商业区,不过是规模很大的居住区。它们独有的特征是,它们不是它们所在区域的最大的都市区,而是住宅协会控制的大规模郊区居住小区。朗和西蒙斯对2000年人口统计数据进行分析的结果是,他们找到了53个繁荣城,其中43个在亚利桑那、加利福尼亚、佛罗里达和得克萨斯。紧靠菲利克斯市的亚利桑那州的梅塞最大,2010年人口调查显示的人口总数超出40万。另外引起注意的繁荣城还有,得克萨斯州达拉斯外的欧文,内华达州拉斯维加斯外的亨德森,科罗拉多州丹佛外的威斯敏斯特。50年前的繁荣城的人口不超过10万,而繁荣城的增长一直都声势浩大,但是,大多数都没有超出50年前繁荣城10万人口的水平。

体验活动14.4:研究一个边缘城市

实地或在互联网上,参观一个边缘城市,记录下你的观察。了解这个边缘城市的发展历史;例如,它是大开发商规划设计的,还是从原先的一个小镇发展起来的。

布里安(Ann Breen)和里各比(Dick Rigby, 2004)在讨论繁荣城时谈到,繁荣城迅速增长的基本动力是种族。人口统计学家弗雷发现了40个增长最快的乡村地区,那里的人口几乎清一色的是白人。布里安和里各比提到了弗雷的这个发现。美国农业部的比尔(Calvin Beale)也提出:

对我而言,这一点是很清楚的,迁徙到乡村地区的一定数量的人口可以描绘为白人迁移(白人因担心市中心的治安而到郊区居住)。我在谈论此问题时极少听到有人提及种族问题。他们所说的是避开城区的犯罪、毒品、拥挤和学校问题。但是,他们确实离开了那些黑人、西班牙裔和亚裔比例很高的地区(Breen and Rigby, 2004: 18)。

巨型开发商们的房地产活动解释了推动住房市场的经济因素。格特尼(Jon Gertner, 2005)在纽约时报杂志发表重要报道,考察了他所说的"房屋建造业园区"。他把目光投向大开发商托尔兄弟公司(Toll Brothers)的活动和观点,这家把总部放在费城的开发公司瞄准的豪华住宅市场,第一批开发建设所谓"庄园住宅"(批评者所说的"豪宅")的开发公司之一。托尔兄弟公司一直积极开发公寓社区和55岁以上退休者居住的社区,也在城市地区开发居民区。到2015年,托尔兄弟公司在新泽西州霍博肯海滨原先麦克斯韦尔咖啡所在的工业用地上开发了非常巨大的公寓居住区,跨过哈得孙河就是曼哈顿中城地区,它还在泽西城和曼哈顿的其他地方开发了公寓居住区。

托尔兄弟公司和其他一些大型开发商密切关注美国的房地产市场,同时密切关注涉及住房市场需求的长期开发计划。它们监视不同住房需要人口组的变化倾向,关注他们选择的住房类型,

图14.4 托尔兄弟公司在新泽西的东温莎,靠近普林斯顿大学的地方,开发了55个以上的封闭社区。托尔兄弟公司是美国最大的房地产开发公司之一

他们希望偿付的费用。为了确保它们可以盈利,这些开发商不断购买土地,储备起来,用于未来住房开发。这篇发表在纽约时报杂志上的文章谈到,托尔兄弟公司控制了可以建设8万套住房的土地。实际上,还不是最大的开发商,开发巨头霍纳扬(K. Hovnanian)积累了足以开发10万套住宅的土地,普尔特(Pulte Homes)积累的土地卡伊开发35万套住宅。

总体上讲,购买用于住宅开发的土地越来越远离中心城区,沿着交通走廊展开,从而形成了郊区蔓延的态势。如托尔兄弟公司之类的开发商还购买了废弃的工业场地或空置的城市土地。在第二次世界大战结束后开发的郊区里,当时的开发商,如威廉·莱维特(William Levitt)之类的开发商,利用1000英亩土地,可以开发17000套住宅单元。现在,开发商倾向于购买小块土地,尤其是新泽西,那里很少可以提供200英亩大小的开发场地。新泽西被认为是美国第一个完全"建成了的"州。

在可以开发的土地上建成的住房类型会反映客户的要求和愿望。托尔兄弟公司被认为瞄准的是大宅基地上的高端独立住宅。实际上,它也开发了高密度的公寓住宅小区,最著名的是旧金山的那些公寓住宅小区。这篇发表在纽约时报杂志上的文章引述了托尔兄弟公司董事长巴尔治雷亚(Zvi Barzilay)的话,对豪宅妨碍社区发展的观点做出反应:

"一些买主因为追逐社会化和与人相邻,所以,他们喜欢生活在[高密度、功能混合]的氛围中。但是,我认为,它仅仅适合于一部分买主,而不适合于其他人。"他补充道,大部分会说,"给我一亩地,我要自己的私密(Gertner, 2005: 81)。"

巴尔治雷亚还认为,地方政府官员的卷入常常成为高密度功能混合开发的障碍。这些官员常常勉强修订现存的分区法令。巴尔治雷亚倒是想利用更少的土地建设更多的住房单元,这样做会让他的公司获利,也符合社会实际情况,然而,他并不认为提高开发密度是可行的。

格特尼(2005)具体谈到美国住宅的未来。他想知道,在"开发完毕"的情况下,有生命事情发生什么:当如新泽西那样的州对新商务活动说不的时候,当洛杉矶那样的城市靠近圣加布里埃尔山的时候,再也没有可以用来开发的土地时,甚至有一天,繁荣城也建设完成了,什么事情会发生呢?格特尼认为,可能会有一些积极的后果,未来可能并不如此沉闷。剩下的土地可能会得到更好的利用,开发商可能开始"使用大片停车场,改造停业的购物中心,转变旧的工业空间"(Gertner, 2005: 81)。2008年的大萧条已经推迟了"开发完毕",但是,10年以后,这个问题依然需要回答。

美国面临的重大问题之一是,2014~2060年,美国的人口预计会从3.19亿增加到4.17亿,2051年达到4亿(Colby and Ortman, 2015),新增的这一部分人口必须有房子住。美国东北部地区的人口可能超出1800万(Colby and Ortman, 2015)。这种人口增长需要区域规划。正如格特尼(2005)指出的那样,如果地方市政府很强大,还有支撑"不要在我的后院"(NIMBY)政策的那种文化，这种区域规划不太可能出现。地方上的那些建制镇，尤其是东北部地区的那些建制镇，常常比县或州还有权力。托尔兄弟公司的托尔（Bob Toll）悲观地预计：

> 托尔说，"这就是答案，但是，做不到。为了让区域协会得到分区规划和规划设计的权力，我们必须拿走建制镇的权力。拿走建制镇的权力会是我们最后在政治行动。"托尔说，区域协会越大，区域协会的权力越大，就会做出比现在的开发更有意义的事来，比在老郊区建设一幢400万的房子，也比在远郊区建设一英亩土地上建设一幢住宅，意义更大（Gertner，2005：81）。

新城市主义

城市规划方面的当代思潮是使用新传统设计建设新城，让它们重新获得和保留历史小镇的好的特征。因为这些建筑师受到历史城镇和村庄的启迪，在那里寻找建筑思想，所以，人们把他们称之为新传统主义者，而把他们的作品称之为新城市主义。当然，我们需要注意，"新城市主义"的理想是小城镇或村庄，而不是甘斯（1962/1982a）所描绘的高密度的城市村庄，所以，用"新城市主义"去表达他们未必适当。我们可以把新城市主义看作对郊区蔓延后果所做出的反应，也可以看成对准自主的科技郊区、边缘城市或繁荣城建设的以这种反应。

科技郊区、边缘城市和繁荣城都地处后郊区地区。这些新地区相对独立于大都市区，具有工业、服务业分散化和居住区的特征。因为居住在那里的人们高度依赖私家车和公路系统出行，所以，批判者认为，他们被孤立在家里和小汽车里。新城市主义倡导者们认为，郊区蔓延引起了社区和街坊的消失，摧毁了城市，用库斯勒（James Howard Kunstler）所说的"不知所终的地理"（Kunstler，1993）替代了城市。像库斯勒这样的新城市主义者觉得，第二次世界大战之后建设起来的郊区"没有场所"可言。他们看到了发展汽油和汽车工业的失误、开发商的贪婪和市政官员的目光短浅。

新城市主义者主要关注的是公共空间的消失和公共空间的日益私有化。购物中心、商务和商业园区已经事实上把大街和市中心区转变成了由业主们控制的私人天堂。只有"正确的"人才被允许使用这类空间。穷人和无家可归者并不受欢迎，他们没有在那些待一下的法定权利。正如帕兰（John Palen，1995）所认为的那样，这些地方以民主为代价而换取了安全。"在许多方面，边缘城市的公共空间和活动的私有化显示出重新回到文艺复兴时期的城市概念，城市实际上是寡头控制的私人管理的空间的汇集（Palen，1995）。"

结果是破坏了建成环境。新城市主义的灵魂人物卡茨（Peter Katz，1994）提出，新城市主义的基本观点是，努力吸收传统的"新城"规划思想，这种思想出现于1900—1920年期间，首先由霍华德在英国花园城市思潮中表达出来，后来在新泽西拉德本和大萧条时期的绿带城镇的设计中体现的设计思想。新城市主义者们还认识到，还必须注意到现代生活的许多现实，包括小汽车和"量贩"超市。

新城市主义寻求通过在郊区和城市地区建设小城镇的方式引导郊区增长。在这样的社区，居住、购物、上学和公园都被设计在相互之间可以步行到达的距离之内。新城市主义者们设计步行友好的建筑和设计原则来建设充满生机的社区。汽车不再主导一切。基本思想是让人们走出他们的小汽车，使用人行道。人行道成为新城市主义的一个确定的元素。

社区的形体布局也旨在提高社会相互作用和民间活动。新城市主义不是简单的怀旧，不是回到过去那种一条带状商业街的小城镇和封闭式商业街的郊区。新城市主义的最终目标是纠正郊区蔓延的弊端，纠正蔓延造成的对环境的破坏，纠正失去社区的遗憾。新城市主义社区的典型案例有，马里兰的肯特兰茨，佛罗里达的海边，那里是1998年的电影《杜鲁门秀》的外景地，佛罗里达的庆典，一个与迪士尼乐园相邻的迪士尼设计的社区。

建筑师卡尔索普是新城市主义思潮的灵魂人物之一。他设想用霍华德的花园城市思想来应对郊区的蔓延。卡尔索普的解决郊区蔓延的方案是发展"步行口袋"，具有相当人口密度的居住社区，很容易接近商业设施和工作场所。周围由永久性农田形成的绿带环绕。步行口袋的人口密度和综合性，加上轻轨公交系统的运营，让人们可以摆脱对私人汽车的依赖。步行口袋在设计上并不追求完全自足。在一个大区域里，每一个步行口袋都具有特色，如制造业、文化或办公。它们都与作为整体的区域发生联系。

西拉古那是卡尔索普设计的一个社区，占地800英亩，位于加利福尼亚州的萨克拉门托县。2003年，西拉古那并入加州的艾尔克罗夫市。卡尔索普假定，步行是短距离出行的最佳方式。以此为设计基础，西拉古那的轻轨交通系统仅为补充。卡尔索普发明了TODs或公交导向开发的术语，用来表达这类社区。

西拉古那还有意去克服过分私有化的郊区开发。门前的草坪保持在最小规模水平上，减少住宅与道路之间的退红，让住宅的前廊面对大街。小汽车可以沿街停放，而把车库放到住宅的背后，通过小巷进入自家车库。西拉古那的整体规划中包括5个以公园为中心的街坊，它们环绕着一个65英亩大小的湖泊。三条中央湖堤横穿这个湖泊，在一个绿树环绕的广场汇合，广场周围是商店、学校、写字楼、公寓和连排住宅。卡尔索普对西拉古那的思考反映了许多倡导新城市主义的人们的那种情绪，在传统和怀旧之间做一个区别："传统涉及时间和地点，与一定的形式的、文化的和个人的原则相联系。怀旧寻求的仅仅是保留过去的外在形式，而没有保留下那些形式固有的内在联系（Calthorpe cited in Kunstler, 1993: 262）。"

卡尔索普的西拉古那在它的城市规划里接受了郊区住房设计。坐落在佛罗里达狭长地区的海边是新城市主义社区的另一个案例，它采用了"传统城镇"的住房形式。杜安尼和齐贝克（Elizabeth Plater-Zyberk）设计的海边社区占地80英亩，十分紧凑。道路设计是不鼓励汽车通行的，不仅狭窄，还有急转弯，鼓励步行和骑自行车。20世纪早期，英格兰的莱奇沃思和汉普斯特德花园的花园城市都使用树篱来划分私人空间和公共空间，与此不同，海边社区使用了白色的栅栏。作为建筑设计一个部分的前廊旨在鼓励路过的人与房子主人隔着栅栏交谈。

新城市主义并非简单地回归过去的生活方式，而是建立一种新的生活方式，鼓励不同种族和阶层的人群在一起，共享社会去生活，形成一种多样化社区。新城市主义的基本原则是主张，在开放的、步行导向的街坊里建设可以承受的住房，公共空间是这种街坊生活的基本元素。如果说新城市主义还有怀旧的情怀，那种怀旧也不是怀念郊区的隐居式的生活，而是对高密度的、功能混合的、公共生活的、繁荣的城市生活的怀念。

然而，大部分新城市主义社区实际上是沿着反多样性的方向存在的。富裕的白人成为这类社区的主体。弗朗茨（Douglas Frantz）和柯林斯（Catherine Collins, 1999）有2个孩子，生活在迪士尼建设的庆典社区里，他们谈到了他们的生活经历。与弗雷谈到的增长最快的40个乡村社区一样，庆典社区也是白人主导的。弗朗茨和柯林斯认为，庆典在经济和区位因素上都缺少种族多样性。另外，庆典没有足够的经济适用房。弗朗茨和柯林斯相信，迪士尼公司要对没有提供经济适用房负责，而且"忽视了美国新城镇比较包容的特征（Frantz and Collins，1999：219）。"

在开发庆典社区时，迪士尼公司建立了一个白人、中产阶级美国人主导的社区，同样的人口是看着迪士尼的动画片和在迪士尼乐园里玩耍大的。迪士尼的规划师们表示，他们希望建设一个其他地方可以复制的社区。——但是，迪士尼公司希望仅此而已，不要再做下去了。可以想象，如果迪士尼的庆典社区真的提供了一个建设经济适用房的样板，成为新的乌托邦的蓝图，一定会有很大的影响。如同50年前的莱维特镇，庆典同样悲剧性地失去了一次机会（Frantz and Collins，1999：225）。

图14.5 迪士尼公司建设的佛罗里达的庆典社区，与奥兰多的迪士尼乐园相邻。新城市主义者认为，建设混合的社区，通过提供紧挨着住房的便利店，可以促进街坊的凝聚。

从门廊到后院，再到门廊：一个评价

雅各布斯（1961）认为，社区安全意味着要面对面的接触，邻居街坊之间展开互动，新城市主义努力体验雅各布斯的这种真知灼见。与封闭式社区相反，新城市主义的道路模式旨在提高人们聚会的机会，而不是把他们孤立在他们的起居室里和后院里。

建筑史学家和建筑评论家斯库里（Vincent Scully）在研究地方建筑（如日常生活的建筑）时提出，建筑如何经常包括了和保留了文化记忆。在他的文章书籍里，在耶鲁大学讲课时，斯库里都表达过他的看法。他在《美国建筑和城市主义》（1988）一书中深刻地批判了郊区蔓延和柯布西耶高层塔楼所启迪的"超级地块"。斯库里对单一收入者居住的那种小区和高层商务中心不以为然，也对由巨大停车场环绕的那种大规模购物中心持有非议。他觉得，这类开发破坏了以步行为导向的街坊的多样性。他主张以康涅狄格州纽黑文（耶鲁大学所在地）的那些街坊为例，考察人们如何使用街巷和他们住宅的前廊来培育社区感和街坊标识。

他的观念深刻地影响了他的两位学生，杜安尼和齐贝克。在与斯库里，杜安尼和齐贝克展开大量交谈的基础上，道兰（Michael Dolan，2002）谈到了杜安尼和伊茨贝克如何为许多新城市主义开发项目的建筑设计中再造纽黑文的那种积极的社区生活因素。"按照斯库里的指导，他们行走在纽黑文的街巷里，观察人行道、树木和前廊。杜安尼和齐贝克看到了他们的老师所希望的那些东西，甚至更多：一种对元素的和谐安排，而且，一种美国人已经放弃了的生活方式（Dolan，2002：237）"

"前廊"成为老生活方式的建筑符号。想象一下，20世纪初，一个夏天的傍晚，行走在小镇的行道树下，我们所看到的房子。一家人坐在前廊上，喝着柠檬水，看着经过那里，时而驻足寒暄的人们。艾吉（James Agee）1938年的一首诗，"诺克斯维尔：1915年的夏天"，表达了一个逝去的苦乐参半的，尤其是第一次世界大战前的那个时代留下的，永远在廊前飘忽着的挥之不去的记忆。现在，再想想，20世纪末郊区的住宅，没有前廊，没有一个人在大街上行走，唯一的活动就是把车停在自家的车道上，用遥控器打开车库的卷帘门，然后把车开进去，关上车库的卷帘门。

道兰对美国的前廊做了历史研究，他认为，

在生活节奏比较缓慢的时代，前廊与家庭生活、街坊社会化和社区连接都有关系。那种"步行的"社区曾经很盛行，人们在门廊前与街上的过路人寒暄、放松，与街坊闲聊（Dolan，2002）：

> 在小汽车还很少的时期，步行是主要的出行方式，步行到街角的商店或车站去。到了晚上，人们出外转转，或者坐在前廊上看着路过那里的人们。在单层或两层的独门独院的街区里，每块宅基地不大，退红很浅，前廊就像就像一排沿街的坐凳，观看来来往往的行人。花点时间，在一个上了年纪的美国人的陪伴下，在那些老街区走走，谁都会看到，夏夜的前廊上，大人交谈，孩子们嬉戏，鸟鸣虫叫，不时与路过那里的街坊寒暄，小伙子说些恭维话，离别时来个亲吻，夜幕降临，人们关上门廊的灯，回屋睡觉去了（Dolan，2002：197-198）。

这肯定有怀旧的成分，不过，怀旧中还是包含着不无道理的元素。社区居民之间的交往是生活中的一种品质，前廊对此是有推进作用的。但是，随着第一次世界大战的结束，到了20世纪20年代，以及整个20世纪的大部分时间里，前廊作为这种住房的建筑特征消失了，新城市主义的倡导者们正在让前廊重新回来。取代前廊的是后院。这类后院常常是用木篱笆封闭起来的，木篱笆有两大功能：保证私密和安全。木篱笆割断了街坊之间的交往。

怀斯曼（Carter Wiseman，1998）认为，新城市主义提出了一个新传统的规划观。在人们在地理上移动不大，街坊之间有机会发展关系的时代，前廊是一个重要部分。但是，随着电视和空调的使用，人口更加流动，前廊就失去了它的优势。怀斯曼怀疑，这种建筑特征的回归是否会产生与传统街坊相同的意义。相类似，把房后的小巷作为一种建筑特征在新城镇里恢复起来，鼓励人们步行，可能也是很有情调的。最近几十年里，这种小巷的社会绩效依然不尽人意（Wiseman，1998）。

在费城地区做新郊区开发的建筑商们确实体验了怀斯曼所说的观点。马斯特如尔（Diane Mastrull，2001）考察了费城上层社会为什么一直顽固地抵制"传统街坊开发"或"TND"。马斯特如尔谈到一个称之为伍德蒙特的由107家人组成社区。伍德蒙特的设计师和建筑商提出了一个"理智增长"的郊区设计理念，按照这个理念，开发建设的会是一个村庄，宅基地不大而且狭窄，住房规模不大，进而留出更多的开放空间，建起一个社区。建筑商发现那些有可能买房的客户抵制这种开发设想，实际上，那些客户之所以买房，其实就是想逃避费城高密度排房街坊的那种具有干扰性的和过度公开的生活。

怀斯曼对新传统主义倾向提出了一个基本问题："如果新传统主义倡导的那些原则是可行的，那么，为什么如此许多拥有这类特征的小城镇实际上正遭受着痛苦（1998：380）。"他发现，对此种现象的解释需要综合考虑社会和经济因素。这些因素包括广泛的经济变化，包括工业和制造业工作岗位的减少，零售业模式的变化，从街坊小店到大型商品折扣店，传统夫妻双方一人挣钱的家庭的减少，单亲家庭的出现，夫妻双方均有收入的家庭。

正如我们在第9章谈到的那样，哈佛大学教授普特南（2000）对已经导致市民社会衰退的那些因素提出了类似的判断，他提出，一些根本性的变化改变了美国人如何在社区里与其他人发生联系。他在《独自打保龄球》一书中总结了他的看法。这个书名让人想象，社会孤独已经替代了人群的聚集，人们不仅不加入保龄球队，而且与邻居的交往也是谨慎的。电视和电脑一起把人与人分开，限制了人们之间的联系。对个人安全的担心，相信不卷入的重要性，私有化的思想观念，这些都让邻里街坊的接触很勉强，让市民参与减少。

所有这些因素都超越了建筑对前廊和后巷的选择。怀斯曼认为，新传统主义者设计的"海边"和"庆典"之类的城镇"不仅仅是对过去的建筑的复制，也是对建设它们的那个时代的基本消失了的生活方式的复制"（1998：381）。与私有主义对立的公共参与的性质，普特南对"独自打保龄球"和社会资本的讨论，我们在下一章再来详细讨论此类问题。而且，我们会讨论互联网的作用，讨论社交媒体在推动社会参与和公民责任方面的作用。

全球郊区化

19世纪后期和20世纪初期发展起来的工业化的美国城市曾经有过独特的土地使用模式。正如第4章讨论过的那样，芝加哥学派的领军人物伯吉斯。以他对世纪之交时期芝加哥的土地使用模式的分析，提出了一个城市增长的同心地带模式。这个模式分为：

1. 中央商业区；
2. 过渡区，商务、工业和商业，居住混合在一起。穷人、无家可归者、新到达的移民生活在这个地区；
3. 工人阶级居住区；
4. 中产阶级居住区；
5. 通勤地带，郊区里包括了更富裕的人群。

尽管这个模式存在很多局限性，但是，它还是相当精确地描绘了20世纪早期和大部分时期的美国城市。20世纪末，直到现在，我们已经目睹了美国这些土地使用模式的转变。郊区蔓延已经让郊区进一步远离城市中心和内环郊区。同时，通过绅士化的过程，我们看到受过大学教育的年轻人，单身的和结了婚的，大部分没有孩子或刚刚开始为人父母，重返市中心，空巢老人搬到了伯吉斯所说的过渡区，从而让生活在那里的穷人搬到内环郊区。结果是出现了郊区贫民窟，弗格森是最典型的郊区贫民窟。

欧洲、非洲、拉丁美洲和亚洲的一部分具有不同的城市土地使用模式。正如我们在第10章中描述的那样，如巴黎等欧洲城市，城市的核心是富裕的和比较富裕的人居住的。穷人被赶到城市的外围地区，郊区。欧洲原殖民国家的城市常常可以看到这种模式。我们利用这一节看看亚洲、非洲、拉丁美洲20世纪中叶以来一些主要城市外围地区的增长情况。

全球郊区化一般遵循了美国第二次世界大战之后开始的郊区化模式。类似于美国城市，这些全球郊区都是汽车依赖型的，根据具体情况开发的，通常都采用低密度的独门独院居住形式。单一的居住功能主导，带状零售中心、比较大型的县或区域的购物中心、商务中心，都与居住区分开。与美国郊区类似，按照更大程度地保护隐私、避开公共空间、避免犯罪发生、强调基于消费主义的"美好"生活这类愿望，安排这些郊区的空间、文化和行政管理。

40多年以前，地理学家贝里（Brian J. L. Berry，1973）指出，正是在拉丁美洲、非洲和亚洲的第三世界社会，出现了城市增长的主要推动力。在此之前的50年里，工业化社会已经把城市人口从1.98亿增加到5.46亿。第三世界社会的城市人口增长率甚至更高，从6900万增加到4.64亿。1920年，第三世界国家的城市人口仅占世界城市人口的25%，尽管如此，到了1980年，第三世界国家的城市人口就占世界城市人口的50%了。现在，正如我们已经谈到的那样，多数世界人口是生活在城市里。到2050年，2/3的世界人口会生活在城市。这一部分城市人口增长的90%会来自非洲、亚洲和拉丁美洲。

欧洲和北美曾经目睹了100多年的大规模城市化过程。对比而言，第三世界欠发达国家

（LDCs）的城市增长过程更为迅速，甚至更短的时段里，城市化的人口数目更大一些。1950年，第三世界国家仅有2个城市的人口超过500万；现在，第三世界欠发达国家就有26个城市的人口超过500万。到21世纪末，世界60个人口超过500万的城市中会有46个在第三世界欠发达国家。

1930年，墨西哥城的人口就超出了100万，2012年，它的人口接近1950万，成为世界上人口最多的城市之一。与此相类似，巴西的圣保罗、印度的孟买的城市人口也达到了2100万，印度的德里是仅次于东京的世界人口最多的城市，预计那里的人口很快就会达到3600万（United Nations，2014）。10年以前，帕兰提出，"所谓人口爆炸其实是城市人口爆炸（2005：277）。"这个判断依然是事实。而且，城市人口爆炸是发生在第三世界的。

我要强调第三世界社会和工业社会的城市增长模式的重大变化，这一点很重要。西欧和北美等工业社会是在已经有了很高经济发展水平的时候才发生迅速城市化的。对比而言，当代在第三世界出现的城市人口加速增长是发生在经济发展水平最低的那些国家。这种城市增长也出现在了出生时预期寿命最短的国家，它们的营养水平、能源消耗水平和教育水平都很低下。另外，虽然第三世界城市化所包括的人数要比工业社会城市化所包括的人多，但是，第三世界的工业化水平却是低下的。首位城市通常主导了发生在那些国家的城市化。这些首位城市通常是那个国家的金融、政治和人口中心，至少比那个国家第二位城市的人口多2倍。一般来讲，它们常常就是那个国家的首都（Sassen，2012）。基于这样的理由，人们被吸引到这样的首位城市，而不是那个国家比较小的城市。由此而产生的后果是许多人失业，或者仅仅找到收入很低的工作。

非法和随意搭建而形成的贫民窟

一个简要的历史回顾揭示，自20世纪60年代以来，全球许多城市的增长一直都受到所谓非法和随意搭建而形成的贫民窟的缠绕。这类贫民窟未经规划，建筑未经设计，使用废弃的金属材料，甚至瓦楞纸建成。没有任何公用设施，没有任何公共工程设施，如道路、电力、上下水管道系统、公交运营线路。人们非法地居住在增长迅速的首位城市的边角地带。

围绕着城市的这些非法和随意搭建而形成的贫民窟，承担着把乡村社会变成城市社会的大任，包括了相当数量的城市人口。这种无节制的城市化出现在那些没有工业化的国家。科学技术落后使这样的城市很难提供适当的基础设施来支撑势不可挡的城市人口增长。于是，一方面，这些城市成为经济活动中心、政治中心和大量富裕人群生活的地方，另一方面，这些城市还有巨大的不发达的城市贫困地区。对于穷人来讲，常常没有适当的居所。与第1章描绘的情况别无二致，绝大多数人是生活在非法和随意搭建而形成的贫民窟里（Dharavi in Mumbai，India）。

估计墨西哥城有400万人生活在非法和随意搭建而形成的贫民窟里。这些棚户区围绕着大城市，主要还是因为那些城市的政府没有能力给迁徙到城市里来的人们提供适当的住房。这些来自乡村的人们联合起来，在公共的和私人所有的土地上，给自己筑巢，遮风挡雨，他们常常面对市政府付诸武力的驱赶行动。在拉丁美洲，这类贫民窟完全违反城市规划和建筑法规，但是，它们却给"低收入人群提供了唯一可能获得满足的机会"，以他们的方式去适应社会和经济变化（Turner，1970：10）。

如果使用自建的住宅区这样一个稍许不带贬义的术语，我们便可以看出，政府在政治上忽视了他们的存在，让民众自己解决他们市政工程设施的需要。实际上，这类居住区承载了大量人口，有时，它们承载了接近整个城市50%的人口。人们必须自己解决自己的基本生活问题：保证稳定的供水，建设一个临时的卫生系统，建设道路，想办法防止火灾。那里常常会发展地下经济，居家兼做生意，卖些杂货和服装。社会组织的其他迹象还有，出现了街坊的宗教场所，男性和女性的俱乐部。有时会出现半官方的团体形式，向市政府申诉，要求提供市政设施（Castells，1983；World Bank，2003）。

非法和随意搭建而形成的贫民窟遍布全世界，名称林林总总，如墨西哥的贫民窟巴里亚达（barriadas），巴西的贫民窟法维拉（favelas），印度的巴斯蒂斯（bustees），南亚的贫民窟甘榜（kampongs），讲法语国家的贫民窟（bidonvilles），讲英语的非洲国家的贫民窟（tin-can towns），智利的贫民窟（poblaciones）或最恰如其分的阿根廷的贫民窟（villas miserias）。无论它们的名称是什么，这类非法和随意搭建而形成的贫民窟的共同特征是充满贫困，公共卫生呈现危机状态。正如帕兰（2005）指出的那样，所有的非法和随意搭建而形成的贫民窟的功能无非是，给那些一贫如洗的和别无选择的人们提供住房和社区。就居住权的永久性和保障性而言，在居住者的资产和社会资源方面，我们不能对这种非法和随意搭建而形成的贫民窟一概而论，这是长期以来形成的一种共识（Turner，1969，1970）。这些定居点的条件和一个社会群体的财富和收入水平具有相关性。印度德里的贫民窟数最贫困之列，而居住在秘鲁利马贫民窟巴里亚达（cuevas barriadas）里的那些居民却有着与工人阶级人群大体相同的收入。25年以前，人们认为，像利马的那些贫民窟可能只是一种过渡现象，它最终会变成工人阶级居住的郊区。那时，它们的状态不过是压在贫困线上或刚刚跨过贫困线。曼京（William Mangin，1960）清晰地描绘了环绕利马的贫民窟，而且指出，"一个不变的'贫民窟'的生活特征是，建房修房一般都是家庭成员、街坊和朋友之间通过互助方式完成的，虽然上下水问题依然相当关键，但是，他们总是可以对付过去的（1960：911–917）。"我们可以这样描绘生活在这类秘鲁贫民窟里的人们：

秘鲁大部分中产阶级和上流社会人士对贫民窟的看法还是早期的，一成不变，许多人还认为贫民窟的居民是文盲、好逸恶劳、无法无天，最近来的有共产主义思想基础的印度移民，但是，在建筑师、政治家、学者和人类学家们中间很流行的另一种看法也不是实事求是的。作为对那种早期看法的矫正，后一种看法把生活在贫民窟里的居民描绘成了一群幸福的、心满意足的、有文化的、勤劳的、适应了的、政治上保守的始终爱国的公民。实际上，他们与绝大多数秘鲁人一样，中等贫困至极度贫困，他们对政治家、主教、社会上的煽动者和他们自己地方领导人，不冷不热，但还是信任的。他们对他们的孩子和他们自己的未来时而充满希望，时而灰心丧气。他们既爱又恨他们的孩子和父母。总而言之，他们是人（Mangin，1968：56）。

1986年，利马的人口为400万，估计有1/3的人住在这些贫民窟里，现在，人们称它们为改造过的棚户区（Bissinger，1986）。这些贫民窟中人口最多的一个是萨尔瓦多别墅，有30万人住在那里，在它非法形成之后的15年里，它一直与它自己的市长不在一个行政辖区里。那里至今依然以贫困人口为主，与此同时，对那里的土地和空间见缝插针地使用比比皆是。道路还是裸露的，一排排砖房之间是砂石铺的道路，当然，现在那里已经通电通水了。社区建立起了医疗中心、学校、托儿所和体育中心。社区公共食堂给需要的人提供食物。萨尔瓦多别墅的进步是很大的，1986年获得了诺贝尔和平奖的提名。

有两种主导理论解释了这种非法和随意搭建而形成的贫民窟的生活。第一种比较普遍的理论，强调了这种居民点无序和没有社会组织的方面，强调在那里居住的漂泊的人们，婚姻破裂、社会准则或价值观崩溃、与社会疏离、过着贫困和悲惨的生活。第二种理论的立场相反，它认为这种贫民窟能够维持社区组织和家庭的连续性，而且，对于贫困带来的可能的破坏性后果，居民们一般有能力对主要需求做出一定程度的调整。

正如我们已经讨论过的那样，社会无组织化的方式源于社会科学的城乡生活二元化的思想传统。理想的乡村生活强调群体的团结，强调在家庭和血缘关系基础上的个人关系的首要地位。另一方面，城市生活看到了次一层次关系的发展，这类关系的基础是为自己着想的务实观念，是没有维系社会团结和个人有组织的可以持续的家庭和街坊关系，是分裂的完整人格，是犯罪、过失和个人孤独。第三种理论方式可能最适当。这种理论方式认识到了家庭和个人适应社会不幸和经济贫穷的优势。对社会不幸和经济贫穷的适应常常创新的形式。但是，生活在水深火热之中的那些人的日常生活常常是很绝望的，不停歇或不松懈地生活。

休斯（Nancy Scheper-Hughes）的巴西经历给我们提供了一个第三世界穷人生活困境的现实画面。她是一个来自克鲁塞罗的和平团的志愿者，20世纪60年代她曾经在山脚下的这个贫民窟克鲁塞罗生活过，那里与巴西东北部一个小镇邦热苏斯马塔相邻，之后，作为一个人类学家，休斯重新回到克鲁塞罗，对克鲁塞罗展开了持续25年的研究，休斯谈到，这个贫民窟的居民是乡下人和非洲奴隶的后裔。他们的食物仅仅只有维持生存的水平。休斯研究的中心是妇女儿童日常的暴力体验，更具体的讲，她的研究核心是"母爱和儿童死亡"（Scheper-Hughes，1992：15）。

克鲁塞罗的婴儿死亡率很高，25%的婴儿营养不良，所以，婴儿死亡率高确实是常态。令人惊讶的是母亲对濒临死亡的婴儿的冷漠。母亲对她们认为濒临死亡的婴儿所采取的行为方式，实际上加速了婴儿的死亡，没有悲痛。休斯使用了这样一个术语，"致命的疏于照顾"来描绘这种疏忽，不仅是情感承诺的疏忽，还疏忽婴儿的营养和产妇的产后照顾。

实际上，克鲁塞罗的这些母亲的行为与那些处在不同伦理环境和道德制度下抚育和保护儿童的母亲的行为不无不同。那些伦理上的窘迫的母亲们只能在确认那些婴儿可以生还的前提下，才会去奋力保护婴儿，否则，她们从情感上要先保

图14.6 越南人口高度聚集的湄公河三角洲地区的一个贫民窟

护她们自己，避免婴儿成为她们的累赘。情感上的超脱可能会有各种形式，包括不去政府机构登记孩子的死亡，不去参加孩子的葬礼。

休斯的基本观点是，伦理的和社会的条件建立了一种情形，在这种情形中，在一定程度上懂得如何为人之母，包括知道何时让那些想死的孩子撒手人寰。不了解这一点意味着会出现情绪崩溃，悲痛欲绝的状况。由此而产生的文化气氛使克鲁塞罗的妇女减少每一个婴儿的个体性，使克鲁塞罗的妇女成为坚韧克己之人，面对这种婴儿高死亡率的现实。当然，妇女们是知道她们生活的困境的。休斯概括了这些妇女的困境。下边这段话里那个妇女的丈夫被谋杀了，然后，她的长子也被暗杀小队谋杀了。

我被诅咒了三次。我的丈夫死在我的眼前。而且，我不能保护我的儿子。警察要我到停尸房残缺不全的尸体中寻找我的儿子。现在，我还要继续活下去。我只想让我自己上吊，死的奢侈一点。我的丈夫可以死，我的儿子可以死，就是我不能死。不要为克鲁塞罗死去的年轻人和婴儿感到惋惜，不要为他们哭泣。怜悯我们。——为那些偷生的母亲哭泣（quoted in Scheper-Hughes，1992：408）。

地理学家克拉克（David Clark，1996）在评论这种非法和随意搭建而形成的贫民窟时提出了许多重要观点。他注意到，这种非法和随意搭建而形成的贫民窟，可以带着强大的社会组织形式而呈现为充满活力的社区。它们给许多进入城市的乡村移民提供一个重要的过渡地点，成为他们同化和融入城市的最初地点。它们也提供了城市工业所需要的便宜劳动力。许多政府认识到了这一点，采取了更加宽容的方式对待这类贫民窟，而不是与之对立，甚至拆除这类贫民窟。这种容忍方式包括提供最基本的基础设施，帮助改善住房。克拉克提出，承认这些土地的法权在最大化这些贫民窟的合法性方面相当关键，这样，给那里的居民选举权，全面参与城市的政治和经济生活。当这些事情发生时，这个过程已经成为许多发展国家城市增长的基本方式。卡拉克的结论是，"这些贫民窟是否能够容纳预期未来新增的城市人口，是否能够产生可持续的城市"，还需要我们进一步的观察（1996：97）。

全球封闭的社区和封闭的城市

本书曾经提出，美国的郊区化思潮导致了滞留在城市的穷人形成高度隔离开来的内城街坊。随着绅士化的发展和其他经济因素，许多穷人已经迁徙到了内环郊区的贫民窟里，如弗格森。戴维斯（1992a，1992b）提出了美国城市的"担忧的文化"，"公共空间的军事化和堡垒化"，它们在很大程度上推动了这种地理上的隔离。封闭的社区是这种美国郊区转变的最具体的证据。

一面是非法和随意搭建而形成的贫民窟在全球城市无节制的增长，与之相伴的对立的另一面是比较富裕的、原先的城市居民跨过城市的地理边界向所谓全球郊区（Herzog，2015）迁徙。戴维斯（2006）在考察全球郊区化时谈到了，出现在印度尼西亚的雅加达，菲律宾的马尼拉，尼日利亚的拉格斯，南非的约翰内斯堡的那些十分显眼的封闭社区。在阿根廷，封闭的社区称之为私人社区。在巴西称之为封闭的社区，在南非，则称之为"警卫起来的村"（Herzog，2015：126）。加州大学圣迭戈分校的城市规划师赫佐格（Lawrence A. Herzog）解释道，南非的"警卫起来的村"是种族隔离结束和后种族隔离时代之交的时候出现的，作为上层和中上层白人的一个避风港，避免产生受到非洲裔族群的威胁。最近这些年里，其他社区也建设起来，同样用墙封闭起来，作为"生态庄园"或"自然庄园"。在设计这些社区时设想让这些社区靠近自然，但是，在实际建设时，却在墙上再拉起了尖利的铁丝网和其他形式的堡垒，与自然隔离开，理由无非担忧犯罪。

赫佐格长期致力于研究全球郊区的兴起。他的研究重心是，在消费主义推动下，城市蔓延产生的影响，实际上，这种现象遍布了整个拉丁美洲。城市蔓延被看成是美国西南部地区已经发生的城市蔓延的延伸。赫佐格提出了两个明显的倾向：首先是封闭的社区，然后是封闭的城市。与美国的情况相似，整个拉丁美洲都在建设封闭的社区。美国的这类封闭社区建在原先没有开发的自然地区里，如沙漠，与此相反，在拉丁美洲，那些封闭的社区紧挨原先的贫民窟，或者干脆就是原先的贫民窟所在地，穷人现在被撵走了，建立了"贫困海洋中的富裕岛屿"（Herzog, 2015：133）。

第二个倾向是建设"巨大居住区"，这种封闭的城市通常有3万人。它们的典型区位是城市边缘地区，依靠跨国公司的财力而产生的房地产投资是这种封闭的城市增长的基本动力，它们在设计上反映了外国设计的影响，那些规划师受到柯布西耶和全球市场战略的影响（Herzog, 2015）。阿根廷建设了第一个封闭的城市，智利、巴西、墨西哥等地也相继建设它们的封闭的城市。赫佐格谈到，这些封闭的城市常常由国际企业集团投资，所以，我们可以认为它们是"全球"巨大城市或"全球"郊区。这些全球郊区的另一个特征是，紧靠新的、巨大的购物中心，以及沃尔玛之类的量贩店，为那些脱离了大多数民众的富裕的和以全球消费主义为基础的生活方式提供了额外的文化支持。

> **体验活动14.5：全球郊区化**
>
> 如果你去过其他国家，参观过那里的贫民窟，一个封闭的社区，或者两者都有，写下你的所见所闻。否则，和一个外国人谈谈这个现象。外国的郊区化在哪些方面类似于美国的郊区化模式？在哪些方面不同？

这些封闭的社区，封闭的城市，与它们存在相关的公路和基础设施结合在一起，正在严重破坏者环境。另外，这些建成环境正在给这些国家的居民带来不健康和衰退的场所感（Herzog, 2015）。为了改善这种状况，赫佐格呼吁"减缓城市化"。这种减缓的城市化的特征是以社区市民更加关注生活的公共方面。"郊区和小汽车不会消失，但是，我们应该向一种新时代迈进，当我们正在开始对全球生态挑战做出反应时，我们应该在我们的城市周围建设起多样性的社区类型和生活方式（Herzog, 2015：238）。"

结论

我们从空间和符号角度描述了郊区。19世纪兴起的花园墓地和公园成为郊区的前身。19世纪中叶，正是奥姆斯特德在美国设计了大型城市公园，如纽约的中央公园，建设了第一批规划的郊区，人们至今都在纪念奥姆斯特德。郊区总是强调中产阶级的生活方式，男人工作的地方一般都在城市中心，而妇女的世界集中在郊区的家里，所以，人们一直都把郊区看成是"资产阶级的乌

图14.7　墨西哥城巴斯克斯德拉斯拉马斯—因特洛马斯地区。因特洛马斯距墨西哥城历史核心11英里，是一个居住和商业区。它包括了许多封闭社区和区域大型购物中心

托邦"（Fishman，1987）。郊区化把人按照阶级和种族分散和分割到了大都市区里，从郊区的增长看，郊区逐步成为了白人中产阶级的专有属地，而城市中心地区慢慢变成了穷人和少数族裔集中居住的地方。实际上，郊区的发展一直都与种族和中心城市的衰退相联系。

郊区化、城市蔓延和非常强调私有化导致了带有各种限制性条款的郊区社区的出现，这种社区以后发展成了形形色色的封闭社区，这种现象还在郊区继续扩散。人们用一种具有不卷入和避免接触亚文化特征的道德秩序来描绘郊区生活。发生在弗格森的种族抵制实际上表明，郊区贫民窟正在国家范围内增长起来。

分散化的大都市开发模式导致了城市蔓延，出现了加罗在《边缘城市》（1991）一书中描绘的各种各样的社区。新城市主义是一种试图建设新"传统"社区的思潮。

非法和随意搭建而形成的贫民窟是一种非西方现象。通过建设封闭社区和封闭城市，这种现象以及由此而产生的全球城市贫困已经导致了阶级分隔，这种阶级分隔现象在拉美国家尤为突出。

思考题

1. 从19世纪的花园墓地和城市公园，到20世纪20年代和30年代的通勤社区，再到第二次世界大战后的郊区，依据这条线索，回顾美国的郊区发展。
2. 描述公共政策和经济因素在过去半个世纪如何影响了郊区和城市之间的种族和阶级分化。
3. 分别举例说明边缘城市和新城市主义。
4. 解释其他国家的郊区发展模式，尤其是发展中国家大城市周边地区的郊区发展模式。

第15章 社会资本和城市弹性

本章大纲

公众参与：烧尽了还是又生了？
　普特南：独自打保龄球
　在线城市：互联网、社交媒体和虚拟社区
　数字鸿沟缩小

自然灾害和城市
　1995年的芝加哥热浪
　巴黎的热浪
　低地，高地：新奥尔良和2005年的卡特里娜飓风

自然灾害和全球的城市

结论

思考题

背景图：一场重大灾难发生之后，立即开始搜寻和救助失去联系的人。图上显示，救援人员正在展开搜救行动。

本章首先讨论普特南的研究。普特南关注社会资本的性质、公众参与和公众责任的减少以及对社区的意义。通过讨论互联网的使用和虚拟社区的发展，对普特南的悲观论调给予反驳。然后，我们把注意力转向自然灾害和它们对城市居民的影响，为此，我们调查了社会资本微乎其微的社区，最后得出的结论是，居住在这类社区中的穷人和老人实际上处于孤立的生活状态之中。我们特别关注两次热浪所产生的影响，一次是1995年发生在芝加哥的热浪，另一起是2003年发生在巴黎的热浪，我们还特别关注2005年发生在新奥尔良的卡特里娜飓风。最后，我会讨论自然灾害对城市的全球影响，城市怎样让它们自己面对这类自然灾害更具有应变性。

公众参与：烧尽了还是又生了？

社会学家最近这些年以来一直都在研究社会资本与社区居民物质和社会幸福之间的关系。社会资本涉及把一个社区凝聚在一起的社会"粘合剂"，给社区居民提供了使他们从相互之间的联系中获益的制度性和相互作用的资源。社会资本包括社会网络和社会信任的互惠规范，它们对强化社区功能、增强社会凝聚力和形成集体行动都有贡献。社会资本常常是在有组织的参与的背景条件下使用的术语。人们常常可以看到在组织的或在社会网络中的参与所产生的社会收益。这种卷入（"社会性网络"）让每一个人都来为共同利益培育相互之间的责任，推进合作和扩大社会联系。社会资本推动社会网路、信任和公民社会。

普特南：独自打保龄球

普特南在《独自打保龄球》（2000）这本颇受争议的著作中详细阐述了社会资本对美国社会的意义。他按照以下方式说明了社会资本：

有形资本涉及实物，人力资本涉及个人素质，与此相反，社会资本涉及个人之间的联系——社会网络和从他们那里产生出来的互惠和诚信规范。从这个意义上讲，社会资本与一些人所说的"公民道德"紧密相关。不同的是，"社会资本"要求注意这样一个事实，当公民道德融入一个缜密的相互联系的社会网络中时，它才是最有力量的。由许多善良但孤独的个人组成的社会，未必真有丰富的社会资本（Putnam，2000：19）。

普特南（2000）观察到了当代生活的一个重要特征，社区参与的减少和由此带来的公民社会的衰退，独自打保龄球，形象地描绘了当代生活的这一重要特征。这本书描绘了这样一种形象，社会孤独主义取代了群体的亲密无间，人们不只是不参加保龄球队，同时，人们还谨慎小心地参与其他社会事务。

> **体验活动15.1：参观一个保龄球球场**
>
> 花两个小时去参观一个保龄球场。你看见了独自打保龄球的人了吗？看到了在球队里或非正式的群体中打球的人吗？如果有可能的话，与一个多年以来经常来打保龄球的人交谈一下。了解一下球队、群体和个人模式是否一直都在变化着。

普特南谈到，过去50年里，几乎每一种个人接触的政治、文化或娱乐活动，如去教堂、打牌、晚餐聚会、街坊聚会，甚至家庭成员一起吃顿饭，都减少了。社会接触少的活动增加了，许多这类活动是独自展开的，包括看电视、看电影、玩电子游戏。在普特南撰写这本书的时候，打电脑游戏和上网浏览已经日益普遍起来。

独自活动的增加导致社会联系的减少，所以，普特南发现，与他人的互信互惠之类的社会资本渠道萎缩了，实际上，与他人的互信互惠是鼓励共同活动和社区共享的。丧失这种社会资本会导致公民的冷漠，冷漠最终威胁到社会的和个人的健康。

普特南认为经济压力是造成社会联系减少的一种原因，经济压力导致夫妻双方都去就业，从业减少了参与公共事务的时间。妇女就业常常导致参与社会活动的机会减少了，与家庭、朋友、街坊的联系减少了，参与社区组织，如出席学校家长会，同样会减少。郊区化也是造成社会联系减少的一个原因，人们需要在通勤上花更多的时间。人们生活在一个社区，而工作则在另一个社区，购物中心可能在第三个地区。家庭电子化的娱乐，看电视，消耗了大量的时间，而没有给社会活动留下足够的时间。

1996年以来，普特南和哈佛大学肯尼迪政府学院的社会科学家，在一个题为"仙人掌研讨会：美国的公民参与"的长期项目下，继续研究普特南分析的内容。普特南提出过这样的基本判断，没有适当的社会资本的供应，即没有健康的公民参与网络，没有共同的责任，没有社区内部的信任，社会机构会动摇，而且失去效力，结果是公民参与的缺失已经危及我们的社会福祉。"社会资本的社区基准"调查就是用于检验这个判断的。

1996年调查分别在美国40个社区展开，这些被调查的社区，规模有大有小，遍布美国全境。近3万人参与调查，评估美国的社会资本水平。调查者就11个方面的社会资本，包括信任、政治参与、非正式社会化、奉献和自愿活动、基于信仰的参与或参加的协会、公民领导、友好多样且平等的公民参与，与被调查者交谈。调查结果显示，在全国范围来看，公民参与是有差别的。这些调查结果提供了一个能够衡量未来发展和变化的基准，社区公民在哪些方面具有相对优势，在哪些领域需要改善。

2002年和2004年之间，在费城展开的一项研究中，调查者设法弄清社区连接感与居民身心健康的邻里和睦之间的关系。这项研究由费城健康管理公司领导。2004年的费城询问报对此作了报道（Uhlman, 2004），一些成年人声称身体健康，一些成年人声称身体不那么健康或健康状况一般，前者当中可能与社区具有紧密联系的人数比后者多2倍。一些人说与社区联系不紧，一些人说与社区联系紧密，前者中经历了极端焦虑并被诊断出具有心理障碍的人数比后者中具有相同心理疾患的人数多2倍。费城老年人事务公司的研究和评估部门的领导人，格里克斯曼（Allen Glicksman）对这个数据作了这样的解释，"调查结果清楚地表明，健康不仅仅是个人的。我们不能把个人健康与自然和社会环境分割开（Uhlman, 2004）。"

这些发现支持了普特南的判断，社会联系是决定幸福与否的关键因素之一。

我们越是与我们的社区融合在一起，我们越可能避免外感风寒、突发心脏病、中风、癌症、抑郁症和各种各样的过早死亡。紧密的家庭联系，紧密的朋友圈，更多地参与社会活动，甚至简单地与宗教和其他民间组织建立联系，都可以保证我们自己的健康得到某种保护。换句话说，务实的人和善于交际的人可以享受这些明显有利于健康的果实（Putnam, 2000: 326）。

图15.1 一个有关社区事务的公共听证会。相当多的小城镇居民乐于参与社区事务

费城询问报的这篇文章把焦点放在了费城北部的两个贫穷的社区。这两个社区均接近贫困线，其中一个据说有相当高的公民参与水平，希望帮助邻里。正是这个社区，尽管不无健康问题，但其严重程度并不比那些社会资本水平低下的社区大多少。这个社会资本排序比较高的社区还星星点点地散布着一些小而整洁的住房，有些甚至被破败的房子包围着。该社区的一个居民认为，紧密联系的居民中总还是存在差异，他们互相照顾。这种照顾包括，当有一位老人生病了，其他人会给她送一碗汤。街坊交换门钥匙，相互照顾孩子。"这个社区的人努力以这种或那种方式相互联系，让他们的社区凝聚在一起。关心社区的人比不上心的人还是要多一些。这就是为什么我们生存了下来（Uhlman，2004）。"

在线城市：互联网、社交媒体和虚拟社区

普特南认为，使用个人电脑和互联网对"独自打保龄球"的问题不无影响，与此同时，另外一些人却问到，这些新技术和通信形式实际上是否提高了社会资本。互联网是否在一定程度上发展了一个可以持续下去的"真实的"社区呢？普特南在2000年的著述中断言，互联网的使用并没有培育引导更大组织卷入的社会和政治意识，也没有推动个人行动和互动。在普特南看来，社会资本基本是在人们面对面的互动中产生的。

然而现在，许多人都承认互联网技术优势的重要性了，它不仅让人们可以展开长距离的互动，尽管电话已经让我们这样交流100多年了，而且让人们无论在什么时间，什么地点，都可以相互交流。2014年3月25日，"万维网"（World Wide Web）庆祝它面世25周年。这里，我会使用"互联网"（Internet）来指人们在网络上做什么，"互联网"完全实现了电子邮件和全网对等文件共享，即使它们有所不同（Fox and Rainie, 2014）。截至2014年，美国87%以上的成年人使用互联网。如果我们把收入用作一个控制变量，99%的年收入超过75000美元的家庭都是用了互联网。97%年龄在18—29岁的人使用互联网。97%拥有大学毕业学历的人使用互联网。68的成年人把互联网与他们的移动电子设备联系起来，如智能手机、笔记本电脑和平板电脑。皮尤研究中心多年民意调查的数据显示，手机使用率从2000年的53%上升到2014年的90%。智能手机的拥有率从2011年的35%上升至2014年的58%（Fox and Rainie, 2014）。

几年前，我问我30出头的孩子们，他们的座机号码。他们回答说，他们没有座机，只用手机。现在，这种方式更普遍了，尤其是年轻人和地理上不断变动的人更是如此。皮尔研究中心有关互联网的报告支持了我的判断：2006年，46%的固定电话用户说，很难放弃他们的有线电话。现在，这个数字下降了一半，仅28%的固定电话用户会这样讲。

互联网使用的社会学研究

这些相关技术惊人的使用率对社交网意味着什么？威尔曼（Barry Wellman）对社交网的研究备受瞩目。他和多伦多大学的同事也特别有兴趣研究互联网上电脑的社会使用和社交网。他们在研究虚拟社区时发现，多伦多大都市区的街头和公共场所的社区生活在减少。但是，没有看得见的社区生活并不意味着社区生活本身不存在了。居民通过互联网上的互动更多地参与到了社区网络中来。威尔曼的研究让我们认识了不受地理空间约束的社交网，从而重新确定我们概括社区生活的方式。

威尔曼提出，社会关系是复杂的，也包括在虚拟空间中建立起来的社会关系。威尔曼指出，社交网可以将生活在不同街区里的人联系起来。互联网一开始就被认为是一种通信技术，提供虚

拟社区里专门的互动。具有空间边界的社区可以提供支持，成为一种相伴的资源，感情上的帮助，信息、服务、物品、钱财，但是，超出这种具有空间边界的社区，威尔曼和古利尔（Milena Gulia）指出，"社会共同体"或"村庄"可以是全球的。人们可以建立"村庄"，创建他们自己超出一个地方的社交网（Wellman，1999）。

威尔曼和同事汉普顿（Keith N. Hampton）一道考察了"网谷"居民的体验，"网谷"是一个郊区街坊，人们可以接触到一些最先进的通信技术产品。威尔曼和汉普顿（2004）感兴趣的是，通信技术如何影响居民通过远距离社交网得到的联系人树木和支持。威尔曼和汉普顿注意到居住在"网谷"之外的亲戚和朋友。他们把"社区"解释成为提供归属感的关系，而不是一群生活在一起的人。威尔曼和汉普顿（2004）发现，通过"网络"，在虚拟空间中建立的联系增加了，而且，这种联系受到以电脑为中介的通信的支持。威尔曼和汉普顿的研究表明，互联网有可能给家庭和社会关系提供参与社会生活的新的机会。他们的研究导致这样一种推断，随着电子技术越来越进入我们的日常生活，电子技术可能会影响家庭和社区关系的属性，可能再次让人们"一起打保龄球"。

迪马吉奥（Paul DiMaggio）和他的同事（2001）对互联网和社区关系提供了另一个早期评价。不像普特南，他们没有发现互联网对社会互动和公民参与存在内在的影响。他们认为，互联网可以强化业已存在的社交倾向和社区参与。2014年，皮尤互联网研究项目随机选择了1000个受访者的反应，最后得出的结论是，76%的互联网使用者认为，互联网对社会是有益的。他们不仅使用互联网，他们还认为互联网是非常重要的，把它看成是必不可少的。

回到我们的基本问题，互联网究竟增强还是削弱了人们之间的关系，压倒性的共识还是积极的。作为互联网发展25周年的标志，皮尤中心对全国进行了调查，结果发现，67%的互联网使用者认为，网络通信增进了家庭和朋友之间的联系，仅有18%的人认为，使用互联网削弱了家庭和朋友之间的联系（Fox and Rainie，2014）。这个调查还进一步发现，人们对自己关于网络通信关系影响评估的看法基本一致，没有重大人口差异。"网上同等比例的男和女、年轻和年迈、富裕和贫穷、受教育程度高或低、退伍军人和现役军人，都认为网络通信增进了人们的联系，而不是削弱了人们的联系的调查对象比例为3，与此看法相反的调查对象比例为1（Fox and Rainie，2014）。"

通过与以上方式相类似的研究，我们开始全面地了解通过互联网建立起来的人际关系的定性特征，虚拟社区的长期效益正在逐步确定下来。证明网络技术可以用来提高公民参与和自愿参与的证据正在积累起来，而且，利用互联网作为动员工具开始形成新的社会运动。

新闻报道、新闻编撰

互联网不仅把具有价值的新闻事件传递给受众并引起他们的反应，而且，互联网还成为创造那些新闻事件的一个主要因素，因此，我们开始关注互联网的重要性。过去几年里，多种媒体都报道过，人们不仅使用互联网传播有关抗议示威的信息，而且帮助那些抗议示威活动本身的展开。富有创造性的作家欧茨（Joyce Carol Oates）观察了2014年的政治示威，他在推特上提出，"需要承认'社交媒体'的评论，尽管社交媒体的评论有着这样那样的瑕疵，但这是一种新的带有革命性的觉悟（Timpane，2014b：D4）。"

以下就是近年来一些通过互联网组织和发展起来的事件。美国：占领华尔街，在佛罗里达、密苏里、俄亥俄和纽约都发生了警察枪杀手无寸铁的黑人男性的事件，因为此类事件而爆发了一系列民权抗议示威活动。国际上，离开互联网，乌克兰、俄罗斯、香港和中东地区的政治运动和革命是不可能发生的。社交媒体不仅告知人们发生了什么，而且，让人们的愤怒、相互支援的情绪和意愿得到宣泄。一些重要的社交媒体帮助建立起了行动团体，他们有着共同的价值观念和想法，组织抗议示威。提帕恩（John Timpane）提出，"这类抗议示威培育了百姓的跨国意识"（2014b：D4）。

提帕恩（2014a）在费城询问报上详细讨论了在弗格森警察枪杀手无寸铁的黑人男子布朗（Michael Brown）和抗议事件中，社交媒体的作用。这篇文章让人大开眼界。此文一开始，提帕恩引述了一个弗格森民主党党部成员的看法，他认为，告知人们发生了什么，传递民众的情绪——担心和感受，脸书、推特以及几家大型视频共享网站（Vimeo，YouTube）都发挥了作用。"互联网让话题发酵，互联网帮助人们了解证据和情况（Patricia Bynes quoted in Timpane, 2014a：A3）。"提帕恩认为，社交媒体在大型公众传媒开始传播事件情况之前就已经传播了，同时，社交媒体率先开始为弗格森事件定调，让冲突越过弗格森的边界，传递到圣路易斯、密苏里、美国乃至全世界。提帕恩提到了皮尤研究中心的发现，布朗是在8月9日被枪杀的，美国有线电视新闻网（CNN）在8月12日的黄金时段报道了此事件，贴有"弗格森"标签的推文超过100万。按照一家跟踪网站（Topsy）的报告，当警官沃尔森宣布不予起诉的决定之后，贴有"弗格森"标签的推文超过320万，贴有"弗格森决定"标签的推文超过77.1万，贴有"布朗"和"黑人的生命问题"标签的推文成千上万（Timpane, 2014b）。提帕恩继续介绍了弗格森案在世界范围的传播，包括实时电视报道、BBC、半岛电视台、中国中央电视台、俄国电视台、法国24，等等。引导大型传媒报道的社

图15.2 "到此为止"和"黑人的生命问题"之类的标签都旨在调动人们去抗议2014年警察滥杀手无寸铁的黑人的事件

交媒体让这个事件成为世界新闻，而且是实时报道的世界新闻。

政治介入

皮尤研究中心的"互联网和美国生活项目"展开了一个大型调查，研究"数字化时代的公民介入"问题（Smith, 2013）。这个调查是在2012年总统大选年展开的，重点是研究民众的政治活动和社交网站的作用，考察在线和不在线的政治介入。这个调查发现，社交网站上的政治活动比2008年（同样是总统大选年）有了大幅增长。不考虑政治介入活动在线与否，在所有类型政治介入的活动中，都存在重大阶级差别，尤其在牵扯到受教育程度的那些政治介入活动时，阶级差别很大。在社交网站内部，这种差别不那么严重。讨论政治是社交网站的一个组成部分，可能涉及政治活动，也可能关乎公共生活的其他方面。但是，政治话题线下常常比线上出现得更频繁一些。

这个皮尤调查的关键发现是，在先于2012年8月调查的12个月里，"直接参与一个公众团体或公众活动"的美国成年人，接近50%（48%）。

- 35%的美国成年人最近与市民们一道解决他们社区的一个问题；
- 22%的美国成年人出席了地方、城镇的政

治会议，或有关学校事务的会议；
- 13%的美国成年人一直都是试图影响公众或政府的一个群体中的积极成员；
- 10%的美国成年人出席了一个政治集会或政治讲演；
- 7%的美国成年人为一个政党或政党候选人工作或作为志愿者工作；
- 6%的美国成年人参加了一个有组织的抗议（Smith, 2013）。

其他的发现包括，39%的成年人与政府的官方论坛有过接触，或在公共论坛发言，其中1/3（34%）的人是在互联网上进行这些活动的。第二，39%的成年人最近使用非在线方式与一名政府官员有过联系或在一个公共论坛上发言。第三，34%的人用在线方式做这些事。这类活动包括签署纸质的诉求（非在线或在线），与政府官员联系，有关一件对他们很重要的事情，通过电台节目或电视节目表达对一个政治或社会问题的看法，或者寄一封信给杂志或报纸的编辑。39%的成年人通过脸书或推特之类的社交网站参与了政治活动或公众活动。

无论是在线与否，与传统的政治活动一样的公众介入的活动，在教育程度比较高的和经济情况比较好的人群里更为普遍。比较来看，较富裕的、受教育程度较高的，相比收入较低、受教育程度也较低的，更有可能参与到政治活动中。总而言之，与那些比较富裕的人相比，社会经济状况较差的人，会相对较少在互联网上或网下涉足政治问题、政治活动和政治讨论。

数字鸿沟缩小

不论是面对面还是在数字空间里展开政治讨论，一般而言，身处社会经济地位底端的人通常较少卷入到与此相关的日常联系、闲谈和议论中来。与那些受过良好教育且经济状况不错的人相比，身处社会经济地位底端的人不太可能通过多种渠道接受政治交流信息，或者不太可能在互联网上或网下与人谈论政治或社会问题。他们比社会经济地位另一端的人更少出现在政治问题、政治活动和政治讨论中。最后一个值得提出的结论是，年轻的成年人，比起年长的成年人，更多地使用互联网来参与政治事务。实际上，他们使用互联网作为行动的基本资源（Smith, 2013）。

从互联网面世以来，就已经在美国和世界范围里出现的"数字鸿沟"现象。使用与不使用互联网的关键因素似乎是年龄和教育。同样，人们还关注阶级、种族和民族在使用互联网方面的差别（Smith, 2010）。低于贫困线的家庭会比其他家庭更少拥有家庭互联网网络，他们去其他场所（公共图书馆、学校、工作场所）也较有限（Zickuhr, 2013）。

但是，随着智能手机的广泛使用，越来越多的人使用智能手机进入互联网。按照2015年的皮尔研究中心的研究，"有10%拥有1部智能手机的美国人，家里没有宽带网络。有15%拥有1部智能手机的美国人说，他们除了使用手机，其实没有别的上网选择（Smith, 2015）。正如图表15.1所显示的那样，与人们在家里使用电脑一样，智能手机的用途也是很广泛的。智能手机在全球范围内的使用正在迅速增加，2014年的一项研究预计，到2016年，世界上人口的25%会使用智能手机，而到2018年，全世界33%的人口会使用智能手机（Curtis, 2014）。

虽然在65岁及以上的年龄组中，互联网使用人数不能与年轻群体相比，但是老年群体中使用互联网的人数正在增加。有些网上社群专门为老年人做了设计安排，如虚拟退休村。全员可以获得一年免费使用资源并展开社会联系的机会，为他们提供相互支持的服务（Gustke, 2014）。纽约时报的一个记者，古斯克（Constance Gustke）谈到了一项有关村庄到村庄网的调查，村庄网是

图表15.1
超过50%的智能手机用户使用他们的手机获得健康信息，在网上获得银行的服务（智能手机用户去年使用手机做以下事情的比例）

过去一年智能手机用户使用互联网情况分布百分比

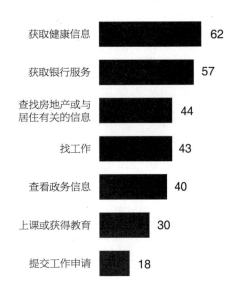

获取健康信息 62
获取银行服务 57
查找房地产或与居住有关的信息 44
找工作 43
查看政务信息 40
上课或获得教育 30
提交工作申请 18

皮尤研究中心，美国倾向小组调查，2014年10月3日—27日。

一个社会网络服务，帮助建立和管理这些村庄，据说，美国40个州共有140个这种村庄。通过各种社会活动和互助行动，这些服务把社会联系起来，如让某人去帮助某人遛狗，在家里参加音乐会，在街坊的餐馆里聚会，或某个方便的地方听人谈话。这些退休老人的虚拟村庄的收益是，他们提供了一个地方社会网络，使退休老人"就地养老"。一位老年心理学家总结了这样的好处："当人们老了的时候，他们面对的主要困境是孤独。一个地方的人脉网致力于打开一个全新的世界。让人们发现他们的优势，让他们享受生活（Gustke，2014：B4）。"

总而言之，这些发现表明，互联网在推进公众参与和承担公众义务，尤其是与非在线的参与和活动相配合方面，发挥了重要作用。普特南在《独自打保龄球》中警示说，社会资本会丧失殆尽，也许事情并非如此，社会资本也许正在经历

一个人类历史上从未有过的转变，随着传统的面对面的社群的发展，虚拟社群在某些情况下替代了面对面的社区。

自然灾害和城市

现在，我想通过考察自然灾害给城市造成的灾难性影响，详细谈谈社区参与和一个社区居民的幸福之间的联系。先谈谈两次热浪，第一次热浪是1995年发生在芝加哥的热浪，第二次热浪是2003年巴黎出现的热浪。每一次热浪都清晰地显现出它们对生活在孤立状态下的地方居民选择性和灾难性的影响。然后，再谈谈被卡特里娜飓风几乎摧毁了的新奥尔良，和围绕重建这座城市所遇到的重重困难。我们用全球城市所面对的自然灾害风险结束本章。

1995年的芝加哥热浪

1995年7月11日至7月20日，一股热浪席卷了美国的中西部地区，7月12日至16日气温最高，白天最高温度为37.8℃，夜晚降至21℃。一周之内，这股热浪致700多人死亡，比一般炎热夏季一周因气候炎热致死人数要多。与这场热浪同时发生的还有高湿度和高臭氧浓度。这场热浪是芝加哥历史上最糟糕（死亡人数最多）的灾害。1871年的芝加哥大火几乎摧毁了芝加哥的市中心，但是，因大火致死的人数只有这次因气候炎热致死人数的一半。1995年热浪的大部分受害者是老年非洲裔美国人，他们生活在芝加哥最贫穷的地段。

芝加哥大学的一名研究生，克里南伯格（Eric Klinenberg，2002）在一次调查中，考察了造成这场灾难的基本社会因素，用来解释这场热浪给芝加哥人造成的灾难性的影响。克里南伯格考察了住房条件、城市公共服务、政府反应、种族因素、新闻报道，以及热浪的许多其他方面的

问题，把它们拼接成为一幅城市生活衰退的画面。他研究了社会对独居者的影响，为什么一些街区因气候炎热致死的人数比其他街区多。他解释了为什么一个没有适当准备的城市没有能力应对如此众多的死亡人数。他继续对芝加哥的政治展开了批评，市长的反应，围绕市长的那些人是如何反应的，考察了媒体对气候炎热致739人死亡这一消息的反应。

克里南伯格的"验尸"考察了在芝加哥人口稠密地区生活的后果。特别有意义的是，克里南伯格对两个相邻的街区，北朗戴尔和小村，进行了比较。这两个街区都聚集了很多穷人和独居老人。可以想象，面对热浪来袭，这两个街区的情况大同小异。然而，非洲裔美国人聚居的北朗戴尔一片狼藉，充斥着被扔掉的厂房、门店、商店以及破败的居所。对比而言，小村是一个拉丁裔族群聚居的地方，沿着繁忙的商业大道，挤满了餐馆、商店和街头小贩，一片繁荣的景象。

克里南伯格把因气候炎热致死人数上的差异与活跃的街头生活和商业活动联系起来，他认为，活跃的街头生活让这个紧密联系着的西班牙族裔聚居地中的人觉得安全有保障。大部分老人，甚至那些独居的老人，也与生活在附近的常常照看他们的家庭成员和朋友有联系。这个街区的天主教教会也是这个社区的另一个社区参与资源，它提供了额外的保护资源。小村的社区感给了那里的老年居民一种鼓励，走出炎热的公寓，到比较凉爽的街巷里走走，到那些有空调的设施里避开热浪。

对比之下，北朗戴尔充斥着空闲的宅基地，废弃的建筑，街上的商店寥寥无几。犯罪和暴力比比皆是，毒品泛滥。这个破碎的街区没有可以让老年人躲避热浪的地方。老人不愿意走出他们炎热的公寓，几乎没有亲戚朋友来探望他们。街区的几个教会对此束手无策。不无讽刺意味的是，他们把公寓看成了避难所，实际上，它们成了关

图15.3 7岁的戴维斯亲吻她的1周岁的表妹，那是2011年7月12日热浪席卷费城的时候，热浪尤其对城市中的穷人和没有其他支持网络的人产生影响。社会分析确认了1996年芝加哥和2003年巴黎热浪来袭时死亡人数增加的原因

押他们的监狱，很多人死在里边。

雅各布斯的观念（1961）很大程度地影响了克里南伯格以场地为基础的分析。正是雅各布斯在她的书中提出，在一个有着丰富街头生活的社区，街上多了无数双眼睛，于是犯罪率下降，人们的安全感增加。那些废弃的街区里几乎没有什么街头活动，犯罪和暴力乘虚而入，出现了"恐惧的文化"充斥这种社区。

克里南伯格进一步扩大他的分析，他解释说，北朗戴尔由于种族歧视的原因，没有出现小村那样活跃的社区。他认为，芝加哥黑人社区的贫民窟化阻碍了它们从当时正在展开的中心城区振兴中获益。他们没有改变极端贫困、辍学、劣质居所和大规模失业的影响。

克里南伯格找到了老人和穷人之所以常常受到伤害，并且导致他们退出公共生活和活动的4个基本原因（Klinenberg，2002）。第一个基本原因是，人口变化，在这种人口变化中，越来越多的人，尤其是老人，孤独地生活。越来越多的人没有结婚，越来越多的人因为地理迁徙，与家人天各一方。

第二是格拉斯纳（Barry Glassner，1999）用"恐惧的文化"描绘的那种文化条件，与之相关的是日常生活中的暴力日益增加，加上突显个人

自主性、私密性和独立性的价值观念（格拉斯纳认为，在许多情况下，穷人的看法广泛影响了文化和行为实践）。这种恐惧的文化常常让人足不出户，热浪袭来，人们本可以走出炎热的公寓，到室外透透气，但恐惧的文化让人们继续坚持足不出户。

第三个因素是社区的空间转变，尤其是公共空间的衰落、堡垒化以及对公共空间忽略，尤其是老年公寓的条件，公共住房和自己管理的单个房间的条件，都在衰败中。

第四个因素是性别化的条件，对于老人，尤其是那些独居者或那些有滥用药物问题的人，一般没有或少有社会和支持网络。

格拉斯纳把他的社会分析置于芝加哥学派的理论框架之内。他提出，芝加哥学派关注不同社群的特征。芝加哥学派把城市描绘成一种"文化区域"，强调每个文化区域的分隔。帕克的判断是，社区"接触但不渗透"（Park cited in Klinenberg，2002：12）。格拉斯纳强调的是，我们应该把城市看成一个"复杂的社会系统，许多机构以各种方式相互接触和渗透而结合成了这个复杂的社会系统"（Klinenberg，2002：22）。芝加哥学派的生态和生物理论模式强调社区的分隔，而不强调社区之间的接触和联系。因此，芝加哥学派没有看到热浪的后果和对那些孤独个体的影响，实际上，孤独是当代城市状态的一种结果。

格拉斯纳提出了一个特别有意思的观点，美国社会学一直都在关注"孤独"和社区衰退的主导特征，实际上，甘斯（1997）已经谈到，美国最畅销的6本社会学著作中有5本（The Lonely Crowd，Tally's Corner，Pursuit of Loneliness，Fall of Public Man，and Habits of the Heart）都涉及孤独和疏离的主题（cited in Klinenberg，2002；第6本书，Blaming the Victim，不是那么明确地涉及社区的坍塌，孤独或形影相吊的问题）。

格拉斯纳进一步提出，基于对芝加哥学派的信仰和沃什"作为一种生活方式的城市生活"的观念，社会学家们一直都对疏离、孤独和作为一种城市生活条件的孤立感兴趣。

> **体验活动15.2：防灾**
>
> 就防灾问题，对你的城市或选择一个城市展开调查。该城市如何准备应对热浪、飓风、洪水等自然灾害的来袭，城市中的某些地区比其他地区准备的好吗？

社会学家还发现，对于大部分城市居民来讲，他们或通过保持下来的民族聚集区来展开自己的社群生活（甘斯的《城市村庄》就是一个重要案例，The Urban Villagers[1962/1982a]），或者通过发展新的亚文化群体来展开自己的社群生活（Fischer，1975）。

但是，格拉斯纳提出了一个重要观点，社会学关注的孤独问题是一套理论，而不是"字面意义上"的孤独和失去联系。"社会学家在使用孤独这个概念时，是使用孤独来描绘人们之间的关系，而不是描绘社群内部的关系，孤独实际上在社会学家那里是一种比喻，这种比喻源于字面意义上的那些孤独个人的形象，而且，还把这种比喻延伸到街区或人群层次上（Klinenberg，2002：251）。"实际上，流行病学、社会老年学和社群心理学等领域的研究者才真正感兴趣我们所说的那种字面意义上的孤独。这些专门领域的学者们不是从历史和社会学的背景去展开他们的分析的。

巴黎的热浪

2003年的夏季，也就是芝加哥因热浪导致700多人死亡后的第八年，欧洲人经历了一场更具灾难性的热浪的袭击。这次热浪导致了1.9

万多人的死亡。法国最热，因气候炎热致死的人数达到1.5万人。葡萄牙（1300人）、荷兰（1000—1400人）、意大利（至少1700人），这些国家因气候炎热致死的人数都超过了1000人。英国因气候炎热致死的人数接近1000人，而比利时（150人）、西班牙（141人）、德国（40人）（Sampson，2003）。这次热浪在法国延续了2周，从2003年8月5日至13日，气温高达38℃，而且，晚上的最低温度也在23度以上。在法国，大部分受害人是老人，一些人孤独地在自己的居所里去世，或者在没有适当人员看护和人满为患的医院和护理场所里死去，一些人的直接死因是心脏问题和脱水。

在芝加哥的热浪中，政府官员和医疗单位把重心防灾热浪引起的疾病上。社会因素和城市政府的政策并不认为是一个影响因素。但是，法国的情形不同。报纸把责任归咎于孩子们去度假去了，以致老人无人看管，或者抱怨没有适当的政府医疗服务计划。正如我们会看到的那样，正是这两个因素的结合让许多人在这次热浪袭击中死去。

最初，法国的政府官员把老年人的高死亡率归咎于炎热所致的"自然灾害"，归咎于"家庭价值观念的削弱"（Hart，2003）。政府官员们结束假期回来后也没有承担责任，而是抱怨受害人自己（dubois，2003）。哈特这样写道，政治家和媒体抱怨"孩子们去海滩和露营时，没有照顾老人"（2003）。哈特引述了昂布瓦茨市市长和卫生部长的话，这个市长抱怨"年轻人没有照顾老人"，而卫生部长认为，老人在这次热浪袭击中死去，"残酷地揭示出社会断裂，揭示出老年人的孤独和被孤立"（Hart，2003）。

巴黎的热浪一结束，根据法国议会下院的要求，一份37页的报告编撰了出来。这份报告公正地抨击了国家医疗体制（Hauser，2003）。找到了综合因素。每年8月，是法国传统放长假的时间，家庭把老人留在家里，自己出去旅游度假，这个报告提到了这个法国生活方式。但是，更重要的是，法国医疗系统在通信交流上的一次失败，没有大量的医生、医院工作人员和足够医疗辅助人员，他们也去度假了。政府官员同样在放假，没有对紧急医疗状况做出快速反应。另外，医疗服务，如养老院之类的其他服务，被严重削减，这是保守政府和以前的社会党政府留下的灾难性的后果。面对公众对不适当的医疗体制的大规模抗议，一个高级医疗卫生官员被迫辞职（Associated Press，2003b）。

祸不单行，与这场社会灾难和混乱局面同时出现的社会问题是，停尸房和墓地也不堪重负了。从事丧葬服务的人，建造坟墓的人，也在度假人群之一。另外，许多神父同样在度假。无计可施，只有把尸体存放在巴黎农贸市场巨大的仓库里或其他冰库设施里等待葬礼的到来（Doland，2003）。巴黎停尸间里的好几百具尸体没有亲属认领。热浪结束后三周，还有57具尸体无人认领（Associated Press，2003b）。卫生部长想以此转移对他的批评而提出，这是家庭价值观念下滑的证据，在为这57具无人认领尸体举办的葬礼上，法国总统希拉克的一个助手声称，"总统想要告诉孤独的人们，整个法国是团结的"（Hart，2003）。

对于巴黎老人在这场热浪中出现如此之高的死亡率来讲，许多人似乎认识到的一个基本因素是老人体验的那种城市生活性质。最大的殡葬公司的董事长说："老年人中有不少隐姓埋名的人。巴黎其实就是一个有许多隐姓埋名的人的城市（Tagliabue，2003）。"美联社就这个论题提出，"现在，法国正在试图回答一些痛苦的问题，为什么它如此之多最容易受到伤害的公民被抛弃了"（Associated Press，2003a）：

噙着泪花的年轻人罗奎恩（Celine Rocquain）说，亡灵见证了大城市生活的孤独。她说，在巴黎，人们常常独来独往，邻居之间相互不认识。拿着一束百合花的罗奎恩说："巴黎是个人主义的首都。"她忧心如焚，如此之多的老人无人问津。"我想，一个小小的姿态也许就会拯救他们中的一些人（Associated Press, 2003a）。"

低地，高地：新奥尔良和2005年的卡特里娜飓风

在新奥尔良，收入和地势按比例相关：花园区地势最高，斯坦利·科瓦尔斯基在沼泽里（McPhee, 2005: 58）。

在新奥尔良，没有任何地方的高程会比沿河的自然堤岸高。穷人总是生活在地势低的地方。富人住在靠河流的地方，总是占据着地势最高的地方。其实有两个新奥尔良：一个游客和富人的新奥尔良，一个是穷人的新奥尔良。一个新奥尔良是法国区和波旁街、嘉年华、美酒佳肴、爵士乐和柴迪克、布伦南斯早餐、咖啡杜梦、宵夜、不能再早的早餐和菊苣咖啡、三明治和小龙虾、花园区的豪宅、奥杜邦公园、杰克逊广场、越野车和蒸汽船、水族馆和职业足球队。另一个新奥尔良是穷人的新奥尔良，是看不见的新奥尔良。穷人基本上以黑人为主，占新奥尔良人口的75%，住在便宜的、低于海平面的住房里。28%的新奥尔良人生活在贫困线以下，这些生活在贫困线以下的人口中，84%是黑人。

取直密西西比河，排放沼泽地区的地下水，增加新奥尔良港的承载能力和支持石油生产，与此相关的一系列长期决定造成了新奥尔良的空间分隔。低洼地区日益遭受洪灾，但是，政治和经济因素阻碍了提高堤坝系统的抗灾能力。这样，当2005年劳动节前夜的卡特里娜飓风来袭时，这个城市生还下来的是富人和游客的那座城市，而被摧毁的是那座低于海平面的穷人的城市。密西比州和亚拉巴马州低洼的沿海地区也同样受到重创。

美联社（2005）考察了路易斯安那、密西西比和亚拉巴马三个州受灾地区的人口统计数据，发现生活在重灾区的人口中，近25%的人口生活在贫困线以下，比国家平均水平高一倍。在70万遭受重灾的人群中，60%来自少数族裔人群，他们分布在36个遭受重灾的街区。而就全国而言，33%的美国人来自一个少数族裔。这里，我们集中讨论这场飓风对新奥尔良的影响，反映媒体的关注和国家利益。虽然我们的重心是新奥尔良，但是，也不能不提及密西西比州沿海城市遭受破坏的现实。按照纽约时报的报道：

如果新奥尔良的堤岸果真没有让海水倒灌的话，对密西西比海湾地区造成破坏的卡特里娜飓风，一定会是一场没那么严重的风暴了。当然，事实并不是这样，新奥尔良的堤岸承受不了卡特里娜飓风带来的海水，于是，密西西比海湾地区的城镇悉数被夷为平地，成千上万的房子被冲走，波及全州，这场飓风导致211人丧生，远远高于安德鲁、雨果和伊万等飓风造成的死亡人数。

环境不公正

社会学的环境不公正（或环境种族主义）概念可以帮助我们认识，为什么卡特里娜飓风如此具有破坏性。亚利桑那州立大学社会学教授和美国社会学协会医学社会学分会主席，威茨（Rose Weitz, 2005）提出，"环境不公正（或环境种族主义）涉及弱势群体，包括少数族裔，不成比例地过高承担了环境污染带来的后果。"她列举了可能造成环境不公正的基本因素：

- 弱势社群在政治上的弱势，他们不能抗拒有害工业企业的选址或把有害垃圾倾倒到他们生活的地方；

- 在决策机构里（市政理事会、政府机构，等等）没有弱势社群的代表；
- 政府执法机构仅仅在弱势社群中执行现行的环境法规；
- 极端贫困和缺少工作机会，这就让弱势社群不得不接受有污染的工业企业，因为那些企业承诺给那里带来工作机会；
- 多数族裔不了解或不关注弱势群体的生活状况（Weitz，2005）。

社会科学家一直都关注环境不公正和环境种族主义带来的心理上的和社会学意义上的创伤。埃里克森（Kai Erikson，1976，1994，1998）一直都在研究灾难对波及社群造成的情绪方面的影响，而且是这方面研究的权威。他谈到灾难对相关社群造成的社会学和心理学方面的损害。埃里克森的经典研究，《凡事按部就班》（1976），记述了1972年西弗吉尼亚布法罗河洪灾发生之后的一系列事件。6个联系很紧密的贫穷社区受了洪灾，而且还因为政府专家没有效率而蒙受困难。用来帮助这些社区的政策常常阻碍人们的灾后恢复，社区居民提出的解决办法不能被采纳。

在之后的著作中，埃里克森（1994，1998）把重点转向新的灾难来源——"一种新麻烦"——即环境不公正的结果。他关注的是大型工业公司的政策，这些大型工业公司在追求利润最大化的过程中，给环境造成了污染。此类污染的受害者通常是那些污染地区的穷人和少数族裔。有一个明显的例外，埃里克森研究了汽油泄漏对一个中产阶级社区的影响，那里居住的都是中老年居民。他提出，由于环境遭到破坏，居民出现了心理焦虑，包括失眠、愤怒和其他形式的情绪困扰，这些心理焦虑与由中断邻里联系而引起的社会学问题相关。在此之前，弗里德（Marc Fried，1963）发现过类似现象，在波士顿西区完成城市更新之后，一些居民陷入了"失去家园的悲伤"之中。埃里克森提出，一个人的房子，一个人的"家"，肯定超出了所有物件之和，"家"常常成为一个人自我意识的延伸。社会心理学的先驱，库利（Charles H. Cooley）用"感情的自我"来表达这种自我意识的延伸。埃里克森（1976，1994）发现，精神创伤的影响远比物质损失所造成的影响要大得多。他对恢复受到灾难影响的社区不乐观，弱势群体不会因为受灾而得到住房，同样，恢复受到灾难影响的社区常常对穷人是不利的。

就在卡特里娜飓风发生前后，地方、州和联邦政府机构都没有完全预计到可能发生的灾害。所有人都知道，新奥尔良的堤坝不能保护任何3级以上的飓风。但是，没有对飓风做出任何防范。更重要的是，即便在灾害发生之后，所有三级政府不是没有做出反应，就是反应不够。受灾地区居住着34.6万人，71%是城市人口，包括了2/3以上的城市住房。许多人认为，这些受影响的人政治资本最少。受到洪水影响的人更有可能是黑人，包括很多孩子，与城市里的人相比，他们收入微薄，没有受到什么教育。他们是穷人、弱势、病人、老人和年幼的人。相对较少受到这场飓风影响的地区包括郊区/花园区、奥杜邦和湖边，最富裕的人们住在这些地区，也是主要的旅游目的地（Constantine，Ericson and Tse, 2005：A15）。

新奥尔良的早期撤离通知是针对那些有小汽车的人，他们确实撤离了新奥尔良。估计当时新奥尔良有5.7万个家庭是没有小汽车的。那些没有撤离的人是穷人，他们是很快遭受了最大不幸的人群。这些穷人中有超过1/3的人没有小汽车，其中许多人太贫穷，连逃难的公共汽车都坐不起。在一个遭受重创的街区里，只有1/3的人有小汽车，平均收入不足7500美元/年（Freedland，2005）。对于这类家庭，租一间汽车旅馆房间躲过灾难都是不可能的。宾夕法尼亚州参议员桑托荣（Rick Santorum）在匹兹堡电视台上说，没有撤离的人应该受到惩罚，因为他们把别人置于风险之中（Moore, 2005: D7）。桑托荣没有认识到，这些穷人，不论黑人和白人，都是穷到没钱撤离的地步。数百辆校车本可以用来撤离，却没有使用且被洪水冲走，这表明政府既没有撤离计划，也没有认识到，即便真有这种计划，也不会包含使用校车帮助穷人撤离。

人们常常在不经意中把新奥尔良的穷人当成了"避难的人"，而不是"逃难的人"。"避难的人"通常是指因为政治原因而逃出来的外国人。"逃难的人"是指那些躲避灾难的人。媒体在想什么呢？媒体错误地使用这个术语是不是反映了这样一种看法，这些穷人不是"我们"美国人的一部分呢？同样，媒体使用"抢劫"作为标题来描绘那些黑人从洪水淹没的商店里拿食品的画面，同时，把从洪水淹没的商店里拿食品的白人描绘为"寻找"食物，这反映出媒体种族的和充满阶级偏见的基本思想观念。

从世界角度提出的问题是，"此类事情怎么会在世界上最富裕的和最有实力的国家发生此种事情？"费城询问报的政治分析家鲁宾（Trudy Rubin, 2005: A17）分析，"当全世界看到我们的领导人没有去帮助贫穷的黑人且不能应对国内危机时，我们的政府模式没有什么值得肯定。我们的政府模式不再是全球模仿的样板。"对于美国人来讲，他们不再认为自己的国家是没有"穷人"的"富人"的国家。各种形式的外国援助强化了人们的这种看法。新奥尔良也不是没有噩梦的梦幻般的城市。

谁的新奥尔良

随着洪水退去，新奥尔良当然会重建起来。但是，重建谁的新奥尔良的问题并没有解决。维尔（Lawrence J. Vale）和坎帕内拉（Thomas J. Campanella, 2005a, 2005b）在他们编辑的文集中谈到了"可以迅速恢复"的城市，即从灾难中恢复过来的现代城市。他们提出，灾后恢复过程充分显示了社会的基本权力结构。维尔和坎帕内拉超越"灾难管理"问题，把重心放在他们认为的"有关公平的价值取向问题"上（Vale and Campanella, 2005a: 12）。这些有关公平的价值取向问题包括：

- 谁来确定恢复社区的优先选项？
- 如何与恢复商务活动的紧迫要求联系起来，评价低收入居民的需要？
- 谁决定在哪，重建什么，哪种声音成为解释所发生状况的主旋律？
- 当以重建的名义建设新设施时，谁搬走？
- 非地方机构、国家灾后援助政策、国际减灾组织，各自在建立重建指南时发挥什么作用？
- 城市领导者如何克服其城市遭受灾难而带来的影响？
- 什么地方会承载富有远见的长期规划？
（Vale and Campanella, 2005a: 12-13）

重建的努力超越了建成环境，在每一个涉及城市重建的讨论中，认识到这一点是必不可少的。这种认识还必须包括重建遭受灾难的人们的生计。这些遭受了灾难的人们不仅在心理上必须得到恢复，他们的家庭、朋友、街坊、宗教和他们社区的社会网络也必须在他们的生活中得到恢复。社会科学家维尔和坎帕内拉（2005b）提出，这就意味着重建灾难发生之前的基础设施，来承载社会网络重建起来的人们之间的联系。维尔和坎帕内拉断言："城市是一个网络一个网络，一个区一个区恢复的，而不仅仅是一个建筑一个建筑恢复的；城市恢复是恢复学校、工作场所、托管场所、商店、宗教场所、游乐场所中包含的那些社会关系（Vale and Campanella, 2005b: 347）。"

维尔和坎帕内拉的结论是,"可以迅速恢复的城市是一个构造现象"(2005b:353)。按照他们的意思,从灾难中恢复过来的城市既要在物质条件上得到恢复,还要在精神生活上得到恢复。"城市迅速恢复是一个在灾难结束后由地方和国家领导人提出的,受市民影响和被市民接受的解释框架。但是,公平或不公正、有效或不可靠与否,这个框架都是社会重建的基础(Vale and Campanella, 2005b:353)。"

新奥尔良的未来攥在政府的手中。很快,新奥尔良的未来会攥在"增长机器"的手里——土地投机者和投资者、房地产开发商、商业银行、公司房地产业主和政治家。穷人被分散在新奥尔良以外的地方,靠近其他城市,如巴吞鲁日、休斯敦和圣安东尼奥、南部、西南部、中西部,甚至远至宾夕法尼亚和密歇根。无人知晓最后有多少人会重回新奥尔良。

当联邦减灾拨款被用来重建赌场、酒店、化学工厂时,新奥尔良的人们不会平静地进入梦乡,他们被分散到这个国家的许多城市,成为那里的无家可归者。这场自然灾害有可能成为一次腾土地的机会,把那些穷人住的地方变成绅士化的新奥尔良的豪宅和共管公寓(Community Labor United quoted in Klein, 2005)。

因为担心穷人被排除在未来决策过程之外,新奥尔良的低收入群体的联盟——社区劳工联合会表达了上述关切。它寻求承认一个由撤离市民组成的委员会,让联邦应急事务管理局(FEMA)、红十字会和其他组织可以听到撤离市民的声音。克莱因(Naomi Klein, 2005)谈到,这个联盟担心100亿重建新奥尔良那些遭受重灾的贫穷社区的预算会用作其他目的。卡莱茵引述新奥尔良商会女会长赖斯(Jimmy Reiss)对新闻周刊的谈话,这个商会打算"利用这场灾难作

图15.4 2005年,卡特里娜飓风摧毁了新奥尔良大部分比较贫穷的地区。这张照片显示,飓风甚至连大理石的台阶都破坏掉了。后面的两栋房子是布拉德·皮特的"让它重新归位"(Make It Right Foundation)的项目。这是一个非营利的基金,2007年成立,旨在帮助把新奥尔良在下九区建设成为一个环境友好的住区

为一个千载难逢的机会,改变推动这个城市发展的因素"。她声称,商会一贯主张低工资、低税赋、豪华共管公寓和酒店。克莱因发现,在过去几年里,数以千计的穷人居住的街段已面目全非,同时,穷人的音乐和文化成为法国区的一个组成部分。

祖金在她对当代符号经济的分析中也谈到了类似的过程,文化商品化了,成为城市经济的重要部分。新奥尔良确实依赖国内和国际游客,与纽约、旧金山、洛杉矶并列为美国的流行旅游点。纽约世界贸易中心场地的建筑规划师,里伯斯金(Daniel Libeskind)看到了重建新奥尔良的一个类似于二战后柏林重建的机会。他认为,新奥尔良的文化遗产会成为这个城市再生的一块基石:

兼顾历史的工作并不意味着仿制历史,把历史庸俗化或简单地模拟历史。还有什么能够比爵士乐更有创造性的?兼顾历史是一个正确的主题,我们可以百花齐放,但是,我们要建设一个协调的整体构造(Libeskind quoted in Campbell, 2005)。

克莱因引述了新奥尔良的工会组织者弗莱厄

迪（Jordan Flaherty）一段有关新奥尔良未来的话。

对于白人游客和生意人来讲，新奥尔良的声誉意味着一个很好的度假胜地，但仅限法国区，否则，会遭不测。现在，开发商有了一次难得的机会，清除那些绅士化绊脚石，穷人（Flaherty quoted in Klein, 2005）。

增长机器

布朗大学社会学家洛根（John Logan）在其事业开始时曾经跟随莫洛奇（Harvey Molotch），建立了一个"增长机器"的概念。在卡特里娜飓风结束之后，国家科学基金给洛根提供基金，深入地分析了卡特里娜飓风的人口影响状况。他以联邦应急事务管理局提供的标注了各地水灾和风灾情况的地图为基础，加上2000年美国人口统计数据，确定谁和什么地方的人受灾最严重（Logan, 2006）。

洛根发现，超出这个区域1/3的人口，约65万人，遭受了中等或严重灾害。洛根的研究发现了居住在没有遭受破坏性灾害地区的人和遭受这场灾害重创的人之间的社会人口差异。他还注意到"遭受灾害的种族和阶层分界线。黑人、租赁者和穷人更有可能生活在重灾区，最易受到伤害的人风险也最大"（Logan, 2006: 7）。洛根发现，受灾地区的人口大约有一半（48.5%）是非洲裔美国人，而在没有受灾地区的人口中，非洲裔美国人不到1/3（30.9%）。居住在出租房中的人数比例类似上述比例。

洛根提出，所以，不再重建严重洪灾地区的决定会主要影响到非洲裔美国人。他认为，因为他们曾经居住的街区不再恢复建设，他们承担不起到新奥尔良其他地方落脚的费用，他们可能到别处去落户，他们可能不再回到新奥尔良，所以，新奥尔良正处在丧失80%非洲裔美国人的风险之中。正如我们回头要讨论的那样，洛根的判断被事实证明是正确的。

新奥尔良的市长纳金（C. Ray Nagin）曾经呼吁让新奥尔良人还是一个"巧克力城"，而且呼吁，"这个城市仍然会是非洲裔美国人为人口主体的城市；上帝要它如此"（Dao, 2006），我们可以在纳金呼吁的背景上来看洛根的判断。不久，纳金市长为他的呼吁道歉，他所说的是，呼吁非洲裔美国人返回新奥尔良，消除他们不再回来的担心。洛根在纽约时报上引述纳金市长的说法，"纳金市长的呼吁反映了对这个城市未来的关注。我的研究报告显示，这个关注不无道理"（Dao, 2006）。洛根（2006: 16）的结论是：

这个报告的分析表明，如果这个城市未来真是仅限于原来住在那些没有遭受卡特里娜飓风破坏地区的人，那么，新奥尔良会丧失50%白人和80%的黑人，这就是为什么有这样的疑问：重建谁的城市？

布鲁金斯研究所的人口学家弗雷（William H. Frey）谨慎地讲，洛根的预测涉及的是"最糟糕的前景"，只有在那些撤离的人认为自己毫无发言权的时候才会发生（Dao, 2006）。

米勒（DeMond Shondell Miller）和瑞弗拉（Jason David Rivera, 2006）对卡特里娜飓风灾害发生之后的公共政策做了分析，在重建对政府信任意义上来看新奥尔良的人口未来。他们提出，建立对政府的信任是必不可少的，只有存在一个让不同种族的和不同经济状况的人群都有发言权的包容的政府时，才会出现对政府的信任，实际上，不同种族的和不同经济状况的人群曾经在政治上被疏远了，被边缘化了（Miller and Rivera, 2006: 45）。

基础设施、投资缩减、贫困和种族不平等之类长期存在的问题，都是灾后整体困境的一部分，它们给这场因飓风而造成的流离失所的悲剧雪上加霜。减少自然灾害带来的社会条件方面的差别，确保堤防安全和重建商业设施，都必须在重建战略中得到相同的权重。继续回避墨西哥湾沿岸区域的社会条件，只会为下一场人间悲剧奠定基础，并进一步破坏那个区域的社会基础（Miller and Rivera，2006：45）。米勒和瑞弗拉认为，政府必须尽其所能重建新奥尔良社区。然而，很遗憾，地方政府的制度性腐败把米勒和瑞弗拉的意见扔到了九霄云外。2014年7月9日，新奥尔良的前市长纳金因为腐败案获刑10年，陪审团认定公诉人提出的21项指控中的20项，包括受贿、电信诈骗、偷税漏税等。主审法官伯利根（Ginger Berrigan）甚至能够给他判更重的罪。但是，她说，尽管他所犯下的罪行十恶不赦，但是，他并不是阴谋诈骗新奥尔良市的主犯（NOLA.com，2014）。

灾难旅游、政治和改造新奥尔良

到现在为止，卡特里娜飓风已经过去10年了，被飓风破坏的低地地区和曾经住在那里的人们的问题依然如旧，几乎什么问题也没有减少。新奥尔良市地势最低的下九区实际上被夷为了平地，那里的住房所剩无几。按照演员和慈善家皮特（Brad Pitt's）的"让它重新归位"的项目，那里不过新建了几所房子而已。原先住在那里的居民大部分还是留在别处。2010年英国石油公司造成的深海采油事故对路易斯安那州沿海地区产生了长期影响，从而也影响了新奥尔良的恢复，当然，不是毁灭性的打击。2010年英国石油公司造成的深海采油事故是21世纪初降临到新奥尔良头上的最新一次灾难。

掌握政治权力的人控制着新奥尔良的城市形象，他们在重建新奥尔良所发挥的作用是明显的（Hutter and Miller，2009）。由新奥尔良独特文化主导的形体空间，正在被那些掌握权力和控制经济的人重新界定为一个旅游点。就在卡特里娜飓风刚刚刮过的时候，旅游业就看到了组织灾难旅游获利的机会。下九区以及周边地区成了旅游点，旅游大巴出现在灾害造成的一片狼藉之中。这些旅游用来"让人们体验冲击和敬畏，照相和纪念品，让旅游者们尽可能贴近'真实地'体验灾害"（Miller，2008：118）。现在，旅游已经集中到了法国区、花园区和奥杜邦公园的传统场地上。掌握新奥尔良未来发展权力的那些人们确定了这种符号经济，灾难旅游让这种符号经济的重要性明显呈现了出来。

许多城市都把旅游当作城市改造和振兴的一种战略，迫使地方政府和旅游业在制度上和资金上结合起来"出售"城市。杜兰大学的戈塞姆（Kevin Fox Gotham）是新奥尔良历史和现状研究的领军学者。在卡特里娜飓风发生之前3年，他曾经提出，其他城市的这类联盟同样也适用于新奥尔良：政府和商界有兴趣通过使用形象和主题在市场上推销新奥尔良，曾给新奥尔良的文化方面进行投资而影响新奥尔良的经济（Gotham，2002）。这次飓风导致新奥尔良丢掉了它的文化标志，一直都是新奥尔良居民关注的事情。文化对生还者是很重要的，因为文化塑造了场所和场所里一切的意义。但是，随着新奥尔良把发展重点转移到旅游业和随之而来的外来劳动者，更新新奥尔良的文化对他们有多重要呢？新奥尔良文化的那些物质成分和节日方面，对到这个城市旅游业寻找就业机会的人来讲依然重要。但是，一切是在商品化和出售包括爵士乐、食物和娱乐在内的"传统新奥尔良体验"的基础上，繁荣这个城市的经济的。戈塞姆解释说，"商品化的概念涉及商品交换价值主导了商品的使用价值，意味着发展一种市场关系，包含和主导社会生活的消费社会"（2002：1737）。

按照戈塞姆的思路，我和我的同事米勒（Hutter and Miller，2009）认为，新奥尔良的城市文化和场所感受、地方习俗、节日、民族艺术统统变成了吸引游客的东西，只要游客想要，他们便可以从中得到他们想要的娱乐，这样，贬低了传统实践者心目中的传统体验。当传统事件出现对手，且与年度事件的文化意义没有那么重要的联系，居民们就会让传统文化贬值。传统事件会让位于经济收益目标推动的活动，这类活动可以"打包"和"按对文化的需要"来出售。把重心放在不那么具有文化意义的活动上，而且与景观联系在一起，这样一种更加商品化的旅游业，让当地对重建旅游业心有余悸的人愤怒了。

在追逐经济成功中，新奥尔良市及商界试图挖掘出新奥尔良的城市形象。但是，这种挖掘可能对新奥尔良的文化产生长期的负面影响。因为文化是一种经济推动力，而且，有可能推动的是这个区域经济最依赖的旅游业，所以，商界和城市规划师都试图避免迪士尼化的出现。戈塞姆解释说，"公共空间被转变成私人的'消费'空间，旅游企业和其他经济精英试图提供一个在可控环境下的集购物、餐饮和娱乐于一身的一揽子消费环境，也就是人们常说的城市空间的迪士尼化"（Gotham，2002：1738）。随着迪士尼化的出现，地方传统、著名建筑和标志性建筑，以及其他历史遗存，都成了"超级现实"，让人们真假难辨（Gotham，2002），或者分辨不清本真的文化和市场制造的文化。

哈维（David Harvey，2002）和霍尔科姆（Briavel Holcomb，1993）解释说，随着旅游业扩大成为一个主导产业部门，人们在推广一个场所的时候，就不再关注那个场所自身的平常意义了。就新奥尔良而言，旅游业在推广新奥尔良时，出售的新奥尔良不再是它原汁原味的文化特征了。旅游业通过可能与出售的产品（新奥尔良的文化）有联系或根本没有联系的形象，编制出它们期待的和它们认定的品位来（Harvey，2000；Gotham，2002，2007）。实际上，旅游业不再"出售"新奥尔良"本真的"或"原汁原味"的文化。相反，这个城市的领导人，通过调

图15.5　一个街头表演者在新奥尔良的法国区里"遛"他的机器狗。旅游是推动新奥尔良经济的关键经济因素

整、重新塑造和精心编制出来的形象，给远方来的游客重新制造出一种场所的感觉，而这种感觉不再是新奥尔良本身的感觉了。

因为新奥尔良的文化发展会直接与旅游的市场力量结合起来，所以，在这种经济和权力条件下，新奥尔良的文化功能和人口都可能会改变。另外，戈塞姆（2002，2007）已经提出过，新奥尔良向以服务业主导的经济结构转型，恰好历史性地与市区人口减少相向而行，白人向郊区迁徙，种族隔离、贫困和其他许多社会问题，包括犯罪、财政紧缩、学校质量低下、基础设施破败，这些在卡特里娜飓风到来之前就先期到达了。所以，短期内服务业的发展可能帮助新奥尔良的经济重建。但是，长期来看，文化意义、地方依附感、居住在地势低洼地区的那些穷人在这场灾难发生之前所拥有的那种场所感，都会悉数消失。对新奥尔良社会和文化的夸张描绘，最有可能替代"本真的"新奥尔良。

2014年8月，卡特里娜飓风灾难发生9年之后，新奥尔良数据中心研究小组公布了它的年度经济与人口统计报告。这份报告提出，尽管发生了2008年的大萧条，2010年英国石油公司深海采油事故污染了墨西哥湾，新奥尔良的经济正在增

长。当然，它依然被老问题缠绕着，人口持续减少（Waller，2014）。自卡特里娜飓风以来，新奥尔良的人口减少了10万。2013年。联邦人口统计局报告估计，新奥尔良的人口为37.8715万人。这是2000年人口统计数的78%，当时的统计人口为48.4674万人（Waller，2014）。

还有一项很大的人口变动。这个数据中心使用联邦人口统计局的数据估计，新奥尔良有近10万黑人（99650人）。2000年，新奥尔良总人口的67%是黑人。2014年，黑人占新奥尔良总人口的比例下降为59%。同时，与2000人口统计数据相比，白人人口减少了11494人，而西班牙裔的人口增加了6023人（Waller，2014）。搬到新奥尔良来的人包括企业家、开发商、城市规划师、网页设计师和软件设计师（Berry，2013）。

新奥尔良的经济已经回升。2011年，福布斯把新奥尔良列入"美国人才磁场"榜首，Inc.com称新奥尔良为"美国最酷初创城市"（Kimbrough，2014）。为商业网站"硅谷河口"撰稿的金布罗（Camalla Kimbrough，2014）谈到，2009年至2012年，新奥尔良都市区每10万人创立的企业数为501家。这个比例超过了56%的全国平均数字。金布罗进一步提出，企业活动还在扩大，看不出下降的迹象（Kimbrough，2014）。

在卡特里娜飓风发生时，新奥尔良有500多家餐馆。飓风对上九区的影响比下九区要小，那里现在有100多家画廊，正处在绅士化的过程之中，吸引了艺术家和年轻的专业人士。新奥尔良的音乐狂欢节又回来了，还有足球杯比赛、各类节日和大型活动，都在让新奥尔良的符号经济恢复过来（Berry，2013）。

但是，贫困依然普遍。2012年，新奥尔良的贫困人口比例为全部人口的29%，与1999年相同，处于贫困线以下的儿童占全部儿童数目的41%，高于全国23%的比例（Waller，2014）。黑人的受教育情况依然比白人落后。对许多人来讲，卡特里娜飓风发生后的住房依然是难以承受的。下九区和新奥尔良以东地区实际上没有重建。

我在本书的前两版（2007，2012）中谈过，市中心的建筑会得以重建，与此同时，法国区和其他一些重要旅游景点会得到重建。新奥尔良港，石油和天然气设施也会重建起来。在这些行业从业人员的住房会得到重建。当时的担心是，如果新奥尔良的人口在阶层、民主和人种方面的多样性没有回归，那么，新奥尔良的特定非文化就会丧失掉，这样，新奥尔良无非是另一个主题公园而已。新奥尔良大学灾难评估、响应和技术中心主任拉斯卡（Shirley Laska）讲到，这些看法在风暴之后就马上出现了："世界热爱新奥尔良是因为多样的人所创造出来的文化。如果我们没有找到可以延续这种文化的建设途径，那么，我们无非是再建设一个迪士尼乐园而已（Laska quoted in Maykuth，2005：A15）。"

传奇音乐俱乐部的老板泰勒（Bill Taylor）乐观地讲到，新奥尔良的美术、音乐等都会重新建立起来："新奥尔良是一种心境。与那个区域那个地方有一种不能割断的联系。时间到了，新奥尔良最终会再生（Taylor quoted in Gray，2005：A7）。"

新奥尔良的符号经济随着旅游业和娱乐业逐步恢复起来，在这个过程中，人们对新奥尔良的经济重生的态度越来越乐观，与此同时，新奥尔良的许多穷人没有再回来，所以，他们没有见证风暴过后的新奥尔良。这个新的新奥尔良与卡特里娜飓风之前的新奥尔良并不一样。这个新的新奥尔良已经失去了它的文化灵魂。

自然灾害和全球的城市

自然灾害破坏的城市当然不只是新奥尔良。城市出现之后，自然灾害一直都在影响着城市。一场地震破坏了一座维持了2000多年的古城，尽管它基本上是人造的废墟。2003年12月26日，发生在伊朗南部的一场威力巨大的地震让26000人丧生（Farsiner.com，2015）。这场灾害破坏了巴姆古城大部，巴姆古城当时的人口为1.1万人。公元前250到公元后224年，那里一直是政治、经济和军事中心。这种状况一直延续到18世纪，阿富汗人的入侵让那里成为废墟。最近一些年，在这场地震发生之前，那里居住着10万人，是一个重要的旅游景点。从本书一开始，尤其是在有关城市起源的第2章，我们一直都在讨论城市体验，而地震对巴姆古城的破坏给我们留下了一个令人忧郁的结局。

2010年以来，全球范围发生了十几次重大自然灾害，让数以千计的人丧生，造成数十亿的财产损失。这里仅是几个例子：

- 2010年，海地首都太子港遭受地震破坏，暴露了不符合建筑标准的建设让城市更加脆弱，估计这场地震造成了20万人的丧生。
- 2011年，日本的本州岛，包括东京—横滨和沿海城市仙台，遭受地震和海啸的重创。
- 2010年、2011年和2012年，新西兰的基督城遭受地震的重创。
- 2010年和2011年，澳大利亚昆士兰的洪水导致38人丧生，对这个州的所有城镇都造成了破坏。
- 2011年和2012年，纽约市两次遭受飓风艾琳和珊迪的重大破坏。

2013年9月，瑞士再保险公司编制了一份报告，对全世界大城市面对各种自然灾害的脆弱性进行了评估。图表15.2总结了瑞士再保险公司的发现。

为什么世界上有如此之多的人面对着自然灾害的巨大风险呢？一个简单的答案是，世界人口远远超出以往任何时期，而且，世界人口的大多数住在城市。城市一直都是沿着水路和水源发展起来的，大海、湖泊或河流，它们都有可能形成洪水。地球上每天都在发生地震，当地震发生在人烟稀少或没有建成环境的地方时，地震不会造成多大的破坏，人们常常没有注意到。另一方面，数千高层建筑，数千英里道路、下水管线和其他公共工程设施都汇集在城市里，发生地震时当然会影响数百万人的生活。

我们未来所面临的挑战是，如何减少居住着数百万人口的大城市发生这类重大自然灾害。国际红十字会和红新月会所说的"薄弱环节"是由两个因素造成的：第一，城市政府没有减灾方面的意识和资金。第二，很大比例的城市家庭和社区没有充分的收入和政治影响力来减少自然灾害

图表15.2 世界百万人口以上的，面临自然灾害风险最大的10个城市

城市风险排序	国家和城市	地震	海啸	风暴	河流洪水	风暴潮
1	日本，东京—横滨	29.4	2.4	14.1	8.9	2.3
2	菲律宾，马尼拉	16.8		12.6		
3	中国，珠江三角洲			17.2	12	5.3
4	日本，大阪—京都	14.6	1.8	7.8		3
5	印度尼西亚，雅加达	17.7			10	
6	日本，名古屋	9.4	2.4			
7	印度，加尔各答		.6		10.5	1.4
8	中国，上海				11.7	1.4
9	美国，加州洛杉矶	14.7			1.7	
10	伊朗，德黑兰	13.6	2			

资料来源：Data from Swiss Re (2013) as digested in Heap (2013) [Available at: http://www.ubmfuturecities.com/author.asp?section_id=242&doc_id=525815]

的风险（IFRC，2010）。简而言之，城市规划和社会迅速恢复能力结合起来的方式可以解决这种"薄弱环节"。合理的城市规划可以提供适当的建筑规范，选择适当的开发场地，避开易于受到自然灾害破坏的场地，预留泄洪通道。强有力的社会资本意味着给所有的居民赋权，不仅仅只给富裕的人和有权势的人权力，让人们相互关照对方的幸福，为应对灾害做好充分的准备。战略性装备起来的居民不仅能够抵御自然灾害，还能把自然灾害的风险减至最低，当自然灾害发生时，能够迅速恢复过来。

结论

本书最后一章反映了本书所涉及的一些宽泛的主题。城市居民之间的社会互动增进了城市生活体验。社会关系把人们联系在一起，关注这种社会关系变化的性质一直都至关重要的。社会学家研究了社区居民物质的和精神的幸福与社会资本之间的联系。加入社交网络对一个人的身心健康和幸福是至关重要的，对于推动社区参与也是必要的。2000年，普特南感叹社会资本的衰落，他怀疑各种各样的互联网和社交媒体真能补偿社会资本的衰落。威尔曼和他的同事对普特南的看法作出回应，他们认为，这些新的交流技术在推动社会资本和增进人们的社会联系方面会越来越重要。威尔曼提出的许多观点在最近10年里都得到了证实。互联网和社交媒体传播信息，评论，开展各种社会活动，包括抗议，这些都揭示了互联网的重要意义。

没有社会资本去帮助芝加哥和巴黎热浪造成的环境灾害的受害者，这样评价不无道理。卡特里娜飓风对新奥尔良造成了灾难性的影响，这场灾害过去10年了，新奥尔良的状况和这场灾害造成的影响显示出政治和经济因素的重要意义，它们都没有去帮助那些受灾最重的人重建生活和他们的社区。卡特里娜飓风，它的后果和它对新奥尔良的种种影响都证明，在认识我们如何体验城市生活时，研究宏观政治和经济因素与微观社会心理因素之间的关系具有重要意义。在全球层面上讲，认识到城市留给自然灾害的漏洞，建立迅速从自然灾害中恢复过来的战略，都是十分重要的。

思考题

1. 定义社会资本，举例说明社会资本如何在21世纪可以增加或减少。
2. 定义环境不公正，举例说明环境不公正如何影响了特定城市里人的生活。
3. 解释为什么城市面对自然灾害是脆弱的。我们可以做些什么来减少灾害带来的破坏，增加从自然灾害中迅速恢复过来的韧性？